El buen uso
del español

El buen uso
del español

REAL ACADEMIA ESPAÑOLA

ASOCIACIÓN DE ACADEMIAS
DE LA LENGUA ESPAÑOLA

Obra editada en colaboración con Espasa Libros, S.L.U. – España

Diseño de interiores y portada: Sánchez/Lacasta
Fotografía de portada: Sánchez/Lacasta y Laura Navarro

© 2013, Real Academia Española
© 2013, Asociación de Academias de la Lengua Española
© 2013, Espasa Libros, S.L.U. – Barcelona, España

Académico responsable: Salvador Gutiérrez Ordóñez
Redacción: Eugenio Cascón Martín
Revisión:
    Real Academia Española. Departamento de «Español al día»: Elena Hernández Gómez, Marta García Gutiérrez, Encarna Raigal Pérez, Almudena Jimeno Sanjuán
    Academia Costarricense de la Lengua: Cristian Fallas Alvarado
    Academia Mexicana de la Lengua. Comisión de Consultas: Gonzalo Celorio, presidente, Felipe Garrido, Ruy Pérez Tamayo y Margit Frank, Georgina Barraza Carba jal (con la colaboración de Martha Bremauntz y Ximena González)
    Academia Nacional de Letras de Uruguay. Comisión de Gramática: Marisa Malcuori, presidenta, Serrana Caviglia, Marcelo Taibo, Macarena González, Carolina Oggiani
    Academia Argentina de Letras
    Coordinación de revisiones: Cristian Fallas Alvarado
    Gabinete
Gabinete de dirección de la RAE y de la presidencia de ASALE: Pilar Llull Martínez de Bedoya

Derechos reservados

© 2014, Editorial Planeta Mexicana, S.A. de C.V.
Bajo el sello editorial ESPASA M.R.
Avenida Presidente Masarik núm. 111, 2o. piso
Colonia Chapultepec Morales
C.P. 11570, México, D.F.
www.editorialplaneta.com.mx

Primera edición impresa en España: 2013
ISBN: 978-84-670-3993-1

Primera edición impresa en México: mayo de 2014
ISBN: 978-607-07-2164-9

Impreso en los talleres de Litográfica Ingramex, S.A. de C.V.
Centeno núm. 162-1, colonia Granjas Esmeralda, México, D.F
Impreso en México – *Printed in Mexico*

Índice

Índice

Índice

Índice

Presentación

La norma, como el aire, se halla presente en todos los instantes de nuestra vida. Es un maestro de ceremonias virtual que va guiando la forma y la enjundia de todas nuestras actividades, de nuestras relaciones, de nuestras aficiones e incluso de nuestros sueños. No siempre la sabemos definir y muchas veces ignoramos de dónde nos llega, pero se ha instalado en nosotros mismos como un monitor donde ese maestro de ceremonias diferencia en dos tintas lo bueno de lo malo, lo bello de lo feo, lo justo de lo injusto, lo verdadero de lo falso... Estos valores, sobre los que se fundamentaban las ciencias humanas de la tradición (ética, estética, derecho, lógica), se han convertido en arquetipos mentales que ordenan nuestra forma de conocer y de razonar.

La pulsión normativa alcanza asimismo los dominios tradicionales del lenguaje: la gramática, la escritura, la pronunciación y el léxico. De su aplicación a los hechos surgieron las nociones de corrección/incorrección, de propiedad/impropiedad, así como la de falta ortográfica. La lingüística estructural y la generativista, aunque abordaron el lenguaje desde una óptica no prescriptiva, no pudieron eludir el binarismo en su clasificación de las construcciones sintácticas como gramaticales o agramaticales.

La preocupación social por el «buen hablar y buen escribir» del que hablaban los maestros clásicos, a pesar de que pudo ser obviada durante decenios en las reflexiones de los lingüistas, seguía ahí como una montaña imperturbable. La moderna teoría del lenguaje la retoma. Nos muestra que comunicarse es adoptar un comportamiento social sujeto no solo a las reglas del código lingüístico, sino también a pautas sociales que intervienen en todos los aspectos de la comunicación. En virtud de estas convenciones nuestros mensajes pueden ser calificados de adecuados o no adecuados, corteses o descorteses, coherentes o incoherentes, verdaderos o falsos, claros o confusos, oportunos o inoportunos, correctos o no correctos... Los principios y las máximas a partir de los que comienza a construirse la pragmática se asemejan a reglas de buena conducta comunicativa: «coopera», «di lo justo», «di la verdad» «sé relevante», «sé claro», «sé cortés»... El análisis del discurso nos muestra que la construcción de un texto nos exige articular sus partes sobre el valor de la coherencia. Las interacciones comunicativas se rigen por normas sociolingüísticas, culturales y conversacionales cuya violación puede provocar quiebras en la comunicación más graves que la transgresión de una regla del código.

La Real Academia Española y la Asociación de Academias de la Lengua Española nunca abandonaron su preocupación por la norma. Junto a los objetivos de escudriñar las estructuras y variedades del español, promover su desarrollo y fortalecer su unidad, mantienen intacto el mandato fundacional de fijar las convenciones normativas sobre las que se fundamenta la correcta expresión. Desde su primera *obra gramatical*, se ha concedido especial relieve al papel de la enseñanza en este proceso:

> La Academia solo pretende en esta *Gramática* instruir á nuestra Juventud con los principios de su lengua, para que hablándola con propiedad y corrección, se prepare á usarla con dignidad y elocuencia.
>
> (RAE, *Gramática de la lengua castellana*, 1771, «Dedicatoria»).

Durante los últimos años las academias intensificaron esfuerzos por conocer el grado de vitalidad y de aceptación de voces, expresiones, construcciones y grafías a lo largo y ancho del mundo hispánico. Esta aproximación siguió una metodología empírica, fundamentada en el testimonio de los corpus. Se adoptó asimismo un concepto menos monolítico de la norma, pues el lenguaje es una institución social, histórica y, por lo tanto, mudable. Lleva en su genética el cromosoma del cambio y, en consonancia con las transformaciones que experimenta, se modifican también los modelos normativos. El uso es lo que determina el sentido de esta evolución. Horacio le atribuía el valor de árbitro, de juez y de norma en una expresión lapidaria: «*si uolet usus*» (*Ars poetica*, 71). Lo que hoy se percibe como extraño, irregular o anómalo puede convertirse en la norma de mañana. Así lo enseña la experiencia: las palabras del latín vulgar que el *Appendix Probi* juzgaba como incorrectas fueron las que triunfaron en las lenguas romances.

La investigación académica abandonó hace ya tiempo la vetusta idea de la norma única. La razón es simple. La percepción de los usos correctos varía no solo de acuerdo con el tiempo, sino también en paralelismo con otros parámetros como la distribución geográfica, los niveles de lengua, las situaciones, los géneros discursivos...

Desde esta óptica, las academias, embarcadas en la defensa de la cohesión panhispánica, realizaron unidas en los últimos tiempos importantes aportaciones al conocimiento y difusión de la norma del español. Crearon departamentos de estudio, servicios de consultas (ahora también en la red) que no solo obtuvieron un gran seguimiento por parte de los ciudadanos, sino que vienen siendo un eficaz observatorio de problemas e innovaciones que se producen en la lengua. Editaron obras de referencia en este dominio: el *Diccionario panhispánico de dudas* (2005) y la *Ortografía de la lengua española* (2010). En el ámbito gramatical, la *Nueva gramática de la lengua española* (2009-2011), aunque esencialmente descriptiva, realizó numerosísimas aportaciones normativas de enorme interés para conocer el grado de aceptación o de rechazo de las estructuras gramaticales.

El buen uso del español es, ante todo, un libro de norma lingüística. Está destinado a la inmensa mayoría, a todos los hablantes que experimentan dudas e incertidumbres ortográficas o gramaticales ante la lengua. Está pensado y organizado para que el acceso a la información sea rápido, el tiempo de consulta sea breve y la explicación resulte intuitiva, clara y suficiente. Organiza el contenido en breves capítulos de dos páginas, dotados de cierta autonomía. Se utiliza un lenguaje sencillo y todas las explicaciones van acompañadas de numerosos ejemplos. En trama gris se destacan las observaciones y consejos de norma que pretenden advertir al lector de frecuentes peligros de incorrección.

El *buen uso del español* se fundamenta en las descripciones formuladas por recientes publicaciones de la RAE y de ASALE, academias que lo avalan y lo aconsejan. Es una nueva muestra de su voluntad de acercarse a todos los hispanohablantes para promover un conocimiento más detallado y consciente de la norma. Se halla en la línea divulgativa que se adopta en las versiones «básica» y «escolar» de las obras de referencia en doctrina académica: la *Nueva gramática de la lengua española* (2009-2011) y la *Ortografía de la lengua española* (2010). Esta obra será el precedente de otras publicaciones cercanas, claras y amigables que, a través del papel o de la pequeña pantalla, se hallen cerca del hablante para resolver sus dudas y mejorar su comprensión y su expresión.

Aunque los juicios sobre la norma se asocian a imposiciones y preceptos, las academias adoptan siempre una actitud positiva. Son conscientes de que promover y educar es más efectivo que prescribir y censurar. Dan a conocer a los hablantes las normas que ellos mismos han aprobado en plebiscito cotidiano, porque tienen la seguridad de que «el buen uso del español» favorecerá su desarrollo personal y social, y de que ayudará a la lengua en la ascensión hacia el esplendor que figura en su lema.

Abreviaturas y signos utilizados en esta obra

Abreviaturas

A	adjetivo	hebr.	hebreo
Adv.	adverbio	ingl.	inglés
al.	alemán	it.	italiano
ant.	antiguo o anticuado	lat.	latín
ár.	árabe	N	nombre
cap.	capítulo	neer.	neerlandés
cat.	catalán	Num	numeral
CD	complemento directo	pág.	página
CI	complemento indirecto	pers.	persona
CR	complemento de régimen preposicional	pl.	plural
Esp.	España	PN	persona y número
esp.	español	pret.	pretérito
eusk.	euskera	TM	tiempo, modo y aspecto verbales
fem.	femenino	V	verbo
fr.	francés	VT	vocal temática

Signos

⊗	Precede a las formas y construcciones consideradas incorrectas.
*	Se antepone a las construcciones que son contrarias a la gramática.
/	Separa alternativas o variantes de los morfemas y de otras unidades gramaticales, así como los miembros de las oposiciones léxicas.
//	Enmarcan fonemas.
˘	Escrito sobre una vocal, indica que esta es breve.
–	Escrito sobre una vocal, indica que esta es larga.
>	Indica derivación o procedencia.
+	Indica combinaciones o concatenaciones.
→	Señala las remisiones a otras páginas o capítulos.
[]	Encierran texto que añade aclaraciones o precisiones. También la pronunciación de palabras o expresiones.
' '	Se emplean para indicar significados y paráfrasis.
« »	Encierran esquemas o pautas de construcción gramatical.
=	Señala equivalencias.

El buen uso
del español

Fonemas y letras

FONEMAS, SONIDOS Y LETRAS

Cuando hablamos, emitimos sonidos. Pero estos sonidos no aparecen aislados, sino que se combinan entre sí formando palabras, unidades lingüísticas dotadas de significado, las cuales, a su vez, se encadenan, según unas reglas gramaticales, para construir enunciados, que son las unidades mínimas capaces de constituir por sí solas un mensaje verbal.

La unidad mínima de la lengua oral es el fonema. Si se comparan entre sí las siguientes palabras:

basa, casa, gasa, masa, tasa,

puede verse que la diferencia radica en los sonidos iniciales, representados respectivamente por las letras *b, c, g, m* y *t*.

Estos sonidos que conllevan un significado diferente en las palabras en las que se encuadran son los llamados fonemas, y cada lengua posee los suyos, esto es, su propio sistema fonológico, que está en la mente de los hablantes. Para identificarlos y distinguirlos gráficamente de las letras, se suelen situar los fonemas entre barras: /a/, /b/...

El encadenamiento de fonemas y su emisión oral constituye la lengua hablada. Pero la mayoría de las lenguas poseen también lengua escrita. La escritura, en las lenguas que tienen un sistema alfabético, se conforma mediante las letras, llamadas también, más técnicamente, grafemas, que son el resultado de representar los fonemas, unidades fónicas, en unidades gráficas.

Así pues, a modo de síntesis:

• Lengua oral: fonemas (unidades fónicas, acústicas).
• Lengua escrita: letras (unidades gráficas, visuales).

LOS FONEMAS DEL ESPAÑOL

El español cuenta, en total, con veinticuatro fonemas, cinco vocálicos y diecinueve consonánticos:

• Vocales: /a/, /e/, /i/, /o/, /u/.
• Consonantes: /b/, /ch/, /d/, /f/, /g/, /j/, /k/, /l/, /ll/, /m/, /n/, /ñ/, /p/, /r/, /rr/, /s/, /t/, /y/, /z/.

No todos los fonemas consonánticos indicados se hallan en todas las variedades lingüísticas del español. En concreto, los fonemas /z/ y /ll/ solo se dan en el habla de una minoría de zonas o de hablantes, mientras que no existen en las variedades más extendidas, lo que da lugar a los fenómenos conocidos como *seseo* y *ceceo*, por un lado, y *yeísmo*, por otro.

LETRAS Y DÍGRAFOS. EL ABECEDARIO

El abecedario o alfabeto es la serie ordenada de las letras que se utilizan para representar gráficamente una lengua de escritura alfabética.

Las letras del abecedario español. El abecedario del español está formado por veintisiete letras. En el cuadro siguiente se ofrecen las formas minúscula y mayúscula de cada letra, y, debajo, su nombre recomendado:

a, A	b, B	c, C	d, D	e, E	f, F	g, G	h, H	i, I
a	be	ce	de	e	efe	ge	hache	i
j, J	k, K	l, L	m, M	n, N	ñ, Ñ	o, O	p, P	q, Q
jota	ka	ele	eme	ene	eñe	o	pe	cu
r, R	s, S	t, T	u, U	v, V	w, W	x, X	y, Y	z, Z
erre	ese	te	u	uve	uve doble	equis	ye	zeta

Los dígrafos. Además de las veintisiete letras que componen el abecedario, el sistema gráfico del español cuenta con cinco dígrafos (combinaciones de dos letras para representar un solo fonema):

- El dígrafo *ch* representa el fonema /ch/: *chapa, abochornar.*
- El dígrafo *ll* representa el fonema /ll/ o, en hablantes yeístas, el fonema /y/: *lluvia, rollo.*
- El dígrafo *gu* representa el fonema /g/ ante *e, i: pliegue, guiño.*
- El dígrafo *qu* representa el fonema /k/ ante *e, i: queso, esquina.*
- El dígrafo *rr* representa el fonema /rr/: *arroz, tierra.*

Tradicionalmente se consideraban también letras los signos *ch* y *ll* (con los nombres respectivos de *che* y *elle*) por representar cada uno de ellos, en exclusiva, un fonema. Sin embargo, recientemente han sido excluidos del abecedario por no ser propiamente letras (unidades gráficas mínimas e indivisibles), sino signos gráficos dobles, compuestos por dos letras ya incluidas de manera individual en el alfabeto.

Las vocales (I). Escritura y uso de los fonemas /a/, /e/, /o/, /i/

ESCRITURA DE LOS FONEMAS /a/, /e/, /o/

No presentan problemas de escritura en español, puesto que cada uno de ellos se corresponde con una sola letra:

a (*ala*), *e* (*ese*), *o* (*olmo*).

ESCRITURA DEL FONEMA /i/

Se puede representar mediante dos letras diferentes:

i (*mi*), *y* (*hay*).

Uso de la letra *i*

- Es la que se usa mayoritariamente, en cualquier posición (*isla, aire, tierno, si*) y siempre que las reglas no obliguen a emplear *y*.
- Se emplea cuando va precedida de consonante: *vi, lila, casi*.
- También en los diptongos *ia, ie, io, iu*: *criatura, cielo, piojo, viuda*.

  En español, casi todas las palabras que comienzan por el fonema /i/ seguido de vocal se escriben con *h*: *hiato, hiedra, hiel, hielo, hiena, hierático, hierba, hierro, hioides*, etc.

  EXCEPCIONES: algunas palabras de origen griego, como *ion, iodo, iota* o *iatrogenia*.

  Cuando el fonema /i/ va a principio de palabra o de sílaba seguido de otra vocal con la que forma diptongo, tiende a pronunciarse como el fonema consonántico /y/; de ahí que algunas palabras tengan dos grafías válidas, como *hiedra* o *yedra, hierba* o *yerba* (aunque no son sinónimos en todos los países), *hierbabuena* o *yerbabuena, deshierbar* o *desyerbar, yatrogenia* o *iatrogenia, yodo* o *iodo*.

  La variante mayoritaria es la que aparece en primer lugar en cada caso.

- Se usa también precedida de otra vocal, formando un diptongo decreciente (*ai, ei, oi, ui*), siempre que no vaya a final de palabra: *aire, peine, oigo, ruido*.

Uso de la letra *y* con valor vocálico.

La letra *y* representa el fonema vocálico /i/:

- Cuando se trata de la conjunción copulativa *y*: *coser y cantar, este y aquel, madera y hierro*.
- A final de palabra, precedida de otra vocal, siempre que /i/ sea átona, es decir, formando diptongo o triptongo (*ay, ey, oy, uy, uay*):

  buey, caray, ley, hoy, Bombay, Uruguay.

  EXCEPCIONES: algunas palabras procedentes de otras lenguas, como *agnusdéi, Hawái, Hanói, moái, saharaui*.

En algunos préstamos se admiten ambas grafías, como en *bonsái* o *bonsay*, *paipái* o *paipay*, *samurái* o *samuray*. Es mayoritaria en el uso en cada caso la que aparece en primer lugar.

Cuando el acento prosódico recae sobre el fonema /i/ se escribe *i*: *alauí*, *caí*, *desoí*, *sonreí*.

- En posición inicial o interior de palabra solo se admite el uso de *y* con valor vocálico en casos muy especiales:

  – Cuando se forma un compuesto con un verbo y un pronombre enclítico: *haylas*, *voyme*.

  – En algunos topónimos y antropónimos, bien como vestigio de la antigua ortografía castellana (*Ayllón*, *Guaymas*, *Yrigoyen*, *Goytisolo*), bien por tratarse de nombres propios foráneos (*Seychelles*).

  – En siglas y acrónimos: *YPF* (Yacimientos Petrolíferos Fiscales), *pyme* (pequeña y mediana empresa).

  > Es ajena a la ortografía española la *y* final precedida de consonante. Por ello, los nombres familiares o hipocorísticos terminados en /i/ precedida de consonante deben escribirse con *-i* (y no con *-y*, como a veces se hace por influjo del inglés):
  >
  > *Cati* (de *Catalina*), *Dani* (de *Daniel*), *Mari* (de *María*), *Toni* (de *Antonio*).
  >
  > Los extranjerismos acabados originariamente en consonante + *y* la cambian por *-i* cuando se adaptan al español, como en los siguientes términos de origen inglés:
  >
  > *curri* (de *curry*), *dandi* (de *dandy*), *panti* (de *panty*), *penalti* (de *penalty*).
  >
  > Lo mismo sucede en interior de palabra, donde, al margen de los casos explicados, el español no admite la grafía *y* con valor vocálico:
  >
  > *aimara* (no ⊗*aymara*), *géiser* (no ⊗*geyser*), *licra* (no ⊗*lycra*).

En todos los demás casos, la letra *y* representa el fonema consonántico /y/:

leyes, *mayo*, *playa*, *rayo*, *subrayar*, *suyo*.

Las vocales (II). El fonema /u/ y las letras *u, w*

ESCRITURA DEL FONEMA /u/

Se puede representar mediante dos letras:

- *u: tubo, tutú, ulular.*
- *w: kiwi, web, waterpolo.*

Uso de la letra *u*. Es la letra genuinamente española para representar el fonema /u/ y puede hacerlo en cualquier posición: *untar, cuerda, tribu, tú.*

Estas son algunas de las peculiaridades de su uso:

- La *u* debe escribirse con diéresis cuando, precedida de *g* y seguida de *e* o de *i*, tiene sonido propio:

  agüero, cigüeña, lingüística, pingüino, vergüenza.

  Así se distingue de los casos en que la *u* es solo el segundo elemento del dígrafo *gu*, que representa en español el fonema /g/ ante las vocales *e, i*:

  águila, guerra, guiñapo, juguete, merengue.

  > No debe trasladarse la diéresis de una palabra a otras voces de su familia que no la requieren: *ambigüedad*, pero *ambiguo*; *argüir*, pero *arguyó*.
  >
  > A su vez, deben escribirse con diéresis los derivados que así lo precisen, aunque no la lleve la palabra a partir de la que se forman: *agüita* (de *agua*), *lengüeta* (de *lengua*).

- En las voces que contienen las sílabas *hua, hue, hui*, sea a comienzo de palabra o no, como *marihuana, huevo, ahuecar, huincha*, suele desarrollarse en la pronunciación un refuerzo consonántico similar al de *gua, güe, güi*, hecho que algunas veces ha pasado a la escritura, por lo que existen palabras con dos grafías, la mayoría préstamos procedentes de lenguas amerindias:

  aguate o *ahuate, huaca* o *guaca, huacal* o *guacal, huincha* o *güincha, guacho* o *huacho, guasca* o *huasca, marihuana* o *mariguana.*

  > En muchos otros casos las variantes con *g-* no son admitidas en la lengua culta y se consideran vulgarismos gráficos, por lo que no deben transcender a la escritura:
  >
  > *huevo*, pero no [⊗]*güevo; hueso*, pero no [⊗]*güeso; huerto*, pero no [⊗]*güerto; parihuela*, pero no [⊗]*parigüela; cacahuete/cacahuate;* pero no [⊗]*cacagüete/*[⊗]*cacaguate; vihuela*, pero no [⊗]*vigüela; chihuahua*, pero no [⊗]*chiguagua.*

Uso de la letra *w* con valor vocálico. La letra *w* puede representar en español dos fonemas: el vocálico /u/ y el consonántico /b/. En este caso interesa el primero, que se produce en las siguientes circunstancias:

- La *w* suena como /u/ en la mayoría de las palabras de origen inglés, adaptadas al español, que la contienen (cuando hay diptongo, suele adquirir el sonido /g/):

  sándwich [sánduich o sánguich], *waterpolo* [guaterpólo], *web* [guéb].

  Adquiere el mismo sentido en voces procedentes de lenguas orientales, semíticas o indígenas:

  taekwondo [taekuóndo], *wau* [guáu], *kiwi* [kígui].

  En otros casos este hecho fonético se produce en derivados de nombres propios que ya contienen la *w*:

  darwinismo [darguinísmo] (de *Darwin*), *hawaiano* [haguayáno] (de *Hawái*).

- Cuando la *w* va precedida o seguida de letras que ya representan el fonema /u/, suele pronunciarse como /b/ o como /gu/ para diferenciar su articulación de la de las letras contiguas:

  Kuwait [kubáit] o [kuguáit], *kuwaití* [kubaití] o [kuguatí], *hollywood(i)ense* [jolibud(i)énse] o [joligud(i)énse].

- Algunas voces de origen foráneo que contienen originariamente *w* la han cambiado por *u* al adaptarse al español. Por ejemplo,

  suajili (del ingl. *swahili*), *suéter* (del ingl. *sweater*),

  o de topónimos como

  Botsuana, Malaui o *Zimbabue* (que sustituyen a las grafías inglesas *Botswana, Malawi* y *Zimbabwe*).

Un caso especial. La RAE propuso hace tiempo la grafía *güisqui* para la voz inglesa *whisk(e)y*. No obstante, el rechazo ha sido mayoritario, por lo que la nueva propuesta es la forma *wiski*, más cercana a la original inglesa, que sigue siendo la más utilizada por el usuario común.

Vocales dobles

SU PRESENCIA EN LA LENGUA

No son muy abundantes en español las palabras que contienen en su interior las secuencias *aa, ee, ii, oo, uu*. La mayoría tienen uno de estos orígenes:

• Extranjerismos o cultismos grecolatinos: *Isaac, neerlandés, duunviro.*

• Palabras derivadas o compuestas en las que el primer elemento acaba en la vocal por la que comienza el siguiente: *re + escribir = reescribir, contra + atacar = contraatacar, anti + imperialismo = antiimperialismo.*

FORMAS DE ESCRITURA: UNA O DOS LETRAS

La presencia de dos vocales iguales contiguas en la grafía de una palabra suele corresponderse, en la lengua oral, especialmente en la pronunciación aislada, con la articulación de una doble vocal: *afrikáans* [a.fri.ká.ans], *leer* [le.ér], *chiita* [chi.í.ta], *loor* [lo.ór], *duunviro* [du.un.bí.ro].

> Téngase en cuenta que, aunque la segunda vocal sea tónica, no debe llevar tilde si no lo exigen las reglas generales de acentuación. Se escribe, pues, *Rociito*, no ⊗*Rociíto; Isaac,* no ⊗*Isaác.* Lo mismo sucede si la tónica es la primera vocal: *Feijoo,* no ⊗*Feijóo; Campoo,* no ⊗*Campóo; Boo,* no ⊗*Bóo; Oraa,* no ⊗*Oráa.*

Son muchos los casos en los que de manera generalizada se produce, al hablar, una reducción, por lo que se articula una sola vocal. Pues bien, esta reducción se traslada en ocasiones a la escritura, hecho que se considera válido. También pueden coexistir, como se verá, las dos grafías.

Sin embargo, dicha reducción no puede realizarse en los siguientes casos:

• Cuando la forma resultante coincide con la de otra palabra ya existente de distinto significado. Así, por ejemplo, se mantienen las dos vocales en

> *reestablecerse* ('volver a establecerse en un lugar') para evitar la coincidencia con *restablecerse* ('recuperarse de una enfermedad'); *reemitir* ('volver a emitir'), distinto de *remitir* ('enviar', 'diferir', 'perder intensidad').

• Cuando la vocal con que comienza la palabra base es por sí misma un prefijo, lo que ocurre frecuentemente con *a-* o *i-* cuando funcionan como prefijos privativos. Así, se mantienen las dos vocales en ejemplos como

> *archiilegal* (*archi-* + *ilegal*), donde la *i-* de *ilegal* es un prefijo, a fin de evitar la confusión con *archilegal* (*archi-* + *legal*); *ultraamoral* (*ultra-* + *amoral*), distinto de *ultramoral* (*ultra-* + *moral*), por la misma razón.

Favorecen la contracción, por el contrario, los compuestos y derivados cuyos componentes tienen mayor longitud, como *meta-, contra-, anti-,* etc., lo que hace que las palabras resultantes sean reconocibles: *metanfetamina, contralmirante, antinflamatorio.*

EJEMPLOS DE LAS DISTINTAS POSIBILIDADES GRÁFICAS

Existen, pues, dos modalidades gráficas: mantenimiento de las dos vocales o posibilidad de elegir entre las dos opciones (mantenimiento o reducción). Estos son algunos ejemplos de ambas:

- Mantenimiento de las dos vocales:
  - *aa.* Normalmente en nombres de origen extranjero: *Aarón, Isaac, El Aaiún;*
  - *ee.* Verbos como *creer, leer, poseer, sobreseer...;* formas verbales como *abofetee, desee, hornee, paseen, peleen...;* sustantivos o adjetivos como *obleero, fideero, acreedor, neerlandés...*
  - *ii: chií, chiita; friísimo, impiísimo...*
  - *oo: zoo* (*zoológico, zoomorfo, espermatozoo*), *loor* y algunos topónimos y antropónimos, como *Campoo, Feijoo.*
  - *uu:* solo en el latinismo *duunviro,* con sus derivados *duunviral* y *duunvirato.*

> Un error muy frecuente obedece al cruce de *prever* ('ver con anticipación', 'disponer lo necesario') con *proveer* ('suministrar'). De este modo, *prever* se convierte en el inexistente ®*preveer,* lo que ocasiona errores en la conjugación, como ®*preveyó,* ®*preveyendo,* en lugar de *previó, previendo,* que son las formas que, como derivado de *ver,* le corresponden.

- Posibilidad de opción entre una o dos vocales. Se trata, generalmente, de palabras compuestas o derivadas, como, entre otras muchas:

  contralmirante o *contraalmirante, contratacar* o *contraatacar, portaviones* o *portaaviones; rembolsar* o *reembolsar, rencontrar* o *reencontrar, prestreno* o *preestreno, sobrentender* o *sobreentender, sobresfuerzo* o *sobreesfuerzo, teleducación* o *teleeducación; antincendio(s)* o *antiincendio(s), antinflamatorio* o *antiinflamatorio, seminconsciente* o *semiinconsciente, polinsaturado* o *poliinsaturado; autobservación* o *autoobservación, euroccidental* o *eurooccidental, microrganismo* o *microorganismo.*

> En los casos en los que la reducción se ha generalizado en la lengua oral, se recomienda que se emplee la grafía simplificada, que es la que ha triunfado históricamente en situaciones similares: *aguardiente, drogadicto, paraguas, resfriar, telespectador, monocular, monóxido.*

Fonemas consonánticos representados por una sola letra

De los diecinueve fonemas consonánticos del español, hay once que ofrecen pocos problemas de escritura, pues siempre utilizan una misma representación:

/ch/, /d/, /f/, /l/, /ll/, /m/, /n/, /ñ/, /p/, /r/, /t/.

Los demás (/b/, /g/, /j/, /k/, /rr/, /s/, /x/, /z/) pueden representarse de varias formas. La letra *h* es muda, salvo en los casos en que representa una aspiración.

FONEMAS REPRESENTADOS POR UNA SOLA LETRA O DÍGRAFO

El fonema /ch/. Se representa con el dígrafo *ch: choza, ancho, ocho, zarévich.*

> El dígrafo *ch* nunca debe pronunciarse en español con otro valor que no sea el del fonema /ch/, ni siquiera en palabras procedentes de idiomas en los que tiene otra pronunciación.

El fonema /d/. Se representa con la letra *d: dado, madrina, advertir, verdad.*

> A final de palabra, muchos hablantes tienden a alterar el sonido de la *d,* pronunciándola, bien como /z/ [maldáz], bien como /t/ [maldát]. Ninguna de las dos pronunciaciones es adecuada. Hay que procurar acercarse en lo posible a una /d/ suave con cierto grado de fricción.

El fonema /f/. Se representa con la letra *f: fresco, zafiro, afgano, rosbif.*

El fonema /l/. Se representa con la letra *l: luego, pala, blusa, alfombra, mal.*

El fonema /ll/. Se representa con el dígrafo *ll: lluvia, calle, conllevar.*

En español, la *ll* no aparece en posición final. Se conserva, sin embargo, en algunos topónimos y antropónimos de origen catalán, como *Sabadell, Martorell, Ripoll, Maragall...*

Téngase en cuenta, no obstante, que, para los hablantes yeístas, la *ll* representa el fonema /y/ → págs. 26-27.

El fonema /m/. Se escribe con la letra *m: manto, amanecer, amplio, islam.*

> Delante de *f* nunca se escribe *m,* sino *n,* en español. Por tanto, en las palabras de origen extranjero incorporadas al léxico español hay que realizar la adaptación pertinente. Así, no se debe escribir ⊗*comfort,* sino *confort;* lo correcto no es ⊗*cloramfenicol,* sino *cloranfenicol.*

El fonema /n/. Se representa con la letra *n*: *nublado, banana/banano, antes, son.*

Hay que tener en cuenta algunas precisiones:

- Recuérdese que delante de *p* y *b* se escribe siempre *m*: *ambos, cambio, campo, empezar.*

> Cuando se antepone una palabra o un prefijo terminados en *n* a un término que comienza por *p* o *b*, dicha *n* debe transformarse en *m*: *biempensante* (de *bien + pensante*), *ciempiés* (de *cien + pies*), *embotellar* (de *en-* + *botella* + *-ar*). Son incorrectas, por tanto, grafías como ⊗*bienpensante*, ⊗*cienpiés* o ⊗*enbotellar.*

- Delante de *v* se escribe siempre *n*: *enviar, invierno, envasar, convoy.*
- Cuando concurren los fonemas /n/ y /m/ pueden darse estos casos:
  - Delante de *n* puede aparecer *m* (grupo *mn*: *himno, solemne*), pero también *n* (grupo *nn*), en voces como *perenne* o *jiennense*, y en palabras formadas con los prefijos *circun-, con-, en-, in-, sin-*: *circunnavegar, connatural, ennoblecer, innumerable, sinnúmero.*
  - Delante de *m* lo habitual es que se escriba *n*: *inmóvil, enmascarar, inmejorable, Inmaculada, conmover.*

    Como puede verse, suele tratarse de casos de prefijos antepuestos a palabras comenzadas por *m-*.

El fonema /ñ/. Se representa con la letra *ñ*: *ñame, español.*

El fonema /p/. Se representa con la letra *p*: *pulcro, caparazón, pradera, adoptar, chip.*

El fonema /r/. Se representa con la letra *r*: *cara, abrazo, tarde, sacar.*

Este fonema puede aparecer en diferentes posiciones:

- Entre vocales: *cara, pero.*
- Detrás de una consonante perteneciente a su misma sílaba: *sobre, drama, escrito, ofrenda, grupo, prosa, tripa.*
- En posición final de sílaba o de palabra: *carta, subir.*
- No puede aparecer nunca a comienzo de palabra, pues en ese caso la letra *r* representa el fonema /rr/.

El fonema /t/. Se representa con la letra *t*: *tubería, estado, contrario, atlas, robot.*

El fonema /b/ y las letras *b, v, w* (I)

EL FONEMA /b/ Y LAS LETRAS CON QUE SE REPRESENTA

En español, el fonema /b/ puede ser gráficamente representado por tres letras distintas: *b, v, w*.

Las letras *b* y *v*. Son las letras propiamente españolas para representar el fonema /b/, ya que ambas formaban parte del alfabeto latino y pasaron a nuestro sistema de escritura. No se usan para ningún otro fonema.

No hay en el español actual ninguna diferencia en la pronunciación de *b* y *v*. Existió en el español primitivo, pero hace tiempo que desapareció. Por tanto, no hay razón para articular la *v* apoyando los dientes superiores sobre el labio inferior, como en otros idiomas. Así pues, palabras como *botar* y *votar*, *bello* y *vello* se pronuncian exactamente igual.

La distribución de *b* y *v* está condicionada por varios factores:

- El uso de una u otra depende generalmente de la etimología. En la mayoría de los casos se mantiene la letra presente en la lengua de la que procede el término, sea el latín u otras:

  beber (del lat. *bibĕre*), *vivir* (del lat. *vivĕre*), *bulbo* (del lat. *bulbus*), *vulgo* (del lat. *vulgus*), *valija* (del it. *valigia*), *taburete* (del fr. *tabouret*), *tobogán* (del ingl. *toboggan*).

- No faltan, con todo, los casos de distribución antietimológica, es decir, con cambios respecto del origen:

  avellana (del lat. *abellāna*), *barbecho* (del lat. *vervactum*), *móvil* (del lat. *mobĭlis*), *arquitrabe* (del it. *architrave*), *arribista* (del fr. *arriviste*), *esbelto* (del it. *svelto*).

- Por otra parte, en muchas palabras que se escriben con *b*, esta letra se corresponde con una -*p*- intervocálica en el término latino del que proceden, ya que, en el proceso de evolución del latín al español, el fonema /p/ pasa a /b/ en dicha posición:

  lobo (del lat. *lupus*), *rabo* (del lat. *rapum*), *recibir* (del lat. *recipĕre*), *saber* (del lat. *sapĕre*).

- Hay algunos casos en los que el uso ha consolidado como válida la escritura con *b* o con *v* para una misma palabra, dando lugar a variantes gráficas igualmente admitidas:

  bargueño o *vargueño*, *boceras* o *voceras*, *cebiche/sebiche* o *ceviche/seviche*, *endibia/endivia*.

En todos ellos, con el fin de ir eliminando en lo posible esta anomalía, debe preferirse la grafía con *b*.

Las grafías *Serbia* y *serbio/-a* son en la actualidad las únicas válidas para escribir el nombre de ese país balcánico y su gentilicio. Las formas *Servia* y *servio/-a* han caído en desuso.

En muchos de los casos que se han ido enumerando, no se pueden acuñar reglas distintas del conocimiento de los étimos. Por ello, el uso correcto queda encomendado a la observación, a la memoria gráfica y a la práctica de la lectura y de la escritura, o bien a la consulta del diccionario.

No obstante, aun sin existir criterios fijos, hay pautas orientadoras para el uso de una u otra letra en determinados contextos. En el capítulo siguiente se enumeran algunas de las más conocidas.

Uso de la letra w. Inexistente en latín, entró en el español por la vía del préstamo y solo se emplea en la escritura de voces procedentes de otras lenguas. Aunque se utiliza en ocasiones para representar el fonema /u/, se usa también como forma de escritura del fonema /b/, fundamentalmente en estos casos:

• En nombres propios de origen visigodo:

   Wamba, Wifredo, Witiza.

• En préstamos del alemán, así como en topónimos y antropónimos alemanes y sus derivados:

   wolframio, Wagner, wagneriano, Westfalia, westfaliano.

• En topónimos y antropónimos de otras lenguas europeas, como el polaco o el neerlandés:

   Kowalski (apellido polaco), *Van der Weyden* (apellido neerlandés).

De algunas de las palabras citadas existen variantes gráficas con *v*:

   Vifredo, Vitiza, volframio, vestfaliano, veimarés,

o, rara vez, con *b: Bamba,* pero son mayoritarias en el uso las grafías con la *w* etimológica.

El fonema /b/ y las letras *b*, *v*, *w* (II). Pautas de empleo

PAUTAS ORIENTADORAS SOBRE EL USO DE LAS LETRAS *B* Y *V*

Contextos en los que se usa la letra *b*

- Cuando precede a otra consonante o en posición final: *abdicación, absolver, amable, brazo, obtener, obvio, baobab, club, esnob.*

  EXCEPCIONES: *ovni, molotov* y algunos nombres eslavos, como *Kiev, Romanov.*

- Detrás de la sílaba *tur: disturbio, perturbar, turbina.*

- En las palabras que empiezan por las sílabas *bu-, bur-* y *bus-: bula, burla, buscar.*

  EXCEPCIONES: *vudú* y sus derivados.

- En las terminaciones *-aba, -abas, -ábamos, -abais, -aban* del pretérito imperfecto de indicativo de los verbos de la 1.ª conjugación: *amaba, cantábamos.*

- En las formas *iba, ibas, íbamos, ibais, iban* del verbo *ir.*

- En los verbos terminados en *-bir: escribir, prohibir, recibir, sucumbir.*

  EXCEPCIONES: *hervir, servir, vivir* y sus derivados.

- En los verbos terminados en *-buir: atribuir, contribuir, retribuir.*

- En las palabras acabadas en *-bilidad: amabilidad, habilidad, posibilidad.*

  EXCEPCIONES: *civilidad, movilidad* y sus derivados.

- En las acabadas en *-bundo* o *-bunda: tremebundo, vagabundo, abunda.*

- En las palabras compuestas cuyo primer elemento es *bien* o empiezan por su forma latina *ben(e): bienestar, bienvenido, bendecir, beneficio.*

- En las que contienen los siguientes prefijos o elementos compositivos:

  — *bi-, bis-, biz-* ('dos' o 'dos veces'): *bilingüe, bisnieto, bizcocho;*

  — *bibli(o)-* ('libro'): *biblia, bibliobús, biblioteca;*

  — *bio-, -bio* ('vida'): *biodiversidad, biografía, microbio;*

  — *sub-* ('bajo o debajo de'): *subacuático, subíndice, subinspector.*

- En las compuestas cuyo último elemento es *-fobia* ('aversión o temor') o *-fobo/a* ('que siente aversión o temor'): *claustrofobia, homófobo, xenófoba.*

- En los verbos *beber, caber, deber, haber, saber* y *sorber,* en sus derivados y en las voces de sus familias léxicas:

  bebí, bebedor, cabemos, cabida, deben, débito, hubiera, habiente, sabemos, sabio, sorbió, sorbete, absorbe, absorbente.

Contextos en que se usa la letra *v*

- En las palabras en que las letras *b* o *d* preceden al fonema /b/: *adverbio, animadversión, obvio, subvención.*

EXCEPCIONES: palabras en las que el prefijo *sub-* se antepone a una voz que comienza por *b*, como en *subbloque*.

- Detrás de la secuencia *ol*: *disolver, olvidar, polvo, solvencia.*
- En las palabras que empiezan por *eva-, eve-, evi-* y *evo-*: *evasión, eventual, evitar, evolución.*

EXCEPCIONES: *ébano* y sus derivados *ebanista* y *ebanistería.*

- En las que comienzan por la sílaba *di-*: *diva, divergencia, dividir.*

EXCEPCIONES: *dibujo* y sus derivados.

- En las que se inician con las sílabas *lla-, lle-, llo-* y *llu-*: *llave, llevar, llovizna, lluvia.*
- En las que empiezan por el prefijo *vice-, viz-* o *vi-* ('que hace las veces de'): *vicealmirante, vizconde, virrey.*
- En los adjetivos llanos terminados en *-ave, -avo/a, -eve, -evo/a, -ivo/a*:

  grave, esclavo, octava, leve, longevo, nueva, decisivo, activa.

- En las palabras terminadas en *-ívoro/a*, como *carnívoro, herbívora.*

EXCEPCIÓN: *víbora.*

- En las terminadas en *-valencia* y *-valente* (de *valer*): *equivalencia, polivalente.*
- En las formas de los verbos *andar, estar, tener* e *ir*, y sus derivados, que contienen el fonema /b/:

  anduviste, desanduvo, estuvieron, tuvo, mantuviere, vaya, ve, voy.

EXCEPCIÓN: las formas del pretérito imperfecto de indicativo, como *andaba, estábamos, iban.*

- En los verbos *mover, valer, venir, ver* y *volar* y sus derivados, así como en todas las voces de sus familias léxicas:

  muevo, movimiento, conmover, promover, valgo, valioso, vendremos, venidero, prevenir, vería, vidente, prever, vuelo, volante, etc.

Los fonemas /g/, /j/ y las letras *g, j* (I)

EL FONEMA /g/ Y SU REPRESENTACIÓN GRÁFICA

El fonema /g/ es, para evitar dudas, el que aparece en la palabra *gato*. En la escritura se refleja con la letra *g* o con el dígrafo *gu*. La elección depende del contexto, esto es, de la posición que ocupe en la palabra y, en especial, de cuál sea el fonema siguiente. Esta es la manera en que se distribuyen:

Uso de la letra *g* para el fonema /g/. Se emplea en los siguientes casos:

- Ante las vocales *a, o, u: gallo, ciego, gusto.*
- Ante consonante: *dogma, grande, regla.*
- A final de palabra: *tuareg, zigzag.*

Los préstamos del inglés que en esa lengua presentan la terminación *-ing* se han adaptado tradicionalmente eliminando la *-g* final: *esmoquin* (del ingl. *smoking*), *mitin* (del ingl. *meeting*).

Se recomienda seguir acomodando a esta pauta los anglicismos que circulan hoy con esa misma configuración si se decide adaptarlos al español: *campin* (del ingl. *camping*), *cáterin* (del ingl. *catering*), *pirsin* (del ingl. *piercing*), etc.

Uso del dígrafo *gu*. Aparece ante las vocales *e, i:*

burgués, guerra, alguien, guisar.

La *u* del dígrafo es aquí un mero signo gráfico, sin valor fónico independiente. Recuérdese que, para indicar que la *u* de este grupo se pronuncia, hay que colocar diéresis sobre ella: *pedigüeño, pingüino.*

Los derivados, compuestos y formas flexivas deben seguir la pauta general aquí señalada. Así, se escribe *larguirucho* (de *largo*), *cuelgue* (de *colgar*), *droguería* (de *droga*) y *averigüe* (de *averiguar*).

EL FONEMA /j/ Y SU REPRESENTACIÓN GRÁFICA

En español, el fonema /j/ se representa en la escritura por medio de dos letras: *j* y *g.*

También puede aparecer ocasionalmente representado por la letra *x,* lo que solo ocurre con ciertos topónimos y antropónimos que mantienen una grafía arcaica: *México, Texas, Ximénez.*

Uso de la letra *j*. Puede aparecer en cualquier posición (inicial, medial o final) y ante cualquiera de las vocales:

jabalí, jeta, jirafa, dijo, perjuicio, reloj.

Uso de la letra *g* para el fonema /j/. La *g* solo representa el fonema /j/ delante de las vocales *e, i:*

gente, esfinge, girar, alergia.

La elección de *g* o *j* ante *e, i*. La posibilidad de que aparezca una u otra letra ante *e, i* es fuente de numerosas dudas ortográficas.

A menudo la elección se basa en la etimología, como ocurre en

congelar (del lat. *congelāre*), *cónyuge* (del lat. *coniux -ŭgis*), *generoso* (del lat. *generōsus*), *genético* (del gr. *gennētikós*), *magenta* (del it. *magenta*), *higiene* (del fr. *hygiène*),

pero el hablante no siempre puede conocerla.

Además, la etimología no es determinante en todos los casos, ya que son muchas las excepciones; por ejemplo:

homenaje (del prov. *homenatge*), *jirafa* (del it. *giraffa*), *menaje* (del fr. *ménage*) o *viaje* (del cat. *viatge*).

Seguir estrictamente el criterio etimológico puede causar problemas. Por ejemplo, muchas palabras españolas acabadas en *-aje* proceden de voces francesas terminadas en *-age*. Por esa razón, es frecuente ver escrito ⊗*garage*, ⊗*bricolage*, ⊗*potage*, ⊗*camuflage*, ⊗*chantage*, ⊗*masage* y otras, como sería en francés, cuando en español las grafías correctas son *garaje, bricolaje, potaje, camuflaje, chantaje* y *masaje.*

Una vez más deben actuar la memoria gráfica, la práctica de la lectura y la escritura, y la consulta al diccionario. No obstante, en el capítulo siguiente se ofrecen algunas notas orientadoras que pueden ayudar a seleccionar la grafía adecuada.

Palabras que pueden escribirse indistintamente con *j* o con *g* ante *e, i*. Se citan a continuación las voces de empleo más frecuente que presentan variantes gráficas admitidas con *g* y con *j* ante *e, i*. Debe preferirse la que aparece escrita en primer lugar:

jenízaro o *genízaro, jerbo* o *gerbo, gineta* o *jineta, hégira* o *héjira, jiennense* o *giennense, pagel* o *pajel.*

Los fonemas /g/, /j/ y las letras *g*, *j* (II). Pautas de empleo

PAUTAS ORIENTADORAS SOBRE EL USO DE *G* O *J* ANTE *E, I*

Uso de *g*

* En las palabras que contienen la sílaba *gen*, como las que acaban en -*gencia* o -*gente*:

  aborigen, agencia, contingente, engendrar.

  EXCEPCIONES: *ajenjo, jején, jengibre* y *ojén*, y las formas de los verbos terminados en -*jar*, -*jer*, -*jir* (*bajen, tejen, crujen,* etc.).

* En las que contienen la secuencia *gest*:

  congestión, digestivo, gesta, gestor, sugestión.

  EXCEPCIONES: *majestad* (y sus derivados) y *vejestorio.*

* En las palabras que contienen la secuencia *inge*:

  esfinge, faringe, ingeniero, ingenuo, ingerir ('comer, tragar').

  EXCEPCIONES: *injerir(se)* ('introducir una cosa en otra', 'entrometerse'), *injerencia* e *injerto* y sus derivados (*injertar,* etc.).

* En las que contienen las secuencias *gia, gio*:

  alergia, orgía, artilugio, liturgia, plagio, vestigio.

  EXCEPCIONES: *bujía, canonjía, crujía, herejía* y *lejía*, y las terminadas en -*plejia* o -*plejía* (*apoplejía, paraplejia* o *paraplejía,* etc.).

* En las que empiezan por *gene-, geni-, geno-, genu-*:

  generoso, genio, genocidio, genuino.

* En las que se inician con *legi-*: *legible, legión, legislar, legítimo.*

  EXCEPCIONES: *lejía* y los derivados de *lejos* (*lejísimos, lejitos*).

* En las que acaban en -*gésimo/a*, -*gesimal* y -*ginoso/a*:

  vigésimo, sexagesimal, cartilaginoso.

* En las formas que contienen el fonema /j/ ante -*e*, -*i* de los verbos terminados en -*ger*, -*gir* e -*igerar*:

  emergemos, protege, fingía, regimos, pero *emerjo, proteja, finjo, rijamos.*

  EXCEPCIONES: *tejer, crujir* y sus derivados.

* En las palabras que contienen los siguientes elementos compositivos:

  geo-, -*geo* ('tierra'): *geógrafo, geometría, hipogeo;*

  ger(onto)- ('vejez', 'viejo'): *geriatría, gerontocracia;*

  giga- ('mil millones de veces'): *gigahercio, gigavatio;*

  gine(co)- ('mujer'): *gineceo, ginecólogo.*

- Las que acaban en los siguientes elementos compositivos:

  -algia ('dolor'): *lumbalgia, neuralgia;*

  -fagia ('acción de comer o tragar'): *aerofagia, antropofagia;*

  -génesis ('origen o principio'), *-genia* ('origen o formación'), *-génito/a* ('nacido, engendrado') o *-geno/a* ('que produce o es producido'): *orogénesis, criogenia, congénito, primogénita, alérgeno, cancerígena;*

  -gero/a ('que lleva o produce'): *alígero, flamígera;*

  -logía ('estudio, disciplina científica') y *-lógico/a: ecología, biológico;*

  -rragia ('flujo o derramamiento'): *blenorragia, hemorragia.*

Uso de *j*

- En las palabras que empiezan por *eje-* o acaban en *-aje, -eje:*

  ejecutar, ejemplo, ejército; abordaje, brebaje, esqueje, hereje.

  EXCEPCIONES: algunos topónimos y antropónimos, como *Egeo* o *Egeria,* y el plural *ambages* ('rodeos'), usado en la locución *sin ambages.*

- En las que acaban en *-jero/a* y *-jería:*

  cajero, callejero, extranjero; brujería, cerrajería, consejería.

  EXCEPCIÓN: *ligero/a.*

- En los verbos terminados en *-jear:*

  chantajear, cojear, homenajear.

- En todas las formas verbales que contienen el fonema /j/ y corresponden a verbos cuyo infinitivo carece de él, como *decir, traer* (y sus derivados) y los acabados en *-ducir:*

  dije, dijera (de *decir*); *predijéramos, predijere* (de *predecir*); *produjiste, produjesen* (de *producir*); *trajiste, trajeran* (de *traer*).

Representación gráfica del fonema /k/ y del fonema /rr/

EL FONEMA /k/ Y SU REPRESENTACIÓN GRÁFICA

El fonema /k/ puede representarse en español de tres maneras distintas: con las letras *c* y *k*, y con el dígrafo *qu*.

Uso de la letra c para el fonema /k/. Se emplea la letra *c:*

- Ante las vocales /a/, /o/, /u/: *casa, poco, oculto.*
- Ante consonante: *aclamar, cráter, pacto, técnico.*
- A final de palabra: *clic, tictac, cómic, frac.*

Uso del dígrafo qu. Se emplea el dígrafo *qu* ante las vocales /e/, /i/: *esquema, quimera.*

> Recuérdese que la *u* de este dígrafo no se pronuncia, es un mero signo gráfico que no representa ningún fonema. Los extranjerismos con el dígrafo *qu* en los cuales la *u* tiene valor fónico deben adaptarse al español con *c: cuark, cuásar.* La letra *q* siempre forma parte del dígrafo *qu,* por lo cual no son admisibles en español las grafías ⊗*Iraq,* ⊗*Qatar,* que deben adaptarse como *Irak, Catar.* Así, deben escribirse, por ejemplo, *cuark, cuásar, Irak* y *Catar,* y evitarse ⊗*quark,* ⊗*quásar,* ⊗*Iraq* y ⊗*Qatar.*

Uso de la letra k. La letra *k* puede aparecer en cualquier posición. Concurren las siguientes circunstancias:

- Las palabras que se escriben con ella son préstamos de diversas lenguas. Por ejemplo:

  bikini (inglés), *búnker* (alemán), *anorak* (francés), *vodka* (ruso), *páprika* o *paprika* (húngaro), *afrikáner* (neerlandés), *eureka* (griego), *euskera* (vasco), *karaoke* (japonés), *kebab* (árabe), *kipá* (hebreo), *karma* (sánscrito).

  Se pueden añadir otras voces procedentes de lenguas caucásicas, amerindias, asiáticas, oceánicas o africanas:

  kéfir, kiwi, koala, okapi, ukelele.

- Se encuentra también en muchos topónimos y antropónimos, y sus derivados, de distintos orígenes:

  Alaska, alaskeño; Kafka, kafkiano; Kant, kantiano; Kenia, keniano o keniata; Pakistán, pakistaní; Pekín, pekinés; Uzbekistán, uzbeko.

- Se mantiene en los elementos compositivos de procedencia griega *kili-, kilo-* y *kinesi(o)-, -kinesia,* presentes en numerosos términos de carácter científico:

  kiliárea, kilómetro, kinesiología, telekinesia.

Las variantes *quili-*, *quilo-* (*quiliárea*, *quilómetro*, *quilogramo*) han caído en desuso y no es aconsejable utilizarlas. Las formas *quinesi(o)* y *quinesia* prevalecen, junto a las variantes con *k*, cuando ocupan la parte final de una palabra compuesta (*telequinesis*, *telequinesia*), mientras que, si se sitúan al comienzo, se usan mayoritariamente las formas con *k*: *kines(i)oterapia*.

- Las diversas posibilidades de representación del fonema /k/ han propiciado numerosas variantes gráficas en la escritura de préstamos de otras lenguas que lo incluyen, en los que la letra *k* alterna con *c* o con *qu*. Estos son algunos:

  bikini o *biquini*, *criptón* o *kriptón*, *cuáquero/a* o *cuákero/a*, *folclor(e)* o *folklor(e)*, *harakiri* o *haraquiri*, *kermés* o *quermés*, *kimono* o *quimono*, *kurdo/a* o *curdo/a*, *moka* o *moca*, *polca* o *polka*, *póker* o *póquer*, *queroseno* o *keroseno*, *quiosco* o *kiosco*, *telequinesia* o *telekinesia*, *valquiria* o *valkiria*, *vodka* o *vodca*.

  Son mayoritarias en el uso las variantes que aparecen en primer lugar.

Grafías complejas como *ck* y *cq*, que en otras lenguas representan el fonema /k/, son ajenas a la escritura española, por lo que deben evitarse, salvo que los términos que las contienen se usen como extranjerismos crudos. Así, debe escribirse, por ejemplo, *carric* (del fr. *carrick*), *crac* (del ing. *crack*), *críquet* (del ing. *cricket*), *niqui* (del al. *Nicki*), *tique* (del ingl. *ticket*).

REPRESENTACIÓN GRÁFICA DEL FONEMA /rr/

El fonema /rr/ puede representarse mediante la letra *r* o con el dígrafo *rr*.

Uso de la letra *r* para el fonema /rr/. Se emplea:

- En posición inicial de palabra: *rompe*, *rueda*.
- Detrás de una consonante perteneciente a la sílaba anterior, normalmente *l*, *n* o *s*: *alrededor*, *honrado*, *israelí*, *exrepresentante*.

Uso del dígrafo *rr*. Se utiliza el dígrafo *rr* en posición intervocálica: *arruga*, *barrio*, *terrible*.

En las voces prefijadas o compuestas, debe escribirse *rr* si el fonema /rr/ queda en posición intervocálica, aunque en la palabra base haya *r* por ir aquel en posición inicial: *antirrobo* (de *anti* + *robo*), *vicerrector* (de *vice* + *rector*), *guardarropa* (de *guarda* + *ropa*), *hazmerreír* (de *haz* + *me* + *reír*).

Representación gráfica de los fonemas /z/ y /s/

EL FONEMA /z/

El fonema /z/ solo existe en el habla de una minoría de hispanohablantes (los que distinguen los fonemas /z/ y /s/). Para representarlo gráficamente se usan dos letras: la *z* y la *c*.

Uso de la letra z. Se emplea en estos casos:

- Ante las vocales /a/, /o/, /u/: *zapato, razonable, azufre.*
- Ante consonante: *amanezca, brizna, juzgar.*
- En posición final de palabra: *feliz, luz.*

Uso de la letra c. Representa el fonema /z/ ante las vocales /e/, /i/:

   ceder, cacería, condición, gracias.

Uso excepcional de z ante e, i. Por razones etimológicas, hay palabras que se escriben con *z* ante *e, i,* entre las que están las siguientes:

- El nombre de la propia letra *z: zeta.*
- Algunos préstamos de otras lenguas que contienen esta letra en su grafía originaria o en su transcripción:

   askenazi o *askenazí, enzima, kamikaze, nazi, razia, zéjel, zepelín, zeugma, zigurat, zíper.*

- Algunas onomatopeyas: *zigzag, zipizape, zis.*
- Ciertos topónimos y antropónimos de origen foráneo y sus derivados:

   Azerbaiyán, azerbaiyano, azerí; Nueva Zelanda, neozelandés; Ezequiel, Zenón, Zeus.

Palabras que pueden escribirse con c o con z. Hay palabras que admiten las dos grafías ante las vocales *e, i.* Entre ellas están las que siguen:

   ácimo o *ázimo, acimut* o *azimut, bencina* o *benzina, cigoto* o *zigoto, cinc* o *zinc, cíngaro* o *zíngaro, circonio* o *zirconio, circonita* o *zirconita, eccema* o *eczema, magacín* o *magazín.*

Deben preferirse las formas con *c* por ser las más acordes con el sistema gráfico español.

EL FONEMA /s/

En la escritura, el fonema /s/ puede ser representado por las letras *s* y *x*, y, además, en zonas de seseo, por *z* y *c* (ante *e, i*). Sin embargo, no todas ellas tienen el mismo uso ni abarcan la misma extensión geográfica.

Uso de la letra s. Es la que se emplea de forma mayoritaria y sin restricciones para representar este fonema, en todas las áreas y en cualquier posición (inicial, medial o final) en la palabra:

saber, piso, estrella, además.

Uso de la letra x para el fonema /s/. La letra *x* representa el fonema /s/ cuando aparece a principio de palabra, lo que solo sucede, en el español general, en cultismos de origen griego, entre ellos los formados con varios elementos compositivos, y en algunas voces de origen indígena:

xeno- ('extranjero'): *xenofobia* [senofóbia];
xero- ('seco'): *xerocopia* [serokópia];
xilo- ('madera'): *xilófono* [silófono].
Xochimilco (nombre propio) [sochimílko]

En zonas seseantes. Como consecuencia del seseo, para gran parte de los hispanohablantes el fonema /s/ también puede aparecer representado por la *c* (ante *e, i*) y por la *z:*

cera [séra], *cielo* [siélo], *lazo* [láso].

Palabras que pueden escribirse tanto con s como con z o c. Hay palabras que presentan estas dos posibilidades de escritura sin cambio de significado. Se registran a continuación algunas muestras (las formas más usadas son las que aparecen en primer lugar):

bisnieto/-ta o *biznieto/-ta, bizcocho* o *biscocho, casabe* o *cazabe, cascarria* o *cazcarria, cebiche* o *sebiche, Curazao* o *Curasao, cuscús* o *cuzcuz, Cuzco* o *Cusco, manisero/-ra* o *manicero/-ra, mezcolanza* o *mescolanza, parduzco/-ca* o *pardusco/-ca, petiso/-sa* o *petizo/-za, pretencioso/-sa* o *pretensioso/-sa, verduzco/-ca* o *verdusco/-ca, zonzo/-za* o *sonso/-sa, zopilote* o *sopilote, zuncho* o *suncho.*

Estas variantes son solo gráficas para los hispanohablantes que sesean o cecean, pues las dos letras representan para ellos el mismo fonema; en cambio, para la minoría de los hispanohablantes que sí distinguen los dos fonemas, lo son también de pronunciación.

El seseo y el ceceo

Mientras que en el español de la mayor parte de España se oponen dos fonemas diferentes, /s/ y /z/, en el español de América, Canarias y casi toda Andalucía estos se reducen a uno solo (bien articulado como /s/, bien pronunciado como /z/), originando así estos dos fenómenos.

EL SESEO

El espacio de los fonemas /s/ y /z/ es ocupado en las zonas seseantes solo por /s/, con lo que las letras *c* (ante *e*, *i*) y *z* se pronuncian como /s/:

plaza [plása], *cereza* [serésa], *cielo* [siélo], *trozo* [tróso], *limpieza* [limpiésa].

Se extiende por todas las zonas indicadas.

EL CECEO

Es el fenómeno contrario al seseo, es decir, el fonema /s/ desaparece y su espacio es ocupado por el fonema /z/: *sombra* [zómbra], *clase* [cláze], *siempre* [ziémpre].

El ceceo es minoritario y solo se registra en algunas áreas de Andalucía y de América.

Desde el punto de vista sociolingüístico, el seseo goza de total aceptación, mientras que el ceceo carece de prestigio y los hablantes cultos de las zonas donde se produce tienden a evitarlo.

CONSECUENCIAS ORTOGRÁFICAS

Los hispanohablantes de las zonas citadas pronuncian igual pares de palabras como estos:

abrasar y *abrazar*, *casa* y *caza*, *cima* y *sima*, *coser* y *cocer*, *encausar* y *encauzar*.

Quienes sesean los pronuncian como [abrasár], [kása], [síma], [kosér], [enkáusar].

Quienes cecean lo hacen como [abrazár], [káza], [zíma], [kozér], [enkauzár].

Esto se convierte en fuente de numerosos problemas ortográficos adicionales, que no tienen los hablantes que separan ambas pronunciaciones.

LAS TERMINACIONES -sión, -ción, -cción

Se ofrecen a continuación unas notas orientadoras sobre el uso de la grafía adecuada en estas terminaciones, que resultan más problemáticas.

Palabras acabadas en -sión

- Con algunas excepciones, los derivados de verbos en *-der, -dir, -ter, -tir* que no conservan la *t* o la *d* de la última sílaba del infinitivo: *comprensión* (de *comprender*), *persuasión* (de *persuadir*), *diversión* (de *divertir*). Cuando sí la conservan, acaban en *-ción: perdición* (de *perder*), *competición* (de *competir*).

- Los derivados de verbos terminados en *-sar* que pierden la sílaba *-sa-*:

  dispersión (de *dispersar*), *progresión* (de *progresar*).

  Cuando sí la contienen, terminan en *-ción: acusación* (de *acusar*), *improvisación* (de *improvisar*).

- Los derivados de verbos terminados en *-primir* o *-cluir*:

  opresión (de *oprimir*), *conclusión* (de *concluir*).

Palabras acabadas en -ción

- Los derivados de verbos acabados en *-ar: acusación* (de *acusar*), *comunicación* (de *comunicar*), *canción* (de *cantar*). Se exceptúan los derivados de esta clase de verbos que pierden la sílaba *-sa-: confesión* (de *confesar*), *expresión* (de *expresar*), *profesión* (de *profesar*).

- Los derivados de verbos terminados en *-der, -dir, -tir*, cuando conservan la *d* o la *t* de la última sílaba del infinitivo:

  perdición (de *perder*), *fundición* (de *fundir*), *repetición* (de *repetir*).

- Excepto *visión, previsión* y *provisión*, los que pertenecen a la misma familia léxica de adjetivos terminados en *-to*:

  absorción (*absorto*), *devoción* (*devoto*), *discreción* (*discreto*).

- Los sustantivos terminados en *-pción* o *-unción*:

  adopción, descripción, función, presunción.

Palabras acabadas en -cción

- Entre las voces que contienen el sufijo *-ción*, se escriben con *-cc-* todas las que tienen en su familia léxica alguna palabra con el grupo *-ct-*:

  acción (*acto*), *adicción* (*adicto*), *construcción* (*constructor*), *dirección* (*director*), *elección* (*elector*), *ficción* (*ficticio*), *infección* (*infectar*), *infracción* (*infractor*), *reacción* (*reactor*), *traducción* (*traductor*).

- Las que no cumplen esa condición, se escriben con una sola *c: aclamación, discreción, emigración, evaluación, función, relación, secreción*, etc.

Los fonemas /y/, /ll/ y las letras *y, ll.* El yeísmo

En torno a la pronunciación de estos dos fonemas, los hablantes de español se dividen en yeístas y no yeístas:

- **Hablantes yeístas.** Para ellos, no existe el fonema /ll/; sus usos han sido absorbidos por el fonema /y/.
- **Hablantes no yeístas.** Constituyen una minoría y distinguen la oposición de fonemas /y/ y /ll/.

De acuerdo con esto, el reflejo en la escritura para unos y otros es como sigue:

- **Hablantes no yeístas:** /ll/ se escribe con *ll;* /y/ se escribe con *y.*
- **Hablantes yeístas:** /y/ se escribe con *y* o con *ll.*

Los problemas ortográficos atañen, por tanto, a los hablantes yeístas, pues deben distinguir en la escritura las grafías *y* y *ll,* aunque las pronuncien igual.

EL YEÍSMO

De acuerdo con lo dicho, el yeísta no diferencia los fonemas /ll/ y /y/. Como resultado, pronuncia el dígrafo *ll* como /y/. Dos fonemas distintos han acabado por confluir en uno solo, el fonema /y/, dando lugar a la pronunciación característica del yeísmo. Los hablantes yeístas articulan del mismo modo, pues, pares de palabras como

callado y *cayado, halla* y *haya* o *pollo* y *poyo,*

que pronuncian indistintamente

[kayádo], [áya] y [póyo].

Para estos hablantes, por tanto, el dígrafo *ll* y la letra *y* representan el mismo fonema, lo que es asimismo fuente de dudas ortográficas.

ALGUNAS ORIENTACIONES SOBRE EL USO DE *Y, LL*

El yeísmo está tan extendido, tanto en el español europeo como en el americano, que en pocas ocasiones es posible determinar a partir de la pronunciación si una palabra debe escribirse con *y* o con *ll,* duda que solo puede solucionar, en última instancia, la consulta al diccionario. No obstante, pueden ofrecerse algunas notas orientadoras al respecto. Estas son las más útiles:

Palabras que se escriben con *y* consonántica

- Las palabras en las que el fonema /y/ sigue a los prefijos *ad-, des-, dis-* y *sub-:* *adyacente, desyemar, disyuntiva, subyugado.*

- Las que contienen la sílaba *yec: abyecto, proyección, trayecto.*
- Las que contienen la sílaba *yer* en posición inicial o medial: *enyerbar, reyerta, yerno.*
- Los plurales en *-es* de los sustantivos cuyo singular termina en *-y: ayes* (de *ay*), *leyes* (de *ley*), *reyes* (de *rey*).
- Todas las formas verbales que contienen el fonema /y/ y corresponden a verbos cuyo infinitivo carece de él:

    cayó, cayeran, cayendo (de *caer*); *leyeron, leyésemos, leyendo* (de *leer*); *oyó, oyeras, oyendo* (de *oír*); *atribuyamos, atribuyeseis, atribuyendo* (de *atribuir*); *concluya, concluyéramos, concluyendo* (de *concluir*); *hayáis, hayan* (de *haber*); *vaya, vayamos, yendo* (de *ir*).

    También los adjetivos y sustantivos derivados de estos verbos: *concluyente, contribuyente, oyente.*
- Todas las formas de los verbos *erguir* y *errar* que llevan el acento prosódico en la raíz:

    yergo, yergues, yergue, yerguen, yerga, yergas, yergan (de *erguir*); *yerro, yerras, yerra, yerran, yerre, yerres, yerren* (de *errar*).

Palabras que se escriben con *ll*

- Las palabras en las que los fonemas /ll/ o /y/ siguen a las sílabas iniciales *fa-, fo-* y *fu-: fallar, follaje, fullero.*
- Las que terminan en *-illa, -illo: alcantarilla, costilla, cigarrillo, monaguillo.*
- Casi todas las terminadas en *-ella, -ello: atropello, camello/-lla, cuello, centella, estrella, querella.*

    EXCEPCIONES: *leguleyo/-ya, plebeyo/-ya, yeyo, zarigüeya, aleya, omeya* y las que incluyen la terminación de origen grecolatino *-peya* (*epopeya, onomatopeya...*).
- Los verbos de uso general terminados en *-ellar, -illar, -ullar* y *-ullir: atropellar, chillar, apabullar, bullir.*

    También las palabras de sus respectivas familias léxicas: *atropello, chillido, apabullante, ebullición.*

La letra *h* (I)

PECULIARIDAD DE LA LETRA *H*

La *h* es la única letra del abecedario que no representa ningún fonema. Carece de valor fónico —es decir, no suena— en la mayoría de las palabras que la contienen, aunque en algunos préstamos de otras lenguas se pronuncia con un sonido aspirado, próximo al del fonema /j/. De ahí que se hable, por un lado, de «*h* muda» y, por otro, de «*h* aspirada».

LA *H* MUDA

Causas de su uso. Su presencia obedece en buena parte de los casos a razones etimológicas, pero no siempre. Estas son las causas más significativas de su empleo:

- La mayoría de las veces que encontramos la letra *h* en una palabra española se debe a la presencia de esta letra en su étimo o en la transcripción de este al alfabeto latino. Existen así voces con *h* procedentes, entre otras lenguas:
  - Del latín, lógicamente las más abundantes: *anhelar*, *hábil*, *hiedra*...
  - Del griego: *hedonismo*, *helio*, *hioides*...
  - Del árabe: *alhaja*, *almohada*, *harén*...
  - Del francés: *hangar*, *horda*...
  - Del inglés: *hamburguesa*, *hurra*...
  - De lenguas indígenas americanas: *huracán*, *bohío*...
- Se escriben también con *h* las palabras que proceden de voces latinas con *f* inicial seguida de vocal, que en el castellano antiguo se pronunciaban con una aspiración que hoy se ha perdido:

  hacer (de *facĕre*), *harina* (de *farīna*), *herir* (de *ferīre*), *hijo* (de *filĭus*), *hormiga* (de *formīca*), *hundir* (de *fundĕre*), *hurto* (de *furtum*).
- Hay, no obstante, casos de presencia o ausencia de la *h* que no se deben a la etimología; es más, se muestran contradictorios con ella, como en *hinchar* (del lat. *inflāre*) o *invierno* (del lat. *hibernum*).

Palabras escritas con *h* y sin ella. Hay palabras que, con el mismo significado, admiten hoy su escritura con *h* y sin ella. He aquí algunas:

ala, *ale* o *hala*, *hale*; *alacena* o *alhacena*, *alelí* o *alhelí*, *armonía* o *harmonía*, *arpa* o *harpa*, *arpillera* o *harpillera*, *arpía* o *harpía*, *baraúnda* o *barahúnda*, *desarrapado* o *desharrapado*, *ológrafo* u *hológrafo*, *sabiondo* o *sabihondo*, *uy* o *huy*.

Se recomienda, como norma general, dar preferencia a la variante sin *h*, si bien es cierto que en algunos casos la más empleada sigue siendo la forma que la lleva.

Hay voces homónimas que tienen doble grafía con un significado, pero no con otro. Es el caso de *atajo* o *hatajo* con el sentido de 'pequeño grupo de ganado', y solamente *atajo* con el de 'camino más corto'.

LA *H* ASPIRADA

Es mucho menos abundante que la *h* muda. En el español general actual solo aparece la *h* aspirada en algunos casos particulares.

Contextos en que aparece. La *h* aspirada existió en el castellano medieval, pero solo se mantiene en reductos dialectales. Por eso, los casos de aspiración que hay en la actualidad son préstamos recientes de otras lenguas que han conservado, al pasar al español, la aspiración que tenían en la lengua de origen, por ejemplo:

— Del árabe, como *dírham* o *hachís*.

— Del alemán, como *hámster* o *hansa* (y su derivado *hanseático*).

— Del inglés, como *hándicap*.

— Del japonés, como *haiku* o *haikú*.

También aparece en nombres propios foráneos y sus derivados:

Hawái, hawaiano; Hitler, hitleriano, etc.

Algunos extranjerismos con *h* aspirada en su grafía originaria se han adaptado al español con *j*, como *jipi* (del ingl. *hippy* o *hippie*) o *suajili* (del ingl. *swahili*), o los americanismos *jaibol* o *jonrón* (del ingl. *highball* y *home run,* respectivamente).

Palabras que presentan dos variantes: con *h* y con *j*. La aspiración de la *h* se asimila a menudo al sonido correspondiente al fonema /j/. Por eso, hay en español palabras que presentan variantes escritas con *h* y con *j*, entre ellas, las siguientes (van en primer lugar las más usadas):

bahareque o *bajareque, hamaquear* o *jamaquear, hipido* o *jipido, jalar* o *halar, jondo* u *hondo* (referido al 'cante flamenco'), *jopo* u *hopo, jolgorio* u *holgorio, pitahaya* o *pitajaya, zahón* o *zajón.*

Las variantes con *j* resultan del reflejo en la escritura de la pronunciación aspirada de la *h* en variedades dialectales del español, tanto de América como de España. Pero en el español general a cada una de esas grafías le corresponde una pronunciación diferente: *halar* [alár]/*jalar* [jalár].

La letra *h* (II). Pautas de empleo

CUÁNDO SE USA LA LETRA *H*

La ausencia de valor fónico de la *h* en la mayoría de las palabras españolas en que aparece hace difícil saber cuándo debe escribirse o no esta letra.

No obstante, es posible establecer algunas notas orientadoras que pueden ser útiles al respecto. Se escribe, por tanto, *h*:

- Delante de los diptongos *ua, ue, ui,* tanto a principio de palabra como en posición interior a comienzo de sílaba:

  huacal, huella, huérfano, huipil, huir; alcahuete, cacahuete/cacahuate, deshuesar, marihuana, parihuela.

  EXCEPCIONES: los topónimos *Uagadugú* (capital de Burkina Faso) y *Malaui,* además de algunos arabismos, como *alauí* y *saharaui,* y el valencianismo *fideuá.*

- Delante de las secuencias *ia, ie* en posición inicial de palabra:

  hiato, hiedra, hiel, hielo, hierático, hierba.

  EXCEPCIONES: las voces formadas con la raíz de origen griego *iatro-* (del gr. *iatrós* 'médico'), como *iatrogenia.*

- En las palabras que empiezan por las secuencias *herm-, histo-, hog-, holg-, horm-, horr-* y *hosp-:*

  hermafrodita, hermético, histología, historia, hogar, holganza, hormona, horrible, hospicio.

  EXCEPCIONES: *ermita* y *ogro,* y sus derivados.

- En las palabras que empiezan por la secuencia *hum-* seguida de vocal:

  humano, humedad, húmero, humildad, humillar, humor, humus.

- En las que comienzan por los siguientes elementos compositivos o raíces de origen griego:

  halo- ('sal'): *halógeno, haloideo;*
  hect(o)- ('cien'): *hectárea, hectolitro.*

  > No debe confundirse con el elemento compositivo *ecto-* ('por fuera'): *ectoplasma, ectópico.*

  helico- ('espiral'): *helicoidal, helicóptero;*
  helio- ('sol'): *heliocéntrico, heliotropo;*
  helminto- ('gusano'): *helmintología;*
  hema-, hemat(o)-, hemo- ('sangre'): *hematoma, hematología, hemoglobina, hemorragia;*

hemi- ('medio, mitad'): *hemiciclo, hemisferio;*
hepat(o)- ('hígado'): *hepatitis;*
hepta- ('siete'): *heptasílabo;*
hetero- ('otro, distinto'): *heterogéneo, heterosexual;*
hex(a)- ('seis'): *hexágono, hexasílabo, hexosa;*
hidr(o)- ('agua'): *hidráulico, hidroavión;*
higro- ('humedad'): *higrómetro, higroscópico;*
hiper- ('superioridad' o 'exceso'): *hiperactividad, hipermercado;*
hipo[1]*-* ('inferioridad' o 'escasez'): *hipodérmico, hipoglucemia;*
hip(o)[2]*-* ('caballo'): *hípica, hipódromo, hipopótamo;*
hol(o)- ('todo'): *holístico, holografía;*
homeo- ('semejante, parecido'): *homeopatía, homeotermo;*
homo- ('igual'): *homogéneo, homosexual.*

- En todas las formas de los verbos *haber, habitar, hablar, hacer, hallar, hartar, helar, herir, hervir, hinchar* y *hundir,* y sus derivados (*deshabitar, rehacer, deshelar, zaherir, rehundir...*).

- En ciertas interjecciones, sea en posición inicial:

    hala, hale, hola, hurra, huy,

  o en posición final:

    ah, bah, eh, oh, uh.

Algunas de estas interjecciones pueden escribirse también sin *h-*, como *ala, ale, uy.*

- Tras la secuencia inicial *ex-* en las voces *exhalar, exhausto, exhibir, exhortar* y *exhumar,* y en sus derivados.

Se recuerda que, sin embargo, las palabras *exuberancia* y *exuberante* se escriben sin *h* intercalada.

La letra *x*

Los problemas que implica su uso derivan de que puede representar gráficamente el fonema /s/, como se ha visto, o la secuencia fónica /k + s/.

La pronunciación de la letra *x* depende de la posición que ocupa dentro de la palabra. Se pueden distinguir tres casos:

Entre vocales o a final de palabra. La pronunciación equivale a la suma de dos fonemas: /k + s/ (la /k/ se articula normalmente relajada): *axila* [aksíla], *exhibir* [eksibír], *relax* [rreláks].

En posición final de sílaba. En interior de palabra, seguida de consonante, la pronunciación varía según la zona y de acuerdo con el cuidado que se ponga. De este modo, se pueden distinguir dos variantes:

- En el español americano y en la pronunciación enfática de España, representa /k + s/: *excombatiente* [ekskombatiénte], *expulsar* [ekspulsár], *mixto* [míksto].

- Con pronunciación relajada, especialmente en España, a menudo se emite como simple /s/: *excombatiente* [eskombatiénte], *expulsar* [espulsár], *mixto* [místo], yuxtaponer [yukstaponér].

En posición inicial de palabra. En esta posición equivale al fonema /s/: *xenofobia* [senofóbia], *xerocopia* [serokópia], *xilófono* [silófono], *Xochimilco* [sochimílko].

Debe evitarse la articulación de la *x* inicial como /k + s/ en lugar de /s/. Así, resultan afectadas y poco naturales pronunciaciones como [ksenofóbia] o [ksilófono].

PRINCIPALES CASOS EN QUE DEBE USARSE LA LETRA X

La frecuente pronunciación de la *x* como /s/ suele ser fuente de dificultades ortográficas, ya que los hablantes pueden dudar sobre si ciertas palabras se escriben con *x* o con *s*. Aunque solo la consulta al diccionario puede resolverlas, se exponen a continuación algunas notas orientadoras. Así, se escriben con *x*:

- Las palabras que empiezan por la sílaba *ex-* seguida de *pl* o *pr*:

    explanada, explicar, explotar, expresar, exprimir, expropiar.

    EXCEPCIONES: las que comienzan por *esplen-*, como *esplendor* y sus derivados (*espléndido, esplendoroso...*) y *esplenio*, así como *espliego* y algunos extranjerismos adaptados, como *espray* o *esprínter*.

- Las que empiezan por los siguientes prefijos o elementos compositivos:

  ex- ('que fue y ya no es', 'fuera', 'privación'): *exalumno, excéntrico, exculpar;*
  exo- ('fuera'): *exosfera, exogamia;*
  extra- ('fuera de' o 'sumamente'): *extraordinario, extraplano;*
  hex(a)- ('seis'): *hexágono, hexámetro;*
  maxi- ('muy grande o muy largo'): *maxicrisis, maxifalda;*
  xeno- ('extraño, extranjero'): *xenofobia, xenófobo;*
  xero- ('seco, árido'): *xerocopia, xerófilo;*
  xilo- ('madera'): *xilófago, xilófono.*

- Las que contienen las siguientes raíces griegas o latinas:

  flex- (del lat. *flexus* 'curvatura, pliegue'): *flexible, flexo, papiroflexia;*
  lex(i)- (del gr. *léxis* 'palabra'): *lexema, léxico, lexicografía;*
  oxi- (del gr. *oxýs* 'ácido' o 'agudo'): *óxido, oxítono;*
  sex¹- (del lat. *sexus* 'sexo'): *sexismo, sexo, transexual;*
  sex²- (del lat. *sex* 'seis'): *sexenio, sexteto, sexto;*
  tax(i)- (del gr. *táxis* 'ordenación, tasa'): *sintaxis, taxi, taxonomía;*
  tox(i)- (del gr. *toxikón* 'veneno'): *intoxicar, tóxico, toxicología.*

PALABRAS QUE ADMITEN LAS DOS GRAFÍAS

Excepcionalmente, hay palabras que admiten la escritura con *x* y con *s,* como, entre otras, las siguientes (las formas más usadas hoy figuran en primer lugar):

  excusado o *escusado* ('retrete'). Con el significado de 'exento', 'innecesario' (del part. de *excusar* 'disculpar'), solo es válida con *x: excusado/-da;*
  expoliar o *espoliar* ('despojar de forma violenta o ilegal'), y sus derivados *expo-lio* o *espolio, expoliación* o *espoliación;*
  mistificar o *mixtificar* ('falsear o falsificar'), *mistificación* o *mixtificación.*

La *x* conserva su antiguo valor como representante del fonema /j/ en algunos topónimos americanos que mantienen una grafía arcaica, como *México, Oaxaca* o *Texas* (y sus derivados), y en las formas arcaizantes de algunos antropónimos, como el nombre *Ximena* o los apellidos *Ximénez* o *Mexía.* Por lo tanto, lo adecuado en estos casos es pronunciar [méjiko], [oajáka], [téjas], [jiména], [jiménez], [mejía].

Valores fonológicos de letras y dígrafos. Cuadro resumen

	LETRAS	FONEMAS	EJEMPLOS
	a	/a/	*asa, ha, antes, diana, ah*
	b	/b/	*beso, cebra, absurdo, club*
c	*c + a, o, u*	/k/	*casa, seco, escuela*
	c + consonante		*creer, aclamar, recto*
	-c		*bloc, cómic, frac*
	c + e, i	/z/	*cebra, encerar, cien, precio*
		/s/ (en zonas de seseo)	
	d	/d/	*doy, drama, admirar, red*
	e	/e/	*elefante, heno, en, cueva, eh*
	f	/f/	*feo, grifo, frío, nafta, golf*
g	*g + a, o, u*	/g/	*gato, agonía, agua*
	g + ü + e, i		*bilingüe, pingüino*
	g + consonante		*globo, agrio, amígdala*
	-g		*tuareg, zigzag*
	g + e, i	/j/	*gesto, página*
	h	No representa ningún fonema	*hotel, ahí, anhelo, bah*
		Se aspira en algunos préstamos	*hachís, hámster, dírham*
	i	/i/	*iglesia, tinto, híbrido, cursi*
	j	/j/	*jaca, eje, tejí, ajo, juez, boj*
	k	/k/	*koala, kril, búnker, yak*
	l	/l/	*color, clave, altivo, piel*
	m	/m/	*mayo, teme, amperio, álbum*
	n	/n/	*nadie, anónimo, andar, ron*
	ñ	/ñ/	*ñame, ñoño, cañería*
	o	/o/	*ostentar, hora, actor, oh*
	p	/p/	*padre, plano, aceptar, clip*
	q	En las palabras españolas solo aparece en el dígrafo *qu: queso.*	

LETRAS		FONEMAS	EJEMPLOS
r	*-r-*	/r/	*cara, aire, cloruro*
	r precedida de consonante con la que forma sílaba		*abrazo, crema, patria*
	-r final de sílaba o palabra		*circo, taberna, oler*
	r-	/rr/	*rama, red, riñe, ron, ruido*
	r inicio de sílaba, precedida de consonante		*alrededor, enredo, israelí*
s		/s/	*sábado, casa, esto, anís*
t		/t/	*tarde, potro, ritmo, mamut*
u (*ü* en *güe, güi*)		/u/	*uno, tú, uh, cigüeña, güito*
v		/b/	*valer, calvo, subvención*
w		/u/	*waterpolo, web, sándwich*
		/b/	*Witiza, wolframio*
x	*-x-*	/k + s/	*flexible, taxi, exhibir*
	x + consonante	/k + s/ o /s/	*excursión, experto, mixto*
	-x	/k + s/	*relax, tórax*
	x-	/s/	*xenofobia, xilófono*
y		/i/	*y, rey, convoy, muy*
		/y/	*baya, yeso, hoyito, yo, yugo*
z		/z/	*zapato, bizco, nazi, paz*
		/s/ (en zonas de seseo)	

DÍGRAFOS	FONEMAS	EJEMPLOS
ch	/ch/	*chal, bache, ancho, crómlech*
gu + *e, i*	/g/	*guerra, erguir*
ll	/ll/	*llamar, fallo*
	/y/ (en hablantes yeístas)	
qu + *e, i*	/k/	*paquete, aquí*
rr	/rr/	*perro, antirrobo*

Los grupos consonánticos

LAS SECUENCIAS CONSONÁNTICAS

Existen en español secuencias de consonantes, aunque quizá no tantas como en otras lenguas, dada la tendencia a la sílaba abierta, acabada en vocal. Estos grupos pueden estar constituidos por dos consonantes iguales (*cc, nn, bb*) o diferentes (*ps, cn, ns,* etc.).

GRUPOS DE DOS CONSONANTES IGUALES

También aquí hay dos casos:

Los dígrafos *ll* y *rr*. Como quedó visto, representan un solo fonema, /ll/ (/y/ para los yeístas) y /rr/, respectivamente.

Las secuencias de dos consonantes iguales. No son muchas, puesto que la tendencia es a simplificar las incorporadas de otras lenguas, como ocurre, por ejemplo, en

brócoli (del it. *broccoli*), adenda (del lat. *addenda*), pudin/pudín (del ing. *pudding*), grogui (del ing. *groggy*), dosier (del fr. *dossier*), confeti (del it. *confetti*), puzle (del ing. *puzle*), chóped (del ing. *chopped*), etc.

Las más significativas son las que siguen:

• El grupo *nn*. La presencia de este grupo tiene dos orígenes:

— Cultismos latinos que conservan esta grafía: *cánnabis* o *cannabis* (del lat. *cannăbis*), *connubio* (del lat. *connubĭum*), *innato/-ta* (del lat. *innātus*), *innovar* (del lat. *innovāre*), *perenne* (del lat. *perennis*).

— Voces formadas con los prefijos *circun-, con-, en-, in-* o *sin-* y palabras comenzadas por *n-: circunnavegación, connotar, ennegrecer, innecesario, sinnúmero.*

Hay algunas que admiten las dos grafías, *-n-* o *-nn-* (deben preferirse las escritas en primer lugar):

jienense o *jiennense; inocuo/-cua* o *innocuo/-cua; pinnado/-da* o *pinado/-da; suní, sunita* o *sunní, sunnita.*

• El grupo *bb*. Se encuentra solamente en algunas palabras formadas con el prefijo *sub-* y términos que comienzan por *-b*. No hay muchas:

subbético/-ca, subbloque, subboreal.

(Acerca del grupo *cc* → págs. 24-25).

SIMPLIFICACIÓN DE GRUPOS FORMADOS POR DOS CONSONANTES DIFERENTES

Por razones etimológicas, hay palabras en español que contienen grupos de dos o más consonantes seguidas en distintas posiciones. Dado que en muchos casos suelen resultar de difícil pronunciación, la tendencia es a simplificarlos, lo que origina a menudo variantes gráficas. Estos son algunos de los casos más frecuentes:

Los grupos cn, gn, mn, pn, ps a principio de palabra. Solamente aparecen en voces tomadas de otras lenguas, en su mayoría cultismos de origen grecolatino pertenecientes a ámbitos científico-técnicos:

> *cnetáceo/-a, cnidario, gnóstico/-ca, mnemotecnia, pneuma, psicología, psitacosis.*

Estos grupos iniciales son ajenos a los patrones silábicos del español y, en la práctica, se simplifican en la pronunciación eliminando la primera de las consonantes, por lo que también son válidas las variantes

> *netáceo, nidario, nóstico, nemotecnia, neuma, sicología, sitacosis.*

Los especialistas de las disciplinas en las que se encuadran este tipo de términos suelen preferir las grafías etimológicas, pero en el uso común son más frecuentes las simplificadas por ser las que reflejan la pronunciación habitual.

El grupo bs a final de sílaba. Cuando este grupo va en posición final de sílaba, en el habla esmerada se mantiene la articulación de las dos consonantes, salvo en un grupo de palabras en las que la reducción a -*s*- es general en la pronunciación espontánea. Se trata de las voces *obscuro/-ra, subscribir, substancia, substantivo/-va, substituir, substraer* y *substrato,* y de todos sus derivados y parientes léxicos, que hoy se pronuncian y escriben mayoritariamente solo con -*s*-: *oscuro/-ra, suscribir, sustancia, sustantivo/-va, sustituir, sustraer* y *sustrato.* En todas estas palabras se recomienda el uso de las grafías simplificadas.

El grupo pt. Este grupo no aparece nunca en posición final de sílaba, de modo que cada una de las consonantes pertenece a una sílaba distinta:

> *a.dep.to, es.cép.ti.co, óp.ti.mo, per.cep.ti.ble,* etc.

En las palabras *séptimo* y *septiembre* el debilitamiento articulatorio de la /p/ llega a menudo hasta su completa elisión, lo que ha hecho surgir las variantes *sétimo* y *setiembre,* también válidas, aunque minoritarias. El uso culto de algunos países prefiere las primeras.

(Para las oposiciones *trans-/tras-* y *post-/pos-* → págs. 182-183).

El acento prosódico y el acento gráfico

EL ACENTO PROSÓDICO

Cuando se pronuncia cualquier palabra española formada por varias sílabas, se percibe que no todas las sílabas se emiten con la misma intensidad, que una de ellas destaca sobre el conjunto y resulta más perceptible que las otras. Así, al decir en voz alta las palabras

CÁbala, soNIdo, pantaLÓN,

resulta notorio que las sílabas resaltadas en versalita se pronuncian con mayor relieve que las demás.

Esa mayor intensidad es lo que se denomina acento prosódico, una propiedad fónica que afecta fundamentalmente a las sílabas.

En función del acento prosódico se dividen en:

- Tónicas: las que tienen acento.
- Átonas: las que no lo tienen.

En español, a diferencia de otras lenguas, la sílaba tónica no ocupa siempre la misma posición. Como puede verse en los ejemplos anteriores, el acento prosódico puede recaer sobre la última, la penúltima o la antepenúltima; incluso, de manera excepcional, en las anteriores a la antepenúltima, como en Dígamelo, Dígasemelo.

Consecuencia de ello es que el acento posee en español valor distintivo, pues se da el caso de que varias palabras formadas por la misma secuencia de letras y sílabas se distinguen únicamente por el acento:

práctico/practico/practicó

PALABRAS TÓNICAS Y PALABRAS ÁTONAS

Si se pronuncian de manera aislada, todas las palabras tienen acento en alguna de sus sílabas. Sin embargo, dentro de la cadena hablada, no todas se emiten con acento.

Tenemos, desde este punto de vista, dos clases de palabras:

Palabras tónicas o acentuadas. Son las que contienen una sílaba tónica. Entre ellas están los sustantivos, los adjetivos, los verbos, casi todos los adverbios, los pronombres personales tónicos, los demostrativos, los interrogativos y los exclamativos, los indefinidos o las interjecciones.

Palabras átonas o inacentuadas. Son aquellas que en la cadena hablada se pronuncian sin acento. Destacan entre ellas los artículos determinados, los pronombres personales átonos, los posesivos antepuestos, la mayoría de los relativos, las conjunciones y las preposiciones (excepto según y vía).

CLASES DE PALABRAS SEGÚN LA POSICIÓN DEL ACENTO

Dependiendo del lugar que ocupa la sílaba tónica, las palabras se dividen en:

- Agudas. Llevan el acento prosódico en la última sílaba:

  bonDAD, consideRAR, caFÉ, adeMÁS, funCIÓN.

- Llanas o graves. La sílaba tónica es la penúltima:

  RESta, calleJEros, HAcen, iNÚtil, aZÚcar.

- Esdrújulas. El acento recae en la antepenúltima sílaba:

  esPÍritu, MÓdulo, oLÍMpico, contempoRÁneo.

- Sobresdrújulas. Llevan el acento en una sílaba anterior a la antepenúltima. Se trata únicamente de palabras compuestas por formas verbales y pronombres enclíticos:

  prePÁranoslos, leYÉNdosela, Dígannoslo, imaGÍnatela, imaGÍnatemela.

LA TILDE O ACENTO GRÁFICO

La tilde o acento gráfico es un signo en forma de rayita oblicua (´) que, colocado sobre una vocal, indica que la sílaba a la que esta pertenece es tónica, es decir, se pronuncia con mayor relieve que las otras, como en

así, canción, árbol, rápido, póngaselo.

La tilde en español debe descender siempre de derecha a izquierda, en forma de acento agudo (´), y no de izquierda a derecha, trazo que corresponde al acento grave (`), que carece de uso en nuestro idioma.

No todas las palabras tónicas se escriben con tilde. Palabras como

muRAL, LIbro o cuaDERno

no llevan tilde sobre sus sílabas tónicas, que son las destacadas en versalitas.

Para determinar su uso, existe un conjunto de reglas ortográficas que permiten a los hablantes saber dónde y cuándo deben colocarla, siempre de acuerdo con la pronunciación de la palabra.

La tilde tiene además una función diacrítica o distintiva. Quiere esto decir que permite distinguir ciertas palabras tónicas, la mayoría monosilábicas, de otras formadas por las mismas letras, pero de pronunciación átona:

él y el, tú y tu, dé y de, sé y se, más y mas, cómo y como.

Las reglas de acentuación gráfica

ACENTUACIÓN GRÁFICA DE LAS PALABRAS MONOSÍLABAS

Las palabras de una sola sílaba no se acentúan en español, con excepción de las que llevan tilde diacrítica (→ págs. 46-47):

bien, con, di, dio, fue, fui, mes, sal, tan, ti, vio.

ACENTUACIÓN GRÁFICA DE LAS PALABRAS POLISÍLABAS

El uso de la tilde en las palabras formadas por varias sílabas está condicionado por la posición del acento prosódico, es decir, por el hecho de que sean agudas, llanas, esdrújulas o sobresdrújulas.

Acentuación de las palabras agudas. Las palabras agudas llevan tilde cuando terminan en las vocales *a, e, i, o, u,* o en *n* o *s* no precedidas de otra consonante:

acá, comité, colibrí, magrebí, revisó, iglú, razón, compás.

No llevan tilde, por tanto, en los siguientes casos:

- Cuando terminan en consonante distinta de *n* o *s*: *actriz, amistad, escribir, relax, reloj, trigal.*
- Cuando terminan en más de una consonante: *esnobs, mamuts, minigolf, roquefort, zigzags.*
- Cuando terminan en *y*: *convoy, guirigay, virrey.*

Acentuación de las palabras llanas. Las palabras llanas se escriben con tilde en los siguientes casos:

- Cuando terminan en consonante distinta de *n* o *s*:
  dólar, lápiz, referéndum, Tíbet, tórax, túnel.
- Cuando terminan en más de una consonante:
  bíceps, cíborg, clárens, fórceps, récords, wéstern.
- Cuando terminan en *y*: *yóquey, yérsey.*

No llevan tilde, por tanto, cuando terminan en *n* o *s* no precedidas de otra consonante, o en vocal:

margen, crisis, lata, parque, bici, libro, tribu.

Acentuación de las palabras esdrújulas y sobresdrújulas. Las palabras esdrújulas y sobresdrújulas se escriben siempre con tilde:

análisis, cóselo, hábitat, rápido, recítenoslo, llévesemelas.

El cambio de singular a plural puede modificar la posición del acento prosódico y, en consecuencia, condicionar la acentuación gráfica. Así, palabras como *examen, imagen, joven, margen* u *origen* no llevan tilde por ser llanas acabadas en *n.* Sí la llevan, en cambio, sus plurales, por ser palabras esdrújulas: *exámenes, imágenes, jóvenes, márgenes, orígenes.*

PALABRAS CON SECUENCIAS VOCÁLICAS

La mayor parte de las sílabas en español contienen una sola vocal. Sin embargo, algunas incluyen secuencias de dos y hasta tres vocales. Así, en la palabra *cien,* las vocales *i, e* se articulan en la misma sílaba, dando lugar a un diptongo; en *buey,* son tres las vocales que forman el núcleo de la sílaba, *u, e, y,* originando un triptongo.

En otros casos, las vocales que forman las secuencias pertenecen a sílabas distintas, dando lugar a un hiato, como en *pa.ís* o *Ja.én.*

Así pues, las secuencias vocálicas son de tres tipos:

• Diptongo. Secuencia de dos vocales que pertenecen a la misma sílaba: *au.la, es.toy, deu.da, vier.nes.*

• Triptongo. Secuencia de tres vocales que pertenecen a la misma sílaba: *buey, cam.biáis, miau.*

• Hiato. Secuencia de dos vocales que pertenecen a sílabas distintas: *fe.o, ha.bí.a, o.í.do, pun.tú.a.*

La articulación en el habla de secuencias vocálicas como hiato, o como diptongo o triptongo, es a veces variable: *te.nu.e* o *te.nue, su.per.flu.o* o *su.per.fluo, gui.on* o *guion, fi.ais* o *fiais.* Esta diferente segmentación no influye en el significado y depende de diferentes factores: procedencia geográfica del hablante, velocidad de pronunciación, posición en la palabra, etc.

Por ello se han establecido ciertas convenciones que permiten incluir las secuencias en uno u otro grupo, con independencia de cómo las articulen los hablantes en cada caso concreto. Se irán viendo en las páginas siguientes.

La *h* intercalada no influye en que sean diptongos o hiatos las secuencias de vocales entre las que se sitúa. Así, contienen diptongo palabras como *de.sahu.cio, prohi.bir* o *ahi.ja.do,* mientras que hay hiato en *pro.hí.bo, a.za.har* o *ta.húr.* Tampoco condiciona, por tanto, el uso de la tilde.

Acentuación de palabras con diptongo, triptongo o hiato

ACENTUACIÓN GRÁFICA DE LAS PALABRAS CON DIPTONGO

Diptongos ortográficos. Con independencia de si se articulan en una o dos sílabas, a efectos ortográficos se consideran siempre diptongos las siguientes combinaciones vocálicas:

- Vocal abierta (/a/, /e/, /o/) precedida o seguida de vocal cerrada átona (/i/, /u/): *estabais, hacia, diario, afeitar, virrey, pie, acuario, cohibir, aunar, antiguo.*

> A pesar de que una parte de los hispanohablantes pronuncian con hiato palabras como *crie, guie, guion, lie, fio, ion, truhan, pion, rio* o *Sion,* estas voces contienen diptongos ortográficos, por lo que se consideran monosílabas a efectos de acentuación gráfica y no deben llevar tilde. No han confundirse con otras como *líe, fío, pío, río* o *críe* y similares, que contienen hiatos de vocal cerrada tónica y, por tanto, han de llevar tilde (→ pág. 43).

- Dos vocales cerradas distintas: *ciudad, diurno, cuidar, ruido, huir, muy.*

> Como en el caso anterior, a pesar del posible hiato fonético, contienen diptongo palabras como *viuda, jesuita* o *huir,* por lo que no se acentúan gráficamente, las dos primeras por ser llanas acabadas en vocal y la tercera por ser monosílaba.

Uso de la tilde en las palabras con diptongo. Las palabras que contienen diptongos ortográficos se acentúan gráficamente conforme a las reglas generales. Por tanto:

- No llevan tilde palabras como *veis, pie, soy, dio, guion, dual* o *cruel* por ser monosílabas; *nupcial, Javier, autor, feudal, rehuir, ciudad* o *virrey* por ser agudas acabadas en consonante distinta de *n o s,* o en *y; cliente, contabais, huerto, ingenua, inocuo* o *diurno* por ser llanas terminadas en vocal, *n o s.*
- Llevan tilde voces como *rufián, bonsái, recién, averigüé, construí* o *interviú* por ser agudas acabadas en vocal, *n o s; estiércol, huésped, médium, sóviets* o *yóquey* por ser llanas acabadas en consonante distinta de *n o s,* en más de una consonante o en *y; diálogo, ciénaga* o *lingüístico* por ser esdrújulas.

Colocación de la tilde en los diptongos. Deben seguirse estas pautas:

- En los diptongos formados por una vocal abierta y una cerrada, la tilde va sobre la abierta: *mediático, diéresis, acción, después, camináis, Cáucaso.*
- Si las dos son cerradas, la tilde va en la segunda: *acuífero, cuídate, veintiún.*

ACENTUACIÓN GRÁFICA DE LAS PALABRAS CON TRIPTONGO

Independientemente de cómo se pronuncien, se consideran siempre triptongos las secuencias formadas por una vocal abierta seguida y precedida de una vocal cerrada átona: *guau, buey, despreciéis, dioico.*

Siguen también las reglas generales de acentuación, por lo que sirve para ellas todo lo dicho en relación con los diptongos. Se acentúan, por tanto, palabras como *estudiáis, limpiéis* o *consensuáis* por ser agudas terminadas en *s*, y no otras como *fiais, miau* por ser monosílabas a efectos ortográficos, ni *Paraguay* o *jagüey* por ser agudas terminadas en *y*.

La tilde se coloca siempre sobre la vocal abierta: *cambiáis, confiéis, apreciáis, puntuéis.*

ACENTUACIÓN GRÁFICA DE LAS PALABRAS CON HIATO

Hiatos ortográficos. Al margen de si se articulan en una o dos sílabas, se consideran hiatos a efectos de acentuación las siguientes secuencias vocálicas:

- Una vocal cerrada tónica seguida o precedida de una vocal abierta átona: *María, desvíe, púa, hindúes, búho, caída, prohíbo, transeúnte.*
- Dos vocales abiertas distintas: *caer, aorta, reactor, herbáceo, roedor.*
- Dos vocales iguales, sean abiertas o cerradas: *azahar, dehesa, chiita, cooperar, duunviro.*

Uso de la tilde en las palabras con hiato. Deben seguirse las siguientes pautas:

- Las palabras con hiato formado por una vocal abierta átona y otra cerrada tónica llevan siempre tilde en la vocal cerrada, con independencia de las reglas generales de acentuación. Por eso se acentúan palabras como *volvías, desvíen, mío, cacatúa, caído, oído, raíz, reír, laúd.*
- Las que contienen cualquier otro tipo de hiato siguen las reglas generales. Por eso llevan tilde palabras como *Jaén, acordeón, peleó, chií, rehén, bóer, Sáez, aéreo, línea, caótico, coágulo, héroe* o *zoológico;* y no la llevan *caer, alcohol, soez, paella, anchoa, museo, poeta* o *chiita.*

> De acuerdo con lo explicado, la palabra *chiita* y diminutivos como *diita, tiito* o *Rociito* no llevan tilde por ser llanas acabadas en vocal. La lleva, en cambio, *chií* por ser aguda acabada en vocal, y *Rocío, tío* y *día* por contener hiatos de vocal cerrada tónica y abierta átona.

La tilde diacrítica. Uso y función

QUÉ ES

La tilde diacrítica se utiliza para diferenciar en la escritura ciertas palabras con la misma forma, pero distinto valor, que se oponen entre sí por ser una de ellas tónica y la otra átona.

La tonicidad o atonicidad con que se pronuncia cada una de esas palabras se asocia, normalmente, a la categoría gramatical a la que pertenece. Así, la forma verbal *dé*, con tilde diacrítica, es, como todos los verbos, una palabra tónica, mientras que la preposición *de*, que no lleva tilde, es átona, como casi todas las preposiciones.

CARACTERÍSTICAS Y CONDICIONES DE SU USO

El número de sílabas. La mayoría de las palabras que se escriben con tilde diacrítica son monosílabas y solo unas cuantas son polisílabas, como los interrogativos y exclamativos *cuáles, quiénes, cómo, cuánto, cuándo* y *(a)dónde*, que pertenecen a la misma clase que los interrogativos y exclamativos monosílabos *qué, cuál, cuán, quién*.

Uso al margen de las reglas. Todas las voces que se escriben con tilde diacrítica no deberían llevarla según las reglas generales de acentuación, bien por tratarse de monosílabos (*él, dé, sí, quién...*), bien, en el caso de las polisílabas, por ser palabras llanas acabadas en vocal o en s (*cómo, dónde, cuándo, quiénes...*).

En todas ellas la función de la tilde no es, por tanto, la de indicar cuál es su sílaba tónica, sino la de señalar que la palabra que la lleva es tónica y no debe confundirse con otra formalmente idéntica, pero de pronunciación átona.

Uso asistemático y excepcional. La tilde diacrítica no se aplica de manera sistemática a todas las palabras que en español se oponen por ser tónicas a otras idénticas de pronunciación átona. Así, hay en el léxico español numerosos pares de voces, monosílabas y polisílabas, que cumplen dicha condición en los que no se recurre al acento gráfico. Por ejemplo:

don (sustantivo, tónica)/*don* (tratamiento de cortesía, átona);
la (nota musical, tónica)/*la* (artículo, átona);
sobre (sustantivo, tónica)/*sobre* (preposición, átona);
entre (forma verbal, tónica)/*entre* (preposición, átona).

Función facilitadora. Las pocas palabras que se escriben con tilde diacrítica tienen en común ser de uso frecuente, lo que explica que el sistema ortográfico haya considerado pertinente incluirlas en esa lista, aun yendo en contra de las reglas generales, a fin de facilitar su identificación rápida en la lectura y en la escritura.

USOS QUE NO CORRESPONDEN A LA TILDE DIACRÍTICA

En ocasiones hay cierta tendencia a utilizar la tilde para distinguir pares de palabras de igual forma y distinto significado que siempre son tónicas, lo cual no corresponde a la tilde diacrítica, cuya función, como ha quedado dicho, es la de distinguir palabras tónicas y átonas. Se trata de casos como

di (del verbo *decir*) y *di* (del verbo *dar*);
ve (del verbo *ir*) y *ve* (del verbo *ver*);
fue, fui (del verbo *ir*) y *fue, fui* (del verbo *ser*);
sal (del verbo *salir*) y *sal* (sustantivo).

Pues bien, ninguna de estas palabras debe llevar tilde, dado que se trata de monosílabos, los cuales, según la normativa general, nunca se acentúan gráficamente.

LA TILDE DIACRÍTICA EN SOLO Y LOS DEMOSTRATIVOS

La palabra *solo*, tanto cuando es adverbio y equivale a *solamente* (*Solo le interesa el deporte*) como cuando es adjetivo (*Está muy solo*), así como los demostrativos *este, ese* y *aquel,* con sus femeninos y plurales, funcionen como pronombres (*Esta es la casa; Compra ese*) o como determinantes o adjetivos (*aquellas chicas, el niño este*), no deben llevar tilde según las reglas generales de acentuación, bien por ser palabras llanas terminadas en vocal o en *s,* bien, en el caso de *aquel,* por ser aguda y acabar en consonante distinta de *n* o *s.*

Cuando, formando parte de determinados enunciados, existía riesgo de ambigüedad en su interpretación, estas palabras se escribían con tilde en su uso adverbial en el caso de *solo* y en su uso pronominal en el caso de los demostrativos:

Estaré sólo un mes ('solamente un mes'); *Estaré solo un mes* ('yo solo, sin compañía');
¿Para qué trajeron aquéllos medicamentos? (*aquéllos* es el sujeto de la oración); *¿Para qué trajeron aquellos medicamentos?* (*aquellos* acompaña al sustantivo *medicamentos*).

Sin embargo, dado que estas voces son siempre tónicas, la tilde diacrítica no cumple en ellas la función de distinguir formas tónicas de átonas que caracteriza todos sus usos. Por ello, pueden escribirse sin tilde en todos los casos, ya que las posibles ambigüedades son resueltas sin dificultad por el propio contexto.

Las formas neutras de los demostrativos, es decir, *esto, eso* y *aquello,* solo pueden funcionar como pronombres, por lo que se han escrito siempre sin tilde: *Eso no es cierto; No entiendo esto.*

La tilde diacrítica en palabras monosílabas

CONSIDERACIONES GENERALES

Según las reglas generales de acentuación, los monosílabos no llevan tilde. Constituyen una excepción a esta regla ciertas palabras monosílabas tónicas de uso frecuente que se oponen a otras formalmente idénticas, pero de pronunciación átona. Para diferenciar gráficamente estos pares de monosílabos, se prescribe la utilización de la tilde diacrítica en el elemento tónico del par.

MONOSÍLABOS CON TILDE DIACRÍTICA

La siguiente relación incluye la mayoría de ellos. Los que faltan pertenecen al grupo de los interrogativos, exclamativos y relativos, que se estudian en las → págs. 332-333 y 334-335.

tú (pronombre personal): *Tú no digas nada;*
tu (posesivo): *¿Dónde está tu casa?;*

él (pronombre personal): *Él lo ha visto todo;*
el (artículo): *El cartero ya vino;*

mí (pronombre personal): *Hazlo por mí; Solo dependo de mí mismo;*
mi (posesivo): *Olvidé mi sombrero;*
mi (nombre de nota musical; sigue las reglas generales): *Empieza en mi sostenido;*

sí (pronombre personal): *Está orgullosa de sí misma;*
sí (adverbio de afirmación): *Sí, lo haré;*
sí (sustantivo, 'asentimiento'): *En el referéndum, triunfó el sí;*
si (conjunción, con distintos valores): *Si no lo encuentras, dímelo; Pregúntale si quiere ir; Si vos no venís, avisame; Pero ¡si yo no lo sabía!; Si será bobo...;*
si (nombre de nota musical; sigue las reglas generales): *La obra está en si bemol.*

Es incorrecto escribir el pronombre personal *ti* con tilde por analogía con los pronombres *mí* y *sí*, dado que no existe ningún monosílabo átono de igual forma del que deba distinguirse: *¿A ti no te gusta?; Tienes que hacer las cosas por ti mismo.*

té (sustantivo, 'planta medicinal', 'infusión o bebida'): *Desayuno té con leche;*
te (pronombre, con distintos valores): *Ayer no te vi en la reunión; ¿De qué te arrepientes?;*
te (nombre de letra; sigue las reglas generales): *Escribió una te mayúscula.*

El plural del sustantivo *té* mantiene la tilde diacrítica del singular: *He probado muchos tés.*

dé (forma del verbo *dar*): *Dé gracias a que estoy de buen humor;*
de (preposición): *Vienen de lejanos países;*
de (nombre de letra; sigue las reglas generales): *Borra esa de;*

sé (forma del verbo *ser*): *Sé más discreto, por favor;*
sé (forma del verbo *saber*): *Ya sé cómo se llama;*
se (pronombre, con distintos valores): *¿Se lo trajiste?; Luis se preparó la comida; Solo se han visto una vez; Siempre se queja por todo;*
se (indicador de impersonalidad y de pasiva refleja): *Aquí se trabaja mucho; Se hacen trajes a (la) medida;*

más (cuantificador): *Ana vive más lejos que tú; Cada vez tiene más canas; Es de lo más refinado;*
más (conjunción con valor de suma): *Seis más cuatro, diez;*
más (en la locución conjuntiva *más que*, 'sino'): *No habla más que de ella;*
más (sustantivo, 'signo matemático'): *Coloca el más entre las cifras;*
mas (conjunción adversativa, 'pero'): *Me creyeron, mas solo después de verlo.*

La conjunción *o* se escribirá siempre sin tilde, como corresponde a su condición de palabra monosílaba átona, con independencia de que aparezca entre palabras, cifras o signos: *¿Quieres té o café?; Terminaré dentro de 25 o 30 días; Escriba los signos + o – en la casilla correspondiente.*

LA ACENTUACIÓN GRÁFICA DE *AÚN / AUN*

El adverbio *aún* es normalmente tónico y bisílabo, y debe escribirse con tilde en aplicación de las reglas generales de acentuación gráfica cuando corresponde a *todavía*, bien con valor temporal (*Después de tanto tiempo, aún sigue esperando*), bien con valor ponderativo (*Quedó en segundo lugar y aún se queja*).

Esta voz es, por el contrario, átona y monosílaba, y se escribe, por tanto, sin tilde (*aun*) con dos valores:

• Cuando se utiliza con el mismo sentido que *hasta, incluso, también, (ni) siquiera*: *Aprobaron todos, aun los que no estudian nunca; Ni aun de lejos se parece a su hermano.*

• Cuando, con valor concesivo, equivale a *aunque* o *a pesar de que*: *Aun siendo malos los datos, hay esperanza de mejora; Te darán el premio aun cuando no lo quieras.*

Palabras con más de una forma de acentuación (I). Cultismos

PALABRAS CON VARIAS FORMAS DE ACENTUACIÓN

Existe un grupo reducido de palabras que presentan más de una forma de acentuación prosódica, es decir, que pueden pronunciarse de más de una manera sin que por ello cambie su valor semántico.

Este hecho repercute en la acentuación gráfica, que debe reflejar ambas posibilidades, lo que da lugar a la existencia de variantes de escritura. En estos casos, quien escribe deberá elegir la grafía que refleje la pronunciación con que emite el término.

Normalmente las posibilidades son dos, pero hay algún caso de triple pronunciación admitida, como el de *bustrófedon, bustrofedon* o *bustrofedón*.

La doble acentuación prosódica de ciertos cultismos grecolatinos se debe a menudo a la pervivencia de la acentuación griega, por una parte, y de la latina, por otra.

CULTISMOS GRECOLATINOS

Pronunciación etimológica y pronunciación adaptada. Una de las variantes refleja la acentuación etimológica, que suele ser la esdrújula, y otra, la pronunciación llana, más acorde con el patrón acentual del español. Destacan entre ellas las siguientes:

- Voces acabadas en *-íaco/-ca* o *-iaco/-iaca* ('relación'):

  afrodisíaco/-ca o *afrodisiaco/-ca, amoníaco* o *amoniaco, austriaco/-ca* o *austríaco/-ca, celíaco/-ca* o *celiaco/-ca, demoníaco/-ca* o *demoniaco/-ca, egipciaco/-ca* o *egipcíaco/-ca, elegíaco/-ca* o *elegiaco/-ca, maníaco/-ca* o *maniaco/-ca, paradisíaco/-ca* o *paradisiaco/-ca, policíaco/-ca* o *policiaco/-ca, simoniaco/-ca* o *simoníaco/-ca, siriaco/-ca* o *siríaco/-ca, zodiaco* o *zodíaco.*

- Voces acabadas en *-stato* ('equilibrio, posición estable'):

  aerostato o *aeróstato, girostato* o *giróstato, heliostato* o *helióstato, reostato* o *reóstato, termostato* o *termóstato.*

- Voces acabadas en *-éolo* o *-eolo*, en *-éola* o *-eola* y en *-íolo* o *-iolo* (diminutivo latino):

  alvéolo o *alveolo, areola* o *aréola, bronquiolo* o *bronquíolo, folíolo* o *foliolo, laureola* o *lauréola, pecíolo* o *peciolo.*

- Palabras acabadas en *-mancia* o *-mancía* ('adivinación'). En este caso la terminación etimológica, *-mancía*, está en retroceso frente a *mancia*:

  cartomancia o *cartomancía, geomancia* o *geomancía, hidromancia* o *hidromancía, nigromancia* o *nigromancía, oniromancia* u *oniromancía, quiromancia* o *quiromancía.*

- Palabras acabadas en *-lisis* ('disolución').
  - Las que proceden directamente del griego son esdrújulas, pues conservan la pronunciación etimológica:

    análisis, contraanálisis, psicoanálisis, catálisis, diálisis, parálisis.

  - Las que se han formado tardíamente en el ámbito científico a partir de dos elementos compositivos tienen dos pronunciaciones, esdrújula y llana, ambas válidas:

    autolisis o *autólisis, electrolisis* o *electrólisis, hidrolisis* o *hidrólisis, fotolisis* o *fotólisis, hemolisis* o *hemólisis, pirolisis* o *pirólisis.*

- En las palabras *médula* y *ósmosis* se ha impuesto la pronunciación esdrújula antietimológica a la llana *medula* y *osmosis,* que, al contrario que en los casos anteriores, era la original latina y griega, respectivamente.

Una variante refleja la pronunciación griega y otra la latina

- Palabras acabadas en *-plejia* (pron. lat.) o *-plejía* (pron. gr.), 'parálisis'. Suele haber en ellas una clara preferencia por la pronunciación *-plejia:*

  cuadriplejia o *cuadriplejía, hemiplejia* o *hemiplejía, tetraplejia* o *tetraplejía.*

  En el caso de *apoplejía* solo es válida esta acentuación.

- Palabras acabadas en *-scopia* (pron. lat.) o *-scopía* (pron. gr.), 'vista, exploración':

  artroscopia o *artroscopía, citoscopia* o *citoscopía, dactiloscopia* o *dactiloscopía, demoscopia* o *demoscopía, endoscopia* o *endoscopía, gastroscopia* o *gastroscopía, hidroscopia* o *hidroscopía, laparoscopia* o *laparoscopía, microscopia* o *microscopía, necroscopia* o *necroscopía, radioscopia* o *radioscopía, rectoscopia* o *rectoscopía.*

Palabras con más de una forma de acentuación (II). Otros casos

PRÉSTAMOS DE OTRAS LENGUAS

Como en el caso de los cultismos, algunas palabras procedentes de otras lenguas presentan una doble acentuación, una correspondiente a la lengua de origen y otra más adaptada a la pronunciación española, en la que predominan las palabras llanas.

Estas son algunas muestras:

aeróbic (inglés) o *aerobic*
páprika (húngaro) o *paprika*
búmeran (inglés) o *bumerán*
anófeles (latín) o *anofeles* (influjo del francés)
Malí (francés) o *Mali* (posible influjo del inglés)

DISTRIBUCIÓN GEOGRÁFICA

A veces ocurre que a cada una de las variantes acentuales le corresponde un área de distribución geográfica.

En las palabras acabadas en -*sfera* se prefiere en América la acentuación esdrújula (*biósfera, estratósfera, hidrósfera,* etc.), mientras que en España se utiliza casi exclusivamente la llana (*biosfera, estratosfera, hidrosfera,* etc., con la excepción de *atmósfera*).

He aquí otros ejemplos:

básquetbol (España y áreas de América: andina, Caribe continental...) o *basquetbol* (Estados Unidos, México y otras zonas de América)
bebé (España y parte de América) o *bebe* (parte de América)
béisbol (España y parte de América) o *beisbol* (parte de América)
bungaló (España y parte de América) o *búngalo* (Argentina, Chile, México)
chasis (España y parte de América) o *chasís* (México, Centroamérica y zonas de Sudamérica)
chófer (España) o *chofer* (América)
cóctel (España y Cono Sur) o *coctel* (resto de América)
daiquiri (España, Argentina, Chile y Uruguay) o *daiquirí* (casi toda América)
fútbol (España y gran parte de América) o *futbol* (México y Centroamérica)
icono (España) o *ícono* (América)
kárate (España) o *karate* (América)
pudin (España) o *pudín* (América)
vídeo (España) o *video* (América)

OTRAS PALABRAS CON DOBLE ACENTUACIÓN

La siguiente relación recoge otra serie de términos que, por distintas razones, presentan más de una posibilidad de acentuación:

acedia o *acedía*
agrafia o *agrafía*
áloe o *aloe*
Amazonia o *Amazonía*
anémona o *anemona*
askenazí o *askenazi*
ayatolá o *ayatola*
bálano o *balano*
balaustre o *balaústre*
bereber o *beréber*
bimano/-na o *bímano/-na*
cánnabis o *cannabis*
cantiga o *cántiga*
celtíbero/-ra o *celtibero/ra*
cenit, zenit o *cénit, zénit*
dinamo o *dínamo*
élite o *elite*
Everest o *Éverest*
exégesis o *exegesis*
exégeta o *exegeta*
farandola o *farándola*
frijol, frejol o *fríjol, fréjol*
gráfila o *grafila*
Honolulu o *Honolulú*
ibero/-ra o *íbero/-ra*
idéntikit o *identikit*
isobara o *isóbara*
isótopo o *isotopo*
Kósovo o *Kosovo*
lítote, lítotes o *litote, litotes*

metempsicosis o *metempsícosis*
metopa o *métopa*
mildiu o *mildiú*
mímesis o *mimesis*
misil o *mísil*
Misisipi o *Misisipí*
Mostar o *Móstar*
naíf o *naif*
olé u *ole*
olimpiada u *olimpíada*
omóplato u *omoplato*
pábilo o *pabilo*
pachulí o *pachuli*
pensil o *pénsil*
período o *periodo*
píxel o *pixel*
polícromo/-ma o *policromo/-ma*
polígloto/-ta o *poligloto/-ta*
púlsar o *pulsar*
rapel o *rápel*
reuma o *reúma*
róbalo o *robalo*
Rumanía o *Rumania*
Sáhara o *Sahara*
sicomoro o *sicómoro*
sóviet o *soviet*
tángana o *tangana*
travesti o *travestí*
triglifo o *tríglifo*
zaino/-na o *zaíno/-na*

(Sobre la acentuación gráfica de las formas complejas → págs. 200-201; sobre el uso de la tilde en los nombres propios → págs. 228-229).

Los signos de puntuación (I)

LOS SIGNOS ORTOGRÁFICOS

Los signos ortográficos son aquellas marcas gráficas que, no siendo letras ni números, se emplean en los textos escritos para contribuir a su correcta lectura e interpretación. Aparte de la tilde y la diéresis, que son signos diacríticos (distintivos), se pueden establecer dos grupos: los signos de puntuación y los signos auxiliares.

LOS SIGNOS DE PUNTUACIÓN

Su función principal es organizar el discurso a fin de facilitar la correcta interpretación de los textos, poniendo de manifiesto las relaciones sintácticas y lógicas entre sus diversos constituyentes, evitando posibles ambigüedades y señalando el carácter especial de determinados fragmentos (citas, incisos, intervenciones de distintos interlocutores en un diálogo, etc.).

Se pueden dividir en simples y dobles, según tengan una forma o dos (una de apertura y otra de cierre). Son simples el punto, la coma, el punto y coma, los dos puntos y los puntos suspensivos. Son dobles los paréntesis, los corchetes, las comillas y los signos de interrogación y exclamación, además de la raya en ocasiones.

> Los signos de puntuación simples deben escribirse sin separación del elemento que los precede, y separados por un espacio del que los sigue; los dobles van siempre pegados al elemento que enmarcan.

FUNCIONES DE LOS SIGNOS DE PUNTUACIÓN

Las fundamentales son las siguientes:

- Indicar los límites de las unidades lingüísticas, ya sean grupos sintácticos (*Inés, venga un momento, por favor*), oraciones (*No ponga excusas: tiene que acabar hoy*) o enunciados (*Me voy a mi casa. Hasta mañana*).
- Indicar la modalidad de los enunciados, es decir, si estos son
  - Enunciativos o aseverativos: *Viene a las siete.*
  - Interrogativos : *¿Viene a las siete?*
  - Exclamativos: *¡Viene a las siete!*
  - Imperativos: *¡Ven/vení a las siete!*
- Señalar la omisión de una parte del enunciado: *Hace un calor...*

TIPOS DE USOS

Usos obligatorios. En determinados contextos el uso de los signos de puntuación es obligatorio. Ocurre, por ejemplo, con las interrogativas directas, que se escriben entre signos de interrogación, o con los vocativos, que se delimitan siempre mediante comas. En casos como estos, la presencia de los signos de puntuación tiene carácter distintivo, pues refleja diferencias sintácticas y cambios de significado:

> ¿Sigue sin comer nada?/Sigue sin comer nada;
> Eva, escucha con atención/Eva escucha con atención.

Usos opcionales. En otros contextos el uso de los signos de puntuación o la elección entre varios posibles depende de otros criterios, sean personales o contextuales. Así, pueden tener influencia hechos como los siguientes:

- La preferencia por un estilo de escritura más o menos trabajado: *A las ocho, hago deporte/A las ocho hago deporte.*
- La intención de dar mayor relevancia a cierta información: *No quiero ni debo insistir/No quiero (ni debo) insistir.*
- La longitud del enunciado y de sus constituyentes. Una mayor longitud favorece la presencia de signos que faciliten la comprensión de lo escrito:

> *El verano pasado la convivencia era idílica/En aquellos calurosos días de principios del verano pasado, la convivencia era idílica.*

- El deseo de evitar la acumulación de signos de un mismo tipo, lo que contribuye a que se presente la información de una manera más ordenada y jerarquizada. Así, en un ejemplo como el que sigue, resulta preferible la primera versión a la segunda:

> *No tenía buen aspecto: estaba sucio; su cara presentaba magulladuras; había adelgazado... No obstante, en cuanto apareció en el portal, lo reconocí.*
> *No tenía buen aspecto, estaba sucio, su cara presentaba magulladuras, había adelgazado, no obstante, en cuanto apareció en el portal, lo reconocí.*

La relativa influencia de las pausas. Se ha vinculado tradicionalmente la escritura de algunos signos de puntuación a las pausas e inflexiones tonales de la lengua oral. Esta influencia existe, pero priman otros criterios de carácter sintáctico y semántico. Así, por ejemplo, la estrecha relación entre sujeto y predicado determina que entre ambos nunca se escriba coma, con independencia de que, tras un sujeto de cierta extensión, se realice una pausa.

> *Quien no llegue antes de las nueve no podrá hacer el examen.*

Los signos de puntuación (II).
Los signos dobles y los signos auxiliares

LOS SIGNOS DOBLES

Cuáles son. Dentro del conjunto de los signos de puntuación, se llama signos dobles, como se dijo, a aquellos que están formados por dos elementos, uno de apertura y otro de cierre. Son los siguientes:

- los signos de interrogación (¿?),
- los signos de exclamación (¡!),
- los paréntesis ( ),
- los corchetes [ ],
- las comillas (" "),
- la raya (—), en algunos usos.

(Sobre los signos de interrogación y de exclamación → págs. 354-356).

Escritura de los signos dobles. Es común a todos ellos que el elemento de apertura y el de cierre se escriban pegados al primer y al último carácter de la secuencia que encierran, y separados por un espacio del elemento que los precede o que los sigue:

> La noche en que llegamos a la ciudad (el viaje había sido agotador) no encontramos donde alojarnos.
> Cuando conocí a don Emilio —todo un personaje— me dejó boquiabierto con su labia.
> ¡Te juro que no volverás a engañarme!; a partir de hoy no dejaré de vigilarte.

No obstante, cuando este elemento es otro signo de puntuación, se escriben sin separación alguna, como ocurre con el paréntesis y la coma en este ejemplo:

> Cuando la vi de nuevo (habían pasado más de veinticinco años), apenas la reconocí.
> «Creo que ya he estado aquí con anterioridad», se dijo a sí misma con cierta pesadumbre.

En cuanto al uso de mayúscula o minúscula inicial, varía según los casos, como se verá en los capítulos correspondientes.

LOS SIGNOS AUXILIARES

Qué son. Los signos auxiliares son signos ortográficos de carácter accesorio, que constituyen un inventario abierto y se utilizan con funciones muy diversas. En unos casos, se trata de funciones de carácter netamente ortográfico, como sucede cuando estos signos deben emplearse de forma obligada en la escritura de las palabras en determinadas circunstancias. Así ocurre, por ejemplo, con el guion o el apóstrofo.

En otros casos, se trata de funciones de carácter simbólico, como cuando actúan como meras señales visuales que sirven para transmitir cierta información. Sucede así, por ejemplo, con el asterisco o la flecha.

También hay signos auxiliares de carácter tipográfico, como los bolos, topos o boliches, figuras geométricas de pequeño tamaño que sustituyen a menudo a las rayas, letras o números en la introducción de los elementos de una enumeración en forma de lista.

Cuáles son. Los signos auxiliares más comúnmente empleados en todo tipo de textos son los siguientes:

- el guion (-),
- la barra (/), con sus variantes,
- el apóstrofo (').

Otros muchos restringen su empleo a determinados tipos de textos, como los que se enumeran a continuación:

- el asterisco (*),
- la flecha (→),
- el calderón (¶),
- el signo de párrafo (§),
- la llave ({}),
- la antilambda o diple (< >).

Además de sus usos convencionales en textos generales, algunos de estos signos pueden emplearse con valores especiales restringidos a ámbitos específicos. Así, los hay que se utilizan en una obra concreta con un valor particular asignado por el autor, quien debe dejar constancia de ello en algún lugar del texto, normalmente en los preliminares o los apéndices, a fin de facilitar al lector la clave de su interpretación.

El punto (I)

QUÉ ES

El punto es un signo generalmente circular de pequeñas dimensiones (.) que señala el final de un enunciado —siempre que este no sea interrogativo ni exclamativo—, de un párrafo o de un texto.

La palabra que sigue inmediatamente al punto de cierre de un enunciado o de un párrafo se escribe siempre con inicial mayúscula.

USOS DEL PUNTO

El punto tiene, en principio, dos clases de usos: lingüísticos y no lingüísticos. Se estudian en este y en el siguiente capítulo los propiamente lingüísticos, que son los que afectan a la separación de secuencias en la lengua escrita.

CLASIFICACIÓN DEL PUNTO SEGÚN LA UNIDAD DISCURSIVA QUE DELIMITA

Dentro de la función lingüística, el punto recibe diversos nombres, según el tipo de unidad que delimite: punto y seguido, punto y aparte, y punto final.

El punto y seguido. Se escribe, sin cambio de línea, para separar dos enunciados dentro de un mismo párrafo:

Busca entre sus cosas. Tal vez encuentres algo interesante. A veces guardamos cosas de las que nos habíamos olvidado.

El punto y aparte. Es el que aparece al final de un párrafo, dando paso a un enunciado que inicia un párrafo nuevo. Su misión es, pues, la de separar, dentro de un texto, dos párrafos que desarrollan contenidos o ideas diferentes.

El mar estaba embravecido aquel día. Los barcos sorteaban las olas con dificultad, aunque la mayoría de ellos no habían salido a faenar.

Miguel, sentado en el muelle, esperaba el regreso de su padre. Atisbaba el horizonte buscando ansioso su barco con la mirada.

El punto final. Se sitúa al final de un escrito o de una división importante de un texto (un capítulo, por ejemplo) para marcar su cierre.

No es correcta la denominación *punto y final* con que es nombrado a veces; la única adecuada es *punto final*.

También los dos anteriores reciben otros nombres: *punto seguido* y *punto aparte*. No se puede hablar de incorrección en estos casos, pero resultan menos adecuados que *punto y seguido* y *punto y aparte,* que son los que se recomienda usar.

El uso del punto final no ofrece problemas. Sin embargo, la elección entre el punto y seguido y el punto y aparte tiene que ver en ocasiones con la jerarquización y organización de las ideas. Se puede establecer una separación mayor o menor entre distintas partes de un discurso, siempre que se respeten la claridad y la coherencia. Así, los dos párrafos del ejemplo citado al hablar del punto y aparte podrían unirse en uno solo, con un punto y seguido.

CONCURRENCIA DEL PUNTO CON OTROS SIGNOS

Cuando el punto concurre con otros signos que también sirven para cerrar un enunciado, se plantean bastantes dudas, bien en cuanto a la compatibilidad de ambos signos, bien en lo que se refiere al orden que deben adoptar.

Posibles dudas en cuanto al uso. Los signos de interrogación o de exclamación, así como los puntos suspensivos, marcan por sí mismos el cierre del enunciado, lo que hace innecesaria y reiterativa la presencia del punto:

> *¿Ya decidiste adónde ir? Te propuse ir al teatro, al cine, al concierto... ¡Nos vamos a quedar sin entradas!*

Nunca debe ponerse punto, por tanto, detrás de un signo de cierre de interrogación o de exclamación, o de los puntos suspensivos.

Son diferentes los casos en que se interponen otros signos, como paréntesis, corchetes, rayas o comillas. Entonces, sí hay que usar el punto, que cierra el enunciado principal:

> *No hay forma de que se pongan de acuerdo (si vieran el espectáculo que dan...).*

Posibles dudas en cuanto al orden. Cuando concurre con el elemento de cierre de un signo doble (comillas, paréntesis, corchetes, rayas), el punto va detrás:

> *Se fue dando un portazo. (Creo que estaba muy alterado).*
> *Se llamaba Elvira Muñoz —si no recuerdo mal—.*
> *El presidente dijo: «No hay razón para convocar elecciones».*

Nunca debe escribirse un punto de cierre de enunciado delante de un signo de cierre de comillas, paréntesis, corchetes o rayas. En consecuencia, sería incorrecto puntuar los anteriores enunciados, en lo que a este aspecto se refiere, de esta manera: *Se fue dando un portazo. (Creo que estaba muy alterado.); Se llamaba Elvira Muñoz —si no recuerdo mal.—; El presidente dijo: "No hay razón para convocar elecciones.".*

El punto (II).
Uso en contextos específicos

Aun tratándose del cierre de enunciados completos, hay algunos casos en los que se plantean dudas acerca de si debe emplearse o no el punto. Estos son algunos de ellos.

PRESENCIA Y AUSENCIA DEL PUNTO EN SECUENCIAS BREVES Y AISLADAS

Por sus especiales características, algunas secuencias breves que aparecen aisladas ofrecen dudas acerca de si deben cerrarse o no con un punto. La norma general es que, cuando aparecen solas en una página o constituyen el único texto de un renglón, no deben escribirse con punto final. Entre ellas cabe citar las siguientes:

- Títulos y subtítulos (centrados o no) de libros, artículos, capítulos, obras de arte, publicaciones periódicas, etc.:

  Cien años de soledad
  El nacimiento de Venus

- Títulos y cabeceras de cuadros y tablas:

  Tabla 1. Clasificación de los signos de puntuación

- Nombres de autor en cubiertas, portadas, prólogos, firmas de documentos, etc. En definitiva, siempre que aparezcan solos en una línea:

  Un cordial saludo,
  Luis Pérez

- Direcciones electrónicas. Se emplea el punto para separar los subdominios, pero no al final del último elemento:

  www.excelsior.com.mx
  consulta@rae.es

- Índices. Sean de contenidos, de materias, onomásticos, etc., no se escribe punto al final de cada una de las líneas que los integran:

  La conjunción
  Conjunciones copulativas
  Conjunciones disyuntivas
  Conjunciones adversativas

- Eslóganes publicitarios, sobre todo cuando constituyen el único texto de la línea:

  Asturias, paraíso natural; Panamá, la ruta por descubrir

  Si el mensaje se compone de dos o más enunciados, con puntuación interna, el punto final es admisible, aunque no obligatorio:

  Nuevo BMW Serie 7. Espíritu de superación.

- Pies de imagen. Los textos que aparecen bajo ilustraciones, fotografías, diagramas, etc., no se cierran con punto cuando constituyen rótulos o etiquetas que describen el contenido de dichas imágenes; por ejemplo, si se escribe debajo de una fotografía periodística algo como lo siguiente:

El primer ministro en su residencia de verano

Puede ponerse, en cambio, cuando el texto es extenso y explicativo, especialmente cuando presenta puntuación interna. Es, pues, opcional el uso del punto en un pie de fotografía como este:

El primer ministro británico en su residencia de verano con su homólogo noruego, acompañados de varios ministros de diversos ramos que dialogan entre ellos.

EN OTROS CONTEXTOS

Fuera del ámbito de la puntuación, el punto se usa, entre otras cosas:

- Para marcar las abreviaturas:

Sra., n.º, pág., EE. UU.

En este caso, al no tratarse de un signo de puntuación propiamente dicho, puede concurrir con otros signos delimitadores, como sucede en el siguiente ejemplo en relación con los dos puntos:

Comieron, bebieron, rieron, cantaron, bailaron, etc.: se lo pasaron estupendamente.

- En las clasificaciones o enumeraciones en forma de lista, se escribe punto tras el número o la letra que encabeza cada uno de los elementos enumerados:

¿Cuál es la capital de Ohio?
a. Cleveland
b. Columbus
c. Indianápolis

En este uso, el punto alterna con el paréntesis.

La coma

La coma es un signo de puntuación en forma de virgulilla situado en la parte inferior de la línea (,) que se emplea para delimitar unidades lingüísticas menores que el enunciado, como algunos tipos de oraciones:

Aunque no te guste, tendrás que hacerlo,

o bien grupos sintácticos:

David, el ingeniero, no ha venido hoy.

LOS PROBLEMAS DEL USO DE LA COMA

La coma es un signo de puntuación que plantea muchas dudas, ya que la variedad de sus usos es grande y al escribir no siempre se tiene conciencia clara de dónde ha de situarse. Buena parte de los errores e inseguridades derivan del hecho de que la coma suele asociarse con una pausa breve al hablar, pero esta circunstancia, aunque influye, no es el principal condicionamiento. Así, en un enunciado como

Estaba tan cambiado | que apenas lo reconocí,

se tiende a hacer la pausa señalada, pero no debe escribirse coma para marcarla.

En su colocación, aparte de la propia estructura sintáctica, interviene la forma en que el hablante desea organizar lo que quiere decir, como se deduce del hecho de que pueda alternar con otros signos. Véanse las oraciones siguientes:

Lo hizo. Lamentablemente.
Lo hizo; lamentablemente.
Lo hizo, lamentablemente.

Puede comprobarse en ellas que el significado no ofrece apenas diferencias, por lo que el uso de uno u otro signo depende del grado de dependencia entre los dos segmentos separados y de la relevancia que se quiera otorgar al adverbio *lamentablemente*. En otros casos, como a la hora de marcar los incisos, la coma puede alternar, por ejemplo, con las rayas o los paréntesis.

USO OPCIONAL Y USO OBLIGATORIO

El uso de la coma puede ser opcional u obligatorio.

Uso opcional. Se produce cuando la presencia o la ausencia de una coma no implica cambios sintácticos ni semánticos, sino que obedece al gusto de quien escribe, de acuerdo con factores estilísticos como la expresividad, la claridad, etc.

Compárense las dos versiones siguientes de un mismo texto:

Si llueve, a veces, salimos a buscar setas. Ayer íbamos a ir, pero, al final, no pudimos porque llovía demasiado, así que, a las diez de la mañana, me fui al gimnasio.

Si llueve, a veces salimos a buscar setas. Ayer íbamos a ir, pero al final no pudimos porque llovía demasiado, así que a las diez de la mañana me fui al gimnasio.

Como puede comprobarse, en la segunda hay cinco comas menos, sin que por ello se altere el significado. Por tanto, hay que poner siempre las obligatorias y, en cuanto a las demás, debe procurarse un uso racional y equilibrado a fin de que el discurso no resulte entrecortado si hay muchas, ni con periodos excesivamente largos, asfixiantes, si apenas hay.

Uso obligatorio. Es aquel en el que la coma posee valor distintivo, es decir, sirve para distinguir sentidos diferentes asociados a las relaciones sintácticas de las partes que componen los enunciados. Véase el siguiente ejemplo:

Esteban, el ingeniero y yo misma estuvimos en la obra.

Esteban, el ingeniero, y yo misma estuvimos en la obra.

En el primer caso hay una enumeración: estuvieron tres personas. En el segundo, las personas eran dos, pero se aclara que una de ellas era ingeniero.

Obsérvese también este otro:

Me vestí como me indicaron.

Me vestí, como me indicaron.

En la primera oración se hace referencia a la manera en que esa persona debía vestirse. En la segunda, lo que se dice es que le habían indicado que se vistiera.

Y uno más:

Nadie te ha llamado tonto.

Nadie te ha llamado, tonto.

En la primera secuencia se alude a que el destinatario del mensaje no ha sido llamado de esa manera. En la segunda, *tonto* es un vocativo, una forma de dirigirse al receptor.

Dónde hay que poner coma (I). Incisos y construcciones independientes

Entre los contextos en los que se hace necesario emplear la coma debido al carácter distintivo o significativo de su uso, cabe citar los siguientes:

EN LOS INCISOS

Los incisos son segmentos que se intercalan en el enunciado principal para aportar precisiones, ampliaciones, rectificaciones o cualquier otra circunstancia.

Colocación de la coma en los incisos. Normalmente se escriben entre comas, aunque a menudo pueden ir también entre paréntesis o entre rayas:

> *El volcán Villarrica, como todos saben, está en Chile.*
> *El mundo del espectáculo, concretamente el de la danza, me fascina.*

Cuando el inciso no está en medio del enunciado, sino que lo encabeza o lo cierra, debe aislarse también mediante coma:

> *Como todos saben, el volcán Villarrica está en Chile.*
> *Me fascina el mundo del espectáculo, concretamente el de la danza.*

Las comas que marcan los incisos reproducen fielmente las pausas que se hacen al hablar y en más de un contexto su supresión provocaría cambios en el significado.

Incorrecciones más frecuentes. Las que suelen producirse son de dos tipos:

- Omisión de una de las dos comas:
  - Uso incorrecto: ⊗*Acudieron cien alumnos, quienes junto a sus padres, disfrutaron mucho.*
  - Uso correcto: *Acudieron cien alumnos, quienes, junto a sus padres, disfrutaron mucho.*
- Desplazamiento indebido de alguna de las comas:
  - Uso incorrecto: ⊗*Disponía de poco tiempo, y encima, tenía otras obligaciones.*
  - Uso correcto: *Disponía de poco tiempo y, encima, tenía otras obligaciones.*

> Puede ser útil observar la siguiente regla: lo que explica, aclara o matiza debe separarse mediante comas; lo que distingue o especifica no debe llevarlas.

Tipos de incisos. Estos son algunos de los más característicos:

- Las aposiciones explicativas:
  > *La presentación de Romero, el comisario de la exposición, fue muy aplaudida.*

- Las oraciones de relativo explicativas:

    La casa, que está al borde del mar, es muy luminosa.
- Los adjetivos explicativos:

    Los soldados, cansados, volvieron al campamento con retraso.
- Los grupos preposicionales explicativos:

    La mesa, de madera maciza, estaba colocada en el centro del salón.

EN LAS CONSTRUCCIONES ABSOLUTAS

Son aquellas en las que se unen un sujeto y un elemento predicativo sin la presencia de un verbo en forma personal. Se separan mediante comas, ocupen la posición que ocupen:

Acabadas las excavaciones, se hizo una exposición con los objetos hallados.
Ellos, viviendo allí su hija, no necesitan buscar un hotel.

CON LAS INTERJECCIONES

Las interjecciones y las locuciones interjectivas se separan con coma del resto del enunciado:

Bah, no te preocupes.
Date prisa, anda, que llegamos tarde.
Ya está lloviendo, ¡por Dios!

CON LOS APÉNDICES CONFIRMATIVOS

Se separan mediante coma ciertas expresiones interrogativas que se emplean para buscar confirmación de lo dicho (¿verdad?, ¿no?, ¿eh?, ¿ves? o ¿viste?):

Confías en mí, ¿no?
La estamos pasando de maravilla, ¿ves?

CON LOS VOCATIVOS

Se aíslan mediante comas, sea cual sea la posición que ocupen en el discurso:

Javier, no quiero que salgas tan tarde.
Estoy a sus órdenes, mi coronel.
A ver, usted, acérquese inmediatamente.

Dónde hay que poner coma (II). Otros contextos

Existen otros muchos contextos en los que el uso de la coma resulta necesario. Estos son algunos de los más significativos:

CON LOS CONECTORES DISCURSIVOS

Son expresiones que ponen en relación una secuencia con el texto precedente. Son muy numerosos: *además, asimismo, ahora bien, sin embargo, no obstante, por el contrario, por ejemplo, en definitiva* y muchos otros. Se separan mediante coma de la secuencia sobre la que inciden:

> *Se ha llevado todas sus cosas de la casa. O sea, no piensa volver.*
> *Mi nombre es Catalina. Nadie, sin embargo, me llama así.*

CON LOS COMPLEMENTOS CIRCUNSTANCIALES

Van seguidos de coma cuando preceden al verbo, sobre todo si son extensos o si la ausencia de coma pudiera provocar ambigüedades:

> *En aquellos calurosos días de verano, la convivencia era idílica.*
> *Con mi hermano y unos amigos, viajé a Cuba.*

CON COMPLEMENTOS QUE AFECTAN A TODA LA ORACIÓN

Se escribe coma detrás de muchos adverbios y locuciones adverbiales y preposicionales que afectan a toda la oración, y no solo a uno de sus elementos:

> *Generalmente, las casas rurales se sitúan en enclaves privilegiados.*
> *Con franqueza, no creo que vuelva por aquí.*

También afectan a toda la oración y se separan con coma expresiones de carácter introductorio encabezadas por *en cuanto a, con respecto a, en relación con, con referencia a*, etc.:

> *Con respecto a esos papeles, nadie volvió a saber nada de ellos.*
> *En cuanto a ti, no quiero volver a verte.*

EN CONSTRUCCIONES SUBORDINADAS

- Construcciones causales. Se aíslan siempre con coma las oraciones causales introducidas por *ya que, pues, puesto que, que, como, comoquiera que*:

> *Tuvimos que alquilar dos automóviles, ya que al final vinieron seis; Cierra, que hace frío.*

También se separan con coma las causales introducidas por *porque* que justifican por qué se afirma lo expresado en la principal (causales de la enunciación):

Ha llovido, porque está el suelo mojado. [Lo que me lleva a afirmar que ha llovido es que el suelo está mojado].

- Construcciones finales. Se separan con coma cuando van antepuestas (si son breves, puede prescindirse de ella):

  Para aprobar el examen de mañana, tienes que estudiar.

  Si la oración final pospuesta no expresa la finalidad real, sino el objetivo que se persigue al enunciar la oración principal, sí se separa con coma:

  Tienes que estudiar más, para que te quede claro. [Mis palabras tienen como finalidad que te quede claro que tienes que estudiar más; diferente de *Tienes que estudiar más para que te quede claro*].

- Construcciones condicionales y concesivas. Se separan mediante coma cuando van antepuestas al verbo principal, salvo si son muy breves:

  Si vuelve a salir un ocho, nos hacemos ricos.
  Aunque nadie le hacía caso, ella seguía hablando.

- En las construcciones ilativas. Las oraciones introducidas por *así que, conque, luego, de modo/forma/manera que* o *de ahí que* van precedidas de coma:

  Nadie abría la puerta, así que siguieron llamando.
  Es un jarrón muy caro, conque mucho cuidado al transportarlo.

PARA MARCAR ELISIONES VERBALES

Se usa la coma para separar el sujeto de los complementos verbales cuando el verbo está elidido por haber sido mencionado con anterioridad o estar sobrentendido:

  Su hijo mayor es rubio; el pequeño, moreno.
  Los que no tengan invitación, por aquella puerta.

OTROS USOS

- Se escribe coma delante de una palabra que se acaba de mencionar cuando se repite para introducir una explicación sobre ella:

  Se compró la mejor moto que había, moto que, a los pocos meses, acabó olvidada en el garaje.

- En la datación de cartas y documentos, se escribe coma entre el lugar y la fecha:

  Santiago, 8 de enero de 1999; En Cartagena, a 16 de marzo de 2000.

  Y también entre el día de la semana y el del mes: *Lunes, 23 de enero de 2002.*

(Sobre el uso de la coma en la coordinación → págs. 434-435).

Dónde no hay que poner coma

En los siguientes contextos, lo indicado es no usar coma:

CON ELEMENTOS ESPECIFICATIVOS O DESCRIPTIVOS

- Aposiciones especificativas:

    Mi hermano Arturo estuvo allí; el rey Rodrigo.

- Oraciones de relativo especificativas:

    Ese árbol que se ve ahí es un roble.

- Adjetivos u otros complementos especificativos o descriptivos:

    Los soldados cansados volvieron al campamento con dos horas de retraso.
    La mesa de madera maciza estaba colocada en el centro del salón.

EN CONSTRUCCIONES SUBORDINADAS

- Las construcciones causales. No se separan con coma las causales introducidas por la conjunción *porque* que expresan la causa real de lo enunciado en la oración principal:

    El suelo está mojado porque ha llovido.

- Las construcciones finales. No se escribe coma cuando van pospuestas y expresan la finalidad real de lo enunciado en la oración principal:

    Tienes que estudiar para aprobar el examen de mañana.

- Las construcciones condicionales y concesivas. No suelen ir precedidas de coma si van pospuestas:

    No dejes de avisarme si vas a llegar tarde.
    Te llevaré al hospital aunque no quieras.

- No llevan coma las construcciones comparativas ni las consecutivas:

    Disfruta más jugando con sus hijos que yendo a una fiesta.
    Se conocían tan bien que no necesitaban decirse las cosas.

CON EL SUJETO

- No se escribe coma entre el sujeto y el predicado, independientemente del orden que adopten, ni aunque el sujeto sea complejo o una subordinada sustantiva:

    Mis padres, mis tíos y mis abuelos me felicitaron ayer.
    Los alumnos que no hayan entregado el trabajo antes de la fecha fijada por el profesor reprobarán/suspenderán la asignatura.
    Que vengas esta tarde es una buena idea.

CON LOS COMPLEMENTOS CIRCUNSTANCIALES

Los complementos circunstanciales no se aíslan mediante comas cuando se posponen al verbo:

Llámame siempre que me necesites.
Te acompañaré dondequiera que vayas.
Viajé a Cuba con mi hermano y unos amigos.

CON LOS DEMÁS COMPLEMENTOS

Las secuencias que desempeñan las funciones de atributo, complemento directo, complemento indirecto, complemento de régimen y complemento agente no pueden separarse del verbo mediante coma, sea cual sea su longitud, su posición o su naturaleza (oracional o no oracional):

Quienes deben hacerlo son ellos.
Vergüenza debería darte.
Se lo diré a quien quiera escucharme.
Se despreocupaba de muchas de sus obligaciones.
Fue educado por buenos maestros.

EN REPETICIONES DE PALABRAS

No debe ponerse coma cuando se reduplica enfáticamente una palabra:

Me gusta el café café.
Tenía el pelo muy muy corto.

TRAS LAS FÓRMULAS DE SALUDO

En las cartas y documentos, no se escribe coma, sino dos puntos, tras las fórmulas de saludo inicial:

Querida Raquel:
¿Cómo estás?

Uso dudoso u opcional de la coma. Concurrencia con otros signos

USOS DUDOSOS U OPCIONALES

Conciencia de inciso. Como ya se ha visto, muchos de los usos opcionales de la coma están en función de la manera en que el que escribe prefiere presentar algo, bien como simple información, bien como un inciso, marcado por pausas, que supone una reflexión, precisión, rectificación, etc., a lo que se está diciendo. En el primer caso no se usan comas; en el segundo, sí.

Esta diferenciación es posible con distintos tipos de construcciones, pero sobre todo con aquellas que aportan información complementaria. En ellas son opcionales muchas comas, como puede verse en los ejemplos siguientes, donde el significado propiamente dicho no cambia, pero sí la intención de enfatizar o puntualizar:

> *Murió en acto de servicio justo dos años después./Murió en acto de servicio, justo dos años después.*
> *En México hace ya tiempo que en la prensa especializada se trata este asunto./ En México, hace ya tiempo que en la prensa especializada se trata este asunto.*

Lo mismo sucede con las oraciones subordinadas, en las que se emplea la coma cuando la información se presenta como incidental o accesoria:

> *Iremos los tres siempre y cuando no se decida otra cosa./Iremos los tres, siempre y cuando no se decida otra cosa.*

En las elisiones. A pesar de que lo recomendado en estos casos es la escritura de coma, no se trata siempre de un uso obligatorio. A veces, como en el ejemplo siguiente, donde las elipsis se suceden, puede optarse por un estilo de puntuación más trabado o más suelto:

> *Yo vigilaré los lunes; tú, los martes y los jueves, y Martín, los fines de semana./ Yo vigilaré los lunes, tú los martes y los jueves, y Martín los fines de semana.*

Con los complementos circunstanciales. La mayoría de las comas que delimitan los complementos circunstanciales antepuestos son opcionales, y su presencia o ausencia responde, como en el caso anterior, a la preferencia por un estilo de escritura más trabado o más fluido:

> *Durante aquellos días no salí de casa./Durante aquellos días, no salí de casa.*
> *En la casa de al lado se oían gritos./En la casa de al lado, se oían gritos.*

Su presencia, no obstante, puede contribuir a facilitar la interpretación del enunciado. Por ello, como quedó dicho, se recomienda escribir coma tras los complementos circunstanciales antepuestos al predicado cuando son extensos.

Cuando los complementos circunstanciales van pospuestos al verbo, aunque lo normal es no poner coma, puede usarse si se desea presentar la circunstancia como información incidental o accesoria. En las dos secuencias siguientes puede observarse la diferencia significativa entre la presencia y la ausencia de la coma:

Los cómicos habían llegado a la plaza con muchas atracciones./Los cómicos habían llegado a la plaza, con muchas atracciones.

Con otros complementos. Si un complemento directo, un complemento indirecto, un complemento de régimen o un atributo se anticipan para expresar el tema del que se va a decir algo, se puede usar opcionalmente la coma:

De ese asunto no sé nada./De ese asunto, no sé nada.
Carne no suelo comer mucha./Carne, no suelo comer mucha.

La presencia de la coma es más conveniente en estos casos cuanto más largo sea el fragmento anticipado.

CONCURRENCIA DE LA COMA CON OTROS SIGNOS

La coma no puede aparecer junto con el punto, el punto y coma o los dos puntos, pero sí con el resto de los signos de puntuación. En caso de concurrencia, la coma va detrás de los puntos suspensivos y de los signos de cierre de paréntesis, raya y comillas:

Esto..., si yo solo quiero pedirte perdón.
Dime —y no quiero excusas—, ¿por qué no has llamado antes?
«Buenas noches», dijo muy circunspecto al entrar en la habitación.

Cuando concurre con los signos indicadores de modalidad (interrogativos y exclamativos), va también detrás de ellos:

¿Quieres saberlo?, pues pregúntamelo.

La presencia de la coma no exime de escribir el punto de las abreviaturas: *Martillo, alicates, llaves, etc., son herramientas imprescindibles.*

Los puntos suspensivos (I).
Usos principales

QUÉ SON

Los puntos suspensivos constituyen un signo de puntuación formado por tres puntos consecutivos (...) sin espacio entre ellos.

Deben ser únicamente tres. No debe quedar espacio entre los puntos suspensivos y la palabra que los precede, pero sí ha de haber un espacio de separación respecto de la que los sigue. Si van seguidos de otro signo de puntuación, dicho espacio no debe existir:

> *Seguían pasando los días..., pero nada cambiaba.*

Cuando cierran el enunciado, la palabra siguiente debe escribirse con mayúscula inicial: *El caso es que si llueve... Mejor no pensar en esa posibilidad.* En cambio, si el enunciado continúa tras ellos, la palabra que sigue se inicia con minúscula: *Estoy pensando que... aceptaré la propuesta; en esta ocasión debo arriesgarme.*

PRINCIPALES USOS DE LOS PUNTOS SUSPENSIVOS

Tienen como función principal señalar una suspensión o una omisión en el discurso. Ello puede responder, o bien al deseo de quien escribe de dejar en suspenso el enunciado, con intención enfática o expresiva, o bien a la conveniencia o necesidad de indicar que parte del texto se ha omitido. Estos son los casos más significativos:

Para indicar la suspensión del discurso con finalidad expresiva. Cuando se utilizan respondiendo a necesidades expresivas de carácter subjetivo, funcionan como indicadores de modalidad. Estos son algunos de sus valores:

- Señalan una pausa transitoria que expresa duda, temor o vacilación:

  > *Te llaman del hospital... Espero que sean buenas noticias.*
  > *Quería preguntarte..., bueno..., que si quieres ir conmigo a la fiesta.*

- Dejan el enunciado incompleto y en suspenso con el fin de crear expectación:

  > *Si yo te contara...*

  o por cualquier otro motivo:

  > *Fue todo muy desagradable... No quiero seguir hablando de eso.*

- En ocasiones, sin que impliquen omisión, la pausa que señalan persigue demorar enfáticamente el enunciado:

  > *Ser... o no ser... Esa es la cuestión.*

Para señalar omisiones. Indican que se ha omitido una parte del texto, bien porque es innecesaria para descifrar el mensaje, bien porque resulta ya conocida para el lector. Estos son los casos más destacables:

- Señalan la interrupción voluntaria de un discurso cuyo final se da por conocido o sobrentendido por el interlocutor. Esta circunstancia es especialmente frecuente cuando se reproduce un refrán o un fragmento literario de sobra conocido:

    A quien madruga..., así que dense prisa.
    Y comenzó a recitar: «Con diez cañones por banda...».

- Al final de enumeraciones abiertas o incompletas, cumplen la misma función que la palabra *etcétera* o su abreviatura:

    Puedes hacer lo que quieras: leer, ver la televisión, oír música...

    Debe evitarse, por redundante, la aparición conjunta de ambos elementos. No serían correctas, por tanto, ⊗*Puedes hacer lo que quieras: leer, ver la televisión, oír música, etc...,* ni ⊗*Puedes hacer lo que quieras: leer, ver la televisión, oír música..., etc.*

- Sirven para insinuar, evitando su reproducción, expresiones o palabras malsonantes o inconvenientes; a veces se colocan tras la letra inicial del término que se insinúa:

    ¡Qué hijo de... está hecho!
    Vete a la m... No te aguanto más.

    El mismo procedimiento se utiliza cuando se quiere ocultar un nombre o cualquier otro dato:

    Don Manuel R... era un verdadero sinvergüenza.

- Entre corchetes [...] o, menos frecuentemente, entre paréntesis (...), indican la supresión de una palabra o un fragmento en medio de una cita textual:

    «Fui don Quijote de la Mancha y soy agora [...] Alonso Quijano el Bueno» (Cervantes, el *Quijote*).

Los puntos suspensivos (II). Concurrencia con otros signos

CONCURRENCIA DE LOS PUNTOS SUSPENSIVOS CON OTROS SIGNOS

- Los puntos suspensivos son incompatibles con el punto de cierre; por tanto, cuando aparecen al final del enunciado, no debe añadirse tras ellos un punto:

  Es hermoso despertarse y ver el sol, los árboles, la luz en las ventanas... Creo que volveré el año que viene.

  Solo cuando van detrás de una abreviatura, se suman al punto que la cierra, de modo que se escribirán cuatro puntos en total:

  Algunas abreviaturas con tilde son pág., cód., admón....

- La coma, el punto y coma y los dos puntos sí son compatibles con los puntos suspensivos, a los cuales se posponen sin espacio de separación:

  Cuando decidas los colores, las telas..., te haré el presupuesto.
  Una cosa no quedó clara...: ¿desde cuándo se aplicará esta medida?

- Cuando se combinan con signos dobles, como las rayas, los paréntesis o las comillas, pueden darse dos situaciones:

  – Si lo que se omite forma parte del discurso enmarcado entre esos signos, los puntos suspensivos preceden al de cierre:

    Está encantado con su nuevo Picasso (yo diría que es falso, pero...).
    Ya lo dijo Arquímedes: «Dadme un punto de apoyo...».

  – Si el texto elidido corresponde, en cambio, al discurso principal, los puntos suspensivos se escriben tras el signo de cierre:

    El paisaje chileno ofrece muchos atractivos: mar y montaña (el Pacífico y los Andes recorren el país de norte a sur), lagos y volcanes (como los de la X Región), desiertos (Atacama)...

- Cuando concurren con los signos de interrogación o exclamación, también pueden presentarse dos casos:

  – Si el enunciado interrogativo o exclamativo está incompleto, los puntos suspensivos preceden a los signos de cierre:

    ¡Si te dije que...! Es inútil, nunca le haces/hacés caso a nadie.

  – Si dicho enunciado está completo, los puntos suspensivos se escriben detrás, sin espacio de separación:

    ¿Me habrá traído los libros?... Seguro que sí.

El punto y coma

QUÉ ES

El punto y coma (;) es un signo de puntuación formado por un punto superpuesto a una coma, que delimita unidades lingüísticas inferiores al enunciado, ya sean grupos sintácticos, como en el primero de los siguientes ejemplos, u oraciones, como en el segundo:

> *Lo hizo; lamentablemente.*
> *En cuanto lo supieron, salieron a buscarlo; aún estaba vivo cuando lo encontraron.*

Detrás del signo de punto y coma se escribe siempre minúscula. La única excepción es cuando se usa, en obras como la presente, para separar enunciados que nada tienen que ver entre sí, utilizados como ejemplos sucesivos.

USOS DEL PUNTO Y COMA

Se trata de un signo que establece mayor disociación entre las unidades lingüísticas que la coma —y, por tanto, realza más cada una de ellas— y menor que la indicada por el punto. Sin embargo, a menudo es sustituible por alguno de ellos. Así, los dos ejemplos anteriores podrían haberse puntuado de este modo:

> *Lo hizo, lamentablemente.*
> *En cuanto lo supieron, salieron a buscarlo. Aún estaba vivo cuando lo encontraron.*

Su empleo, por tanto, presenta un alto grado de subjetividad, ya que obedece a las intenciones comunicativas del que escribe. Ello hace que a veces se aconseje evitar su utilización a favor de los mencionados signos, pero esto es algo que no debe hacerse, puesto que el uso del punto y coma es importante para jerarquizar la información y para proporcionar el grado de vinculación adecuado entre los elementos que enlaza.

• Se usa entre oraciones yuxtapuestas y entre unidades coordinadas (→ pág. 433):

> *Hemos perdido el tren; vamos a tener que esperar.*
> *Saldremos cada uno por un lado: yo, por la derecha; tú, por la izquierda; tu hermano, de frente.*

• Conviene utilizar el punto y coma delante de los conectores discursivos cuando vinculan periodos más o menos extensos, o que ya contienen comas en su interior:

> *Todas las mercancías que llegaban tenían que pasar un control, casi siempre muy severo; por tanto, se distribuían con mucho retraso.*

Los dos puntos (I)

Los dos puntos (:) constituyen un signo de puntuación que, como la coma y el punto y coma, delimita unidades sintácticas inferiores al enunciado. Además, permiten detener el discurso llamando la atención sobre lo que sigue, por lo que tienen un valor anunciativo:

> *Tres son los ingredientes del mojito: ron, zumo de limón y hierbabuena.*
> *Ya lo dijo Plauto: «El hombre es un lobo para el hombre».*

Por regla general, tras los dos puntos se escribe minúscula, salvo cuando dan paso a una unidad con independencia de sentido, como en el encabezamiento de cartas y documentos, ante la reproducción de palabras textuales, etc. (→ págs. 104-105).

USOS DE LOS DOS PUNTOS

Se detallan a continuación sus usos lingüísticos fundamentales.

En enumeraciones. Se escriben dos puntos delante de una enumeración, tras el elemento que la anuncia o anticipa:

> *Ayer me compré dos libros: uno de Carlos Fuentes y otro de Cortázar.*
> *Así me gustan las personas: inteligentes, simpáticas y sensibles.*

No deben usarse los dos puntos ante enumeraciones que carecen de dicho elemento anticipador, como, por ejemplo, tras una preposición o un verbo. Así, el uso es incorrecto en ejemplos como

> ⊗*Patrocinado por: Inditex, Caja Extremadura, Altadis;*
> ⊗*Mis aficiones son: leer, viajar y tocar la guitarra.*

Sí se admiten, en cambio, en estos supuestos cuando los miembros de la enumeración se insertan en forma de lista:

> *Mis aficiones son:*
> *— leer*
> *— viajar*
> *— tocar la guitarra*

Cuando se escriben en primer lugar los elementos de la enumeración, los dos puntos sirven para cerrarla y dar paso al concepto que los engloba:

> *Natural, sana y equilibrada: así debe ser una buena alimentación.*

Debe evitarse el uso repetido de los dos puntos en un mismo enunciado, abriendo sucesivas enumeraciones. Así, no está adecuadamente puntuado el siguiente ejemplo: [⊗]*Se requieren dos tratamientos: uno físico y otro psicológico: el primero con un fisioterapeuta y el segundo con un equipo de psicólogos.*

Para evitarlo, o bien se modifica la redacción, o bien se recurre al empleo de otros signos:

> *Se requieren dos tratamientos, uno físico y otro psicológico: el primero con un fisioterapeuta y el segundo con un equipo de psicólogos.*

En ejemplificaciones. Del mismo modo que en las enumeraciones, se usan los dos puntos para dar paso a los ejemplos que ilustran una aseveración, tras el elemento anticipador: *Hay cosas que no debes olvidar: el pasaporte, por ejemplo.*

Cuando se usa el adverbio *como* para dar paso a los ejemplos, no se deben poner los dos puntos. Por eso, la construcción siguiente, tal como está, resulta incorrecta: [⊗]*Se olvidó de varios objetos, como: la cartera, las gafas, el móvil.*

En el discurso directo. Se escriben dos puntos tras los verbos de lengua que introducen la reproducción literal de lo dicho o pensado (discurso directo). Pueden darse varios casos:

- Si se trata de una cita, esta se escribe entre comillas y con mayúscula inicial:

  Ya lo dijo Ortega y Gasset: «La claridad es la cortesía del filósofo».

- En los diálogos, en cambio, las palabras reproducidas tras los dos puntos se introducen mediante una raya, normalmente en párrafo aparte:

  Después de dudarlo unos momentos, respondió:
  —¡Decidido! Me voy con ustedes a Tulum.

- Cuando las palabras del discurso directo se anteponen al verbo de lengua, no se emplean los dos puntos, sino la coma o, en los diálogos, la raya:

  «La claridad es la cortesía del filósofo», dijo Ortega.
  —¡Decidido! Me voy con ustedes a Tulum —respondió después de dudarlo.

No se usan los dos puntos cuando lo que se reproduce es una construcción de estilo indirecto en la que el verbo introductor va seguido de las conjunciones *que* o *si*. Por eso son incorrectas construcciones como [⊗]*No sabía si: irse o quedarse;* o [⊗]*Al final respondió que: estaba decidido a irse con ellos.*

Los dos puntos (II)

Además de los vistos en el capítulo anterior, el uso de los dos puntos se extiende a otros contextos o construcciones lingüísticas, entre los que cabe citar los siguientes:

Entre oraciones yuxtapuestas. Se emplean los dos puntos para conectar oraciones relacionadas entre sí, dejando entrever una relación de dependencia. Esta relación puede ser de diferentes tipos:

- Causa-efecto: *Se ha quedado sin trabajo: no podrá ir de vacaciones este verano.*
- Conclusión, consecuencia o resumen de la oración anterior: *El arbitraje fue injusto y se cometieron muchos errores: al final se perdió el partido.*
- Verificación o explicación de la oración anterior, que suele tener un sentido más general: *La paella es un plato muy completo y nutritivo: tiene la fécula del arroz, las proteínas de sus carnes y pescados, y la fibra de sus verduras.*
- Oposición: *Rodolfo no es una persona: es mi gato.*

En este tipo de contextos, los dos puntos pueden alternar con el punto y coma.

Con conectores discursivos. Suelen usarse los dos puntos tras algunos conectores de carácter introductorio que anuncian, de manera un tanto enfática, una explicación, como *a saber, es decir, en conclusión, pues bien, dicho de otro modo, más aún, ahora bien*, etc.:

> *La voz carbunclo tiene dos sentidos, a saber: 'piedra preciosa' y 'enfermedad del ganado'.*
> *Dice que se va. Más aún: amenaza con no volver jamás.*

Tampoco en este caso debe usarse la mayúscula tras los dos puntos.

En la mayoría de estos contextos puede, asimismo, escribirse coma en lugar de dos puntos, si bien con ella desaparecen el énfasis y la expectación creada en el lector en relación con lo que se va a decir.

Delante de los conectores, no deben usarse los dos puntos. Por tanto, sería incorrecto escribir, por ejemplo, [⊗]*Se ha preparado durante diez meses: por tanto, no tendrá problemas en aprobar.*

En títulos y epígrafes. En títulos y epígrafes es frecuente el uso de los dos puntos para separar el concepto general del aspecto parcial del que va a tratarse:

> *La literatura medieval: fuentes y desarrollo.*

En cartas y documentos administrativos

• Se emplean dos puntos tras las fórmulas de saludo en el encabezamiento de cartas y documentos. La palabra que sigue a los dos puntos se escribe con inicial mayúscula y en renglón aparte:

Estimado señor:
Le agradeceré que en el plazo más breve posible...

Debe evitarse utilizar la coma en vez de los dos puntos con este tipo de fórmulas. Así, no es correcto escribir

®*Querida Raquel,*
Hace tiempo que quería decirte...

• Se usan, asimismo, tras verbos como *certificar, exponer, solicitar...*, escritos enteramente en mayúsculas, que actúan como fórmulas de enunciación en los textos jurídicos y administrativos. También en estos casos la primera palabra que sigue a dicho verbo se escribe con inicial mayúscula y en párrafo aparte:

CERTIFICA:
Que D. José Álvarez ha concluido con honores el Curso...

Del mismo modo, se escriben dos puntos tras gerundios como *considerando* o *resultando* cuando preceden a cada una de las razones que sirven de apoyo a un fallo, dictamen o solicitud.

Concurrencia con otros signos. Como es lógico, los dos puntos no pueden aparecer junto a los otros signos delimitadores (punto, coma y punto y coma), puesto que cumplen la misma función.

Sí pueden concurrir, en cambio, con los demás (los de interrogación o exclamación, los puntos suspensivos, los paréntesis, los corchetes, las rayas, etc.):

Todas esas personas no son de fiar (nunca cumplen su palabra): mejor alejarse de ellas.
Si pudiera recuperar algo de aquello...: las emociones, la capacidad de sorpresa, la alegría y tantas otras cosas.

En estos casos, los dos puntos siempre deben colocarse a continuación de los demás signos.

Los paréntesis (I). Usos principales

QUÉ SON

Los paréntesis ( ) constituyen un signo ortográfico doble que se usa generalmente para insertar en un enunciado una información complementaria o aclaratoria.

Como signo doble, constan de un elemento de apertura y uno de cierre, que se escriben pegados, respectivamente, al primer y al último carácter de la secuencia que enmarcan, y separados por un espacio del elemento que los precede o que los sigue, salvo que se trate de otro signo de puntuación:

> *No, no (hablaba muy alto), no tienes razón.*
> *Cuando la vi de nuevo (habían pasado más de veinte años) apenas fui capaz de reconocerla.*

La secuencia enmarcada por los paréntesis no se inicia con mayúscula, salvo que el signo de apertura vaya precedido por un punto, o por un signo de cierre de interrogación o exclamación:

> *Salió de la habitación dando un portazo. (Estaba muy alterado).*
> *¿Qué puedo hacer yo? (Es importante que te hagas esa pregunta).*

PRINCIPALES USOS LINGÜÍSTICOS DE LOS PARÉNTESIS

La función principal de los paréntesis en el texto escrito es delimitar incisos y otros elementos intercalados. Tienen, además, diversos usos auxiliares, que se analizarán en el capítulo siguiente.

Se encierra entre paréntesis todo aquello que no forma parte del hilo principal del discurso, sino que constituye una interpolación que pretende aclarar, matizar o explicar lo que se dice en él. Las unidades lingüísticas aisladas por los paréntesis pueden ser de varios tipos: palabras, grupos sintácticos, oraciones, enunciados e incluso párrafos.

En esta función delimitadora de un segundo discurso, los paréntesis tienen tres usos fundamentales:

Para aislar incisos. Se encierran entre paréntesis los incisos, elementos suplementarios que aportan ampliaciones, rectificaciones o circunstancias a lo previamente dicho:

> *Las asambleas (la última duró casi cuatro horas y media) se celebran en el salón de actos.*
> *Lo que aquí se debate (no se confunda usted, señor mío) es la subsistencia de muchas personas.*

Aunque también las comas se utilizan con esta misma finalidad, el uso de los paréntesis implica un mayor grado de aislamiento de la información que encierran con respecto al resto del enunciado:

> *Alguien, y no quiero señalar, ha hecho trampa./Alguien (y no quiero señalar) ha hecho trampa.*

Por ello, los incisos entre paréntesis son frecuentemente oraciones con sentido pleno y poca o nula vinculación sintáctica con los elementos del texto principal, como en el primer ejemplo de este apartado. Nada impide, por tanto, que tengan puntuación propia.

Se recomienda usar siempre los paréntesis y no la coma cuando los incisos tienen en su interior otros signos de puntuación de carácter delimitador (punto, coma, punto y coma o dos puntos), a fin de evitar confusiones o ambigüedades y facilitar la comprensión del texto:

> *Manuel (procedente de un suburbio, hambriento, sucio y mal vestido) no tenía demasiadas esperanzas de que su vida mejorara.*

Para aislar datos o precisiones. Se usan también los paréntesis para intercalar algún dato o precisión, como fechas, lugares, desarrollos de siglas, el nombre de un autor, etc.:

> *El año de la muerte de Shakespeare (1616) es el mismo en que se produjo el fallecimiento de Cervantes.*
>
> *Está muy vinculada a América; toda su familia nació en Guadalajara (México).*
>
> *«Más obran quintaesencias que fárragos» (Gracián).*

En las obras teatrales. En ellas se utilizan los paréntesis para encerrar las acotaciones del autor (que, además, suelen escribirse en cursiva) o los apartes de los personajes:

> RAMIRO. (*Con voz enojada*). ¿¡Quién es a estas horas!?
>
> LAURA. Soy yo, abre. (Como imaginaba, le sorprende mi visita).

Los paréntesis (II). Usos auxiliares y concurrencia con otros signos

USOS AUXILIARES

Los paréntesis tienen otros usos no delimitadores que los acercan a los signos auxiliares. Algunos de estos usos son de carácter general, mientras que otros son de carácter técnico:

- Para introducir opciones en un texto. Se encierra entre paréntesis el elemento que constituye la alternativa, sea este una palabra completa, sea uno de sus segmentos:

  En el documento se indicará(n) el (los) día(s) de la baja por enfermedad.

  Como puede verse en el ejemplo, los paréntesis que añaden morfemas van pegados a la palabra a la que se refieren; no así los que incorporan palabras completas.

  En este uso, el paréntesis puede alternar con la barra.

- Para desarrollar las abreviaturas o reconstruir las palabras incompletas del original cuando se reproducen o transcriben textos o inscripciones:

  Imp(eratori) Caes(ari).

  En estos casos alternan con los corchetes, cuyo empleo es ahí más recomendable.

- En la reproducción de citas textuales, se usan tres puntos entre paréntesis (también entre corchetes) para indicar que se omite un fragmento del original:

  En Tiempo de silencio, *Martín-Santos se refería a Madrid en este famoso párrafo:* «Hay ciudades (...) que no tienen catedral».

  También aquí es más frecuente y recomendable el uso de los corchetes.

- Las letras o números que introducen elementos de una clasificación o enumeración pueden escribirse entre paréntesis:

  Los libros podrán encontrarse en los lugares siguientes:
  (a) en los estantes superiores de la sala de juntas;
  (b) en los armarios de la biblioteca principal.

  O bien, más frecuentemente, seguidos solo del paréntesis de cierre:

  Los libros podrán encontrarse en los lugares siguientes:
  a) en los estantes superiores de la sala de juntas;
  b) en los armarios de la biblioteca principal.

  Como se vio en la página 59, esta función puede ser ejercida también por el punto.

CONCURRENCIA DE LOS PARÉNTESIS CON OTROS SIGNOS

Cuando, en su uso delimitador, los paréntesis concurren con otros signos de puntuación, deben seguirse las siguientes pautas:

- El punto, la coma, el punto y coma y los dos puntos se escriben detrás del paréntesis de cierre:

> *Llevaban casados mucho tiempo (el año pasado cumplieron sus bodas de oro), pero nunca lograron entenderse.*

El punto se coloca siempre detrás del paréntesis de cierre, independientemente de que el texto entre paréntesis sea un enunciado autónomo o no: *Se fue dando un portazo. (Creo que estaba muy alterado).*

- Si coinciden tras una palabra dos o más signos dobles, se cerrará primero el que se haya abierto en último lugar:

> *«No estoy seguro de esto (¿por qué habría de estarlo?)», señaló.*

Aunque los puntos suspensivos y los signos de cierre de interrogación y exclamación no llevan punto detrás, cuando se interpone un paréntesis de cierre sí debe ponerse: *No ha parado de lamentarse desde que ha llegado (si lo llego a saber...).*

- El texto contenido dentro de los paréntesis tiene su propia puntuación, independiente de la del enunciado principal. Por ello, si la secuencia escrita entre paréntesis es interrogativa o exclamativa, los signos de interrogación o de exclamación deben colocarse dentro de los paréntesis:

> *Su facilidad para los idiomas (¡habla con fluidez siete lenguas!) le ha abierto muchas puertas.*

En cambio, cuando el fragmento encerrado entre paréntesis forma parte de una secuencia interrogativa o exclamativa más amplia, los signos correspondientes se escriben fuera de los paréntesis:

> *¿En qué año nació la ONU (Organización de las Naciones Unidas)?*

La misma regla se aplica a los puntos suspensivos.

No debe escribirse ningún signo que no fuera necesario si se suprimieran los paréntesis. Así, en el siguiente ejemplo, sobra la coma que hay detrás del paréntesis de cierre porque se halla entre el sujeto y el predicado: *⊗Las asambleas (la última duró cuatro horas), se celebran en el salón de actos.*

Los corchetes

Los corchetes, cuya forma es [ ], son un signo doble que, en ciertos contextos, se utiliza de forma análoga a los paréntesis que incorporan información complementaria o aclaratoria.

Al igual que los paréntesis, se escriben pegados al primer y al último carácter de la secuencia que encierran y separados por un espacio del elemento que los precede o que los sigue. Del mismo modo, la secuencia que enmarcan se inicia con minúscula, salvo que el signo de apertura vaya precedido de punto.

USOS DE LOS CORCHETES

Los corchetes se usan en el texto escrito con las siguientes funciones:

Para delimitar comentarios y otros elementos intercalados. Suelen delimitar interpolaciones de segundo grado, es decir, aquellas que se insertan dentro de pasajes que ya están enmarcados por otros signos dobles.

- Cuando se cita un texto ajeno entre comillas, se emplean los corchetes para intercalar los comentarios y aclaraciones de quien está reproduciendo la cita:

    Empezó a exagerar sus andanzas: «Nací en un pueblecito, pero he recorrido medio mundo [en realidad, no ha salido de Europa]. La preparación del viaje me apasiona tanto como el viaje mismo».

    En cambio, cuando la información aclaratoria o complementaria corresponde al autor, no a quien reproduce la cita, se usan con este mismo fin los paréntesis:

    El testigo afirmó: «Vi que los soldados lo maniataron (serían las ocho o las nueve) y lo metieron a la fuerza en un camión».

- Se usan los corchetes para introducir alguna precisión o nota aclaratoria dentro de un enunciado que va entre paréntesis:

    Una de las últimas novelas que publicó Galdós (algunos estudiosos consideran su obra Fortunata y Jacinta *[1886-87] la mejor novela española del siglo XIX) fue* El caballero encantado *(1909).*

Usos auxiliares. Desempeñan diversas funciones de carácter técnico en textos de ámbitos específicos. Entre ellas:

- En libros de poesía, suele colocarse un corchete de apertura delante de las últimas palabras de un verso cuando no se ha transcrito entero en una sola línea y se termina, alineado a la derecha, en el renglón siguiente:

    Y busca errante la sonrisa plácida
    que le fue arrebatada cuando no estaba
    [alerta.

- En las transcripciones de textos, marcan cualquier interpolación o modificación en el original, como aclaraciones, adiciones, enmiendas o el desarrollo de abreviaturas:

  Hay otros [templos] de la misma época de los que apenas se conserva nada.
  Subió la cue[s]ta con dificultad [en el original, cuenta].

- Señalan, al igual que los paréntesis, omisiones en la transcripción de textos originales (→ pág. 80).

CONCURRENCIA DE LOS CORCHETES CON OTROS SIGNOS

Cuando los corchetes concurren con otros signos de puntuación, deben aplicarse las pautas señaladas para los paréntesis (→ págs. 80-81).

RESUMEN COMPARATIVO DE LOS USOS DE PARÉNTESIS Y CORCHETES

USOS	SIGNO	ELEMENTOS Y FUNCIONES	EJEMPLOS
Acotador	Paréntesis	Delimitan incisos.	*Alguien (y no quiero señalar) hizo trampa.*
		Introducen datos o precisiones.	*Nació en Guadalajara (México).*
		Marcan acotaciones.	*LAURA. (Sorprendida). Soy yo, abre.*
	Corchetes	Delimitan dentro de lo ya delimitado por otros signos.	*Dijo: «Creo en los hombres [antes creía más], pero casi siempre me decepcionan».*
Auxiliar	Paréntesis	Añaden opciones.	*se indicará(n) el (los) día(s).*
		Desarrollan abreviaturas.	*Imp(eratori) Caes(ari).*
		Enmarcan los introductores de elementos en listas.	*a) Países* *b) Ciudades*
		Señalan las omisiones en una cita.	*«Hay ciudades (...) que no tienen catedral».*
	Corchetes	Señalan las omisiones en una cita.	*«Hay ciudades [...] que no tienen catedral».*
		Delimitan un fragmento de verso escrito en línea aparte.	*que le fue arrebatada cuando no estaba [alerta.*
		Señalan interpolaciones en el texto original.	*Subió la cue[s]ta con dificultad [en el original, cuenta].*

Las comillas

QUÉ SON

Las comillas son un signo doble cuya función es, entre otras, enmarcar las palabras que corresponden a alguien distinto del emisor del mensaje.

CLASES DE COMILLAS

En español se emplean tres tipos de comillas: las angulares, también llamadas latinas o españolas (« »), las inglesas (" ") y las simples (' '). Las comillas inglesas y las simples se escriben en la parte alta del renglón, mientras que las angulares se escriben centradas.

En los textos impresos, se recomienda utilizar en primera instancia las comillas angulares, reservando los otros tipos para cuando deban entrecomillarse partes de un texto ya entrecomillado. En este caso, las comillas simples se emplearán en último lugar: *«Antonio me dijo: "Vaya 'cacharro' que tiene Julián"».*

LAS COMILLAS EN LA REPRODUCCIÓN TEXTUAL DE PALABRAS

• Se usan las comillas para reproducir citas textuales: *«Sobreviven los que se adaptan mejor al cambio»,* dijo Darwin.

Cuando en la cita se intercala entre rayas un comentario, no es necesario cerrar las comillas para volverlas a abrir después del inciso: *«Es imprescindible —señaló el ministro— reforzar los controles sanitarios en las fronteras».*

Si el texto que se reproduce consta de varios párrafos, antes era costumbre colocar comillas de cierre al comienzo de cada uno de ellos. Hoy, lo normal es reproducir la cita con sangrado respecto del resto del texto y generalmente en un cuerpo menor o en cursiva. En ese caso, ya no son necesarias las comillas:

Dice Rafael Lapesa en su obra Historia de la lengua española:

En el año 409 un conglomerado de pueblos germánicos —vándalos, suevos y alanos— atravesaba el Pirineo y caía sobre España [...]. Así quedó cumplida la amenaza que secularmente venía pesando desde el Rhin y el Danubio.

La reproducción directa de los pensamientos no deja de ser una cita: *«No tengo nada que perder»,* pensó Manuela.

• También se encierran entre comillas las palabras textuales que se reproducen dentro de un enunciado en estilo indirecto:

El premiado dijo que se encuentra «abrumado por los elogios y felicitaciones recibidos».

El entrecomillado de un texto literal dentro de un enunciado en estilo indirecto es aceptable siempre que se cumplan las condiciones propias de este estilo, como la correlación de tiempos verbales o los cambios en pronombres o adverbios. No es correcto, por tanto, un enunciado como [⊗]*El premiado dijo que se encuentra «abrumado por los elogios y felicitaciones que he recibido»*.

OTROS USOS DE LAS COMILLAS

• Las comillas se pueden emplear como llamada de atención para indicar que una palabra o expresión tiene alguna particularidad, como ser impropia, vulgar, proceder de otra lengua o estar utilizada irónicamente o con un sentido especial:

> *Siempre dice que las «cocretas» están riquísimas; La «boisserie» les ha costado un dineral; Parece que le va muy bien en sus «negocios»*.

En textos impresos en letra redonda es más recomendable escribir las voces extranjeras en cursiva que entrecomilladas. También en los otros casos indicados es posible el uso de cursiva en lugar de comillas.

• Cuando en un texto manuscrito se mencionan un término o una expresión para decir algo de ellos, se escriben entre comillas: *La palabra «cándido» lleva tilde por ser esdrújula*.

Como en el caso anterior, en los textos impresos es preferible usar la letra cursiva en lugar de las comillas.

• En obras lingüísticas, las comillas simples se usan para enmarcar los significados:

> *La voz* apicultura *está formada a partir de los términos latinos* apis *'abeja' y* cultura *'cultivo, crianza'*.

• Se usan también las comillas para citar el título de un artículo, un reportaje, un cuento, un poema, el capítulo de un libro o, en general, cualquier parte interna de una publicación. Los títulos de los libros, revistas y periódicos, en cambio, se citan en cursiva (si el texto va en redonda) o en redonda (si el texto va en cursiva):

> Escribió el artículo «El léxico de hoy» para el libro *El lenguaje en los medios de comunicación,* obra en la que participaron varios autores.

CONCURRENCIA DE LAS COMILLAS CON OTROS SIGNOS

Cuando las comillas concurren con otros signos de puntuación, deben aplicarse las pautas señaladas para los paréntesis (→ págs. 80-81).

La raya (I). Usos como signo simple

QUÉ ES

La raya (—) es un signo ortográfico representado por un trazo horizontal de mayor longitud que el guion y que el signo matemático *menos,* con los que no debe confundirse:

RAYA	MENOS	GUION
—	–	-

Puede emplearse como signo ortográfico doble o simple.

USOS DE LA RAYA COMO SIGNO SIMPLE

En la reproducción escrita de un diálogo. La raya precede a la intervención de cada uno de los interlocutores, sin que se mencione su nombre. Normalmente, en las novelas y otros textos de carácter narrativo, esas intervenciones se escriben en líneas distintas:

> —*¿Cuándo volverás?*
> —*No tengo ni idea.*

En los diálogos no debe dejarse espacio de separación entre la raya y el comienzo del enunciado.

En enumeraciones en forma de lista. Puede utilizarse la raya para introducir cada uno de los elementos enumerados en una relación que se escriben en líneas independientes.

En este caso sí debe dejarse un espacio en blanco entre la raya y lo que sigue.

La raya puede sustituirse en este uso por letras o números seguidos de punto o paréntesis, así como por otros signos de carácter tipográfico, como topos o boliches (●, ◆, ■).

A continuación se exponen las normas para puntuar correctamente este tipo de enumeraciones:

• Cuando los miembros de la enumeración están constituidos por una sola palabra o un grupo sintáctico muy breve, se escriben con minúscula inicial.

Pueden cerrarse con coma —excepto el último, con punto— o prescindir de la puntuación:

En el arte griego existen tres órdenes arquitectónicos:
— dórico (,)
—jónico (,)
— corintio (.)

• Cuando los elementos de la lista son más complejos —por su mayor extensión o por presentar puntuación interna—, es preferible el uso del punto y coma. Cada elemento de la relación se inicia con minúscula:

En caso de tormenta, conviene seguir las siguientes recomendaciones:
— no refugiarse debajo de un árbol;
— desprenderse de objetos metálicos, como paraguas, bastones, etc.;
— no permanecer de pie en medio de espacios abiertos.

• Cuando la relación se compone de enunciados completos, la práctica más recomendable es cerrar cada miembro de la enumeración con punto e iniciarlo con mayúscula:

Entre los rasgos del castellano de Aragón, sobresalen los siguientes:
— La entonación es ascendente y se tiende a alargar la vocal final.
— Se evita el acento en posición esdrújula.
— El sufijo diminutivo dominante es —ico.

En índices. En listas alfabéticas e índices, la raya al comienzo de una línea se usa para indicar que en ese renglón se omite, para no repetirlo, un elemento ya expresado previamente.

Verbos intransitivos
— irregulares
— regulares
— transitivos

Precedida de punto (.—). Precedida de punto y seguida de un espacio en blanco, la raya se emplea tras los epígrafes internos de un libro, cuando el texto que sigue comienza en la misma línea:

Género de los sustantivos.— Por el género, los sustantivos se dividen en español en femeninos y masculinos. El género neutro...

Aparece también en la edición de obras teatrales, para separar el nombre de cada uno de los personajes del texto de sus intervenciones:

MARÍA.— ¿Dónde vas?
JUAN.— A dar una vuelta.

La raya (II). Usos como signo doble

USOS DE LA RAYA COMO SIGNO DOBLE

Se usa para encerrar unidades lingüísticas que introducen información complementaria o accesoria en el enunciado principal.

Como en los demás signos de este tipo, existe un elemento de apertura y uno de cierre, que se escriben pegados al primer y al último carácter de la secuencia que encierran y separados por un espacio del elemento que los precede o que los sigue.

Rayas para aislar incisos. Una de las funciones de la raya es enmarcar incisos:

> *Para él la fidelidad —cualidad que valoraba por encima de cualquier otra— era algo sagrado.*

En este uso pueden utilizarse también las comas o los paréntesis. Los incisos entre rayas suponen un aislamiento mayor con respecto al texto en el que se insertan que los que se escriben entre comas, pero menor que los que van entre paréntesis.

No debe suprimirse la raya de cierre de inciso aunque vaya seguida de otro signo de puntuación o el inciso ocupe el final del enunciado: *Se publicaron varias obras del autor —todas de su primera época, la más productiva—.*

En incisos incluidos en otros incisos. Deben usarse las rayas para introducir una nueva aclaración o inciso en un texto ya encerrado entre paréntesis:

> *Para más información sobre este tema (la bibliografía existente —incluso en español— es bastante extensa), deberá acudir a otras fuentes.*

En sentido opuesto, para intercalar algún dato en un inciso escrito entre rayas, se usan los paréntesis: *Venezuela —primer lugar de tierra firme avistado por Colón en su tercer viaje a América (1498)— tenía entonces unos 300 000 habitantes.*

Para enmarcar comentarios de un narrador o transcriptor. Dentro de las citas entrecomilladas, las rayas se usan para enmarcar las aclaraciones del transcriptor sobre la autoría de las palabras que se citan:

> *«Es imprescindible —señaló el ministro— reforzar el control sanitario».*

Cuando el comentario indicativo aparece en posición final, fuera del texto entrecomillado, no se usan las rayas, sino la coma: *«Es imprescindible reforzar el control sanitario», señaló el ministro.*

En los textos narrativos, las rayas sirven también para introducir o enmarcar los comentarios y precisiones del narrador a las intervenciones de los personajes. Para su correcto uso, debe tenerse en cuenta lo siguiente:

- No se escribe raya de cierre si tras el comentario del narrador no sigue hablando inmediatamente el personaje:

  —*Espero que todo salga bien* —dijo Azucena con gesto ilusionado. *A la mañana siguiente, Azucena se levantó nerviosa.*

  En cambio, si la intervención del personaje continúa tras la interrupción del narrador, se escriben las dos rayas:

  Lo principal es sentirse viva —añadió Pilar—. *Afortunada o desafortunada, pero viva.*

- Cuando el comentario del narrador se introduce con un verbo de lengua (*decir, añadir, asegurar, preguntar, contestar, exclamar*, etc.), se inicia con minúscula:

  —*¡Qué le vamos a hacer!* —exclamó resignada doña Patro.

  Como se aprecia en los ejemplos, los signos de cierre de interrogación y exclamación, así como los puntos suspensivos, se colocan antes del inciso que enmarcan las rayas. En cambio, el punto, la coma, el punto y coma y los dos puntos se escriben siempre inmediatamente detrás de la raya de cierre: —*No te creo* —afirmó—. *Por mucho que te esfuerces, no confío en ti.*

- Cuando el comentario del narrador no se introduce con un verbo de lengua y el parlamento precedente constituye un enunciado completo, las palabras del personaje se cierran con punto —o con un signo que tenga su valor— y el inciso del narrador se inicia con mayúscula: *No se moleste.* —*Cerró la puerta y salió de mala gana.*

  Si tras el comentario del narrador continúa hablando el personaje, se coloca la raya de cierre tras la intervención del narrador y se escribe después un punto:

  —*¿Puedo irme ya?* —Se puso de pie con gesto decidido—. *No hace falta que me acompañe. Conozco el camino.*

  Cuando el comentario se intercala en mitad de un enunciado, el texto del inciso se inicia con minúscula: —*¡Esto que has hecho* —me miró con el gesto descompuesto— *es una locura!*

CONCURRENCIA DE LA RAYA CON OTROS SIGNOS

Cuando las rayas, como signo doble, concurren con otros signos de puntuación, deben aplicarse las pautas señaladas para los paréntesis (→ págs. 80-81).

El guion. La división de palabras a final de línea (I)

EL GUION: CARACTERIZACIÓN Y USOS

El guion es un signo auxiliar en forma de pequeña línea horizontal (-) que se sitúa a media altura sobre la línea de escritura. Aunque su forma es parecida a la de la raya (—), su longitud es cuatro veces menor, y la mitad que la del signo aritmético *menos* (–). El guion tiene dos usos principales: como signo de división de palabras a final de línea y como signo de unión entre palabras u otros elementos gráficos independientes. En ambos casos subyace, en realidad, una misma función, pues lo que señala siempre es una estrecha vinculación entre los elementos relacionados.

EL GUION COMO SIGNO DE DIVISIÓN DE PALABRAS A FINAL DE LÍNEA: LA SEPARACIÓN SILÁBICA

El guion y la división de palabras a final de línea. Tanto en la escritura a mano como en la escritura mecánica o tipográfica, se emplea el guion para dividir aquellas palabras situadas al final de una línea que, por falta de espacio, deben escribirse en parte en la línea siguiente:

> En uno de los rincones del jardín, crecía un inmenso magnolio, en mi recuer-
> do repleto siempre de flores, a cuya sombra jugaban los niños.

Se ofrecen a continuación las pautas generales que deben seguirse en español para la división de palabras a final de línea.

Separación de sílabas. El guion separa sílabas de una palabra, pero no debe separar letras de una misma sílaba. Así, si las sílabas de *teléfono* son *te, lé, fo* y *no,* esta palabra se puede dividir a final de línea de tres formas:

> *te-/léfono, telé-/fono* y *teléfo-/no.*

Para poder aplicar con corrección esta norma, es imprescindible saber cómo se dividen las palabras españolas en sílabas. Estas son las pautas fundamentales:

- En español toda sílaba debe contener al menos una vocal, que constituye su núcleo. Por lo tanto, toda consonante o secuencia de consonantes situada a principio de palabra forma sílaba con la vocal siguiente: *lo.te,* gra.*so,* plu.*ma.* Y toda consonante o secuencia de consonantes situada a final de palabra se agrupa con la vocal anterior: *a.zul, com.post, ré.cords.*
- Una consonante entre dos vocales forma sílaba con la posterior: *e.ra, pi.so.*
- Cuando son dos las consonantes en situación intervocálica, siempre que no constituyan un dígrafo, la división depende de las consonantes de que se trate:

— Los grupos consonánticos *pr, br, tr, dr, cr, kr, gr, fr,* así como *pl, bl, cl, kl, gl, fl,* son inseparables y forman sílaba con la vocal siguiente:

   a.pre.tar, ha.bló, ci.clo, a.le.gró, la.drón, co.fre.

   No obstante, si se antepone a una palabra comenzada por *l* o *r* un prefijo, como *sub-* y *post-* (más raramente, *ab-* o *ad-*), o una palabra terminada en los grupos consonánticos citados, la *l* o la *r* no se agrupan normalmente con la consonante precedente, sino con la vocal siguiente, por lo que el guion puede situarse tras el prefijo:

   sub-/rayar, sub -/lunar, post-/romántico, ciudad-/realeño.

— La secuencia *tl* puede separarse de dos maneras en función de su pronunciación en sílabas distintas o en una misma sílaba (esta última es normal en Hispanoamérica, Canarias y algunas áreas de la península ibérica):

   at-/leta o *atle-/ta; At-/lántico* o *Atlán-/tico.*

— El resto de las secuencias de dos consonantes forman siempre parte de sílabas distintas:

   *ac.to, rec.ción, bla*n.co, *hi*p.no.*sis, per.dón.*

• Si las consonantes en posición intervocálica son tres, las dos primeras se pronuncian en una misma sílaba unidas a la vocal anterior, mientras que la tercera forma parte de la sílaba siguiente:

   *i*ns.tar, *pe*rs.pi.*caz, i*st.mo.

   Si las dos últimas consonantes forman uno de los grupos inseparables antes citados (*pr, br, tr, bl, gl,* etc.), la separación silábica se realiza teniendo en cuenta esa circunstancia:

   *e*s.plen.dor, *su*b.cla.*se, com.pra.*

• Si las consonantes en posición intervocálica son cuatro, las dos primeras constituyen el final de una sílaba y las otras dos forman parte de la sílaba siguiente:

   *co*ns.tru.*yen, abs.trac.to.*

   En español es muy raro que se articulen en posición final de sílaba más de dos consonantes, lo que únicamente se da en algunas palabras procedentes de otras lenguas. En ese caso, las secuencias de cuatro consonantes o más se dividen agrupando las tres primeras en una sílaba y las demás en la sílaba siguiente:

   *tu*ngs.te.no, *á*ngs.trom.

El guion. La división de palabras a final de línea (II)

Además de las pautas expuestas en el capítulo precedente, en la división de palabras a final de línea hay que tener en cuenta las siguientes normas:

Secuencias de dos o más vocales. No deben separarse nunca con guion de final de línea, se pronuncien o no en una misma sílaba:

> *suer-/te,* y no ⊗*su-/erte; paí-/ses,* y no ⊗*pa-/íses;*
> *subi-/ríais,* y no ⊗*subirí-/ais* .

Pueden darse excepciones a esta regla en palabras prefijadas o compuestas donde sea posible realizar una división morfológica.

Palabras compuestas y prefijadas. Admiten, además de la división silábica, una división morfológica, en la que el guion se inserta entre sus componentes:

> *bie-/nestar* o *bien-/estar; hispa-/noamericano* o *hispano-/americano;*
> *inte-/racción* o *inter-/acción; mul-/tiusos* o *multi-/usos.*

Para que pueda aplicarse la separación morfológica, en las palabras compuestas cada uno de los componentes debe tener existencia independiente, mientras que en las prefijadas la base a la que se une el prefijo debe ser una palabra. Por ello, no es posible dividir *puntiagudo* en *punti-/agudo* porque «punti» no existe como palabra; ni *inerme* en *in-/erme* porque «erme» no es una palabra.

Primera sílaba de una palabra constituida únicamente por una vocal. No debe colocarse tras ella el guion de final de línea dejándola aislada:

> *abue-/lo,* y no ⊗*a-/buelo; ile-/gible,* y no ⊗*i-/legible.*

Esta división sí puede realizarse si la vocal va precedida de *h: hi-/dratante.*

Los dígrafos *ch, ll* y *rr*. Son unidades gráficas inseparables, pues representan un solo fonema; de ahí que no puedan dividirse con guion de final de línea:

> *ga-/llo, aba-/rroten, sanco-/cho.*

La única excepción se da en las palabras formadas por un prefijo o un elemento compositivo terminado en *-r* (*ciber-, hiper-, inter-, super-*) y una palabra que empieza por *r-,* ya que en estos casos debe aplicarse obligatoriamente la división morfológica para facilitar la identificación del término y su lectura:

> *hiper-/realista, inter-/relación,* y no ⊗*hipe-/rrealista,* ⊗*inte-/rrelación.*

La letra *x*. Cuando va seguida de vocal, el guion debe colocarse delante de la *x*. En cambio, cuando va seguida de consonante, el guion se coloca detrás:

> *ane-/xionar, bo-/xeo,* pero *mix-/to, ex-/seminarista.*

Palabras que contienen una _h_ muda intercalada. Se dividen a final de línea aplicándoles las reglas expuestas, como si dicha letra no existiese. Así:

• No deben separarse letras de una misma sílaba: _adhe-/sivo_ (no [⊗]_ad-/hesivo_); _trashu-/mancia_ (no [⊗]_tras-/humancia_).

• Tampoco secuencias vocálicas, pertenezcan o no a la misma sílaba: _cohi-/bir_ (no [⊗]_co-/hibir_); _prohí-/ben_ (no [⊗]_pro-/híben_).

• Sí podrán separarse cuando se trate de palabras prefijadas o compuestas en las que sea posible la división morfológica, siempre que no quede a final de línea una vocal aislada: _des-/hidratado, co-/habitación, rompe-/hielos, ahi-/lar_ (no [⊗]_a-/hilar_).

• La partición no podrá dar como resultado combinaciones gráficas anómalas a comienzo de renglón. Son, por tanto, inadmisibles divisiones como [⊗]_desi-/nhibición_, [⊗]_clo-/rhidrato_.

• En palabras en las que la _h_ intercalada representa un sonido aspirado, esta letra ha de considerarse como cualquier otra consonante: _dír-/ham, Mo-/hamed_.

Palabras procedentes de otras lenguas. Es preferible no dividir a final de línea las palabras procedentes de otras lenguas cuyas grafías no han sido adaptadas al español, a no ser que se conozcan las reglas propias de los idiomas respectivos.

Abreviaturas. Ya que carecen de estructura silábica en la mayor parte de los casos, no deben dividirse con guion de final de línea. No sería correcto, pues, separar [⊗]_ap-/do._ o [⊗]_te-/léf._

Siglas. Las escritas enteramente en mayúsculas no deben dividirse con guion de final de línea. Son incorrectas divisiones como [⊗]_UR-/JC_, [⊗]_IR-/PF_, [⊗]_NA-/SA_.

Únicamente admiten la división los acrónimos que se han incorporado al léxico general, ya sea como nombres propios o comunes: _Unes-/co, Uni-/cef, ov-/ni_.

Expresiones complejas formadas por palabras unidas con guion. Cuando al dividir una palabra de este tipo el guion coincida con el final de línea, deberá escribirse otro guion al comienzo del renglón siguiente: _léxico-/-semántico, calidad-/-precio_.

No es necesario repetir el guion cuando la palabra que sigue es un nombre propio que empieza con mayúscula: _Ruiz- / Giménez_.

Expresiones numéricas. Se escriban con números arábigos o romanos, no deben dividirse nunca a final de línea para no dificultar su percepción. Serían, pues, incorrectas divisiones como [⊗]_325-/000 $, Luis_ [⊗]_XV-/III_.

El guion como signo de unión (I). En antropónimos, topónimos y adjetivos

EL GUION EN LA ASOCIACIÓN DE PALABRAS Y OTROS ELEMENTOS

El guion se utiliza también para unir elementos, sobre todo en compuestos sintagmáticos formados por dos palabras entre las que se establece un vínculo semántico, a la vez que conservan cierta autonomía.

Esta autonomía se manifiesta en que cada una de las palabras unidas mantiene la acentuación gráfica que le corresponde como palabra independiente. Además, si corresponde usar la mayúscula, esta afecta a todas las palabras unidas con guion:

Asociación de Amistad Hispano-Árabe, Sala de lo Contencioso-Administrativo.

En antropónimos y topónimos compuestos. El guion se emplea para unir nombres de pila, apellidos y topónimos:

- Nombres de pila. Pueden unirse con guion los dos elementos de un nombre compuesto cuando el segundo podría ser interpretado como apellido:

  Manuel-Martín Dueñas (donde *Dueñas* es el primer apellido),

  frente a

  Manuel Martín Dueñas (donde *Martín* es el primer apellido).

- Apellidos. Se unen con guion los elementos integrantes de un apellido compuesto, formado por la unión de dos simples:

  Ana Sánchez-Cano (nombre y primer apellido).

- Topónimos. La escritura habitual de los topónimos pluriverbales en español mantiene la independencia gráfica (*San Sebastián, Buenos Aires, Baja California*), aunque en bastantes casos han terminado por fusionarse:

  Montenegro, Torrevieja, Villahermosa.

  El uso del guion es poco frecuente, ya que se emplea solo en estos casos:

  — Para unir los nombres de entidades fusionadas que han dejado de ser independientes: *Rivas-Vaciamadrid, México-Tenochtitlan.*

  — En el caso de territorios con varias lenguas oficiales, para unir las denominaciones en esas lenguas de un mismo lugar: *Vitoria-Gasteiz* (nombre en español y en vasco de la capital de una provincia española).

Para unir adjetivos. El guion se emplea para unir adjetivos de relación (los que denotan el ámbito con el que está relacionada una entidad, entre los que están los gentilicios) cuando se aplican a un mismo sustantivo sin que medie entre ellos nexo alguno, dando así lugar a compuestos pluriverbales del tipo «adjetivo + adjetivo»:

curso teórico-práctico, literatura infantil-juvenil, conflicto árabe-israelí.

Sin embargo, muchos de los adjetivos relacionales adoptan una forma modificada terminada en -o que les permite generar compuestos univerbales, lo que hace innecesario el guion. Así ocurre, por ejemplo, con

buco- (por *bucal*) en *bucofaríngeo*; *espacio-* (por *espacial*) en *espaciotemporal*; *italo-* (por *italiano*) en *italoamericano*, etc.

• En adjetivos gentilicios. Cuando se unen con guion, no se crea una nueva unidad léxica, sino que el guion actúa como indicador de una relación determinada entre dos entidades geográficas distintas:

relaciones *palestino-israelíes* ('entre los palestinos y los israelíes'); *frontera chileno-argentina* ('entre Chile y Argentina'); *guerra franco-prusiana* ('entre Francia y Prusia').

En cambio, cuando se funden las nociones que denota cada uno de los dos adjetivos por separado, no se emplea el guion intermedio. En ese caso ambos adjetivos forman un compuesto léxico, de tipo «adjetivo-adjetivo» (dos adjetivos unidos en una sola palabra), que designa un concepto unitario:

escritor *hispanoalemán* ('de origen español y alemán'); *dialecto navarroaragonés* ('del área de Navarra y Aragón'); *lucha grecorromana* ('característica de la Grecia y la Roma antiguas').

• En adjetivos no gentilicios. El guion también puede unir dos adjetivos relacionales no gentilicios que modifican conjuntamente a un sustantivo:

análisis *lingüístico-literario*, *personalidad sádico-masoquista*,

en lugar de

análisis *lingüístico y literario*, *personalidad sádica y masoquista*.

Si el primer elemento toma una forma modificada en -o, deberá escribirse sin guion:

sadomasoquista, *bucodental*, *espaciotemporal*.

El guion como signo de unión (II). En sustantivos y otros elementos

Además de antropónimos, topónimos y adjetivos, ya tratados en el capítulo anterior, el guion se utiliza también para unir otras palabras y elementos:

PARA UNIR SUSTANTIVOS

El guion puede unir sustantivos, bien para formar compuestos pluriverbales correspondientes a la pauta «nombre + nombre», bien para expresar relación entre las entidades por ellos designadas.

Formando unidades léxicas complejas. Se utiliza el guion para crear compuestos sintagmáticos ocasionales resultantes de la unión de dos sustantivos, de los que el segundo actúa como modificador del primero, al que aporta algunas propiedades o rasgos:

> *hombre-caballo* (hombre con cuerpo de caballo); *vivienda-puente* (vivienda temporal mientras se espera la definitiva).

Si el compuesto está ya plenamente asentado en la lengua, se escribe sin guion: *hombre rana, sofá cama.*

También se usa el guion para unir al mismo nivel las nociones expresadas por varios sustantivos: *director-presentador, cazador-recolector, lectura-escritura,* etc.

Igual que en el caso de los adjetivos, algunos de estos compuestos pueden transformar el primer sustantivo en un elemento compositivo y escribirse en una sola palabra, como compuestos léxicos: *lectoescritura.*

Expresando relación entre las entidades designadas. El guion se utiliza también para unir sustantivos cuando se desea expresar de forma sintética la relación que se establece entre las entidades o conceptos designados por ellos, en lugar de utilizar preposiciones o conjunciones:

> *amistoso España-Argentina* (= entre España y Argentina); *diálogo Gobierno-sindicatos* (= entre el Gobierno y los sindicatos); *binomio espacio-tiempo* (= formado por el espacio y el tiempo); *tren París-Berlín* (= de París a Berlín).

EN ONOMATOPEYAS FORMADAS POR REPETICIÓN DE ELEMENTOS

En las expresiones onomatopéyicas formadas por la repetición de elementos, lo normal es separar mediante comas los elementos repetidos: *ja, ja, ja, ja, ja...*

Sin embargo, puede emplearse el guion para unirlos cuando el conjunto se identifica como una sucesión continua: *ta-ta-ta-ta* (metralleta); *taca-taca-taca-taca* (taconeo); *chas-chas-chas* (cortes con unas tijeras o una podadora).

EN EXPRESIONES QUE COMBINAN LETRAS Y CIFRAS

- Es tradicional unir mediante guion segmentos de letras y cifras en casos como los siguientes:

   DC-10 (avión de la Douglas Company, modelo 10); *M-501* (carretera 501 de la Comunidad de Madrid).

- El uso del guion es obligatorio cuando el segmento alfabético es un prefijo:

   sub-21 (categoría deportiva inferior a veintiún años); *super-8* (tipo de película cinematográfica).

- En el resto de los casos es admisible la escritura sin guion:

   omega 3 (tipo de ácido graso); *3G* (por [telefonía de] *tercera generación*); *G20* (por *grupo de los 20* [países más industrializados y países emergentes]).

(Sobre el uso del guion en la escritura de palabras con prefijo → págs. 190-191).

OTROS USOS

En expresiones numéricas. Se utiliza el guion entre grupos de cifras que componen determinadas expresiones numéricas:

- En las fechas, para separar las cifras que indican el día, el mes y el año (4-9-1994). Para ello puede usarse también la barra o el punto.

- Para reflejar intervalos numéricos expresados en números arábigos o romanos:

   en las páginas 23-24, durante los siglos X-XII.

Como separador de sílabas. En obras de contenido lingüístico y en el ámbito didáctico, se utiliza el guion para separar las sílabas que componen las palabras, aunque también puede emplearse para ello el punto:

   ma - ri - po - sa o *ma.ri.po.sa.*

Como indicador de segmentos de palabra. También en obras lingüísticas, el guion se utiliza en la escritura aislada de segmentos o unidades inferiores a la palabra (sílabas, prefijos, interfijos, sufijos, raíces, desinencias, etc.) para indicar que no son elementos gráficamente independientes.

   La situación del guion señala la posición que ocupa el segmento en la palabra:

   inter- (posición inicial: *internacional*); *-ec-* (posición interior: *padrecito*), *-izar* (posición final: *actualizar*).

La barra

La barra es un signo auxiliar en forma de línea inclinada que desciende de derecha a izquierda (/). Se emplea normalmente como signo simple, con diferentes funciones, que se verán seguidamente.

Aparte de ella, se distinguen, en función de su forma, otros tipos de barra: la barra doble (//), la barra inversa (\), la barra vertical o pleca (|) y la doble barra vertical o pleca doble (||). Se emplean todas ellas en textos de carácter técnico, sean lingüísticos, informáticos o matemáticos.

USOS DE LA BARRA

Como signo abreviativo. Aunque la mayoría de las abreviaturas se cierran en la actualidad con punto, existen algunas formas convencionales que utilizan la barra como signo de abreviación:

c/ por *calle,* v/ por *visto,* c/c por *cuenta corriente.*

En este uso se escribe sin espacio de separación con respecto a la letra que la precede o la sigue.

Como indicador de final de línea. Precedida y seguida de espacio, la barra se utiliza como signo indicador de final de línea en los siguientes casos:

- Para separar los versos en los textos poéticos que se reproducen en línea seguida:

¡Si después de las alas de los pájaros, /no sobrevive el pájaro parado!/¡Más valdría, en verdad, /que se lo coman todo y acabemos!

- En las transcripciones de portadas o colofones de textos antiguos, se emplea para señalar el punto en el que se produce un cambio de línea en el original:

QVINTA/PARTE DE FLOR/DE ROMANCES NVE/uos, nunca hasta agora impressos.

- En obras de ortografía, se utiliza para señalar el final de línea al ejemplificar las pautas para la división de palabras cuando no caben completas en el mismo renglón:

estor-/nudo, te-/léfono, trans-/alpino, sub-/urbano, calenda-/rio.

Como signo de unión o relación entre palabras u otros elementos. La barra puede utilizarse para unir o relacionar palabras u otros elementos, con diferentes propósitos:

- Para expresar división, proporción o mera relación entre los elementos que vincula. En estos casos sustituye a una preposición:

180 km/h (= kilómetros por hora); *salario bruto 1800 euros/mes* (= euros al mes); *Real Decreto Legislativo 1/1995 de 24 de marzo* (= primer decreto de 1995).

En este uso se escribe sin separación alguna de las palabras o signos que une.

• Para indicar la existencia de dos o más opciones posibles entre las que se establece una oposición o una relación de alternancia, trátese de palabras, morfemas u otros elementos:

En el par gineta/jineta *la forma con jota es la menos usada; Querido/a amigo/a* (= querido amigo o querida amiga).

Cuando se usa entre una palabra y un morfema, alterna con los paréntesis y se escribe sin espacio de separación.

OTROS USOS

• En la expresión de las fechas, se usa para separar las cifras que indican el día, el mes y el año (4/9/1994). Para ello pueden usarse también el guion o el punto.

• En informática se emplea para separar los subdominios jerárquicos de las direcciones electrónicas: *http://www.rae.es/rae.html.*

• En matemáticas, como signo de división, tanto en la expresión de operaciones, uso en que equivale al símbolo ÷ o a los dos puntos:

15/3 (= 15 ÷ 3 o 15 : 3, 'quince dividido por tres'),

como en la expresión de quebrados o fracciones, uso en que equivale a la raya horizontal con la que también se representan: *3/4* ('tres cuartos')

La barra en estos casos se escribe sin espacio de separación respecto de los números o símbolos entre los que aparece.

• En obras lingüísticas, se utiliza como signo doble para encerrar los fonemas en las transcripciones fonológicas:

/karréta/, /kliénte/, /obéja/, /zeréza/.

El apóstrofo y el asterisco

EL APÓSTROFO

Qué es. El apóstrofo es un signo ortográfico auxiliar en forma de coma alta (').

No debe confundirse el apóstrofo con el apóstrofe, que es una figura retórica que sirve para dirigirse a alguien o algo con vehemencia.

No debe utilizarse el acento agudo (´) para representar el apóstrofo. En los teclados informáticos, la tecla del apóstrofo se sitúa a la derecha del cero y es la misma que contiene la interrogación de cierre.

Usos del apóstrofo. La función básica del apóstrofo es la de señalar la supresión de sonidos, fundamentalmente vocálicos. No debe ir precedido ni seguido de espacios.

Se empleaba con cierta regularidad en el español antiguo, pero hoy su utilización se limita a usos filológicos o literarios, con dos aplicaciones fundamentales:

- En ediciones actuales no modernizadas de textos antiguos, para indicar la elisión de la vocal final que se produce en determinadas palabras, cuando la que sigue empieza por vocal:

    l'aspereza por *la aspereza, d'aquel* por *de aquel, qu'es* por *que es,* etc.

- Para reflejar en la escritura la supresión de sonidos que se produce en la pronunciación de palabras sucesivas en la lengua oral, especialmente en el habla popular:

    Para el carro que m'acatarro; Váyase caminando pa'l río.

El apóstrofo no debe utilizarse para marcar las supresiones de sonidos iniciales o finales que se producen con independencia de la palabra adyacente:

pa por *para* (y no ⊛*pa'*), *ña* por *doña* o *niña* (y no ⊛*'ña*).

Cuando se citan en textos en español, deben conservarse todos aquellos apóstrofos que estén presentes en nombres o expresiones de otras lenguas: *L'Hospitalet de Llobregat; O'Donnell; five o'clock; c'est la vie; D'Annunzio.*

Usos incorrectos del apóstrofo

- No debe utilizarse el apóstrofo en la expresión abreviada de los años. Se considera, pues, incorrecto escribir ⊛*promoción del '97* en lugar de *promoción del 97.*
- Es también incorrecto su empleo en la expresión de las décadas mediante cifras, como en ⊛*los 30's,* en lugar de *los 30.*

- Debe evitarse el uso del apóstrofo seguido de una *s* para expresar el plural de las siglas, tal como se hace en inglés: *los* ®*DVD's,* en lugar de la forma correcta *los DVD.*

- No debe utilizarse el apóstrofo como signo separador en la expresión numérica de la hora, como en ®*las 15'30 h,* en lugar de *las 15:30 h.*

- Es incorrecta su utilización como separador decimal en las expresiones numéricas: ®*27'45,* en lugar de *27,45* o *27.45,* que son las formas adecuadas.

EL ASTERISCO

El asterisco es un signo en forma de estrella (*) que se sitúa en la parte superior del renglón. Sus usos son propios de lenguajes especializados. Estos son algunos de los que tienen más vigencia en la actualidad:

- Puede aparecer en cualquier lugar de un texto como llamada de nota, es decir, para indicar que habría que interpolar en ese lugar algún comentario, glosa o información que se ha escrito en los márgenes o a pie de página, precedido también del asterisco.

  Si el cuerpo de notas es amplio, es preferible el uso de cifras o letras.

- En los formularios electrónicos, el asterisco suele señalar los campos que deben rellenarse obligatoriamente.

- En lingüística, se antepone a una construcción para indicar que es agramatical, es decir, que incumple las reglas de la lengua:

  *¿Es para tú?

- Con finalidad eufemística, una secuencia de tres asteriscos reemplaza una palabra, o parte de ella, que no se quiere reproducir, bien por ser malsonante, bien por tratarse de un nombre o una información que se pretende ocultar:

  El señor M*** es un hijo de p***.

  Hoy se utilizan más en esta función los puntos suspensivos:

  El señor M... es un hijo de p...

Las letras mayúsculas y su uso

LETRAS MAYÚSCULAS Y MINÚSCULAS

Las letras del abecedario pueden adoptar dos configuraciones distintas: minúscula y mayúscula. Las mayúsculas se diferencian de las minúsculas por su tamaño y, a veces, también por su trazo (→ pág. 3).

En contra de lo que cabría suponer, las letras mayúsculas son anteriores en el tiempo, puesto que eran las únicas que usaban los romanos, creadores de nuestro abecedario. La minúscula no comienza a aparecer hasta el siglo II d. C.

USO DISTINTIVO DE MAYÚSCULAS Y MINÚSCULAS

Las palabras pueden escribirse en minúsculas, con mayúscula inicial o enteramente en mayúsculas.

En la escritura ordinaria se utiliza como letra base la minúscula. Cuando la norma prescribe el uso de la mayúscula (al comienzo del enunciado, en los nombres propios, etc.), se aplica solamente a la letra inicial de la palabra o palabras afectadas:

Acaba de regresar de Santiago don Juan Martínez.

Cuando se emplea la versalita (clase de letra con forma de mayúscula, pero de altura similar a la de la minúscula), debe emplearse también mayúscula inicial si la norma lo requiere: *EL PEQUEÑO MIGUEL*.

La escritura enteramente en mayúsculas es propia de las siglas, los números romanos y textos cortos de carácter informativo, como se verá más adelante.

Debe evitarse en la lengua general el uso combinado de minúsculas y mayúsculas en el interior de una misma palabra, si bien es un procedimiento cada vez más extendido en la formación de siglas y acrónimos, y en los nombres comerciales.

CARACTERÍSTICAS FORMALES DE LAS MAYÚSCULAS

Las letras mayúsculas poseen unos rasgos gráficos particulares que hay que tener en cuenta a la hora de escribir. Son estos:

- Todas las letras mayúsculas presentan un cuerpo de la misma altura, delimitado por dos líneas paralelas de referencia, a excepción de la Ñ y la Q, cuyas virgulillas, esto es, los trazos que las diferencian de la N y de la O, sobrepasan las líneas superior e inferior, respectivamente:

A B C D E F G H I J K L M N Ñ O P Q R S T U V W X Y Z

- La mayúscula de las letras *i* y *j* carece de punto:

  Inés, Javier, HIJO.

  No obstante, en la escritura a mano es habitual que muchas personas escriban un punto sobre la *i* mayúscula cuando esta es un simple trazo vertical a fin de facilitar la lectura.

- Si los dígrafos *ch, gu, ll* y *qu* aparecen al inicio de una palabra escrita con mayúscula inicial, solo toma forma de mayúscula la primera de sus letras:

  China, Guinea, Llobregat, Quito.

  En cambio, si la palabra se escribe enteramente en mayúsculas, deben ir en mayúscula las dos letras del dígrafo:

  CHINA, GUINEA, LLOBREGAT, QUITO.

- Cuando un dígrafo forma parte de una sigla, solo se escribe en mayúscula la primera de sus letras, ya que de este modo es posible identificarlo como una unidad, y no como la secuencia de dos letras independientes, iniciales de dos palabras distintas:

  PCCh (*Partido Comunista de China*), frente a *CDCH* (*Centro de Desarrollo Científico y Humanístico*).

LA TILDE Y LA DIÉRESIS EN LAS MAYÚSCULAS

Las reglas de uso de la tilde y la diéresis se aplican a todas las palabras, con independencia de la forma en que estén escritas. Así pues, el empleo de la mayúscula no exime del uso de estos signos cuando así lo exijan las normas:

Álvaro, LEÓN, ANTIGÜEDAD, PINGÜINO.

Solo se exceptúan las siglas escritas íntegramente en mayúsculas, que no llevan nunca tilde:

CIA (y no *®CÍA*), sigla de *Central Intelligence Agency.*

En cambio, los acrónimos que se han incorporado como palabras al léxico general llevarán tilde si así les corresponde según las reglas de acentuación, tanto si se escriben en minúsculas como si aparecen en mayúsculas:

Euríbor o *EURÍBOR, módem* o *MÓDEM, Intermón* o *INTERMÓN.*

Las mayúsculas y los signos de puntuación

LOS ENUNCIADOS Y LA MAYÚSCULA

Un enunciado es una unidad comunicativa de sentido completo, sintácticamente independiente y de extensión variable, puesto que puede estar formado por una o por muchas palabras.

Como elemento visual de delimitación, los enunciados, sea cual sea su extensión, comienzan con mayúscula, constituyan o no el inicio de un texto. Solo se escriben con minúscula inicial cuando se trata de citas que empiezan con puntos suspensivos:

«... y los sueños, sueños son», como decía Segismundo en La vida es sueño.

LA MAYÚSCULA CONDICIONADA POR LA PUNTUACIÓN

Determinados signos de puntuación exigen, en ciertas circunstancias, que la palabra siguiente comience con mayúscula. Estas son las normas establecidas:

La mayúscula y el punto. El punto es el signo más empleado en la delimitación de enunciados. Por tanto, se escribe con mayúscula inicial la palabra que aparece después de un punto de cierre de enunciado, con independencia de que pueda ir precedida de un signo de apertura de paréntesis, comillas, interrogación o exclamación:

Llegó temprano. Aún no había anochecido. (El verano estaba llegando a su fin). ¿Habría alguien en la casa?

Cuando un enunciado o un texto comienza con una cifra, la palabra siguiente debe escribirse con minúscula: 1080 recetas de cocina.

La mayúscula y los puntos suspensivos. Cuando estos cierran el enunciado, la palabra siguiente comienza con mayúscula:

Estuvieron con nosotros Luis, María, Nieves... Todos preguntaron por ti.

En este otro ejemplo, sin embargo, el enunciado sigue abierto, por lo que se usa la minúscula: Es un tipo bastante... estúpido.

La mayúscula y los signos de interrogación y exclamación. Cuando una oración interrogativa o exclamativa constituye la totalidad de un enunciado, se escribe con mayúscula inicial la primera palabra del enunciado siguiente:

¿Qué hora es? Creo que llego tarde; ¡Qué alegría! Pensé que no te vería más.

Cuando la pregunta o la exclamación constituyen solo una parte del enunciado, pueden darse dos casos:

- Si inician el enunciado, la palabra que sigue al signo de apertura se escribe con mayúscula y la que sigue al signo de cierre se escribe con minúscula:

  La pregunta «¿Qué puedo hacer hoy por mis semejantes?» era una constante en él.

- Si no están situadas al comienzo del enunciado, sino que siguen a otras palabras que también forman parte de él, tras el signo de apertura de la interrogación o exclamación se escribe minúscula:

  Pero ¡qué niño tan simpático!
  Eres arquitecta, ¿no?

La mayúscula y los dos puntos. Se escribe mayúscula tras los dos puntos cuando estos anuncian el comienzo de una unidad con independencia de sentido, como sucede en los casos siguientes:

- Tras la fórmula de encabezamiento o saludo de una carta, se trate de un envío postal, un fax o un correo electrónico:

  Estimado Sr. Lizcano:
  En respuesta a su mensaje del día...

- Tras los dos puntos que anuncian la reproducción de palabras textuales:

  El senador dijo: «No defraudaremos a los electores».

- Tras los dos puntos que cierran los epígrafes o subtítulos de un libro o documento, cuando el texto explicativo que los sigue va en la misma línea:

  La arquitectura egipcia: El elemento más característico de la arquitectura egipcia son las pirámides, construcciones funerarias que...

- También, tras expresiones anunciativas como *a continuación* o *siguiente(s)*, si la explicación o enumeración continúa en párrafo aparte:

  La receta se elabora tal como se explica a continuación:
  Se baten los huevos y el azúcar hasta que se liguen, y después se añade...

- Tras los dos puntos que siguen a palabras como *ejemplo, advertencia* o *nota*:

  ADVERTENCIA: Medicamento no indicado para menores.

- Tras los dos puntos que siguen a verbos como *certificar, exponer, solicitar,* etc., escritos enteramente en mayúsculas, que presentan el objetivo fundamental de determinados documentos jurídicos o administrativos:

  CERTIFICA: Que D.ª Celia Gracián ha trabajado para esta empresa durante tres años a plena satisfacción de sus superiores.

Las mayúsculas en nombres de entidades, organismos, eventos y premios

NOMBRES DE INSTITUCIONES, DEPARTAMENTOS Y ASOCIACIONES

- Llevan mayúscula inicial todas las palabras significativas (incluidos los sustantivos genéricos) que componen la denominación completa de entidades, instituciones, organismos, departamentos o secciones administrativas, órdenes religiosas, unidades militares, partidos políticos, equipos deportivos, organizaciones, asociaciones, compañías teatrales, grupos musicales, etc.:

  Ministerio de Asuntos Exteriores, Biblioteca Nacional, Universidad Central de Venezuela, Facultad de Farmacia, Orden del Temple, Regimiento de Granaderos a Caballo General San Martín, Partido Revolucionario Institucional, Médicos Sin Fronteras, Vieja Trova Santiaguera.

  La mayúscula inicial se mantiene en sus menciones abreviadas:

  la Nacional (por *la Biblioteca Nacional*), *la Complutense* (por *la Universidad Complutense*), *el Cervantes* (por *el Instituto Cervantes*), *la Chile* (por la *Universidad de Chile*).

  Esto vale para los sustantivos genéricos en menciones anafóricas:

  la Biblioteca, el Instituto, el Ministerio.

  También se escriben con mayúscula las denominaciones alternativas que, por antonomasia, poseen algunas de estas entidades (se incluyen las selecciones deportivas nacionales):

  la Cámara Alta (el Senado), *la Cámara Baja* (el Congreso), *la Benemérita* (la Guardia Civil, Esp.), *la Roja* (selección chilena o española), *la Vinotinto* (selección venezolana).

- Empiezan con mayúscula todas las palabras significativas del nombre de establecimientos comerciales, culturales o recreativos:

  (bar) Entre Amigos, (grandes almacenes) El Corte Inglés, (mercería) El Botón de Oro, (restaurante) La Vaca Argentina, (cine) Avenida, (hotel) La Perla, (teatro) Nuevo Apolo.

  En estos casos, dado que el nombre propio del establecimiento es autosuficiente desde el punto de vista semántico, el genérico (en los ejemplos, entre paréntesis) se escribe con minúscula. En cambio, si en el nombre del establecimiento el término específico aparece como complemento del genérico, este puede escribirse con minúscula (opción preferida) o con mayúscula:

  hotel Ritz u *Hotel Ritz; café Gijón* o *Café Gijón; teatro Monumental* o *Teatro Monumental; parque del Retiro* o *Parque del Retiro; museo de Bellas Artes* o *Museo de Bellas Artes.*

NOMBRES DE ENTIDADES Y ORGANISMOS OFICIALES

Determinados sustantivos comunes se escriben con mayúscula cuando designan entidades u organismos de carácter institucional:

el Gobierno, la Administración, el Estado, la Iglesia, el Ejército, la Armada, la Policía, el Parlamento.

La mayúscula afecta también al plural: *Los Gobiernos guatemalteco y español firmaron un acuerdo bilateral,* pero no a los especificadores que acompañan al sustantivo: *La Iglesia católica aumentará el número de diáconos.*

Se inician con minúscula, en cambio, en sus usos comunes:

un policía (= un agente), *una iglesia ortodoxa* (= un edificio),

y también cuando se emplean en singular con valor colectivo, refiriéndose a grupos concretos de individuos:

El ejército (= las tropas) *cruzó la frontera; Le detuvo la policía* (= varios agentes).

NOMBRES DE EVENTOS Y PROYECTOS

• Llevan mayúscula todas las palabras significativas que forman parte de la denominación de eventos culturales o deportivos (congresos, ferias, torneos deportivos, etc.):

Festival de Cine de La Habana, IV Congreso de Cirugía Vascular, Bienal de Venecia, Salón del Cómic de Barcelona, Copa Libertadores de América, Juegos Olímpicos.

• También la llevan todas las palabras significativas que forman parte del nombre o título de programas, planes o proyectos:

Plan de Fomento de la Lectura, Proyecto del Genoma Humano.

NOMBRES DE PREMIOS Y CONDECORACIONES

Comienzan con mayúscula las palabras significativas que forman parte de la denominación de premios y condecoraciones:

los Premios Príncipe de Asturias, la Gran Cruz de Isabel la Católica, el Premio Nobel de Física.

Se escriben con minúscula, sin embargo, los nombres de premios aplicados al objeto que los representa o a la persona premiada:

Se le cayó el óscar en la ceremonia; Entrevistó al nobel de física.

Las mayúsculas en los títulos

TÍTULOS DE OBRAS DE CREACIÓN

- Se escribe con mayúscula la primera palabra del título de cualquier obra de creación (libros, películas, cuadros, esculturas, piezas musicales, programas de radio o televisión, etc.):

  Libro de buen amor, Cien años de soledad, Las señoritas de Avignon, El peine del viento, La consagración de la primavera, Pasión de gavilanes.

  La cursiva obligatoria con que deben escribirse delimita claramente la extensión del título, por lo que no es necesario ni correcto escribir todos los elementos significativos con mayúscula, como en ®*Diccionario de la Lengua Española,* en lugar de *Diccionario de la lengua española.*

- La misma norma puede aplicarse también a los títulos extranjeros citados en textos españoles:

  Cavalleria rusticana, West side story.

  Es igualmente correcto, no obstante, respetar las normas de la lengua de origen.

- También se escriben en cursiva y con inicial mayúscula en la primera palabra los títulos abreviados o alternativos, pero no el artículo que los precede:

  la *Celestina* (por *Comedia* [o *Tragicomedia*] *de Calisto y Melibea*); la *Quinta sinfonía* (por *Sinfonía n.º 5 en do menor, opus 67*).

- Van con mayúscula todos los sustantivos y adjetivos que forman parte del título de los textos sagrados y de los libros que los componen, pero no el artículo que los antecede:

  la *Biblia,* el *Corán,* el *Libro de los Muertos,* la *Torá,* el *Nuevo Testamento,* el *Cantar de los Cantares,* las *Sagradas Escrituras.*

- Se escribe con mayúscula la primera palabra del título de las subdivisiones o secciones internas de una publicación o un documento (capítulos de un libro, artículos, titulares de prensa, columnas de opinión, etc.).

  Octavio Paz publicó en el diario La Jornada *el artículo titulado* «La recaída de los intelectuales».

  Como puede verse en el ejemplo, estos títulos de obras parciales se delimitan con comillas cuando se citan junto al título de la obra mayor en que se incluyen.

TÍTULOS DE PUBLICACIONES PERIÓDICAS, EXPOSICIONES Y DISCURSOS

- Además de la primera palabra (aunque sea un artículo), van con mayúscula todos los términos léxicos que forman parte del nombre de publicaciones periódicas o de colecciones:

  La Vanguardia, El Comercio, Crecer Feliz, Biblioteca Románica Hispánica.

- En los titulares de prensa, solo se escribe con mayúscula la primera palabra:

  Cuatro heridos en el derrumbe de un edificio.

- Lleva también mayúscula la primera palabra del título de ponencias, discursos o conferencias y exposiciones. Si se citan dentro de un texto, se escriben además entre comillas a fin de delimitar su extensión:

  Ofrecen la conferencia «El arte de Fernando Botero» en el Palacio de Bellas Artes.

- Asimismo, la primera palabra de lemas, consignas y eslóganes. En el interior de los textos, se delimitan con comillas:

  Mandela buscó la reconciliación bajo el lema «Un equipo, un país».

TÍTULOS DE LEYES Y DOCUMENTOS OFICIALES O HISTÓRICOS

- Se inician con mayúscula todas las palabras significativas del título de los textos legales y legislativos (fueros, códigos, leyes, decretos, etc.):

  el Código Civil; la Ley 40/1998, de 9 de diciembre, del Impuesto sobre la Renta de las Personas Físicas y otras Normas Tributarias.

  Cuando el título de una ley es muy largo, la mayúscula se aplica solo al primer elemento y se delimita la extensión mediante la cursiva o las comillas:

  Ley 17/2005, de 19 de julio, por la que se regula el permiso y la licencia de conducción por puntos y se modifica el texto articulado de la ley sobre tráfico, circulación de vehículos a motor y seguridad vial.

  No se escriben con mayúscula, en cambio, los nombres abreviados con los que se designan comúnmente determinadas leyes, y que no se corresponden con su título oficial:

  ley sálica, ley seca, ley de extranjería.

- También llevan mayúscula en todas sus palabras significativas los nombres de los documentos oficiales o históricos (tratados, convenciones, acuerdos, declaraciones, etc.).

  la Convención de Ginebra, la Carta de las Naciones Unidas.

Las mayúsculas en los nombres históricos y otros

NOMBRES DE ETAPAS Y DE HECHOS HISTÓRICOS

- Se escriben con mayúscula inicial los nombres de las divisiones geológicas y paleontológicas, pero no los adjetivos que los acompañan:

  el Precámbrico, el Mioceno, el Cretácico inferior, el Jurásico superior.

  Si el periodo se designa mediante un sustantivo genérico (*era, periodo*) seguido de un adjetivo, se escriben con minúscula ambos componentes:

  la era cenozoica, el periodo carbonífero.

- Llevan asimismo mayúscula inicial los nombres de los periodos en que se dividen tanto la prehistoria como la historia (ya sea la universal o la de un país en concreto):

  el Neolítico, la Edad de Piedra, la Antigüedad, el Medievo, la Alta Edad Media, el Renacimiento, el Siglo de las Luces, el Romanticismo, la República de Weimar, el Tercer Reich, la Guerra Fría, la Colonia.

- También los sustantivos y adjetivos que forman parte de la denominación de acontecimientos históricos relevantes que dan nombre a determinados periodos:

  la Reconquista, el Cisma de Occidente, la Contrarreforma, la Semana Trágica, la Gran Depresión, la Primavera de Praga.

  Si se trata, en cambio, de acontecimientos puntuales que no dan nombre a periodos históricos, no debe emplearse la mayúscula, salvo en los nombres propios:

  el motín de Esquilache, la toma de la Bastilla, el desembarco de Normandía, el sitio de Leningrado.

- En el caso de los nombres de guerras y batallas, solo se escribe con mayúscula la parte específica de la denominación; no así los genéricos *guerra* y *batalla:*

  la guerra de Arauco, la guerra de los Cien Años, la guerra de Secesión, la guerra del Opio, la guerra de los Seis Días, la batalla de las Termópilas, la batalla de San Quintín, la batalla de Ayacucho.

  Los nombres de los dos conflictos mundiales se escriben con mayúscula en todos sus componentes:

  Primera Guerra Mundial y *Segunda Guerra Mundial.*

- Llevan mayúscula todas las palabras significativas que forman parte de la denominación de imperios y revoluciones, salvo que se trate de adjetivos gentilicios:

  la Revolución Industrial, la Revolución de los Claveles, el Celeste Imperio,
  pero *el Imperio romano, el Imperio maya, la Revolución rusa.*

NOMBRES DE FESTIVIDADES

- Se usa la mayúscula inicial en los sustantivos y adjetivos que forman parte del nombre de festividades civiles, militares o religiosas, y de los periodos litúrgicos:

  Navidad, Año Nuevo, Día Internacional de la Mujer, Pascua Militar, Janucá (festividad judía), *Fiesta del Sacrificio* o *Fiesta Grande* (festividad musulmana), *Adviento, Semana Santa, Ramadán.*

- Van con minúscula los episodios relevantes en la historia narrativa de las religiones:

  la oración en el huerto, la resurrección de Cristo, el descenso del Corán.

  Solo se escribirán con mayúscula cuando se trate del nombre de una festividad:

  La Ascensión es una fiesta movible.

MARCAS COMERCIALES

- Las marcas y nombres comerciales, por su condición de nombres propios, se escriben con mayúscula:

  ¿Has visto el último anuncio de Coca-Cola?; Salió al mercado el nuevo híbrido de Toyota; Acabo de instalar el Windows Vista; ¿Lo has buscado en Google?

  Debe mantenerse la mayúscula cuando el nombre designa un producto de la propia marca:

  Me he comprado un Honda.

- Se usa la minúscula, en cambio, cuando no designan ya un objeto o un producto de la propia marca, sino, genéricamente, cualquier objeto o producto de características similares:

  Espese la salsa con maicena; No sale sin ponerse rímel en las pestañas.

Cuándo no debe utilizarse la mayúscula inicial (I)

CONSIDERACIÓN GENERAL

Además de los casos que se han ido explicando junto a aquellos en que debe usarse la mayúscula, se enumeran y explican a continuación otros que no pertenecen a la categoría de nombres propios y, por tanto, no deben escribirse con mayúscula inicial, aunque así aparezcan a veces en los textos.

TRATAMIENTOS, TÍTULOS Y PROFESIONES

- Se escriben con minúscula inicial las fórmulas de tratamiento, tanto las que preceden siempre al nombre propio:

    don Juan, doña Luisa, fray Anselmo, sor Teresa, san Antonio, santa Lucía,

    como las que se usan o pueden usarse sin él:

    señor/a, doctor/a, licenciado/da, reverendo/da, usted, excelencia, (su) señoría, etc.

    Únicamente se admite (pero no es obligatorio) el uso de la mayúscula inicial en aquellas que se aplican a las más altas dignidades cuando el tratamiento no va seguido del nombre propio de la persona a la que se refiere:

    La recepción a Su Santidad será esta tarde,

    pero

    Aterrizó su santidad Benedicto XVI.

    Las abreviaturas de los tratamientos se escriben siempre con mayúscula inicial: *D.ª, Dra., Fr., Lic., Ilmo., Sr., Sto., Ud.,* etc.

- También van con minúscula los sustantivos que designan títulos nobiliarios, dignidades o cargos —sean civiles, militares, religiosos, públicos o privados—, tanto en sus usos genéricos:

    El rey reina, pero no gobierna; El obispo es el pastor de una comunidad,

    como si se refieren a una persona concreta:

    La reina saludó al arzobispo de Managua; El papa visitará Brasil; El presidente del Gobierno llegó con la ministra de Defensa y el jefe del Estado Mayor.

- Llevan minúscula asimismo los sustantivos que designan profesiones:

    Su hija es ingeniera; Roberto Armendáriz, asesor fiscal.

NOMBRES DE ETNIAS, LENGUAS Y MONEDAS

- Se inician con minúscula los adjetivos y sustantivos que designan pueblos o etnias, así como los que denotan nacionalidad o procedencia geográfica:

    la cultura mochica, los aztecas, los maoríes, los filipinos.

- También los nombres de las lenguas o idiomas:

   El español es la lengua más estudiada del mundo después del inglés.

- Y los de las monedas:

   quetzales, soles, pesos, dólares; Esto cuesta diez euros.

NOMBRES RELACIONADOS CON LAS CIENCIAS

- Se escriben con minúscula los nombres de las disciplinas científicas y las diversas ramas del conocimiento:

   Nuevos avances en física nuclear; Se le dan muy bien las matemáticas.

   Solo se escriben con mayúscula en contextos académicos o curriculares, cuando designan asignaturas, estudios o materias regladas:

   Me matriculé en Arquitectura; ¿Quién te da Física este año?

- Llevan minúscula los nombres de las leyes, teorías y principios científicos, salvo los nombres propios que formen parte de la denominación:

   ley de la gravedad, principio de Arquímedes, teoría de la relatividad.

- También se usa la minúscula en los nombres de los elementos y compuestos químicos (pero no en sus símbolos), así como en los de las unidades de medida:

   oxígeno, mercurio, sodio; tesla, newton, metro.

- Asimismo, en los nombres de los principios activos de los medicamentos:

   amoxicilina, ibuprofeno, paracetamol.

   En cambio, los nombres comerciales registrados son nombres propios, al igual que las marcas, por lo que se escriben con mayúscula inicial:

   Prozac, Nolotil, Adiro, Voltarén.

- Van igualmente con minúscula los nombres de las enfermedades:

   acromegalia, espina bífida, esquizofrenia paranoide, cáncer, gripe.

Cuándo no debe utilizarse la mayúscula inicial (II)

NOMBRES DE LÍNEAS TERRESTRES Y FENÓMENOS ATMOSFÉRICOS

- Se inician con minúscula los nombres de los hemisferios, las líneas imaginarias y los polos geográficos:

  el hemisferio sur, el círculo polar, el ecuador, la eclíptica, el polo norte geográfico.

  Las denominaciones *polo norte* y *polo sur* solo se escriben con mayúscula inicial cuando se refieren no a los extremos del eje de rotación del planeta, sino al topónimo que designa el área geográfica que circunda dichos puntos: *La expedición recorrerá el Polo Sur para estudiar su fauna.*

- También llevan minúscula los nombres de los puntos cardinales (*norte, sur, este, oeste*) y los puntos del horizonte (*noroeste, sudeste,* etc.):

  La brújula señala el norte; Viajamos rumbo al sur; Vivo al este de Jalisco; Sopla viento del noroeste.

  Solo se usa la mayúscula inicial cuando alguno de ellos forma parte de un nombre propio:

  América del Norte, Corea del Sur, Europa del Este, la Cruz del Sur.

  Recuérdese que sus símbolos se escriben con mayúsculas: *N, S, E, O, NE, NO, SE, SO...*

- Se escriben con minúscula los nombres genéricos de tormentas, huracanes y otros fenómenos atmosféricos y oceánicos, pero van con mayúscula los nombres propios que se les asignan:

  el huracán Wilma, el tifón Fred, la corriente de Humboldt.

- Van asimismo en minúscula los nombres de los vientos (*el austro, el bóreas, el cierzo, el levante*) salvo que se trate de personificaciones en textos poéticos, alegóricos o mitológicos:

  Yo soy Bóreas, dios del frío viento del norte.

NOMBRES DE DÍAS, MESES Y ESTACIONES

Se escriben con minúscula inicial tanto los nombres de los días de la semana como los de los meses y las estaciones del año:

  Hoy es lunes, 23 de mayo; Estoy deseando que llegue el verano.

Llevan mayúscula solo cuando forman parte de un nombre propio:

  hospital Doce de Octubre, plaza Primero de Mayo.

NOMBRES DE FORMAS Y PODERES DEL ESTADO Y DEL GOBIERNO

- Se escriben con minúscula inicial los nombres de las formas de Estado y de gobierno:

    la capital del reino, las repúblicas bálticas, la monarquía parlamentaria, la democracia americana.

    Solo se usa la mayúscula cuando forman parte del nombre oficial completo de un país:

    Reino de España, República Argentina.

- También se emplea la minúscula en los nombres de los poderes del Estado y los poderes fácticos:

    el poder ejecutivo, el poder legislativo, el cuarto poder.

    Llevan mayúscula, sin embargo, cuando hacen referencia a los órganos institucionales de un Estado concreto:

    El Poder Judicial notificó su cese al magistrado.

NOMBRES DE MOVIMIENTOS Y TENDENCIAS

- Llevan minúscula los nombres de movimientos o tendencias políticas o ideológicas, idearios y doctrinas:

    sandinismo, neoliberalismo, el principio de no intervención.

- Los nombres de las escuelas y corrientes de las diversas ramas del conocimiento, así como los de estilos, movimientos y géneros artísticos:

    darwinismo, platonismo, positivismo, culteranismo, dadaísmo, realismo mágico, cine negro.

- Los nombres de las religiones, así como el conjunto de sus fieles:

    budismo, cristianismo, islam, judaísmo, cristiandad.

- Los nombres de conceptos religiosos, como sacramentos, ritos, pecados, virtudes, etc.:

    comunión, abluciones, eucaristía, misa, codicia, caridad, cielo, purgatorio, parábola.

    Es admisible la mayúscula, aunque no obligatoria, en las palabras que designan los lugares a los que se supone que van las almas tras la muerte, ya que se identifican como topónimos:

    Sé bueno e irás al Cielo, y no al Infierno.

Cuándo no debe utilizarse la mayúscula inicial (III)

CASOS VARIOS

Además de en los casos tratados en los dos capítulos anteriores, se usa la minúscula inicial en los siguientes:

- Los nombres de las notas musicales:

  Tocó una melodía en fa mayor.

- Las denominaciones de impuestos y tasas:

  impuesto sobre el valor añadido/agregado, impuesto sobre la renta de las personas físicas.

  Recuérdese que sus siglas deben escribirse con mayúsculas: *IVA, IRPF.*

- Los nombres de las variedades de distintos productos, como frutos, quesos, vinos, telas, etc.:

  aceituna picual, garnacha, uva merlot, manzana reineta, queso parmesano, vino moscatel, albariño, alpaca, nobuk.

- Los nombres de comidas y bebidas:

  dulce de leche, paella marinera, sancocho de bocachico, mojito, blanco y negro, carajillo, cubalibre.

- Los nombres de deportes:

  ciclismo, tenis, baloncesto, pelota vasca, natación, gimnasia rítmica.

- Los nombres de colores, salvo los nombres propios que contengan:

  El naranja no me sienta bien; Se puso la chaqueta gris perla; Tiene los ojos azul cobalto; Usó el azul de Prusia en su composición.

NOMBRES PROPIOS USADOS COMO COMUNES

Los nombres propios pueden convertirse en comunes cuando adquieren un significado genérico y pasan a denotar clases de entes que comparten determinadas propiedades. En ese caso dejan de escribirse con mayúscula inicial y adoptan la minúscula propia del nombre común.

En virtud de este fenómeno, se escriben con minúscula inicial:

- Los nombres propios de personas, personajes o lugares cuando pasan a designar genéricamente arquetipos:

  una celestina, un donjuán, un quijote, un potosí, la meca del cine.

- Muchos nombres de enfermedades, objetos, aparatos, sistemas, productos y otras realidades que pasan a ser designados directamente con el nombre propio de su descubridor, su inventor, su fabricante, o con el de la persona que los popularizó o en honor de la cual se hicieron:

alzhéimer (de A. Alzheimer), *cárter* (de H. Carter), *chagas* (de C. Chagas), *diésel* o *dísel* (de R. Diesel), *párkinson* (de J. Parkinson), *quevedos* (de Francisco de Quevedo), *quinqué* (de A. Quinquet), *rebeca* (del personaje de la película homónima), *yacusi* (de los hermanos *Jacuzzi*), etc.

Como puede verse en los ejemplos, cuando se trata de nombres extranjeros, suelen adaptarse a nuestra lengua y someterse a las reglas de acentuación del español.

El nombre propio mantiene la mayúscula y su ortografía originaria si se usa como tal, esto es, si aparece formando parte del nombre completo, como ocurre en el caso de las enfermedades:

la enfermedad de Parkinson, el mal de Chagas, la enfermedad de Alzheimer.

- Las variedades de vinos, quesos y otros productos que se designan directamente por el nombre del lugar del que son originarios o donde se producen y, en general, los nombres de comidas y bebidas que tienen su origen en un nombre propio:

Tomaré un solomillo al cabrales con una copa de rioja; De postre me hice un martín fierro; El manhattan *es mi combinado favorito; Me gustan el/la cubalibre y el* bloody mary.

Si el nombre del lugar de origen figura en el nombre completo del producto, como complemento especificativo, conserva la mayúscula:

queso de Cabrales, vino de Mendoza, vinagre de Módena, tela de Vichy.

- Los nombres de razas de animales que tienen su origen en un nombre propio, normalmente el topónimo de la zona de la que son originarios:

un terranova, un chihuahua.

- Los nombres de unidades de medida que tienen su origen en un nombre propio:

un newton, dos julios, un pascal.

(Sobre el uso de la mayúscula en los antropónimos → págs. 218-219; en los topónimos → págs. 222-223; en otros nombres propios → págs. 224-225).

Usos especiales de mayúsculas y minúsculas

USO DE LAS MAYÚSCULAS PARA FAVORECER LA LEGIBILIDAD

Las mayúsculas favorecen la visibilidad y la lectura de textos cortos, por lo que habitualmente aparecen en ese formato palabras, frases e incluso textos completos en inscripciones, carteles, letreros, paneles informativos, títulos, etc. Así, suelen escribirse enteramente en mayúsculas:

- Las palabras o frases que aparecen en las cubiertas y portadas de los libros y documentos, tanto impresos como electrónicos, así como los títulos que encabezan cada una de sus divisiones internas (partes, capítulos, escenas, etc.).
- Las cabeceras de diarios y revistas:

  CLARÍN, EL PAÍS, EL CORREO.

  No obstante, cada vez es más frecuente que se escriba con mayúscula solo la inicial de las palabras significativas:

  La Voz de Galicia, Público.

- Las inscripciones de lápidas, monumentos o placas conmemorativas.
- Los lemas y leyendas que aparecen en banderas, estandartes, escudos y monedas:

  LIBRE CREZCA FECUNDO (en el reverso de la moneda guatemalteca de cinco centavos).

- Los textos de los carteles de aviso o de las pancartas:

  PROHIBIDO ESTACIONAR; NO A LA GUERRA.

- En textos de carácter informativo, las frases que expresan el contenido fundamental del escrito:

  Por motivos de higiene, SE PROHÍBE DEPOSITAR BASURAS EN LA VÍA PÚBLICA.

- Términos como *aviso, nota, advertencia, posdata,* etc., cuando introducen de forma autónoma los textos correspondientes:

  AVISO: El pago de recibos solo podrá efectuarse los martes.

- En textos jurídicos y administrativos, los verbos que expresan la finalidad del escrito o que introducen cada una de sus partes fundamentales, a fin de favorecer su rápida lectura:

  CERTIFICA, EXPONE, SOLICITA, CONSIDERANDO.

- Los términos con los que se alude de forma breve y repetida a las diversas partes que se citan como intervinientes en documentos jurídicos o administrativos:

  D. José Pérez García, en adelante, el DEMANDANTE...

- Los textos de los bocadillos o globos en los cómics y viñetas gráficas.

MAYÚSCULAS Y MINÚSCULAS EN ÁMBITOS ESPECIALES

Publicidad, diseño gráfico y nombres comerciales. En ámbitos como la publicidad o el diseño gráfico, se busca llamar la atención no solo con el contenido, sino también con la forma del mensaje. Entre los múltiples recursos utilizados se encuentra la transgresión de las normas que regulan el uso del lenguaje, por lo que es frecuente la aparición de mayúsculas o minúsculas donde las normas ortográficas prescriben lo contrario.

Comienza también a ser habitual que marcas y nombres comerciales presenten mayúsculas intercaladas cuando el nombre se forma a partir de varios componentes o palabras (la mayúscula marca así la frontera entre esos componentes):

CubaSí, MásVital, iBanesto.

Del mismo modo, es frecuente que el nombre propio de la marca aparezca escrito enteramente en minúsculas en los logotipos: *movistar, xerox, adidas, renfe.*

Estos usos son admisibles como recursos expresivos o estilísticos en los logotipos, el diseño gráfico y la publicidad, pero no deben utilizarse abusiva e indiscriminadamente, y la grafía debe acomodarse a la norma y recuperar la mayúscula inicial cuando se utiliza dentro de los textos: *Movistar, Renfe.*

Nuevas tecnologías de la comunicación. En el ámbito de las nuevas tecnologías, la rapidez y la economía presiden las comunicaciones a través de correos electrónicos, foros, chats y mensajes de celular o móvil. Sus similitudes con la comunicación oral y coloquial explican la frecuente relajación de la ortografía, lo que incluye a menudo la ausencia de las mayúsculas preceptivas.

Esta ortografía relajada, que puede resultar admisible en los chats y los mensajes de celular o móvil, donde la rapidez prima sobre la pulcritud, no debe extenderse, sin embargo, a todas las comunicaciones por vía electrónica.

En el correo electrónico se deben aplicar con rigor las normas ortográficas, ya que este medio no está tan condicionado por limitaciones de espacio o de tiempo como los otros citados.

Los extranjerismos o préstamos lingüísticos

QUÉ SON

Se denominan extranjerismos o préstamos las voces que una lengua toma de otras, tanto si sirven para nombrar realidades nuevas como si entran en competencia con términos ya existentes en la lengua receptora.

Así, para designar cierto fruto rojo oriundo de América, se incorporó al español la voz *tomate*, tomada del nahua *tomatl*; por su parte, el galicismo *jamón* (del fr. *jambon*, de *jambe* 'pierna') acabó imponiéndose en el uso al vocablo más tradicional *pernil* (derivado del lat. *perna* 'pierna').

La incorporación de extranjerismos constituye, pues, una de las principales vías para cubrir las necesidades terminológicas de una lengua y, en consecuencia, de ampliación de su vocabulario.

PROCEDENCIA DE LOS PRÉSTAMOS INCORPORADOS AL ESPAÑOL

La procedencia de los préstamos, así como su perdurabilidad y adaptación a la lengua que los acoge, dependen de los factores políticos, económicos y socioculturales del entorno en cada momento histórico. Estos son algunos de los orígenes más significativos de los préstamos recibidos por el español:

- **Arabismos,** palabras procedentes del árabe. Se incorporaron al castellano a lo largo de la Edad Media: *aceituna, alcalde, álgebra, arroba, azúcar, gazpacho, guitarra, naranja...*
- **Galicismos,** palabras de origen francés. Han estado llegando al español también desde la Edad Media y, con especial intensidad, a partir del siglo XVIII: *argot, bricolaje, bulevar, chofer* o *chófer, complot, corsé, élite* o *elite, pantalón...*
- **Indigenismos,** voces procedentes de lenguas indígenas de América. Su incorporación se produjo a partir de la llegada de los españoles a tierras americanas: *alpaca, cacahuete/cacahuate, cacique, caucho, cóndor, guano, jaguar, maraca, papa, ocelote...*
- **Italianismos,** voces procedentes del italiano. Penetraron sobre todo durante el Renacimiento: *balcón, góndola, libreto, novela, ópera, regata, soneto...*
- **Anglicismos,** voces procedentes del inglés. Su incorporación ha sido masiva a partir del siglo XIX, como consecuencia de la hegemonía política, económica y cultural anglosajona en el mundo contemporáneo: *club, estándar, fútbol/futbol, líder, sándwich, turista...*

EL PROCESO DE INCORPORACIÓN

La introducción de voces de lenguas en las que operan unos criterios de correspondencia entre grafía y pronunciación distintos de los que existen en español supone, en principio, un factor desestabilizador para nuestro sistema ortográfico.

Por ello, a lo largo de la historia se observa la tendencia de los préstamos a acomodarse, en su pronunciación y su grafía, a los patrones característicos de nuestra lengua; incluso a la morfología, a través de la flexión nominal (género y número) y verbal.

Los procedimientos de adaptación son diversos. La acomodación a los sistemas fonológico y gráfico del español puede realizarse de varias maneras:

- Asimilando los fonemas del vocablo original no existentes en español a los más parecidos de nuestro sistema:

    pishku (voz quechua) > *pisco; flèche* (fr. [flésh]) > *flecha.*

- Modificando o simplificando las secuencias gráfico-fonológicas extrañas para sustituirlas por otras más naturales en español:

    tzictli (voz nahua) > *chicle; beefsteak* (ingl.) > *bistec.*

- Pronunciando la grafía originaria con el valor fonológico que tiene en español:

    jardin (fr. [yardáⁿ]) > *jardín.*

Una vez completado el proceso, estas voces pasan a considerarse extranjerismos o préstamos adaptados, en oposición a los extranjerismos crudos o no adaptados.

PRÉSTAMOS ANTIGUOS Y PRÉSTAMOS NUEVOS

En el caso de los préstamos incorporados en épocas pasadas, no existe conciencia en los hablantes actuales de su originaria condición de extranjerismos, por lo que no cabe sino considerarlos palabras españolas. Por ejemplo, el hablante medio no tiene por qué saber que *alcalde* es un arabismo que se registra ya en el siglo XI, o que *canalla* es un italianismo incorporado en el siglo XVI.

En la actualidad, la inclusión del aprendizaje de lenguas extranjeras en los planes de enseñanza y su difusión a través de los medios hacen que el hablante se familiarice con ellas y aprenda a pronunciar y escribir sus palabras en la forma original, lo que dificulta o retarda la adaptación. No obstante, este proceso sigue llevándose a cabo, dando lugar en ocasiones a la convivencia de formas originales y adaptadas, como se verá en las páginas siguientes.

Los extranjerismos crudos

QUÉ SON

Se denominan extranjerismos crudos aquellas voces de otros idiomas que se usan en textos escritos en español sin que hayan sufrido adaptación formal para adecuarse a los patrones gráfico-fonológicos de nuestra lengua, de forma que conservan su grafía y su pronunciación originarias.

POR QUÉ SE EMPLEAN

Por determinadas razones expresivas, un hablante puede insertar en su discurso en español voces o expresiones pertenecientes a otro idioma. Se puede hablar de dos razones básicas de su uso, que a veces se entremezclan:

- En unos casos se trata de términos usados ocasionalmente, bien porque el hablante o autor del texto quiere presentarse ante los demás como una persona culta y moderna, como cuando alguien dice algo parecido a

  Pasé el weekend *en* New York, *por* hobby, *pero también por* business, *y volví cargado de* souvenirs,

  bien porque pretende aludir a una realidad exclusiva de la cultura o la civilización relacionadas con la lengua a la que pertenece el extranjerismo utilizado:

  El heldentenor, *o tenor heroico, es el verdadero protagonista de las óperas de Wagner.*

- Otras veces se trata de extranjerismos difundidos en época más o menos reciente, empleados con frecuencia por los hablantes o por los medios de comunicación con su grafía originaria y una pronunciación más o menos aproximada a la original.

  Normalmente designan realidades nuevas o ajenas a nuestra cultura, que se han incorporado al uso con el nombre que tienen en la lengua en la que han surgido o que ha contribuido a su divulgación. Pertenecen a diversos ámbitos, entre muchos otros:

  — Deporte: *ace, break, doping, drive, game, graining, grimpeur, handicap, hat-trick, hooligan, jogging, lob, match ball, pit lane, pole, safety car, sparring,* etc.

  — Economía y empresa: *business, cash, crack, full time, holding, input, lobby, lock-out, marketing, overbooking, royalties, sponsor, standing, stock, trust,* etc.

  — Entretenimiento y espectáculo: *atrezzo, baffle, casting, disc jockey, gag, hobby, playback, première, rentrée, show, showman, striptease, tournée, troupe, vedette,* etc.

- Alimentación y hostelería: *baguette, bouquet, catering, croissant, delicatessen, fast food, glacé, maître, pizza, pudding, self-service, soufflé,* etc.
- Comunicación y nuevas tecnologías: *best seller, bluff, boom, cassette, free lance, hacker, hardware, e-mail, interface, modem, off the record, paparazzi, pay per view, software, speaker, spot,* etc.
- Vestuario, apariencia y relación: *body, blue jeans, culotte, feeling, foulard, flirt, gay, gentleman, glamour, lifting, maillot, panty, piercing, rimmel, sexy, sex-symbol, short,* etc.

El empleo de muchas de estas voces resulta innecesario, dado que algunas tienen equivalentes españoles y otras han sido adaptadas. Pese a ello, algunos vocablos de procedencia extranjera, a menudo de difusión internacional, parecen presentar cierta resistencia a los procesos de adaptación, como es el caso de *ballet, jazz, pizza, rock* o *software.*

> Lo recomendable es que los extranjerismos crudos se empleen solo en caso de necesidad terminológica.

En cualquiera de los casos, los extranjerismos no adaptados o las voces de otras lenguas usadas con conciencia de tales se escriben siempre en los textos españoles con una marca gráfica que evidencia su condición de voces foráneas. Deben aparecer en cursiva en la escritura tipográfica (o en redonda, si el texto base está en cursiva) y entre comillas en los textos manuscritos:

A mi hijo le encanta el ballet; *Apareció en la fiesta acompañada de un* gigolò; *Su novia es cantante de* jazz; *Usar un* pendrive *o lápiz de memoria es muy cómodo; En todas las termas había un vestuario o* apodyterium.

LOCUCIONES, DICHOS O CITAS EN OTRAS LENGUAS

A menudo se emplean, dentro de un texto o discurso en español, expresiones o frases hechas pertenecientes a otras lenguas. Aunque algunas sean de uso común o frecuente, también deben resaltarse gráficamente según las directrices expuestas en el punto anterior:

La discusión se convirtió en un tour de force; *La excitación de los contrincantes iba* in crescendo; *Creo que estamos* in the right direction; *La cosa ha salido mal y no se puede hacer nada,* c'est la vie.

Los extranjerismos adaptados

NECESIDAD DE LA ADAPTACIÓN

Cuando para los extranjerismos extendidos en la lengua general no existe en español un término equivalente válido o si, pese a ello, el vocablo extranjero ha arraigado en el uso de los hablantes, lo habitual y más conveniente es que acabe integrándose en el sistema gráfico, fonológico y morfológico de nuestra lengua. Se trata de este modo de evitar que se perpetúen secuencias de sonidos o grafías ajenas al español.

Este proceso de acomodación de los extranjerismos busca, en definitiva, preservar la fuerte cohesión entre grafía y pronunciación de que goza el español frente a otras lenguas.

FORMAS DE ADAPTACIÓN

La adaptación se realiza fundamentalmente por dos vías, teniendo en cuenta que las grafías adaptadas se someten siempre a las reglas de acentuación gráfica de nuestra lengua:

• La mayoría de las veces se modifica la grafía original para que refleje, según nuestro sistema ortográfico, la pronunciación de esas voces en español, que suele aproximarse a la que tienen en la lengua de origen. He aquí algunas muestras:

baipás, del ingl. *by-pass*　　　　　　esquí, del noruego *ski*
bulevar, del fr. *boulevard*　　　　　　gueto, del it. *ghetto*
champán/champaña, del fr. *champagne*　jonrón, del ingl. *home run*
charlar, del it. *ciarlare*　　　　　　mitin, del ingl. *meeting*
cruasán, del fr. *croissant*　　　　　　pádel, del ingl. *paddle*
cuásar, del ingl. *quasar*　　　　　　secuoya, del ingl. *sequoia*
escúter, del ingl. *scooter*　　　　　　vodevil, del fr. *vaudeville*
espagueti, del it. *spaghetti*　　　　　yogur, del fr. *yogourt*

A veces la adaptación solo requiere la aplicación de las reglas de acentuación del español:

ambigú, del fr. *ambigu*　　　　　　hándicap, del ingl. *handicap*
bádminton, del ingl. *badminton*　　　máster, del ingl. *master*
blíster, del ingl. *blister*　　　　　pívot, del fr. *pivot*
chéster, del ingl. *chester*　　　　　récord, del ingl. *record*
góspel, del ingl. *gospel*　　　　　tóner, del ingl. *toner*

Y, en ocasiones, el extranjerismo no plantea ningún problema de adecuación entre grafía y pronunciación y, por tanto, se incorpora a nuestra lengua con la misma grafía que tiene en el idioma de origen, como ha ocurrido con anglicismos como

box, chip, fan, kit, pop o *set*,

cuya articulación en español es similar a la que tienen en inglés.

- Otras veces se mantiene la grafía originaria sin cambios o con leves modificaciones, y es la pronunciación la que se acomoda a dicha forma según el sistema español de correspondencias entre grafías y fonemas:

  bafle [báfle], del ingl. *baffle* [báfel]; *puzle* [púsle, púzle], del ingl. *puzzle* [pásel]; *quiche* [kíche], del fr. *quiche* [kísh].

CONVIVENCIA DE FORMAS DIFERENTES

Puede ocurrir que una voz extranjera se haya adaptado con naturalidad en unas áreas del ámbito hispánico y siga usándose en otras como extranjerismo crudo; es el caso, por ejemplo, de

iceberg [áisberg] o *beige* [béʒ],

que en el español americano se usan con su pronunciación y su grafía originarias —de modo que deben escribirse con resalte tipográfico—, mientras que en España son extranjerismos adaptados: en el primer caso se ha mantenido la grafía original con pronunciación a la española ([izebérg] o, en zonas de seseo, [isebérg]), y en el segundo se ha modificado la grafía original dando lugar a la adaptación gráfica *beis*.

Asimismo, cabe señalar que un mismo extranjerismo puede generar soluciones diversas en diferentes zonas hispanohablantes. Por ejemplo, el anglicismo *pyjamas* se ha adaptado mayoritariamente en España como *pijama* [pijáma], mientras que en América tiende a conservarse la pronunciación originaria [piyáma], que encuentra reflejo en la grafía adaptada *piyama*. Lo mismo ocurre con *soja* y *soya*.

En cualquier caso, siempre debe respetarse la norma general de escribir los extranjerismos crudos con el resalte tipográfico necesario, tal como se ha explicado, mientras que los extranjerismos de uso corriente que se han adaptado a nuestra lengua y no plantean, por ello, problemas de inadecuación entre su grafía y su pronunciación se consideran palabras españolas a todos los efectos y no necesitan marca alguna: *beige*/beis.

Modificación de grafías en la adaptación de extranjerismos (I)

Algunas grafías, ajenas al sistema ortográfico del español, han sido o son objeto de cambio a la hora de adaptar las voces procedentes de otras lenguas. Se tratan en este capítulo las grafías simples.

LETRA W

Los extranjerismos que contenían la letra w, excluida durante largo tiempo del abecedario, solían adaptarse al español con las grafías *gu, u* o *v*:

al. *Welf* > *güelfo;* ingl. *sweater* > *suéter;* ingl. *wagon* > *vagón.*

En la actualidad, ya incorporada la *w* a nuestro abecedario, es habitual que esta letra se conserve en los préstamos cuyo étimo la incluye:

kiwi, waterpolo, web, wiski,

aunque sigue habiendo voces foráneas en las que la *w* se sustituye por *u* en su adaptación al español, especialmente cuando está entre una consonante y una vocal:

Botsuana (de *Botswana*), *suajili* (de *swahili*).

LETRA K

Durante algún tiempo, la *k* fue considerada una grafía extranjerizante y se sustituía en los préstamos por las grafías más propiamente españolas *c* o *qu:*

malayo *kakatūwa* > *cacatúa;* fr. *kangourou* > *canguro;* ingl. *diskette* > *disquete.*

En la actualidad, es más normal que esta letra se mantenga en aquellos préstamos cuyo étimo la incluye, bien como única posibilidad gráfica (*anorak, karaoke, kayak, kiwi, okapi...*), bien como variante (*bikini/biquini, kimono/quimono, kurdo/curdo*).

LETRA Q

El empleo autónomo de la *q* (sin formar dígrafo con la *u*) en representación del fonema /k/ es ajeno a la ortografía del español. Por ello, debe reemplazarse por las grafías asentadas en nuestra lengua para representar dicho fonema:

it. *quartetto* > *cuarteto;* lat. *squalus* > *escualo;* ingl. *sequoia* > *secuoya.*

Así, voces inglesas como *quark* o *quasar* deben adaptarse al español como *cuark* y *cuásar*, o, en caso de mantener las grafías etimológicas con *q*, escribirse en cursiva y sin tildes.

Se recomienda evitar también esta *q* anómala en los topónimos mayores, de modo que se prefieren formas como *Irak* o *Catar* a ⊗*Iraq* y ⊗*Qatar*.

LETRAS *G* (ANTE *E, I*) Y *J*

En español, estas letras solo representan el fonema /j/. Por ello, en la adaptación de las voces de otras lenguas en las que estas letras representan un sonido igual o similar al del fonema /y/, se debe modificar o bien su grafía, sustituyéndolas por *y:*

ingl. *banjo* > *banyo;* ingl. *junior* > *yúnior;* ingl. *manager* > *mánayer,*

o bien su pronunciación, dotando a las grafías originarias del sonido que les corresponde en nuestra lengua: *banjo* [bánjo], *júnior* [júnior], *mánager* [mánajer].

LETRA *H* ASPIRADA

La aspiración de la *h* se asimila a menudo al sonido del fonema /j/. Por ello, algunos extranjerismos con *h* aspirada se adaptan al español con *j:*

ingl. *hippy* o *hippie* > *jipi;* ingl. *home run* > *jonrón;* ingl. *swahili* > *suajili.*

LETRA *M* ANTE *B, P*

La norma española de escribir *m* ante *b* o *p* debe mantenerse al adaptar los extranjerismos, incluso si se trata de topónimos y gentilicios:

lumpemproletariado (del al. *Lumpenproletariat*); *Brandemburgo* (en al. *Brandenburg*), *brandemburgués; Camberra* (en ingl. *Canberra*), *camberrano.*

LETRA *Y*

No es propia del español la secuencia final constituida por una *y* precedida de consonante; tampoco lo es la *y* con valor vocálico en interior de palabra. Por ello, los extranjerismos que las contengan habrán de sustituirlas por *i* al adaptarse:

ingl. *ferry* > *ferri;* ingl. *panty* > *panti;* ingl. *sexy* > *sexi;* ingl. *geyser* > *géiser.*

Cuando la secuencia final es un diptongo o un triptongo acabado en el fonema /i/, este se representa en español con la letra *y.* Por ello, formas como *bonsay* o *paipay* son adaptaciones más ajustadas a nuestra ortografía que *bonsái* o *paipái.*

FONEMA /z/

En español, el fonema /z/ se representa ante *e, i* con la letra *c,* y con dicha letra se han adaptado tradicionalmente al español los extranjerismos que la incluían:

it. *bozzetto* > *boceto;* it. *mercanzia* > *mercancía;* cat. *pinzel* > *pincel.*

No obstante, hay préstamos de otras lenguas en los que se ha mantenido la secuencia *ze* o *zi* etimológica, como en *nazi, razia, zen, zepelín, zigurat* o *zíper.*

En varios casos coexisten ambas formas: *ácimo/ázimo, cigoto/zigoto, cinc/zinc.*

Modificación de grafías en la adaptación de extranjerismos (II)

Además de las grafías simples tratadas en el capítulo anterior, existen dígrafos y secuencias que requieren o han requerido una adaptación al sistema ortográfico del español en las voces procedentes de otras lenguas. Estos son algunos de los casos más frecuentes:

DÍGRAFOS *CK* Y *CQ*

No pertenecen al sistema gráfico del español. Así pues, las voces extranjeras que los incluyen, si se adaptan al español, deben sustituirlos por *c, qu* o *k*:

> it. *acquarella* > *acuarela;* fr. *becquerel* > *bequerel;* al. *Nicki* > *niqui;* ingl. *nubuck* > *nobuk.*

SECUENCIAS GRÁFICAS *-MPH-* O *-MF-*

Todos los extranjerismos que las contienen en su forma originaria se adaptan al español con *-nf-:*

> ingl. *amphetamine* > *anfetamina;* ingl. *comfort* > *confort.*

SECUENCIA «S + CONSONANTE» A PRINCIPIO DE PALABRA

Es del todo ajeno al español el empleo de la *s* inicial seguida de consonante (la llamada *s líquida*). Por ello, en la adaptación de los extranjerismos que presentan ese grupo a principio de palabra ha de anteponerse una *e* de apoyo:

> it. *spaghetti* > esp. *espagueti;* ingl. *standard* > esp. *estándar;* fr. *store* > esp. *estor.*

Esa misma *e-* de apoyo es necesaria para adaptar al español otras secuencias consonánticas iniciales ajenas a nuestro idioma:

> guaraní *mbayá* > esp. *embayá.*

FONEMA /sh/ Y DÍGRAFO *SH*

Ni uno ni otro forman parte del sistema fonológico y gráfico del español. Las voces de otras lenguas que los incluyen se consideran, por ello, extranjerismos crudos y deben escribirse en cursiva:

> *establishment, flash, geisha, show, sushi,* etc.

En caso de adaptación al español de voces foráneas que lo incluyan, el fonema /sh/ se debe sustituir por los más próximos de nuestro sistema, normalmente /ch/ (escrito *ch*) o /s/ (escrito *s*):

> ingl. *shoot* > *chute;* ár. *hashish* > *hachís;* quechua *pishku* > *pisco;* hebr. *ashkenazim* > *askenazi* o *askenazí.*

SECUENCIAS DE DOS CONSONANTES IGUALES

Los extranjerismos que incluyen secuencias de este tipo se adaptan reduciéndolas a una sola consonante:

it. *broccoli* > *brócoli;* fr. *chauffeur* > *chofer* o *chófer;* ingl. *puzzle* > *puzle;* it. *sbozzare* > *esbozar;* ingl. *scanner* > *escáner.*

Así ocurre también en las voces de otras lenguas que contienen la secuencia *ll* en representación del fonema /l/:

ingl. *baseball* > *béisbol* o *beisbol;* ingl. *drill* > *dril.*

Son extranjerismos crudos voces como la italiana *pizza* [pítsa] o la inglesa *jazz* [yás], que se usan en español con su grafía y pronunciación originarias, por lo que deben escribirse en cursiva.

GRUPOS CONSONÁNTICOS A FINAL DE PALABRA

Las voces inglesas con la secuencia final *-ing* se han adaptado tradicionalmente al español eliminando la *-g:*

ingl. *meeting* > *mitin;* ingl. *pudding* > *pudin* o *pudín;* ingl. *smoking* > *esmoquin.*

Aunque cada día son más numerosos los préstamos (o las creaciones) en *-ing,* se recomienda seguir el mismo proceder: ingl. *camping* > *campin;* ingl. *catering* > *cáterin;* ingl. *piercing* > *pirsin,* etc.

TERMINACIÓN *-AGE*

Las voces francesas con la secuencia final *-age* (pron. [áʒ]) se adaptan al español con la grafía *-aje* (pron. [áje]):

fr. *bricolage* [brikoláʒ] > *bricolaje* [brikoláje]; fr. *garage* [garáʒ] > *garaje* [garáje].

Es, por tanto, incorrecto escribir en español [⊗]*garage* o [⊗]*bricolage*.

Los latinismos

El español es una lengua románica que procede por evolución natural del latín, lengua a la que debe la gran mayoría de sus términos, que constituyen el llamado léxico patrimonial. Sin embargo, una vez que las lenguas romances se constituyeron, en la Edad Media, en sistemas lingüísticos diferenciados, el latín pasa a convertirse en lengua de cultura, de la que los nuevos idiomas toman prestadas las voces que necesitan para cubrir las nuevas necesidades terminológicas.

De este modo, reciben el nombre de latinismos todas las palabras tomadas del latín en un momento histórico posterior al de los orígenes del español. Los latinismos constituyen así préstamos léxicos, lo mismo que las voces tomadas de otras lenguas, y como tales se comportan.

Reciben también, junto con las palabras de origen griego, el nombre de cultismos.

LA ENTRADA DE LOS CULTISMOS

Los cultismos más antiguos son los introducidos durante la Edad Media, y pertenecen sobre todo a los ámbitos religioso, académico-científico y jurídico:

absolución, caridad, misa, sacramento; ciencia, discípulo, ecuación, geometría, matemáticas, metafísica, retórica; adulterio, herencia, justicia, etc.

A partir del siglo XV, con el humanismo renacentista, se intensifica la llegada de cultismos, tanto latinos (*adolescente, exhortar, obtuso, rápido...*) como griegos (*ábaco, academia, musa, tragedia...*).

La incorporación ha sido constante en épocas posteriores, y lo sigue siendo en la actualidad, convertida en uno de los recursos más utilizados por la lengua científica y técnica internacional para establecer su propia terminología, bien de manera directa:

átomo, córnea, dígito, misil, placenta, tándem,

bien, sobre todo, a través de la composición a partir de raíces griegas y latinas, los llamados neocultismos:

bicicleta, biopsia, claustrofobia, helicóptero, leucocito, pedagogía...

LATINISMOS CRUDOS Y LATINISMOS ADAPTADOS

Como sucede con los demás préstamos, también hay que distinguir entre latinismos crudos y latinismos adaptados.

Latinismos crudos. Son voces propiamente latinas, no incorporadas al léxico español, que suelen ser empleadas por parte del autor con plena conciencia de estar utilizando términos en latín, del tipo de *animus, armonium, caldarium, frigidarium, quadrivium*, etc.

Como es natural, estas palabras se escriben en su forma original, sin adaptaciones gráficas y sin tildes, que en latín no existían.

Su condición de palabras ajenas al español debe marcarse en la escritura mediante el empleo de la cursiva o las comillas.

Latinismos adaptados. Numerosas voces se han tomado del latín en época reciente para nombrar realidades que ya no tienen vinculación con el mundo latino, sino que hacen referencia al mundo actual. Muchas de ellas nos han llegado a través de otras lenguas occidentales y se han adaptado sin dificultad. Son términos como

> *accésit, adenda, afidávit, álbum, campus, currículum, déficit, desiderátum, detritus, estatus, facsímil, factótum, hábitat, humus, lapsus, memorándum, ómnibus, pandemónium, pódium, quid, referéndum, superávit, vademécum*, etc.

Como se ve, ninguna de ellas presenta una grafía ajena a la ortografía española ni plantea problemas en cuanto a la pronunciación. Por otra parte, se han sometido a las reglas de acentuación propias del español, recibiendo la tilde cuando es necesario.

Sin embargo, en los casos precisos se han modificado algunas grafías, de acuerdo con las normas vistas para los demás extranjerismos:

> *accessit > accésit, addenda > adenda, affidavit > afidávit, clepsydra > clepsidra, quantum > cuanto, status > estatus, curriculum > currículum*.

LATINISMOS CON DOS FORMAS

De algunos de los latinismos que conservan las terminaciones *-us* o *-um* se han creado variantes con la terminación *-o*, característica de los sustantivos masculinos españoles, con lo que han surgido dobletes como

> *auditórium* y *auditorio, currículum* y *currículo, detritus* y *detrito, diplodocus* y *diplodoco, eucaliptus* y *eucalipto, maremágnum* y *maremagno, memorándum* y *memorando, pódium* y *podio, referéndum* y *referendo, solárium* y *solario*.

Ambas formas resultan igualmente válidas. Las formas en *-o* suponen un proceso de sobreadaptación que facilita la formación del plural.

Las locuciones latinas

QUÉ SON

En español, como en las demás lenguas occidentales, es frecuente que los hablantes cultos empleen ocasionalmente locuciones latinas. Se trata de expresiones fijas en latín que se utilizan en determinados contextos, especialmente en el lenguaje académico, científico, jurídico y político, aunque algunas han pasado a la lengua común.

RELACIÓN DE LOCUCIONES LATINAS

Su número es muy elevado. La que sigue es una relación incompleta de algunas de las más conocidas y empleadas, junto con el significado de cada una.

De carácter adjetivo o adverbial

ab initio ('desde el principio');

ad hoc ('adecuado, a propósito');

ad infinitum ('hasta el infinito');

a posteriori ('con posterioridad');

a priori ('con anterioridad');

corpore insepulto ('con el cuerpo sin sepultar', aplicado a los funerales);

cum laude ('con alabanza', dicho de la máxima calificación académica);

de facto ('de hecho', esto es, 'sin reconocimiento jurídico');

de iure ('de derecho', esto es, 'legalmente, con reconocimiento jurídico');

ex cathedra ('desde la cátedra', aludiendo a la infalibilidad del papa);

grosso modo ('aproximadamente, a grandes rasgos');

honoris causa ('por razón de honor', dicho del doctorado concedido por méritos);

in articulo mortis ('en el momento de la muerte');

in illo tempore ('en aquel tiempo, hace mucho tiempo');

in memoriam ('en recuerdo', aludiendo a una persona ya fallecida);

in pectore ('en el pecho', en alusión al designado para un cargo sin que se haya anunciado aún);

in situ ('en el sitio, sobre el terreno');

ipso facto ('por el hecho mismo', esto es, 'en el acto');

motu proprio ('por propia iniciativa');

nemine discrepante ('sin nadie que discrepe');

post mortem ('después de la muerte');

sine die ('sin fecha fijada');

sine qua non ('sin lo cual no', dicho sobre todo de una condición necesaria);

sub iudice ('pendiente de resolución judicial');

sui generis ('de su propio género, peculiar');

vade retro ('retrocede', usada para instar a alguien a alejarse);

De carácter nominal

alter ego ('otro yo', persona de confianza que hace las veces de otra);

curriculum vitae ('carrera de la vida', 'relación de datos y méritos personales);

delirium tremens ('delirio tembloroso', 'síndrome de abstinencia alcohólica');

horror vacui ('horror al vacío');

lapsus calami, lapsus linguae ('error de escritura', 'error de lengua');

modus operandi ('modo de actuar');

numerus clausus ('número cerrado', referido al número de plazas);

peccata minuta ('faltas pequeñas');

rara avis ('ave rara', referido a una persona o cosa poco habitual);

vox populi ('voz del pueblo', para referirse a un rumor o noticia).

ORTOGRAFÍA DE LAS LOCUCIONES LATINAS

Durante mucho tiempo ha sido costumbre del diccionario académico escribir las locuciones latinas en redonda y con las tildes derivadas de la aplicación de las reglas. Sin embargo, hoy se considera que, cuando se introducen en textos en español, lo adecuado es que reciban el mismo tratamiento que las expresiones en otras lenguas, es decir, que se escriban en cursiva o con comillas, y sin tildes.

Debe respetarse siempre la forma de estas locuciones, sin alterar las grafías ni añadir elementos ajenos, como preposiciones innecesarias, hecho que a veces ocurre en deformaciones como ®*de corpore insepulto,* ®*a grosso modo,* ®*de ipso facto,* ®*por manu militari* o ®*de motu proprio,* todas las cuales han de ser evitadas.

PALABRAS ESPAÑOLAS NACIDAS DE LOCUCIONES LATINAS

Algunas locuciones latinas han dado lugar, mediante la fusión de sus términos, a voces españolas, normalmente sustantivos, las cuales sí han de escribirse según las normas ortográficas del español. Estas son algunas:

adlátere, procedente de la locución *ad latere* ('al lado');

etcétera, procedente de *et cetĕra* ('y lo demás');

exabrupto, surgida de *ex abrupto* ('de improviso');

exvoto, de *ex voto* ('por voto');

viacrucis, de *via crucis* ('camino de la cruz').

Género, sexo y concordancia

QUÉ ES EL GÉNERO

El género es una propiedad gramatical, de carácter inherente en los sustantivos y en ciertos pronombres, que se manifiesta de forma especial en su combinación con determinantes, cuantificadores, adjetivos y participios. Estas voces reproducen el género de los sustantivos, ya que, por sí mismas, no lo poseen de manera inherente. Así, en

La mesa del comedor era pequeña,

el adjetivo *pequeña* adopta el femenino porque es el género que corresponde al sustantivo *mesa*.

CLASES DE GÉNERO

Existen tradicionalmente tres clases de género: masculino, femenino y neutro. Frente a lo que ocurre en otros idiomas, no existen en español sustantivos neutros: todos se clasifican en masculinos o femeninos. El género neutro queda reservado a los demostrativos *esto, eso, aquello,* a cuantificadores como *tanto, cuanto, mucho, poco,* al artículo *lo* y a los pronombres personales *ello, lo.*

Las oraciones, en particular las sustantivas, no tienen género, pero los pronombres que se refieren a ellas adoptan el neutro:

—¿Dijo que llamaría? —No, no dijo eso.

GÉNERO Y CONCORDANCIA

En lo que respecta a la sintaxis, la propiedad esencial del género es marcar la concordancia entre el nombre y otras clases de palabras con las que se combina:

la ducha, aquellos años, algunos problemas, libros nuevos, obras conocidas.

También cuando la modificación no es directa, sino a través de un verbo, en función atributiva:

Los libros son nuevos; Esas obras son conocidas.

Sustantivos como *caballo, chacal, farol* y *tiburón* son masculinos, por lo que provocan concordancia con formas de este género:

nuestro caballo, este chacal, un farol nuevo, aquel tiburón.

Los nombres *cebra, loba, mano, mesa, ventaja* y *víctima* son femeninos y, como consecuencia, exigen concordancia en dicho género:

una cebra, loba parda, esta mano, aquella mesa, mucha ventaja, la víctima.

Sustantivos como *pianista, portavoz* o *testigo* pueden ser masculinos o femeninos, a pesar de que presentan una sola terminación, por lo que se combinan con modificadores de uno y otro género:

el/la pianista, este/esta portavoz, nuevo/nueva testigo.

El género de los nombres no se manifiesta, pues, necesariamente por medio de marcas formales: todos los sustantivos son masculinos o femeninos, pero unos muestran esta oposición en sus terminaciones y otros no. Así, la terminación refleja géneros diferentes en ciertos nombres, pero no en otros, como los citados *pianista, portavoz* o *testigo,* cuyo género se marca en cada contexto mediante determinantes u otros modificadores.

GÉNERO Y SEXO

Género y sexo son dos nociones que se relacionan, pero que no se identifican, puesto que el primero es de carácter gramatical, mientras que el segundo constituye un rasgo biológico.

Todos los nombres poseen género, con independencia de que se refieran a seres sexuados o no. En los seres dotados de sexo, las marcas de género sirven a menudo para distinguirlo, como se ve en las oposiciones *ciervo/cierva, duque/duquesa, actor/actriz,* pero no siempre existen estas marcas, y, por otra parte, muchos nombres de seres sexuados son invariables en cuanto al género, como *abeja, avestruz, calamar, gusano.*

Para establecer la diferencia en los seres dotados de sexo, se recurre en ocasiones a palabras diferentes, como en los llamados heterónimos:

toro/vaca, yerno/nuera, caballo/yegua.

Los nombres de seres asexuados se asignan, bien al masculino, bien al femenino, aunque ello no implique ninguna diferenciación biológica. Así, *árbol, sofá, piano* y *césped* son masculinos, mientras que *planta, silla, trompeta* y *hierba* son femeninos. Además, hay casos en los que la distinción de terminaciones aporta valores semánticos diferentes:

cesto/cesta, huerto/huerta, manzano/manzana.

Existen incluso sustantivos, los denominados ambiguos en cuanto al género, que pueden aparecer en masculino o femenino designando la misma entidad:

el mar/la mar o *el tizne/la tizne.*

Todo ello se verá con más detalle en los capítulos siguientes.

El género en los nombres de seres sexuados. Formas variables

En los sustantivos que designan seres sexuados (personas, animales y algunas plantas), la gramática diferencia varias clases, según las formas de expresión de género y sexo: heterónimos, sustantivos de terminación variable, nombres comunes en cuanto al género y epicenos.

LOS SUSTANTIVOS HETERÓNIMOS

Expresan la diferencia gramatical masculino/femenino y, simultáneamente, la oposición de sexo 'varón'/'mujer' (personas) o 'macho'/'hembra' (animales) a través de términos con diferente raíz:

padre/madre, caballo/yegua, hombre/mujer, padrino/madrina, toro/vaca.

El género se manifiesta en sus combinaciones con determinantes, cuantificadores, adjetivos y participios:

nuestro querido padre/nuestra querida madre.

LOS SUSTANTIVOS DE TERMINACIÓN VARIABLE

Expresan las diferencias de género y, consiguientemente, de sexo por medio de morfemas añadidos a palabras de la misma raíz:

niño/niña, gato/gata, actor/actriz, barón/baronesa, zar/zarina.

El género puede manifestarse en sus combinaciones con determinantes, cuantificadores, adjetivos o participios, siempre que estos modificadores puedan mostrarlo:

nuestro querido niño/nuestra querida niña,

pero *mi niño/mi niña,* sin variación en el posesivo.

Se tiende a pensar que la marca del masculino es *-o* cuando esta terminación está presente, pero existen excepciones: *virago* y *marimacho* (en varios países americanos *marimacha*), por ejemplo, son sustantivos femeninos; *testigo, piloto* y otros sustantivos admiten los dos géneros. Por otra parte, los nombres masculinos que designan seres sexuados pueden tener cualquier terminación:

presidente, papa, doctor, coronel, capataz, abad.

DESINENCIAS DEL FEMENINO

• La desinencia más común del femenino es *-a:*

muchacho/muchacha, lobo/loba, león/leona.

Existen, sin embargo, otras, que se explican seguidamente.

- Femeninos en -*esa*:

  alcalde/alcaldesa, barón/baronesa, diablo/diablesa (*diabla* en varios países), *duque/duquesa, jeque/jequesa, líder/lideresa, príncipe/princesa, tigre/tigresa, vampiro/vampiresa.*

- Femeninos en -*isa*:

  histrión/histrionisa, papa/papisa, poeta/poetisa (también se usa *poeta* como femenino), *profeta/profetisa, sacerdote/sacerdotisa.*

  En algunas confesiones cristianas, para designar la mujer que ejerce el sacerdocio no suele utilizarse *sacerdotisa*, sino *sacerdote* (*la sacerdote*), que se convierte de este modo en sustantivo común en cuanto al género. También hay testimonios recientes de la variante *sacerdota*, que no se recomienda.

- Femeninos en -*ina*. Son muy pocos:

  gallo/gallina, héroe/heroína, jabalí/jabalina, zar/zarina.

- Femeninos en -*triz*, correspondientes a masculinos acabados en -*tor* o en -*dor*. Solo ha sustituido a -*tora* o -*dora* en unas cuantas voces:

  actor/actriz (también *actora*), *emperador/emperatriz* (también *emperadora*).

  Se conservan asimismo *institutriz* (se usa el masculino *institutor* en el área caribeña) y *adoratriz*. Otros son hoy de muy escaso o ningún uso, como *cantatriz* (hoy *cantadora* o *cantaora, cantora* o *cantante*), *dominatriz, excitatriz, formatriz, formulatriz, fulminatriz, pecatriz, protectriz, retardatriz* y *saltatriz* (hoy *saltadora*).

  Se documentan las variantes en -*triz* de algunos adjetivos aplicados a cosas, en alternancia con otras terminaciones:

  acción aceleratriz o *acción aceleradora, fuerza motriz* o *fuerza motora, facultad generatriz* o *facultad generadora.*

  La voz *directriz* se usa como adjetivo (*la regla directriz*) y como sustantivo ('instrucción, norma'), mientras que *directora* es el nombre de agente femenino que corresponde al verbo *dirigir*.

  Aunque está relativamente extendido, contraviene las reglas de concordancia el uso de adjetivos en -*triz* como modificadores de sustantivos masculinos ([⊗]*impulso motriz*, [⊗]*taller automotriz*, etc.). Se recomienda evitarlos y emplear en su lugar las variantes en -*or*: *impulso motor, taller automotor.*

Sustantivos comunes en cuanto al género (I)

CARACTERIZACIÓN

Son comunes en este sentido los nombres de persona que designan tanto a hombres como a mujeres. Su género (y, en consecuencia, el sexo del referente) puede manifestarse a través de la concordancia con adjetivos y determinantes:

> *el cónyuge/la cónyuge, este testigo/esta testigo, estudiante aplicado/estudiante aplicada.*

Se comportan como sustantivos comunes en cuanto al género numerosos pronombres: *Yo soy alto/Yo soy alta, para sí mismo/para sí misma.*

GRUPOS DE NOMBRES COMUNES EN CUANTO AL GÉNERO

Según la terminación, se clasifican en varios grupos (sobre las excepciones en cada uno de estos grupos → págs. 140-141).

Sustantivos acabados en -a. Son, en buena parte, de origen griego y denotan profesiones, actividades o atributos de las personas:

> *astronauta, burócrata, camarada, centinela, cineasta, compatriota, demócrata, espía, fisioterapeuta, geriatra, guardia, guía, hincha, homicida, jerarca, karateca, logopeda, oligarca, pediatra, pirata, proxeneta, (p)siquiatra, tecnócrata, terrícola, trá(n)sfuga, turista, vigía, yudoca.*

El sustantivo *antípoda* aplicado a las personas es común en cuanto al género: *nuestros antípodas/nuestras antípodas.* Como nombre de lugar es más frecuente en femenino: *Se fue a las antípodas.*

Son numerosos los que se forman con el sufijo *-ista:*

> *alpinista, analista, artista, automovilista, dentista, especialista, gremialista, pianista, protagonista, taxista, violinista.*

Algunos, de carácter popular y restringidos geográficamente, poseen connotaciones negativas: *hortera, maula, pasota, pelma.*

Sustantivos acabados en -e. La mayor parte de los sustantivos de persona acabados en *-e* son comunes en cuanto al género. Se dice, pues, *el detective* y *la detective, intérpretes diestros* e *intérpretes diestras.* Estos son algunos más:

> *adlátere, amanuense, artífice, cadete, compinche, cómplice, conserje, consorte, contable, cónyuge, copartícipe, correveidile, extraterrestre, gafe, hereje, mequetrefe, munícipe, partícipe, pinche, pobre, tiple.*

Sustantivos acabados en -nte. Constituyen el grupo más numeroso de los terminados en *-e* y proceden en gran parte de participios de presente latinos:

agente, amante, aspirante, cantante, combatiente, concursante, delincuente, demandante, descendiente, donante, escribiente, estudiante, garante, informante, manifestante, narcotraficante, penitente, paciente, pretendiente, remitente, representante, simpatizante, televidente, terrateniente, traficante, viajante.

Sustantivos acabados en -*i* (tónica o átona) y en -*y*. Son comunes la mayor parte de los referidos a persona:

el ceutí/la ceutí, el maniquí/la maniquí, el marroquí/la marroquí, el pelotari/ la pelotari, el quinqui/la quinqui; el yóquey/la yóquey (se usa ocasionalmente *yoqueta* en el Río de la Plata).

Sustantivos acabados en -*o*. Algunos son comunes en cuanto al género:

el contralto/la contralto; el metomentodo/la metomentodo, el canguro/la canguro (en España, 'persona que cuida niños'), *el jurado/la jurado* ('miembro de un jurado'), *el modelo/la modelo* (profesión), *el piloto/la piloto, el reo/la reo* (también se documenta *rea*), *un sabelotodo/una sabelotodo, el soprano/la soprano, el testigo/la testigo.*

Sustantivos acabados en consonante. Son muchos los referidos a persona que se utilizan como comunes:

- Palabras llanas acabadas en -*r, -s, -t*, sean simples o compuestas:

  un cantamañanas/una cantamañanas, el lavacoches/la lavacoches, el mártir/la mártir, un papanatas/una papanatas, un pelagatos/una pelagatos, el pívot/la pívot, el prócer/la prócer, el vivales/la vivales.

- Sustantivos de persona agudos y terminados en -*ar, -er*:

  el auxiliar/la auxiliar, el bachiller/la bachiller, el canciller/la canciller, el sumiller/la sumiller, el titular/la titular, el ujier/la ujier.

No es correcto el femenino ⊗*cancillera* que se registra ocasionalmente.

- Sustantivos acabados en -*l*. Son comunes, entre otros, los siguientes:

  el apóstol/la apóstol, el corresponsal/la corresponsal, un homosexual/una homosexual, el industrial/la industrial, el profesional/la profesional.

- Sustantivos acabados en -*z*:

  el aprendiz/la aprendiz (también *aprendiza*), *el capataz/la capataz* (también *capataza*), *el portavoz/la portavoz.*

Sustantivos comunes en cuanto al género (II). Casos especiales

EXCEPCIONES POR GRUPOS DE NOMBRES

Aunque la mayoría de los sustantivos de persona que se incluyen en los grupos de nombres enumerados en el capítulo anterior son comunes en cuanto al género, existen numerosas excepciones:

Acabados en -a. El sustantivo *autodidacta* puede usarse como común, pero también es posible la alternancia *autodidacto/autodidacta*. Lo mismo ocurre con *políglota*, que admite la variación *polígloto/políglota*.

Se ha extendido la forma masculina *modisto*, surgida de la común *modista*.

Acabados en -e. Son varios los que admiten femeninos en -*a*:

> *jefe/jefa* (también *la jefe*), *alcahuete/alcahueta*, *infante/infanta*, *nene/nena*.

Existen también las alternancias *cacique/cacica*, *sastre/sastra*, pero en estos casos las variantes femeninas son de escaso uso y se prefieren *la cacique*, *la sastre*.

Acabados en -ente. Se dan algunas oposiciones *-ante/-anta*, *-(i)ente/-(i)enta*, aunque estas variantes no se usan de igual manera en todos los países:

> *cliente/clienta, comediante/comedianta, congregante/congreganta, dependiente/dependienta, figurante/figuranta, intendente/intendenta, presidente/presidenta, sirviente/sirvienta.*

Muchos de estos femeninos alternan con el uso común sin connotaciones especiales. Así, resultan también habituales *la cliente, la comediante, la dependiente, la figurante, la presidente,* etc.

En algunos casos existe especialización semántica: *una gobernante* ('mujer que gobierna un país') y *una gobernanta* ('mujer que tiene a su cargo personal de servicio'). En España se utiliza *asistenta* en el sentido de 'empleada de hogar', frente al uso más habitual del sustantivo *asistente* como común.

Algunas creaciones recientes, como *conferencianta* y *delineanta,* no han pasado al registro formal. Otros femeninos, como *penitenta, pretendienta, principianta, danzanta* o *gerenta,* son hoy de escaso uso o de uso no generalizado, a pesar de estar recogidos en el diccionario.

Acabados en -o. Son numerosos los sustantivos que designan cargos, títulos o profesiones que presentan actualmente femenino en -*a*:

> *abogado/abogada, biólogo/bióloga, catedrático/catedrática, diputado/diputada, ingeniero/ingeniera, músico/música, químico/química, político/política, reportero/reportera, veterinario/veterinaria.*

Acabados en consonante

- Los sustantivos agudos acabados en -*or* tienen femenino en -*a* (frente a los acabados en -*er*, -*ar*):

    director/directora, doctor/doctora, elector/electora, escritor/escritora, lector/lectora, profesor/profesora, rector/rectora, señor/señora.

- Los acabados en -*l* presentan moción de género con alguna frecuencia:

    colegial/colegiala, español/española, zagal/zagala.

- Los acabados en -*z* también tienen a veces dos terminaciones:

    andaluz/andaluza, rapaz/rapaza.

- Los sustantivos agudos acabados en -*n*, -*s* suelen tener femenino en -*a*:

    anfitrión/anfitriona, burgalés/burgalesa, catalán/catalana, francés/francesa, feligrés/feligresa, ladrón/ladrona, peatón/peatona, patrón/patrona.

El masculino de *comadrona* es *comadrón*, aunque no se use demasiado.

SUSTANTIVOS COMUNES EN USO FIGURADO

Algunos sustantivos epicenos (págs. 148-149) que designan animales pasan al grupo de los comunes en cuanto al género cuando expresan atributos de las personas. Así, el sustantivo epiceno *fiera* es femenino, y sigue siéndolo cuando se usa con valor metafórico, en el sentido de 'persona cruel o violenta', como en *Su padre se puso como una fiera.* Sin embargo, con el significado de 'portento' pasa a ser común en algunos lugares:

    Tu primo es un fiera en matemáticas/Marta es una fiera al volante.

He aquí otros nombres de animales que cobran sentidos diversos cuando se usan, con valor metafórico, como sustantivos comunes en cuanto al género:

- *Bestia* ('persona ruda, ignorante o bruta'): *Ese hombre es un bestia/Esa mujer es una bestia.*
- *Chinche* ('persona pesada o molesta'): *Mi primo es un chinche/Mi prima es una chinche.*
- *Gallina* ('persona cobarde'): *Tu amigo es un gallina/Tu amiga es una gallina.*

A veces no se produce el paso de epiceno a común (y no hay, por tanto, cambio de género), como en

    Ese chico es un lince/Esa chica es un lince; Ese hombre es una hiena/Esa mujer es una hiena; El marido es una hormiguita/La mujer es una hormiguita.

El género en los nombres de profesiones, títulos y actividades

GÉNERO Y PROFESIÓN

La extensión de las formas femeninas a los nombres que designan profesiones o actividades desempeñadas por mujeres es, en buena medida, un hecho relativamente reciente. La lengua va acogiendo, en ciertos medios, voces como *bedela, coronela, edila, fiscala, jueza, médica* o *plomera,* pero estas y otras voces similares han tenido desigual aceptación, generalmente en función de factores geográficos y sociales, además de propiamente morfológicos.

Han desaparecido casi por completo los sustantivos femeninos que designaban antiguamente a la esposa del que ejercía ciertos cargos (*la coronela, la gobernadora, la jueza*), y se han impuesto los significados en los que estos nombres se refieren a la mujer que pasa a ejercerlos.

LA FORMACIÓN DE NUEVOS FEMENINOS

Como se vio, numerosos sustantivos de persona que designan cargos, títulos, empleos, profesiones y actividades diversas, con masculino en -*o,* tienen femenino en -*a.* Muchos de ellos eran en inicio solo masculinos, pues designaban profesiones desempeñadas exclusivamente por hombres. Con el acceso de la mujer a estas profesiones, estos sustantivos se usan unas veces como comunes en cuanto al género (*el/la arquitecto, el/la juez, el/la magistrado...*) y otras tienden a adoptar una forma femenina en -*a,* cuya aceptación o rechazo depende de factores geográficos y sociales. He aquí una muestra representativa de esta segunda opción:

abogado/abogada, árbitro/árbitra, arquitecto/arquitecta, bombero/bombera, candidato/candidata, catedrático/catedrática, diputado/diputada, farmacéutico/farmacéutica, filósofo/filósofa, físico/física, fontanero/fontanera, fotógrafo/fotógrafa, funcionario/funcionaria, informático/informática, ingeniero/ingeniera, magistrado/magistrada, matemático/matemática, médico/médica, notario/notaria, químico/química, secretario/secretaria, técnico/técnica.

Se considera correcto el femenino *perita* (*Ya es perita mercantil*), pese a que coincide con el diminutivo de *pera.*

La extensión del femenino en -*a* de algunos sustantivos masculinos de este grupo (como *bedela, concejala, fiscala* o *jueza,* entre otros) es desigual en los distintos países hispanohablantes.

MASCULINOS A PARTIR DE FEMENINOS

Son escasos los masculinos en -*o* formados a partir de sustantivos originariamente femeninos en -*a.* Cabe citar entre ellos el ya mencionado *modisto; azafato,* en algunos países, y *amo de casa.*

LOS NOMBRES DE LOS GRADOS MILITARES

Suelen ser comunes en cuanto al género los sustantivos que designan grados de la escala militar, sea cual sea su terminación:

> *el alférez/la alférez, el almirante/la almirante, el brigada/la brigada, el cabo/ la cabo, el comandante/la comandante, el coronel/la coronel, el general/la general, el sargento/la sargento, el teniente/la teniente.*

Cabe agregar *el soldado/la soldado,* a pesar de que se registra ocasionalmente *la soldada,* forma que no goza de aceptación.

Con todo, en varios países americanos se documentan los femeninos *comandanta, coronela* (mencionado en el apartado anterior), *generala, sargenta, tenienta,* etc.

El sustantivo *capitana,* que admite en algunos países la interpretación de grado militar, se usa más frecuentemente para hacer referencia a la mujer que dirige una nave o un equipo deportivo.

NOMBRES DE MÚSICOS E INSTRUMENTOS

Los sustantivos que designan instrumentos de música y que, por metonimia, han pasado a designar a la persona que los hace sonar son comunes en cuanto al género en esta última interpretación:

> *el contrabajo/la contrabajo, el corneta/la corneta, el flauta/la flauta, el fagot/ la fagot, el trompeta/la trompeta, el violín/la violín, el bajo/la bajo.*

RAZONES DE LA POSIBLE RESISTENCIA A LOS NUEVOS FEMENINOS

Las razones que pueden explicar la resistencia a la introducción o la difusión de nuevos nombres profesionales femeninos en *-a* son de varios tipos:

- Semánticas. La nueva voz puede coincidir con una ya existente con carga peyorativa. Es el caso de *sobrecarga,* que significa en general 'exceso de carga' o 'molestia'. Por esta razón se sigue prefiriendo *la sobrecargo.*

- Morfológicas. Se dice, por ejemplo, *la canciller,* y no *la cancillera,* porque, como se explicó, los nombres acabados en *-er* son comunes en cuanto al género.

- Sociales. Muchas profesionales de la medicina, por ejemplo, prefieren que se las siga nombrando como *la médico,* y no como *la médica,* y lo mismo en lo concerniente a otras profesiones.

La elección entre *juez/jueza* o *el juez/la juez* está sujeta a variación geográfica, pero también a preferencias particulares entre las mujeres que ejercen esa profesión.

El empleo genérico del masculino

GÉNERO MARCADO Y GÉNERO NO MARCADO

El masculino es en español el género no marcado, y el femenino, el marcado. El miembro no marcado de una oposición lingüística de dos elementos puede abarcar a ambos conjuntamente, mientras que el marcado se reserva en exclusiva a uno de ellos.

Pues bien, en la designación de seres animados, sean humanos o no humanos, los sustantivos de género masculino no solo se emplean para referirse a los individuos de ese sexo, sino también —en los contextos apropiados— para designar a los individuos de la especie, sin distinción de sexos:

> *Un estudiante universitario tiene que esforzarse; El oso es un plantígrado.*

Debido al carácter no marcado del género masculino, son correctas expresiones como *Su último hijo ha sido una niña.*

USO GENÉRICO Y NO GENÉRICO DEL MASCULINO

Con nombres en plural. Es habitual en las lenguas románicas, y también en otras, el uso genérico (también llamado *inclusivo*) de los sustantivos masculinos de persona en plural para designar a todos los individuos de una clase o grupo que se mencione, sea cual sea su sexo:

> *Cristianos, moros y judíos convivieron en la España medieval; En los montes está volviendo a haber lobos.*

Son muchos los contextos en los que el uso del masculino plural abarca a los individuos de ambos sexos, como cuando se habla en general de *los escritores, los veraneantes, los espectadores, los bolivianos,* etc. En otros, por el contrario, la mención genérica no se produce. Compárense estas dos oraciones:

> *Los vecinos del edificio protestan por las deficiencias en la construcción.*
> *Se han reunido los hombres que viven en este edificio,*

En la primera se observa que *vecinos* se refiere en conjunto a vecinos y vecinas, mientras que, en la segunda, *hombres* alude únicamente a varones. Son varios los factores contextuales que permiten establecer estas diferencias interpretativas.

En unos pocos casos, como *sacerdotes, monjes* o *brujos,* el masculino plural no es nunca, o casi nunca, inclusivo, de forma que designa exclusivamente un conjunto de varones.

Aunque no en todos los casos, pueden abarcar en su designación a los dos miembros de una pareja de varón y mujer los sustantivos en plural *padres* ('padre y madre'), *tíos* ('tío y tía'), *reyes* ('rey y reina'), *príncipes* ('príncipe y princesa'), *condes* ('conde y condesa') y otros similares que designan cónyuges.

Con nombres en singular. La mención genérica se da también en singular, igualmente en función del contexto. Así, el grupo nominal *un estudiante* es genérico en el primero de los siguientes ejemplos, pero alude solo a un varón en el segundo:

> *Un estudiante universitario difícilmente puede hoy estudiar y trabajar a la vez.*
> *Un estudiante universitario publicó una carta de protesta en este periódico.*

Con pronombres. El uso genérico del masculino se extiende asimismo a algunos pronombres, especialmente cuantificadores y relativos con artículo:

> *Muchos son los llamados y pocos los escogidos.*
> *Que salgan los que hayan terminado.*

LA DOBLE MENCIÓN Y LOS NOMBRES COLECTIVOS

La doble mención. En el lenguaje de los textos escolares, en el periodístico, en el de la política, en el administrativo y en otros, se percibe una tendencia reciente a construir series coordinadas de sustantivos que expresen los dos géneros:

> *a todos los vecinos y vecinas; la mayor parte de las ciudadanas y de los ciudadanos; la voluntad de los peruanos y las peruanas,* etc.

Esta doble mención es general en ciertos usos vocativos como señal de cortesía: *señoras y señores, amigas y amigos,* etc.

Exceptuados dichos usos, el circunloquio es innecesario cuando el empleo del género no marcado es suficientemente explícito para abarcar a los individuos de uno y otro sexo.

Cuando no lo es, la doble mención es una opción admisible, como en *Los españoles y las españolas pueden servir en el Ejército,* pero cabe también la posibilidad de agregar una apostilla que aclare la extensión del grupo nominal:

> *Los españoles pueden servir en el Ejército, tanto los hombres como las mujeres.*

Deben evitarse siempre soluciones que contravienen las reglas gramaticales, como la repetición coordinada o alternativa del artículo ([⊗]*los* y *las alumnas,* [⊗]*los/las padres/madres*) o el uso del símbolo @, que ni siquiera es un signo lingüístico: [⊗]*l@s diputad@s.*

Uso de los nombres colectivos. Para evitar el uso genérico del masculino, se acude a veces a nombres colectivos o abstractos. Sin embargo, estas sustituciones no siempre son adecuadas desde el punto de vista léxico o desde el sintáctico. No equivalen siempre, en efecto, *mis profesores* a *mi profesorado; los amigos* a *las amistades; nuestros vecinos* a *nuestro vecindario; los abogados* a *la abogacía; varios presidentes* a *varias presidencias; pocos ciudadanos* a *poca ciudadanía,* etc.

El género en los nombres de seres asexuados

Los sustantivos que designan seres inanimados son masculinos o femeninos, pero su género no está relacionado con la oposición de desinencias ni con diferencias de sexo. Se manifiesta esencialmente en la concordancia con determinantes, cuantificadores o adjetivos:

aquel camino, nuestra mano derecha, un edificio destruido.

GÉNERO Y TERMINACIÓN

Aunque no existen principios gramaticales firmes para determinar el género de los sustantivos que designan seres no sexuados, se observa que ciertas terminaciones se asocian con mayor frecuencia al masculino o al femenino, tanto en los sustantivos que designan seres sexuados como en los que hacen referencia a entidades carentes de sexo.

- Como regla general, son masculinos los nombres acabados en *-o* (*cuaderno, fuego, odio, puerto, suelo*), y femeninos los acabados en *-a* (*alegría, amapola, casa, silla, tienda*).

No obstante, hay excepciones a esta regla:

— Sustantivos masculinos en *-a*, la mayoría de los cuales son de origen griego y acaban en *-ma*:

aroma, cisma, clima, dogma, esquema, lema, magma, pentagrama, problema, sintagma, tema, trauma.

— También nombres de colores: *(el) fucsia, (el) grana, (el) lila, (el) naranja.*

— Sustantivos femeninos acabados en *-o: libido, mano, nao, seo.*

— Asimismo, los que proceden de acortamientos de palabras femeninas:

moto (de *motocicleta*), foto (de *fotografía*), disco (de *discoteca*), polio (de *poliomielitis*), quimio (de *quimioterapia*), radio (de *radiodifusión*), macro (de *macroinstrucción*).

- Los terminados en consonante o en vocales diferentes de las anteriores pueden ser masculinos:

alhelí, amor, anís, árbol, césped, diente, dolmen, espíritu, fénix, guirigay, hábitat, ónix, regaliz, reloj, etc.,

o femeninos:

flor, fuente, ley, tortícolis, tribu, troj, verdad, vocal, etc.

El siguiente cuadro refleja las relaciones que se dan con mayor frecuencia entre algunas terminaciones (a veces coincidentes con sufijos) y el género de sustantivos que designan seres no animados:

GÉNERO	TERMINACIÓN	EJEMPLOS
masculino	-aje	abordaje, garaje, paraje, peaje
	-án, -én, -ín, -ón, -ún	chaflán, andén, espadín, camión, atún
	-ar, -er, -orw	hogar, taller, corredor
	-ate, -ete, -ote	empate, cachete, cogote
	-és	arnés, ciprés, envés
	-miento	cumplimiento, sufrimiento
femenino	-ción, -sión, -zón	ración, presión, razón
	-dad	brevedad, santidad
	-ed	pared, red, sed
	-ez, -eza	vez, niñez, pereza, torpeza, tristeza
	-ia, ie (átonos)	gloria, historia, barbarie, efigie
	-ncia	prestancia, provincia, prudencia
	-tud	acritud, pulcritud, quietud, virtud

EL GÉNERO DE LOS ACORTAMIENTOS

Como se ha explicado, los sustantivos femeninos terminados en -o y formados por acortamiento mantienen el género de su base. También lo hacen los que tienen otras terminaciones. Así, son masculinos:

cine (de cinematógrafo), boli (de bolígrafo), híper (de hipermercado), lumpen (de lumpemproletariado), metro (de metropolitano), súper (de supermercado), finde (de fin de semana).

Entre los femeninos, cabe citar, entre otros:

bici (de bicicleta), depre (de depresión), ofi (de oficina), pelu (de peluquería), poli (de policía), tele (de televisión).

Los hay incluso comunes en cuanto al género, puesto que lo son las palabras de las que proceden, como poli (de policía), progre (de progresista), narco (de narcotraficante).

Por tanto, el presi/la presi, un progre/una progre, aquel narco/aquella narco.

Sustantivos epicenos

QUÉ SON

Se llama sustantivos epicenos a los nombres de un solo género que designan seres animados sin especificar su sexo. Así, con el sustantivo femenino *hormiga* puede hacerse referencia a un animal macho o a uno hembra.

Cuando es necesario especificar el sexo, en el caso de los animales se recurre a los sustantivos *macho* y *hembra*:

perdiz macho o *perdiz hembra, tiburón macho* o *tiburón hembra.*

Si se trata de personas, se agregan *masculino/femenino* o *varón/mujer*:

los personajes femeninos, las víctimas masculinas, los parientes varones.

La concordancia de los epicenos está condicionada por el género, no por el sexo. Así, se dice *El tiburón hembra es muy peligroso,* y no ... *muy peligrosa,* puesto que la palabra *tiburón* pertenece al género masculino. Lo mismo cabe decir en referencia a las personas, como en *La víctima estaba muy nerviosa.*

NOMBRES EPICENOS REFERENTES A ANIMALES

La mayor parte de los epicenos son nombres de animales:

búho, camaleón, cebra, culebra, hiena, hormiga, jilguero, jirafa, lechuza, liebre, mosca, mosquito, rata, sapo, tiburón, etc.

No todos los nombres de animales son, sin embargo, epicenos, pues muchos presentan variación de género:

burro/burra, canario/canaria, cerdo/cerda, conejo/coneja, cordero/cordera, elefante/elefanta, gallo/gallina, gato/gata, león/leona, etc.

Si bien *jilguero* es un sustantivo epiceno, también se conoce *jilguera,* menos usado que *jilguero hembra.*

Como femenino de *tigre,* se usa *tigra* en Colombia y otros países americanos, pero se prefiere *tigresa* o *tigre hembra* en otros muchos.

NOMBRES EPICENOS REFERENTES A PLANTAS

No son muchos, pero también los hay. Están entre ellos:

acebo, datilera, espárrago, mamón, ombú, palmera, plátano, ruda, sauce.

Como los de animales, admiten la aposición *macho/hembra*:

palmera macho/palmera hembra.

NOMBRES EPICENOS REFERENTES A PERSONAS

Tampoco son muy numerosos. Se pueden citar, entre otros:

persona, criatura, autoridad, emisor, miembro, personaje, víctima, rehén, gente (en algunos lugares, como *Pedro es una gente honesta/María es una gente honesta*).

Algunos presentan peculiaridades que conviene comentar:

- El sustantivo *rehén* está ampliamente atestiguado como epíceno (*Ella era el único rehén*), pero hoy predomina su uso como común en cuanto al género: *el rehén /la rehén*.

- El sustantivo *bebé* es común en cuanto al género en muchos países americanos (*Es un bebé precioso/Es una bebé preciosa*), pero es epíceno en España:

  El bebé se llama Andrés; El bebé se llama María.

  Existe la oposición *bebe/beba* (también *bebé/beba*) en algunas áreas americanas, como el Río de la Plata, el Caribe insular y algunos países andinos.

- Los sustantivos *pariente, familiar* y *turista* son habitualmente comunes en cuanto al género:

  Juan es pariente mío/Ana es pariente mía; Son turistas italianos/Son turistas italianas.

  No obstante, se utilizan también como epícenos:

  Sus primos la consideraban un pariente lejano; Las italianas son unos turistas muy divertidos.

  En el español europeo, más que en el americano, se emplea el femenino *parienta* en la lengua popular, y a veces en la conversacional, con el significado de 'esposa'.

- Sustantivos como *mamarracho* o *vejestorio* se usan habitualmente como epícenos (*Ese señor es un vejestorio; Esa señora es un vejestorio*), pero se están extendiendo sus variantes femeninas *mamarracha* y *vejestoria*.

  Mamarracho también se emplea como común en cuanto al género: *Es un mamarracho/Es una mamarracho.*

- El sustantivo *miembro* se usa como epíceno cuando designa la persona que se integra en un grupo o en una comunidad (*Manuela es el miembro más joven de la cofradía*), pero empieza a ser empleado también como común en cuanto al género en este último sentido: *el miembro/la miembro*.

  Se considera incorrecto el femenino ⊗*miembra*.

Sustantivos ambiguos en cuanto al género

QUÉ SON

Los sustantivos ambiguos son nombres de terminación invariable que pueden usarse como masculinos o femeninos, pero sin experimentar cambios de significado. De este modo, significan lo mismo *el color* y *la color, el mar* y *la mar,* si bien determinados factores pueden condicionar la elección del género.

Prácticamente todos son nombres de seres inanimados (con raras excepciones, como *el ánade/la ánade*). La ambigüedad se da sobre todo en singular, puesto que muchos se adscriben en plural a un único género, por ejemplo:

el mar/la mar (plural, *los mares*); *el maratón/la maratón* (plural, *las maratones,* normalmente algo más frecuente que *los maratones*); *el dote/la dote* 'bienes que la mujer aporta al matrimonio' (plural, *las dotes*); *el linde/la linde* (plural, *las lindes,* en muchos países más frecuente que *los lindes*).

Es muy raro que los mismos hablantes usen los sustantivos ambiguos en los dos géneros, en las mismas expresiones y sin diferencia de significado: suele elegirse uno u otro, aunque los dos sean válidos.

PREFERENCIA POR UNO DE LOS GÉNEROS

• Aun cuando en el uso se advierten vacilaciones, son nombres femeninos los siguientes: *aguachirle, apócope, apoteosis, aula, comezón, hemorroide, índole, lumbre, parálisis* y *porción.*

De igual forma, aunque se registran esporádicamente algunos usos femeninos, son masculinos estos sustantivos: *aceite, alambre, apéndice, apocalipsis, arroz, avestruz, detonante, fantasma, tequila, vinagre* y *vislumbre.*

> Se recomienda la opción mayoritaria en uno y otro caso.

• Sin dejar de ser ambiguos, en muchos casos la lengua estándar elige mayoritariamente uno de los dos géneros.

Así, se usan preferentemente en masculino los siguientes: *acné, anatema, aneurisma, contraluz, interrogante, mimbre* y *vislumbre.*

Y en femenino, aun con condicionamientos geográficos en algún caso, *cochambre* (masculino en México), *dote, enzima* y *pelambre.*

FACTORES QUE INFLUYEN EN LA AMBIGÜEDAD

En el fenómeno de la ambigüedad de género influyen diversos factores, entre los que cabe destacar la evolución histórica, las variedades geográficas y sociolingüísticas, además de otros condicionantes léxicos y morfológicos.

Factores históricos. Aunque fueron históricamente ambiguos, se usan ya solo como masculinos *análisis, énfasis, apóstrofe, herpes, puente* y *áspid,* si bien este último también se registra como femenino en algunos países americanos.

Factores geográficos. Es muy normal que sustantivos ambiguos se usen preferentemente en uno u otro género según las áreas y países hispanohablantes. Estos son algunos casos:

- *Reúma* (o *reuma*) y *vodka* (o *vodca*) se emplean generalmente como masculinos, pero el primero suele usarse como femenino en México y el segundo en el área rioplatense.
- *Tanga* es femenino en muchos países americanos, pero masculino en España.
- *Bikini* o *biquini* se emplea como femenino en gran parte del área rioplatense, pero como masculino en la mayor parte de los demás países.
- *Pijama* (o *piyama*) y *pus* son solo masculinos en muchos países hispanohablantes. En cambio, predomina su uso como femeninos en México, Centroamérica y otras áreas.
- *Color* se usa preferentemente en masculino. Se registra el femenino, sin embargo, en diversas zonas, sobre todo en la lengua popular del español europeo meridional y en ciertas regiones del área andina.
- *Sartén* y *sauna* son femeninos normalmente en el español europeo, pero alternan ambos géneros en el americano.

Factores sociolingüísticos. Los factores que regulan la distribución son a veces de carácter social. Por ejemplo, en el español estándar culto se considera vulgarismo el uso en femenino de *alambre, arroz, aceite, color* o *énfasis,* pero no el de *pijama* y *pus* en las zonas indicadas.

El sustantivo *mar* se usa comúnmente en masculino (*el mar, mar bravío*), pero entre la gente de mar es más frecuente usarlo (en varios países) como femenino: *la mar, mar bravía.*

Factores morfológicos. Puede influir en la elección del género el uso en singular o plural. De este modo, el sustantivo *arte* tiende a considerarse masculino en singular (*el arte chino, el arte románico, el séptimo arte*) y femenino en plural (*las artes marciales, las artes plásticas, las bellas artes*). Otros, como los ya mencionados *mar, dote,* etc., son ambiguos en singular, pero se adscriben a uno de los géneros en plural.

Género y significado

EL FACTOR SEMÁNTICO EN LOS NOMBRES AMBIGUOS

El uso en uno u otro género de ciertos sustantivos ambiguos puede estar determinado por los distintos significados con que se usan, normalmente relacionados entre sí. En ocasiones, al factor semántico se unen el geográfico, el sociolingüístico o el morfológico. Estos son algunos casos destacables:

- El sustantivo *final* es masculino cuando significa 'fin o remate de una cosa' (*el final del proceso*), pero es femenino cuando se refiere a la última y decisiva etapa de un campeonato o concurso: *El domingo se juega la final.*

- El sustantivo *margen* es ambiguo cuando significa 'orilla', aunque es más frecuente usarlo en femenino (*la margen izquierda del río*). Es solo masculino cuando se refiere al espacio en blanco situado alrededor de lo escrito (*notas al margen*), y también cuando denota 'ocasión u oportunidad': *No quedaba mucho margen para la esperanza.*

- En la elección del género de *lente* se observa un cruce de factores morfológicos, geográficos y semánticos. Con el significado de 'pieza óptica de cristal transparente', es femenino en España (*la lente del microscopio*), pero ambiguo, con preferencia por el masculino, en América (*el lente del microscopio*). Cuando equivale a *gafas*, se suele usar en masculino en todas partes: *Se puso los lentes.*

- *Aguafuerte* se emplea como masculino cuando significa 'disolución de ácido nítrico' y 'técnica de grabado' (*un grabado al aguafuerte*). En el sentido de 'lámina obtenida por el grabado al aguafuerte o estampa hecha con esta lámina', es ambiguo, con predominio del masculino: *He comprado un aguafuerte.*

- *Terminal* suele ser masculino cuando designa el extremo de un conductor eléctrico (*Empalmó ambos terminales*). Cuando se refiere a un aparato conectado a una computadora, es ambiguo (*Instaló el ordenador y los* [o *las*] *terminales*). En España y en varios países americanos se emplea como femenino en el sentido de 'instalación que se halla al final de una línea de transporte' (*la terminal del aeropuerto*), pero en Chile y en algunos países de las áreas andina y caribeña suele ser masculino (*el terminal del aeropuerto*).

- *Doblez* se emplea con preferencia en femenino si significa 'hipocresía' o 'malicia' (*Actuó con mucha doblez*). En las demás acepciones se usa mayoritariamente en masculino: *Cortó la tela por el doblez.*

- El sustantivo *casete* suele utilizarse como masculino en el sentido de 'cajita de plástico que contiene una cinta magnética', si bien se documenta también ocasionalmente el femenino. Cuando alude al magnetófono que hace sonar dicha cinta, es casi siempre masculino: *Abrió el casete e introdujo la casete.* Para el segundo significado se prefiere en América *casetera*.

HOMONIMIA Y POLISEMIA

Varios términos homonímicos o polisémicos unen a las diferencias de significado las de género. Estos son algunos de ellos:

el capital/la capital, el clave/la clave, el cólera/la cólera, el coma/la coma, el corte/la corte, el cura/la cura, el editorial/la editorial, el frente/la frente, el orden/la orden, el parte/la parte, el radio/la radio.

GÉNERO Y SIGNIFICADO EN LOS NOMBRES PROPIOS

El género de los nombres propios suele depender del que posee el término genérico que designa el campo semántico en el que se incluyen. Estos son algunos ejemplos:

• Se dice *un Mercedes* o *un Seat* porque se trata de coches, pero *una Vespa* o *una Yamaha* porque se habla de motocicletas.

• Como *isla* es femenino, se dice *las Malvinas* o *las Canarias,* mientras que, por ser *monte* masculino, se habla *del Aconcagua, los Alpes* o *los Pirineos.*

• Los nombres de ríos, lagos, mares y océanos son masculinos: *el Amazonas, el Titicaca, el Cantábrico, el Pacífico.*

• Los de ciudades y países tienden a usarse como femeninos cuando terminan en *-a* átona: *la Córdoba jesuítica, esa Colombia desconocida.* Cuando acaban en *-á* tónica, los nombres de países son masculinos (*Panamá, Canadá*), pero los de ciudades suelen ser femeninos (*la Bogotá actual*). Los acabados en otra vocal o en consonante concuerdan generalmente en masculino (*el Toledo de mis tiempos, mi Buenos Aires querido*), aunque ambos géneros son a menudo posibles: *Todo Lima lo sabía; Madrid está preciosa en primavera.*

• En las siglas el género se toma habitualmente del sustantivo considerado núcleo, casi siempre el que corresponde a la primera letra, como en *el PRI* (donde *P* es *partido*), *la FIFA* (con *F* de *federación*), *la ONU* (con *O* de *organización*).

DIFERENCIAS DE GÉNERO EN LOS NOMBRES ASOCIADAS A LAS DIMENSIONES FÍSICAS

En algunos seres inanimados, las terminaciones *-o/-a* pueden marcar diferencias de género ligadas al tamaño, a la diferencia 'frutal'/'fruto', etc. (*almendro/almendra, cerezo/cereza, manzano/manzana, tilo/tila*). También se perciben estas diferencias en otros pares:

barco/barca, bolso/bolsa, cesto/cesta, huerto/huerta, madero/madera, río/ría.

El número gramatical

QUÉ ES

El número es la propiedad gramatical de los sustantivos y los pronombres que les permite referirse a una entidad o varias, como en *árbol/árboles, quien/quienes, alguno/algunos.* Aparece a su vez, por concordancia, en adjetivos, determinantes y verbos, en los que refleja la unidad o la pluralidad de las expresiones nominales o pronominales, como en *Los grandes árboles se elevaban majestuosos.*

De acuerdo con ello, el número presenta dos variantes:

- Singular, equivalente a uno: *libro, dedo, esta, alguno.*
- Plural, más de uno: *libros, dedos, estas, algunos.*

El singular es la forma no marcada; el plural se expresa habitualmente por medio de las desinencias *-s, -es.*

Mientras que a cada sustantivo le corresponde normalmente un solo género, sea masculino o femenino, todos suelen tener singular y plural, excepto en los *singularia tantum* (*caos, importancia, sed*), que solo tienen singular, o los *pluralia tantum* (*provisiones, honorarios, abarrotes*), que solo tienen plural. Se verán más adelante.

El hecho de que en algunos nombres no se manifieste formalmente la diferencia entre el plural y el singular, como sucede con algunos acabados en *-s* (*la crisis/las crisis*), no quiere decir que carezcan de uno de los dos números.

La mayoría de los pronombres y los determinantes también presentan esta alternancia, salvo los neutros (*lo, esto, eso, aquello, nada...*) u otros como *alguien, cada,* que carecen de plural. Algunos, como *ambos, varios* o *sendos,* por el contrario, solo se manifiestan en este número.

NÚMERO Y CONCORDANCIA

Sustantivos y pronombres imponen sus marcas de número a determinantes, cuantificadores, adjetivos y verbos, los cuales adquieren número solo por concordancia con ellos:

el lápiz amarillo/los lápices amarillos.

Todas las palabras de estos dos grupos nominales expresan número morfológicamente, pero solo lo denota el sustantivo *lápiz,* que impone el plural en los demás elementos. Así pues, determinantes y adjetivos reflejan el número del sustantivo dentro del grupo nominal, en función de la concordancia.

En una oración como *Aquellos otros intentos resultaron vanos,* el grupo nominal que ejerce la función de sujeto (*aquellos otros intentos*) recibe el rasgo de plural de su núcleo *intentos*. Este rasgo es reflejado por el verbo (*resultaron*) y también por el atributo (*vanos*). Así pues, los verbos conjugados deben concordar en número con el sujeto de su oración, concordancia que se extiende al atributo adjetival en las oraciones copulativas.

La concordancia de número se pone de manifiesto incluso cuando hay elementos tácitos. Así, en la oración

> *No se llevaba muy bien con sus amigos de la escuela, pero congeniaba con los pocos que tenía en su calle,*

el artículo *los* y el adjetivo *pocos* concuerdan en número, dentro de su grupo nominal, con un sustantivo tácito que hace referencia al sustantivo *amigos*, presente en la oración anterior.

OTRAS FORMAS DE MANIFESTACIÓN DE LA PLURALIDAD

Además de a través de las marcas desinenciales indicadas, la noción de pluralidad puede manifestarse de otras maneras:

- Los numerales, excepto el uno, poseen rasgos de pluralidad, lo cual se refleja en la concordancia:

> *Llegó uno/Llegaron cuatro.*

- Los grupos nominales genéricos se pueden construir en singular, pero, en cuanto que hacen referencias a clases o especies, abarcan indirectamente conjuntos de seres, como en *El lobo es un animal carnívoro.*

  En ciertas construcciones distributivas prácticamente no hay diferencia interpretativa entre el singular o el plural:

> *Abróchense el cinturón/Abróchense los cinturones.*

  En ambos casos se alude a varios cinturones, al de cada uno de los individuos que constituyen el conjunto al que va dirigida la advertencia, aunque en el primero se exprese en singular.

- Expresan asimismo la noción de pluralidad desde el punto de vista léxico los nombres no contables:

> *se acumuló mucha arena,*

  y los colectivos:

> *El ejército se dispersó; La multitud llenaba la plaza.*

  Tanto en uno como en otro caso, puede entenderse que las entidades designadas están formadas por una pluralidad de individuos.

Formación del plural.
Palabras acabadas en vocal

REGLAS GENERALES

Mientras que el singular no presenta marca específica, el plural aparece marcado generalmente por las terminaciones -s o -es. Con todo, muchas palabras se pluralizan sin marca, por lo que solo se percibe su número a través de la concordancia.

En los apartados que siguen se darán las reglas generales de formación del plural en español.

EL PLURAL DE LAS VOCES TERMINADAS EN VOCAL

- Las palabras acabadas en vocal átona, tengan acentuación llana o esdrújula, forman el plural con -s. No se excluyen las terminadas en diptongo:

    águila/águilas, álcali/álcalis, casa/casas, código/códigos, especie/especies, espíritu/espíritus, mapamundi/mapamundis, milenio/milenios, pirámide/pirámides, saharahui/saharauis, tribu/tribus, yanqui/yanquis.

    En la lengua popular se registran ocasionalmente los plurales ⊗*cacahueses* o ⊗*cacahués* (por *cacahuetes* o *cacahuates*), formados sobre el falso singular ⊗*cacahué*. Deben evitarse.

- Las palabras que acaban en las vocales tónicas -*á*, -*é*, -*ó* hacen el plural en -*s*:

    bebé/bebés, buró/burós, café/cafés, chimpancé/chimpancés, dominó/dominós, mamá/mamás, pachá/pachás, sofá/sofás.

    También añaden -*s* las voces agudas terminadas en diptongo, como *bonsái/bonsáis, moái/moáis.*

    Aunque es posible encontrar ejemplos aislados, prácticamente han desaparecido del uso actual plurales como *bajaes, pachaes, bongoes* o *dominoes.*

    Son incorrectos plurales como ⊗*cafeses* (por *cafés*) o ⊗*sofases* (por *sofás*), ocasionalmente registrados en los textos que desean reflejar el habla popular. En las áreas rurales de algunos países americanos se registran los plurales ⊗*papases* y ⊗*mamases,* en lugar de las formas preferibles *papás* y *mamás.*

- Las terminadas en la vocal tónica -*í* tienden a admitir las dos variantes, -*s* y -*es*:

    al(h)elí/al(h)elíes o *al(h)elís, bisturí/bisturíes* o *bisturís, borceguí/borceguíes* o *borceguís, colibrí/colibríes* o *colibrís, frenesí/frenesíes* o *frenesís, jabalí/jabalíes* o *jabalís, maniquí/maniquíes* o *maniquís.*

    Se exceptúan algunos términos, casi todos coloquiales, que forman únicamente plurales en -*s*: *benjuís, cañís, gachís, gilís, pirulís, popurrís, recibís.*

Aun siendo correctas ambas soluciones, se percibe cierta tendencia a dar preferencia en la lengua culta a las variantes en -*es*, hecho que se observa sobre todo en los gentilicios:

ceutí/ceutíes o *ceutís, guaraní/guaraníes* o *guaranís, israelí/israelíes* o *israelís, malí/malíes* o *malís, marroquí/marroquíes* o *marroquís, sefardí/sefardíes* o *sefardís, tunecí/tunecíes* o *tunecís.*

Posee tres variantes el plural de *maravedí*, nombre de una antigua moneda española: *maravedís, maravedíes* y *maravedises*. También el de *maní: maníes* y *manís*, pero ⊛*manises*.

• Las acabadas en la tónica -*ú* admiten igualmente plurales en -*úes* y en -*ús*, ambos correctos, aunque, como en el caso anterior, la lengua culta tiende a preferir la primera forma:

ambigú/ambigúes o *ambigús, bambú/bambúes* o *bambús, bantú/bantúes* o *bantús, gurú/gurúes* o *gurús, hindú/hindúes* o *hindús, iglú/iglúes* o *iglús, ñandú/ñandúes* o *ñandús, vudú/vudúes* o *vudús, zulú/zulúes* o *zulús.*

Con la excepción de algún país, admiten solo la forma en -*s* ciertas voces terminadas en -*ú* procedentes en su mayoría de otras lenguas: *champús, cucús, interviús, tutús, vermús.*

Son incorrectos plurales populares como ⊛*vermuses* o ⊛*champuses*.

EL PLURAL DE LOS MONOSÍLABOS, LETRAS Y NOTAS MUSICALES

En el plural de los monosílabos existe cierta variación:

• Los acabados en vocal suelen tener plural en -*s: fes, pies, pros, tés.*
• Los nombres de las vocales forman el plural en -*es: aes, íes, oes, úes*. La vocal *e* posee los plurales *es* o *ees*, pero es más recomendable el primero.
• El plural de los nombres de las consonantes es regular: *bes, ces, des, kas...* El de *cu* (nombre de la letra *q*) es *cus*, aunque en algunos países americanos no es infrecuente el plural *cúes*. El de *i griega* (*y*, preferentemente llamada *ye*) es *íes griegas*. El de *uve doble* es *uves dobles*.
• Los nombres de las notas musicales, excepto *sol*, tienen plural en -*s: dos, res, mis, fas, soles, las, sis.*

Aunque se documentan las formas *yos, nos* y *sís* como plurales de *yo, no* y *sí*, los recomendados son *yoes, noes* y *síes*. El plural de *pie* es *pies*, no ⊛*pieses*.

El plural de las palabras acabadas en consonante

SUSTANTIVOS ACABADOS EN -L, -N, -R, -D, -Z, -J

- Los que no son esdrújulos forman el plural añadiendo -es:

    alférez/alféreces, balón/balones, bol/boles, cáliz/cálices, canon/cánones, cárcel/cárceles, césped/céspedes, cuásar/cuásares, facsímil/facsímiles, haz/haces, pez/peces, revólver/revólveres, tutor/tutores, vid/vides.

    El plural de los pocos sustantivos acabados en -j ha oscilado tradicionalmente entre las formas en -s y en -es, pero han terminado imponiéndose estas últimas:

    boj/bojes, cambuj/cambujes, carcaj/carcajes, reloj/relojes, troj/trojes.

- Los esdrújulos permanecen invariables, como se observa en estos de origen griego:

    el asíndeton/los asíndeton, el polisíndeton/los polisíndeton, el tetragrámaton/los tetragrámaton.

    El plural de hipérbaton es hipérbatos. No se recomiendan las variantes ⊗hipérbatons e ⊗hiperbatones, que se registran ocasionalmente.

- El acento de intensidad no suele cambiar de sílaba en la formación del plural, lo que hace que algunas palabras deban recibir tilde al pasar de llanas a esdrújulas:

    abdomen/abdómenes, canon/cánones, crimen/crímenes, mitin/mítines.

    Otras, por el contrario, la pierden al pasar de agudas a llanas:

    ademán/ademanes, almacén/almacenes, gorrión/gorriones, refrán/refranes.

- Constituye un caso especial el desplazamiento del acento que se da en el plural de unos pocos sustantivos con respecto al singular:

    carácter/caracteres, espécimen/especímenes, régimen/regímenes.

SUSTANTIVOS ACABADOS EN -S O -X

- Las voces agudas o las monosílabas terminadas en -s o -x hacen el plural en -es:

    aguarrás/aguarrases, autobús/autobuses, box/boxes, chisgarabís/chisgarabises, fax/faxes, kermés/kermeses, mandamás/mandamases, palmarés/palmareses, plus/pluses, repelús/repeluses.

    El término mentís forma los plurales mentís y mentises.

    Alternan en singular las formas metrópoli y metrópolis, efeméride y efemérides, por lo que metropólis y efemérides se emplean tanto para el singular como para el plural.

Quedan invariables los compuestos que llevan en su formación el sustantivo *pies*, que ya aparece en plural:

el buscapiés/los buscapiés, el calientapiés/los calientapiés, el ciempiés o el cientopiés/los ciempiés o los cientopiés, el reposapiés/los reposapiés.

- No varían en el plural los sustantivos terminados en *-s* o en *-x* que poseen al menos dos sílabas y no son agudos:

el análisis/los análisis, el ántrax/los ántrax, el cactus/los cactus, la caries/las caries, el chasis/los chasis, el clímax/los clímax, la crisis/las crisis, el dúplex/los dúplex, la facies/las facies, el fénix/los fénix, el ómnibus/los ómnibus, el ónix/los ónix.

No se consideran correctas las formas ⊗*carie* y ⊗*facie* para el singular.

En este grupo se incluyen los nombres de los días de la semana acabados en *-s: los lunes, los martes, los miércoles, los jueves, los viernes.*

- Los sustantivos que acaban en *-ps* permanecen también inalterados en plural:

los bíceps, los tríceps, los cuádriceps, los fórceps.

SUSTANTIVOS ACABADOS EN -Y

Los sustantivos acabados en *-y* precedida de vocal hacen el plural en *-es* cuando son de origen autóctono o, procediendo de otras lenguas, se incorporaron pronto al español:

ay/ayes, balay/balayes, buey/bueyes, carey/careyes, convoy/convoyes, grey/greyes, ley/leyes, maguey/magueyes, mamey/mameyes, rey/reyes, siboney/siboneyes, taray/tarayes, verdegay/verdegayes.

Algunos de ellos admiten las dos variantes, con preferencia por la que añade *-s: coy/cois o coyes, estay/estáis o estayes, guirigay/guirigáis o guirigayes, noray/noráis o norayes.*

SUSTANTIVOS ACABADOS EN OTRAS CONSONANTES

Los sustantivos que terminan en una consonante distinta de las mencionadas añaden *-s* para formar el plural:

acimut o azimut/acimuts o azimuts, álef/álefs, cenit o zenit/cenits o zenits, clac/clacs, mamut/mamuts, nabab/nababs, pársec o parsec/pársecs o parsecs, tic/tics, tictac/tictacs, zigurat/zigurats.

El plural de los préstamos. Los latinismos

LOS PRÉSTAMOS Y EL PLURAL

Las palabras que, procedentes de otras lenguas, se incorporan al español sufren un proceso de adaptación no solo a la fonética y la ortografía, sino también a las reglas morfológicas, como las de formación del plural.

Este proceso es gradual y está sujeto a considerable variación. Con cierta frecuencia, los hablantes, acostumbrados a utilizar el plural originario, se resisten a aceptar el nuevo una vez que la voz en cuestión ha pasado a formar parte del patrimonio léxico del español.

EXTRANJERISMOS CRUDOS Y EXTRANJERISMOS ADAPTADOS

Hay que distinguir entre los extranjerismos crudos y los extranjerismos adaptados, puesto que el comportamiento morfológico de unos y otros es muy diferente:

- Los extranjerismos crudos conservan no solo su pronunciación y ortografía originarias, sino también sus rasgos morfológicos, por lo que su plural es el que tienen en su lengua de origen. Este plural se rige en ocasiones por otras normas. Así, el plural de la voz alemana *lied* ('canción') es *lieder,* y los de las inglesas *man* ('hombre') y *woman* ('mujer') son *men* y *women,* respectivamente.

   Recuérdese que los extranjerismos crudos han de escribirse en cursiva o con algún otro tipo de resalte tipográfico.

- Los extranjerismos adaptados, al tratarse de voces ya incorporadas al español, como regla general forman el plural de acuerdo con las normas de esta lengua, según su terminación.

EL PLURAL DE LOS LATINISMOS

El latín es también fuente de préstamos léxicos, aunque tenga la particularidad de no hablarse ya como lengua viva y de ser la lengua madre del español. Con carácter general, los latinismos, es decir, las voces tomadas del latín en un momento posterior a la configuración del español, siguen las reglas generales de formación del plural:

- No varían los que acaban en *-s, -x* o *-r:*

   los campus, los corpus, los ictus, los lapsus, los códex, los dux, los confíteor, los execuátur, los imprimátur, los paternóster.

   No obstante, algunos de los acabados en *-r* tienen ya plural en *-es: magísteres, nomenclátores.*

- Muchos sustantivos acabados en *-t* se han considerado tradicionalmente invariables, y así se emplean todavía con frecuencia. Hoy se tienen por más recomendables, en cambio, las formas en *-s*, acordes con las reglas del español. Así, deben preferirse

  los accésits a *los accésit, los déficits* a *los déficit, los éxplicits* a *los éxplicit, los hábitats* a *los hábitat, los magníficats* a *los magníficat, los plácets* a *los plácet, los superávits* a *los superávit.*

- Muchos de los acabados en *-m* presentan también alternancia entre el plural en *-s* y el plural invariable:

  los médium/los médiums, los cuórum/los cuórums, los cuídam/los cuídams, los réquiem/los réquiems.

  Es preferible *los médiums* a *los médium,* los *cuórums,* etc.

  Como excepción, el plural de *álbum* es *álbumes.*

- Varias voces latinas han desarrollado una forma castellanizada con la que conviven, cada una de ellas con su plural correspondiente:

  auditórium/auditóriums o *auditorio/auditorios, fórum/fórums* o *foro/foros, pódium/pódiums* o *podio/podios, referéndum/referéndums* o *referendo/referendos, solárium/soláriums* o *solario/solarios.*

  Se recomienda en todos estos casos, así como en otros similares, la variante castellanizada, tanto para el singular como para el plural.

  Suelen, por el contrario, preferirse las formas latinas, con su plural invariable, a las castellanizadas, con plural en *-s*, en algunos acabados en *-us*:

  cactus a *cacto/cactos, los tifus* a *los tifos.*

  Más equilibrado es el uso de *los diplodocus* o *los diplodocos, los eucaliptus* o *los eucaliptos.*

  Se desaconseja el uso de ciertos plurales latinos en *-a*, introducidos en español en época reciente por influjo del inglés, como ⊗*córpora,* ⊗*currícula,* ⊗*media,* ⊗*memoranda,* ⊗*referenda.* Deben usarse en su lugar, o bien los plurales invariables (*corpus*), o bien los correspondientes a las formas adaptadas en *-o: currículos, medios, memorandos, referendos.*

El plural de los préstamos de otras lenguas

PRÉSTAMOS ACABADOS EN VOCAL

Añaden -*s* al singular: *atrezo/atrezos, bafle/bafles, bidé/bidés, buró/burós, capó/capós, carné/carnés, grogui/groguis, interviú/interviús, pedigrí/pedigrís.*

SUSTANTIVOS QUE TERMINAN EN -Y COMO SEGUNDO ELEMENTO DE UN DIPTONGO

Cambian la -*y* en -*i* al formar el plural: *espray/espráis.*

No obstante, algunos admiten dos formas en singular con un único plural: *paipái* o *paipay* (plural *paipáis*), *samurái* o *samuray* (plural *samuráis*).

Los siguientes poseen también dos variantes en singular, pero cada una con su plural correspondiente: *poni/ponis* o *póney/poneis, yóquey/yoqueis* o *yoqui/yoquis.*

PRÉSTAMOS ACABADOS EN -N, -L, -R, -D, -J, -Z

- Como todas las palabras del español, las llanas y agudas hacen el plural en -*es*: *barman/bármanes, bluyín/bluyines, búnker/búnkeres, chárter/chárteres, córner/córneres, cruasán/cruasanes, escáner/escáneres, eslogan/eslóganes.*

Aunque ciertos extranjerismos se resisten a aceptar plurales españoles, son estos los que deben preferirse. Así, se recomienda usar *bóeres, pines, raides* o *sijes* frente a *bóers, pins, raids* o *sijs.*

- El plural de las palabras esdrújulas es invariable: *el cárdigan/los cárdigan, el mánager/los mánager* (también *el mánayer/los mánayer*), *el trávelin/los trávelin.*

PRÉSTAMOS ACABADOS EN -S O -X

- Los sustantivos no agudos acabados en -*s* o -*x* permanecen invariables en plural: *una réflex/dos réflex, un télex/varios télex, un toples/varios toples.*
- Los agudos y monosílabos, en cambio, forman el plural en -*es*: *box/boxes, estrés/estreses, fax/faxes, flux/fluxes, fuagrás/fuagrases.*

No obstante, algunos permanecen invariables: *pantalón beis/pantalones beis, relax agradable/relax agradables, peluquería unisex/peluquerías unisex.*

PRÉSTAMOS ACABADOS EN -CH

Sus plurales quedan asimismo sin variación: *un mach/dos mach, el zarévich/los zarévich, el crómlech/los crómlech.*

Como excepción, el plural de *sándwich* es *sándwiches*. En algunos países, *sándwich* alterna con *sanduche, sánduche, sanguche, sánguche* y *sánduiche,* que poseen plurales regulares.

PRÉSTAMOS ACABADOS EN OTRAS CONSONANTES

Hacen el plural en -s: *airbag/airbags, anorak/anoraks, argot/argots, bloc/blocs, chef/chefs, clip/clips, cómic/cómics, esnob/esnobs, frac/fracs, maillot/maillots, videoclip/videoclips, vivac/vivacs, web/webs.*

El sustantivo *club* y sus derivados presentan dos plurales igualmente válidos: *clubes/clubs, aeroclubes/aeroclubs, videoclubes/videoclubs.*

PRÉSTAMOS TERMINADOS EN GRUPO CONSONÁNTICO

- Se pluralizan con -s: *camembert/camemberts, cíborg/cíborgs, folk/folks, ginseng/ginsengs, gong/gongs, iceberg/icebergs, punk/punks, récord/récords.*

Los plurales de *lord* y *milord* son *lores* y *milores,* respectivamente.

Dada la dificultad que supone pronunciar los grupos *sts* y *tzs* en español, se recomienda dejar sin variación voces como *compost* (*los compost*), *karst* (*los karst*), *kibutz* (*los kibutz*), *test* (*los test*), *trust* (*los trust*).

- De los pocos nombres terminados en «consonante + *s*», tienen plural en -*es* los monosílabos y los agudos, como *vals/valses.* No varían los demás.

PRÉSTAMOS CON DOS VARIANTES

La hispanización ha dado lugar a dos variantes en algunas voces de este grupo, cada una con su correspondiente plural. Se prefiere en casi todos los casos la forma hispanizada:

carné/carnés a *carnet/carnets, chalé/chalés* a *chalet/chalets, claque/claques* a *clac/clacs, crepe/crepes* a *crep/creps, disquete/disquetes* a *disquet/disquets, filme/filmes* a *film/films.*

Como excepciones, se han impuesto *bistec/bistecs* a *bisté/bistés; boicot/boicots* a *boicó/boicós; complot/complots* a *compló/complós; debut/debuts* a *debú/debús.* Prevalecen también las variantes *coñac/coñacs* y *entrecot/entrecots.*

ADAPTACIÓN DE VOCES QUE YA SON PLURALES EN SUS LENGUAS DE ORIGEN

Dado que no se perciben como plurales cuando se integran en español, deben formar un plural regular *aimara/aimaras, confeti/confetis, espagueti/espaguetis, fedayín/fedayines, talibán/talibanes, tuareg/tuaregs.*

Relaciones entre forma y significado en la expresión del número

Aunque la asociación de las formas del singular y del plural con los contenidos 'unidad' y 'pluralidad' es bastante regular, existen casos en los que no se establece tal correspondencia. Estos son algunos de los más notorios:

LOS SUSTANTIVOS NO CONTABLES

Los sustantivos no contables o continuos son aquellos que, a diferencia de los contables, designan realidades que se pueden medir o pesar, pero no enumerar: *agua, aire, arena, tierra.*

Por razones de significado, suelen construirse en singular: *el agua fría, la cerveza rubia, la fina seda.*

Aunque en singular pueden pasar a ser contables (*Tomaré un café*), en plural lo hacen con mayor frecuencia: *Pónganos/Háganos dos cafés* (es decir, 'dos tazas de café'); *Ha tenido muchos amores; Me gustan todos los quesos.*

Si se mantienen como no contables, suelen aportar una variante estilística que, desde el punto de vista interpretativo, no constituye un verdadero plural:

el agua de primavera o *las aguas de primavera, la tierra castellana* o *las tierras castellanas.*

SUSTANTIVOS CONTABLES CON PLURAL INDIFERENTE AL NÚMERO

En algunos nombres contables cuyo singular implica unidad, el plural puede usarse con valor, bien de unidad (*la boda de Camacho* y *las bodas de Camacho, espalda* y *espaldas*), bien de pluralidad: *las bodas de mis dos hermanas, las espaldas de todos los asistentes.*

Esta neutralización se da también en algunas fórmulas de saludo: *felicidad* y *felicidades, buen día* y *buenos días.*

SUSTANTIVOS CON DIFERENTE SIGNIFICADO LÉXICO SEGÚN EL NÚMERO

En otros casos, el cambio de número implica modificación en el significado léxico. Así, no significan lo mismo *celo* y *celos, haber* y *haberes, historia* e *historias, imaginación* e *imaginaciones, interés* e *intereses, relación* y *relaciones.*

NOMBRES DE OBJETOS DOBLES

Con los sustantivos que designan realidades compuestas de dos partes simétricas que forman una unidad, suelen alternar el uso del singular y del plural:

alicate o *alicates, calzón* o *calzones, gafa* o *gafas, nariz* o *narices, pantalón* o *pantalones, tenaza* o *tenazas, tijera* o *tijeras.*

El plural de estos nombres admite, por tanto, dos interpretaciones, ya que puede designar un objeto o más de uno, como ocurre en *los pantalones que están sobre la cama* (es aplicable a uno o a varios). El contexto suele deshacer la ambigüedad.

SUSTANTIVOS DUALES

Son nombres que en plural designan normalmente objetos pares, pero formados por piezas independientes:

amígdalas, guantes, medias, orejas, pendientes, piernas, zapatos, etc.

En ellos el plural nunca es equivalente al singular, ya que expresan sentidos distintos: *una media* refleja siempre singularidad, mientras que *unas medias* indica pluralidad, sea de un par o de varios pares.

SUSTANTIVOS CON SINGULAR INHERENTE O *SINGULARIA TANTUM*

Son nombres que suelen usarse solo en singular, debido a que designan una sola entidad:

caos, cariz, cenit, ciclismo, fútbol, grima, oeste, sed, tez, zodíaco, etc.

Algunos de ellos admiten plural en ciertos contextos:

Existen varios zodíacos diferentes; Practicaba todo tipo de ciclismos.

SUSTANTIVOS CON PLURAL INHERENTE O *PLURALIA TANTUM*

Son sustantivos que se emplean solo en plural, aunque la marca de número no implica que el referente tenga que ser necesariamente plural. Pertenecen a ámbitos conceptuales muy diversos:

- Alimentos: *comestibles, provisiones, tallarines, víveres.*
- Objetos inespecíficos: *bártulos* (también se usa el singular *bártulo*), *cachivaches* (también *cachivache*), *enseres.*
- Cantidades de dinero: *emolumentos, finanzas, honorarios.*
- Lugares imprecisos: *afueras, alrededores.*
- Fragmentos, restos o cosas menudas: *añicos, escombros, trizas.*
- Ciertas partes de algún organismo: *entrañas, fauces, tragaderas.*

Los plurales inherentes aparecen con mucha frecuencia formando parte de grupos o de locuciones, sean nominales (*artes marciales*), adverbiales y adjetivas (*a gatas, a medias*), preposicionales (*con miras a*) o verbales (*hacer las paces, ir de compras*).

La derivación.
La derivación nominal (I)

QUÉ ES LA DERIVACIÓN

En su sentido más difundido, se entiende por derivación el procedimiento de formación de palabras por medio de afijos (sean prefijos o sufijos).

Los distintos tipos de derivación reciben su nombre de las diferentes clases de palabras que se originan. Se distingue así entre derivación nominal, adjetival, adverbial y verbal, en función de que las palabras resultantes sean sustantivos, adjetivos, adverbios o verbos.

LA DERIVACIÓN NOMINAL

Se llama derivación nominal la que permite derivar sustantivos a partir de otras categorías:

- De verbos: *dormitorio* (de *dormir*), *juramento* (de *jurar*).
- De adjetivos: *justicia* (de *justo*), *vejez* (de *viejo*).
- De otros nombres: *basurero* (de *basura*), *pelotazo* (de *pelota*).

Según el significado, los derivados nominales se dividen en varias clases, que pueden agruparse como sigue:

- Nombres de acción y efecto: *venta, traducción, estacionamiento.*
- Nombres de cualidad, estado y condición: *amabilidad, tristeza, amplitud.*
- Nombres de agente, instrumento y lugar: *panadero, regadera, embarcadero.*

NOMBRES DE ACCIÓN Y EFECTO

Estos son los principales sufijos con que se constituyen:

- *-ción.* Forma nombres de acción femeninos a partir de verbos: *crear > creación, demoler > demolición, abolir > abolición.*

    Alterna con las variantes *-ión* (*rebelar > rebelión*), *-sión* (*incluir > inclusión*) y *-zón* (*quemar > quemazón*).

- *-miento.* Crea derivados masculinos a partir de verbos: *casar > casamiento, vencer > vencimiento.*

    No se recomiendan derivados como ⊗*explosionamiento,* ⊗*obstruccionamiento,* ⊗*recepcionamiento* o ⊗*supervisionamiento,* que se registran en ocasiones.

    Posee la variante *-mento,* que ha dado lugar a sustantivos como *impedimento, complemento, experimento, salvamento, juramento, sacramento* o *sedimento.*

- *-(a)je.* Da lugar a sustantivos masculinos a partir de verbos de la primera conjugación: *arbitrar > arbitraje, pesar > pesaje, rodar > rodaje.*

Algunos están restringidos geográficamente, como *helaje, lavaje, rastrillaje, talaje* o *tiraje*, que se usan en varios países americanos.

- *-dura*. Forma nombres femeninos a partir de verbos: *podar > podadura, torcer > torcedura, investir > investidura.*

   Tiene la variante *-tura: abreviatura.*

- *-ón, -ada* y *-azo*. Originan sustantivos que denotan golpes y movimientos violentos: *agarrón, cuchillada, puñetazo*, etc.

   El primero se añade normalmente a verbos (*empujar > empujón*), y los otros dos, a nombres: *pata > patada, piedra > pedrada; botella > botellazo, martillo > martillazo.*

- *-ido*. Forma sustantivos que denotan sonidos: *aullido, bramido, bufido, graznido, ladrido, mugido, silbido.*

- *-ncia, -nza*. Crean derivados de acción y efecto a partir de verbos: *alternancia, tendencia, enseñanza, mudanza.*

- Sufijos vocálicos. Los sufijos *-a, -e, -o* se adjuntan a verbos para denotar acciones o efectos: *abono, corte, desahogo, despiste, dibujo, pesca, reforma.*

Numerosos derivados en *-e* son creaciones recientes propias sobre todo de la lengua juvenil y deportiva: *alucine, chute, desmadre, despeje, despelote, despipote, flipe, ligue, mate, pase, quite, rechace, regate, remate, saque, trinque, vacile*, etc.

- Derivados participiales. Muchos sustantivos coinciden con la forma de los participios: *asado, batido, tejido, caída, llamada, salida, vista.*

- Dobletes. Son numerosos los casos de formación de derivados de una misma base con distintos sufijos, unas veces con diferencias de significado y otras sin ellas, o muy tenues. En ocasiones hay diversificación geográfica. Estos son algunos:

   acaloramiento o *acaloro, acoplamiento* o *acople, asociación* o *asocio, atranque* o *atranco, denuncia* o *denuncio, derribo* o *derriba, derrumbe* o *derrumbamiento, desembarque* o *desembarco, despeje* o *despejo*, etc.

La derivación nominal (II)

NOMBRES DE CUALIDAD, ESTADO Y CONDICIÓN

Se forman a partir de adjetivos y nombres, con los siguientes sufijos:

- *-dad.* Forma sustantivos de cualidad a partir de adjetivos. Presenta cuatro variantes: *-dad* (*bondad*), *-edad* (*seriedad*), *-idad* (*debilidad*) y *-tad* (*lealtad*).

- *-ez* y *-eza.* Ambos constituyen nombres de cualidad a partir de adjetivos. Muchos derivados en *-ez* expresan cualidades negativas (*boludez, idiotez, tozudez*), aunque no todos (*brillantez, madurez*). En cambio, los nombres en *-eza* expresan por igual cualidades positivas (*franqueza*) o negativas (*bajeza*).

- *-ura.* Forma derivados a partir de adjetivos (*amargo > amargura*) y, en menor medida, de sustantivos (*diablo > diablura*). Muy frecuentemente denotan propiedades físicas: *altura, blancura, hermosura.*

- *-ía.* A partir de adjetivos y sustantivos crea nombres de cualidad y condición (*valentía, ciudadanía*), o de actividades profesionales (*asesoría, consultoría*).

- *-ería.* Constituye derivados que denotan cualidad y condición: *galantería, tontería, fanfarronería.*

- *-ia.* Da lugar a nombres de cualidad, formados sobre adjetivos. Destacan las bases en *-nte: abundante > abundancia, elocuente > elocuencia.*

- *-ismo.* Crea derivados a partir de sustantivos y adjetivos que se relacionan muy a menudo con voces en *-ista* (*protagonismo, malabarismo*), pero también tienen otros orígenes, como *cortoplacismo, ultraísmo, laísmo* o *queísmo.* Los derivados designan doctrinas o teorías (*budismo, capitalismo, humanismo*), géneros artísticos (*modernismo*) y actividades (*montañismo*), entre otras nociones.

NOMBRES DE PERSONA, INSTRUMENTO Y LUGAR

Con estos significados forman diversos derivados los siguientes sufijos:

- *-dor/-dora.* Origina nombres de agente (*apuntador, mantenedor, repartidor*), instrumento (*tenedor, lavadora*) o lugar (*comedor, mirador*). Tiene las variantes *-tor/-tora* (*conductor*), *-sor/-sora* (*sucesor*) y *-or/-ora* (*pintor*).

  Con el significado de 'instrumento', se forman dobletes con diferenciación de género, pero con el mismo significado. A veces hay diferenciación geográfica. No se usan necesariamente en los mismos lugares *aspirador* y *aspiradora, batidor* y *batidora, computador* y *computadora, grabador* y *grabadora, taladrador* y *taladradora, tostador* y *tostadora,* etc.

- *-dero/-dera.* Forma nombres de agente (*panadero*). Muchos sustantivos de instrumento llevan el sufijo *-dera* (*podadera, regadera*). La forma *-dero* aparece en numerosos nombres de lugares (*comedero, matadero*), significado que comparte con la variante culta *-torio: laboratorio, observatorio*.

- *-ero/-era* y *-ario/-aria*. Forman muchos nombres de oficio (*cochero, lechero, enfermera*), de instrumento (*candelero*) y de recipientes o contenedores (*salero, papelera*). El cultismo *-ario/-aria* designa personas (*empresaria, millonario*) y origina ciertos nombres de lugar (*acuario, herbolario*).

   También se registran aquí alternancias entre sustantivos de uno y otro género que hacen referencia a recipientes sin diferencias notables de significado:

   azucarero o *azucarera, billetero* o *billetera, sombrerero* o *sombrerera, trastero* o *trastera*.

- *-ista*. Origina sustantivos y adjetivos a partir de nombres comunes (*pensionista, artista, dentista*) o propios (*Marx > marxista*).

   Algunos conviven con otros formados con sufijos diferentes, aunque no necesariamente en los mismos países:

   ahorrista o *ahorrador, alcoholista* o *alcohólico, conferencista* o *conferenciante, profesionista* o *profesional*.

- *-nte*. Los nombres formados con este sufijo designan sobre todo personas (*cantante, dibujante*), pero también productos (*calmante, disolvente*), instrumentos (*tirante*) y lugares (*pendiente, saliente*).

- *-ón/-ona*. Crea nombres que designan personas con sentido peyorativo: *matón, respondona*.

NOMBRES DE CONJUNTO. SU RELACIÓN CON LOS NOMBRES DE LUGAR

- *-ía*. Forma nombres que denotan servicios e instituciones, así como los lugares que los albergan (*alcaldía, comisaría, concejalía, tesorería*). Algunos derivados hacen referencia a grupos (*ciudadanía, cofradía*).

- *-ería*. Produce muchos nombres de establecimiento (*cervecería, taquería*) y de conjunto (*cubertería, palabrería*).

- *-erío*. Expresa valor colectivo con un matiz irónico o despectivo (*griterío, piberío*). Alterna, en ocasiones, con *-ería* (*gritería*).

- *-ario, -ero/-era*. Crean nombres de lugar, pero también otros que designan diversas agrupaciones: *cuestionario, temario; cancionero, cristalera*.

- *-ar* y *-al*. Designan conjuntos (*costillar, instrumental*) y lugares (*basural, pedregal, humedal*). También aluden a terrenos sembrados (*arrozal, melonar*).

- *-edo* y *-eda*. Forman nombres de plantaciones (*viñedo, alameda*).

La derivación adjetival

CARACTERÍSTICAS GENERALES

Los derivados adjetivales proceden de sustantivos (*central, deportivo*), verbos (*sorprendente, ensordecedor*) y, en menor medida, de palabras pertenecientes a otras categorías o a locuciones o a grupos sintácticos (*grandioso, tercermundista*).

A través de la derivación se forman adjetivos correspondientes a las dos grandes clases: calificativos y relacionales. Muchos de ellos, sin embargo, pueden pertenecer a una u otra clase en función del contexto: *política científica* (adjetivo de relación)/*actitud poco científica* (adjetivo calificativo).

Las alternancias debidas a la diptongación (/ié/, /ué/ en posiciones tónicas, frente a /e/, /o/ en posiciones átonas) se respetan habitualmente:

> *hielo > helado, miel > meloso, tierra > terroso/tierroso, viento > ventoso, escuela > escolar, fuego > fogoso, fuerza > forzoso, huevo > oval,*

pero hay excepciones: *estruendoso, huesudo, suertudo.*

Son válidas las formas *calentito* y *calientito, fiestero* y *festero, puertorriqueño* y *portorriqueño,* en las que las dos soluciones descritas alternan, casi siempre en áreas lingüísticas diferentes.

SUFIJOS CARACTERÍSTICOS DE LOS ADJETIVOS CALIFICATIVOS

- *-oso/-osa.* Es muy productivo y se combina con nombres (*aceitoso, airosa, dudoso*), verbos (*asombroso, borrosa*) y adjetivos (*grandioso, voluntariosa*).

- *-(i)ento/-(i)enta.* Denota intensidad o abundancia: *mugrienta, sediento.*

  Un grupo numeroso de derivados indican falta de aseo o compostura, como los siguientes, muchos de ellos de extensión restringida:

  angurriento (de *angurria* 'voracidad'), *basurienta, ceniciento, granujiento* (de *granujo* 'grano'), *grasienta, gusaniento, harapienta, pelusienta, pezuñento, piojento* o *piojiento, pulguienta, sarniento, trapienta.*

- *-udo/-uda* y *-ón/-ona.* Expresan exceso en el tamaño de alguna parte del cuerpo, y a veces dan lugar a pares, como *barrigón* o *barrigudo, cabezón* o *cabezudo.*

  Son despectivos algunos derivados con *-ón/-ona: dormilón, criticona.*

SUFIJOS PROPIOS DE LOS ADJETIVOS DE RELACIÓN

La mayor parte forman adjetivos derivados de nombres que se definen normalmente como 'relativo o perteneciente'. Estos son algunos de los más utilizados:

- *-ar* y *-al*. Se elige *-al* si la palabra base contiene *r* (*astro* > *astral*). Se opta por *ar,* en cambio, cuando contiene *l* (*alvéolo* > *alveolar*). Si la base no incluye *l* ni *r,* suele elegirse *-al* (*conyugal, naval*).

    El número de adjetivos acabados en *-al* ha crecido considerablemente en ámbitos como la economía, la técnica, la publicidad. A menudo tienden a ocupar el lugar de otros que ya existían. Se registran en consecuencia numerosos pares como los siguientes, aun cuando los elementos que los integran no son enteramente sinónimos:

    > *abundante* y *abundancial, controvertido* y *controversial, creativo* y *creacional, educativo* y *educacional, nutritivo* y *nutricional, preferente* y *preferencial.*

- Sufijos esdrújulos terminados en ´*-ico/-ica* (*silábico, irónica*), *-ástico/-ástica* (*gimnástico, fantásticas*), *-ático/-ática* (*acuático, selvática*), *-ífico/-ífica* (*científico, honorífica*), *-ístico/-ística* (*artístico, urbanística*).

- *-ista*. Forma adjetivos generalmente relativos a ciertas profesiones (*laboralista*), a actitudes o creencias (*machista, pacifista*) o a tendencias o movimientos (*estalinista, modernista, vanguardista*). También se usan como sustantivos.

- *-ero/-era*. Crea adjetivos a partir de nombres de materias o productos: *algodonera, cafetera, lechera, pesquero, sedera.*

SUFIJOS DE SENTIDO ACTIVO O PASIVO Y OTROS

- *-dor/-dora*. Origina adjetivos de sentido activo a partir de verbos: *encantador, acogedor, consumidor.* Muchos de ellos admiten usos como nombres de agente, además de la interpretación adjetival, como en *una comisión investigadora* (adjetivo)/*una investigadora* (sustantivo).

- *-nte*. Crea adjetivos que mantienen la terminación de los antiguos participios de presente. Expresa una propiedad inherente o característica de algo o alguien.

    Presenta las variantes *-ante* (*abundante*), *-ente* (*absorbente, exigente*), *-iente* (*combatiente, complaciente*).

- *-ble*. Los derivados con *-ble* poseen sentido pasivo ('que puede ser': *creíble, predecible, transportable*), pero algunos se interpretan como adjetivos simples, no derivados: *amable, estable, flexible, formidable.*

- Otros sufijos adjetivales: *-izo/-iza* (*movedizo, rojiza*), *-oide* (*humanoide*), *-esco/-esca* (*novelesco, principesca*), *-il* (*infantil, juvenil*), *-uno/-una* (*frailuno, ovejuna*).

Los gentilicios

QUÉ SON

Los gentilicios son adjetivos que denotan la nacionalidad o la procedencia geográfica de las personas. También hacen referencia a lo relacionado con dicha procedencia: *política americana, arte azteca.*

Proceden de los topónimos: *Nicaragua > nicaragüense, Santander > santanderino.*

Admiten usos adjetivos y sustantivos: *las mujeres salvadoreñas/las salvadoreñas.*

SUFIJOS PROPIOS DE LOS GENTILICIOS

Los nombres propios de lugar (topónimos) crean adjetivos gentilicios mediante sufijos como los siguientes:

- *-aco/-aca: austríaco* o *austriaco, polaca;*
- *-ano/-ana: italiana, murciano;*
- *-ata: croata, keniata;*
- *-eco/-eca: chiapaneca, cuzcatleco, guatemalteco;*
- *-ego/-ega: manchega, pasiego;*
- *-eno/-ena: asunceno, checheno, chilena, damasceno, heleno, nazarena;*
- *-ense: bonaerense, costarricense, cretense, estadounidense, jienense;*
- *-eño/-eña: caribeño, cacereño, congoleña, extremeño, limeña, tinerfeño;*
- *-eo/-ea: europeo, galilea;*
- *-ero/-era: habanera, santiaguero;*
- *-és/-esa: albanés, aragonés, barcelonesa, cordobés, japonés, tirolesa;*
- *-eta: lisboeta;*
- *-í: iraní, ceutí, magrebí;*
- *-ín/-ina: mallorquina, menorquín;*
- *-ino/-ina: andino, bilbaína, florentino, granadino, parisina, sanjuanino;*
- *-ita: israelita, moscovita, sefardita, semita, vietnamita;*
- *-o/-a: birmano, bosnia, chino, filipina, lituano, palestino, tucumano, rusa;*
- *-ol /-ola: española;*
- *-uno/-una: villavicenciuna.*

Suelen admitir dos acentuaciones los derivados en *-aco: austriaco* o *austríaco; bosniaco* o *bosníaco; egipciaco* o *egipcíaco.*

SELECCIÓN DEL SUFIJO

- No es posible prever el sufijo que se elige para formar el adjetivo gentilicio de cada nombre de lugar. Algunos topónimos presentan más de un gentilicio, a veces usados en distintos contextos o en diferentes épocas:

    brasilera y *brasileña; salmantino, salamanquino* y *salmanticense.*

- A su vez, algunos gentilicios derivados de nombres de ciudades o regiones del mismo nombre, pertenecientes a países diferentes, se distinguen únicamente por el sufijo con que se forman:

    Meridano (de *Mérida,* México), frente a *merideño* (de *Mérida,* Venezuela); *santafereña* (de *Santa Fe* [*de Bogotá*], Colombia), frente a *santafecina* (de *Santa Fe,* Argentina).

    De *Santiago* provienen *santiaguino* (de *Santiago* [*de Chile*]), *santiaguense* (de *Santiago* [*de los Caballeros*], República Dominicana), *santiagueño* (de *Santiago* [*del Estero*], Argentina), *santiaguero* (de *Santiago* [*de Cuba*]) y *santiagués* (de *Santiago* [*de Compostela*], España).

- Muchos adjetivos gentilicios proceden de antiguas denominaciones latinas o griegas, pero también de otros orígenes:

    abulense (natural de *Ávila,* España); *astigitano* (natural de *Écija,* España); *bilbilitano* (natural de *Calatayud,* España); *boricua, borincano* o *borinqueño* (natural de *Puerto Rico,* en alternancia con *puertorriqueño* y *portorriqueño*); *burdigalense* (natural de *Burdeos*); *chalaco* (natural del *Callao,* Perú); *characato* (natural de *Arequipa,* Perú, en alternancia con *arequipeño*); *fernandino* (natural de *Maldonado,* Uruguay); *fluminense* (natural de *Los Ríos,* Ecuador, o de *Río de Janeiro,* Brasil); *hidrocálido* (natural de *Aguascalientes,* México, en alternancia con *aguascalentense*); *ilerdense* (natural de *Lérida,* España, en alternancia con *leridano*); *londinense* (natural de *Londres*); *lusitano* (natural de *Portugal,* en alternancia con *portugués*); *maragato* (natural de *San José,* Uruguay, en alternancia con *josefino*); *penquista* (natural de *Concepción,* Chile); *porteño* (natural de la ciudad de *Buenos Aires,* Argentina, en alternancia con *bonaerense,* o de *Valparaíso,* Chile); *regiomontano* (natural de *Monterrey,* México); *viroleño* (natural de *Zacatecoluca,* El Salvador).

La derivación apreciativa

QUÉ SON LOS APRECIATIVOS

Los sufijos apreciativos expresan una valoración afectiva de las personas o las cosas. Así, palabras como

blandengue, calvete, feúcho, fortunón, listillo, pelín, sombrerazo, tipejo,

transmiten connotaciones subjetivas (atenuación, encarecimiento, cercanía, ponderación, cortesía, ironía o menosprecio, entre otras) que están ausentes en

blando, calvo, feo, fortuna, listo, etc.

Ello no impide que puedan expresar también nociones objetivas, a menudo tamaño mayor (*manchón*) o menor (*jardincito*) que lo designado por los nombres a los que se adjuntan, *mancha* y *jardín,* en este caso.

Como los demás sufijos, los apreciativos forman derivados de las palabras a las que se unen, con las que comparten una misma base semántica, y, por lo tanto, no figuran en los diccionarios. Sí están incluidas, en cambio, numerosas voces que tuvieron este origen y que se han lexicalizado y adquirido un significado autónomo que no se obtiene de la combinación de sus componentes. Es el caso de palabras como

calabacín, cigarrillo, cinturón, cuadernillo, estribillo, flequillo, hornilla, maletín, manecilla, palacete, pañuelo,

entre otras muchas. De este modo, un *pañuelo* y un *cuadernillo* no equivalen a un paño y un cuaderno de pequeño tamaño.

En esta línea, son muchos los diminutivos que constituyen topónimos:

Barranquitas, Castrillo, Cerrillos, Chorrillos, El Negrito, El Plumerillo, Guarita, Lombillo, Naranjito, Obrajillo, Olanchito, Peralillo, Pradilla, Quintanilla, Tambillo, Velilla, Ventilla, Oteruelo, Roperuelos, San Miguelito,

CARACTERÍSTICAS GENERALES DE LOS APRECIATIVOS

• No todas las palabras admiten por igual sufijos apreciativos. Mientras algunas pueden combinarse con varios, como

chico > chicuelo, chiquito, chiquitico, chiquillo, chiquitín, chiquete, chicote, chicazo,

otras no admiten con naturalidad ninguno, lo cual puede deberse a razones fonéticas o semánticas, o a la propia clase de palabras. Por ejemplo, se resisten fuertemente a admitirlos las palabras acabadas en *-i* o en *-u* (*jabalí, menú, tribu*), así como las agudas en *-ó* (*rondó*) y en *-d* (*verdad, virtud*).

- Se combinan fundamentalmente con sustantivos y adjetivos y, en menor medida, con adverbios (*apenitas*), gerundios (*andandito*), interjecciones (*adiosito*) y determinantes (*poquitos*).

  No se unen normalmente a los adjetivos de relación: sería difícil, por ejemplo, formar diminutivos o aumentativos con *aéreo, presidencial* o *pulmonar*.

  > El español americano suele extender los diminutivos a adverbios e interjecciones que no los llevan en el europeo, como *acacito, adiosito, ahicito, ahorita, allacito, alrededorcito, antesito, apenitas, aquicito, chaucito/chaíto, despuesito, detrasito, nomasito, suavecitamente,* así como a algunos demostrativos, posesivos y numerales (*estito, suyita, cuatrito, aquellito*).

- No alteran la clase de palabras correspondiente a la base a la que se añaden. Así, *mesaza, mesota* o *mesita* son sustantivos, al igual que *mesa; blancuzco* es adjetivo, como *blanco,* y *despacito* es adverbio, como *despacio*.

- En ocasiones, pueden modificar el género del nombre base: *novela* > *novelón, película* > *peliculón*.

- En estos sufijos recae el acento prosódico de la palabra que forman. Por ello son palabras agudas las que se crean con los sufijos apreciativos *-ín* y *-ón,* y llanas las formadas por todos los demás.

- Normalmente mantienen el diptongo de la palabra base, aunque la sílaba deje de ser tónica:

  almuerzo > *almuercito* (y no *almorcito), *corriente* > *corrientita* (y no *correntita*), *nuevo* > *nuevecito* o *nuevito* (y no *novecito, a diferencia de *novísimo*).

  Existen, sin embargo, algunas alternancias, aunque por lo general en áreas distintas. Así, mientras que en España lo habitual es *Manolito* o *sinvergonzón,* en gran parte de América se prefieren *Manuelito* o *sinvergüenzón*. También es corriente en algunos países americanos *calientito* (especialmente en las áreas caribeña y andina, en México y Centroamérica), mientras que en otras áreas se usa *calentito*.

- Pueden concatenarse varios de ellos con el mismo significado:

  chico > *chiquito, chiquitito, chiquitico* o *chiquitín; ahora* > *ahorita, ahoritita, ahoritica*.

Clases de apreciativos.
Los diminutivos

CLASES DE APRECIATIVOS

Se distinguen tres clases de apreciativos, cada una con sus sufijos correspondientes:

- Diminutivos: *-ejo/-eja, -ete/-eta, -ico/-ica, -illo/-illa, -ín/-ina, -ino/-ina, -ito/ -ita, -uco/-uca, -uelo/-uela,* etc.
- Aumentativos: *-azo/-aza, -ón/-ona, -ote/-ota,* etc.
- Despectivos: *-aco/ -aca, -acho/-acha, -ajo/-aja, -ango/-anga, -engue, -ingo/ -inga, -orro/-orra, -ucho/-ucha, -uzo/-uza,* etc.

Algunas formaciones despectivas son a la vez diminutivas (*caballerete, personajillo*) o aumentativas (*bravucón, narizota*).

LOS DIMINUTIVOS

Sufijos diminutivos. Son, como se ha visto, numerosos. El más extendido hoy es *-ito/-ita,* aunque en la lengua medieval y en la clásica predominaba *-illo/-illa.*

Además de *-ito/-ita,* en España se usan los siguientes diminutivos, con preferencia por unos u otros según las zonas: *-ejo/-eja, -ete/-eta, -ico/-ica, -illo/-illa, -ín/-ina, -ino/-ina, -iño/-iña* y *-uco/-uca.*

En América el más usado con diferencia es *-ito/-ita.* Se utilizan, en distintas zonas, *-ejo/-eja, -ingo/-inga* e *-ico/-ica,* con la variante *-itico/-itica.*

Aspectos formales

- Si su base léxica termina en vocal átona, se suprime esta: *car(a) + ita > carita;* si es tónica, se mantiene: *sofá > sofacito.*
- Suelen terminar en *-o* o en *-a,* según el género de la palabra base: *árbol > arbolito, fuente > fuentecita.*

  Sin embargo, si se trata de un sustantivo masculino acabado en *a* o de uno femenino acabado en *o,* estas vocales se mantienen:

  el tema > el temita, el problema > el problemita, la foto > la fotito.

  Hay, con todo, algunas alternancias geográficas. Así, en España, en México y en Centroamérica se usa *la manita,* mientras que en el resto de América suele ser normal *la manito.*

Variantes de los sufijos. Un mismo sufijo puede ofrecer variantes, de acuerdo con la configuración de la palabra a la que se añade. De este modo, *-ito* o *-illo* aparecen también como *-cito* o *-cillo* (*bomboncito, bomboncillo*) y *-ecito* o *-ecillo* (*viejecito, viejecillo*).

Las variantes se distribuyen de la siguiente manera (aunque se tome como referencia *-ito,* la explicación sirve también para los demás sufijos):

- En palabras terminadas en vocal átona. Cuando las vocales son -o, -a, la variante -ito/-ita es la más frecuente: *mono > monito, boca > boquita.*

  Sin embargo, en España tienden a construirse con -ecito/-ecita cuando la palabra es bisílaba y diptongada: *hierba > hierbecita, juego > jueguecito.* En América se producen alternancias como *jueguecito* y *jueguito, viejecito* y *viejito.*

  Cuando la vocal final es -e, el diminutivo suele formarse en -ito/-ita si la palabra tiene más de dos sílabas y en -ecito/-ecita si es bisílaba. Por ejemplo, de *padre* se deriva *padrecito,* y de *madre, madrecita,* pero sobre *compadre* se forma *compadrito,* y sobre *comadre, comadrita.* Hay excepciones y alternancias en varios países americanos: *dientito/dientecito, corrientita, hambrecita/hambrita, hulecito/hulito, nenito.*

- En las palabras acabadas en vocal tónica, se suele añadir -cito/-cita, aunque hay muchas alternancias:

  bebecito, bebito; cafecito, cafeíto, cafelito, cafetito; Josecito, Joseíto, Joselito, Josito; mamacita, mamaíta, mamita; papacito, papaíto, papito; piececito, piecito.

- En cuanto a las palabras monosilábicas terminadas en consonante, predomina -ito/-ita en los antropónimos: *Juanito* (*Juancito* en algunas zonas), *Luisito, Pacita.* En el resto de los monosílabos es frecuente que alternen -cito/-cita (preferido en América) y -ecito/-ecita (preferido en España):

  barcito o *barecito, florcita* o *florecita, mielcita* o *mielecita, solcito* o *solecito, trencito* o *trenecito.*

- Varios sustantivos y adverbios terminados en -s adoptan diminutivos en -itos/-itas, e incluso en -citos/-citas:

  Carlitos, Dolorcitas, lejitos, Merceditas, paragüitas.

Aspectos semánticos. Aparte del valor afectivo, pueden expresar:

- Tamaño reducido de objetos (*mesita*), personas (*niñito*), lugares (*callecita*), etc., además de brevedad de acciones o procesos (*paseíto*).

- Atenuación: de la importancia de alguna persona o cosa (*doctorcillo, problemilla*); del efecto de palabras incómodas (*braguita, culito*); del grado en que se atribuye una cualidad (*delgadito, timidilla*).

- Intensificación, con adjetivos y adverbios: *igualito, cerquita.*

Aumentativos y despectivos

LOS SUFIJOS AUMENTATIVOS

Añaden al contenido afectivo propio de los sufijos apreciativos la idea de aumento, intensidad o exceso.

Muchos términos formados con estos sufijos, que aparecen en los diccionarios, están lexicalizados, poseen significado propio y en ellos el sufijo ha perdido su carácter aumentativo:

> *almohadón, barcaza, camarote, cinturón, colchón, islote, jarrón, palabrota, salón.*

Los principales sufijos aumentativos son los siguientes:

- *-ón/-ona.* Incrementa o intensifica la valoración positiva o negativa de la palabra base:

> *fiebrón, manchón, nubarrón, caserón.*

Las voces formadas con este sufijo pueden tener carácter ponderativo:

> *carrerón, memorión, peliculón, vozarrón o vocerón,*

pero también despectivo, como cuando aluden a partes del cuerpo más grandes de lo normal:

> *barrigón, cabezón, cejón, narizón, orejón, panzón, tripón,*

o a personas que han alcanzado determinada edad:

> *cincuentón, cuarentona, sesentón, setentona, treintón...*

Se percibe una crítica amable en otros, como

> *bobona, coquetón, cursilón, egoistón, simplona, tristón.*

- *-azo/-aza.* Aporta frecuentemente connotaciones elogiosas, ponderativas, como en los casos siguientes:

> *articulazo, artistaza, carreraza, cochazo o carrazo, cuerpazo, estilazo, golazo, gustazo, madraza, maridazo, notaza, ojazos, puestazo, tipazo.*

La valoración es, por el contrario, negativa cuando denota exceso:

> *acentazo, bocaza, calorazo, catarrazo, perrazo.*

Unos cuantos términos formados con la variante *-azas*, propia del español europeo, designan personas, añadiendo el sufijo una fuerte connotación despreciativa:

> *bocazas, bragazas, manazas.*

- *-ote/-ota.* Se emplea sobre todo con nombres y adjetivos de persona:

> *amigote, angelote, bobote, brutote, feote, grandota, muchachota, ordinariota, pesadote, sosote.*

Añade muy a menudo una valoración entre afectiva y despectiva, atenuada por un matiz de condescendencia:

campechanote, llanote, noblote, sanote, sencillote, simpaticote, tranquilote.

En México y Centroamérica se aplica con más frecuencia que en otras zonas a cosas materiales:

arbolote, dedote, dientote, hamacota, sillota.

Están lexicalizados y han perdido, por tanto, el valor aumentativo, voces como *camarote, capote, islote, machote, palabrota* y otras que figuran en los diccionarios.

LOS SUFIJOS DESPECTIVOS

Aunque no siempre tienen este valor, los principales sufijos despectivos son:

- *-aco/-aca: bicharraco, libraco, pajarraco, tiparraca;*
- *-acho/-acha: amigacha, picacho, poblacho;*
- *-ajo/-aja: cintajo, papelajo, pequeñaja, pintarrajo, sombrajo, tipajo;*
- *-ejo/-eja: tipejo, animalejo;*
- *-ales: frescales, viejales, vivales;*
- *-astro/-astra: camastro, poetastro, politicastra;*
- *-ato/-ata: cegato, niñato, novata;*
- *-orrio: bodorrio, villorrio;*
- *-orro/-orra: calentorro, ventorro, vidorra, viejorro;*
- *-ute: franchute.*

Quizá sea *-ucho/-ucha* el más característico. Forma adjetivos despectivos que denotan propiedades físicas de las personas o las cosas:

debilucho, delicaducho, feúcho, flacucha, flojucha, larguirucho o largucho, malucho, paliducha.

Pero también se aplica a sustantivos:

aldeúcha, animalucho, casucha, cuartucho, medicucho, novelucha, papelucho, pueblucho, tabernucha, teatrucho.

Algunos están lexicalizados: *aguilucho, serrucho.*

La prefijación.
Características de los prefijos

QUÉ ES LA PREFIJACIÓN

Los prefijos son morfemas que preceden a la base a la que se adjuntan. La prefijación es un proceso que consiste en anteponer un prefijo a una palabra, como en *insensato* o *preconcebir*, o a un tema griego o latino: *amorfo, tetrápodo*.

Aunque tradicionalmente se ha considerado la prefijación una forma de composición, puesto que se entendía que los prefijos eran preposiciones inseparables, hoy se tiende a incluirla en la derivación, ya que solo algunos prefijos cuentan con preposiciones homónimas (*ante-, bajo-, con-, de-, entre-, para-, sin-, sobre-*) y, además, su comportamiento sintáctico es considerablemente distinto.

En algunas voces formadas por prefijación en otras épocas es imposible separar hoy los componentes, puesto que la base léxica a la que se añade el prefijo puede haber dejado de existir como palabra independiente. No obstante, el valor significativo del prefijo se mantiene, por lo que se incluyen entre esta clase de palabras. Es el caso, por ejemplo, de *introspección, introducir, retrógrado, intercalar, hipocondríaco* y algunas otras de entre las que se citan como ejemplos en las páginas siguientes.

PROPIEDADES FONOLÓGICAS DE LOS PREFIJOS

Algunos prefijos presentan variantes, como en estos casos:

- El prefijo *con-* (*conciudadano*) elige la variante *co-* delante de *l-* (*colateral*), *r-* (*corresponsable*) y vocal (*coautor, coexistencia*).
- El prefijo *in-* elige *i-* ante *l-* (*ilegal*) o *r-* (*irrepetible*).
- El prefijo *bi-* conoce las variantes *bis-* y *biz-* (*bisnieto* o *biznieto; bizcocho* o *biscocho*, la última en desuso).

Algunos prefijos poseen variantes que son intercambiables en algunos casos, si bien pueden existir algunas diferencias de significado entre las palabras formadas. Es el caso, por ejemplo, de los pares *superponer* y *sobreponer, entrelínea* e *interlínea*.

No deben confundirse prefijos que presentan parecido formal, pero significado diferente. Por ejemplo, *inter-* significa 'entre', mientras que *intra-* equivale a 'en el interior de'. Se distingue en consecuencia, *internacional* ('entre naciones') de *intranacional* ('en el interior de una nación').

Similar es el caso de *anti-* ('contra') y *ante-* ('delante de'). No debe, pues, emplearse ®*antidiluviano* en lugar de *antediluviano* ('anterior al diluvio universal').

PROPIEDADES MORFOLÓGICAS

- Los prefijos se combinan con bases pertenecientes a distintas categorías. Así, *super-* se une a nombres, adjetivos, verbos y adverbios: *supermodelo, superíndice; superbueno; superpoblar, superponer; superlejos.*

- No alteran la categoría gramatical de la palabra a la que se añaden. De este modo, *deshonesto* sigue siendo adjetivo, como *honesto; contraorden* es sustantivo, igual que *orden; rehacer* es verbo, como *hacer,* y *anteayer,* adverbio, como *ayer.*

  Algunos sustantivos formados con prefijos pueden modificar a otros sustantivos a modo de aposición, por lo que no hay concordancia entre ellos: *declaraciones proaborto,* y no ⊗*declaraciones proabortos; productos multirriesgo,* y no ⊗*productos multirriesgos.*

PROPIEDADES SINTÁCTICAS

Desde este punto de vista, los prefijos presentan estas características:

- Recursividad. Es la posibilidad de repetir un mismo esquema en el interior de una palabra o un segmento más amplio. Se produce con ciertos prefijos, a menudo intensificadores: *supersupernecesario, tataratataranieto, rerrebueno.*

- Coordinación. En ciertos contextos que manifiestan oposición, algunos prefijos se pueden coordinar: *actuaciones pre- y posdemocráticas, comercio intra- y extracomunitario.*

  En estos casos, debe mantenerse en la escritura el guion indicador de que se trata de prefijos, como se ve en los ejemplos precedentes.

- Algunos prefijos tienen la posibilidad de incidir sobre segmentos mayores que la palabra, afectando a toda una locución o a un grupo sintáctico. En estos casos se escriben separados: *un ex alto cargo, el ex primer ministro, anti pena de muerte.*

CLASES DE PREFIJOS

Los prefijos pueden clasificarse básicamente desde dos puntos de vista:

- Según la clase de palabra a la que se asimilan, pueden ser adjetivales, como en *pseudociencia* ('falsa ciencia'); adverbiales, como en *prefigurar* ('figurar anticipadamente'), o preposicionales, como en *convivir* ('vivir con alguien').

- Según el significado que expresan, se clasifican en locativos, temporales y aspectuales, cuantificativos, gradativos, negativos y de orientación o disposición. Se verán en los siguientes capítulos.

Prefijos locativos y temporales

PREFIJOS LOCATIVOS

Indican la posición ocupada por alguien o algo. Se enumeran y ejemplifican seguidamente los principales prefijos locativos, clasificados en función de su significado:

- Posición delantera o movimiento hacia adelante:

  ante-: antebrazo, antecámara, anteojos, antepenúltimo;
  pre-: premolar, prepalatal, preceder.

- Posición retrasada o movimiento hacia atrás:

  pos(t)-: pospalatal, postónica, posponer;
  tras-: trastienda, trasfondo, traspatio.

  En alternancia con la forma *trans-*, *tras-* equivale también a 'al otro lado de': *transoceánico, transalpino, traspasar, trasplantar.*

  re-: rebotica, recámara, reflujo;
  retro-: retropropulsor, retroactivo, retrógrado, retroceder.

- Posición superior:

  sobre-: sobrecama, sobrefalda, sobrevolar;
  super-: superestrato, superestructura, superíndice, superponer;
  supra-: suprarrenal, suprasegmental, supranacional;
  epi-: epidermis, epiglotis, epicentro.

- Posición inferior:

  sub-: subacuático, submarino, subterráneo;
  so-: socavar, soterrar, soasar;
  infra-: infraestructura, infrasonido, infrarrojo;
  hipo-: hipocentro, hipodermis, hipogastrio.

- Posición intermedia:

  entre-: entrecejo, entrepierna, entreplanta, entrelazar, entretejer;
  inter-: intercelular, intercontinental, intercostal, internacional, intercalar.

- Espacio interior:

  intra-: intracelular, intramuscular, intrauterino;
  endo-: endodermo, endometrio, endoscopia, endogamia;
  intro-: introspección, introversión, introducir.

- Espacio exterior:

  extra-: extramuros, extrarradio, extraterrestre, extraescolar;
  exo-: exocéntrico, exógeno, exosfera;
  ex-: excarcelar, expatriar.

...NEGATIVOS

...esan negación los prefijos cuyos derivados denotan una propiedad contra-
...ra (*inaccesible, desleal*), ausencia de algo (*analfabeto, impago*) o inversión
... situación previa (*deshacer, desordenar*). Los principales son los siguientes:

... *incomunicar, inhabilitar, inquietud, inédito, indestructible, insospechado.*
...esenta la variante *i-* ante palabras comenzadas por *r-* o *l-*: *irresponsable, ilícita.*

Ante *b* o *p*, debe escribirse *im-* por motivos ortográficos: *impensable, imbatible.*

des-: *desacuerdo, deshonor, desconocer, deshabitar, desalmado, desganado.*

• *a-*: *apolítico, atípico, acéfalo, afónico, asepsia, afasia.* Adopta la variante *an-* ante
palabras comenzadas por vocal: *anarquía, analfabeto, anaeróbico.*

Se distinguen en ocasiones palabras prefijadas con *in-* o con *a-*, como *ilegal*
('contrario a la ley') y *alegal* ('ajeno a la ley, no regulado ni prohibido'), o *inmoral* ('contrario a la moral') y *amoral* ('desprovisto de sentido moral').

• *sin-*. Como prefijo, se escribe unido a la base en palabras como *sinrazón, sinsentido, sinsabor, sinvergüenza.*

Ante nombres que designan clases de personas, se escriben habitualmente separados, a modo de preposiciones: *los sin ley, los sin patria.* También en algunas
locuciones adjetivas, como *sin par* o *sin igual.* Con todo, aunque de manera minoritaria, algunas de estas expresiones pueden verse ya escritas en una sola palabra:
los sintecho, los sintierra, un simpapeles, una persona simpar, un amigo sinigual.

PREFIJOS CUANTIFICATIVOS

Expresan cantidad, de un modo similar a los cuantificadores. Hay dos tipos:

• Los de carácter indeterminado, como *multi-*, *pluri-*, *poli-*, que equivalen a *muchos* o *varios*: *multicultural, multicolor, plurinacional, pluricelular, polifonía, po-
lisemia.*
• Los que denotan una cantidad determinada, a semejanza de los cardinales, como
mono-, *uni-* ('uno': *monovolumen, unilateral*); *bi-*, *bis-*, *biz-*, *di-* ('dos': *bifocal, bisnieto, bizcocho, dimorfo*); *tri-* ('tres': *triángulo*); *tetra-*, *cuatri-* o *cuadri-* ('cuatro':
tetralogía, cuatrimotor, cuadrilátero); *penta-* ('cinco': *pentagrama*); *hexa-* ('seis':
hexasílabo); *hepta-* ('siete': *heptacampeón*); *octo-* ('ocho': *octópodo*); *enea-* ('nueve': *eneágono*); *deca-* ('diez': *decálogo*); *endeca-* ('once': *endecasílabo*); *dodeca-*
('doce': *dodecaedro*); *hecto-* ('cien': *hectómetro*); *kilo-* ('mil': *kilogramo*); *mega-* ('un
millón': *megahercio*); *giga-* ('mil millones': *gigabyte*); *tera-* ('un billón': *terabyte*).

- Otros significados espaciales:

    cis- ('del lado de acá'): *cisalpino, cismontano;*

    ultra- ('más allá'): *ultramar, ultrasonido, ultratumba,*

    contra- ('posición opuesta'): *contraluz, contraplano, con*
    tana;

    meta- ('junto a, a continuación de'): *metacarpio, metatarso*
    lenguaje.

    tele- ('lejos'): *televisión, telepatía, teleférico, telescopio;*

    circun- ('alrededor'): *circunnavegar, circunsolar, circunvalar.*

Ante *b* o *p*, debe escribirse *m* por motivos ortográficos: *circumbo*
cumpolar.

PREFIJOS TEMPORALES Y ASPECTUALES

Los principales prefijos temporales, con sus significados respectivos, son los s
guientes:

- Anterioridad:

    ante-: anteproyecto, anteayer, antedicho, antepasado;
    pre-: predisponer, prehispánico, prenatal, prehistórico, preolímpico.

    Ambos son intercambiables en ocasiones:

    anteguerra o *preguerra, anteceder* o *preceder.*

- Posterioridad:

    pos(t)-: posponer, posparto, posventa, posmoderno.

- Repetición:

    re-: reponer, reagrupar, redistribuir, reintentar, repasar.

- Antigüedad, cese:

    ex- ('que ha dejado de ser'): *exalcalde, exministro, excombatiente, exmarido.*

No deben confundirse *bianual* ('que sucede dos veces al año') y *bienal* ('que sucede cada bienio'); *trianual* ('que sucede tres veces al año') y *trienal* ('que sucede cada trienio').

Pueden producirse combinaciones de estos prefijos, como en *tridecágono* ('polígono de trece lados') o *pentadecágono* ('polígono de quince lados').

- Prefijos fraccionarios. Denotan una parte de un todo: *hemi-* o *semi-* ('medio': *hemisferio, semicírculo*); *deci-* ('la décima parte': *decímetro*); *centi-* ('la centésima parte': *centímetro*); *mili-* ('la milésima parte': *milímetro*); *micro-* ('la millonésima parte': *micrómetro*); *nano-* ('la milmillonésima parte': *nanosegundo*).

PREFIJOS GRADATIVOS Y ESCALARES

Los prefijos gradativos miden o evalúan el grado con el que se manifiesta una propiedad o ponderan la intensidad con la que tiene lugar una acción. Los que establecen jerarquías o niveles dentro de una escala reciben el nombre de escalares.

Algunos prefijos de este grupo coinciden con los locativos. Los más usados son los siguientes:

- *super-*: *superestructura, superpoblado, superlisto, superbién, supermercado;*
- *sobre-*: *sobrehumano, sobrenatural, sobredosis, sobrepeso.*

A veces alternan ambos: *superabundancia* o *sobreabundancia, superpoblación* o *sobrepoblación.*

- *infra-*: *infrasalario, infravivienda, infrautilizar, infravalorar;*
- *hiper-*: *hipermercado, hiperactivo, hipersensibilidad;*
- *hipo-*: *hipotermia, hipoglucemia, hipocalórico;*
- *re-*. Tiene carácter intensificador y alterna con las variantes *requete-* y *rete-*: *reseco, rebueno, retebueno, requetebueno, regustar, redivertido;*
- *ultra-*. Expresa el grado máximo: *ultraligero, ultraconservador, ultraderecha;*
- *archi-*: *archisabido, archiconocido, archifamoso, archidivertido;*
- *mega-*: *megafonía, megaproyecto, megalítico, megadiversidad;*
- *sub-*: *subdesarrollar, subcultura, submundo;*
- *semi-*. Indica grado medio: *seminuevo, semiautomática, semitransparente;*
- *entre-*: *entrecano, entreabrir, entrever;*
- *vice-* o *vi-*: *vicerrector, vicecónsul, virrey.*

Otros prefijos

• Manifiestan oposición o actitud contraria:

anti-: antifascista, anticlerical, anticorrupción, antiaborto, antivirus;
contra-: contraespionaje, contraofensiva, contr(a)atacar, contraorden, contra-
golpe.

• Actitud favorable:

pro-: pronacionalista, proamericano, proalfabetización.

El prefijo *pro-* se usa como sustantivo en fórmulas coordinadas junto a la sus-
tantivación del prefijo *contra-: los pros y los contras.*

PREFIJOS QUE TIENEN RELACIÓN CON LA ESTRUCTURA DEL PREDICADO

Se pueden clasificar en función de las nociones que expresan. Son, fundamentalmente, las que siguen:

• Reflexividad:

auto-: autocrítica ('crítica a uno mismo'), *autodefensa, autogestión.*

Combinado con formas verbales reflexivas, su valor es a menudo enfático,
pues vienen a significar lo mismo *censurarse* y *autocensurarse, engañarse* y *au-*
toengañarse, abastecerse y *autoabastecerse.*

En otros casos, sin embargo, la presencia del prefijo sirve para deshacer ambigüedades, ya que expresan significados distintos *proclamarse* ('ser proclamado')
y *autoproclamarse* ('proclamarse a sí mismo'); *definirse* ('ser definido') y *autode-*
finirse ('definirse a sí mismo').

• Reciprocidad:

entre-: entrechocar ('chocar entre sí'), *entrecruzarse, entremezclar;*
inter-: intercambiar, interactuar, interconectarse, interdependencia.

• Asociación:

inter-: [colaboración] interuniversitaria, [ámbito] interreligioso;
co-, con-: coeditar, coeducar, coautor, codirector, compadre, convecino.

• Causación:

a-: acallar ('hacer callar'), *asemejar* ('hacer parecer').

Alternan las variantes *arremangar* y *remangar, remolinarse* y *arremolinarse,*
todas ellas consideradas correctas.

Deben rechazarse, por el contrario, formas falsamente causativas, propias de la lengua popular, como *afusilar* (por *fusilar*).

PREFIJOS ADJETIVALES

Aportan un significado equivalente al de los adjetivos. Pueden citarse, entre otros:

- *neo-* ('nuevo'): *neonato, neófito, neoconservador;*
- *paleo-* ('antiguo'): *paleografía, paleocristiano, paleontología;*
- *para-* ('próximo', 'junto a'): *paraestatal, parapsicología, paranormal, paramilitar.*

La voz *paralimpiada* no se forma con el prefijo *para* (procede del inglés *paralympic*, acrónimo de *para*[plegic] + [o]*lympic*). Esta es, por tanto, la razón de que no se consideren aceptables las formas *paraolimpiada* y *paraolímpico.*

- *(p)seudo-* ('falso'): *(p)seudociencia, (p)seudodemocrático, (p)seudoeconómico;*
- *proto-* ('primero'): *protohombre, protomártir, prototipo;*
- *homo-* ('igual'): *homónimo, homógrafo, homófono, homosexual;*
- *iso-* ('igual'): *isomorfo, isobara, isoglosa, isotérmico;*
- *equi-* ('igual'): *equivalente, equidistante, equilátero;*
- *hetero-* ('distinto'): *heterónimo, heterodoxo, heterosexual;*
- *maxi-* ('muy grande'): *maxifalda, maxiabrigo, maxiproceso;*
- *mini-* ('muy pequeño'): *minibar, minifundio, minigira, minifalda;*
- *micro-* ('pequeño'): *microbio, microbús, microchip, microclima;*
- *cali-* ('hermoso'): *caligrafía, caligrama;*
- *caco-* ('feo'): *cacofonía, cacografía.*

Prefijos con variantes fónicas y gráficas

EL GRUPO CONSONÁNTICO -ST-: POST-/POS-

Dada la dificultad que plantea la articulación del grupo *st* como cierre silábico, la *t* no suele pronunciarse; de ahí que el prefijo *post-* cuente con la variante simplificada *pos-*.

En general, aunque es válido el uso de ambas formas, la etimológica *post-* y la simplificada *pos-*, se recomienda emplear esta última en la escritura de todas las palabras que incorporen este prefijo, tanto si empiezan por consonante (*posdata, posmoderno, posparto*, etc.) como si comienzan por vocal (*poselectoral, posoperatorio*, etc.).

Como excepción, en los casos en que este prefijo se une a palabras que comienzan por *s*, debe mantenerse la *t* en la escritura (*postsimbolismo, postsocialismo, postsoviético*, etc.) para evitar la secuencia gráfica -*ss*-, ajena al español ([⊗]*possocialismo*).

EL GRUPO CONSONÁNTICO -NS-: TRANS-/TRAS-

La reducción del grupo -*ns*- a -*s*- se ha generalizado en muchas de las voces que contienen el prefijo de origen latino *trans-* ('al otro lado de' o 'a través de'), que cuenta en español con la variante simplificada *tras-*. Son pocos los casos en que dicha reducción no es posible. Las palabras que se han formado directamente a partir de la forma *tras-* no presentan variantes con *trans-*.

Puede usarse tanto trans- como tras-

- Cuando *trans-* va seguido de consonante, ya que la reducción del grupo consonántico es normal incluso en la pronunciación culta. Se trata de casos como

  trasbordo o *transbordo, trascendencia* o *transcendencia, trascribir* o *transcribir, trasferir* o *transferir, trasgredir* o *transgredir, traslúcido/-da* o *translúcido/-da, trasmitir* o *transmitir, trasparente* o *transparente.*

- Cuando el prefijo *trans-* se usa para formar derivados en español, aunque la palabra base a la que se une comience por vocal, como en

  trasandino/-na o *transandino/-na, trasatlántico/-ca* o *transatlántico/-ca, trasnacional* o *transnacional.*

Se usa solo tras-

- Cuando, con el sentido de 'detrás de', se emplea este prefijo para formar sustantivos que designan el espacio o lugar situado detrás del designado por la palabra base:

  trasaltar, trascoro, traspatio, trastienda.

- En las siguientes palabras con vigencia en el uso actual, y en todos sus derivados:

  trasbocar, trascolar, trasconejarse, trascordarse, trasfondo, trashoguero/-ra, trashumar, traslado, traslapar, traslumbrar, trasluz, trasmano, trasminar, trasmochar, trasnochar, trasoír, trasojado/-da, traspal(e)ar, traspapelar, trasparecer, traspasar, traspié, traspillar, trasplantar, traspunte, trasquilar, trastabillar, trastornar, trast(r)ocar, trastumbar, trasudar, trasver, trasvolar.

Se usa solo trans-

- Cuando el prefijo *trans-* se une a palabras que comienzan por *s-*, de manera que la *s* del prefijo se funde con la inicial del término base:

  transexual, transiberiano/-na, transustanciación.

- Cuando la secuencia *trans-* va seguida de vocal, pero la palabra en que se halla no es el resultado de añadir el prefijo *trans-* a una palabra española, como se ha visto en el primer apartado, sino que el término se ha tomado directamente del latín o de otras lenguas. En estos casos no existe dificultad articulatoria (cada consonante pertenece a una sílaba), por lo que el grupo no necesita reducirse:

  transacción, transeúnte, transición, transigir, transistor, transitar, transitorio/-ria.

EL GRUPO CONSONÁNTICO PS-: PSEUDO-/SEUDO-, PSICO-/SICO-

El grupo inicial *ps-* procede de la transcripción de la letra griega *psi* y se encuentra sobre todo en palabras que incluyen el prefijo *pseudo-* y el elemento compositivo *psico-*.

A pesar de que el uso culto sigue prefiriendo las formas con *p*, en la escritura se admite también la reducción a *seudo-* y *sico-*, puesto que en la pronunciación normal la *p* no suele articularse. Son igualmente válidas, por tanto, las palabras escritas con *ps-* o con *s-* de los siguientes pares:

  psicología o *sicología, psiquiatra* o *siquiatra, psicofonía* o *sicofonía, pseudoprofeta* o *seudoprofeta, pseudocientífico* o *seudocientífico.*

Se exceptúan *seudónimo* y *seudópodo*, que se escriben siempre sin *p*.

La escritura de las palabras o expresiones con prefijo

REGLAS QUE DEBEN SEGUIRSE

Los prefijos son, como quedó dicho, elementos carentes de autonomía que se anteponen a una base léxica (una palabra o, a veces, una expresión pluriverbal) a la que aportan diversos significados.

Dado que ello suele plantear dudas a los hablantes, se resumen seguidamente las normas que se recomienda aplicar para la correcta escritura de los prefijos en español. Existen tres posibilidades:

Escritura unitaria. Los prefijos deben escribirse siempre soldados a la base a la que afectan cuando esta es univerbal, es decir, cuando se trata de una sola palabra, aun cuando lleve un complemento detrás:

> *antiadherente, antirrobo, contraoferta, cuasiácrata, cuasidelito, exalcohólico, exjugadora, exmarido, interministerial, posparto, precontrato, proamnistía, supermodelo, superbién, ultracongelar, viceministra;*
> *antirrobo fiable, cuasidelito civil, supermodelo internacional,* etc.

Cuando se añade un prefijo a una sola palabra, es incorrecto unirlo a esta con guion o escribirlo separado. No deben escribirse, por tanto, [⊗]*anti-mafia* o [⊗]*anti cancerígeno*, sino *antimafia* y *anticancerígeno*.

(Sobre los casos en que la última vocal del prefijo y la primera de la base son iguales, como *antiimperialista* o *antimperialista, microorganismo* o *microrganismo* → págs. 8-9).

Escritura con guion. Los prefijos se unen con guion a la palabra base si esta comienza por mayúscula. De ahí que se emplee este signo cuando el prefijo se antepone a una sigla o a un nombre propio constituido por una sola palabra:

> *anti-ALCA, mini-USB, pos-Gorbachov, pro-Obama.*

También es preciso emplear el guion intermedio cuando la base es un número escrito con cifras:

> *pre-1945, sub-21, super-8.*

Cuando se añade un prefijo a un nombre propio para crear otro nombre propio, el prefijo se escribe soldado a la base y la mayúscula se traslada a la letra inicial del nombre resultante: *Superlópez* (nombre del héroe de un cómic español), *Prepirineo* (nombre que se da a la franja anterior al Pirineo central).

Excepcionalmente, se admite el empleo del guion intermedio para marcar en una palabra la frontera entre el prefijo y su base cuando ello sea indispensable para la correcta comprensión de un derivado ocasional de sentido peculiar, a menudo con el fin de evitar confusiones con términos ya asentados.

Suele aparecer este recurso en textos teóricos en que se requiere mucha precisión o en aquellos en que prima la creatividad sobre otras consideraciones:

> *Denominaremos pre-textos aquellas composiciones literarias o teatrales de transmisión oral;*
> *Los sueños pueden considerarse una pre-presentación o una re-presentación de las preocupaciones del sujeto.*

Escritura separada. Los prefijos se escriben necesariamente separados de la base a la que afectan cuando esta es pluriverbal, es decir, cuando se halla constituida por varias palabras, ya se trate de locuciones o de grupos de palabras que funcionan de forma unitaria desde el punto de vista léxico:

> *anti pena de muerte, ex alto cargo, ex chico de los recados, pre Segunda Guerra Mundial, pro derechos humanos, super en forma, vice primer ministro.*

El prefijo y el elemento que lo sigue no pueden formar una palabra autónoma con el sentido y la categoría gramatical que corresponde: ⊗*antipena,* ⊗*exchico,* ⊗*viceprimer,* etc.

ESCRITURA DE LOS PREFIJOS *EX-, ANTI-* Y *PRO-*

A pesar de las vacilaciones existentes en torno a la escritura de estos prefijos, para ellos rigen las mismas reglas que para todos los demás.

Como se ha visto, el prefijo *ex-* puede tener valor locativo, de separación, como en *excarcelar,* o temporal, interpretación en la que se hace referencia a aquello que ha dejado de ser, como en *exdirectivo.* Tanto en uno como en otro caso debe escribirse unido a la base cuando esta es una sola palabra, aunque vaya seguida de algún complemento:

> *experiodista, exministro, expresidente, exjugador de baloncesto, exnovio de la marquesa, exescritor de novelas.*

Sin embargo, cuando la base a la que se une está formada por varias palabras que constituyen, en conjunto, una unidad léxica y semántica, debe escribirse separado:

> *ex cabeza rapada, ex número uno, ex teniente de alcalde, ex primera dama.*

Lo mismo cabe decir de los prefijos *anti-* y *pro-*:

> *antiestatal, progubernamental,* frente a *anti pena de muerte, pro moción de censura.*

Se usa el guion cuando se unen a siglas o a palabras con mayúscula inicial:

> *manifestación anti-OTAN, declaraciones pro-Sarkozy.*

La composición.
Compuestos univerbales y pluriverbales

QUÉ ES LA COMPOSICIÓN

Se llama composición el proceso morfológico por el que dos o más palabras forman conjuntamente una tercera, llamada palabra compuesta o compuesto:

lava + platos > lavaplatos; verde + blanco > verdiblanco.

El compuesto no está constituido necesariamente por una sola palabra, sino que puede tratarse de una unidad léxica formada por varias: *hombre lobo, casa cuartel.*

Las clases de compuestos responden a distintos criterios de clasificación, que se verán en los apartados siguientes.

CLASES DE COMPUESTOS SEGÚN EL GRADO DE FUSIÓN DE LOS COMPONENTES

Se distinguen, desde este punto de vista, dos tipos fundamentales: compuestos propios o univerbales y compuestos sintagmáticos o pluriverbales.

Compuestos propios, univerbales o léxicos. Se denominan así aquellos cuyos componentes se integran en una única palabra gráfica:

agridulce, maxilofacial, sacapuntas, pelirrojo.

Compuestos sintagmáticos o pluriverbales. Están formados por palabras yuxtapuestas que mantienen independencia gráfica y acentual. Unas veces se separan con guion intermedio:

teórico-práctico, histórico-político, árabe-israelí,

y otras sin él:

cabeza rapada, hombre rana, piel roja, casa cuartel.

A pesar de estar formados por palabras independientes, constituyen una unidad léxica, pues todo el conjunto posee una forma fija y un significado unitario, no derivado de la simple combinación de los significados de sus componentes. Así, un *hombre rana* es una persona que efectúa trabajos submarinos, no alguien que sea hombre y rana a la vez.

EL PROCESO DE UNIFICACIÓN

No resulta inusual que un compuesto pluriverbal adquiera paulatinamente mayor cohesión prosódica y morfológica. A menudo, el primer componente pierde su acento y el conjunto forma un solo grupo acentual: [puerkoespín]. En ese caso, la marca de plural acaba por manifestarse solo en el segundo término: [puerkoespínes].

Cuando este proceso se completa, lo normal es que el compuesto originariamente pluriverbal termine por adoptar una grafía unitaria: *puerco espín > puercoespín.*

Así ha ocurrido en numerosos casos hoy asentados con grafía univerbal, pero que comenzaron siendo compuestos pluriverbales:

aguardiente, bajorrelieve, camposanto, hierbabuena, padrenuestro, todoterreno.

En la actualidad, existen algunos compuestos que vacilan entre la escritura en varias palabras y la escritura unitaria, reflejo de la evolución indicada. Son válidas las dos formas de escritura en expresiones como

arcoíris o *arco iris, guardiacivil* o *guardia civil, medioambiente* o *medio ambiente.*

Aun siendo ambas correctas, se recomienda elegir la grafía simple, aunque a veces su uso sea todavía minoritario.

También existen expresiones pluriverbales constituidas por dos sustantivos unidos por preposición en las que se observa esta misma tendencia a la unificación gráfica, con pérdida del nexo prepositivo; así, puede escribirse

hoja de lata u *hojalata, tela de araña* o *telaraña.*

Aun no tratándose de compuestos propiamente dichos, estos procesos de unificación pueden manifestarse asimismo en locuciones adverbiales en las que se detecta la coexistencia de dos formas:

bocabajo o *boca abajo, deprisa* o *de prisa, enseguida* o *en seguida.*

También en estos casos resultan preferibles las grafías simples.

Sin embargo, la escritura de ciertas secuencias en una o varias palabras implica diferencias sintácticas y de significado, como, entre otros casos, en

conque o *con que, porque* o *por que, sino* o *si no, sobre todo* o *sobretodo.*

CLASES DE COMPUESTOS SEGÚN LA RELACIÓN SINTÁCTICA ENTRE SUS COMPONENTES

Pueden establecerse, desde este punto de vista, dos clases:

- Compuestos coordinativos. Manifiestan una relación entre sus componentes asimilable a la coordinación:

  altibajo (*alto y bajo*), *verdinegro* (*verde y negro*), *físico-químico* (*físico y químico*).

- Compuestos subordinativos. Expresan dependencia entre algún complemento o modificador y su núcleo:

  camposanto ('campo que es santo'), *matamoscas* ('que mata las moscas'), *purasangre* ('de sangre pura').

Clases de compuestos según la naturaleza de sus componentes (I)

LAS PALABRAS COMPUESTAS Y LA CATEGORÍA GRAMATICAL DE SUS INTEGRANTES

Desde este punto de vista, cabe establecer distintos tipos de compuestos. Se estudian en este capítulo aquellos en cuya formación intervienen los sustantivos.

(Para mayor agilidad a la hora de fijar los esquemas, se utilizan las siguientes abreviaciones: N = nombre, A = adjetivo, V = verbo, Num = numeral y Adv = adverbio. De este modo, un compuesto con el esquema N-N estará formado por dos nombres; N-A equivale a nombre y adjetivo, y así sucesivamente. Si se trata de compuestos pluriverbales, la fórmula es N+N, N+A, etc.).

COMPUESTOS DE DOBLE SUSTANTIVO

Dan como resultado otro sustantivo. Responden a estas fórmulas:

- N-N. Son compuestos universales, habitualmente de carácter subordinativo:
  bocacalle, hojalata, telaraña, baloncesto, drogadicción, casatienda.
- N-*i*-N. La vocal *i* que une los componentes indica coordinación: *coliflor, carricoche, calicanto, pavipollo, sopicaldo.*

No suele mantenerse la vocal final del primer segmento ante la vocal de enlace -*i*-. Así, existen las variantes *ajoaceite, ajiaceite* y *ajaceite,* pero no **ajoiaceite.* Lo mismo ocurre en compuestos de otros tipos: *verdinegro,* pero no **verdeinegro.* Se registran, con todo, algunas excepciones, como *subibaja* y *subeibaja, quitaipón* o *vaivén.*

- N+N. Se trata de compuestos pluriverbales en los que el segundo componente aporta alguna propiedad del primero, como
  - La forma o apariencia: *corbata mariposa, pantalones campana, pez espada.*
  - El origen: *bebé probeta, lengua madre.*
  - La función que ejerce algo: *buque escuela, casa cuna, ciudad dormitorio, hombre orquesta, reloj despertador.*

  También pueden designar el nombre de un color con su matiz correspondiente: *azul cielo, blanco hueso, negro azabache, rojo cereza, verde manzana.*

  Son muy característicos los compuestos pluriverbales formados con sustantivos que aluden a cualidades prototípicas, como *clave* ('básico o fundamental'), *cumbre* ('prominente o muy destacado'), *estrella* ('muy famoso o exitoso'), *fantasma* ('irreal, falso o inexistente'), *límite* ('final, extremo'), *modelo* ('ejemplar, modélico'), *piloto* ('que sirve de muestra, ejemplo o experimento'), *pirata* ('fraudulento'), *puente* ('que sirve de enlace'), *relámpago* ('muy rápido o muy breve y generalmente imprevisto'):

palabra clave, obra cumbre, productos estrella, ofertas fantasma, fecha límite, conducta modelo, experiencias piloto, discos pirata, gobierno puente, viajes relámpago.

COMPUESTOS DE NOMBRE Y ADJETIVO

El adjetivo designa una propiedad del nombre. Las fórmulas son las siguientes:

- N-A: *aguardiente, aguamarina, camposanto, caradura, hierbabuena, mandoble, montepío, Nochebuena.*

- A-N. Como la anterior, da lugar preferentemente a sustantivos: *altavoz, buenandanza, buenaventura, extremaunción, malformación, malhumor, malnutrición, medialuna, medianoche, purasangre, vanagloria.*

- N-*i*-A. Casi todos son adjetivos: *barbilampiño, bracicorto, cabizbajo, pelirrojo, cejijunto, manirroto, narilargo, ojizarco, pernilargo.*

- N+A: *cabeza hueca, cara bonita, piel roja, rostro pálido, manos largas, piernas largas, pies planos.*

> Se prefiere *guardiamarina* a *guardia marina* como nombre de persona. También se prefiere la grafía *guardiacivil* para designar un individuo (*un guardiacivil*) —aunque se admite asimismo *guardia civil*— y *Guardia Civil* para referirse a la institución.

COMPUESTOS DE VERBO Y NOMBRE

Responden al esquema V-N, que es el más productivo. Esta pauta origina sobre todo nombres de agente o instrumento: *abrelatas, aparcacoches, cubrecama, giradiscos, pasatiempo, portavoz, quitaesmalte, soplamocos, tapabocas.*

Algunos compuestos de este grupo presentan dos formas válidas cuando se usan en singular:

> *cortafuego* o *cortafuegos, cubrecabeza* o *cubrecabezas, guardabarrera* o *guardabarreras, guardabosque* o *guardabosques, marcapaso* o *marcapasos, matarrata* o *matarratas, pasapuré* o *pasapurés, portaequipaje* o *portaequipajes, taparrabo* o *taparrabos.*

> En unos pocos compuestos, el singular y el plural expresan significados distintos, como en *buscapié* ('pretexto')/*buscapiés* ('cohete') o *catavino* ('vaso')/*catavinos* ('persona').

Clases de compuestos según la naturaleza de sus componentes (II)

COMPUESTOS DE DOBLE ADJETIVO

La unión de dos adjetivos puede dar lugar a compuestos univerbales y pluriverbales, de acuerdo con las siguientes pautas:

- A-A: *sordomudo, cardiovascular, electromagnético, sociocultural.*
- A-*i*-A. Forma, entre otros, numerosos adjetivos de color, como *albiceleste, aurinegro, blanquiazul, negrirrojo* (o *rojinegro*), *rojiverde,* y otros como *agridulce, tontiloco.*
- A+A. Abundan los compuestos escritos con guion que unen adjetivos relacionales: *físico-químico, político-económico, teórico-práctico.*

    En este grupo destacan los formados por gentilicios: *franco-británica, luso-brasileño.*

    Es muy frecuente que con los mismos adjetivos se obtengan dos tipos de compuestos, uno univerbal y otro pluriverbal:

    hispanoamericano o *hispano-americano, maxilofacial* o *maxilar-facial, rusocanadiense* o *ruso-canadiense, alveolopalatal* o *alveolar-palatal.*

    En general, se prefiere el compuesto univerbal (*dentoalveolar, bucofaríngeo, sadomasoquista*) al compuesto sintagmático (*dental-alveolar, bucal-faríngeo, sádico-masoquista*) sobre todo cuando, como en estos casos, el primer componente altera su terminación.

    Se recomienda utilizar el guion cuando el primero de los adjetivos conserva su terminación íntegra: *árabe-israelí, lingüístico-literario, químico-físico, teórico-práctico.*

OTRAS PAUTAS DE COMPOSICIÓN

- Num-N: *ciempiés, milhojas, milamores.*

    Dentro del lenguaje científico, los hay formados con bases compositivas del griego (*díptero, icosaedro, monodáctilo, tetrápodo*), o del latín (*bípedo, cuadrúpedo, triángulo, cuadrilátero*).

- V-V: *alzapón, duermevela, ganapierde, tejemaneje.*

    Son relativamente frecuentes los formados por repetición: *bullebulle, pasapasa, picapica, pillapilla, vieneviene.*

    Otros compuestos de este grupo se forman con -*i*- intermedia: *quitaipón, subeibaja, correveidile, vaivén.*

- Adv-V: *bienvivir, malcasar, malcriar, maldecir, maleducar, malinterpretar, maltratar, malvivir.*
- Adv-A: *biempensante, bienaventurado, bienhablado, bienintencionado, malnacido, maloliente, malsano, malsonante.*
- Grupo verbal lexicalizado: *bienmesabe, hazmerreír, metomentodo, sabelotodo.*

ELEMENTOS COMPOSITIVOS CULTOS

Ciertas unidades léxicas de origen griego o latino, llamadas bases compositivas cultas, se utilizan también para formar compuestos, muy a menudo dentro del lenguaje científico, pero también en la lengua común. Pueden citarse, entre otras muchas, las siguientes:

> *algia* ('dolor'), *cida* ('que mata'), *clepto* ('que roba'), *cosmo* ('universo'), *cracia* ('poder'), *cromo* ('color'), *crono* ('tiempo'), *etno* ('raza'), *fono* ('sonido'), *foto* ('luz'), *gastro* ('estómago'), *geo* ('tierra'), *grama* ('escrito'), *hidro* ('agua'), *neuro* ('nervio'), *xeno* ('extranjero').

- Algunas de estas bases aparecen siempre al comienzo de la palabra, a modo de prefijos: *cleptómano, etnografía, neurocirugía.*
- Otras suelen ocupar la posición final: *nostalgia, arboricida, crucigrama, discoteca, polígono.*
- Y otras, finalmente, aparecen en ambas posiciones: *fonograma/gramófono, logotipo/tipólogo, cosmovisión/microcosmos.*

Pueden, incluso, combinarse con afijos, por lo que no son consideradas prefijos o sufijos: *crón-ico, hídr-ica.*

LA PARASÍNTESIS

Se denomina parasíntesis a una forma híbrida de composición y derivación. Se reconoce cuando no existen por sí solas ni la palabra derivada ni la compuesta, como en *mileurista* (no existe el compuesto **mileuro* ni el derivado **eurista*). Otros ejemplos son *machihembrar, misacantano, paniaguado, picapedrero, plenipotenciario, pordiosero, quinceañero, ropavejero, sietemesino.*

Existe asimismo un concepto de parasíntesis más amplio, según el cual se suelen considerar parasintéticos los verbos formados a la vez por prefijación y sufijación, como *aclarar* o *entristecer.* En estos casos, la base léxica no forma palabra con el sufijo (no existen **clarar* ni **tristecer*) ni con el prefijo (tampoco existen los adjetivos **aclaro* y **entriste*).

El plural de los compuestos

EL PLURAL DE LOS COMPUESTOS LÉXICOS O UNIVERBALES

- Como regla general, todos los compuestos léxicos, es decir, los que constituyen una sola palabra, marcan el plural en el segundo constituyente y siguen las pautas regulares, como si se tratase de palabras simples:

  aguafuertes, avemarías, bocacalles, bienvenidas, buenaventuras, caraduras, cubalibres, cumulonimbos, duermevelas, ganapanes, malentendidos, mediapuntas, purasangres, tiovivos, tragaluces, vaivenes.

  Debe evitarse el plural ⊛*malos entendidos,* en lugar de *malentendidos.*

- Muchos de estos compuestos admiten variantes univerbales y pluriverbales, por lo que tienen un plural para cada una de ellas:

  altorrelieves o *altos relieves, arcoíris* o *arcos iris, buenaventuras* o *buenas venturas, camposantos* o *campos santos, caraduras* o *caras duras, cubalibres* o *cubas libres, guardiaciviles* o *guardias civiles, maltratos* o *malos tratos, medioambientes* o *medios ambientes.*

  Se rechazan los plurales internos, como *carasduras, guardiasciviles, mediaslunas* o *padresnuestros.*

  Coexisten las grafías *malhumor* y *mal humor,* con plural *malos humores,* mucho más frecuente que *malhumores.*

- Permanecen invariables los que acaban en -*s,* como algunos compuestos de verbo y sustantivo en plural:

  el abrebotellas/los abrebotellas, el lavaplatos/los lavaplatos, el sacacorchos/los sacacorchos, un correcaminos/dos correcaminos, el quitamanchas/los quitamanchas.

  Dentro de este tipo de compuestos, alternan a veces dos variantes en singular, una con -*s* final y otra sin ella. En esos casos, la forma con -*s* sirve tanto para singular como para plural:

  alzacuello o *alzacuellos/alzacuellos, guardabosque* o *guardabosques/guardabosques, marcapaso* o *marcapasos/marcapasos, pararrayo* o *pararrayos/pararrayos, pasamano* o *pasamanos/pasamanos.*

- Los que poseen una estructura sintáctica aparente también tienden a formar un plural regular:

  correveidiles, quehaceres, tentempiés.

Se exceptúan los acabados en *-todo,* que en el uso mayoritario permanecen invariables:

los curalotodo, los metomentodo, los sabelotodo.

- Plurales internos. Algunos compuestos univerbales pluralizan el primer componente a pesar de estar fusionados en una sola palabra:

    cualquiera/cualesquiera, quienquiera/quienesquiera, hijodalgo/hijosdalgo.

    Otros alternan de forma válida los plurales internos y los regulares:

    ricoshombres o *ricohombres, gentileshombres* o *gentilhombres.*

EL PLURAL DE LOS COMPUESTOS SINTAGMÁTICOS O PLURIVERBALES

Varía en función de los componentes:

- Compuestos de carácter adjetivo. Se pluraliza solo el segundo elemento, aunque a menudo se escriban con guion intermedio:

    político-económicos, espacio-temporales, árabe-israelíes.

    Existen algunos pares de compuestos univerbales y compuestos sintagmáticos. Tanto en una como en otra variante se pluraliza solo el segundo elemento:

    lexicosemánticos o *léxico-semánticos, teoricoprácticos* o *teórico-prácticos.*

- Compuestos formados por dos sustantivos. Caben dos opciones:

    — Cuando ambos miembros se escriben separados, pero constituyen una unidad significativa, solo se marca el plural en el primero:

    años luz, buques escuela, ciudades dormitorio, globos sonda, hombres rana, niños prodigio.

    — Si el segundo sustantivo se usa con valor adjetival en atributos con el verbo *ser* (*Estos aviones son espías; Esos discos son piratas*), se aceptan las dos opciones:

    aviones espía o *aviones espías, discos pirata* o *discos piratas, momentos clave* o *momentos claves, países satélite* o *países satélites, situaciones límite* o *situaciones límites.*

- Compuestos formados por sustantivo y adjetivo. Si van separados, suelen pluralizar sus dos segmentos:

    boinas verdes, camisas negras, cabezas rapadas, pieles rojas.

Acentuación gráfica de las formas compuestas

REGLA GENERAL

Dado que las reglas de acentuación se aplican dentro de los límites de la palabra gráfica (entendida como toda sucesión de letras que aparece en la línea de escritura entre espacios en blanco, o flanqueada por signos de puntuación o auxiliares), la acentuación gráfica de las formas o expresiones complejas dependerá esencialmente de si se escriben en una o en varias palabras.

COMPUESTOS ESCRITOS EN UNA SOLA PALABRA

Palabras compuestas. Los compuestos propios o univerbales constan generalmente de un solo acento principal, como en *boquiabierto*, formado sobre los términos *boca* y *abierto*, ambos llanos, y en *decimoséptimo*, construido sobre *décimo* y *séptimo*, ambos esdrújulos.

Dicho acento recae sobre la sílaba tónica del último de los componentes y es el que ha de tenerse en cuenta para acentuar gráficamente estos compuestos, que se someten a las reglas de acentuación como si fueran palabras simples:

> *cien* + *pie* = *ciempiés* (con tilde por ser aguda acabada en *s*); *tío* + *vivo* = *tiovivo* (sin tilde por ser llana acabada en vocal); *sobre* + *uso* = *sobreúso* (con tilde por contener un hiato de vocal abierta átona y cerrada tónica); *décimo* + *sexto* = *decimosexto* (sin tilde por ser llana acabada en vocal).

Como puede verse, elementos que llevaban acento gráfico como palabras simples, como *tío* o *décimo*, la pierden por la posición que ocupan en el compuesto.

Adverbios terminados en -*mente*. Con esta terminación se forman en español un gran número de adverbios derivados de adjetivos calificativos:

> *felizmente, limpiamente, públicamente, ruidosamente, sensatamente, valientemente, zafiamente.*

A pesar de que -*mente* se suele considerar un sufijo con el significado 'de manera' (*lealmente* 'de manera leal'), mantiene algunas propiedades de unidad léxica independiente, por lo que se asimila en parte a los elementos compositivos.

Estos adverbios, que son las únicas palabras que tienen dos acentos prosódicos, el del adjetivo base y el de la terminación -*mente*, conservan siempre la tilde del adjetivo con el que se forman si este la lleva como palabra simple:

> *rápida* + -*mente* = *rápidamente; hábil* + -*mente* = *hábilmente; amable* + -*mente* = *amablemente.*

Formas verbales con pronombres enclíticos. En las palabras formadas por un verbo seguido de uno o varios pronombres átonos (*me, te, se, lo/s, la/s, le/s, nos, os*), el acento prosódico recae sobre la sílaba tónica de la forma verbal. Estas palabras se acentúan gráficamente siguiendo las reglas de acentuación, del mismo modo que las palabras simples:

> *diga + se + lo = dígaselo* (con tilde por ser voz sobresdrújula); *dé + me = deme* (sin tilde por ser voz llana terminada en vocal); *subid + os = subíos* (con tilde por contener un hiato de vocal cerrada tónica y abierta átona).

Las formas del voseo con pronombres enclíticos no constituyen excepción:

> *pensá + lo = pensalo* (sin tilde por ser voz llana terminada en vocal); *decí + me + lo = decímelo* (con tilde por ser voz esdrújula).

EXPRESIONES COMPLEJAS FORMADAS POR VARIAS PALABRAS UNIDAS CON GUION

En las expresiones complejas formadas por dos o más términos unidos con guion, todas las palabras mantienen la acentuación gráfica que les corresponde como voces autónomas, con independencia de que conserven o no su acento prosódico en dicha situación:

> *épico-lírico, franco-alemán, Tajo-Segura, Álvarez-Arenas, José-Andrés, Madrid-París-Berlín.*

EXPRESIONES COMPLEJAS FORMADAS POR VARIAS PALABRAS INDEPENDIENTES

Aun constituyendo en conjunto unidades léxicas que designan un concepto unitario, las palabras que integran compuestos pluriverbales o cualquier otro tipo de expresión compleja se comportan asimismo, a efectos de acentuación gráfica, como las palabras simples. Siguen la misma pauta los nombres propios.

Por tanto, aquellas a las que le corresponde llevar tilde la conservan:

> *hombre rana, sofá cama, vigésimo quinto, puerco espín, arco iris, José María.*

No obstante, si pasan a escribirse con grafía unitaria, como palabras simples, se comportan como tales con respecto a las reglas de acentuación:

> *vigesimoquinto, puercoespín, arcoíris, Josemaría.*

Secuencias que pueden escribirse en una o más palabras con idéntico valor

Algunas expresiones formadas por varias palabras independientes experimentan procesos tendentes a la fusión gráfica de sus componentes. Cuando esto ocurre, es normal que durante un tiempo exista vacilación en la escritura. Se ofrece a continuación una relación de expresiones que presentan doble posibilidad de escritura, en una o más palabras, sin que la elección de una u otra implique cambio de función o significado:

- *a cal y canto,* mejor que *a calicanto;*
- *a machamartillo,* desaconsejable *a macha martillo;*
- *a maltraer,* mejor que *a mal traer;*
- *a matacaballo,* desaconsejable *a mata caballo;*
- *a rajatabla,* desaconsejable *a raja tabla;*
- *a tocateja,* desaconsejable *a toca teja;*
- *a vuelapluma,* desaconsejable *a vuela pluma;*
- *a dónde* y *adónde,* así como *a donde* y *adonde,* se emplean indistintamente;
- *aguanieve,* desaconsejable *agua nieve;*
- *alrededor,* desaconsejable *al rededor;*
- *altamar,* mejor que *alta mar;*
- *altorrelieve,* desaconsejable *alto relieve;*
- *aposta,* desaconsejable *a posta;*
- *aprisa,* desaconsejable *a prisa;*
- *arcoíris,* mejor que *arco iris;*
- *bajorrelieve,* desaconsejable *bajo relieve;*
- *bocabajo,* mejor que *boca abajo;*
- *bocarriba,* mejor que *boca arriba;*
- *buenaventura,* desaconsejable *buena ventura;*
- *camposanto,* desaconsejable *campo santo;*
- *caradura* ('sinvergüenza'), mejor que *cara dura;*
- *casaquinta* ('casa con jardín'), mejor que *casa quinta;*
- *cielorraso* ('techo'), mejor que *cielo raso;*
- *contrarreloj* ('carrera'), mejor que *contra reloj;*
- *cubalibre* ('bebida'), mejor que *cuba libre;*
- *deprisa,* mejor que *de prisa;*

- *dizque* ('al parecer o supuestamente', 'presunto o pretendido'), mejor que *diz que*;
- *donjuán*, desaconsejable *don juan*;
- *enfrente*, mejor que *en frente*;
- *enseguida*, mejor que *en seguida*;
- *entremedias*, mejor que *entre medias*;
- *fueraborda* o *fuerabordo*, mejor que *fuera borda* o *fuera bordo*;
- *guardiacivil* o *guardia civil*.
- *guardiamarina*, mejor que *guardia marina*.
- *hierbabuena* ('planta aromática'), desaconsejable *hierba buena*;
- *hierbaluisa*, desaconsejable *hierba luisa*;
- *librecambio* ('sistema económico'), mejor que *libre cambio*;
- *mal humor* o *malhumor*;
- *maleducado*, mejor que *mal educado*;
- *medianoche* ('doce de la noche' y 'bollo'), mejor que *media noche*;
- *medioambiente*, mejor que *medio ambiente*;
- *Nochebuena* y *Nochevieja*, mejor que *Noche Buena* y *Noche Vieja*;
- *nomás* ('solamente', 'tan pronto como') o *no más*.
- *padrenuestro* ('oración'), desaconsejable *padre nuestro*;
- *pavorreal* (en Am.) o *pavo real*;
- *Perogrullo*, mejor que *Pero Grullo*;
- *puercoespín*, mejor que *puerco espín*;
- *quintaesencia*, mejor que *quinta esencia*;
- *sanseacabó*, desaconsejable *san se acabó*;
- *sobremanera*, desaconsejable *sobre manera*;
- *tal vez* es la grafía mayoritaria; también es válida *talvez* en ciertas zonas de América;
- *tosferina*, mejor que *tos ferina*.

Secuencias escritas en una o más palabras con distinto valor (I)

La siguiente lista está integrada por expresiones en las que la elección de la grafía en una o en varias palabras supone un cambio de función o significado:

- *(a)dondequiera* ('sea cual sea el lugar, (a) cualquier lugar'): *Dondequiera que vaya, la seguiré;*
  (a)donde quiera ('al lugar que desee'): *Me iré donde quiera yo.*

- *aguadulce* ('cocción de agua y panela o azúcar mascabado');
  agua dulce ('agua de poco o ningún sabor').

- *aparte* ('distinto o singular'): *Era un caso aparte;* ('conversación entre dos o más personas al margen de otras'): *En un aparte le comunicó su decisión;* ('en otro lugar'): *Puso los mejores aparte;*
  a parte (combinación ocasional de la preposición *a* y el sustantivo *parte*): *El virus ha afectado a parte del equipo.*

- *apropósito* ('breve pieza teatral'): *Escribió un interesante apropósito;*
  a propósito ('adecuado', 'adrede' y 'por cierto'): *Iba vestida a propósito para la fiesta; Perdieron a propósito; A propósito, ¿has tomado una decisión?*

- *asimismo* ('también'): *Denle las gracias y díganle asimismo que lo recompensaré;*
  así mismo ('de ese mismo modo'): *Ya me está hartando: así mismo se lo diré.*

- *avemaría* ('plegaria católica'): *Recé una avemaría y dos padrenuestros;*
  Ave María (pieza musical compuesta sobre el texto de esta oración; interjección): *El Ave María de Schubert; ¡Ave María, cuánta gente hay aquí!*

- *comoquiera* ('sea cual sea el modo, de cualquier manera'): *Usted, comoquiera que se llame, venga acá;* ('dado que, puesto que'): *Comoquiera que nadie le hacía caso, arreciaron sus protestas;*
  como quiera ('como desee'): *Es usted libre de hacerlo como quiera.*

- *contrarreloj* ('cierto tipo de carrera'): *Es especialista en pruebas contrarreloj;*
  contra reloj ('con suma urgencia'): *Trabajaron toda la noche contra reloj.*

- *cuandoquiera* ('en cualquier momento'): *Cuandoquiera que venga, hágale pasar;*
  cuando quiera ('en el momento que desee'): *Iré cuando quiera.*

- *demás* ('[lo] otro, [lo] restante'): *Lo demás no importa;*
  de más ('demasiado', 'de sobra'): *Has hecho una copia de más.*

- *entorno* ('ambiente, lo que rodea'): *Vive en un entorno muy agradable;*
  en torno (a) ('alrededor', 'aproximadamente' y 'sobre o acerca de'): *Mira en torno y no ve nada; Llegó en torno a las cuatro; No sé nada en torno a eso.*

- *exabrupto* ('dicho inesperado e inconveniente'): *Cansado de su insistencia, le soltó un exabrupto;*
  ex abrupto (locución latina: 'de repente, de improviso'): *El libro comienza, ex abrupto, con el secuestro del presidente.*
- *malentendido* ('mala interpretación'): *Ha habido un malentendido;*
  mal entendido (combinación del adverbio *mal* y el participio del verbo *entender*): *Un pudor mal entendido le impedía pedir ayuda.*
- *porciento* ('tanto por ciento'): *Ha aumentado el porciento de ganancia;*
  por ciento (usada en la expresión de porcentajes): *El precio subió un doce por ciento.*
- *pormenor* ('detalle o aspecto secundario'): *Me expuso todos los pormenores del asunto;*
  por menor ('detalladamente, por extenso'): *No es necesario describirlo por menor;*
  (al) por menor ('en pequeñas cantidades'): *Venden tabaco al por menor.*
- *porvenir* ('tiempo futuro'): *A los jóvenes de hoy les espera un duro porvenir;*
  por venir (preposición *por* + verbo *venir*): *Aún quedan invitados por venir.*
- *quehacer* ('tarea u ocupación'): *Su principal quehacer era cuidar el jardín;*
  que hacer (la conjunción o el relativo *que* seguidos del verbo *hacer*): *Tendríamos que hacer la comida; Hay mucho que hacer.*
- *quienquiera* ('cualquiera, sea quien sea'): *Quienquiera que lo haya dicho miente;*
  quien quiera (*quien* seguido del verbo *querer*): *Cuéntaselo a quien quiera oírlo.*
- *sinfín* ('infinidad'): *Tenían un sinfín de problemas;*
  sin fin ('innumerable o ilimitado')': *Tras revueltas y traiciones sin fin, consiguió pacificar el reino.*
- *sinrazón* ('cosa fuera de lo razonable o debido' o 'ausencia de razón o lógica'): *Ha optado por la sinrazón de echarnos; Había mucha sinrazón en sus propósitos;*
  sin razón (secuencia de la preposición *sin* y el sustantivo *razón*): *Se enfadó sin razón.*
- *sinsabor* ('pesar o disgusto'): *Quería evitarle el sinsabor de la derrota;*
  sin sabor (combinación de la preposición *sin* y el sustantivo *sabor*): *Comí frutas sin sabor.*
- *sinsentido* ('cosa absurda y que no tiene explicación'): *Su huida fue un sinsentido;*
  sin sentido (secuencia de *sin* y el sustantivo *sentido*): *Decían frases sin sentido.*
- *sinvergüenza* ('inmoral o descarado'): *Juan es un sinvergüenza;*
  sin vergüenza (combinación de *sin* y el sustantivo *vergüenza): Lo dijo sin vergüenza alguna.*

Secuencias escritas en una o más palabras con distinto valor (II)

Entre las expresiones en las que la elección de la escritura en una o en varias palabras supone un cambio de función o significado, existen algunas especialmente conflictivas.

Se explica seguidamente cómo deben usarse estas secuencias, que suelen causar numerosos problemas no solo en lo que se refiere a la unión o separación de componentes, sino también en lo que atañe al uso de la tilde.

PORQUE / POR QUE / PORQUÉ / POR QUÉ

- *porque*
  - Conjunción causal: *Estos chicos han suspendido/han reprobado porque no estudian lo suficiente; Estuvo aquí, porque se ven sus huellas; Mi hermana se enojaba porque le usaba su ropa.*
  - Conjunción final: *Trabaja porque sus hijos tengan lo necesario para vivir; Acepto tu regalo solo porque no creas que es un desprecio.*
- *por que*
  - La preposición *por* seguida de la conjunción *que*:

    Sin sentido final: *Estaba ansiosa por que vinieras; Está loco por que lo entrevisten.*

    Con sentido final: *Rogué por que se salvase; Se esfuerza por que todo salga como es debido;*

    Como puede verse, en los dos últimos ejemplos el valor es prácticamente el mismo que el de *porque* conjunción final, lo que quiere decir que en casos como estos son válidas las dos grafías, *porque* y *por que*.

  - La preposición *por* seguida de un relativo (equivalente a *por el/la/los/las que*): *El vestido por que suspiraba era muy caro; No puedo olvidar los problemas por que hemos pasado.*
- *porqué*
  - Sustantivo ('causa, razón o motivo'): *El cómo y el porqué de aquello no eran fáciles de adivinar; Algún día me explicarás el porqué de tu decisión.*
  - Sustantivo ('pregunta que comienza por *por qué* e indaga la causa'): *Nadie respondió a sus porqués; La respuesta a tus porqués está en tu interior.*
- *por qué.* Preposición + interrogativo:

  Tengo hambre, ¿por qué no comemos ya?; Quería saber por qué no contestamos a sus llamadas; ¿Por qué departamentos pasará el director?

CONQUE / CON QUE / CON QUÉ

- **conque**

  — Conjunción ilativa ('así que, de modo que'): *Esta es nuestra última oportunidad, conque aprovechémosla; ¿Conque esas tenemos?; Es un tipo peligroso, conque ten mucho cuidado.*

  — Sustantivo coloquial ('condición', 'pega o inconveniente' y 'quid de la cuestión'): *Le dejó la herencia con el conque de que no vendiera nada; Salió con el conque de que no tenía un vestido apropiado; Ahí está el conque, en adelantarse a los demás.*

- **con que**

  — Preposición + conjunción: *Basta con que haya tres sillas libres; Estoy de acuerdo con que vayamos todos juntos; Tengo suficiente con que lo reconozca.*

  — Preposición + pronombre relativo (equivalente a *con el/la/los/las que*): *La pieza con que amenizó la velada era de Chopin; Son los zapatos con que me casé; El coche con que te recogí es de mi hermano.*

- **con qué**. Preposición + interrogativo:

  ¿Con qué lo has hecho?; No sé con qué podremos pegar esto.

SINO / SI NO

- **sino**

  — Sustantivo ('fatalidad o destino'): *Morir joven era su sino; ¿Qué extraño sino nos une inexorablemente?*

  — Conjunción adversativa (carece de acento prosódico): *No bebe agua, sino leche; ¿Qué podemos hacer sino esperar?*

- **si no**. Conjunción + adverbio de negación (el adverbio es tónico, y la secuencia se pronuncia [sinó]):

  Si no lo encuentras, dímelo; No sé si no estará roto; Vengo a ver a María, ¿a quién si no?

Las abreviaturas

QUÉ SON

Una abreviatura es la representación gráfica reducida de una palabra o grupo de palabras, obtenida por eliminación de algunas de las letras o sílabas y que se cierra con un punto o, algunas veces, con una barra inclinada: *pág.* por *página, c/* por *calle.*

Aunque cada persona puede crear abreviaturas para su propio uso, existen muchas de carácter convencional, en el sentido de que poseen una forma fija válida para todos los usuarios de la lengua.

Con todo, el uso de abreviaturas convencionales no es libre, sino que está limitado por el contexto. Así, no sería adecuado utilizar la abreviatura *dcha.* en

Los asistentes accederán al salón por la puerta situada a la dcha. del vestíbulo,

pero sí lo sería en una dirección postal: *piso 3.º dcha.*

En los apéndices se ofrece la lista de abreviaturas convencionales más usadas (→ págs. 482-491).

CREACIÓN DE LAS ABREVIATURAS

Las abreviaturas se forman mediante dos procedimientos básicos:

- Por truncamiento o apócope, suprimiendo letras o sílabas finales de la palabra abreviada: *art.* por *artículo, cap.* por *capítulo, ej.* por *ejemplo, sig.* por *siguiente.*

   Cuando se suprimen todas las letras salvo la inicial, se habla de truncamiento extremo: *p.* por *página, n.* por *nota, c.* por *cuenta, t.* por *tomo.*

   Las abreviaturas obtenidas por truncamiento terminan en consonante, excepto en los casos de truncamiento extremo de palabras comenzadas por vocal: *A.* por *alteza.*

   Cuando el truncamiento coincida con un dígrafo, este debe mantener su integridad, salvo que el segundo elemento sea una vocal: *párr.* (y no ⊗*pár.*) por *párrafo,* pero *esq.* (y no ⊗*esqu.*) por *esquina.*

- Por contracción o síncopa, conservando solo las letras más representativas (siempre la inicial y normalmente también la letra o letras finales): *Alfz.* por *alférez, cta.* por *cuenta, Fdez.* por *Fernández.*

   Las letras finales pueden aparecer también voladas (en cuerpo menor y por encima de la línea de escritura), como en *n.º* por *número, adm.ᵒʳ* por *administrador.*

   Es incorrecto utilizar las letras voladas con los números romanos de valor ordinal. Así, no debe escribirse ⊗*X.º Congreso* ni ⊗*tomo VI.º,* sino *X Congreso, tomo VI.*

EL GÉNERO DE LAS ABREVIATURAS

Algunas abreviaturas terminadas en consonante sirven tanto para el masculino como para el femenino: *Lic.* (*licenciado* o *licenciada*), *izq.* (*izquierdo* o *izquierda*).

El femenino de las abreviaturas se forma de la siguiente manera:

- Si la abreviatura del masculino termina en -*o,* el femenino se forma sustituyendo esta vocal por una -*a: Ilmo., Ilma.* (*ilustrísimo, ilustrísima*).

- Si el masculino termina en consonante, se le añade una *a,* preferiblemente volada en las obtenidas por truncamiento: *Prof.ᵃ,* mejor que *Profa.* (para *profesora*), y a su altura normal en las obtenidas por contracción: *Sra.,* mejor que *Sr.ᵃ* (para *señora*).

FORMACIÓN DEL PLURAL

Depende también del proceso de creación:

- Las creadas por truncamiento añaden -*s* como regla general:

    artículo: art./arts.; capítulo: cap./caps.; documento: doc./docs.; ejemplo: ej./ejs.; número: núm./núms.; página: pág./págs.; volumen: vol./vols.

- En las originadas por contracción que conservan el final de la palabra abreviada se aplican las normas generales, esto es, se añade -*s* o -*es,* según corresponda:

    administración: admón./admones.; doctor: Dr./Dres.; ilustrísimo: Ilmo./Ilmos.; señor: Sr./Sres.

    Si no conservan el final de la palabra abreviada, el plural se forma añadiendo -*s:*

    mss. (por *manuscritos*), *tlfs.* (por *teléfonos*).

- En las obtenidas por truncamiento extremo, el plural se expresa duplicando la letra conservada:

    vv. por *versos, FF. AA.* por *Fuerzas Armadas.*

    No debe prescindirse del espacio entre los bloques (⊗*FF.AA.*) y tampoco de los puntos detrás de cada bloque, sea con espacio intermedio o sin él (⊗*FF AA,* ⊗*FFAA*).

- Las abreviaturas que se cierran con barra son invariables en plural: *d/f* por *día(s) fecha, g/p* por *giro(s) postal(es), ch/* por *cheque(s).*

    También lo son las abreviaturas de formas verbales o de expresiones oracionales: *v.* por *véase* o *véanse, D. E. P.* por *descanse en paz* o *descansen en paz.*

Ortografía de las abreviaturas. Los símbolos

ORTOGRAFÍA DE LAS ABREVIATURAS

El signo de abreviación. Las abreviaturas se escriben siempre con un signo abreviativo, que generalmente es un punto (*p.* por *página, dcha.* por *derecha*), aunque a veces es una barra: *d/f* por *días fecha*.

- En las abreviaturas que llevan letras voladas, el punto abreviativo se escribe delante de estas: *M.ª, 3.ᵉʳ*.
- El punto abreviativo no debe suprimirse cuando va seguido de algún signo de puntuación (coma, punto y coma, puntos suspensivos, signo de interrogación, barra, etc.): *Algunas abreviaturas con tilde son pág., cód., admón....*
- Cuando el signo abreviativo es una barra, esta debe escribirse pegada a la letra o letras que forman la abreviatura: *c/* por *calle, b/n* por *blanco y negro*.

Uso de la tilde. Las abreviaturas mantienen la tilde en caso de incluir la vocal que la lleva en la palabra plena: *pról.* por *prólogo, C.ⁱᵃ* o *Cía.* por *compañía*.

Mayúsculas y minúsculas. Las abreviaturas deben respetar el uso de mayúsculas o minúsculas que corresponde a la palabra o expresión abreviadas, dependiendo de que se trate de un nombre propio o de un nombre común:

Bs. As. por *Buenos Aires, fasc.* por *fascículo, c. e.* por *correo electrónico*.

Hay, no obstante, ciertas excepciones:

- Algunas abreviaturas de expresiones formadas por nombres comunes que se escriben tradicionalmente con mayúsculas, como *C. P.* por *código postal* o *N. del T.* por *nota del traductor*.
- Las abreviaturas de las fórmulas de tratamiento: *Ud.* por *usted, Sr.* por *señor, D.* por *don*.

Espacios. En las abreviaturas formadas por varios elementos, debe dejarse un espacio entre los componentes: *e. p. m.* por *en propia mano*.

Tipografía. Las abreviaturas se escribirán en cursiva cuando así deba escribirse la expresión que abrevian, como es el caso de las pertenecientes a otras lenguas: *et al.,* abreviatura del latín *et alii* ('y otros').

No obstante, las de uso muy frecuente, aun cuando sustituyan a expresiones de otras lenguas, pueden escribirse en redonda: a. m. (abreviatura del latín *ante meridiem*).

Las abreviaturas no deben dividirse con guion de final de línea, por lo que no sería correcta una división como ⊗*ad-/món*. Tampoco deben separarse en líneas distintas los componentes de las que corresponden a expresiones complejas, como en ⊗*p./ej.*

LOS SÍMBOLOS

Qué son. Los símbolos no son abreviaciones, sino representaciones gráficas directas de conceptos o entes mediante letras o signos. Las letras pueden corresponder a la inicial de una palabra de una determinada lengua; por ejemplo, *S*, símbolo del azufre, está tomado de la inicial de la palabra latina *sulphur*.

En general, los símbolos han sido fijados por entidades de normalización, por lo que tienen un carácter convencional y estable, así como validez internacional.

Los más comunes son los que representan unidades básicas y derivadas del sistema internacional (*kg, m, s*); unidades que no pertenecen a él, pero cuyo uso está aceptado (*h, ha, l*); elementos químicos (*Au, C, Pb*); operaciones y conceptos matemáticos (+, =, %); unidades monetarias (€, £, $), y puntos cardinales (*N, S, SE*).

En los apéndices se recogen los principales símbolos alfabetizables (→ págs. 492-497) y los símbolos y signos no alfabetizables más comunes (→ págs. 498-499).

El plural de los símbolos. Los símbolos no pluralizan en la escritura, si bien deben leerse en plural cuando corresponden a una expresión en este número. Así, se escribe *25 km* por *veinticinco kilómetros* o *30 €* por *treinta euros*.

Ortografía y otras normas de escritura

- Los símbolos, a diferencia de las abreviaturas, se escriben siempre sin punto: *m* (metro), *N* (norte), *He* (helio), *COP* (peso colombiano), *Lv* (*Levítico*), etc.
- Dado su carácter internacional, se escriben siempre sin tilde: *a* (y no ⊗*á*) por *área, lim* (y no ⊗*lím*) por *límite* (en matemáticas).
- Los símbolos presentan una forma fija e invariable en lo que atañe a su escritura. Unos se escriben con mayúsculas, como, entre otros, los elementos químicos (*H, F, Ca*) o los puntos cardinales (*N, E, SE*), y otros con minúscula, caso de muchas unidades de medida (*g, m, dl, cm, kg, hm*).
- Habitualmente se escriben pospuestos a la cifra que los cuantifica y separados de ella por un espacio: *33 dB, 125 m², 4 H, 20 %*.
- Los símbolos monetarios pueden escribirse antepuestos y pegados a la cifra, uso más normal en América ($5) o pospuestos y con espacio, lo habitual en España (5 $).

Siglas y acrónimos

QUÉ SON LAS SIGLAS

El término sigla puede designar tanto un signo lingüístico formado con las letras iniciales de los términos que integran una expresión compleja como cada una de esas letras iniciales. De este modo, *ONU* es una sigla, pero también lo son cada una de las tres letras que la integran. Habitualmente se emplea en el primer sentido.

Las siglas constituyen un procedimiento léxico muy utilizado en la actualidad, sin duda por su aportación a la economía lingüística, así como por su rapidez y facilidad informativas. Sin embargo, también pueden dar lugar a confusión, tanto por su excesiva proliferación como por el esfuerzo de atención y de memoria que exigen.

Una vez constituidas, pueden comportarse como cualquier palabra y admitir la formación de derivados: *peneuvista* ('relativo al PNV', Partido Nacionalista Vasco), *otanización* (de *OTAN*).

FORMACIÓN DE LAS SIGLAS

Las siglas se forman por la yuxtaposición de iniciales de las palabras con significado léxico de la denominación compleja a la que corresponden, normalmente sustantivos y adjetivos. Suele prescindirse de artículos, preposiciones y conjunciones, pero algunas las incluyen, bien porque son especialmente significativas (*MSF, Médicos Sin Fronteras*), bien porque facilitan la pronunciación de la sigla como palabra (*CONACYT, Consejo Nacional de Ciencia y Tecnología*).

Hay siglas que incorporan también cifras u otros signos: *G8* (*grupo de los 8 [países más industrializados]*), *I+D* (*investigación y desarrollo*).

SIGLAS Y ACRÓNIMOS

- En la mayor parte de las ocasiones, las siglas están formadas por una secuencia de letras impronunciable como palabra, lo que obliga a deletrearlas completamente o a leerlas en parte por deletreo:

  CNT (por *Confederación Nacional de Trabajadores*), *FMI* (por *Fondo Monetario Internacional*), *PSOE* (por *Partido Socialista Obrero Español*).

- Existen además siglas, llamadas *acrónimos,* cuya estructura permite leerlas como cualquier otra palabra:

  OTI (*Organización de Telecomunicaciones Iberoamericanas*), *COI* (*Comité Olímpico Internacional*), *RAE* (*Real Academia Española*).

- También se denominan acrónimos aquellas voces creadas por la unión de segmentos de varias palabras: *ofimática* (*oficina + informática*), *docudrama* (*documental + drama*), *Mercosur* (*Mer[cado] Co[mún del] Sur*).

ORTOGRAFÍA Y OTRAS NORMAS DE ESCRITURA

Espacios. En la actualidad, las siglas se escriben sin puntos ni blancos de separación: *ONU, DNI, FMI.*

Mayúsculas y minúsculas. En principio, las siglas se escriben con letras mayúsculas: *UNICEF, UNESCO, RENFE, OVNI, UCI, TAC, CD, DVD, FMI.*

No obstante, aquellos acrónimos que se lexicalizan enteramente como palabras pueden escribirse solo con mayúscula inicial si son nombres propios, por lo general si tienen más de cuatro letras: *Unicef, Unesco, Renfe.*

Si se trata de nombres comunes, pueden ir enteramente en minúsculas: *ovni, uci, tac,* aunque puede haber alternancia con las mayúsculas en etapas de transición: *mir* o *MIR.*

Acentuación. Las siglas escritas enteramente en mayúsculas no llevan nunca tilde (*CIA*). En cambio, los acrónimos se someten, como cualquier otra palabra, a las reglas de acentuación gráfica del español: *Fundéu* (*Fundación del Español Urgente*).

Tipografía. Se escriben en cursiva las siglas que corresponden a títulos de libros o publicaciones periódicas:

> *DHLE* (*Diccionario histórico de la lengua española*), *BRAE* (*Boletín de la Real Academia Española*).

Las siglas escritas enteramente en mayúscula no deben dividirse con guion de final de línea, como en [⊛]*PS-/OE,* [⊛]*FI-/FA.*

FORMACIÓN DEL PLURAL

- En cuanto se asimilan a los nombres propios, no se usan en plural las siglas que designan entidades únicas, como *OTAN, ONU, UCV* (*Universidad Central de Venezuela*), etc.

- Cuando pluralizan, son invariables en la escritura, aunque sí puedan variar oralmente: *las ONG* [las oenejés], *los GEO* [los jéos].

> Se recomienda evitar la adición de una *-s* a las siglas en mayúscula usadas en plural. Deben evitarse, pues, soluciones como [⊛]*las ONGs,* o *los* [⊛]*GEOs.*

- Los acrónimos lexicalizados, al ser palabras plenas a todos los efectos, pluralizan regularmente: *ovnis, apartoteles, elepés, geos.*

Los antropónimos (I). Los nombres de pila

QUÉ SON LOS ANTROPÓNIMOS

Se denomina antropónimos a los nombres de persona. En el sistema español, están formados por el nombre de pila y la mención del primer apellido de cada uno de los progenitores:

María Rosa Ordóñez Robles, Pedro Linares Cobo.

Los antropónimos, como nombres propios que forman parte del léxico de la lengua, están sujetos a la aplicación de las normas ortográficas al igual que el resto de las palabras; es decir, poseen una forma ortográficamente fijada que no puede alterarse a voluntad.

ELECCIÓN Y ORTOGRAFÍA DE LOS NOMBRES DE PILA

Libertad de elección y respeto a la ortografía. La libertad de los padres para elegir el nombre de pila de sus hijos es muy amplia, ya que a los nombres tradicionales se han ido añadiendo nombres extranjeros, nombres de personajes históricos o legendarios, y nombres comunes que reflejan conceptos muy valorados. Con todo, dicha elección está sujeta a leyes que pueden no coincidir en los distintos países.

Esta libertad de elección —e incluso de creación— del nombre de pila no debe confundirse con la licencia para alterar su forma tradicional o transgredir las reglas ortográficas generales.

Grafía única y grafía variable. Pueden distinguirse, a este respecto, dos tipos de nombres:

• Los que muestran una única forma asentada en español y no admiten otra forma de escritura, como *Álvaro, Andrés, Inés* o *Carmen*.

• Los que presentan una o más variantes asentadas que se han fijado en la tradición como igualmente válidas: *Jenaro* y *Genaro, Elena* y *Helena*.

Cuando presentan variantes igualmente admitidas, cabe la libre elección de una de ellas en el momento de la imposición del nombre.

Algunos nombres propios pueden presentar ciertas peculiaridades, como la conservación de grafías arcaicas: *Ximena* por *Jimena, Leyre* por *Leire*.

Creación y originalidad. Aunque el repertorio onomástico es extenso y ha crecido ampliamente con las nuevas incorporaciones, muchos hablantes crean, por deseo de originalidad o exotismo, nuevos nombres por procedimientos diferentes:

• Formación de anagramas de nombres ya existentes: *Airam,* a partir de *María*.

• Unión de segmentos de los nombres de los progenitores: *Hécsil,* de *Héctor* y *Silvia*.

- Fusión de varias palabras o de fragmentos de frases: *Yotuel,* unión de los pronombres *yo, tú* y *él.*

Estos recursos no son raros en algunos países hispanohablantes.

> Desde el punto de vista lingüístico, con independencia de la extrañeza que estas creaciones puedan causar, solo cabe exigir su plena adecuación a la ortografía y la pronunciación españolas.

Nombres de pila compuestos. Suelen conservar su escritura en varias palabras: *José Antonio, Luis Alberto, Elena María,* aunque se registran algunas excepciones, como *Mariángeles (María Ángeles).*

Solo es posible unir ambos componentes con guion (aunque no es obligatorio) cuando el segundo de ellos pudiera confundirse con un apellido:

Juan-Marcos Gómez (donde *Gómez* es el primer apellido), frente a *Juan Marcos Gómez* (donde *Marcos* es el primer apellido).

LOS HIPOCORÍSTICOS

Qué son. Se trata de acortamientos u otras variantes del nombre de pila original que se emplean en lugar de este como designación afectiva o familiar:

Mabel (de *María Isabel*), *Nando, Fer* y *Nano* (de *Fernando*), *Curro, Pancho* o *Paco* (de *Francisco*).

Independencia respecto al nombre de origen. Dada la extensión de su uso a todas las esferas de la vida social, algunos hipocorísticos están experimentando un proceso de emancipación y pueden comportarse a todos los efectos como nombres de pila independientes: *Tina, Álex, Lola, Malena, Marisa.*

Son muchos los que han alcanzado total autonomía, desligándose de la forma plena de la que proceden: *Emma* (hipocorístico de *Emmanuela*); *Elsa* (hipocorístico de *Elisa* o *Elisabet*).

Ortografía. Los hipocorísticos deben someterse, como el resto de las palabras, a las normas ortográficas del español.

> Recuérdese, en concreto, que los hipocorísticos de nombres tradicionales españoles que terminan en el fonema vocal /i/ precedido de consonante deben escribirse con -*i*: *Cati, Dani, Loli, Mari.* La norma de escritura de *m* ante *p* y *b* debe aplicarse igualmente en ellos: *Juampe,* y no ⊛*Juanpe,* por *Juan Pedro.*

Los antropónimos (II). Los apellidos y los nombres de otras lenguas

LOS APELLIDOS

Qué son. Los apellidos son los nombres que las personas heredan de sus progenitores y que permiten establecer su filiación familiar. Constituyen un atributo de familia y, por tanto, no están sujetos a elección ni modificación arbitrarias, únicamente a la legislación de cada país.

En la mayor parte del ámbito hispánico, el nombre completo incluye los apellidos de los dos progenitores, y el del padre suele preceder al de la madre, aunque muchas legislaciones permiten alterar el orden.

Ortografía de los apellidos. Como en el caso de los nombres propios, tienen fijadas unas normas que no pueden cambiarse a voluntad.

- La práctica más frecuente hoy en español es yuxtaponerlos sin conector: *José Pérez García*.
- Los apellidos compuestos que se forman por la unión de dos apellidos simples se escriben con un guion intermedio, para no confundirlos con la mención de los dos apellidos: *Juan Pérez-Gómez García*.
- Hay apellidos con variantes gráficas: *Cepeda* y *Zepeda*, *Ibarra* e *Ybarra*, *Mejía* y *Mexía*, *Valdivia* y *Baldivia*, *Vázquez* y *Vásquez*.

Conviene precisar al respecto que, al tratarse de un nombre de familia, cada individuo está adscrito a la forma heredada y no puede cambiarla sin autorización oficial ni utilizar arbitrariamente una u otra forma.

LOS ANTROPÓNIMOS Y LAS LENGUAS COOFICIALES

El español no es la única lengua oficial en muchos de los países hispanohablantes: mientras que en España convive con el catalán, el gallego y el vasco, en América lo hace con numerosas lenguas indoamericanas (nahua, quechua...). Por ello, muchos nombres poseen dos formas: la propia de su lengua vernácula y la hispanizada.

Cada persona puede elegir cualquiera de las dos formas, respetando siempre las convenciones ortográficas de cada lengua: *Begiristain, Sunyer, Maruxa, Apumayta, Huaccha, Huallpa, Xóchitl,* o sus correspondientes castellanizados *Beguiristáin, Suñer, Maruja, Apumaita, Huacha, Hualpa, Súchil*.

Debe evitarse el uso de grafías híbridas que mezclen recursos de ambos sistemas ortográficos.

ANTROPÓNIMOS DE OTRAS LENGUAS

Alternancia de formas. La tendencia más generalizada en la actualidad para los nombres y apellidos de personas extranjeras es el empleo directo de la forma de su lengua de origen:

Henry Miller, Leonard Bernstein, Marcello Mastroianni, Marie Curie.

En el pasado, los antropónimos extranjeros solían sufrir un proceso de hispanización:

Juana de Arco, por *Jeanne d'Arc; Ana Bolena,* por *Anne Boleyn; Alberto Durero,* por *Albrecht Dürer; Confucio,* por *Kung Fu-Tzu.*

La mayor parte de estas formas conservan su vigencia en nuestros días, aunque en muchos casos alternan hoy la forma original y su equivalente en español:

Carlos Marx/Karl Marx, Eduardo Manet/Édouard Manet, Pablo Casals/Pau Casals.

En la actualidad solo se suelen emplear formas hispanizadas en los siguientes antropónimos:

- El nombre que adopta el papa para su pontificado: *Juan XXIII, Pablo VI.*
- Los nombres de los miembros de las casas reales: *Isabel II de Inglaterra, Gustavo de Suecia,* aunque hoy conviven con los originales: *Harry de Inglaterra, Frederik de Dinamarca.*
- Los nombres de santos, personajes bíblicos y personajes históricos o célebres: *san Juan Bautista, Herodes, Julio César, Alejandro Magno.*
- Los nombres de los indios norteamericanos: *Caballo Loco, Toro Sentado.*
- Los apodos o los apelativos y sobrenombres de personajes históricos: *Pipino el Breve, Iván el Terrible, la Reina Virgen, Catalina la Grande.*

Proceso de adaptación. La adaptación a la ortografía española de antropónimos extranjeros está indicada cuando un nombre de otra lengua se incorpora a la nuestra.

Cuando no presentan secuencias problemáticas o ajenas a la ortografía española, adaptarlos solo requiere aplicar nuestras reglas de acentuación: *Íngrid, Dónovan, Édison.*

No son recomendables las grafías híbridas, que no son ni extranjeras ni españolas, como ⊛*Stiven,* ⊛*Yénnifer,* ⊛*Jéssika,* ⊛*Yónathan* o ⊛*Yoshua.*

El uso de la mayúscula en los antropónimos

CONSIDERACIONES GENERALES

Una de las funciones primordiales de la mayúscula en español es distinguir el nombre propio del nombre común: el propio se escribe con mayúscula inicial y el común con minúscula.

Pero la mayúscula no afecta solo a los nombres propios genuinos, como los nombres de persona (antropónimos) o de lugar (topónimos), sino también a las expresiones denominativas, esto es, a las expresiones formadas por varias palabras que cumplen funciones análogas a las del nombre propio, pues sirven para designar e identificar entes únicos (instituciones, organismos, obras de creación, etc.).

Hay, además, usos en que nombres o expresiones comunes pasan a escribirse con mayúscula por asumir la función de identificar e individualizar entes concretos en virtud de fenómenos como la antonomasia, por la que un nombre o expresión común reemplaza enteramente a un nombre propio:

el Salvador por *Jesucristo; el Nuevo Mundo* por *América,*

o la personificación, que atribuye rasgos humanos a animales, objetos o conceptos abstractos:

La Muerte se presentó guadaña en mano.

Se enumeran y explican a continuación los tipos de nombres que deben escribirse con mayúscula inicial, así como los casos que inducen la utilización de la minúscula.

LA MAYÚSCULA EN LOS NOMBRES PROPIOS DE PERSONA

- Se escriben con mayúscula inicial los nombres propios de persona, tanto los nombres de pila como los apellidos:

  Ana de la Torre, María del Pilar Ruiz, Aureliano Buendía.

  También los hipocorísticos (variantes familiares del nombre de pila):

  Tina, Lucho, Pili, Luismi.

  La mayúscula se mantiene en los usos en plural:

  Las Anas suelen ser muy traviesas; No conozco muchos Pérez.

- Si un apellido comienza por preposición, o por preposición y artículo, estos se escriben con minúscula cuando acompañan al nombre de pila:

  Luis de Torres, Juana de la Rosa,

pero, si se omite el nombre de pila, la preposición debe escribirse con mayúscula:

señor De Torres, De la Rosa.

Si el apellido comienza con artículo, este se escribe siempre con mayúscula, se anteponga o no el nombre de pila:

Antonio La Merced, señor La Merced.

En los apellidos unidos por la conjunción *y,* esta se escribe siempre con minúscula:

Ortega y Gasset, Ramón y Cajal.

- También se escriben con mayúscula los nombres comunes que se utilizan como antropónimos, ya se trate de traducciones de nombres de otras lenguas:

Toro Sentado, Águila Veloz,

o de nombres de personajes de fábulas o cuentos infantiles, incluidas las personificaciones de animales:

Caperucita Roja, el Gato con Botas.

- Los nombres propios, en general apellidos, que designan familias o dinastías van con mayúscula:

los Claudios, los Austrias, los Borgia, los Romanov, la dinastía Ming.

Pasan a escribirse con minúscula cuando se utilizan como adjetivos: *los reyes borbones.*

Las dinastías o linajes que se designan mediante un patronímico —nombre derivado del perteneciente al fundador de la dinastía que se usa para referirse a sus descendientes— se escriben con minúscula:

los abasíes, los nazaríes, un rey sasánida.

- Se usa también la mayúscula en los apodos, alias, sobrenombres y seudónimos, pero no en los artículos que pueden acompañarlos:

Sandro, el Gitano; Ernesto «Che» Guevara; el Greco; la Dama de Hierro; Isabel la Católica; Azorín (seudónimo del escritor José Martínez Ruiz); *el Pobrecito Hablador* (seudónimo del escritor Mariano José de Larra).

Los topónimos

Se denomina topónimos a los nombres de lugar: *Panamá, Caracas, Orinoco...*

Su ortografía está condicionada por diversas circunstancias, como se verá en los apartados siguientes.

ORTOGRAFÍA DE LOS TOPÓNIMOS HISPÁNICOS

Normas gráficas. Los topónimos que aluden a lugares que se encuentran en territorios de habla hispana deben respetar, como las demás palabras, las normas ortográficas del español. No obstante, existen algunas peculiaridades:

- Aunque la mayor parte presenta una única forma asentada, existen algunos casos de topónimos que ofrecen variantes gráficas admitidas, como *Cusco/Cuzco* o *Xiloá/Jiloá*.

- Algunos topónimos hispánicos pueden presentar una grafía peculiar por conservar vestigios de antiguos usos ortográficos o antiguas variantes formales: *Ayllón, México, Ossa de Montiel, Villar del Salz* (forma antigua de *sauce*).

  Otros, incorporados desde otras lenguas, presentan secuencias ajenas al sistema gráfico del español, como ocurre en *Macuilxóchitl* y *Buctzotz* (México).

- Lo normal es que los topónimos que constan de más de una palabra mantengan la escritura separada de sus componentes: *Don Benito, Entre Ríos, Punta Arenas, San Cristóbal de las Casas.*

  Sin embargo, cuando los primeros elementos se pronuncian átonos, es posible que tras un periodo de vacilación acaben fusionándose en una sola palabra: *Doñana, Puntarenas, Puertollano, Torredonjimeno.*

Alternancia de formas. Para aquellos topónimos de áreas bilingües que tienen una forma española y otra propia de la lengua cooficial, lo natural es que los hablantes seleccionen una u otra en función de la lengua que estén utilizando en cada caso.

En consecuencia, también puede emplearse, siempre que exista, la forma española de estos nombres:

Pasó la mayor parte del verano en Sangenjo, pero tuvo tiempo para visitar Bilbao y llegar hasta Gerona.

ORTOGRAFÍA DE LOS TOPÓNIMOS EXTRANJEROS

Todas las lenguas cuentan con formas propias con las que nombran lugares que no pertenecen a su ámbito geográfico, sino al de otra lengua. Así, en español se emplea *Egipto* en lugar de la forma egipcia *Misr; Croacia* en lugar de *Hrvatska;* en francés denominan *Ségovie* a la ciudad española de *Segovia; Arjantin* es la forma turca de *Argentina,* etc.

Como puede verse, el nombre propio con el que se designa un lugar en una determinada lengua no ha de coincidir necesariamente con el de la lengua que se habla en ese lugar. De este modo, es lícito que en español se empleen topónimos como

Bielorrusia (no *Belarus* o *Belarús*); *Bombay* (no *Mumbai*); *Calcuta* (no *Kolkata*); *Costa de Marfil* (no *Côte d'Ivoire*); *Esmirna* (no *Izmir*); *Pekín* (no *Beijing*).

Deben tenerse en cuenta las siguientes normas:

• Siempre que exista una forma tradicional asentada con vigencia en el uso, se recomienda seguir empleándola en los textos escritos en español:

Aterrizaremos dentro de quince minutos en Rangún (no *en Yangon*); *Sus abuelos tenían una tienda en Esmirna* (no *en Izmir*).

Por ello, aunque es frecuente que los medios de comunicación difundan formas locales que difieren de las tradicionales (*Mumbai* por *Bombay, Beijing* por *Pekín*), solo debe adoptarse la nueva forma cuando se trate de un verdadero cambio de nombre, fruto de una decisión política de carácter oficial:

Burkina Faso por *Alto Volta; San Petersburgo* por *Leningrado; Sri Lanka* por *Ceilán,* etc.

• Cuando no existe una forma tradicional española o ha caído en desuso, en la actualidad suele adoptarse fielmente la forma original:

Seattle es la ciudad más grande del estado de Washington; Cumbre de mandatarios en Maastricht (ant. *Mastrique*); *Viajó a Ankara* (ant. *Angora*).

• Si el uso de la grafía original está plenamente asentado en nuestra lengua, no debe forzarse la hispanización:

Heidelberg, Montpellier, Washington, Plymouth.

Por el contrario, la variante hispanizada es adecuada para formas locales de reciente introducción o para aquellas cuya escritura no se ve sustancialmente alterada por los cambios necesarios para adecuarlas a nuestro sistema gráfico-fonológico: *Bangladés, Galípoli, Lesoto.*

La adaptación es, en cambio, necesaria cuando se trata de transcripciones de lenguas de alfabeto no latino (→ pág. 229).

El uso de la mayúscula en los topónimos

LA MAYÚSCULA EN LOS NOMBRES GEOGRÁFICOS

- Se escriben con mayúscula los nombres propios de los accidentes geográficos (mares, ríos, montes, islas, cabos, etc.):

  el océano Pacífico, el mar Rojo, el lago Titicaca, el río Amazonas, la cordillera de los Andes, el cabo de Hornos, el golfo de México, las islas Galápagos, la falla de San Andrés.

  Como puede verse en los ejemplos, los sustantivos genéricos (*océano, mar, lago*, etc.) que acompañan a los propios van con minúscula. Deben llevar, sin embargo, mayúscula cuando se integran en el nombre propio formando parte de él:

  Río de la Plata, Cabo Verde, Ciudad del Cabo, Sierra Nevada, las Montañas Rocosas, los Picos de Europa, la Selva Negra.

- Se escriben también con mayúscula inicial algunos nombres comunes geográficos cuando se utilizan en forma de antonomasia, aunque su uso debe limitarse al grupo de hablantes para los que la referencia es inequívoca:

  la Cordillera (por la cordillera de los Andes para los chilenos); *el Estrecho* (por el estrecho de Gibraltar para los españoles); *el Golfo* (por el golfo de México para los mexicanos).

- Comienzan con mayúscula los nombres propios de regiones naturales y comarcas, pero no el artículo que los acompaña:

  la Patagonia, la Amazonia (o *Amazonía*), *la Alcarria, el Bierzo, los Monegros.*

- También los nombres propios de continentes, países y ciudades, ya sean reales o imaginarios:

  América, Suecia, Córdoba, La Habana, Macondo, el País de Nunca Jamás,

  así como las denominaciones antonomásticas usadas como alternativas estilísticas:

  el Nuevo Mundo (América), *la Santa Sede* (el Vaticano), *la Ciudad Eterna* (Roma).

  Al igual que en el caso de los antropónimos, en los topónimos se mantiene la mayúscula en los usos en plural:

  Visitó las dos Córdobas, la argentina y la española.

- Los sustantivos y adjetivos que forman parte del nombre de zonas geográficas que abarcan varios países y se conciben como áreas geopolíticas con características comunes:

  Occidente, el Cono Sur, América Latina, el Magreb, Europa del Este.

Se escriben con minúscula, sin embargo, cuando se trata de denominaciones que no se basan en un criterio geográfico:

los países en vías de desarrollo, el tercer mundo, la zona euro.

- Se inician con mayúscula los nombres propios de las divisiones territoriales de carácter administrativo, pero, como en otros casos, no el nombre común genérico que los precede:

    el departamento de Moquegua, el estado de Tlaxcala, la provincia de Cádiz, la diócesis de Cuernavaca.

- Se usa mayúscula en los nombres propios de barrios, urbanizaciones, calles, espacios urbanos y vías de comunicación:

    el barrio de las Letras, la calle (de) Alcalá, la plaza Mayor, el paseo (de) Martí, la avenida 47, la carretera Panamericana.

    Una vez más, el genérico que los acompaña lleva minúscula. Sin embargo, en denominaciones en las que aparece pospuesto, lo que suele ocurrir en nombres tomados o traducidos de otras lenguas, se escribe también con mayúscula:

    la Sexta Avenida, Downing Street, Potsdamer Platz.

- Van con mayúscula los nombres y adjetivos que forman parte de la denominación de edificios singulares, conjuntos arquitectónicos, monumentos, sedes de entidades, etc., aunque en los monumentos el genérico puede ir también en minúscula:

    el Coliseo, el Partenón, la Casa Rosada, la Catedral de Santiago (o la catedral de Santiago), la Torre Eiffel (o la torre Eiffel), la Puerta de Alcalá, el Arco de Triunfo (o el arco de Triunfo), la Casa de América.

    Se escriben asimismo con mayúscula las denominaciones coloquiales: *el Pirulí* (sede de la televisión pública española, en Madrid); *la Bombonera* (estadio del Boca Juniors argentino, o el del Deportivo Toluca mexicano).

- Se utiliza la mayúscula inicial en los términos significativos que componen la denominación de caminos y rutas de carácter turístico o cultural:

    el Camino de Santiago, la Ruta de la Seda.

La mayúscula en otros nombres propios

PERSONIFICACIONES Y NOMBRES RELIGIOSOS Y MITOLÓGICOS

- Se escriben con mayúscula inicial las personificaciones de conceptos abstractos:

  La Justicia es una matrona de ojos vendados; La Muerte suele representarse mediante un esqueleto que porta una guadaña.

- Cuando el nombre de un autor se emplea para designar sus obras, debe mantenerse la mayúscula:

  un Gauguin, un Antonio López, varios Picassos, el último Truffaut (por el último filme de Truffaut).

- Llevan mayúscula los nombres propios de deidades y otros seres del ámbito religioso:

  Alá, Jehová, Odín, Júpiter, Jesucristo, el Espíritu Santo, Yemayá, Kukulkán, Satanás, Lucifer,

  así como los de seres mitológicos o fabulosos:

  Clío, Polifemo, Pegaso, Pandora,

  pero no debe extenderse a los sustantivos comunes que designan las distintas clases de estos seres:

  una sirena, un fauno, las musas, las ninfas, los cíclopes.

  También se escriben con mayúscula inicial los apelativos antonomásticos y las advocaciones:

  el Creador, el Señor, el Todopoderoso, el Gran Arquitecto, la Purísima, la Virgen de Guadalupe, el Cristo de la Agonía, el innombrable, el Buda de la Luz Ilimitada, el Maligno.

La palabra *Dios* se escribe con mayúscula inicial cuando se usa, sin artículo, como nombre propio del ser supremo de una religión monoteísta:

  Dios envió a su hijo para salvarnos;

pero con minúscula y precedido de determinante cuando se usa referido al ser supremo de modo genérico o a divinidades de religiones politeístas:

  Jehová es el nombre hebreo del dios de judíos y cristianos; Júpiter es un dios colérico.

  La misma distinción se produce en usos metafóricos: *Se cree Dios/Se cree un dios.*

NOMBRES DE ANIMALES Y PLANTAS

- Se usa mayúscula en los nombres propios de animales, plantas y objetos singularizados:

  Chita, Moby Dick, Bucéfalo, Pluto, el Big Ben, la Tizona.

- Los nombres latinos que se emplean en la nomenclatura científica internacional para designar las distintas especies y subespecies de animales y plantas, se escriben en cursiva con mayúscula el primer componente (el que designa el género), mientras que los demás van en minúscula:

  Homo sapiens, Felis silvestris catus, Pinus pinaster.

  También llevan mayúscula las palabras latinas que designan los taxones zoológicos y botánicos:

  familia Cyatheaceae, *orden* Coleoptera, *clase* Insecta,

  pero minúscula si se emplea el nombre en español:

  familia cactáceas, orden coleópteros, clase insectos, los cérvidos y los cánidos.

NOMBRES PROPIOS DE ENTES ASTRONÓMICOS

- Llevan mayúscula inicial los términos que forman los nombres de los cuerpos celestes, aunque no debe usarse en los artículos ni en los sustantivos genéricos que a veces los acompañan:

  Marte, la Osa Mayor, la Vía Láctea, el cometa Halley.

- Las palabras *tierra, sol* y *luna* se escriben con mayúscula inicial solo cuando se usan como nombres propios en contextos netamente astronómicos:

  Venus se encuentra más cerca del Sol que la Tierra.

  En los demás casos se escriben con minúscula:

  Se levanta al salir el sol; El domingo hay luna llena; los desheredados de la tierra.

- Llevan mayúscula los nombres de los signos del Zodiaco:

  Nació bajo el signo de Tauro; Los signos de aire son Libra, Acuario y Géminis.

  No la llevan, en cambio, cuando designan de manera genérica a las personas nacidas bajo un determinado signo:

  Los capricornios son particularmente tenaces; Los leos son dominantes, creativos y extrovertidos.

El plural de los nombres propios

REGLA GENERAL

Los nombres propios, como tales, no tienen plural, pues designan entidades únicas. Sin embargo, cuando varios individuos comparten nombre, se asimilan a los sustantivos comunes y, por tanto, forman el plural de manera regular:

Aquí viven varias Cármenes; Conozco a tres Antonios.

También forman un plural regular los sustantivos procedentes de nombres propios que designan arquetipos, convertidos ya en nombres comunes:

un donjuán/unos donjuanes; un quijote/unos quijotes.

LOS NOMBRES PROPIOS COMPUESTOS

No hay normas seguras para la formación del plural de los nombres propios compuestos que designan personas. Lo más frecuente es que se pluralice solo el último elemento, se escriban los componentes separados o unidos mediante guion:

los Juan Antonios, los José Manueles, los Pedro Pablos, los Francisco Javieres, los José-Marías.

Hay cierta alternancia cuando el primer componente es *María*:

las Marías Teresas o las María Teresas; las Marías Juanas o las María Juanas.

LAS FORMAS DE TRATAMIENTO

- En el plural de los nombres de santos (hagiónimos) que contienen la forma apocopada *san*, varía únicamente el nombre. Varía también la forma de tratamiento si está completa:

  los san Luises y los san Antonios, pero *los santos Josés y las santas Teresas.*

- Otras formas de tratamiento, como *don, fray* o *sor,* permanecen inalteradas:

  los don Josés (pero *las doñas Juanas*), *los fray Gerundios, las sor Patrocinios.*

LOS APELLIDOS

- Son habituales las alternancias entre las formas variables y las invariables al constituir el plural de los apellidos:

  varios Ochoa o varios Ochoas; algunos Saavedra o algunos Saavedras.

Permanecen invariables, sin embargo, los que acaban en *-s* o *-z:*

  los Fernández, los Pérez, los Quiñones, los Solís, los Borges.

- Tampoco varían los que coinciden con nombres de pila o con adjetivos, puesto que la forma plural podría inducir a confusión:

  los Alonso, los Caballero, los Hermoso, los Hidalgo, los Leal, los León.

- Cuando se usan para designar a los miembros de una misma familia, suelen permanecer invariables:

  los Escobar, los García, los Ochotorena,

  pero se tiende a la pluralización cuando se trata de dinastías:

  los Borbones, los Austrias, los Capetos, los Médicis.

- Los apellidos extranjeros no varían en principio, sobre todo si su configuración fonética y gráfica no se ajusta a la del español:

  los Reagan, los Wagner, los Harrison, los Becker, los Schneider.

  Cuanto mayor es la adecuación, mayor es la posibilidad de pluralizar:

  los Sousas, los Agostinis, los Nixons.

NOMBRES DE PREMIOS Y MARCAS

- Los nombres de premios son invariables cuando expresan su denominación oficial:

  los premios Goya, la ceremonia de los Óscar.

  Pero pluralizan cuando designan un objeto material, o bien a la persona premiada:

  los goyas del museo, los nobeles de literatura.

- Los nombres de marcas se asimilan a los nombres comunes cuando se refieren a los objetos que designan, y tienden a hacer el plural en *-s* si terminan en vocal:

  los Toyotas, los Ferraris, las Yamahas, los Zaras, los Mercadonas.

  Si acaban en consonante, lo habitual es que no varíen:

  los Seat, los Fiat, los Peugeot, los Carrefour.

TOPÓNIMOS EN PLURAL

Se emplean solo en plural los nombres propios de ciertas cordilleras (*los Alpes, los Andes, los Pirineos*), archipiélagos (*las Antillas, las Baleares, las Canarias, las Filipinas, las Galápagos*) y países (*Emiratos Árabes Unidos, Estados Unidos, Países Bajos*), así como los de algunas ciudades (*Aguascalientes, Buenos Aires, Ciempozuelos*).

Acentuación gráfica de los nombres propios

ACENTUACIÓN DE LOS ANTROPÓNIMOS Y TOPÓNIMOS HISPÁNICOS

- Tanto los antropónimos (nombres de pila, apellidos e hipocorísticos) como los topónimos españoles deben someterse a las reglas de acentuación gráfica de nuestra lengua:

  Raúl, García, Piedrahíta (hiatos de cerrada tónica); *Míriam, Sáez, Róber, Ciudad Juárez* (llanas no terminadas en *-n* o *-s*); *Ángeles, Álvarez, Mérida* (esdrújulas); *Hernán, Toñín, Medellín* (agudas acabadas en *-n*); *Luis, Sainz* (monosílabas).

- Nombres compuestos. Si los dos elementos se escriben por separado, deben conservar su acentuación gráfica, aunque el primero de ellos pueda haber perdido su acento prosódico: *José Luis, Jesús Ángel, María José*, etc.

  Si se ha producido la fusión gráfica de ambos, las reglas de acentuación deben aplicarse sobre el compuesto resultante: *Juanjosé, Josemaría*, etc.

- Algunos nombres propios tradicionales bisílabos y agudos suelen adoptar en el registro familiar o popular una variante con acentuación llana:

  José > Jose [jóse], *Miguel > Míguel* [mígel], *Jesús > Jesus* [jésus], *Rubén > Ruben* [rrúben].

  Cuando se desee reflejar estos hipocorísticos en la escritura, el uso de la tilde deberá adecuarse a su pronunciación.

ACENTUACIÓN DE LOS ANTROPÓNIMOS DE OTRAS LENGUAS

- Los nombres propios y apellidos pertenecientes a lenguas en contacto con el español (catalán, gallego, vasco, quechua, aimara, etc.) se ajustan a las reglas del español solo en su forma hispanizada:

  Cóndor (quechua *Kunturi*), *Echevarría* o *Echeverría* (eusk. *Etxeberria*), *Nuria* (cat. *Núria*).

  También se podrán acentuar aquellos nombres y apellidos cuya forma original no presente problemas de adecuación al español y cuyo portador los considere plenamente integrados en nuestra lengua: *Bernabéu, Asiaín*.

- Las reglas de acentuación del español no son aplicables a los nombres propios de personas no hispanohablantes cuando dichos nombres proceden de lenguas que también emplean el alfabeto latino. Así, cuando se citan en textos españoles, deben respetarse los usos de tildes u otros signos diacríticos de la forma original:

  Ingrid Bergman, Ségolène Royal, António dos Santos, Björn Borg, etc.

ACENTUACIÓN DE LOS TOPÓNIMOS EXTRANJEROS

- Las formas españolas de los topónimos extranjeros, ya sean las tradicionales o las adaptaciones más recientes, deben seguir siempre las normas de acentuación del español:

    Bangladés, Córcega, Dublín, Oceanía, Túnez, Los Ángeles.

- Los topónimos extranjeros cuya forma original no presente problemas de adecuación a la ortografía del español también se someterán a nuestras reglas de acentuación:

    Oregón (ingl. *Oregon*), *Ámsterdam* (neer. *Amsterdam*), *París* (fr. *Paris*), *Berlín* (al. *Berlin*).

- En cambio, se respetarán las formas originales y no se aplicarán las reglas de acentuación del español en aquellos topónimos extranjeros que se incorporen por mera adopción de la forma originaria, sin adecuación a nuestra ortografía:

    Düsseldorf, São Paulo, Jämtland.

LAS TRANSCRIPCIONES DE NOMBRES PROPIOS PROCEDENTES DE LENGUAS QUE NO UTILIZAN EL ALFABETO LATINO EN SU ESCRITURA

Muchos de los antropónimos y topónimos extranjeros proceden de lenguas que no utilizan el alfabeto latino, por lo que se hace precisa, en primer lugar, su conversión a los caracteres de este alfabeto.

La existencia de sistemas de transcripción cuyas equivalencias están adaptadas a los rasgos del inglés y del francés ha dado lugar a que circulen en el uso formas diversas que no se adecuan por completo al sistema ortográfico del español. Por ello, la recomendación general es que dichos nombres propios se adapten enteramente a la ortografía española, alterando en la menor medida posible el reflejo de la pronunciación original y respetando nuestro sistema de correspondencias entre grafías y fonemas:

Daguestán (y no *Daghestan*), *Hasán* (y no *Hassan*), *Kioto* (y no *Kyoto*), *Yibuti* (y no *Djibouti*).

Las voces resultantes de las transcripciones se consideran adaptaciones, ya sean parciales o totales, al sistema español de escritura, por lo que deben someterse a sus reglas de acentuación gráfica:

Chernóbil, Dubái, Shanghái, Taipéi, Fiódor, Hamás, Yangtsé, etc.

La gradación del adjetivo

LOS GRADOS DEL ADJETIVO

Los adjetivos calificativos pueden expresar cualidades en mayor o menor grado. Se distinguen tradicionalmente tres grados en la expresión de la cualidad: positivo, comparativo y superlativo.

- Grado positivo. El adjetivo carece de elementos intensificadores y expresa la cualidad de una forma neutra: *alto, hermoso, triste.*
- Grado comparativo. El adjetivo recibe una cuantificación mediante la que se establece una relación de igualdad o de desigualdad con otros elementos: *tan bueno como los demás, más alto que su amigo.*
- Grado superlativo. El adjetivo expresa una cualidad en su grado más alto: *listísima, la más lista.*

ADJETIVOS GRADUABLES Y NO GRADUABLES

No todos los adjetivos admiten esta gradación. En función de ello, los adjetivos se pueden clasificar en graduables y no graduables.

Adjetivos graduables. Lo son fundamentalmente los adjetivos calificativos, que admiten adverbios de grado:

muy inteligente, poco inteligente, bastante inteligente, harto inteligente, etc.,

y pueden formar parte de construcciones comparativas:

Es tan inteligente como su hermano.

La gradación se obtiene también con recursos morfológicos, como la sufijación afectiva:

pequeñito, calentico o *calientico, grandecito, ingenuote, pobretón, buenazo, bonachón, delicaducha,*

y sintácticos, como la reduplicación léxica, a menudo reforzada por la entonación enfática:

Esta paella sí que está buena buena.

Adjetivos no graduables. Suelen rechazar la cuantificación de grado los adjetivos de tipo clasificativo, es decir, los descriptivos, de relación y similares:

*un puente bastante colgante, *unos análisis muy clínicos.

No obstante, aceptan comparativos cuando expresan la adecuación o idoneidad con la que se aplica a algo determinada característica. Así, en un ejemplo como

Se trata de una circunstancia más biológica que política,

lo que realmente se está diciendo es 'más propiamente biológica' y 'menos propiamente política', respectivamente.

LOS ADJETIVOS DE GRADO EXTREMO

La mayor parte de los adjetivos calificativos son graduables, a menos que expresen el grado extremo de alguna propiedad. Estos adjetivos de grado extremo se suelen denominar elativos. A este grupo pertenecen, entre otros, los siguientes:

abominable, atroz, brutal, colosal, delicioso, enorme, espantoso, espléndido, excelente, excelso, eximio, exquisito, extraordinario, fabuloso, fundamental, gélido, helado, horroroso, increíble, ínfimo, inmaculado, inmenso, magnífico, maravilloso, máximo, mínimo, minúsculo, monstruoso, perverso, precioso, sensacional, supremo, terrible, tórrido, tremendo.

Conviene hacer, además, dos precisiones relativas a la gradación:

• En general, los adjetivos elativos tienden a rechazar los adverbios de grado, dado que esa combinación daría lugar a expresiones redundantes o contradictorias: si *excelente* equivale, aproximadamente, a 'muy bueno', la combinación **muy excelente* es redundante, mientras que **poco excelente* es contradictoria.

Lo mismo sucede con los prefijos y sufijos de este carácter. Si *inmenso* significa ya 'muy grande, grandísimo', no tienen razón de ser **inmensísimo* o **requeteinmenso*.

Tampoco la tiene una comparación como **Este árbol es más inmenso que aquel.*

• En algún caso pueden, sin embargo, perder su valor elativo y comportarse como adjetivos de significado no extremo. Entonces admiten formas y construcciones comparativas y superlativas:

tan colosal como..., menos delicioso que..., el más terrible pronóstico, el más abominable ogro, el más mínimo esfuerzo.

Por otra parte, algunos de estos adjetivos aceptan adverbios como *absolutamente* o *enteramente,* que tienen carácter enfático, más que propiamente gradativo:

absolutamente maravilloso, enteramente increíble.

Las construcciones comparativas

QUÉ SON

Las construcciones comparativas establecen una relación de superioridad, inferioridad o igualdad en la comparación entre dos magnitudes. Dichas magnitudes pueden ser:

- Números. En *Ahora vendemos más paraguas que antes,* se compara el número de paraguas que se vendía en el pasado con el número de paraguas que se vende en la actualidad.

- Cantidades. En *Tiene menos trabajo que su compañero,* se compara la cantidad de trabajo que tiene una persona con la cantidad de trabajo que tiene su compañero.

- Grados. En *Este tejido es tan suave como aquel,* se compara el grado de suavidad de un tejido con el grado de suavidad de otro.

CLASES DE CONSTRUCCIONES COMPARATIVAS

Se clasifican en función de los cuantificadores comparativos que intervienen en ellas. Tanto unas como otros pueden verse en el siguiente cuadro:

CLASE		CUANTIFICADOR COMPARATIVO	EJEMPLOS
Comparativas de desigualdad	Comparativas de superioridad	*más*	*Ahora vendemos más paraguas que antes.*
	Comparativas de inferioridad	*menos*	*Tiene menos trabajo que su compañero.*
Comparativas de igualdad		*tan*	*Este tejido es tan suave como aquel.*
		tanto/tanta/ tantos/tantas	*Acá viven tantas familias como allá.*

Se recomienda evitar secuencias como ⊗*No hay nada más relajante como un buen baño,* en las que se cruzan las comparativas de desigualdad y las de igualdad. Lo correcto es *No hay nada más relajante que un buen baño.*

ESTRUCTURA DE LA COMPARACIÓN

Las estructuras comparativas se dividen tradicionalmente en dos partes. La primera parte abarca todo el segmento que precede al nexo comparativo. En ella aparecen el primer término de la comparación, el cuantificador comparativo y el núcleo. En la segunda, el nexo y el segundo término de la comparación. Cada uno de estos elementos consiste en lo siguiente:

- El primer término de la comparación. Es aquel que se pretende comparar con otro. En un ejemplo como *Andrés tiene menos trabajo que su compañero,* el primer término es *Andrés.*

- El segundo término de la comparación. Es aquel con el que se compara el primero. En el ejemplo citado es *su compañero.*

- El núcleo de la comparación. Es aquello en lo que se basa la comparación entre los dos términos. En el ejemplo es *trabajo.*

- El cuantificador comparativo (*más, menos, tan, tanto, igual, lo mismo*) permite ver el tipo de comparativa.

  Cuando hay un núcleo expreso, el cuantificador se une a él en función adverbial: *más simpático, menos simpático, tan simpático...* Si no lo hay, la función es asimismo adverbial: *Tu compañera trabaja más que tú.*

- El nexo es el elemento que relaciona las dos partes: *que, como.*

EL CUANTIFICADOR COMPARATIVO

Suele adoptar una forma analítica, a partir de los cuantificadores *más, menos, tan,* etc., unidos al núcleo: *más listo, menos preparado, tan hábil.*

Pero existen también los denominados comparativos sincréticos, que contienen implícito en su significado el cuantificador *más.* Algunos son adjetivales: *mejor* ('más bueno'), *peor* ('más malo'), *mayor* ('más grande'), *menor* ('más pequeño'): *Este vino es mejor que ese; Su esfuerzo es menor que el nuestro.*

Mayor y *menor,* en comparaciones entre personas, no indican tamaño, sino edad. Por otra parte, *mayor* admite usos no comparativos, como simple adjetivo, por lo que son correctas construcciones como *Es más mayor que tú; Está muy mayor.*

Otros son adverbiales: *mejor* ('más bien'), *peor* ('más mal'), *antes* ('más pronto'), *después* ('más tarde'): *Yo canto peor que tú; Llegó antes que su equipaje.*

Deben evitarse expresiones como ⊗*Esto es más mejor que eso* (por *Esto es mejor que eso*) o ⊗*Lo más mejor de todo* (por *Lo mejor de todo*) y otras similares que se oyen en el habla popular, en las que se combinan ambos tipos de comparativos.

La comparación de desigualdad

Como quedó dicho, las construcciones comparativas se clasifican en función de los cuantificadores comparativos que les dan sentido. Con el cuantificador *más* se forman las comparativas de superioridad:

Estás más delgada que el año pasado,

y con *menos,* las de inferioridad:

Disfruté menos del vino que de su compañía.

Estas dos construcciones se denominan comparativas de desigualdad, ya que, a diferencia de las de igualdad, no se establece una equiparación entre los dos términos con relación a la propiedad comparada.

ALGUNOS PROBLEMAS EN LA CONSTRUCCIÓN

• Cuando el segundo término de la comparativa de desigualdad es una subordinada sustantiva con la conjunción *que,* coincide con el enlace comparativo, que también es *que,* con lo que aparecen juntas dos conjunciones iguales:

Es mejor que vayas tú que que vengan ellos.

Para evitar esta concurrencia, dado que el choque no resulta muy eufónico, puede insertarse una negación expletiva:

Es mejor que vayas tú que no que vengan ellos.

Deben evitarse soluciones como la fusión de los dos *que* en uno (*⊗Es mejor que vengas tú que vengan ellos*) o la sustitución del primer *que* por *a* (*⊗Es mejor que vayas tú a que vengan ellos*), ya que ambas opciones se consideran incorrectas.

• El paralelismo entre los dos términos de la comparación debe mantenerse. De este modo, son correctas las construcciones

Sale con más amigas que amigos y *Sale más con amigas que con amigos,*

pero resulta agramatical

*Sale con más amigas que con amigos.

LA ALTERNANCIA ENTRE *QUE* Y *DE* EN LAS COMPARATIVAS DE DESIGUALDAD

En determinadas circunstancias, el complemento comparativo puede estar encabezado por la preposición *de* en lugar de por la conjunción *que:*

Recibió más dinero del que pensaba; Trabaja menos de lo que trabajaba.

Estos son algunos de los casos que pueden plantearse:

- Se usa habitualmente *de* cuando el segundo término de la comparación va encabezado por un artículo determinado y una relativa sin antecedente expreso:

  Empezaron a beber más ginebra de la que era conveniente; Trabajas más de lo que necesitas.

  En algunas ocasiones pueden alternar *de* y *que,* aunque suele haber alguna diferencia de significado:

  Esto es más bonito de/que lo yo que había imaginado.

  En el primer caso (*de lo que...*) se introduce el grado en que se enjuicia la cualidad presentada; en el segundo caso (*que lo que...*) se introduce lo que se compara con *esto.*

- Se construyen también con *de* otros grupos nominales cuantitativos formados con adjetivos, como *aconsejable, autorizado, esperado, justo, previsto, requerido* y otros similares:

  Comprendió que iba a necesitar más ayuda de la prevista.

  También en estos casos se obtienen pares con *de* o con *que* análogos al mencionado con anterioridad:

  Me pareció más interesante de lo habitual/Me pareció más interesante que lo habitual; No llevábamos más dólares de los permitidos/No llevábamos más dólares que los permitidos.

COMPARATIVAS DE DESIGUALDAD CON OTROS ELEMENTOS

Aunque no se puede hablar de construcciones comparativas en sentido estricto, sí se expresan relaciones de desigualdad con los siguientes elementos léxicos:

- Con los adjetivos *diferente* y *distinto* alternan *a* y *de:*

  Tus deseos son diferentes a/de los míos.

- El verbo *preferir* y el adjetivo *preferible* se construyen con *a* si el complemento es nominal:

  Prefiero (o *es preferible*) *el día a la noche.*

  Si el complemento es una construcción de infinitivo, alternan *a* y *que:*

  Prefiero interrumpir el trabajo a/que terminarlo precipitadamente.

- Las locuciones *al contrario* y *al revés* admiten complementos comparativos introducidos por *que* y por *de:*

  Al contrario de/que las demás, ella se quedó en casa.

La comparación de igualdad

La comparación de igualdad implica una equiparación del primer término con el segundo. Los componentes de las comparativas de esta clase son análogos a los reconocidos en las de desigualdad. La diferencia fundamental se halla en el cuantificador comparativo y el nexo que introduce el segundo término. El esquema básico, aunque no el único, es el formado por *tan, tanto... como:*

El árbol es tan alto como la casa; María trabaja tanto como Antonio.

En el primer ejemplo se equipara entre los dos términos el grado de altura, y en el segundo, la cantidad de trabajo.

COMPARATIVAS CON *TAN... COMO* O *TANTO... COMO*

Es, como quedó dicho, el esquema fundamental. En torno a él cabe realizar algunas consideraciones:

- Se omite con frecuencia el primer componente:

  Luis es como su padre; Me esforzaré como los demás.

- También el segundo término:

  Siento haberme enojado tanto; Nunca me había divertido tanto.

- A menudo el sentido de la comparación no se queda en simple equiparación del primer término con el segundo, sino que hay cierta tendencia a sobrepasarlo:

  Está cantando tan bien como en la temporada pasada (si no mejor).

- Al contrario que las de desigualdad, rechazan un segundo término constituido por una relativa sin antecedente. Así, la lengua desestima oraciones como

  *Se esfuerza tanto como lo que puede (en lugar de ... *tanto como puede*).

- Además de la interpretación propiamente comparativa, estas oraciones pueden tener también un sentido ejemplificativo, como en

  Buñuel dirigió películas tan famosas como Viridiana,

  donde *Viridiana* se aduce como ejemplo de las películas famosas dirigidas por Buñuel.

- Admiten las fórmulas *como que* y *como si,* que pueden alternar entre ellas en función de la forma verbal utilizada:

  Hizo como que no la veía/Hizo como si no la viera.

COMPARATIVAS DE IGUALDAD CON *MISMO, IGUAL* Y OTRAS PALABRAS

Constituyen otras posibilidades de construcción de las comparativas de igualdad:

Disfruta tanto como él/Disfruta igual que él/Disfruta lo mismo que él.

Con el adjetivo *mismo* se expresa identidad no solo de número, cantidad y grado, sino también de entidades individuales:

> *Teresa vivía en la misma ciudad que él: La Habana.*

Conviene, no obstante, tener en cuenta algunas circunstancias:

- En ambos casos el segundo término va introducido habitualmente por la conjunción *que:*

> *igual que tú, lo mismo que su padre.*

Con *igual* se emplea en ocasiones la preposición *a: Es igual a ti.*

> Debe evitarse el uso de *como* en lugar de la conjunción *que* para introducir el segundo término: [⊗]*Usa la misma talla como yo* (en lugar de *... que yo*) o [⊗]*Son ustedes igual de mentirosos como ellos* (en lugar de *... que ellos*).

- El adverbio *igual* se usa también como cuantificador de adjetivos y adverbios:

> *Era igual de guapo que su abuelo; Cantas igual de bien que un profesional.*

> Como los adverbios son invariables, deben evitarse secuencias como [⊗]*Los dos relojes son iguales de caros* (por *... son igual de caros*).

- *Igual* y *lo mismo* han desarrollado en el español coloquial un sentido comparativo equivalente a 'con idéntica probabilidad':

> *Igual pudo ser él que cualquier otro; Lo mismo te alaba que te insulta.*

- También el adverbio *igualmente* admite comparativas con *que,* aunque se prefiere el uso de una conjunción copulativa:

> *Es igualmente válido en un caso que en el otro/Es igualmente válido en un caso y en el otro.*

> El adjetivo *idéntico* se construye con la preposición *a* (*unas huellas idénticas a las de los osos*). Se recomienda evitar el uso de *que* tras esta voz: [⊗]*un huesecillo idéntico que un yunque* (por *... a un yunque*).

Los superlativos. El superlativo relativo

EL SUPERLATIVO Y SUS CLASES

Como quedó dicho, el superlativo expresa una propiedad en su grado máximo. Existen dos tipos:

Superlativo relativo. Expresa una propiedad poseída por uno o varios individuos en un grado más alto que los demás miembros de un conjunto. Se forma con el artículo definido seguido de un adverbio o adjetivo idéntico al usado en las construcciones comparativas (*el más, el menos, el mejor, el peor...*):

> *Es el más distraído de la clase; Viven en la mejor casa del barrio.*

Superlativo absoluto. Manifiesta un grado muy alto de una cualidad sin establecer comparación alguna. Se construye con los sufijos *-ísimo* y *-érrimo* (*altísimo, celebérrimo*) y con el adverbio *muy* (*muy bueno*), aparte de otras formas que se verán más adelante.

EL SUPERLATIVO RELATIVO

Dado que establece una relación de un elemento con otros, el superlativo relativo tiene cierta semejanza con el comparativo. Su estructura es, en efecto, similar, aunque su significado no lo sea. Consta de tres componentes, que pueden analizarse en el siguiente ejemplo:

> *el día más caluroso de todo el verano.*

- El primer término, que denota la entidad de la que se predica la propiedad extrema, es *el día*.
- El segundo elemento es el grupo cuantificativo, que se forma con *más, menos* o comparativos sincréticos (que integran los cuantificadores *más* o *menos* y algún otro elemento), como *mejor, peor,* etc. En el ejemplo, *más caluroso*.
- El tercer componente, generalmente potestativo, se llama complemento restrictivo o coda superlativa y designa el conjunto de seres, el ámbito temporal o locativo, etc., de que se extrae la entidad a la que hace referencia el primer término. En este caso es *de todo el verano*.

ALGUNAS PARTICULARIDADES DE LAS CONSTRUCCIONES DE SUPERLATIVO RELATIVO

- Pueden cumplir la función de complemento restrictivo los adjetivos *vivo, posible* o *imaginable*. Estos adjetivos concuerdan en género y número con el primer término:

> *la mejor escritora viva, las entradas más baratas posibles, los mayores desprecios imaginables.*

En construcciones como *Las comidas deben ser lo más variadas posible,* el primer término es *lo,* por lo que la concordancia con el adjetivo *posible* adopta la forma del masculino singular. Es, pues, incorrecta la variante ⊗*Las comidas deben ser lo más variadas posibles.*

Es válida, en cambio, la doble concordancia del adjetivo —con *lo* o con el sustantivo *comidas*— que se muestra en construcciones no superlativas, como *Las comidas eran de lo más variado* o *... de lo más variadas.*

- El grupo cuantificativo puede estar dentro de una subordinada de relativo en las llamadas construcciones superlativas complejas:

  la habitación que tiene más camas de todo el albergue.

  En construcciones de este tipo, en el español hablado en el área caribeña y en las islas Canarias, el grupo cuantificativo aparece incluso fuera de las relativas, sin antecedente expreso, como en *lo más que me gusta* por *lo que más me gusta.* Estas variantes son poco comunes en los registros formales.

- Constituyen superlativos sincréticos los adjetivos *último* (*el último vagón del tren*), *primero* (*el primero en aparecer*) y *único* (*la única que acertó*), así como los adverbios *antes* (*el que antes llegó de todos*) y *primero* (*la alumna que termine primero el ejercicio*).

  Los verbos *predominar, prevalecer* o *preponderar* se pueden considerar, en cierto sentido, superlativos sincréticos, dado que contienen implícitamente el significado que corresponde al cuantificador *más.* Es incorrecto, por tanto, combinarlos con él. Debe pues, decirse, *el que predomina,* no ⊗*el que predomina más* o ⊗*el que más predomina.*

- Los cuantificadores *más* y *menos* no se combinan con los adjetivos superlativos léxicos *óptimo* y *pésimo,* por lo que la norma rechaza expresiones como ⊗*el más óptimo de todos.*

  Estos dos cuantificadores son compatibles, en cambio, con los adjetivos *mínimo* e *ínfimo,* lo que da lugar a alternancias como *el más mínimo error/el mínimo error.*

- El elemento restrictivo de la construcción superlativa se omite a menudo, lo que da lugar a una interpretación generalizadora:

  No hace la más mínima concesión; El menor inconveniente le molestaba; Te cobrará hasta el más pequeño favor; Se derrumba ante el problema más insignificante.

Formas del superlativo absoluto (I). El sufijo *-ísimo/-ísima*

EL SUPERLATIVO ABSOLUTO

Como se dijo, el superlativo absoluto expresa una cualidad o propiedad en su más alto grado sin establecer comparación con ninguna otra realidad.

En este capítulo y en el siguiente se estudian las principales propiedades de los superlativos absolutos, con excepción de las formas sincréticas *óptimo, pésimo, máximo* y *mínimo*, a las que ya se ha aludido.

EL SUFIJO *-ÍSIMO/-ÍSIMA*

El sufijo *-ísimo/-ísima* es el más característico en la formación léxica del superlativo absoluto. Estos son sus principales usos y variantes.

Palabras a las que se añade

- Se une a un gran número de adjetivos calificativos, a menudo con connotaciones expresivas. Se pueden citar, entre otros muchos:

    bellísimo, contentísimo, cordialísimo, durísimo, gravísimo, inteligentísimo, intensísimo, larguísimo, lindísimo, modestísimo, negrísimo, nerviosísimo, numerosísimo, peligrosísimo, rarísimo, secretísimo, sencillísimo.

- Aparece en algunas formas de tratamiento correspondientes a determinados títulos o dignidades:

    excelentísimo, ilustrísimo, reverendísimo, serenísimo.

- Lo admiten los cuantificadores *bastante, cuanto, mucho, poco* y *tanto*, si bien *bastantísimo* es menos usado en la lengua actual que en la antigua: *cuantísimo tiempo, muchísimo trabajo, poquísima vergüenza, tantísimos años.*

- También lo acepta el identificador *mismo:*

    Señora, la niña tiene su mismísima cara.

- Y los adverbios *cerca, deprisa, despacio, lejos, pronto, tarde* y *temprano:*

    Estábamos cerquísima; Me levanto tempranísimo.

En algunas zonas americanas alternan las variantes *lejísimos* y *lejísimo*, ambas correctas.

Variantes formales

- Formas diptongadas y no diptongadas. Existen alternancias como estas:

    ardentísimo o *ardientísimo, bonísimo* o *buenísimo, calentísimo* o *calientísimo, certísimo* o *ciertísimo, destrísimo* o *diestrísimo, ferventísimo* o *fervientísimo, fortísimo* o *fuertísimo, grosísimo* o *gruesísimo, incertísimo* o *inciertísimo, noví-simo* o *nuevísimo, recentísimo* o *recientísimo, ternísimo* o *tiernísimo, valentísi-mo* o *valientísimo.*

Las causas que inducen a elegir unas u otras son diversas, pero, de un modo general, se puede afirmar que las formas con diptongo (*buenísimo, ciertísimo, nuevísimo*) son las habituales en la lengua coloquial, mientras que *bonísimo, cer-tísimo, novísimo* y similares son más cultas y menos usadas.

- La variante *-císimo/-císima*. Aparece, con muchas excepciones, en adjetivos acabados en *-n:*

  jovencísimo, briboncísimo, ruincísimo.

  También en algunos terminados en *-or:*

  madrugadorcísimo, mayorcísimo, trabajadorcísimo.

  Como derivados de *amigo,* alternan hoy la forma culta *amicísimo* y la patri-monial y más usada *amiguísimo.*

  La forma *popularcísimo* se usa ya muy poco, a favor de *popularísimo.* Ha dejado de utilizarse *amplicísimo,* sustituido por *amplísimo.*

- Formas irregulares. Son irregulares los siguientes superlativos, construidos so-bre bases latinas:

  antiquísimo (*antiguo*), *crudelísimo* (menos usado que *cruelísimo*), *fidelísimo* (que alterna con *fielísimo*), *frigidísimo* (de *frío,* menos usado que *friísimo*), *sa-pientísimo* (*sabio*).

  Los adjetivos terminados en *-ble* presentan la variante *-bilísimo:*

  agradabilísimo, amabilísimo, miserabilísimo, nobilísimo, notabilísimo.

  Alternan *endeblísimo* y *endebilísimo,* de *endeble.*

- En los acabados en *-io,* el diptongo desaparece y se asimilan las dos íes:

  limpísimo (de *limpio*), *sucísimo* (de *sucio*), *despacísimo* (de *despacio*).

(Sobre las voces que rechazan el sufijo *-ísimo/-ísima,* véase el capítulo siguiente).

Formas del superlativo absoluto (II). Otros sufijos y modos de expresión

VOCES QUE RECHAZAN EL SUFIJO -*ÍSIMO*/-*ÍSIMA* O QUE LO ACEPTAN CON VALOR ESPECIAL

Aunque, como se dijo en el capítulo anterior, el sufijo -*ísimo*/-*ísima* es el más característico en la formación del superlativo absoluto, algunas voces lo rechazan:

- No suelen admitirlo los adjetivos terminados en -*ío* (*sombrío, tardío, vacío...*), con excepciones como *frío* (*friísimo*) e *impío* (*impiísimo*).

- Tampoco los acabados en -*uo*, aunque a veces se documentan *arduísimo* (de *arduo*), *ingenuísimo* (de *ingenuo*) o *exigüísimo* (de *exiguo*).

> No debe utilizarse la forma ⊗*antigüísimo* en lugar de la correcta *antiquísimo*.

- Resultan poco naturales las formas en -*ísimo*/-*ísima* de muchos adjetivos que poseen prefijos negativos, como *anormalísimo, inapropiadísimo* o *inutilísimo*, frente a *normalísimo, apropiadísimo* o *utilísimo*.

- Tampoco lo aceptan muchos derivados despectivos (*feúcho, grandote*, etc.) y diminutivos (*pequeñito, rojito*, etc.), pero se registran excepciones, como *chiquito* > *chiquitísimo*.

- Por razones semánticas, tienden a rechazarlo los adjetivos de relación (*químico, industrial, estudiantil, ambiental...*), puesto que no denotan propiedades graduables.

  Aparece, no obstante, en algunos cuando se emplean como si fueran calificativos: *una canción popularísima, un plato mexicanísimo, un monarca cristianísimo*.

- Los participios pasivos rechazan -*ísimo*/-*ísima* en los tiempos compuestos, en las construcciones absolutas y en otros usos similares, pero lo admiten en algunas perífrasis verbales, como en

  Tenía preparadísimo el discurso; Está prohibidísimo conducir a 180.

  Los participios que han pasado a usarse como adjetivos en alguno de sus significados lo aceptan con naturalidad. Son, entre otros muchos, los siguientes:

  abultadísimo, afortunadísimo, agradecidísimo, atrevidísimo, cargadísimo, celebradísimo, contadísimo (por ejemplo, *en contadísimas ocasiones*), *estudiadísimo, movidísimo, pesadísimo, pobladísimo, queridísimo, refinadísimo, restringidísimo, trabajadísimo*.

- Los sustantivos no suelen admitir este sufijo. No obstante, aparece en algunos casos con valor intensificador, como en *campeonísimo, generalísimo*, y en otros con connotaciones burlescas, propios del habla coloquial: *el cuñadísimo, la hermanísima, el nietísimo*.

En México y parte de Centroamérica se registra el adjetivo *padrísimo*, derivado del sustantivo *padre* (en su uso adjetival), con el significado de 'magnífico, extraordinario'.

- También son coloquiales los superlativos de ciertos adjetivos o participios que hacen referencia a propiedades que, en principio, pueden entenderse como absolutas, como *solterísimo, casadísimo, muertísimo, rechazadísimo*.
- Es especial el uso que recibe *-ísimo* en respuesta a expresiones enfáticas propias del registro coloquial:

    —¿*Ha sido tan estupendo como dicen?* —*Estupendísimo.*

EL SUFIJO -ÉRRIMO/-ÉRRIMA

El sufijo *-érrimo/-érrima* procede del formado en latín con adjetivos terminados en *-er* (*acer, asper, celeber...*) y que hoy contienen el fonema /r/ en su última sílaba:

> *acérrimo* (de *acre*), *aspérrimo* (de *áspero*), *celebérrimo* (de *célebre*), *integérrimo* (de *íntegro*), *libérrimo* (de *libre*), *misérrimo* (de *mísero*), *nigérrimo* (de *negro*), *paupérrimo* (de *pobre*), *pulquérrimo* (de *pulcro*), *salubérrimo* (de *salubre*).

Algunos de estos derivados poseen variantes en *-ísimo* igualmente válidas, como *asperísimo, integrísimo, negrísimo, pobrísimo* y *pulcrísimo*. No tiene base española *ubérrimo* (derivado del lat. *uberrĭmus*, de *uber* 'fértil').

En el español coloquial de muchos países se usa *-érrimo* con intención sarcástica o paródica en voces como *buenérrimo, elegantérrimo, guapérrimo* o *tristérrimo*.

OTRAS FORMAS DEL SUPERLATIVO ABSOLUTO

El superlativo absoluto presenta otras formas de expresión:

- Con el adverbio *muy*:

    muy grande, muy feo, muy hábil.

- Con adverbios intensivos terminados en *-mente*:

    increíblemente bello, fuertemente doloroso, sumamente interesante.

- Con prefijos de realce, como *archi-, hiper-, mega-, re-, requete-, super-*:

    archiconocido, hipersensible, megajuvenil, requetebueno, superbrillante.

El artículo. Clases y usos

QUÉ ES EL ARTÍCULO

El artículo es un determinante que sirve para construir una expresión definida y especificar si aquello a lo que esta se refiere es o no algo ya conocido. Así, al decir

Hoy he recibido una carta,

el hablante supone que su interlocutor no tiene noticia previa de cierta carta, por lo que utiliza el artículo indeterminado o indefinido.

Por el contrario, en *Hoy he recibido la carta,* emplea el artículo determinado o definido porque la carta de la que se habla se supone identificable por el oyente.

Cuando en un grupo nominal hay un artículo, este ocupa siempre la primera posición, salvo si uno de los modificadores es *todo: Todos los días.*

CLASES DE ARTÍCULOS

De lo dicho se deduce que existen dos clases de artículos:

- El indeterminado o indefinido, que se usa para presentar entidades nuevas en el discurso, como en el citado ejemplo *Hoy he recibido una carta.*
- El determinado o definido, que permite hacer referencia a algo que se supone que el oyente ya conoce o que puede identificar: *Hoy he recibido la carta.*

Estas son las formas de uno y otro:

		DETERMINADO	INDETERMINADO
SINGULAR	masculino	el (*el libro*)	un (*un libro*)
	femenino	la (*la mesa*) el (*el águila*)	una (*una mesa*) un (*un águila*)
	neutro	lo (*lo bueno*)	
PLURAL	masculino	los (*los libros*)	unos (*unos libros*)
	femenino	las (*las mesas*)	unas (*unas mesas*)

A la oposición entre artículo determinado y artículo indeterminado se añade un nuevo contraste: presencia o ausencia de artículo, que debe añadirse al anterior porque muchos grupos nominales no lo llevan. Se establece así una escala de mayor a menor especificación:

Hoy he recibido la carta./Hoy he recibido una carta./Hoy he recibido carta.

USOS Y VALORES DEL ARTÍCULO INDETERMINADO

Artículo indeterminado y primera mención. A diferencia del artículo determinado, que hace referencia a lo conocido o consabido, el indeterminado se usa ante nombres referidos a entidades que no resultan identificables, puesto que no son consabidas o no han sido mencionadas con anterioridad. En el ejemplo *En un rincón había una guitarra,* no se sabe aún de qué rincón o de qué guitarra se está hablando.

Uso enfático. El artículo indeterminado introduce expresiones en las que se aporta una evaluación realizada por el hablante: *Pregunta usted unas cosas tremendas.*

Estas secuencias suelen denominarse construcciones de *un* enfático, y se relacionan con las oraciones exclamativas: *¡Qué cosas pregunta usted!*

En estas expresiones no es habitual que se supriman los modificadores enfáticos. No se omite, en efecto, el adjetivo *insoportable* en *Hace un calor insoportable* (**Hace un calor*), a no ser que se sustituya por una entonación suspendida: *¡Hace un calor...!*

En construcciones impersonales con *haber*. En las construcciones con *haber* impersonal, el complemento directo no está determinado, por lo que puede ir encabezado por un determinante indefinido o carecer de él:

Había un reloj en todas las paredes o *Había relojes en todas las paredes.*
Hay cartas en el buzón o *Había algunas cartas en el buzón.*

Lo que no admite, salvo en algunos casos especiales, es el artículo determinado. Así, resultan agramaticales construcciones como

*Había el reloj sobre la mesa o **Hay las cartas en el buzón.*

Uso aproximativo del plural. El uso de la forma *unos/unas* puede manifestar un valor aproximado, por exceso o por defecto. Así, la expresión *unos veinte* puede usarse para denotar tanto diecinueve entidades como veintiuna. Resulta, sin embargo, inadecuado para referirse a una cantidad exacta. El artículo indefinido debe evitarse, por tanto, en oraciones incorrectas como

[⊗]*Se ausentaron de la reunión exactamente unos veinte delegados,*

ya que el adverbio *exactamente* implica exactitud, no aproximación. Lo adecuado es

Se ausentaron exactamente veinte delegados o *Se ausentaron unos veinte delegados.*

El artículo determinado. Las formas *lo, al, del*

USO DEL ARTÍCULO DETERMINADO

La presencia del artículo determinado sirve para hacer referencia a un elemento ya conocido, bien porque ha aparecido anteriormente en el discurso (valor anafórico):

> *Vi una colección de bonsáis en el botánico. Los bonsáis están perfectamente cuidados,*

bien porque se trata de realidades cercanas en el espacio o en el tiempo:

> *Prohibido pisar el césped; Nos vemos el día cinco,*

de algo inconfundible por consabido:

> *Fui a la boda* (los interlocutores saben de qué boda se trata),

o de seres únicos en su especie: *el sol, la luna.*

EL ARTÍCULO NEUTRO *LO*

Forma y función. La forma neutra *lo* no presenta variación de número (*los* es siempre el plural del artículo masculino *el*).

No puede combinarse con sustantivos, puesto que en español no hay sustantivos neutros. Encabeza grupos nominales que hacen referencia a entidades no animadas y se combina con adjetivos, construcciones de relativo, grupos preposicionales, etc.:

> *Tenía lo imprescindible para vivir; No me gusta lo que pinta este artista; Quiere lo mío, lo tuyo y lo de los demás.*

Construcciones enfáticas y concordancia. El artículo *lo* puede dar lugar a construcciones enfáticas, como *¡Lo difícil que es este problema!; ¡Lo bien que salió todo!*

Cuando, dentro de ellas, encabeza ciertas expresiones de carácter superlativo, pueden surgir dudas en cuanto a la concordancia. En tales casos, existen dos posibilidades:

> *Las explicaciones del ministro han sido de lo más contradictorio* o *Las explicaciones del ministro han sido de lo más contradictorias.*

En la primera, el adjetivo concuerda con *lo*; en la segunda, lo hace con *explicaciones*. Aunque predomina en el uso la primera, ambas soluciones son válidas.

LAS FORMAS CONTRACTAS *AL* Y *DEL*

Existen en español dos formas contractas, *al* y *del*, que resultan de la combinación del artículo *el* con las preposiciones *a* y *de*, con la correspondiente fusión de las vocales en contacto: *la subida al puerto, la salida del teatro, la entrada al aula, el vuelo del águila.*

La contracción debe realizarse siempre que aparecen las correspondientes secuencias, con algunas salvedades en la lengua escrita:

- No se realiza cuando se trata de nombres propios (sobre todo topónimos) o títulos de obras de los que el artículo forma parte:

  un personaje de El señor de los anillos, *la soledad de* El Escorial, *un viaje a* El Cairo.

  Estos casos son diferentes de aquellos otros en los que el artículo, a pesar de preceder habitualmente al nombre propio, no forma parte de él:

  viaje al Río de la Plata, la provincia del Chaco, los habitantes del Bierzo.

  Por esta razón, no son correctas expresiones como [⊗]*unas páginas de* El Quijote o [⊗]*el autor de* El Lazarillo, ya que esos no son los auténticos títulos de las conocidas obras. Lo adecuado es *unas páginas del* Quijote o *el autor del* Lazarillo.

- Tampoco se hace la contracción cuando se interpone un signo de puntuación, como comillas o paréntesis:

  El ministro se hizo eco de «el inmenso dolor» de las víctimas.

- Puede ocurrir que aparezcan dos contracciones idénticas una a continuación de la otra:

  Le traigo esto de parte del del bigote; El enfado del del bar era tremendo.

  Para evitar una coincidencia poco eufónica, se recomendaba utilizar en estos casos uno de estos dos recursos:

  — Recuperar el sustantivo omitido:

  El enfado del dueño del bar era tremendo.

  — Deshacer una de las dos contracciones:

  El enfado de el del bar era tremendo.

  A pesar de ello, no se considera estrictamente necesario acudir a estos recursos, sobre todo al segundo, ya que la doble contracción es hoy frecuente en los textos y también se considera válida. Aun así, se recomienda no abusar de ella.

El artículo ante nombres femeninos comenzados por /a/ tónica

REGLA GENERAL

Además de *la* y *una,* el artículo femenino singular presenta las formas *el* y *un* cuando precede inmediatamente a nombres que comienzan por /a/ tónica (en la escritura *a-* o *ha-*, lleven tilde o no):

> *el agua, el alma, el habla, un área, un hada.*

Aunque menos usada, es también correcta la forma femenina *una* sin apocopa:

> *una águila, una hacha.*

Esta variante del artículo femenino tiene sus raíces en la evolución de la lengua. El artículo español deriva del demostrativo latino *ille* (> *el*), *illa* (> *la*), *illud* (> *lo*). Pero la forma del femenino, ante sustantivos comenzados por /a/ tónica, en lugar de *la* dio *el* por razones fonéticas, para evitar una concurrencia de sonidos difícil de pronunciar. Una explicación similar puede aplicarse al uso de *un* con nombres femeninos.

Así pues, cuando en los citados casos se emplean *el* o *un,* no se trata de la forma masculina del artículo, sino de una variante del femenino que coincide con ella. Entender este hecho es fundamental para no incurrir en errores.

Se producen vacilaciones en los derivados y compuestos en los que la /a/ tónica originaria deja de serlo porque el acento se traslada. Así, aunque se dice *el agua,* lo indicado es

> *la agüita, la aguachirle, la aguachacha, la aguamiel* (masculina en México cuando se refiere al jugo del maguey), *la aguanieve, una avemaría* (aunque se registra con frecuencia también *un avemaría*).

No deben usarse la formas *el* o *un* ante nombres femeninos que comienzan por /a/ átona. Así pues, deben evitarse formas como [⊗]*el harina,* [⊗]*el amiga,* [⊗]*un hacienda* o [⊗]*un amapola.* Deben emplearse en su lugar *la harina, la amiga, una hacienda* y *una amapola.*

Tampoco es aplicable este uso a las formas de plural, ya que desaparece la concurrencia de vocales. Han de rechazarse, por tanto, [⊗]*los águilas* y [⊗]*unos aulas,* en favor de *las águilas* y *unas aulas.*

CON MODIFICADORES Y EN CASOS DE ELIPSIS

Cuando el grupo nominal se amplía con la inclusión de modificadores, pueden surgir nuevas dudas que inducen al error. Así, cuando se interponen un adjetivo u otro elemento entre artículo y sustantivo, las construcciones correctas se ajustan a la pauta de las que siguen:

> *la majestuosa águila, una filosa hacha, una atormentada alma, la limpia agua.*

Incluso cuando el adjetivo antepuesto comienza por /a/ tónica:

la alta haya, una amplia aula.

Tampoco se usa *el* como artículo femenino en casos de elipsis. Se dice, pues, *El ansia de placeres es tan perjudicial como la de dinero,* y no ...⊗*como el de dinero.*

En razón de lo expuesto, se rechazan concordancias como ⊗*el majestuoso águila,* ⊗*el filoso hacha,* ⊗*el alto haya* o ⊗*un amplio aula.*

EXCEPCIONES Y PARTICULARIDADES

La regla posee algunas excepciones, pues se usan *la* y *una,* y no *el* y *un,* ante /a/ tónica en los siguientes casos:

- Los nombres de las letras del abecedario latino:

  la a, una hache.

  Esta excepción no es aplicable de un modo general a las letras de otros alfabetos. Así, con el sustantivo femenino *alfa* alternan *la* y *el (la alfa* y *el alfa),* aunque predomina *la alfa.*

  En la expresión *alfa y omega* ('principio y fin'), la variante más frecuente es *el alfa* y *el omega,* aunque también se registra *el alfa* y *la omega.*

- Nombres y apellidos de mujeres:

  La Ana de mi oficina es una Ávalos.

- Nombres de empresas:

  la Alfa Romeo, la Audi, la Aston Martin, la Apple.

- Siglas y acrónimos con núcleo en femenino:

  la AUF (Asociación Uruguaya de Fútbol).

- Los sustantivos comunes en cuanto al género definen el sexo del referente mediante el artículo:

  el árabe / la árabe, un ácrata / una ácrata.

- Con nombres femeninos de creación reciente que denotan profesión se emplean *la* y *una:*

  la árbitra, una árbitra.

- Se usan *el* y *un* con los nombres de continentes:

  el África negra, un Asia misteriosa,

  pero se prefieren *la* y *una* en los de países, regiones y ciudades:

  la Ávila de entonces, una Austria diferente.

Otros determinantes y adjetivos ante femeninos comenzados por /a/ tónica

Quizá por influencia del artículo, se ha extendido en la lengua oral y escrita el uso de formas masculinas de otros determinantes ante sustantivos femeninos comenzados por /a/ tónica. Estos son los principales casos:

Con los demostrativos. Se registran corrientemente combinaciones del tipo de ⊛*este agua,* ⊛*ese águila* o ⊛*aquel aula:*

⊛*De este agua no beberé;* ⊛*Ese águila anida allá arriba;* ⊛*La clase de Historia es en aquel aula.*

Se recomienda evitarlas y sustituir las formas masculinas por las femeninas, que son las adecuadas: *esta agua, esa águila, aquella aula.*

Con *algún* y *ningún*. Los cuantificadores *alguno* y *ninguno* poseen las formas apocopadas *algún* y *ningún,* que se usan antepuestas al nombre. Por influencia del artículo indeterminado, estas formas se emplean de manera mayoritaria ante sustantivos femeninos comenzados por /a/ tónica, lo que se considera correcto:

Es un maleficio de algún hada; ¿*No hay ningún alma buena que me ayude?*

Aunque menos usadas, son también correctas las formas femeninas sin apocopar: *Caminando de noche puedes encontrarte con alguna ánima; El balón no ronda ninguna área.*

No deben utilizarse las formas apocopadas cuando entre el cuantificador y el nombre femenino que comienza por /a/ tónica se interpone algún elemento. Son, pues, incorrectas construcciones como ⊛*algún frondoso haya de la dehesa;* ⊛*ningún posible arma homicida.* En su lugar debe decirse *alguna frondosa haya de la dehesa; ninguna posible arma homicida.*

Otros casos. El uso incorrecto de otras formas masculinas ante sustantivos comenzados por /a/ tónica se ha extendido por contagio, aunque de manera desigual y a menudo minoritaria, a otros determinantes, e incluso a algunos adjetivos, como *todo, mucho, poco, demasiado, otro, mismo, nuestro, vuestro, buen, mal:*

⊛*Todo el hambre del mundo;* ⊛*Ha bebido mucho agua;* ⊛*Tengo poco hambre;* ⊛*Tienes demasiado ansia;* ⊛*Vayan al otro aula;* ⊛*Se expresan con el mismo habla;* ⊛*El buen hada y el mal hada;* ⊛*No cabe en nuestro alma.*

Deben evitarse estas expresiones incorrectas y sustituirse por las correctas:

Toda el hambre del mundo; Ha bebido mucha agua; Tengo poca hambre; Tienes demasiada ansia; Vayan a la otra aula; Se expresan con la misma habla; La buena y la mala hada; No cabe en nuestra alma.

EL USO DEL ARTÍCULO CON VALOR POSESIVO

El artículo adquiere en numerosas ocasiones el valor de pertenencia propio de los posesivos, con los que alterna a menudo. Estos son los principales casos, según las preferencias por el uso de uno u otro:

Uso indistinto. Son muy numerosos los contextos en los que son perfectamente intercambiables, si bien el posesivo aporta mayor énfasis:

Pagó con la vida o *Pagó con su vida.*
Sacrifican el futuro o *Sacrifican su futuro.*
Lo conservo en la memoria o *Lo conservo en mi memoria.*

Preferencia por el artículo. El uso del artículo es habitual cuando el grupo nominal en que aparece designa partes del cuerpo, de la vestimenta o facultades de algún individuo:

Apretaba los (= sus) labios; Había perdido la (= su) ilusión.

Corresponden estos casos a la denominada posesión inalienable (aquella de la que no se puede prescindir) y en ellos se opta habitualmente por el artículo. Así, se prefiere claramente

Se metió la mano en el bolsillo a *Metió su mano en su bolsillo;*
Se me taponaron (taponearon) los oídos a *Se me taponaron (taponearon) mis oídos;*
Se quitó la chaqueta a *Se quitó su chaqueta.*

No son propias del español culto oraciones como [⊛]*Me duele mi cabeza* o [⊛]*Mi cabeza duele* (frente a *Me duele la cabeza*) o [⊛]*Sufre de su hígado* (frente a *Sufre del hígado*).

Este uso del artículo se extiende a los nombres de cosas o personas propias del entorno habitual, aunque la relación posesiva que manifiesten no sea inalienable. En este caso, aunque suele mostrarse preferencia por el artículo, también se emplea el posesivo:

Se nos quemó la (= nuestra) casa; Entregó el examen al (= a su) profesor.

Preferencia por el posesivo. Se recomienda emplear el posesivo siempre que pueda haber ambigüedad a la hora de identificar el posesor. Así, en un ejemplo como *Me puso la mano en el hombro,* podría no estar claro de qué mano o de qué hombro se trata. Si el contexto no lo aclara suficientemente, existe la posibilidad de recurrir a otra fórmula, como *Puso su mano en mi hombro.*

Por la misma razón, el posesivo es también preferible cuando el sustantivo está modificado por algún adjetivo:

Abrió sus grandes ojos; Movía su pesada cabeza a uno y otro lado.

Presencia y ausencia del artículo y otros determinantes

Como quedó explicado, la presencia del artículo sirve para hacer referencia a entidades específicas, que o bien son identificables en un contexto a partir de la información que comparten los interlocutores (artículo determinado), o bien quedan sin identificar (artículo indeterminado). La ausencia de artículo conlleva, en cambio, falta de especificidad (salvo en casos como el de los nombres propios o los vocativos), de forma que se hace referencia a tipos o clases de entidades, más que a individuos.

De acuerdo con ello, la ausencia del artículo u otros determinantes suele darse con más frecuencia en estos casos:

- Con sustantivos no contables en singular o contables en plural:

  Compraron oro; Necesitamos pintura roja; Solicitan violinistas; Ahí venden sombreros y chalecos.

- Más raros son los contables en singular, aunque pueden aparecer en locuciones:

  no tener corazón; no pegar ojo,

  o en expresiones que reflejan hábitos:

  Tiene perro; Usa sombrero.

  Nótese que los primeros ejemplos cambiarían notablemente de significado si se hubiera dicho

  Compraron el oro o *Necesitamos la pintura roja,*

  pues entonces se estaría hablando de entidades específicas, no de clases de entidades. En lo esencial, esta es la diferencia que existe entre

  Siempre lleva abrigo y usa sombrero y *Siempre lleva el abrigo y usa el sombrero.*

  En la presencia o ausencia del artículo influyen otros factores, entre los que está el significado del verbo. Así, la omisión se da con mayor facilidad en los de acción que en los de estado. Se dice *Entraban trenes en la estación,* pero no **Estaban trenes en la estación.* Los verbos de afección la rechazan sistemáticamente: **No le gustan animales; *Adora música clásica; *Me duelen muelas.*

- La ausencia es habitual en locuciones y frases hechas, como

  hacer blanco, tener agallas, poner coto, pedir cuentas, pasar página, cantar victoria, dar gato por liebre, sacar con cuchara, etc.

AUSENCIA DE DETERMINANTES EN EL LENGUAJE PERIODÍSTICO Y OTROS ÁMBITOS

- En el lenguaje periodístico se usan a menudo, en función de sujeto, grupos nominales sin artículo ni ningún otro determinante en el encabezamiento de las noticias, crónicas y reportajes. Esta tendencia, mucho más marcada en el español americano que en el europeo, es todavía mayor en el lenguaje telegráfico de los titulares de prensa utilizado por algunos medios de comunicación escrita, ante la necesidad de condensar la información en un espacio muy limitado:

  Presunto atracador huye cuando iba a ser detenido; Trabajadores en paro se manifiestan en la calle.

  Fuera de estos contextos, en los que el número de palabras es un factor decisivo, la omisión no es recomendable. Así, se aconseja evitar la omisión del artículo en expresiones, comunes en las transmisiones deportivas, como [⊗]*Dispara con pierna izquierda;* [⊗]*Centra sobre área;* [⊗]*Entran en túnel de vestuarios.* Dado que se trata de entidades definidas (y, por tanto, reconocibles), resulta más apropiado decir *Dispara con la pierna izquierda; Centra sobre el área; Entran en el túnel de los vestuarios.*

- Tampoco suele aparecer ningún determinante ante los sustantivos en singular con que se expresa la presencia, la ausencia o la proximidad de ciertos sucesos anunciados o previsibles, como en

  Hoy hay concierto; Vamos a tener tormenta.

- Es normal, asimismo, para referirse a actividades de carácter profesional, legal o administrativo que siguen pautas establecidas o reiteradas:

  adjuntar informe, cumplir pena, emitir sentencia, firmar contrato, hacer copia, incoar expediente, etc.

- También es habitual la omisión en los refranes, sentencias, máximas o proverbios, en los que aporta una interpretación genérica y arquetípica de las entidades designadas:

  Flores contentan, pero no alimentan; Secreto entre tres ya no lo es; Boca amarga no escupe miel; Perro que ladra no muerde.

  Se trata, en estos últimos casos, de hábitos idiomáticos ya asentados que no suponen ninguna incorrección.

El artículo y los nombres propios

EL USO DEL ARTÍCULO CON LOS NOMBRES PROPIOS

Dado que los nombres propios hacen referencia a entes únicos, no necesitan la ayuda de un artículo identificador, por lo que normalmente no lo llevan:

Antonia me ha ayudado mucho; Esta tarde viene Manuel.

Se registran, no obstante, algunos casos en los que sí pueden ir precedidos de él. Son esencialmente los siguientes:

Con nombres de persona. Aunque los nombres de pila no suelen llevar artículo, este aparece en la lengua popular de muchos países:

la Juana, la Manuela, el Ramón.

El uso en plural de nombres propios de persona los asimila a los nombres comunes, por lo que en estos casos es esperable que lleven artículo:

Los Alfonsos que han sido reyes; Las Marías de la familia.

Uso necesario en topónimos. Algunos topónimos llevan siempre artículo determinado porque está incorporado a ellos:

El Cairo, La Habana, La Haya, El Paso, El Salvador.

En estos casos, el artículo puede ir precedido de otros determinantes, como los demostrativos o los posesivos:

aquel El Dorado mítico, nuestra querida Las Palmas.

Esta es la razón de que la lengua rechace expresiones como *aquel el Orinoco mítico* o *nuestros queridos los Alpes* ya que el artículo, en estos casos, no forma parte del nombre.

Por otra parte, si se antepone un adjetivo, este debe preceder a toda la denominación, artículo incluido:

la extravagante Las Vegas, el caótico El Cairo.

En cambio, si el artículo no forma parte de la denominación, el adjetivo puede intercalarse entre el artículo y el nombre propio: *el caudaloso Amazonas, la misteriosa India, el simpático Chispas.*

Uso opcional. El uso del artículo es opcional en otros muchos contextos:

Perú o el Perú, Paraguay o el Paraguay, Uruguay o el Uruguay, Argentina o la Argentina, China o la China, India o la India.

Se registran, pues, alternancias como

viajar al Perú o viajar a Perú, vivir en China o vivir en la China,

ambas igualmente válidas.

254
–
255

MAYÚSCULA O MINÚSCULA EN EL ARTÍCULO QUE PRECEDE A LOS NOMBRES PROPIOS

Cuando el artículo forma parte del nombre, se escribe con mayúscula inicial, como en los casos, ya citados, de *El Cairo, La Haya, El Salvador,* etc.

Se emplea, en cambio, la minúscula, cuando no es parte de él. Pueden enumerarse los siguientes casos:

- Los artículos que preceden a los apodos, sobrenombres o seudónimos:

  la Faraona, Isabel la Católica, el Libertador, el Pobrecito Hablador, el Greco, el Cordobés, el Chato.

- Los que se anteponen a los nombres propios de animales o cosas:

  el Pájaro Loco, la Tizona, el Titanic.

- Los que preceden necesariamente a los nombres de accidentes geográficos, como ríos, mares, montes, etc., aparezca o no expreso el sustantivo categorizador:

  el (río) Amazonas, el (monte) Everest, el (océano) Pacífico, los (montes) Pirineos, el (mar) Caribe.

  También los que anteceden a los nombres propios de regiones o comarcas:

  la Amazonia (o Amazonía), los Monegros, la Patagonia, el Chaco, la Alcarria, el Bierzo.

- Los artículos que se anteponen de manera opcional a muchos nombres de países y a los de algunos continentes:

  (el) África, (el) Camerún, (la) China, (el) Ecuador, (los) Estados Unidos, (la) India, (el) Líbano, (el) Perú, (el) Senegal, etc.

- Los que preceden al término específico de una denominación, aun cuando se omita el sustantivo genérico:

  la Moneda (por el palacio de la Moneda); el Retiro (por el parque del Retiro); el Prado (por el museo del Prado).

El artículo y los nombres temporales

LOS NOMBRES DE LOS DÍAS DE LA SEMANA

Estos requieren en español el artículo determinado, si bien su interpretación temporal depende del tiempo verbal. Así, en los siguientes ejemplos se hace referencia al lunes pasado y al martes venidero:

> *Vinieron el lunes; Se van el martes.*

En diversas áreas del español americano se dice *el día lunes, el día martes...*

No llevan artículo en algunos casos:

- Cuando preceden a la fecha en los encabezamientos de las cartas, en las portadas de los medios de comunicación y en los calendarios: *Lunes, 27 de mayo de 2013.*
- Si aparecen en aposición a un adverbio de tiempo: *Ayer, viernes 2 de enero...*
- Si el día de la semana se identifica por medio de una oración atributiva:

> *Ya estamos a sábado* (*Ya estamos sábado* en el Perú); *Hoy es jueves.*

En cambio, cuando la designación del día de la semana sitúa un suceso en el interior de un texto, aparece encabezada por el artículo:

> *El jueves 5 de septiembre comenzará el nuevo curso escolar.*

LOS NOMBRES DE LOS DÍAS DEL MES

Se expresan mediante numerales, frecuentemente en aposición al sustantivo *día*. Se comportan respecto del artículo como los nombres de los días de la semana:

> *Llegaron el once de mayo; La inauguración tendrá lugar el día 15.*

LOS NOMBRES DE LOS MESES

Se asimilan a este respecto a los nombres propios, es decir, normalmente no llevan artículo:

> *Me encanta octubre y me molesta julio.*

Lo admiten, no obstante, cuando se desea distinguir dos meses del mismo nombre:

> *Recuerdo el octubre de 1995; Recibimos la carta el pasado marzo.*

LOS NOMBRES DE LAS ESTACIONES DEL AÑO

Se combinan opcionalmente con el artículo:

> *Sucedió en primavera* o *Sucedió en la primavera; Otoño es una estación lluviosa* o *El otoño es una estación lluviosa.*

Los nombres de los días de la semana, los de los meses y los de las estaciones se escriben con minúscula inicial.

LOS NOMBRES DE LOS AÑOS

La alternancia entre la presencia y la ausencia del artículo es habitual ante números que constituyen los nombres de los años. Sin embargo, hay algunas circunstancias que decantan las preferencias en uno u otro sentido:

- Si el nombre del año está precedido de preposición y la construcción va encaminada a localizar algo en el tiempo, es hoy mayoritario el uso de la construcción sin artículo:

  Sucedió en 1913; El proyecto se alargará hasta 2015.

- En la datación de cartas y otro tipo de documentos se prefiere también la ausencia de artículo:

  Buenos Aires, 8 de noviembre de 1945; Lima, 4 de agosto de 2003.

- La presencia del artículo es más frecuente (salvo en los casos indicados) cuando se trata del año 2000 o los posteriores a él:

  En el 2000 comenzó un nuevo milenio; La crisis se inició en el 2008.

- También predomina la presencia si se habla de un año comprendido entre el 1 y el 1100:

  Los musulmanes invadieron España en el 711.

  En los demás, la alternancia es mayor.

Téngase en cuenta que en todos estos casos se habla de preferencias establecidas por el uso, más que de normas gramaticales.

LOS NOMBRES DE LAS UNIDADES SUPERIORES AL AÑO

Van siempre precedidos de artículo, sean décadas, siglos, milenios, etc.:

Nació en la década de los 80;
La Revolución francesa se produjo en el siglo XVIII;
Estamos en el tercer milenio.

Los pronombres personales. Formas y características

QUÉ SON

Los pronombres personales designan a los participantes en el discurso y, en general, a las personas, animales o cosas a las que nos referimos en el habla.

Se denominan así porque poseen flexión de persona. Muestran, además, otros rasgos gramaticales, como género (masculino/femenino/neutro), número (singular/plural) y caso (recto/oblicuo/acusativo/dativo).

FORMAS DE LOS PRONOMBRES PERSONALES

En el siguiente cuadro se muestran las distintas formas de estos pronombres, exceptuando las reflexivas y recíprocas, que se analizarán más adelante:

CASO / PERSONAS GRAMATICALES		PRIMERA PERSONA	SEGUNDA ERSONA	TERCERA PERSONA
NOMINATIVO O RECTO	singular	yo	tú, vos, usted	él, ella, ello
	plural	nosotros, nosotras	vosotros, vosotras/ ustedes	ellos, ellas
ACUSATIVO (CD)	singular	me	te	lo, la
	plural	nos	os	los, las
DATIVO (CI)	singular	me	te	le, se
	plural	nos	os	les, se
PREPOSICIONAL U OBLICUO	singular	mí, conmigo	ti, vos, usted, contigo	él, ella, ello
	plural	nosotros, nosotras	vosotros, vosotras/ ustedes	ellos, ellas

FORMAS ESPECIALES

La forma usted. Para la segunda persona se utiliza también la forma de respeto *usted,* que concuerda en tercera persona con el verbo y con los pronombres: *Usted tiene la palabra; Ustedes tienen la razón.*

No se considera correcta la concordancia de *usted/ustedes* con verbos en segunda persona que se registra en el occidente de Andalucía ([⊗]*Ustedes no me hacéis caso* en lugar de *Ustedes no me hacen caso*) o en algunas zonas rurales de México y el Perú: [⊗]*Dime usted* en vez de *Dígame usted.*

En el conjunto de los países americanos y en algunas regiones españolas (gran parte de Andalucía y Canarias), la forma *ustedes* se emplea en lugar de las formas *vosotros, vosotras* en todos los contextos. Se usa, por tanto, sin distinción entre el tratamiento de respeto y el de confianza.

La forma vos. En muchas áreas de América se emplea la forma *vos*, en lugar de *tú*, para la segunda persona del singular en el tratamiento de confianza. Se trata del fenómeno del voseo (→ págs. 274-275).

Las formas conmigo, contigo y consigo. Hoy se consideran conglomerados de preposición y pronombre, es decir, grupos preposicionales integrados en una sola palabra: *Cuenta conmigo; Voy contigo; Lo lleva consigo.*

PRONOMBRES TÓNICOS Y PRONOMBRES ÁTONOS

Según el acento prosódico, los pronombres personales pueden ser tónicos o átonos, y el funcionamiento de unos y otros es distinto. Son átonos los siguientes:

• De 1.ª persona: *me, nos.*

• De 2.ª persona: *te, os.*

• De 3.ª persona: *lo, los, la, las, le, les, se.*

Todos los demás son tónicos: *yo, tú, vos, usted, él, ella, ello, nosotros, nosotras, vosotros, vosotras, ustedes, ellos, ellas, mí, ti, sí, conmigo, contigo, consigo.*

LA OPOSICIÓN DE CASO

El caso es un morfema que hace referencia a las diferentes formas que adoptan las palabras según su función sintáctica Así, el nominativo es el caso del sujeto; el acusativo, el del complemento directo; el dativo, el del complemento indirecto, etc. Este morfema desapareció en español y en otras lenguas romances y solo han perdurado algunos restos en los pronombres personales.

Las formas del nominativo, caso correspondiente al sujeto, no llevan preposición, salvo *entre* en construcciones como *Entre tú y yo lo terminaremos pronto.* Son, por tanto, incorrectas expresiones como ⊛*¡Pobre de yo!* (en vez de *¡Pobre de mí!*); ⊛*Decímelo a yo, mijito* (en lugar de *Decímelo a mí, mijito*); ⊛*No se quiso venir con yo* (por *No se quiso venir conmigo*).

Las formas del denominado caso oblicuo van siempre precedidas de preposición (*de mí, sin ti, para sí*) y pueden cumplir numerosas funciones (complemento directo, indirecto, circunstancial, de régimen). Nunca pueden ser sujeto.

Leísmo, laísmo y loísmo

Se trata de unos fenómenos muy conocidos que están en relación con el morfema de caso y tienen que ver con el uso de los pronombres átonos.

Para expresar el complemento directo y el indirecto a través de pronombres átonos de tercera persona, se emplean las formas herederas del acusativo y del dativo latinos respectivamente, según la siguiente distribución:

CASO	GÉNERO	FORMA	EJEMPLO
CD	masculino	lo, los	*Lo acompañé a casa* (a Manuel).
	femenino	la, las	*La acompañé a casa* (a María).
	neutro	lo	*No lo entiendo* (lo que dice).
CI	masculino	le, les	*Le pedí un favor* (a Manuel).
	femenino	le, les	*Les regalé una foto* (a mis amigas).

Sin embargo, los hablantes no siempre los usan de esta manera, ya que a menudo se confunden las formas, lo que da lugar a los fenómenos aludidos.

EL LEÍSMO

Se denomina leísmo al uso de las formas de dativo *le, les* en lugar de las de acusativo *lo/los, la/las*, como en *Le golpearon* o *Les contrataron*. Suelen distinguirse tres tipos:

Leísmo de persona masculino. Es el uso del pronombre *le/les* como complemento directo referido a sustantivos masculinos de persona:

A Mario le premiaron en el colegio.

Es el más extendido, tanto en el español antiguo como en el moderno y, aunque es más frecuente en los textos españoles, también se registra en los americanos.

Este tipo de leísmo no se considera incorrecto en singular (*A tu hijo hace un año que no le veo*), si bien se prefiere la variante no leísta (*A tu hijo hace un año que no lo veo*). Se recomienda evitar el leísmo en plural (*ᵉA tus hijos hace un año que no les veo*), opción hoy desprestigiada.

Leísmo de persona femenino. Consiste en el empleo del pronombre *le/les* como CD referido a sustantivos femeninos de persona:

A Laura le premiaron en el colegio (por ... *la premiaron en el colegio*).

Está menos extendido, carece de prestigio y se considera incorrecto. Por tanto, si se hace referencia a mujeres, debe utilizarse la primera opción en los contrastes siguientes:

La acompañé hasta su casa, y no ⊗*Le acompañé hasta su casa;*
La conozco bien (a tu hermana), y no ⊗*Le conozco bien (a tu hermana).*

Leísmo de cosa. Es el uso de *le/les* como CD referido a sustantivos de cosa:

⊗*Te devuelvo el libro porque ya le he leído* (por ... *ya lo he leído*).

Es también incorrecto, tanto en singular como en plural. Lo indicado es, pues,

Vi un lindo vestido y lo compré, y no ⊗*Vi un lindo vestido y le compré.*
El auto lo dejé en el garaje, y no ⊗*El auto le dejé en el garaje.*

EL LAÍSMO

Se llama laísmo al empleo de las formas femeninas de acusativo *la/las* en lugar de las de dativo. Es especialmente frecuente con verbos como *dar, hacer, decir, pedir...*

La hice un regalo; La dije que esperara; La pedí que fuera puntual.

El laísmo, como el leísmo y el loísmo, es el resultado de la evolución del sistema pronominal en zonas de Castilla, por lo que alcanzó alguna difusión en los siglos XVII y XVIII, incluso entre escritores de prestigio. Hoy se registra solo en ciertas regiones de España.

Se distinguen también dos tipos:

- Laísmo de persona: ⊗*La dije la verdad* (por *Le dije la verdad*).
- Laísmo de cosa, menos frecuente: ⊗*A esa casa hay que pintarla la fachada* (por ... *hay que pintarle la fachada*).

Se recomienda evitar siempre el laísmo, tanto el de persona como el de cosa.

EL LOÍSMO

Recibe el nombre de loísmo la utilización de las formas masculinas de acusativo *lo/los* en lugar de las de dativo (*le/les*). También puede hacer referencia a personas o a cosas:

⊗*Los dije que se fueran* (por *Les dije que se fueran*); ⊗*A ese tema no hay que darlo más vueltas* (por ... *no hay que darle más vueltas*).

Aunque aparece ocasionalmente en el español clásico, nunca entró de lleno en la lengua literaria. Hoy se registra solamente en algunas zonas de Castilla.

El loísmo está fuertemente desprestigiado, por lo que se recomienda evitarlo en todos los niveles de la lengua.

Uso y posición de los pronombres átonos (I)

PRONOMBRES PROCLÍTICOS Y ENCLÍTICOS

Al carecer de acento, los pronombres átonos se apoyan fonéticamente en el verbo contiguo. Se llaman proclíticos los que preceden al verbo y enclíticos los que lo siguen.

Los proclíticos se escriben separados del verbo, mientras que los enclíticos van unidos gráficamente a él.

- Proclíticos: *Lo leí; Se la dieron.*
- Enclíticos: *leerlo, dándosela.*

En el español actual, van pospuestos cuando se adjuntan a los infinitivos, a los gerundios y a los imperativos afirmativos:

comprarlo, comprándolo, compradlo o *cómprenlo.*

Se anteponen al resto de las formas verbales:

Lo compró; Se fue; No se lo digas.

No siempre fue así, e incluso aún se usan ocasionalmente, más en la lengua escrita que en la oral, formas verbales conjugadas con pronombres enclíticos:

Respondioles que no sabía qué hacer;
Ofreciome una taza de café.

Es este un uso que en ningún caso puede considerarse incorrecto, pero que resulta arcaizante. Se produce también en el español hablado en el noroeste de la península ibérica, por influencia del gallego.

Las formas verbales con pronombres enclíticos siguen las normas generales de la acentuación: *ofreciome,* no ⊗*ofrecióme; cómpranlo,* no ⊗*compranlo.*

Es incorrecta la anteposición del pronombre al imperativo, que se registra en la lengua popular de España. Deben evitarse secuencias como ⊗*Me lo explique usted,* en vez de *Explíquemelo usted;* ⊗*Se sienten ustedes,* por *Siéntense ustedes;* ⊗*Se callen todos,* por *Cállense todos.*

COLOCACIÓN DE LOS PRONOMBRES ÁTONOS EN LAS PERÍFRASIS

Dado que las perífrasis verbales contienen formas personales y no personales del verbo, admiten tanto la anteposición como la posposición de los pronombres átonos. Así, se consideran tan aceptables

Lo debo hacer como *Debo hacerlo;*
Te estoy esperando como *Estoy esperándote;*
La sigo queriendo como *Sigo queriéndola.*

Conviene, sin embargo, hacer algunas precisiones:

- La anteposición se rechaza con verbos pronominales. De este modo, resultan contrarias a las reglas gramaticales expresiones como

  *Se lo puso a escribir, en vez de *Se puso a escribirlo.

- También debe evitarse en la perífrasis impersonal *haber que*. Por tanto, resulta agramatical

  *Lo hay que terminar pronto, en lugar de *Hay que terminarlo pronto.

- Nunca deben emplearse expresiones descuidadas en las que un mismo pronombre aparece a la vez como proclítico y como enclítico, del tipo de

  *Se debe respetarse cualquier opinión;
  *Se lo tengo que decírselo.

  Lo correcto es, en estos casos,

  Se debe respetar cualquier opinión o *Debe respetarse cualquier opinión;*
  Se lo tengo que decir o *Tengo que decírselo.*

- El pronombre *se* de las oraciones pasivas reflejas admite con cierta facilidad la alternancia de posición:

  Se deben tener en cuenta todos los hechos o *Deben tenerse en cuenta todos los hechos.*

- En las impersonales con *se*, por el contrario, la posposición resulta forzada, por lo que no se aconseja decir

  ⊗No puede fumarse en esta sección, por *No se puede fumar en esta sección;*
  ⊗No debe viajarse a ciertos lugares en invierno, por *No se debe viajar a ciertos lugares en invierno.*

- Cuando hay encadenamiento de perífrasis, las opciones de colocación son mayores. De este modo, resultan igualmente válidas

  No voy a poder leerlo;
  No voy a poderlo leer;
  No lo voy a poder leer.

Uso y posición de los pronombres átonos (II)

La doble opción (anteposición o posposición de los pronombres átonos) no se limita a las perífrasis verbales, sino que se extiende a agrupaciones de verbos que introducen subordinadas, por lo que no constituyen perífrasis. Así, pueden alternar

Intenté devolvérselo y *Se lo intenté devolver.*

No obstante, existen algunas restricciones:

- El infinitivo de perfecto suele rechazar la anteposición:

    Creía haberlo entendido, pero no **Lo creía haber entendido.*

- Impiden la anteposición los infinitivos en función de sujeto, por lo que no son aceptables secuencias como

    *Se lo conviene decir, en lugar de *Conviene decírselo.*

- También la impide la interposición de elementos, como la negación:

    Desea no verla más, pero no **La desea no ver más.*

- En combinaciones con gerundio que no sean perifrásticas, la anteposición resulta agramatical. De este modo, es válida

    Los siguió mirando, pero no **Los salió mirando* (por *Salió mirándolos*).

- El grupo que forman dos pronombres átonos que modifican a un mismo verbo no debe deshacerse. Así, son posibles las secuencias

    Suele traérmelo y *Me lo suele traer,* pero no **Me suele traerlo.*

No debe confundirse la separación de los pronombres de estos grupos con las estructuras en las que cada pronombre modifica a una de las formas verbales, donde sí son válidas las dos opciones: *Me hizo devolverlo* o *Me lo hizo devolver.*

GRUPOS DE PRONOMBRES ÁTONOS

Como se ha visto, los pronombres átonos se combinan entre sí y forman a menudo grupos o conglomerados (*se lo, me las, te los, se me la,* etc.) que se colocan también antepuestos o pospuestos al verbo en las mismas condiciones que si se tratara de un solo pronombre:

Se lo daré; Traigo esto para dárselo; Dáselo; No se lo des.

El orden pronominal en que se sitúan obedece a varias condiciones, teniendo en cuenta que cada una de ellas tiene primacía sobre las que siguen:

- La forma *se* precede siempre a las demás:

    Se te va a caer el pelo.

De acuerdo con ella, resultan incorrectas secuencias como

⊛*Me se cayó* en vez de *Se me cayó*;

⊛*Te se va a derretir el helado* por *Se te va a derretir el helado*.

En la lengua oral de amplias zonas de América, así como en Canarias (España), dado que la forma *se* de los pronombres de dativo de tercera persona carece de marca de plural, se tiende a concordar en plural el pronombre átono en función de CD con el grupo sintáctico que duplica al complemento indirecto, como en *Se los dije a todos,* por *Se lo dije a todos ustedes* (o *a todos ellos*). Esta construcción se rechaza marcadamente en el español europeo, pero el uso la va consagrando como correcta, con diferencias de extensión y de aceptación, en muchos países americanos.

Menos admisible resulta la falsa concordancia cuando se extiende también al género: ⊛*Se las dije a tus hermanas* en lugar de *Se lo dije a tus hermanas*. O en este otro caso: ⊛*Se les dije a tus hermanos* en vez de *Se lo dije a tus hermanos*.

- Los demás pronombres siguen el orden de preferencia 2.ª > 1.ª > 3.ª, es decir, los pronombres de segunda persona preceden a los de primera, y estos a los de tercera:

  No te me vayas; No te lo comas; No me lo creo.

  En consecuencia, la sintaxis rechaza secuencias como *No me te vayas.

- Los pronombres de dativo preceden a los de acusativo:

  Te lo enviaron; Te me presentaron.

  Construcciones como la del segundo ejemplo no son frecuentes, ya que ambas formas sirven para el CD y para el CI, lo que crea confusión. En cualquier caso, se entiende que *te* hace referencia a la persona presentada y *me* al destinatario de la presentación.

  Para evitar la ambigüedad, se puede decir *Te presentaron a mí.*

- Las formas reflexivas (incluidas las de los verbos pronominales) preceden a las demás. Así *te* precede a *me* en *Te me acercaste,* mientras que resultaría imposible el orden contrario.

La duplicación de complementos

EN QUÉ CONSISTE

La duplicación se produce cuando un pronombre átono coexiste con un pronombre tónico o con un grupo nominal en las funciones de complemento directo o indirecto:

Ese viaje lo hizo en diciembre; Te llamó a ti; Les iba a remitir un regalo a sus nietos.

De acuerdo con la naturaleza del elemento al que se duplica, se distinguen dos tipos: pronominal y nominal.

LA DUPLICACIÓN PRONOMINAL

Tiene lugar cuando el que se duplica es un pronombre tónico en las funciones indicadas:

Me quiere a mí; Le llevó la carta a ella; Nos vieron a ti y a mí.

Con los pronombres tónicos, esta duplicación es obligada, puesto que la gramática del español rechaza construcciones como

*Quiere a mí; *Llevó la carta a ella; *Vieron a ti y a mí.

Hay, sin embargo, algunas excepciones:

- Los verbos pronominales que indican dirección no duplican sus complementos. Si se construyen con pronombres personales, pueden ser solo tónicos:

Se acercó a mí; Se aproximó a nosotros; Se abrazó a ella,

o solo átonos:

Se me acercó; Se nos aproximó; Se le abrazó.

> Resultan innecesariamente redundantes construcciones como *Se me acercó a mí; Se nos aproximó a nosotros* y *Se le abrazó a ella.*

- Debido a su origen nominal, el pronombre *usted* admite con frecuencia la variante sin duplicación. Son, por tanto, igualmente válidas

Lo que pretendo es ayudar a ustedes y *Lo que pretendo es ayudarlos a ustedes,*

aunque la segunda pauta es más frecuente hoy en la lengua común.

> Se recomienda evitar construcciones en las que un pronombre átono en singular (*le* en el ejemplo que sigue) dobla a un pronombre en plural (en el ejemplo, *ustedes*), puesto que se produce una clara discordancia. Resultan, en efecto, incorrectas oraciones como ⊗*Le aseguro a ustedes que yo no fui* (por *Les aseguro a ustedes...*).

LA DUPLICACIÓN NOMINAL

Se produce cuando el elemento en función de CD o CI que se duplica es un nombre o un grupo nominal precedido de la preposición *a:*

Se lo dije a Juan; A Lucía la vieron salir,

o bien en posición inicial sin preposición:

El periódico lo compra mi hijo.

Los pronombres no personales se asimilan en este aspecto a los grupos nominales:

No se lo digas a nadie; Eso lo sabe cualquiera.

Existen, no obstante, algunas diferencias, relativas a la posición, entre los dos tipos de complementos:

- Cuando el complemento nominal se pospone al verbo, la duplicación es muy frecuente con los complementos indirectos:

  No le dijeron la verdad a su madre; No le dieron importancia al asunto.

  Es, incluso, obligatoria en algunos casos, lo que veta construcciones como

  *Duele el pie a Felipe, en lugar de *Le duele el pie a Felipe.*

  Es, en cambio, rara con los complementos directos, ya que no suele decirse

  Ayer lo leí el libro, sino *Ayer leí el libro.*

  La duplicación es común, sin embargo, en ciertas áreas americanas (sobre todo en la rioplatense, pero también en otras), particularmente en la lengua conversacional:

  Mañana la voy a llamar a Anita; Lo saludamos con mucho gusto a don Ramón; Los invité a cenar a mis amigos.

- Cuando el complemento nominal va antepuesto, y se interpreta como tópico, la duplicación es obligada, tanto con el CD como con el CI. Se rechazan, en consecuencia, construcciones como

  *El viaje hizo en avión, en vez de *El viaje lo hizo en avión.*

Los pronombres reflexivos

QUÉ SON

Los reflexivos son pronombres personales en función de complemento que suelen poseer el mismo referente que el sujeto. Así, en

Yo me conozco bien,

el pronombre *me* es reflexivo, pues hace referencia al sujeto (*yo*), que es su antecedente.

CUÁLES SON

Existen dos series de reflexivos: los átonos y los tónicos. Los reflexivos átonos funcionan como complemento directo y como complemento indirecto:

Laura se (CD) *pinta; Laura se* (CI) *pinta los ojos.*

Los reflexivos tónicos son términos de preposición y pueden desempeñar diversas funciones:

Se olvidan de sí mismos (CR); *Cuídate a ti misma* (CD).

Solo son necesariamente reflexivos los pronombres *sí* y *consigo*. Todos los demás, excepto *yo* y *tú*, que son formas propias del sujeto, pueden actuar como tales en determinados contextos. Por ejemplo, *ti* es reflexivo en *Lo guardaste para ti*, pero no lo es en *Lo guardé para ti*.

PROBLEMAS DE CONCORDANCIA EN LOS REFLEXIVOS

- Los reflexivos concuerdan con sus antecedentes en persona, número y género. Sin embargo, a veces se registran correspondencias anómalas, como *vosotros ... se* o *nosotros ... se,* que dan lugar a construcciones incorrectas como

    ⊗*¿Ya se vais?,* en vez de *¿Ya os vais?;*
    ⊗*No se la llevéis,* en lugar de *No os la llevéis,*

    propias del habla popular de algunas zonas de España, y también otras como

    ⊗*Cuando se juntemos allá* por *Cuando nos juntemos allá,*

    documentadas en el habla rural de algunas áreas americanas. Todas ellas deben ser evitadas.

- Más generales y propias del habla conversacional son otras discordancias que afectan asimismo a la persona. El pronombre *sí* corresponde a la tercera persona. Sin embargo, en ciertas expresiones se utiliza a veces con antecedentes de primera o de segunda. Son, por tanto, incorrectas expresiones como

    ⊗*No doy más de sí,* en vez de *No doy más de mí;*
    ⊗*Tardaste unos minutos en volver en sí,* en lugar de *... en ti;*

⊗*Yo estaba totalmente fuera de sí,* por ... *fuera de mí;*
⊗*Yo, que soy poco espabilado de por sí,* en vez de ... *de por mí.*

- A veces se conculca la concordancia en tercera persona y se construyen oraciones que muestran formas similares de discordancia, como

  ⊗*Lo peor que se puede hacer es quejarnos,* por *Lo peor que se puede hacer es quejarse.*
  ⊗*Habría que irnos ya,* en vez de *Habría que irse ya.*

CONSTRUCCIONES REFLEXIVAS CON OTROS PRONOMBRES. LA PRESENCIA DE *MISMO*

- El pronombre *uno/una,* aun no siendo personal, puede actuar a veces como reflexivo. Son, pues, reflexivas, y se consideran correctas, las dos variantes de oraciones como

  Hay que ser condescendiente con uno mismo/Hay que ser condescendiente consigo mismo.
  En ocasiones se está satisfecha con una misma/En ocasiones se está satisfecha consigo misma.

- Los pronombres de 3.ª persona *él, ella, ello, ellos, ellas* pueden adquirir valor reflexivo en contextos en los que son sustituibles por *sí:*

  Siempre habla de él o *Siempre habla de sí;*
  Está muy segura de ella o *Está muy segura de sí.*

  La presencia del adjetivo *mismo* favorece la interpretación reflexiva de estos pronombres y aclara dudas en casos de posible ambigüedad:

  Están muy contentas con ellas mismas o *Están muy contentas consigo mismas.*

- En las construcciones reflexivas con duplicación, la presencia de *mismo* es necesaria, ya que su supresión da lugar a construcciones agramaticales como

  *Solo se perjudica a sí, en vez de *Solo se perjudica a sí mismo;*
  *Se regalaron un viaje a sí, en lugar de *Se regalaron un viaje a sí mismos.*

  Resulta poco natural suprimir el adjetivo *mismo* con un gran número de complementos de régimen preposicional. No se dice, en la lengua actual,

  *Solo se preocupa por sí, sino *Solo se preocupa por sí misma.*

Los pronombres recíprocos

QUÉ SON

Expresan reciprocidad las oraciones en las que las acciones, procesos o estados designados revierten en los mismos participantes a los que se atribuyen:

Nunca hablaban el uno del otro;
Se diferencian notablemente entre sí.

No existen en español pronombres recíprocos propiamente dichos, por lo que se acude a las formas reflexivas de plural o de pronombres de otras clases.

CUÁLES SON

Pueden ser de dos tipos:

Pronombres recíprocos átonos. Coinciden con las forma reflexivas *nos, os, se.*

- Funcionan como complemento directo o como complemento indirecto. Su antecedente puede ser una expresión en plural, una formada por coordinación o un grupo nominal colectivo:

  Nos abrazamos llorando;
  Carlos e Irene se hicieron regalos;
  Esta familia se odia.

- La mencionada coincidencia con las formas reflexivas puede dar lugar a situaciones de ambigüedad. Así, pueden interpretarse como reflexivas o como recíprocas construcciones como

  Se adoran o Nos echábamos la culpa.

  Estas oraciones pueden interpretarse, respectivamente, como

  'Se adora cada uno a sí mismo' (reflexiva) o 'Se adoran el uno al otro' (recíproca). 'Nos culpábamos a nosotros mismos' (reflexiva) o 'Nos culpábamos unos a otros' (recíproca).

  En caso de que el contexto no deshaga estas ambigüedades, se aconseja recurrir a la duplicación con pronombres tónicos:

  Se adoran a sí mismos; Se adoran el uno al otro.
  Nos echábamos la culpa a nosotras mismas; Nos echábamos la culpa unas a otras.

Pronombres recíprocos tónicos. Aparecen en dos clases de grupos:

- Con la preposición *entre* y un pronombre de contenido plural: *entre sí, entre nosotros/nosotras...*:

  Colaboran entre sí; Se entienden bien entre ellos.

- Con los indefinidos *uno* y *otro* (o sus variantes) relacionados mediante una preposición:

    Desconfían unos de otros; Se ayudan las unas a las otras.

ALGUNAS DUDAS Y ERRORES DE USO

- Con la preposición *entre,* el pronombre recíproco y su antecedente concuerdan en número y persona. Son, pues, anómalas oraciones como

    *Nos ayudamos entre sí, en lugar de *Nos ayudamos entre nosotros,*

    en las que no se da dicha concordancia.

- Los indefinidos *uno* y *otro,* usados en construcciones recíprocas, pueden ir o no precedidos del artículo:

    Arremetieron el uno contra el otro o *Arremetieron uno contra otro.*

    No se debe usar el artículo solamente ante uno de ellos. Se recomienda, por tanto, evitar construcciones como

    ⊗Se burlaban una de la otra, por *Se burlaban una de otra* o ... *la una de la otra.*

- También suele mantenerse la uniformidad de género (en masculino), aunque uno de los dos coordinados sea un grupo nominal en femenino:

    El hombre y la mujer se cuidaban el uno al otro;
    Andrea y Mario se desvivían el uno por el otro.

    No obstante, también se registra, incluso en la lengua culta, la variación de género en estos contextos:

    No sabían qué hacer el uno con la otra;
    Se persiguen el uno a la otra.

- La concordancia atañe asimismo al número. La sintaxis del español rechaza los grupos recíprocos con número distinto, como *el uno a los otros, la una de las otras, los unos con el otro,* etc. Resultan, por tanto, contrarias a la gramática construcciones como

    *Se querían mucho el uno a los otros; *Se negaban a salir la una con las otras.

Las formas de tratamiento

QUÉ SON LAS FORMAS DE TRATAMIENTO

Se llaman así las fórmulas con que el emisor se dirige a su interlocutor, en función de la relación social que mantienen: *tú, usted, vos, os, le, te,* etc.

En el uso de los tratamientos intervienen circunstancias sociales, situacionales y geográficas, que dan lugar a una gran variedad en lo que se refiere a las relaciones y comportamientos, así como en las fórmulas mediante las que se expresan.

EL TRATAMIENTO DE CONFIANZA Y EL TRATAMIENTO DE RESPETO

Son los dos tipos básicos, representados respectivamente por los pronombres *tú, vos* en zonas voseantes y *usted.*

Se ha producido en el español contemporáneo un notable desarrollo del trato de familiaridad como signo de cercanía o igualdad. En aquellas zonas en las que *tú* y *vos* no coviven, el tuteo es normal entre familiares, compañeros y colegas, pero se ha extendido a situaciones reservadas hasta hace poco al trato de *usted,* como las relaciones entre personal sanitario y pacientes o, en ciertos ámbitos, entre profesores y alumnos.

Con todo, existen en este punto marcadas diferencias entre áreas lingüísticas. En general, el tuteo está más extendido en España que en América. En algunas zonas voseantes de este continente existe un sistema tripartito en el que *tú* constituye un grado intermedio entre *vos* (máxima confianza) y *usted.*

Por otra parte, el tratamiento puede ser simétrico o recíproco si los dos interlocutores se dispensan el mismo, o asimétrico en caso contrario.

FÓRMULAS DE RESPETO CON POSESIVOS

Existen fórmulas de respeto para dirigirse al interlocutor. Se forman con grupos nominales construidos con posesivos. De los muchos que existieron, perviven hoy los formados con los sustantivos *alteza, eminencia, excelencia, majestad, santidad, señoría* o *reverencia,* entre otros.

Estos sustantivos pueden ir precedidos del posesivo *vuestro/vuestra* (*vuestra alteza, vuestra excelencia*), o bien de *su* (*su alteza, su excelencia*), opción más frecuente.

Tanto en uno como en otro caso, la concordancia se hace en tercera persona y en singular: *Vuestra majestad dio su consentimiento; Su alteza tiene razón.*

En cuanto al género, concuerdan en masculino o en femenino, de acuerdo con el referente: *Vuestra excelencia es muy distinguido./Vuestra excelencia es muy distinguida.*

Recuérdese que estas fórmulas se escriben con minúscula inicial: *su majestad, vuestra alteza, su señoría...* Solo se admite el uso de la mayúscula en los casos de altas dignidades, cuando el tratamiento no va seguido del nombre propio: *La recepción a Su Santidad será mañana,* pero *Aterrizó su santidad Francisco.*

Pero incluso en estos casos, desde el punto de vista lingüístico, es preferible la minúscula: *La recepción a su santidad será mañana.*

FÓRMULAS ANTEPUESTAS AL NOMBRE

En el español general actual se antepone *don/doña* al nombre de pila (y a veces también a los diminutivos e hipocorísticos: *doña Manolita, don Paco*) como forma de designación respetuosa o cortés: *don Francisco, doña María.*

El tratamiento *señor/señora* puede preceder al apellido —*(el) señor García*— y al nombre de pila —*(el) señor Pedro*—, aunque esto último no es común a todos los países y sectores sociales. A diferencia de *don/doña,* los tratamientos *señor/señora* admiten el plural y llevan artículo cuando no se usan como vocativos.

La oposición *señora/señorita* se utilizó tradicionalmente para distinguir a las mujeres casadas de las solteras. Aunque este uso no ha desaparecido por completo, el término *señorita* se aplica hoy en algunos lugares a las mujeres jóvenes, o bien, independientemente de su edad, a las que ejercen determinadas profesiones (maestras, enfermeras, administrativas, secretarias, camareras, dependientas...).

Los tratamientos que preceden al nombre se escriben con minúscula inicial: *don, señor/-ra, san/santo, fray, sor, doctor/-ra, licenciado,* etc. Las abreviaturas, en cambio, llevan mayúscula: *D./D.ª, Sr./Sra., Srta., Dr./Dra., Fr., Lic., S./Sto.,* etc.

FÓRMULAS CORRESPONDIENTES A LA PRIMERA PERSONA

Ha disminuido considerablemente en los países hispanohablantes el uso de las formas *servidor/servidora, un servidor/una servidora* (también *su servidor/su servidora* y *este servidor/esta servidora*) como tratamiento de modestia o de cortesía de primera persona, aunque la concordancia con el verbo se hace en tercera:

Debo precisar que un servidor promovió el convenio.

Concuerdan también en tercera persona las fórmulas de talante coloquial, incluso humorístico, con las que el hablante se dirige a sí mismo, como *menda, este cura, el hijo de mi madre,* etc., generalmente ya en declive.

Algunas, como *el que suscribe, el abajo firmante* y otras semejantes, que concuerdan en tercera persona, se restringen a registros particulares, como el género epistolar o ciertos documentos: *El abajo firmante solicita exención de las tasas de registro.*

El voseo

EN QUÉ CONSISTE

Se llama voseo al uso del pronombre *vos* como forma de tratamiento dirigida a un solo interlocutor, así como al empleo de las desinencias que reflejan los rasgos gramaticales de este pronombre en la flexión verbal. Usado como tratamiento de confianza, el voseo es un fenómeno característico de amplias regiones del español americano.

El voseo desapareció casi por completo del español europeo entre el siglo XVII y comienzos del XVIII, si bien persiste otro tipo de voseo, llamado reverencial, que se emplea para dirigirse a muy altas personalidades en contextos sumamente formales. Hoy está en regresión:

Vos, majestad, sabéis que...

FORMAS PRONOMINALES Y VERBALES DEL VOSEO

El pronombre *vos* concuerda en singular con reflexivos átonos y posesivos en el voseo de confianza, como en

Vos no te cuidás; Vos leés una carta tuya (frente a *Vos no os cuidáis* o *Vos leéis una carta vuestra,* en el voseo reverencial).

Con pronombres precedidos de preposición no es raro encontrar alternancias como

Iré al teatro con vos/Iré al teatro contigo; Esto es para vos/Esto es para ti.

Suelen distinguirse las siguientes modalidades del voseo:

- Voseo flexivo. Se caracteriza por las variaciones en las desinencias de ciertas formas verbales (se usan, normalmente, antiguas desinencias de plural). Dentro de él existen, a su vez, dos tipos:

  — Pronominal (con el pronombre *vos*): *vos tenéis, vos tenés, vos tenís.*

  — No pronominal (con el pronombre *tú*): *tú tenés, tú tenís.*

- Voseo no flexivo. Usa las desinencias correspondientes a *tú*:

  — Pronominal (con el pronombre *vos*): *vos tienes.*

Esta última variedad es la menos común de las tres.

Las variantes se reparten según las áreas lingüísticas. La pauta más extendida del voseo flexivo es *amás, temés, partís,* procedente de la evolución de las formas en *-áis/-éis.* Esta variante es general en la mayoría de las regiones voseantes de Centroamérica, en la Argentina, en Uruguay, en la zona andina de Colombia, y en el norte y este de Bolivia. Hay otras variantes, por ejemplo, en Chile, en las zonas caribeña y andina, etc.

EXTENSIÓN DEL VOSEO

Aunque el voseo se documenta, en mayor o menor medida, en todos los países de América (con la posible excepción del área antillana), en algunos, como México, es residual, y en los demás no siempre se extiende a todas las regiones, además de presentar condiciones de uso muy dispares.

Parece que las áreas menos voseantes coinciden en parte con las regiones en las que se instalaron los primeros virreinatos (México, Lima), las universidades (Santo Domingo) y en general con las que experimentaron mayor florecimiento cultural o mantuvieron mayor contacto con la metrópoli (Venezuela, entre otras).

Situación sociolingüística del voseo. La situación sociolingüística del voseo es compleja e inestable. De haber estado sujeto a una fuerte presión normativa y haber sido combatido por la enseñanza, ha pasado a ser la forma general del trato de confianza en la Argentina, el Paraguay, Uruguay, Costa Rica, Nicaragua, Chile, Bolivia y en algunas regiones de Colombia, Venezuela y el Ecuador, aunque la estimación social no es la misma en todas las variedades.

En otros países, su uso está más restringido. Así, en El Salvador no excede el ámbito de la lengua familiar y carece de prestigio fuera de ella, mientras que en Panamá es eminentemente rural y su empleo resta prestigio social.

Alternancia de voseo y tuteo. En varios países americanos convive el voseo con el trato de *tú* y de *usted* como tercera forma de dirigirse al interlocutor, lo que hace aún más compleja la distribución de los tratamientos.

En estos usos, *tú* constituye un grado intermedio entre *vos* (forma del trato de confianza) y *usted* (forma de respeto). Algunos autores entienden que se trata más bien de dos sistemas que conviven: el local (*usted/vos*) y el general (*usted/tú*).

En cualquier caso, el uso de los tres pronombres, allí donde existe, está sometido a condiciones variables relativas a la intimidad o la formalidad de la situación, las intenciones del hablante, su edad e incluso el sexo de los interlocutores.

Los demostrativos

QUÉ SON Y PARA QUÉ SIRVEN

Los demostrativos son pronombres, determinantes y adverbios deícticos. Los deícticos son palabras que permiten situar algo o a alguien en el espacio o en el tiempo, señalando la ubicación que mantiene con respecto al hablante y al oyente.

Tradicionalmente, se considera que *este* y *aquí* denotan proximidad con el hablante; *ese* y *ahí*, proximidad con el oyente; *aquel* y *allí*, lejanía respecto a ambos.

Son posibles, no obstante, otras divisiones. En algunos países americanos existe un sistema binario en el que *este* y *acá* expresan la proximidad con el hablante, mientras que *ese* y *allá* señalan lejanía: *Mira ese barco en alta mar* (en lugar de *aquel barco*). *Aquel* se reserva en este sistema para usos literarios y para la deixis evocadora: *Aquellos días ya no volverán.*

Los demostrativos pueden también hacer referencia a grupos nominales presentes en el texto, bien aparecidos anteriormente, en lo que se denomina uso anafórico:

Tengo que hablar con el carpintero y con el electricista. Con este he quedado a las cuatro y con aquel a las cinco,

bien posteriormente, en uso catafórico: *Los componentes del agua son estos: hidrógeno y oxígeno.*

CUÁLES SON

El inventario de los demostrativos está formado por un conjunto de determinantes, pronombres y adverbios. Los dos primeros se distribuyen así:

DETERMINANTES				PRONOMBRES
singular		plural		
masculino	femenino	masculino	femenino	neutro
este	*esta*	*estos*	*estas*	*esto*
ese	*esa*	*esos*	*esas*	*eso*
aquel	*aquella*	*aquellos*	*aquellas*	*aquello*

Ejercen también funciones de demostrativos *tanto, tal* y *dicho*:

No conozco a tal ['esa'] persona; Dicho ['aquel'] individuo era un derrochador.

Recuérdese que debe evitarse el uso de *este, ese* y *aquel* ante nombres femeninos que empiezan por /a/ tónica (⊗*este aula,* ⊗*ese águila,* ⊗*aquel agua,* ⊗*aquel hambre*) y que se deben emplear en su lugar las formas femeninas: *esta aula, esa águila, aquella agua.*

Tradicionalmente se distinguía entre determinantes (o adjetivos) y pronombres, según su uso: antepuestos al sustantivo o con funcionamiento autónomo. En realidad, el uso pronominal de las formas masculinas y femeninas implica la existencia de un sustantivo elidido que explique la concordancia en género y número: *Estos [problemas] son difíciles*. Los neutros son siempre pronombres, puesto que nunca se anteponen a un nombre.

(Sobre el uso de la tilde en los demostrativos → pág. 45).

POSICIÓN Y VALORES DE LOS DEMOSTRATIVOS

• Habitualmente van antepuestos al nombre (*este libro, aquella ventana*). Los pospuestos, que exigen la presencia del artículo ante el nombre, suelen resultar enfáticos y expresan a menudo distancia, ironía, menosprecio y otras connotaciones similares, sobre todo *ese* y *este* referidos a personas:

No entiendo al tipo ese; Hay que fastidiarse con la niña esta.
Aquel tiene con frecuencia carácter evocador: *los años aquellos.*

Los determinantes demostrativos son compatibles con los posesivos, que pueden ir detrás del nombre (*¡Este marido mío es un desastre!*) y también, en uso arcaizante o literario, delante: *esas mis razones, este su amigo.*

• Cuando estos demostrativos van antepuestos, son incompatibles con el artículo: **el este cielo.*

Pueden ir precedidos del indefinido *todo* (*todos estos días*), pero rechazan los demás: **aquellos algunos años.*

• Es bastante común en el lenguaje coloquial el empleo de los demostrativos ante nombres propios de persona, con valor enfático y afectivo:

No me imaginaba que fuera así este Pepe;
Hay que ver qué cosas tiene esa Manuela.

EL USO DE LOS NEUTROS

El referente de los neutros *esto, eso* y *aquello* ha de ser una entidad no personal (o, en general, no animada). No se usan para hacer referencia a animales y es ofensivo emplearlos para aludir a personas, como en

Esto, más que un muchacho, parece un espantapájaros; fíjate qué pinta tiene.

En oraciones atributivas, sin embargo, pueden adquirir un valor encomiástico:

Esto es un jugador de verdad, no como otros.

Los adverbios demostrativos. Formas y usos

QUÉ SON Y CUÁLES SON

Los adverbios demostrativos identifican lugares, tiempos, modos, cantidades o grados. Poseen valor deíctico, puesto que muestran o ubican realidades en relación con las personas del discurso (*Vivió allí,* dicho señalando un lugar), pero también pueden usarse como elementos anafóricos si su referente los precede en un texto: *Vivió en París y allí la conoció.*

Se agrupan en varias clases:

- De lugar: *aquí, ahí, allí, acá, allá.*
- De tiempo: *ahora, ayer, hoy, mañana, anteayer, anteanoche, anoche, entonces…* y locuciones como *pasado mañana* y otras similares.
- De modo o manera: *así.*
- De cantidad o grado: *así, tanto.*

Además de sus usos habituales, los adverbios demostrativos forman parte de numerosas locuciones y frases hechas, presentes sobre todo en la lengua coloquial: *ahí te quiero ver, allá tú, andar de acá para allá, ahí es nada, así mismo, ahora bien,* etc.

FORMAS Y USOS DE LOS ADVERBIOS DE LUGAR

Series y usos diferenciados. Se distribuyen tradicionalmente en dos series:

> *Aquí, ahí, allí.*
> *Acá, allá, acullá.*

El uso de una y otra está condicionado por diferencias geográficas. La primera es común a todos los hablantes, aunque algo más frecuente en el español europeo (no en todos los lugares por igual), mientras que el empleo de *acá* y *allá* está más extendido en el español americano (también en las islas Canarias). El adverbio *acullá,* que gozó de gran vitalidad en la lengua antigua, se siente ya arcaico.

Aparte de la distribución geográfica, no comparten todos los usos. Estos son algunos casos:

- Es poco habitual utilizar *aquí* o *allí,* a diferencia de *acá* o *allá,* con la preposición *para: Vente para acá; Nos movemos para allá.*
- No se emplea *allí* como sustituto de *allá* en construcciones con los esquemas «*allá por* + grupo nominal» o «*allá en* + grupo nominal». Se dice *allá por los años treinta,* pero no *allí por los años treinta; allá en la lejanía,* pero no *allí en la lejanía.*

Aquí en referencia a personas. Es un uso conversacional, pero no incorrecto, la anteposición del adverbio *aquí* a los grupos nominales de persona. Estas construcciones son frecuentes cuando se desea enfatizar la contribución de alguien al discurso, pero también el hecho de que esté presente o participe en él:

Como dice aquí mi amigo Luis, nadie es perfecto.

Puede, incluso, desaparecer el grupo nominal:

Como dice aquí, nadie es perfecto.

En el habla coloquial de algunos países americanos (especialmente en las áreas mexicana, centroamericana y rioplatense) se acepta también este uso en posición posnominal:

Eso a Marta aquí le parece un disparate.

ALGUNAS PARTICULARIDADES DE LOS ADVERBIOS DE TIEMPO

• Expresiones como *ayer por la mañana, hoy por la tarde* o *mañana por la noche* admiten variantes, plenamente válidas, como *ayer en (a) la mañana, hoy en (a) la tarde* o *mañana en (a) la noche,* más propias del español americano, o *ayer mañana, hoy tarde* o *ayer noche,* usadas también en el español europeo, especialmente en el registro coloquial.

• *Anteanoche* y *anteayer* alternan con *antes de anoche* y *antes de ayer.* Se admiten como igualmente correctas las dos variantes, así como las formas *antenoche,* frecuente en muchos países americanos, y *antier,* usada sobre todo en México, Centroamérica y otras áreas.

> No se consideran correctas las variantes ⊗*antinoche* o ⊗*antianoche* (por *anteanoche*), ⊗*antiyer* o ⊗*antiayer* (por *anteayer*).

EL ADVERBIO ASÍ

Puede indicar cantidad o grado (*Era así de alto*), pero también modo: *No sé por qué habla así.*

Existen variantes populares en expresiones como *así y asa(d)o* o *así o asa(d)o* (*asao* en la lengua oral), que tienen su espacio en el habla coloquial.

> Se consideran hoy incorrectas las variantes ⊗*asín,* ⊗*ansí,* ⊗*asina,* ⊗*ansina* y ⊗*ansín,* propias del español antiguo y del habla rural.

Los posesivos. Caracterización y formas

QUÉ SON

Los posesivos son determinantes y adjetivos que expresan posesión o pertenencia en relación con las personas gramaticales. Son, como los demostrativos, elementos deícticos, pues señalan o identifican al poseedor en relación con las personas del discurso:

nuestra ciudad, tus amigos, su lengua.

CUÁLES SON

Pueden establecerse dos grupos de posesivos:

- Los que preceden al nombre, que son átonos: *tus dedos, su habilidad.*
- Los que se posponen o aparecen en otras posiciones, que son tónicos:

    un amigo mío; Este libro es suyo.

Las formas *nuestro/-a/-os/-as* y *vuestro/-a/-os/-as* aparecen en ambos grupos.

En los siguientes cuadros se recogen todas las formas de los posesivos:

POSESIVOS ÁTONOS

		1.ª PERS. DISC.	2.ª PERS. DISC.	3.ª PERS. DISC.		
UN SOLO POSEEDOR	singular	mi	tu	su	su	cuyo/-a
	plural	mis	tus	sus	sus	cuyos/-as
VARIOS POSEEDORES	singular	nuestro/-a	vuestro/-a	su	su	cuyo/-a
	plural	nuestros/-as	vuestros/-as	sus	sus	cuyos/-as

POSESIVOS TÓNICOS

		1.ª PERS. DISC.	2.ª PERS. DISC.	3.ª PERS. DISC.	
UN SOLO POSEEDOR	singular	mío/-a	tuyo/-a	suyo/-a	suyo/-a
	plural	míos/-as	tuyos/-as	suyos/-as	suyos/-as
VARIOS POSEEDORES	singular	nuestro/-a	vuestro/-a	suyo/-a	suyo/-a
	plural	nuestros/-as	vuestros/-as	suyos/-as	suyos/-as

RASGOS DISTINTIVOS

Número. Los posesivos manifiestan dos tipos de información numérica:

• Número de poseedores. Expresan la existencia de uno o varios poseedores. El número de poseedores no se refleja en la concordancia con el nombre: *nuestra* (varios poseedores) *casa* (singular), *tus* (un solo poseedor) *casas* (plural).

• Número de entidades poseídas. Todos los posesivos, designen uno o más poseedores, presentan una variante singular y otra plural. Esta información sí se manifiesta en la concordancia con el nombre: *nuestra casa/nuestras casas*.

Persona. Los posesivos son, junto con los pronombres personales, las únicas palabras que presentan rasgos de persona, fuera de la flexión verbal. La persona expresada por los posesivos se refiere al poseedor, no a la cosa poseída: *mi* (primera persona) *casa, vuestro* (segunda persona) *amigo.*

Género. Los posesivos presentan flexión de género (*nuestro hijo/nuestra hija*), pero no en todas sus formas, puesto que son invariables en cuanto al género las formas apocopadas *mi, tu, su: mi abrigo, mi gabardina.*

POSIBLES AMBIGÜEDADES POR COINCIDENCIA DE FORMAS

Ambigüedad de persona. En el tratamiento de respeto (*usted/-es*), las formas de segunda persona del discurso coinciden con las de tercera persona gramatical (*su, suyo* y sus variantes de género y número). Así, una expresión como *con su permiso,* puede equivaler a *con el permiso de usted, de ustedes, de él, de ella, de ellos* o *de ellas.*

Este hecho provoca ambigüedades que en buena parte del español americano se deshacen atribuyendo *su, suyo* solo a la segunda persona, mientras que para la tercera se prefiere emplear *de él, de ella, de ellos, de ellas: Conozco a ese escritor, he leído algunos libros de él.*

Ambigüedad de género y número. Dado que las formas *su* y *suyo* poseen seis interpretaciones posibles ('de él', 'de ella', 'de ellos', 'de ellas', 'de usted' y 'de ustedes'), pueden originarse otras situaciones de ambigüedad. Normalmente, el sentido se esclarece a partir de la información que aporta el contexto:

Laura decía que aquel bolso era suyo (= de ella); *Todos pensaban que aquella era su oportunidad* (= de ellos).

Excepcionalmente, el posesivo *nuestro* (con sus variantes de género y número) puede aludir a un solo individuo. Es lo que sucede en el plural de modestia y el plural mayestático: *No hay, a nuestro juicio, datos suficientes para dar un veredicto.*

Los posesivos. Posición y funcionamiento

Como se vio en el capítulo anterior, los posesivos pueden ir antepuestos o pospuestos, con formas diferentes y también diferente funcionamiento en cada caso.

FUNCIONAMIENTO DE LOS POSESIVOS ANTEPUESTOS

Su función equivale a la de un determinante. Por eso, no suelen concurrir con otros determinantes. La lengua estándar actual rechaza, en efecto, construcciones como *el mi huerto, *un mi coche, *algún su amigo o *ningún su problema.

Hay, no obstante, algunas salvedades:

- En la lengua antigua era habitual que el posesivo antepuesto fuera precedido de artículo. Hoy se conserva este uso en algunas áreas del español peninsular noroccidental: *el mi perro, la mi casa.*

  En algunas zonas de Centroamérica y del área andina se admite el artículo indeterminado: *un su amigo, una su ovejita.*

- Pueden seguir a los demostrativos en la lengua literaria, así como en algunas variedades del español hablado:

  Bienvenidos a esta su casa; Deberíamos mejorar este nuestro mundo.

- Puede anteponérseles el cuantificador *todo* (*todos mis ahorros, todas aquellas cosas*), pero no los demás (*algunos mis libros, *varias sus necesidades*), aunque sí en construcciones partitivas: *algunos de mis libros, varias de sus necesidades.*

- Pueden ir seguidos de numerales (*sus tres nombres*), pero solo de ciertos indefinidos: *tus pocos años,* pero no *tus algunos años.*

- Los posesivos antepuestos no se coordinan entre sí. No debe decirse, pues, *mi y tu hermano,* sino *mi hermano y el tuyo.*

FUNCIONAMIENTO DE LOS POSESIVOS EN OTRAS POSICIONES

Cuando los posesivos se posponen al nombre o forman un grupo independiente, se asimilan en buena parte a los adjetivos. En su funcionamiento pueden destacarse los siguientes rasgos:

- Son compatibles con los determinantes: *el amigo suyo, ese amigo suyo, un amigo suyo, algún amigo suyo.*

  En grupos encabezados por demostrativos, los posesivos pospuestos pueden adquirir connotaciones afectivas, como en *este hijo nuestro* o en *aquel amigo mío.*

- Pueden coordinarse entre sí: *parientes suyos y míos.*

- Admiten adverbios comparativos y superlativos con el significado de 'característico o propio':

  Esa es una expresión muy suya; Esto es más mío que tuyo.

  Rechazan, en cambio, otros adverbios de grado: **un sombrero bastante mío; *una responsabilidad demasiado tuya.*

- Se combinan con determinantes neutros: *lo nuestro.*

- Son compatibles con los indefinidos, a diferencia de los posesivos antepuestos:

  algunos amigos míos, cierta crónica suya (pero no **algunos mis amigos, *cierta su crónica*).

- Pueden funcionar como atributos y predicativos: *Es mío; Lo consideraba suyo.*

> Como sustantivos, se usan en plural para hacer referencia a parientes, familiares y allegados, y otros integrantes de algún grupo de individuos que se considera próximo al hablante: *cuando ataquen los nuestros, en compañía de los tuyos,* etc.

ALTERNANCIAS EN LA POSICIÓN

- En usos vocativos, el posesivo se suele posponer (*hijo mío, amigo mío*), aunque son frecuentes las alternancias (*mi vida/vida mía*).

- En las expresiones interjectivas, la alternancia es habitual: *¡Mi madre!; ¡Madre mía!*

- En las fórmulas de tratamiento, lo normal es la anteposición: *mi coronel, su ilustrísima, sus majestades, vuestra merced.*

  Es menos frecuente la posposición, aunque se da en algún caso, como en *muy señor mío.*

- Ambas posiciones alternan en numerosas locuciones, como en los siguientes casos:

  a expensas suyas o *a sus expensas; a gusto mío* o *a mi gusto; alrededor suyo* o *a su alrededor; de parte tuya* o *de tu parte; en contra suya* o *en su contra.*

> No aceptan el posesivo, por el contrario, los sustantivos de otras locuciones, como *a base de* (no **a su base* ni **a base suya*), *a raíz de* (no **a su raíz* ni **a raíz suya*), *en función de* (no **en su función* ni **en función suya*), *en vez de* (no **en su vez* ni **en vez suya*), *en vista de* (no **en su vista* ni **en vista suya*), etc.
>
> Otras aceptan solamente el posesivo antepuesto: *a su modo,* pero no **a modo suyo; en su caso,* pero no **en caso suyo.* O solo pospuesto: *en bien suyo,* pero no **en su bien.*

Adverbios con posesivos y otras construcciones problemáticas

LAS COMBINACIONES DE ADVERBIOS Y POSESIVOS TÓNICOS

Qué son. Está muy extendida la posposición de posesivos tónicos a adverbios de lugar que llevan habitualmente complementos con *de*, como *cerca, lejos, delante, detrás, encima, debajo* o *enfrente*.

En relación con ello, se obtienen estas tres variantes:

- Adverbio + *de* + pronombre personal: *delante de ella*.
- Adverbio + posesivo tónico masculino: *delante suyo*.
- Adverbio + posesivo tónico femenino: *delante suya*.

Valoración normativa. Se trata de una cuestión muy debatida, sobre todo en lo que se refiere a la segunda y tercera variantes, admitidas por unos y rechazadas por otros.

- La primera variante corresponde a la lengua común de todas las áreas hispanohablantes y es la que se considera preferible y más recomendable:

    Caminaba delante de mí; Anda siempre detrás de ti; Se situaron cerca de él; Sentía su mirada encima de ella; Tenéis toda la ciudad debajo de vosotros; Había una mesa enfrente de nosotros.

- La segunda variante es, sobre todo, propia de la lengua coloquial y la mayoría de los hablantes cultos de numerosos países no la consideran recomendable. Sin embargo, se ha ido extendiendo a otros registros, en diferente medida según las zonas hispanohablantes:

    Caminaba delante mío; Anda siempre detrás tuyo; Se situaron cerca suyo; Sentía su mirada encima suyo; Tenéis toda la ciudad debajo vuestro; Había una mesa enfrente nuestro.

- La tercera variante es mucho menos frecuente y está más desprestigiada. Se usa, incluso, con menos adverbios:

    Caminaba delante mía; Anda siempre detrás tuya; Se situaron cerca suya; Sentía su mirada encima suya; Tenéis toda la ciudad debajo vuestra; Había una mesa enfrente nuestra.

En resumen, la primera variante, perteneciente a la lengua común de todas las áreas del mundo hispanohablante, es la más aceptada y recomendable. La segunda está muy difundida en muchos países, incluso en la lengua escrita, pero es rechazada por numerosos hablantes cultos. La tercera es la de uso menos frecuente y la más desprestigiada.

CONSTRUCCIONES DE POSESIVO DOBLADO

Reciben este nombre ciertas construcciones gramaticales en las que se repite la información sobre el poseedor. Se distinguen dos variantes:

- Con posesivo átono delante del nombre y «*de* + grupo nominal» detrás de él: [⊗]*su hermano de mi papá*.
- Con posesivo átono delante del nombre y posesivo tónico detrás de él: [⊗]*mi marido mío*.

La primera, que se registra sobre todo en el español popular de diversas áreas, solo se da cuando el posesivo se refiere a personas. Es muy frecuente en el tratamiento de respeto: *su marido de usted*.

La segunda es menos común, aunque ambas son de carácter popular y no han pasado a la lengua culta.

Por el contrario, construcciones como *su papá de él* no son redundantes, puesto que el pronombre aclara a quién se refiere el posesivo: podría tratarse de *su papá de él, su papá de ella, su papá de ellos, su papá de ellas, su papá de usted, su papá de ustedes*.

PROBLEMAS DE CONCORDANCIA EN LOS POSESIVOS REFLEXIVOS

Tienen carácter reflexivo los posesivos contenidos en un buen número de modismos, entre otros:

ir a lo suyo, salirse con la suya, costar lo suyo, hacer de las suyas.

Estos posesivos poseen variación de persona, por lo que deben concordar en ella con sus antecedentes:

Él iba a lo suyo y yo iba a lo mío; Ellos se salieron con la suya y nosotros nos salimos con la nuestra.

Sin embargo, en la lengua descuidada se registran errores de concordancia, generalmente a favor de la tercera persona:

[⊗]*Esta casa te habrá costado lo suyo* (por ... *lo tuyo*);
[⊗]*Nos va a costar lo suyo* (por ... *lo nuestro*).

Estas discordancias suponen una incorrección que debe ser evitada.

La locución *de suyo*, que equivale a 'de por sí', no admite variación de persona ni de número: *Esta situación es de suyo muy complicada*.

Los numerales. Los cardinales

LOS NUMERALES

Se llama numerales a un grupo de palabras, casi todas pertenecientes a la clase de los cuantificadores, que sirven para establecer un cómputo basado en los números naturales.

Hay cuatro tipos de numerales: cardinales, ordinales, fraccionarios y multiplicativos.

(Para ver las formas de los distintos tipos de numerales → págs. 480-481).

LOS NUMERALES CARDINALES

Proporcionan la medida numérica de un grupo de entidades: *dos horas, doce galletas, cien monedas*. Sus características formales y su funcionamiento gramatical se estudiarán seguidamente.

Formación de los cardinales. Adopta diferentes soluciones según los casos:

- Poseen formas simples del 0 al 15 (*uno, tres, diez, quince*), además de *cien, quinientos, mil, millón* y *millardo*.
- Son también palabras simples los múltiplos de *diez* inferiores a *cien*, que tienen la terminación *-nte* (*veinte*) o *-nta* (*treinta, cuarenta...*).
- Los restantes inferiores a *cien* se forman por coordinación:
  — Del 16 al 29 se escriben en una sola palabra, en la que la conjunción adopta la forma *-i-: dieciséis* (no ⊗*diez y seis*), *veintinueve* (no ⊗*veinte y nueve*).
  — Del 30 al 99 se escriben en varias palabras unidas por la conjunción *y: treinta y uno, cuarenta y cinco*.

> Se permiten también, aunque son minoritarias, las grafías en una sola palabra, como *treintaiuno* o *cuarentaicinco*. En estos casos, deben evitarse las variantes sin *-a-*, como ⊗*treinticuatro* (por *treinta y cuatro*), frecuentes en el habla popular de algunos países, pero impropias del habla culta.

- Los múltiplos de *cien* se escriben en una sola palabra compuesta: *doscientos, trescientos*. Si *cien* va seguido de otro cardinal, toma la forma *ciento: ciento dos*.

> Al número 700 le corresponde el numeral *setecientos*, y a 900, *novecientos*. Deben evitarse las formas ⊗*sietecientos* y ⊗*nuevecientos*.

- Los múltiplos de *mil* adoptan formas yuxtapuestas, con separación gráfica: *dos mil, veintitrés mil, ciento veinte mil*.

Problemas de concordancia

- Género. Solamente poseen flexión de género *uno/una* y sus derivados (*veintiuno/-a*), así como los múltiplos de *cien: doscientos/-as, quinientos/-as, novecientos/-as* y sus compuestos.

  El numeral masculino *uno* adopta la variante *un* cuando actúa como determinante: *veintiún árboles, cuatrocientos un habitantes.* En los demás casos la forma adecuada es *uno: Dame uno o dos.*

  > En la expresión de los porcentajes, son incorrectas expresiones como ⊗*el cuarenta y un por ciento de la población* (por *el cuarenta y uno por ciento...*).

  El femenino *una* puede adoptar la variante *un* en dos casos:
  - Ante /a/ tónica, como el artículo, de modo que pueden alternar, por ejemplo, *ciento un hadas* y *ciento una hadas.*
  - En los compuestos en los que *una* precede a *mil: veintiún mil páginas* o *veintiuna mil páginas.*

  > En los demás casos debe usarse *una.* Son, pues, incorrectas expresiones como ⊗*veintiún páginas* o ⊗*cuarenta y un semanas* (en lugar de *veintiuna páginas* o *cuarenta y una semanas*).

- Número. Los cardinales son invariables en cuanto al número. Los superiores a la unidad concuerdan siempre en plural: *tres meses, treinta y dos autos.* Lo mismo sucede con el numeral *cero: cero grados.*

  > No son correctas las construcciones en las que los cardinales complejos que contienen *un* o *una* en posición final preceden a un sustantivo en singular, como ⊗*doscientos un soldado* o ⊗*veintiuna vez* (por *doscientos un soldados, veintiuna veces*).

Asimilación a los ordinales. Cuando se usan pospuestos al nombre, los cardinales se asimilan a los ordinales. Así, *la vuelta dieciséis* equivale a *la vuelta decimosexta.* El sustantivo aparece en singular, pero mantiene la concordancia de género. Si tal concordancia no se produce, como ocurre en *la página trescientos,* el cardinal no tiene interpretación ordinal, sino que se comporta como un sustantivo en aposición.

Los ordinales

Los ordinales indican el lugar que ocupa una determinada unidad en una serie: *segundo, tercero, duodécimo, trigésimo séptimo, centésimo*. Por tanto, no indican cantidad, sino orden.

RASGOS FORMALES

- Muestran flexión de género y número: *primero/-a/-os/-as, vigésimo/-a/-os/-as*.
- Sus normas de construcción son las siguientes:
  - Del 1.º al 10.º poseen formas simples: *primero, segundo, cuarto, octavo, décimo*.
  - Para las decenas se usa la terminación *-gésimo* y sus variantes flexivas: *vigésima, cuadragésimo, nonagésimos*.
  - Para las centenas se emplea *-centésimo* o *-gentésimo*, aunque son de escaso uso: *ducentésimo, quingentésimo, sexcentésimo*.
  - Los correspondientes a mil, diez mil, cien mil y un millón son, respectivamente, *milésimo, diezmilésimo, cienmilésimo* y *millonésimo*.
  - Los demás se forman por yuxtaposición: *centésimo vigésimo quinto* (125.º).

> Las formas *decimoprimero* y *decimosegundo*, en otro tiempo censuradas, se admiten hoy en convivencia con *undécimo* y *duodécimo*.
>
> En los comprendidos entre el 13.º y el 29.º, son válidas tanto la escritura en una sola palabra (*decimotercero, vigesimoctava*) como en dos: *décimo tercero, vigésima octava*. Como puede verse, cuando los componentes se escriben separados, el primero debe concordar en género y número, lo que no ocurre cuando forman una sola palabra: *vigésimo primero, vigésima primera, vigésimas primeras*. Mantiene, además, la tilde que le corresponde como elemento independiente.
>
> No son correctas las grafías en dos palabras si se mantiene invariable el primer componente: *⊗vigésimo segundos, ⊗vigésimo cuarta*.

- Los ordinales *primero, tercero* y *postrero*, y sus derivados, adoptan las formas apocopadas *primer, tercer* y *postrer* solo cuando preceden a un sustantivo masculino: *el postrer esfuerzo, el decimoprimer día*.

> La variante apocopada alterna con la no apocopada cuando sigue otro adjetivo coordinado, sea ordinal o no. Ambas opciones se consideran correctas: *el primer o segundo volumen de la obra* o *el primero y segundo volumen de la obra*.

Con las formas femeninas, hoy se considera arcaísmo el uso de la variante apocopada, por lo que se recomienda usar la plena: *la tercera vez, la primera aplicación*, y no ⊛*la tercer vez* o ⊛*la primer aplicación*.

- Cuando se escriben con cifras, los ordinales se distinguen con la letra *o* volada para el masculino (1.º, 22.º) y con la letra *a* volada para el femenino (1.ª, 22.ª). Entre el número y la letra volada debe haber un punto. En las formas apocopadas, aparece volada la terminación -*er* (1.ᵉʳ).

CUESTIONES DE USO

Se considera normal el uso de los cardinales con valor de ordinales (*la planta diez del edificio, la fila tres, el veinticinco aniversario*). Conviene hacer, no obstante, algunas precisiones:

- Cuando se designan los siglos, la alternancia es libre entre el I y el X (*siglo tercero* o *siglo tres*), pero a partir del XI solo se emplea el cardinal: *siglo once, siglo veinte* (no *siglo undécimo* o *siglo vigésimo*).

- Para los días del mes se utiliza el cardinal (*el día doce de enero*), salvo para el primero, en que alternan *el primero de julio* (preferido en América) y *el uno de julio* (preferido en España).

- Cuando se usan números romanos para referirse a reyes o papas, se leen como ordinales hasta el IX: *Fernando VI* (*sexto*), *Pío IX* (*noveno* o *nono*), *Enrique VIII* (*octavo*).

    Para el X se admite también la lectura como cardinal: *Alfonso X* (*diez* o *décimo*).

    A partir del XI, en cambio, se leen como cardinales: *Juan XXIII* (*veintitrés*); *Luis XV* (*quince*); *Benedicto XVI* (*dieciséis*).

CLASES DE PALABRAS A LAS QUE CORRESPONDEN

Los ordinales se corresponden con distintas clases de palabras:

- Generalmente son adjetivos y, aunque es más frecuente la anteposición, pueden ir antepuestos o pospuestos al sustantivo: *Acaba de terminar su tercera novela; Ese personaje aparece por vez primera en este capítulo*.

- Se usan como sustantivos en algunos contextos: *Son alumnos de segundo* (se entiende *curso*).

- El ordinal *primero* puede funcionar también como adverbio: *Marta y María terminaron primero*.

Fraccionarios y multiplicativos

LOS NUMERALES FRACCIONARIOS

Qué son. Son numerales que aluden a partes o fracciones de una unidad que se puede dividir: *medio, tercio, doceavo, treintaisieteavo, centésimo.* Se llaman también partitivos.

Pueden ser adjetivos y sustantivos. Los primeros adoptan forma femenina y, salvo *medio/-a,* suelen ir seguidos del sustantivo *parte* (*la cuarta parte*). Los segundos son masculinos (*tercio, cuarto...*), con algunas excepciones, como *una décima, una centésima, una milésima.*

En ciertas áreas de América alternan estas formas femeninas con las masculinas: se dice *siete décimos* en vez de *siete décimas.* La centésima parte de la unidad monetaria se llama, según los países, *centésimo, céntimo* o *centavo.*

Cuáles son. Las formas de los numerales fraccionarios son las siguientes:

- Para expresar la fracción 1/2, como adjetivo, se usa *medio/-a* ante cualquier nombre contable: *medio pastel, media naranja.*

  Como sustantivo, se emplean *medio* o *mitad: un medio, la mitad de la plantilla.*

- Entre 1/3 y 1/10 los fraccionarios coinciden con los ordinales respectivos, tanto cuando son adjetivos (*la tercera, cuarta, quinta... parte*), como cuando son sustantivos (*un cuarto, un quinto, un sexto... de litro*). Para 1/3, como sustantivo, se usa *tercio: un tercio del sueldo.*

  También se da dicha coincidencia formal con los ordinales entre *la centésima, milésima* o *millonésima parte* y *una centésima, una milésima* o *una millonésima de segundo.*

  Todos los numerales fraccionarios se escriben en una sola palabra, por lo que no deben emplearse grafías con separación entre sus componentes; así, son incorrectas ⊗*cien milésima* (en vez de *cienmilésima*), ⊗*diez millonésima* (en vez de *diezmillonésima*).

- A partir de 1/11 se forman adjetivos añadiendo a los cardinales correspondientes la terminación *-ava* (*la onceava, doceava, veinteava, treintava... parte*), y sustantivos añadiendo *-avo* (*un onceavo, un doceavo, un veinteavo... de los habitantes*).

  Cuando esta terminación se une a un cardinal terminado en *-a,* se conserva una sola vocal: *cincuentavo* y no ⊗*cincuentaavo.*

También se usan en ocasiones las formas de los ordinales: *la undécima, duodécima, vigésima, trigésima... parte; un undécimo, un duodécimo, un vigésimo... del total.*

Se considera incorrecto usar los numerales fraccionarios con el valor de los ordinales. Por ejemplo, no debe decirse ⊛*la veinteava vez* o ⊛*el onceavo aniversario,* sino la *vigésima vez* o el *undécimo aniversario.*

- Se pueden considerar también expresiones partitivas, aunque no se correspondan con ningún elemento de la serie de los números naturales, los sustantivos *mayoría* (*la mayoría de los asistentes*) y *resto* (*el resto de los candidatos del partido*), así como la expresión *mayor parte* (*la mayor parte del petróleo*).

Debe decirse *la mayoría* o *la mayor parte de los alumnos,* y no ⊛*la mayoría* o ⊛*la mayor parte de alumnos,* a pesar de la tendencia que hoy se percibe a prescindir del artículo en este tipo de expresiones.

LOS NUMERALES MULTIPLICATIVOS

Qué son. Los numerales multiplicativos expresan el resultado de multiplicar una cantidad por un número natural. De este modo, *doble* equivale a 'dos veces'; *triple,* a 'tres veces'; *cuádruple,* a 'cuatro veces', y así sucesivamente.

Pueden usarse como adjetivos (*doble vuelta de llave, quíntuple asesinato*) y, normalmente en masculino y precedidos de artículo, como sustantivos (*el doble de comida, el quíntuple de reservas*).

Formas. Son muy pocos los que tienen formas propias. Los más usados acaban en *-ble* o en *-ple: doble, triple, cuádruple, quíntuple* y *séxtuple.* Se utilizan escasamente otros como *séptuple* y *óctuple.*

Todos los numerales multiplicativos citados tienen variantes en *-plo,* fem. *-pla,* (*duplo/-a, triplo/-a, cuádruplo/-a, quíntuplo/-a, séxtuplo/-a, séptuplo/-a, óctuplo/-a*), pero son poco usadas en la actualidad.

Al margen de estos casos, lo habitual es el uso de fórmulas construidas con el sustantivo *veces* y los cuantificadores *más* y *mayor: doce veces más, veinte veces mayor.* Estas fórmulas alternan con las formas simples cuando estas existen: *el doble/dos veces más, el séptuple/siete veces más.*

Los sustantivos numerales

LOS SUSTANTIVOS NUMERALES CARDINALES

Los numerales cardinales, usados como sustantivos, proporcionan los nombres de los números naturales. Se usan, pues, para nombrar cifras o guarismos, precedidos normalmente de un determinante:

Salió varias veces el treinta y tres; Este siete parece un cuatro.

Tienen todos género masculino y, a diferencia de lo que muestran los usos como cuantificadores, presentan flexión de número: *un seis/varios seises, el diez/los dieces.*

El plural *cienes* alude a varias cifras cien (*los tres cienes escritos en esta página*), pero su uso es incorrecto si equivale al sustantivo *cientos*, como en ⊗*varios cienes de manifestantes* (por *varios cientos de manifestantes*).

Son sustantivos en aposición los numerales cardinales que se posponen al nombre y no concuerdan con él: *planta veintiuno, habitación trescientos cuatro.* También son sustantivos los números que designan los años (*Nació en 1970*) y las horas del día (*las tres de la tarde*).

LOS SUSTANTIVOS NUMERALES COLECTIVOS O DE GRUPO

• Términos como *docena, veintena, centenar, millón,* etc., son sustantivos con sentido numeral que designan colectivamente un grupo concreto de individuos.

Varios de ellos se crean con la terminación *-ena* (*decena, veintena, treintena, cuarentena, cincuentena, centena*); otros, con *-ar* (*centenar, millar*), y algunos acaban en *-ón* (*millón, billón, trillón* y *cuatrillón*).

Para designar la cantidad de mil millones se ha aceptado recientemente el sustantivo *millardo*, procedente del francés. No es, pues, correcto usar con este sentido el nombre *billón*, que sí tiene este significado en el inglés americano, pero que en español significa 'un millón de millones'.

• Los pronombres o adjetivos numerales *mil* y *cien* se asimilan a los numerales colectivos cuando *mil* equivale a *millar*, y *cien* (bajo la forma *ciento*), a *centenar: muchos miles de pesos, varios cientos de personas.*

Dado que son masculinos, deben evitarse falsas concordancias como ⊗*unas miles de libras* (por *unos miles de* libras) o ⊗*las miles de veces que te lo he dicho* (en vez de *los miles de veces que te lo he dicho*).

- El sustantivo *mil* se distingue de otros sustantivos numerales en que no suele admitir los cardinales. Se prefiere, pues, *dos millares de cartas* a *dos miles de cartas,* aun cuando *mil* acepta otros cuantificadores, como en *varios miles de personas.*

  No obstante, como se ha explicado, en gran parte de América es relativamente frecuente la expresión *un mil,* usada en lugar de *mil,* en cheques y en documentos bancarios, jurídicos y financieros: *un mil doscientos pesos.*

  No es correcta en español la construcción ⊗*un ciento.*

- *Millón, billón, trillón* y *cuatrillón* se diferencian de otros numerales colectivos en que forman cardinales complejos por yuxtaposición: *un millón cien mil personas* (no ⊗*un millón y cien mil personas*), *dos millones cuarenta pesos* (no ⊗*dos millones y cuarenta pesos*).

  Se construyen normalmente precedidos de determinante y seguidos de un complemento partitivo con *de.* Por eso, no son admisibles construcciones como **millón habitantes* (por *un millón de habitantes*) ni **dos millones quetzales* (por *dos millones de quetzales*).

- Algunos sustantivos numerales colectivos se especializan léxicamente, como *decenio* 'periodo de diez años' o *lustro* 'periodo de cinco años'. También otros, como *cuarentena, quincena, década, centuria, dúo, quinteto, cuarteta,* etc., aunque en algún caso tengan más de una acepción.

  La especialización léxica hace que resulten redundantes expresiones como ⊗*un decenio de años,* que se deben evitar. Basta con decir *un decenio,* pues se refiere necesariamente a años.

- Por lo general, los sustantivos numerales colectivos expresan una cantidad exacta, pero en algunos usos pueden denotar cantidad aproximada: *Rezó un millón de avemarías; Fueron recibidos por docenas de amigos y familiares.*

LOS SUSTANTIVOS NUMERALES ORDINALES

Del mismo modo, los numerales ordinales se usan como sustantivos en algunas construcciones. Así sucede, por ejemplo, con los que se refieren a las marchas o velocidades de los automóviles (*No metas tan pronto la tercera*) o a los niveles de escolaridad: *alumnos de primero.*

El hecho se extiende a otras muchas nociones, variables según los países.

Cifras o palabras en las expresiones numéricas

La elección de cifras o de palabras en la escritura de los números depende de factores muy diversos, como el tipo de texto de que se trate, la complejidad del número que se deba expresar o el contexto de uso. De manera general puede establecerse la siguiente división:

EMPLEO DE CIFRAS

Por su concisión y claridad, es normal en textos científicos y técnicos, y resulta obligado cuando los números se utilizan en operaciones matemáticas, en fórmulas, estadísticas, inventarios, tablas, gráficos o cualquier otro contexto similar. También, y por la misma razón, en carteles, etiquetas, titulares periodísticos y textos publicitarios es general el empleo de cifras.

Estos son algunos de los casos en los que se recomienda usar cifras:

- Los números que exigirían el empleo de cuatro o más palabras: *Se recibieron 32 423 solicitudes* (de comprensión más rápida que *treinta y dos mil cuatrocientas veintitrés*).

- Los números que forman parte de códigos o identificadores de cualquier tipo (códigos postales, números telefónicos, documentos de identidad, signaturas de bibliotecas, numeración de textos legales, etc.): *C. P. 89765; Tel. 91 530 86 21; DNI: 3578951; HA/74183; Ley 124/1990.*

- Los números que indican año: *El año 2000 fue bisiesto.*

- La numeración de vías urbanas y carreteras: *avenida (de) Libertadores, 35; carretera comarcal 713.*

- Los números formados por una parte entera y otra decimal: *La deuda asciende a 0.5 (o 0,5) millones de euros.*

- Los que aparecen en documentos técnicos y en formulaciones matemáticas, físicas o químicas: $3x = y$; $g = 9{,}80665 \ m/s^2$; C_2H_4.

- Los referidos a unidades de medida, cuando van seguidos del símbolo correspondiente: *Inauguraron una central solar de 42 kW; Mañana se alcanzarán los 35 °C.*

- Los números seguidos de la abreviatura a la que afectan: *45 págs.*

- Los números que preceden a los elementos dispuestos en una lista: *2 botellas de leche, 6 cervezas, ½ kilo de filetes de pollo.*

EMPLEO DE PALABRAS

En obras literarias y textos no técnicos en general, resulta preferible y más elegante, salvo que se trate de números muy complejos, el empleo de palabras en lugar de cifras.

Se indican a continuación una serie de contextos en los que se prefiere el uso de palabras:

- Los números que pueden expresarse en una sola palabra: *cero, cinco, veintinueve, cuarenta, doscientos,* etc.: *Tiene cinco hijos; Habrá más de trescientos invitados.*

- Los números redondos que pueden expresarse en dos palabras (*trescientos mil, dos millones,* etc.): *Veinte mil manifestantes acudieron a la convocatoria.*

- Los números inferiores a cien que se expresan en dos palabras unidas por la conjunción *y* (hasta *noventa y nueve*): *En la biblioteca hay treinta y cinco manuscritos.*

- En textos no técnicos, los números referidos a unidades de medida, siempre y cuando vayan seguidos del nombre completo de la unidad: *Hizo a pie más de veinte kilómetros* (no *®más de veinte km*). Cuando se usa el símbolo, deben utilizarse cifras: *20 km.*

- Las fracciones, fuera de contextos matemáticos: *Dos tercios de los encuestados respondieron afirmativamente.*

- Los números que corresponden a cantidades o cifras aproximadas: *Tiene unos cuarenta y tantos años.*

- Los números que corresponden a fechas históricas o festividades: *Celebraron el Dieciséis de Septiembre.*

No obstante, en algunos países es normal el uso de cifras: *calle del 15 de mayo.*

Los números deben escribirse enteramente en cifras o en palabras, por lo que no se considera correcta la combinación de ambas en un número compuesto. Deben rechazarse, pues, combinaciones como *®30 y siete, ®154 mil, ®10 mil.* Solo admiten la mezcla las cantidades que tienen como base un sustantivo numeral, como *millar, millón, millardo, billón, trillón* y *cuatrillón: 15 millares; 327 millones; 12.3* (o *12,3*) *billones de euros.*

No es recomendable mezclar en un mismo enunciado números escritos con cifras y números escritos con palabras. Debe optarse por escribirlos todos con cifras o todos con palabras.

Los números arábigos

LA NUMERACIÓN ARÁBIGA

El sistema arábigo de numeración cuenta con diez signos llamados dígitos (0, 1, 2, 3, 4, 5, 6, 7, 8, 9), cuyo valor se determina por la posición que ocupan dentro del número representado. Así, en 776 el primer dígito equivale a 700; el segundo, a 70, y el tercero, a 6.

Es el sistema más extendido y utilizado en la actualidad, ya que presenta la ventaja de poder generar con muy pocos signos, de forma inequívoca y concisa, una serie ilimitada de números.

ORTOGRAFÍA DE LOS NÚMEROS ARÁBIGOS

Las cifras enteras. Las cifras que componen un número se escriben seguidas, formando un solo grupo: *12* (doce), *127* (ciento veintisiete), *3479* (tres mil cuatrocientos setenta y nueve).

No obstante, las que representan números elevados pueden dividirse en grupos de tres dígitos de derecha a izquierda, con el fin de facilitar su interpretación: *27 315 857, 432 678 981*. Para ello, deben tenerse en cuenta estas normas:

- La separación no se aplica en los números de cuatro cifras: *2834 euros, 3483 asistentes*.
- La separación en grupos puede hacerse cuando el número expresa cantidad:

    A principios de siglo la ciudad de Madrid tenía 3 132 463 habitantes,

    con la excepción de los números que aparecen en documentos contables o en cualquier otro escrito en que pueda arriesgarse la lectura correcta de la cifra.
- No debe realizarse la separación cuando el número no indica cantidad, sino que sirve para identificar un elemento dentro de una serie, como sucede en los casos siguientes:

    — En los números que designan los años: *el año 2010, el 40000 a. C.*

    — En los números que indican paginación o numeración de versos, columnas, etc.: *página 14881, verso 1756.*

    — En la numeración de textos legales o sus divisiones: *Ley 15668, del 29 de octubre de 1965; artículo 1566 del Código Civil.*

    — En la numeración de vías urbanas, códigos postales o apartados de correos: *código postal 28357, apartado de correos 17903.*

    — En los números que forman parte de códigos o identificadores, signaturas, números de registro, etc.: *Reg. 93228, CIF 38934567-B, norma UNE 82100-2.*

No deben utilizarse ni el punto ni la coma para separar los grupos de tres dígitos en la parte entera de un número. Para ello solo se admite hoy el uso de un pequeño espacio en blanco.

Los bloques de cifras no deben dividirse en renglones diferentes, ya que eso dificultaría su identificación como un único número.

LAS CIFRAS DECIMALES

Escritura. Los números decimales se componen de una parte entera (la unidad y sus múltiplos) y de una parte decimal (fracciones decimales de la unidad).

En las lenguas que utilizan el alfabeto latino, el signo empleado como separador decimal es el punto o la coma, con distinta distribución geográfica.

Ante esta divergencia, los organismos internacionales de normalización han intentado establecer un uso general común. Finalmente, la Conferencia General de Pesos y Medidas decidió en 2003 reconocer ambos signos como igualmente válidos.

En el mundo hispanohablante los dos signos presentan una similar proporción en su distribución por países. Por tanto, según los usos de cada zona, podrá escribirse $\pi = 3.1416$ o $\pi = 3,1416$.

Es incorrecto en la actualidad el uso del apóstrofo en lugar de la coma para separar la parte entera de la decimal, como en ⊗28'57 (en vez de 28,57).

Expresión lingüística. Cuando los números decimales se expresan con palabras, debe mencionarse primero la parte entera y después la decimal, unidas por la conjunción *y* o por la preposición *con*. Así, el número *20.58* (o *20,58*) corresponde a la expresión *veinte* (unidades) *con cincuenta y ocho* (centésimas o centésimos) o *veinte* (unidades) *y cincuenta y ocho* (centésimas o centésimos).

Si la parte entera es cero, se suele expresar únicamente la parte decimal; de este modo, *0,675* se formula habitualmente como *seiscientas setenta y cinco milésimas* (o milésimos).

También es habitual leer simplemente la secuencia de signos de que se componen estos números; así, *2.5* o *2,5* puede leerse como *dos punto cinco* o *dos coma cinco*. No obstante, este recurso, plenamente admisible en la lengua oral, debe evitarse en documentos de carácter técnico, administrativo o contable.

Los números romanos

LA NUMERACIÓN ROMANA

Se basa en el empleo de siete letras del alfabeto latino a las que corresponde un valor numérico fijo: I = 1, V = 5, X = 10, L = 50, C = 100, D = 500, M = 1000.

ORTOGRAFÍA DE LOS NÚMEROS ROMANOS

Para una escritura correcta de los números romanos deben tenerse en cuenta las siguientes normas:

- Se escriben siempre con mayúsculas, pues el alfabeto latino solo contaba inicialmente con este tipo de letras.

  En los textos no manuscritos, se recomienda escribir los números romanos en letra versalita, para mantener el equilibrio tipográfico: *siglo XXI, páginas XIX-XXIII;* pero, si van asociados a palabras escritas con mayúscula inicial, se escribirán con mayúscula: *II Internacional Obrera, Juan XXIII.*

  La escritura de romanos en minúscula solo se admite hoy en la numeración de apartados o elementos de listas, pero no debe extenderse a otros usos: *El presente título no se aplicará a las medidas contempladas en el artículo 36, letra b), incisos vi) y vii), del reglamento.*

- No debe repetirse más de tres veces consecutivas un mismo signo: 333 se escribe en romanos *CCCXXXIII,* mientras 444 debe escribirse *CDXLIV,* y no ®*CCCCXXXXIIII.*

- Cuando un signo va seguido de otro de valor igual o inferior, se suman sus valores: *VI* = 6, *XV* = 15, *XXVII* = 27.

- Cuando los signos *I, X, C* van seguidos de otro de mayor valor, se restan del valor de este: *IX* = 9, *XL* = 40, *CD* = 400.

- Los signos *V, L* y *D* no se utilizan nunca con valor de resta: 45 debe escribirse *XLV,* y no ®*VL.*

- El valor de los números queda multiplicado por mil tantas veces como rayas horizontales se tracen encima: $\overline{L}$ = 50 000, $\overline{\overline{M}}$ = 1 000 000 000.

USO ACTUAL DE LOS NÚMEROS ROMANOS

Solo perviven hoy en ciertos contextos, casi siempre con sentido ordinal, aunque en la mayoría pueden alternar con números arábigos. Estos son algunos de los más destacables:

- En monumentos o placas conmemorativas, para indicar los años: *MCMXCIX* [= 1999].

- En las publicaciones periódicas, para señalar el año al que corresponde cada ejemplar desde que comenzó su edición: *El País. Año XXXV. Número 12 131.*
- Para indicar los siglos, siempre pospuestos al sustantivo: *siglo XXI.*

> No deben emplearse con este fin los números arábigos; no sería correcto escribir ⊗*siglo 21.*

- En las series de papas, emperadores y reyes de igual nombre, siempre pospuestos a este: *Juan XXIII, Napoleón III, Felipe IV.*
- En la denominación de congresos, campeonatos, certámenes, festivales, etc., siempre antepuestos al nombre correspondiente: *IV Congreso de Bioética.*
- En la numeración de volúmenes, tomos, libros, capítulos o cualquier otra división de una obra, siempre pospuestos al nombre: *tomo III, libro II, capítulo IV, escena VIII.*
- Para indicar el mes en la expresión abreviada de las fechas: *12-IX-1978.*

Hoy es más habitual el uso de números arábigos: *12-9-1978.*

> Los números romanos usados con valor ordinal no deben escribirse nunca acompañados de letras voladas. Sería incorrecto escribir ⊗*IV.º Congreso de Bioética.*

LECTURA DE LOS NÚMEROS ROMANOS

Se leen, en general, reproduciendo el numeral ordinal correspondiente: *IV Jornadas de Diseño Empresarial* (cuartas jornadas...).

Pero, si el número es muy complejo, puede también leerse como cardinal:

LXXVIII Congreso Nacional de Mutualistas (septuagésimo octavo congreso... o setenta y ocho congreso...).

Cuando se usan como identificadores de los elementos de una serie, se leen únicamente como cardinales:

la N-II (*la ene dos* o *la nacional dos*), nombre de una carretera española.

(Para su lectura en otros contextos → págs. 288-289).

La expresión de la hora (I). Formas de manifestarla

Existen dos maneras básicas de expresar la hora: el modelo de doce horas y el modelo de veinticuatro horas.

MODELO DE DOCE HORAS

En este modelo se emplean los números del 1 al 12 o los numerales cardinales correspondientes: *una, dos, tres,* etc.

- Con cifras. Si se usan cifras, para indicar el tramo del día deben ir acompañadas de las abreviaturas *a. m.* (del lat. *ante meridiem* 'antes del mediodía') o *p. m.* (del lat. *post meridiem* 'después del mediodía'):

  3 a. m. ('tres de la mañana o de la madrugada');
  3 p. m. ('tres de la tarde').

  Para las doce de la mañana se recomienda el empleo de la abreviatura *m.* (del lat. *meridies* 'mediodía'): *12 m.*

  A la medianoche le corresponde la expresión *12 a. m.*

- Con palabras. Se emplean las siguientes expresiones:
  - *de la mañana* (desde que sale el sol, o desde la medianoche, hasta el mediodía);
  - *de la tarde* (desde el mediodía hasta que el sol se pone);
  - *de la noche* (desde que anochece hasta la medianoche);
  - *de la madrugada* (desde la medianoche hasta que amanece):

    Se acostó a las cuatro de la madrugada y despertó a las diez de la mañana; Aterrizarán a las cinco de la tarde.

- Para indicar las principales fracciones horarias se utilizan las expresiones *en punto, y cuarto, y media, menos cuarto:*

  las doce en punto, las tres y media, las cinco y cuarto, las ocho menos cuarto.

  Las fracciones menores se expresan en minutos:

  las dos y diez, las tres y veinticinco, las seis menos cinco...

En casi toda América se emplea la fórmula *cuarto para..., diez minutos para...,* en lugar de *menos cuarto, menos diez: Cenaremos a un cuarto para las diez; La cita se ha fijado a diez minutos para las once.* En estos casos, no es correcto sustituir la preposición *para* por *a:* ⊗*un cuarto a las ocho* (en vez de *un cuarto para las ocho*); ⊗*diez minutos a las once* (en lugar de *diez [minutos] para las once*).

En varios países americanos se emplea el gerundio *faltando* en vez de la preposición *a: Cenaremos faltando un cuarto para las diez.* En otros países no se emplea la preposición: *Cenaremos un cuarto para las diez.*

MODELO DE VEINTICUATRO HORAS

Para indicar cada una de las horas se utilizan los números del 0 al 23 (excepcionalmente también el 24), o los numerales cardinales correspondientes: *cero, una, dos..., doce, trece, catorce*, etc.

- Se emplean preferentemente cifras, aunque no de manera necesaria, y se usa sobre todo en contextos en los que se requiere especial precisión, como la ciencia, la técnica, la administración, etc.:

  La sonda espacial fue lanzada a las 17:48 h; El horario de trabajo es de 9 a 14 y de 15 a 18 horas.

  Dado que cada hora se identifica con un número diferente, no es necesario añadir precisiones del tipo *de la mañana, de la noche*, etc.

- La medianoche puede indicarse tanto con el número *0* (señalando el comienzo del día) como con el número *24* (indicando el final):

  las 24:00 h del día 31 de diciembre es exactamente la misma hora que *las 00:00 h del día 1 de enero.*

- Para indicar los minutos, se emplean tanto la forma yuxtapuesta:

  El tren llegará a las trece veinte,

  como la coordinada:

  El tren llegará a las trece y veinte.

  Ambas son igualmente válidas.

  Es opcional la presencia de los sustantivos *horas* y *minutos*:

  a las trece horas veinte, a las trece horas y veinte minutos, a las trece y veinte.

CONCORDANCIA DE NÚMERO EN LA EXPRESIÓN DE LA HORA

Se emplea el singular en *la una* y sus fracciones (*la una y cuarto*), y el plural en las demás designaciones horarias, incluido el cero:

las cero horas ('las 12:00 p. m.').

La pregunta sobre la hora se hace en singular: *¿Qué hora es?*, aunque también se registra el plural en la lengua coloquial: *¿Qué horas son?*

La expresión de la hora (II).
Uso de palabras o de cifras

USO DE PALABRAS O DE CIFRAS PARA EXPRESAR LA HORA

Para manifestar las horas del día se usan los nombres de los números, bien en palabras, bien en cifras: *las diez de la noche* o *las 22:00.*

Se recomienda no mezclar cifras y palabras. La expresión combinada, *las 10 de la noche,* aunque no es incorrecta, se considera menos recomendable.

Uso preferente de palabras. Se escribe con palabras en los siguientes casos:

- En textos de carácter narrativo o discursivo: *Supo que no llegaría a las cinco.*
- Cuando se añaden precisiones sobre el tramo del día: *Vino a las dos de la tarde.*
- Cuando se utilizan expresiones aproximativas como *alrededor de, a eso de, en torno a, y pico...: Acabaremos a eso de las ocho.*

Uso preferente de cifras. La hora se escribe preferentemente con cifras cuando se utiliza el modelo de veinticuatro horas, así como en los contextos que requieren la máxima precisión (horarios, actas, informes...): *El embarque finalizará a las 17:35.*

La escritura correcta de la hora con cifras requiere lo siguiente:

- En textos normalizados, deben utilizarse los dos puntos para separar los elementos que integran la expresión horaria: *13:27.* En el uso común, es también válido el empleo del punto: *13.27.*

    Nunca debe usarse la coma en la expresión numérica de la hora. Así, lo correcto no es [⊗]*17,30 h,* sino *17:30.*

- Aunque según el sistema de veinticuatro horas deben emplearse dos dígitos por cada elemento (*03:07; 22:00*), en el uso común los ceros que corresponden a las horas en punto pueden omitirse si se usa el símbolo *h: Su tren llega a las 22 h.*
- Es también frecuente prescindir del primer dígito que indica la hora cuando este es un cero: *El avión despegó a las 3:07.*
- El uso del símbolo *h* ('hora'), que es opcional en el formato completo (*17:30* o *17:30 h*), es conveniente si se prescinde de los dos ceros correspondientes a los minutos en la indicación de las horas en punto: *a las 7 h.*

    Como todos los símbolos, *h* debe escribirse sin punto y separado por un espacio de la cifra a la que acompaña.

- El símbolo *h* no debe utilizarse junto con las abreviaturas *a. m., m.* y *p. m.* porque dichas abreviaturas ya indican que es una referencia horaria. Así, las cinco y media de la tarde se escribirá *5:30 p. m.* o *17:30 h,* pero no [⊗]*5:30 h p. m.*

MANERAS DE EXPRESAR LA FECHA

Para expresar la fecha se usan tres modelos:

- Orden ascendente. Se expresa primero el día, seguido del mes y el año: *27 de julio de 2011, 27.07.2011.*

  Es el modelo tradicional y recomendado en los países hispanohablantes.

- Orden descendente. Aparece en primer lugar el año, seguido del mes y el día: *2010.11.27* (por *27 de noviembre de 2010*).

  Se emplea en documentos científicos o técnicos de circulación internacional.

- Modelo estadounidense. De uso habitual en los Estados Unidos de América y algunas de sus áreas de influencia, sitúa en primer lugar el mes, seguido del día y el año: *noviembre 27 de 2010, 11.27.2010.*

  Se desaconseja el empleo de este último en español.

USO DE PALABRAS O CIFRAS EN LA ESCRITURA DE LA FECHA

El modelo de orden descendente se escribe siempre con cifras; los otros dos, con palabras, con una combinación de palabras y cifras, o solo con cifras.

Solo con palabras. En la actualidad, se usa únicamente en los casos en que deba garantizarse la imposibilidad de alterar la fecha. Para el primer día del mes puede utilizarse tanto el ordinal *primero*, habitual en América, como el cardinal *uno,* más frecuente en España.

Solo con cifras. Se hace separando día, mes y año con guiones, barras o puntos, y sin dejar espacios en blanco: *7-7-1962; 7/7/1962; 7.7.1962.*

El año puede expresarse solo con los dos últimos dígitos: *27.7.68.*

El mes, por su parte, puede escribirse en números arábigos o en romanos, aunque esta segunda opción (*16-VI-1970*) es hoy poco frecuente.

Se recomienda no anteponer un cero a la cifra del día o del mes cuando es inferior a diez; así, es preferible escribir *5.7.99, 2-9-1940* que *05.07.99, 02-09-1940,* excepto en formularios informatizados o documentos bancarios.

Combinación de cifras y palabras. Es el sistema más extendido y consiste en escribir el día y el año con números arábigos, mientras que el mes se indica con la palabra correspondiente, escrita siempre con inicial minúscula. Cada elemento de la fecha se separa utilizando la preposición *de: Nació el 13 de agosto de 1984.*

Siglos, años y décadas

LA EXPRESIÓN DE LOS SIGLOS

Los siglos se escriben siempre con números romanos: *siglo XII*.

Cuando es necesario especificar si el siglo indicado es anterior o posterior al nacimiento de Jesucristo, se utilizan diversas abreviaturas: *a. de J. C., a. de C., a. J. C.* o *a. C.* ('antes de [Jesu]Cristo'); *a. n. e.* ('antes de nuestra era'); *a. e. c.* ('antes de la era común'); *d. de J. C., d. de C., d. J. C.* o *d. C.* ('después de [Jesu]Cristo'); *n. e.* ('de nuestra era'); *e. c.* ('de la era común'): *Arquímedes murió en el siglo III a. C.*

LA EXPRESIÓN DE LOS AÑOS

- Los años se escriben con números arábigos: *año 977, 1968, 2013*. El uso de los romanos queda reservado a monumentos o placas conmemorativas.

- Puede escribirse solo con las dos últimas cifras, siempre que esté claro a qué siglo pertenece: *No estuvo en París en el 68.*

> En español no es correcto escribir un apóstrofo para indicar la supresión de los dos primeros dígitos de un año. Así, no debe escribirse ⊗*Barcelona '92* por *Barcelona 92*.

- Cuando sea necesario precisar si el año es anterior o posterior al nacimiento de Cristo, se utilizarán las abreviaturas convencionales indicadas más arriba: *211 a. C., 123 d. C., 45 a. n. e.*

> No se considera adecuado expresar los años anteriores al nacimiento de Cristo anteponiendo un signo menos a la cifra del año, como *En* ⊗*–202 Escipión derrotó a Aníbal,* por *En el 202 a. C. Escipión derrotó a Aníbal.*

LA EXPRESIÓN DE LAS DÉCADAS

Las décadas son los periodos de diez años referidos a cada una de las decenas de que se compone un siglo. Se expresan preferentemente utilizando los numerales cardinales que designan cada decena, siempre en singular: *los años veinte, la década de los treinta, los ochenta.*

> No debe decirse ⊗*los sesentas,*⊗*los ochentas...*

> Es también admisible el uso de cifras: *la década de los 50, los años 20.*

> Son incorrectas fórmulas como ⊗*los 30s* o ⊗*los 30's,* copiadas del inglés.

EL PORCENTAJE Y SUS FORMAS DE EXPRESIÓN

Un porcentaje es la expresión de un tanto por ciento, esto es, del número de unidades consideradas en relación con un total de cien. Puede reflejarse de dos maneras:

- Con la fórmula *por ciento*: *Comparten tareas al cincuenta por ciento.*

  La locución *por ciento* debe escribirse siempre en dos palabras.

- Mediante el símbolo %: *Contiene un 60 % de vitamina C.*

  No se recomienda en este uso la variante *por cien* (*®el veinte por cien*), salvo en la expresión *el cien por cien*, que se emplea en casi todas las áreas lingüísticas con el sentido de 'la totalidad'. También se usan con este mismo significado *el ciento por ciento* y *el cien por ciento*.

  La locución *por ciento* puede acompañar tanto a cifras como a palabras: *0.2* (o *0,2*) *por ciento, veinte por ciento.*

  El símbolo %, en cambio, solo debe emplearse cuando el porcentaje se escribe con cifras: *el 13 % de los encuestados,* pero no *®el trece % de los encuestados.*

  En cualquier caso, lo más aconsejable es escribir los porcentajes enteramente con palabras (*el trece por ciento*) o con cifras acompañadas del símbolo (*el 13 %*).

  Se recomienda no separar en renglones diferentes los elementos que integran la expresión de los porcentajes, se escriban con cifras o con palabras: *®el 13/%.*

  El símbolo del porcentaje (%) no debe escribirse pegado a la cifra a la que se refiere, sino separado de ella con un espacio fino, como el resto de los símbolos.

PALABRAS O CIFRAS EN LA ESCRITURA DE LOS PORCENTAJES

A la hora de elegir entre palabra o cifras al escribir un porcentaje, deben seguirse estas normas:

- Cuando el porcentaje corresponde a un número inferior a diez, puede escribirse tanto con cifras como con palabras: *Aprobó un 8 % de los alumnos* o *Aprobó un ocho por ciento de los alumnos.*
  El uso de cifras es más frecuente en los textos de carácter científico o técnico.

- Los porcentajes superiores a diez se escriben casi exclusivamente con cifras: *Solo el 38 % de la población participó en los comicios.*

- Los porcentajes decimales también deben escribirse con cifras: *La factura de la luz subirá un 8,5 %.*

Los cuantificadores *alguno, ninguno, alguien* y *nadie*

LA CUANTIFICACIÓN Y LOS CUANTIFICADORES

Cuantificar es expresar la medida de algo, bien de forma numérica (*cuatro gatos, cien personas*), bien con otras estimaciones (*mucho trabajo, bastantes ventajas, dormir poco*). Se pueden cuantificar las entidades individuales (*muchos niños, veinte euros*), las materias o sustancias (*mucha arena, poco viento*) y los grados de una cualidad o un proceso (*Está muy lejos; Se ha encarecido algo*).

En consecuencia, se denomina cuantificadores a aquellas palabras que expresan cantidad. Esta clase agrupa palabras pertenecientes a distintas categorías gramaticales, como sustantivos (*una docena de huevos*), adjetivos (*los primeros días*), determinantes (*pocos libros*), pronombres (*Nadie lo sabe*) o adverbios (*más lejos*).

CLASES DE CUANTIFICADORES

Además de los numerales, que también son, como es lógico, cuantificadores, suelen establecerse dos clases:

- Fuertes o universales, como *ambos, cada, todo,* que abarcan la totalidad de los miembros de un conjunto.
- Débiles o indefinidos, como *alguno, nada, cualquiera, muchos, bastantes,* etc., cuya cuantificación es imprecisa.

CUESTIONES MORFOLÓGICAS Y DE CONCORDANCIA

Las propiedades de género y número de los cuantificadores del español no son homogéneas. Así, los hay con flexión de género y número, como *alguno, ninguno, mucho, poco, otro, cuanto...*; otros varían en número, pero no en género, como *bastante, cualquiera...*; algunos, al contrario, varían en género, pero no en número, como en *ambos, sendos...*; e incluso los hay invariables: *algo, alguien, cada, más, menos, nada, nadie.*

También hay cuantificadores que tienen formas apocopadas, como *algún* (*alguno*), *ningún* (*ninguno*), *cualquier* (*cualquiera*).

De esta falta de regularidad formal derivan buena parte de las cuestiones normativas que los cuantificadores suscitan, casi todas relacionadas con la concordancia. Se verán a continuación algunas de las más relevantes.

ALGUNO Y NINGUNO

- Las formas masculinas de *alguno* y *ninguno* adoptan, delante del nombre, las formas apocopadas *algún, ningún*: *algún día, ningún problema*.

Las formas femeninas no se apocopan, salvo cuando preceden a sustantivos femeninos que comienzan por /a/ tónica: *algún arma, ningún hada* (→ pág. 250).

No se consideran incorrectas, sin embargo, las formas sin apocopar, por lo que son igualmente válidas construcciones como *alguna arma* y *ninguna hada*.

La apócope de las formas femeninas que comienzan por /a/ tónica no se produce si se interpone alguna palabra entre el cuantificador y el sustantivo. Se consideran, pues, incorrectas construcciones como [⊗]*ningún posible arma homicida* (por *ninguna posible arma homicida*).

- Alternan ante sustantivo las construcciones *algún que otro* (más frecuente) y *alguno que otro,* ambas correctas:

  Ha hecho para nosotros algún que otro trabajo; Solía aparecer por allí alguno que otro día.

- El plural de *ninguno* se usaba en el español medieval y en el clásico, pero es raro en la lengua actual, salvo en algunos usos conversacionales enfáticos, como en

  No tengo ningunas ganas de irme,

  expresión que no debe considerarse incorrecta.

ALGUIEN Y NADIE

- Los indefinidos *alguien* y *nadie* concuerdan habitualmente en masculino, pero se documentan también combinaciones con femenino que se consideran igualmente correctas:

  Aquello era indigno de alguien tan listo como ella o *Aquello era indigno de alguien tan lista como ella.*

- Tienden a rechazar los complementos partitivos. En general, se prefiere *alguno de ellos* a *alguien de ellos; ninguno de los visitantes* a *nadie de los visitantes.*

  Aun así, en los contextos interrogativos son frecuentes construcciones como *¿Sabe alguien de ustedes a qué hora empieza la reunión?*

Los cuantificadores *algo, nada, cualquiera* y *poco*

ALGO Y NADA

Con los verbos *haber* y *tener*, alternan las pautas «*algo* (o *nada*) *de* + adjetivo» y «*algo* (o *nada*) + adjetivo». Así pues, tan correcto es decir

Esta película tiene algo de especial o *No hay nada de raro en su proceder,*

como

Esta película tiene algo especial o *No hay nada raro en su proceder.*

Hay casos, sin embargo, en los que la presencia de la preposición es obligada, como en *No tenía nada de particular.*

CUALQUIERA

Se apocopa delante de sustantivos masculinos y femeninos: *cualquier día, cualquier persona.*

Estas son algunas de las cuestiones que pueden plantearse respecto de su empleo:

- La forma no apocopada se considera hoy incorrecta con sustantivos masculinos: ⊗*cualquiera hombre.* No hay, sin embargo, apócope si va pospuesto: *un hombre cualquiera.*

  Con sustantivos femeninos, como en *cualquiera posibilidad,* esta construcción se siente hoy arcaica en el español europeo (menos claramente en el americano).

- *Cualquiera* tiene plural, *cualesquiera,* que se usa casi exclusivamente en registros formales:

  Cualesquiera que fuesen sus intenciones, no me fiaba de él.

  Se emplea a veces la forma del singular, que no se recomienda en la lengua formal: ⊗*Cualquiera que fuesen sus intenciones...*

- Hay casos esporádicos en los que el singular *cualquier* ocupa el lugar de *cualesquiera* ante el indefinido *otros,* uso que conviene evitar asimismo:

  ⊗*No me interesan cualquier otros asuntos* (por ... *cualesquiera otros asuntos*).

- El plural *cualesquiera* también se apocopa a veces bajo la forma *cualesquier,* si bien se recomienda la variante sin apocopar. Se prefiere, por tanto, *cualesquiera materiales* a *cualesquier materiales.*

- No debe confundirse el cuantificador *cualquiera* con el sustantivo *cualquiera* (*un cualquiera, una cualquiera*), cuyo plural es *cualquieras:*

  No se juntaba con ellos porque los consideraba unos cualquieras.

Se aconseja evitar en estos casos la variante no concordada: ⊗*Nos trata como a unos cualquiera.*

POCO

El cuantificador *poco* tiene variantes de género y número, en las que concuerda con el sustantivo al que modifica:

poco vino, poca leche, pocos melones, pocas sandías.

Sin embargo, esta concordancia se ve sometida a algunas alteraciones en la lengua coloquial, como las que se explican a continuación:

- En las llamadas construcciones pseudopartitivas, en las que no precede al sustantivo el artículo determinado, *poco* permanece invariable, sin concordar con el nombre. Se dice, pues,

   Dame un poco de leche.

   Se recomienda evitar la construcción [⊗]*Dame una poca de leche,* registrada en algunas áreas.

- En algunas regiones, es un hábito popular, que rechaza la lengua formal, la pérdida en este esquema de la preposición *de.* No es correcto, pues,

   [⊗]*Tengo un poco fiebre* (en lugar de *Tengo un poco de fiebre*).

   Es el mismo fenómeno que se produce en la expresión [⊗]*Es un cacho (trozo, pedazo) pan,* que conviene sustituir por *Es un cacho (trozo, pedazo) de pan.*

- Se rechazan asimismo las construcciones «*unos pocos* (o *unas pocas*) *de* + sustantivo». Son incorrectas, por tanto, expresiones como

   [⊗]*Tenemos unos pocos de problemas* o [⊗]*He ido unas pocas de veces,*

   cuyas versiones correctas son

   Tenemos unos pocos problemas y *He ido unas pocas veces.*

   También se debe omitir la preposición *de* con *unos cuantos/-as.* De este modo, resulta incorrecto

   [⊗]*Faltan unos cuantos de días* (en vez de *Faltan unos cuantos días*).

- Tampoco es recomendable el uso de *un poco de* con un nombre en plural, como en

   [⊗]*un poco de ideas,* [⊗]*un poco de antecedentes,* [⊗]*un poco de noticias,*

   cuyas formulaciones correctas son

   unas pocas ideas, unos pocos antecedentes, unas pocas noticias.

Mucho, bastante, demasiado, medio, todo, cada, ambos, sendos

MUCHO

Se usa el adverbio *mucho,* ante *más* y *menos,* en ciertas construcciones comparativas. Se rechaza, por tanto, el femenino *mucha* en este contexto:

> *Eres mucho más alta que ella,* y no [⊗]*Eres mucha más alta que ella;*
> *La intensidad era mucho mayor,* y no [⊗]*La intensidad era mucha mayor.*

BASTANTE Y DEMASIADO

Cuando preceden a adjetivos, permanecen asimismo invariables en singular, puesto que actúan como adverbios. Así, lo correcto es

> *Los víveres que nos quedan son bastante pocos* (y no ... [⊗]*bastantes pocos*);
> *Hay demasiado pocas localidades* (y no ... [⊗]*demasiadas pocas localidades*).

Obsérvese que no son equivalentes las expresiones *No tenía demasiado buenas intenciones* y *No tenía demasiadas buenas intenciones.*

MEDIO

Se registran en diversas zonas hispanohablantes construcciones como [⊗]*Es media tonta* o [⊗]*Son medios tontos.*

Se trata de expresiones no recomendadas, puesto que, al ejercer una función adverbial, *medio* debe quedar sin variación. Lo adecuado en estos casos es, por tanto,

> *Es medio tonta; Son medio tontos.*

TODO

- El hecho de que el sustantivo al que precede comience por /a/ tónica no altera la concordancia. Se recomienda, por tanto, evitar expresiones como [⊗]*todo el agua,* [⊗]*todo el hambre,* y emplear en su lugar las formas correctas *toda el agua, toda el hambre.*

- En construcciones atributivas de carácter enfático, *todo* puede comportarse, respecto al género, de dos maneras, ambas correctas:

  — Concordando con el nombre: *María era toda corazón.*

  — Permaneciendo invariable: *María era todo corazón.*

  También poseen valor ponderativo las construcciones en que *todo* precede a un grupo encabezado por el artículo indeterminado:

  > *La obra fue todo un éxito; Está hecha toda una intelectual.*

- Cuando se antepone a un adjetivo o un adverbio, posee un valor adverbial cercano al de *completamente,* como en *Estaban todo asustados,* cuyo significado es muy distinto del de *Estaban todos asustados.*

CADA

- Es invariable y precede siempre a sustantivos contables sin determinante y en singular: *cada día, cada silla, cada idea.*

  Puede ir asimismo delante de numerales y algunos otros cuantificadores: *cada tres días, cada poco tiempo.*

- Puede referirse de manera individualizada a elementos extraídos de un conjunto: *cada grano de arena, cada libro que uno lee.*

  Pero también a todos los miembros de un conjunto, aunque aluda a ellos de manera individualizada:

  Cada viajero llevará su equipaje; Cada día trae nuevos afanes; Había leído cada uno de los capítulos del libro.

  En este segundo caso se asimila a *todo:*

  Todos los viajeros...; Todos los días...; ... todos los capítulos.

AMBOS Y SENDOS

- Los dos poseen flexión de género (*ambos/-as, sendos/-as*), pero no de número, ya que solo tienen forma plural.

- Se usa *ambos* como determinante (*ambos hermanos*) y como pronombre (*Ambos lo sabían*); *sendos* solo se emplea como determinante.

- No tienen el mismo sentido, pues *ambos* significa 'los dos', mientras que *sendos* es distributivo y equivale a 'uno cada uno':

  Llegaron tres músicos portando sendos instrumentos.

  Es erróneo atribuir a *sendos* el valor de *ambos* o de *los dos,* como en [⊗]*La selección ganó por dos a cero y Armando marcó sendos goles* (donde corresponde decir *ambos goles* o *los dos goles*).

  No se recomienda usar *sendos* con el sentido de 'fuertes', 'muy grandes', con el que se emplea a veces en algunos países, como se observa en [⊗]*Se oyeron sendos golpazos en la puerta.*

Los relativos y sus construcciones. Usos de *que*

QUÉ SON LOS RELATIVOS

Los relativos constituyen una clase limitada y cerrada de palabras, átonas en su mayoría, que desempeñan un triple papel:

- Poseen valor anafórico, es decir, hacen referencia a la misma entidad que otra expresión, presente en el texto, que se llama antecedente. Así, en *la felicidad que te desea*, el antecedente del relativo *que* es *felicidad*.
- Como pronombres, determinantes o adverbios que son, desempeñan una función sintáctica dentro de la oración que introducen.
- Actúan como nexos estableciendo una relación de subordinación entre la oración que encabezan y la principal o alguno de sus elementos. Se sitúan siempre al comienzo de la subordinada.

CUÁLES SON

Son, en total, ocho unidades, de naturaleza y comportamiento diferentes. Las recoge el siguiente cuadro:

DETERMINANTES	PRONOMBRES	ADVERBIOS
	que	donde
cuyo/-a/-os/-as	quien/-es	cuando
cual/-es		como
cuanto/-a/-os/-as		cuanto

Cual va siempre precedido de un artículo que le aporta variantes de género y número: *el cual/la cual/lo cual/los cuales/las cuales*. También *que* en ciertos casos: *el que/la que/lo que/los que/las que*. Todos estos reciben el nombre de relativos complejos.

Estas formas coinciden en su mayor parte con las que poseen los interrogativos y los exclamativos, aunque en estos casos son siempre tónicas.

EL RELATIVO *QUE*. USOS CON ARTÍCULO Y SIN ARTÍCULO

Omisión del artículo. Cuando el relativo *que* precedido de artículo es término de las preposiciones *a, con, de, en* y, en ocasiones, *por,* puede omitirse a veces el artículo. Son igualmente válidas:

los hechos a los que alude y *los hechos a que alude,*
la paciencia con la que nos trata y *la paciencia con que nos trata.*

El artículo no se omite ante las demás preposiciones. Así, son incorrectas construcciones como ⊗*el pueblo hacia que nos dirigimos,* ⊗*la estatua ante que pasamos,* ⊗*el mar sobre que volamos.*

No suele omitirse el artículo cuando la oración de relativo ejerce la función de complemento del nombre. Así, el uso culto prefiere *el libro del que te hablé* a *el libro de que te hablé.*

Tampoco se omite el artículo cuando cumple función de complemento directo o indirecto introducido por la preposición *a,* como en ⊗*el candidato a que seleccionaron* (en vez de ... *al que seleccionaron*) o ⊗*el joven a que dieron el premio* (por ... *al que dieron el premio*).

Omisión de la preposición. Las preposiciones citadas se pueden elidir, junto con el artículo, en determinadas funciones, como en los complementos directos animados:

> *los amigos a los que recuerda* o *los amigos que recuerda* (pero no ⊗*los amigos a que recuerda*).

La preposición se omite asimismo en los complementos circunstanciales de tiempo, especialmente si su antecedente no necesita preposición:

> *el año en que emigraron* o *el año que emigraron,*

o en otros circunstanciales, cuando la preposición del relativo es la misma que la del antecedente:

> *con la gracia con la que siempre saluda* o *con la gracia que siempre saluda.*

CONSTRUCCIONES DE PRONOMBRE PLEONÁSTICO

Están muy extendidas en el mundo hispanohablante ciertas construcciones en las que la función que corresponde desempeñar al relativo *que* se asigna a un pronombre personal, átono o tónico, en el interior de la subordinada. Se trata de secuencias que deben ser evitadas, como

> ⊗*Era un lugar que recordaba haberlo visitado en su juventud* (por *Era un lugar que recordaba haber visitado en su juventud*);
> ⊗ *Es una persona que no le interesa la gente* (en vez de *Es una persona a la que no [le] interesa la gente*).

Los relativos *quien* y *cual*

QUIEN

El relativo *quien* es un pronombre que presenta variación de número, *quien/quienes*, pero no de género. Estas son algunas de sus principales características:

- Hace referencia fundamentalmente a personas, pero también a entes personificados, como organizaciones, corporaciones y otras entidades que constituyen conjuntos de individuos:

    Estas son las personas por quienes tanto he luchado; Fue la propia asociación quien decidió avisar.

    Es frecuente la personificación de nombres de animales, como en *un perro por quien sentía un gran afecto.*

    Con todo, en los registros formales tiende a evitarse el uso de *quien* en los citados casos de personificación en favor de *que, el/la que* o *el/la cual:*

    Fue la propia empresa la que decidió cerrar.

- *Quien* puede desempeñar distintas funciones, pero rechaza la de sujeto en subordinadas de relativo especificativas. Así, resulta incorrecto

    ⊗*Tengo varios amigos quienes me aprecian de verdad* (por ... *que me aprecian...*).

    La admite, por el contrario, en las explicativas:

    Tengo varios amigos, quienes me aprecian de verdad.

- En las relativas libres, es decir, aquellas en las que el relativo no tiene antecedente expreso, *quien* alterna con *el que* y sus variantes:

    Esto es para quien lo quiera/Esto es para el que lo quiera.

    Sin embargo, si la oración introducida por *quien* depende de *haber, tener* y unos pocos verbos más, no se utiliza *el que*. Así, es válido *No tenía con quién/ quien hablar,* pero la lengua rechaza *No tenía con el que hablar.*

- El plural de *quien* es *quienes*. Existió y existe la costumbre de utilizar *quien* con antecedente en plural, en lugar de *quienes,* como en

    Las personas en quien confiaba la han defraudado.

> Se recomienda en estos casos mantener la concordancia empleando *quienes: Las personas en quienes confiaba la han defraudado.*

CUAL

El relativo *cual* presenta flexión de número: *cual/cuales*. Solo se usa precedido del artículo determinado, que le permite mostrar también las variantes de género:

el cual/la cual/lo cual/los cuales/las cuales. Estas son algunas de las características de su uso:

- Se emplea como pronombre. Su uso como determinante ha desaparecido prácticamente. Son hoy raras, y no se recomiendan, expresiones como

    Cometió muchos excesos, por los cuales excesos su salud se deterioró
    (en vez de *... por los cuales su salud se deterioró*).

- Al contrario que *el que* o *quien,* no puede encabezar subordinadas relativas sin antecedente expreso. De este modo, se construyen oraciones como

    Quien (o *el que*) *es feliz no necesita nada,*

    en las que no cabe *el cual:*

    *El cual es feliz no necesita nada.

- Al igual que *quien* o *que,* aparece en las relativas explicativas, con preposición o sin ella, según corresponda a la función que desempeña el relativo:

    Hablaba con Mario, el cual parecía ausente (*... quien parecía ausente* o *... que parecía ausente*).

    Sin embargo, en las relativas especificativas (las que no van entre pausas), *el cual* solo aparece cuando lleva preposición. Así, es correcto

    Subió al autobús en el cual iba todos los días al trabajo,

    pero la lengua rechaza

    *Subió al autobús el cual la llevaba todos los días al trabajo.

    Alterna también con *el que* cuando va precedido de preposición:

    Esa es la cuestión a la cual me refiero (*... a la que me refiero*).

- Sin preposición, también alternan los neutros *lo cual* y *lo que* en las relativas explicativas con antecedente oracional:

    Escaseaba el trabajo, lo cual indujo a muchos a emigrar (*... lo que indujo a muchos a emigrar*).

No se recomienda el uso de construcciones como *lo cual que, el cual que* o *la cual que,* propias del español coloquial europeo, en las que se expresa consecuencia, como ⊗*Ya ha agotado todos los recursos; lo cual que no hay nada que hacer.* Es preferible utilizar en su lugar *Ya ha agotado todos los recursos, por lo que no hay nada que hacer.*

Cuyo y los relativos inespecíficos

CUYO

Es un relativo con valor posesivo que actúa siempre como determinante. Varía en género y número y concuerda con el sustantivo sobre el que incide, no con el antecedente. Así, en *Es un niño cuya vivacidad nos asombra*, el relativo *cuya* concuerda con *vivacidad*, no con su antecedente, *niño*. He aquí algunas de las características de su uso:

- Apenas se emplea *cuyo* en los registros informales. Casi ha desaparecido de la lengua oral, e incluso de la periodística en algunos países, a favor de otros relativos, como *del cual, de la cual...*, con los que alterna (también, más esporádicamente, con *del que, de la que...*):

  Se veía un estanque en cuyo centro había un surtidor (... en el centro del cual había un surtidor).

- Al igual que los demás posesivos, no concuerda en plural con los sustantivos coordinados, sino con el más próximo. De este modo, no es correcto

  [⊗]*Es alguien cuyas perspicacia e inteligencia son grandes* (en vez de *cuya perspicacia e inteligencia son grandes*).

- Aunque se documenta en la lengua antigua, no se usa hoy *cuyo* como pronombre. Se rechazan, pues, construcciones como [⊗]*la persona cuya era la casa*, en la que *cuya* ejerce la función del posesivo tónico *suya*. En su lugar se emplean otros relativos, como *de quien* o *del que*, con sus variantes:

  la persona de quien era la casa (o de la que era la casa).

- En construcciones como *a cuyo efecto, a cuyo fin, con cuyo motivo, con cuya acción, en cuyo caso*, etc., *cuyo* no equivale a *su* ni puede sustituirse por *del cual* o *de lo cual*. La equivalencia correcta es con *tal* o con *este*:

  Saldrían a no ser que lloviera, en cuyo caso sería imposible la excursión/Saldrían a no ser que lloviera, pues en tal (o en este) caso sería imposible la excursión.

  Aunque ambas opciones son correctas, hoy se considera preferible el empleo de *tal* o *este*.

> Se consideran incorrectas las construcciones con *cuyo* en las que el sustantivo al que acompaña reitera el antecedente: [⊗]*Le presté dos novelas hace un año, cuyas novelas aún no me ha devuelto*. En su lugar se recomienda utilizar *el cual* o *que*: *Le presté dos novelas hace un año, las cuales aún no me ha devuelto (o ... que aún no me ha devuelto)*.

- Forma parte de la tendencia a evitar el uso de *cuyo* en la lengua informal su sustitución por el grupo *que su,* lo que da lugar a un fenómeno que se denomina quesuismo:

    [⊗]*Tengo un amigo que a su padre le gusta escribir.*

    En otros casos *cuyo* se sustituye, también indebidamente, por «*que* + artículo determinado»:

    [⊗]*Esa es la mujer que se le murió el marido en el extranjero.*

> Ambas construcciones son desaconsejadas. Lo adecuado es utilizar *cuyo: Tengo un amigo a cuyo padre le gusta escribir; Esa es la mujer cuyo marido murió en el extranjero.* O recurrir a construcciones alternativas: *Al padre de un amigo mío le gusta escribir; A esa mujer se le murió el marido en el extranjero.*

LOS RELATIVOS INESPECÍFICOS

Son palabras compuestas formadas por un relativo y la forma verbal gramaticalizada *-quiera.* Integran el paradigma *quienquiera, comoquiera, dondequiera* (con su variante arcaizante *doquiera*), *adondequiera* y *cuandoquiera,* así como *cualquiera* cuando va seguido de una relativa especificativa (*cualquiera que lo sepa*).

Suelen denotar personas o cosas no identificadas, y su significado equivale aproximadamente a 'sea quien sea', 'sea como sea', etc.

> El segmento *-quiera* que integra estos compuestos no se escribe nunca separado (*dondequiera que viva,* no [⊗]*donde quiera que viva*). La escritura en dos palabras equivale a una forma del verbo *querer* precedida de un adverbio relativo que introduce una relativa libre: *Que vaya donde quiera* (es decir, 'donde quiera ir').

- *Cualquiera* y *quienquiera* presentan variación de número en el primer miembro del compuesto (el segundo miembro no varía): *cualesquiera, quienesquiera.* Estas se emplean menos que las formas del singular, y normalmente son propios de registros formales:

    Podría hacerlo en cualesquiera circunstancias.

    Para evitar problemas siempre se puede usar el singular:

    Podría hacerlo en cualquier circunstancia.

> No se considera correcta, por el contrario, la discordancia de número que aparece en [⊗]*cualquiera que sean las circunstancias* o en [⊗]*cualquiera circunstancias* (por *cualesquiera que sean...; cualquier circunstancia*).

Cuanto y otros adverbios relativos

EL CUANTIFICADOR RELATIVO *CUANTO*

Expresa una cantidad equivalente a la manifestada por *tanto* o *todo*, sus posibles antecedentes.

Con variación de género y de número (*cuanto/-a/-os/-as*), puede ser determinante (*Recibe a cuantos alumnos se lo piden*) o pronombre (*Desprecia cuanto ignora*). Como forma invariable, es adverbio: *Habló cuanto quiso*.

Equivale en muchas ocasiones a la combinación «artículo + *que*», precedida a veces de *todo*:

Recuerda cuanto le dijimos o *Recuerda (todo) lo que le dijimos*.

OTROS ADVERBIOS RELATIVOS

Como se ha visto, *cuanto* es adverbio relativo en *Habló cuanto quiso*. Los adverbios relativos introducen subordinadas relativas, con antecedente o sin él, aportando significados de lugar, tiempo, cantidad o modo. Son, además de *cuanto*, *donde, cuando* y *como*. Se estudian seguidamente por separado.

Donde. Los únicos adverbios relativos de lugar que se conservan son *donde* y su compuesto *adonde* o *a donde*.

El uso de *adonde* y *a donde* es indistinto en cualquier circunstancia, exista o no antecedente del relativo. Por tanto, son igualmente correctas *Voy adonde quiero* y *Voy a donde quiero; No está muy lejos el lugar adonde voy* y *No está muy lejos el lugar a donde voy*.

- Sus antecedentes suelen tener sentido espacial, que a veces se obtiene de un modo figurado:

  Es un relato donde hay un solo protagonista.

  Se observa, sin embargo, un notable incremento de las construcciones en las que *donde* se usa con antecedente no locativo, las cuales no se consideran correctas. Se recomienda, por tanto, evitar expresiones como ⊗*Trabajamos en proyectos donde...* (por *en los que*); ⊗*Hay decisiones políticas donde...* (por *en las que*).

- Aun siendo redundante, la combinación *en donde* se considera correcta para expresar ubicación, en alternancia con *donde*:

  Te metes donde no te llaman o *Te metes en donde no te llaman*.

- Para indicar el término de una trayectoria, alternan *donde*, *adonde* y *a donde*:

  Acababa de llegar donde (adonde o a donde) me habían citado.

  No es justificable el uso de *adonde* o *a donde* con sentido de ubicación, como en ⊗*El libro estaba adonde lo había dejado*, en lugar de la expresión correcta *El libro estaba donde lo había dejado*.

Cuando. El adverbio relativo *cuando* equivale aproximadamente a 'en el tiempo o en el momento en que'.

Se emplea mucho más encabezando relativas libres (*Lo haré cuando pueda*) que con antecedente expreso: *Recuerdo aquellos veranos cuando íbamos a la playa.*

En este último caso suele preferirse *en que* o *en el que* con sus variantes:

  Recuerdo aquellos veranos en los que íbamos a la playa.

- Aunque no son incorrectas, sí son propias de registros poco formales las subordinadas con *cuando* en función de sujeto o de complemento directo:

  Me gusta cuando hay mucha gente en la calle (mejor: *Me gusta que haya...*);
  Oí cuando estalló la bomba (mejor: *Oí el estallido de la bomba*).

- Alternan *desde que* y *hasta que* con *desde cuando* y *hasta cuando*:

  Se ha quejado desde que llegó y lo hará hasta que se vaya;
  Se ha quejado desde cuando llegó y lo hará hasta cuando se vaya.

  Todas son correctas, pero se usan mucho más las primeras, salvo en algunos países americanos.

Como

- Al igual que los anteriores, el adverbio *como* también puede ir en subordinadas relativas sin antecedente o con un antecedente expreso, que habitualmente es *manera*, *modo* o *forma*:

  Lo hizo como pudo; Me encanta la forma como lo hizo.

  Son mucho más frecuentes las primeras.

- También puede ser su antecedente el adverbio *igual*, en construcciones como la siguiente:

  Emigró al extranjero, igual como lo había hecho su padre.

  Salvo en algunas áreas americanas, en estos casos se usa mucho más frecuentemente *que*: *... igual que lo había hecho su padre.*

Las subordinadas de relativo

QUÉ SON

Se denominan oraciones subordinadas de relativo (también oraciones relativas o simplemente relativas) las encabezadas por un pronombre, adverbio o determinante relativo. Así, en *No me interesan esas historias que cuentas,* la subordinada de relativo va encabezada por el pronombre *que.*

LOS RELATIVOS Y SU ANTECEDENTE

Las oraciones de relativo modifican a un antecedente, del mismo modo que el adjetivo modifica al sustantivo. En el ejemplo del epígrafe anterior, la relativa *que cuentas* actúa como modificador de *historias* (igual que el adjetivo *aburrida* en *una historia aburrida*). Por ello se ha llamado tradicionalmente a estas oraciones subordinadas adjetivas.

Hay que distinguir entre antecedente expreso y antecedente incorporado. De acuerdo con ello, se distinguen dos tipos de relativas:

- Relativas con antecedente expreso. Poseen función adjetiva y modifican a su antecedente: *La canción que me gusta; El lugar donde resido.*
- Relativas sin antecedente expreso o de antecedente incorporado. Se subdividen en dos clases:
  - Relativas libres. Van introducidas por los relativos *quien, cuanto, donde, cuando, como: Quien dice eso miente; La veré cuando llegue.*
  - Relativas semilibres. Van encabezadas por el pronombre *que* precedido del artículo determinado: *El que la hace la paga.*

  En la práctica es habitual hablar de relativas libres o de relativas sin antecedente expreso en los dos casos.

RELATIVAS ESPECIFICATIVAS Y EXPLICATIVAS

Las relativas especificativas restringen el significado del antecedente, mientras que las explicativas añaden cierta información a la expresada por el grupo nominal:

Los documentos que se salvaron del incendio son fundamentales.
Los documentos, que se salvaron del incendio, son fundamentales.

En la primera oración, que es especificativa, se dice que no todos los documentos son fundamentales, sino solo los que se salvaron del incendio; en la segunda, explicativa, se afirma «que se salvaron todos los documentos y que todos son fundamentales».

Entre unas y otras existen diferencias que afectan a su construcción y que pueden provocar errores. Estas son las fundamentales:

Uso de los signos de puntuación. Las explicativas van entre comas, puesto que constituyen incisos que aclaran algo en relación con el antecedente; las especificativas, dado su carácter restrictivo, se construyen sin ellas:

La casa, que está al borde del mar, es muy luminosa.
La casa que está al borde del mar es muy luminosa.

En relación con los relativos. Las especificativas admiten *el que, el cual* y *quien* si están precedidas de preposición:

la reunión de la que te hablé, la pared contra la cual chocó,

pero los rechazan cuando no la llevan, como en **la muchacha la cual conocí.*

Esto no sucede con las explicativas: *Acusó a su director, el cual no lo desmintió.*

En relación con el antecedente. Al contrario que las explicativas, las especificativas son incompatibles con los pronombres personales y con los nombres propios. Nos son admisibles, por tanto, secuencias como

*Hablé con ella que salía de casa (pero sí *Hablé con ella, que salía de casa*);
*Conozco a Ana que tiene veintitrés años (pero sí *Conozco a Ana, que tiene veintitrés años*).

Acumulación de relativas. La lengua cultivada tiende a rechazar la acumulación de relativas especificativas no coordinadas referidas a un mismo antecedente, como en *aquel libro que leí que me encantó.*

La preposición y el artículo. Anteriormente se ha hablado de la omisión del artículo y la preposición en las construcciones de relativo (→ págs. 312-313). El hecho es diferente también en las relativas de una y otra clase. Así, si la relativa es especificativa, el complemento directo puede construirse sin *a*, y entonces es obligada la omisión del artículo. Son, por tanto, válidas *No conocía a la gente a la que debería saludar* y *No conocía a la gente que debería saludar*. Es, en cambio, incorrecta *[⊗]No conocía a la gente a que debería saludar.*

RELATIVAS NO PRONOMINALES

Existen construcciones en las que el relativo *que* parece perder su valor pronominal para convertirse en un simple nexo: *[⊗]Me hicieron unos lentes que no veo nada.*

Son expresiones que conviene evitar y sustituir por otras más acordes con las reglas gramaticales, como *Me hicieron unos lentes con los que no veo nada.*

Ya se ha hablado de la variante de estas oraciones construida con pronombre pleonástico, que tampoco resulta recomendable: *[⊗]Me hicieron unos lentes que no veo nada con ellos.*

Las copulativas enfáticas

QUÉ SON

Se llaman copulativas enfáticas (también construcciones de relieve) las construcciones copulativas formadas con el verbo *ser* en las que se realza uno de sus componentes, al que se denomina foco, mediante algún recurso sintáctico. Se suelen dividir en tres grupos:

- Copulativas enfáticas de relativo (también perífrasis de relativo): *Eso es lo que digo yo; Así fue como lo hice; De Luisa es de quien más me acuerdo.*
- Copulativas enfáticas condicionales: *Si lo hace, será porque le gusta; Si estudia algo, es los fines de semana; Si habla con alguien, es con su amigo Pablo.*
- Copulativas enfáticas de *que* galicado: *¿Cómo fue que ocurrió?; Fue en este lugar que lo encontraron.*

Se estudian las dos primeras en este capítulo; se analizará la tercera en el siguiente.

LAS COPULATIVAS ENFÁTICAS DE RELATIVO

Estructura. Constan de tres partes: el foco, el verbo *ser* y una oración de relativo. Así, una oración como *Mamá llamó a María ayer* se puede convertir en enfática de relativo de tres maneras diferentes, según el elemento que se quiera destacar o focalizar, *mamá*, *a María* o *ayer*:

FOCO	SER	ORACIÓN DE RELATIVO
Mamá	es/fue	quien llamó a María ayer
A María	es/fue	a quien llamó mamá ayer
Ayer	es/fue	cuando llamó mamá a María

El tiempo verbal. Como puede verse en la alternancia que se muestra en los ejemplos precedentes o en el que sigue, el verbo *ser* puede aparecer en presente o en el mismo tiempo que el verbo de la relativa (las dos opciones son válidas):

En esta casa es donde murió o *En esta casa fue donde murió.*

La concordancia de número y persona. El verbo *ser* de las copulativas enfáticas de relativo suele presentar congruencia de número y persona con el foco, sobre todo cuando este es un pronombre de primera o de segunda persona:

Soy yo el que llamó; Fuiste tú la que se equivocó; Eran ellos los que iban a encargarse.

A veces se produce una atracción de marcas sobre el verbo de la relativa: *Soy yo el que llamé,* en lugar de *Soy yo el que llamó.* Debe preferirse esta última variante, puesto que, en el ejemplo que se menciona, el sujeto de *llamó* no es *yo,* sino el propio relativo.

- Si el foco es un grupo nominal, normalmente concuerda con el relativo:

  Eran estos papeles los que me hacían más falta; Es más dinero lo que tenemos que pedirle.

- Se observan alternancias con los relativos neutros. Las muestra, en efecto, el verbo *ser* cuando aparece seguido por un foco en plural, de manera que resultan equivalentes, e igualmente válidas,

  Estos libros es lo único que compré; Lo único que compré es estos libros y *Lo único que compré son estos libros.*

  En cambio, si el foco aparece al comienzo, predomina el singular en el verbo. De este modo, resulta preferible

  Estos libros es lo único que compré a *Estos libros son lo único que compré,*

  aun cuando la segunda opción no se considere incorrecta.

La concordancia de los pronombres reflexivos. Cuando aparece el pronombre reflexivo *sí* en una copulativa enfática, debe concordar siempre con el relativo en tercera persona, como en *Eres tú el que habla siempre de sí mismo.*

Se registra a veces la variante *Eres tú el que hablas siempre de ti mismo,* por atracción de los rasgos de 2.ª persona del pronombre *tú.* Debe elegirse, sin embargo, la primera opción, es decir, la concordancia en 3.ª persona.

LAS COPULATIVAS ENFÁTICAS CONDICIONALES

Se llaman copulativas enfáticas condicionales las formadas por el verbo *ser,* una oración condicional encabezada por la conjunción *si* y un foco. Suelen contener los indefinidos *alguien, algo* o *alguno/algún*:

Si habla con alguien, es con su amigo Pablo; Si comía algo, era chocolate.

Pero estos pronombres no están presentes necesariamente:

Si lee, es en la computadora (Si lee en algún lugar, es en la computadora).

Se forman, asimismo, con los verbos *hacer, pasar, suceder, ocurrir* y otros análogos cuando el foco es toda la oración:

Si hace algo será molestar; Si ocurre algo, será que yo llegue tarde al trabajo.

Las construcciones de *que* galicado

Dentro de las copulativas enfáticas, reciben el nombre de construcciones de *que* galicado las que se forman con el verbo *ser*, un foco y una oración encabezada por la partícula *que:*

> *Por eso fue que lo atraparon; No es con vos que quiero hablar.*

El término galicado obedece a su presunto origen francés, aunque aparecen en otras lenguas románicas, como el italiano, el catalán o el portugués, y no románicas, entre ellas el inglés, el alemán, el danés o el noruego.

Estas construcciones están presentes en todas las áreas del español, aunque son especialmente frecuentes en el de América, donde se utilizan en todos los registros lingüísticos y se consideran correctas.

VARIANTES FORMALES

Las construcciones de *que* galicado presentan fundamentalmente dos variantes formales:

- Aquellas en las que el foco sigue inmediatamente al verbo copulativo: *Fue así que ocurrió.*
- Aquellas en las que el foco precede inmediatamente al verbo copulativo: *Así fue que ocurrió.*

Son más frecuentes las del primer tipo. He aquí una serie de muestras, con distintos adverbios y pronombres:

> *Fue allí que me estaban esperando; Es por eso que te recordaré siempre; Es ahora que tengo que marcharme; Fue entonces que alguien me avisó; Es así que ocurrieron las cosas; Es con usted que tengo que hablar.*

Las del segundo tipo son algo menos habituales, pero también se documentan con abundancia:

> *Así fue que ocuparon la vivienda; De eso es que tenemos que hablar; Solo hasta que hubo pasado un rato fue que se atrevió a hacerme la pregunta; Entonces fue que llegaron los otros; Quizá por eso es que la casa está embrujada.*

Como puede verse en todos los ejemplos citados, la partícula *que* ocupa el lugar de un pronombre o de un adverbio relativo:

> *Fue allí donde me estaban esperando; Es por eso por lo que te recordaré siempre; Es ahora cuando tengo que marcharme; Así fue como ocuparon la vivienda; De eso es de lo que tenemos que hablar; Entonces fue cuando llegaron los otros.*

EN CONSTRUCCIONES INTERROGATIVAS

La segunda de las citadas pautas es característica de las oraciones interrogativas parciales, como en los siguientes ejemplos:

¿Podrías decirme cómo fue que sucedió?; ¿Por qué fue que se produjo el acciden-te?; ¿Cuándo fue que decidiste volver?; ¿Cómo fue que lo consiguieron?; ¿Dónde fue que se encontraron?

Estas preguntas son propias de las oraciones en las que se solicita que se especifiquen datos ya conocidos.

Son forzadas o poco naturales en español (tanto en el europeo como en el americano) las interrogativas, equivalentes a las anteriores, formadas con el pronombre o adverbio relativo correspondiente, como

¿Podrías decirme cómo fue como sucedió?; ¿Por qué fue por lo que se produjo el accidente?; ¿Cuándo fue cuando decidiste volver?; ¿Cómo fue como lo consiguieron?; ¿Dónde fue donde se encontraron?

Sin embargo, mientras que en España se tiende a evitar estas oraciones optando simplemente por las variantes no perifrásticas:

¿Podrías decirme cómo sucedió?; ¿Por qué se produjo el accidente?,

en América se eligen las construcciones perifrásticas con *que* galicado, que se consideran naturales y enteramente correctas.

OTRAS VARIANTES

Se registran también, excepcionalmente, construcciones con focos nominales en algunas variantes de la lengua oral del español americano, como en

¿Quién es que llama?; Ellos fue que me mandaron para acá.

Estas construcciones no se consideran propias de la lengua formal, a diferencia de las descritas anteriormente, cuyo uso está muy extendido.

Interrogativos y exclamativos (I). Usos de *qué*

QUÉ SON

Los interrogativo-exclamativos son un grupo de palabras que, en función de pronombres, determinantes o adverbios, sirven para construir enunciados interrogativos y exclamativos, es decir, expresiones, oracionales o no, destinadas normalmente a solicitar información (interrogativas) o a manifestar sentimientos o estados de ánimo (exclamativas).

Mantienen muchas semejanzas con los relativos, tanto en las formas, que son prácticamente las mismas, como en la triple función que realizan, ya que, como ellos, poseen valor referencial, desempeñan una función sintáctica en su oración y, en ciertos contextos, pueden actuar como nexos subordinantes respecto de una oración principal. Sin embargo, existen también diferencias, entre otras, las siguientes:

- Los interrogativos y exclamativos, a diferencia de la mayoría de los relativos, son palabras tónicas: *¿Qué desea?*; *¡Qué horror!*

   Esto tiene consecuencias ortográficas referentes al uso de la tilde (→ págs. 332-333).

- Pueden aparecer en oraciones independientes, como las que se acaban de citar.

- Los interrogativos y exclamativos no tienen antecedente.

- Situados al comienzo de la oración, no son compatibles con los sujetos antepuestos al verbo (**¡Qué cosas la gente dice!*), excepto en algunas variedades del español caribeño: *¿Qué tú dices?* (→ pág. 339).

CUÁLES SON

Sus formas son las recogidas en el siguiente cuadro:

DETERMINANTES	PRONOMBRES	ADVERBIOS
qué		
[cúyo]	quién/-es	dónde, cuándo
cuál/-es		[cuál], cómo
cuánto/-a/-os/-as		cuánto ~ cuán

Si se exceptúan algunas regiones de América, *cuán* queda restringido en la actualidad al ámbito literario. *Cúyo* ha desaparecido del uso y resulta arcaico el empleo exclamativo de *cuál* como adverbio (por ello aparecen entre corchetes en el cuadro).

QUÉ

El interrogativo-exclamativo *qué* posee un gran número de usos. En construcciones interrogativas puede ser determinante (*¿Qué regalo quieres?; Dime qué libro prefieres*) o pronombre (*¿Qué deseas?; No sé qué hizo*).

En expresiones exclamativas, puede usarse como pronombre (*¡Qué dices!*), como determinante (*¡Qué vida nos espera!; ¡Qué ilusión!; ¡Qué casa!*) y como adverbio (*¡Qué fácil parece!; ¡Qué lejos están ustedes!*).

- Morfológicamente es invariable y, a diferencia del *que* relativo, no forma grupo con el artículo. No obstante, en la lengua coloquial de algunos lugares es frecuente que la fórmula *el qué* se utilice como pregunta:

  —*¿Has visto eso?* —*¿El qué?*

  Se considera vulgar la anteposición de *lo* en casos similares, por lo que se recomienda evitarla: *¿Has oído lo que han dicho en la radio?* —*⊗¿Lo qué?*

- Adquiere valor cuantitativo, semejante al de *cuánto,* con ciertos nombres que se refieren a realidades que no son contables, pero sí medibles, así como con verbos de medida, como *costar, valer, pesar,* etc. Son equivalentes, por tanto, oraciones como las siguientes:

  ¿Qué profundidad tiene esta fosa? y *¿Cuánta profundidad tiene esta fosa?;*
  ¿Qué años tendrá ese hombre? y *¿Cuántos años tendrá ese hombre?;*
  ¿Qué cuesta esa blusa? y *¿Cuánto cuesta esa blusa?*

  No obstante, el uso de *qué* resulta más coloquial en estos contextos.

- Se forman construcciones exclamativas con *qué de* seguido de un nombre o grupo nominal sin determinante. Equivalen asimismo a construcciones con *cuánto* y sus variantes, y son eminentemente coloquiales:

  ¡Qué de gente vino a la fiesta! o *¡Cuánta gente vino a la fiesta!;*
  ¡Qué de niños hay en este colegio! o *¡Cuántos niños hay en este colegio!*

  En los registros más coloquiales se emplea a veces *qué,* como comodín de las palabras interrogativas, cuando se ofrece a continuación un ejemplo de aquello por lo que se pregunta. Se recomienda evitar en los registros formales construcciones como *¿Qué vas, a dar un paseo?* por *¿Adónde vas, a dar un paseo?; ¿Qué viniste, anoche?* por *¿Cuándo viniste, anoche?; ¿Qué sales, con Manolita?* por *¿Con quién sales, con Manolita?; ¿Qué lo freíste, con aceite de oliva?* por *¿Con qué lo freíste, con aceite de oliva?*

Interrogativos y exclamativos (II). *Quién, cuál, cúyo*

QUIÉN

Es un pronombre interrogativo y exclamativo que se refiere a personas. Al igual que los demás de la serie, puede introducir construcciones exclamativas e interrogativas, sean directas o indirectas:

¡A quién se le ocurre!; ¿Quién anda por ahí?; No sé quién lo tiene.

- Varía en número (*quién/quiénes*), pero no en género, aunque puede imponerlo en la concordancia con el atributo: *¡Quién fuera famosa!*

> Era habitual en la lengua antigua utilizar el singular *quién* con el valor del plural *quiénes,* como sucede con el correspondiente relativo. Este uso perdura aún, sobre todo en la lengua coloquial, pero se recomienda evitarlo. Así pues, no debe decirse ⊗*¿Quién son esos?,* sino *¿Quiénes son esos?*

- *Quién* equivale a *nadie* en las interrogaciones retóricas, que reciben interpretación aseverativa: *¿Quién te quiere más que yo?* (= *Nadie te quiere más que yo*).

  Con este mismo sentido aparece en ciertas fórmulas retóricas que se construyen con el verbo *saber,* entre otros. Así, *Habrá ido quién sabe dónde* equivale aproximadamente a *Nadie sabe adónde fue.*

  Parecido valor adquiere como atributo del verbo *ser* y seguido de *para: Ella no es quién para decirme lo que tengo que hacer.*

- Seguido de imperfecto o pluscuamperfecto de subjuntivo, el pronombre *quién* encabeza oraciones optativas en las que el hablante se lamenta de no poder o no haber podido hacer algo. Oscila en estos casos entre el valor interrogativo y el exclamativo:

  ¡Ay, amigo mío, quién pudiera responderle!

CUÁL

- Presenta variación de número, *cuál/cuáles: ¿Cuál es el problema?; ¿Cuáles son los problemas?*

> Como en el caso de *quién/quiénes,* no debe emplearse la forma del singular con valor de plural. Así, en lugar de ⊗*De esas piedras, no sé cuál son más duras,* debe decirse *De esas piedras, no sé cuáles son más duras.*

Carece, sin embargo, de flexión de género.

> Las formas ⊗*cuálo/*⊗*cuála* corresponden al habla popular de algunas áreas y deben evitarse.

- Se usa como pronombre y como determinante, encabezando oraciones interrogativas, sean directas o indirectas:

  ¿Cuál te gusta más?; Dime cuál te gusta más; ¿De cuáles peligros me habla usted?

- Se ha perdido en gran medida el uso de *cuál* como exclamativo. Pervive solamente en algunas fórmulas construidas con el adverbio *no* y el verbo *ser*:

  ¡Cuál no sería mi sorpresa al encontrarme con él en aquel lugar!; ¡Cuál no habrá sido su decepción al ver que nadie le hacía caso!

- Se emplea, como quedó dicho, como determinante interrogativo, con sustantivos de ambos géneros:

  ¿Por cuál motivo tengo que marcharme?; No sé cuáles indicaciones debería seguir.

  Este uso tiene plena vigencia en gran parte de la América hispanohablante, pero está en regresión en otras áreas (entre ellas la europea y la rioplatense), donde tiende a ser sustituido por *qué*, su equivalente en esta función:

  ¿Por qué motivo tengo que marcharme?; No sé qué indicaciones debería seguir.

- En función determinativa o pronominal, *cuál* se emplea sobre todo para pedir que se precise la identidad de alguien o de algo:

  ¿Cuál es el jardín del que hablabas?

  También se utiliza, con complementos partitivos, para pedir información acerca del elemento o los elementos que se seleccionan de un conjunto:

  ¿Cuál de estas corbatas te vas a poner?

CÚYO

Se trata de una forma antigua que se empleaba como pronombre y como determinante con valor posesivo, como su equivalente relativo *cuyo*. Está totalmente en desuso en la lengua actual, en la que ha sido sustituido por la fórmula *de quién*. Así, donde se decía

Le preguntó cúya era aquella casa o *Le preguntó cúya casa era aquella,*

hoy se dice

Le preguntó de quién era aquella casa.

Interrogativos y exclamativos (III). *Cuánto, qué tal, dónde, cuándo, cómo*

CUÁNTO

Es un interrogativo-exclamativo que se usa como determinante (*¿Cuántas veces?; ¡Cuánto tiempo!*), como pronombre (*No sé cuánto habrá gastado; ¡Cuánto hemos leído!*) y como adverbio (*¿Cuánto trabajarán cada semana?; ¡Cuánto brilla!*).

- Es propio de registros formales, ya que el hablante común prefiere otros elementos, como *todo el que* (con sus variantes) o *como*. Así, es más frecuente

  Destroza todo lo que encuentra que *Destroza cuanto encuentra;*
  Gritaré tanto como sea necesario que *Gritaré tanto cuanto sea necesario.*

- La forma apocopada *cuán* se emplea ante adjetivos o adverbios, y da lugar a expresiones exclamativas: *¡Cuán confundida estás!; ¡Cuán lejos estamos!*

  También este uso es propio de registros elevados. En la lengua común se suele emplear *qué* en su lugar: *¡Qué confundida estás!; ¡Qué lejos estamos!*

  El uso de *cuán* en las oraciones interrogativas es hoy algo más frecuente en el español americano: *No sabemos cuán poderoso es.*

QUÉ TAL

- La combinación *qué tal* se usa como determinante en construcciones como *¿Qué tal persona es?*, que significa, aproximadamente, '¿qué clase de persona es?'.

  No debe emplearse el singular con valor de plural. Así, no es correcto decir ⊗*¿Qué tal compañeros tienes?*, por *¿Qué tales compañeros tienes?*

- Es habitual su empleo con el sentido de *cómo* en fórmulas coloquiales de saludo. En este caso, al tratarse de un uso adverbial, es invariable: *¿Qué tal estáis?*

- Finalmente, también en uso coloquial, se emplea seguida de una condicional con el sentido de 'qué ocurriría' o 'qué te parece': *¿Qué tal si nos vamos a la playa?*

DÓNDE

- El adverbio *dónde* se une a preposiciones para referirse a los valores 'lugar de donde' (*de, desde*); 'lugar por donde' (*por*); 'lugar a donde' (*a, hacia, hasta, para*): *¿De dónde proceden?; ¿Por dónde vives?; ¿Hasta dónde llegaremos?*

- Al igual que el relativo correspondiente, *dónde* alterna con *en dónde* para expresar ubicación: *¿Dónde te habías metido?* o *¿En dónde te habías metido?*

  No deben emplearse *adónde* o *a dónde* para expresar ubicación. Son incorrectas, por tanto, expresiones como ⊗*¿Adónde has puesto mi cartera?*, en lugar de *¿Dónde has puesto mi cartera?*

- Son equivalentes, del mismo modo, *dónde, adónde* y *a dónde* para indicar destino: *¿Dónde vas?/¿Adónde vas?/¿A dónde vas?*

> Deben evitarse las combinaciones redundantes en las que el adverbio *adónde* va precedido de otra preposición que indica dirección o destino, como en ⊗*¿Hacia adónde nos dirigimos?*, en lugar de *¿Hacia dónde nos dirigimos?*

CUÁNDO

El adverbio interrogativo-exclamativo *cuándo* es análogo en muchos aspectos al relativo *cuando*, pero admite con mayor facilidad otros tiempos verbales, ya que se puede usar, por ejemplo, con futuro. Así, se puede decir

No sé cuándo llegará, pero no **Lo llamaré cuando llegará* (aunque sí *El martes es cuando llegará*).

Puede ir precedido de diversas preposiciones: *¿De cuándo data este edificio?*; *¿Desde cuándo lo sabes?*; *¿Hasta cuándo se quedan?*; *¿Para cuándo será la boda?*

CÓMO

El interrogativo-exclamativo *cómo* aporta normalmente sentido de modo o manera: *¿Cómo lo hace?*; *Aún no sé cómo lo hace*; *¡Cómo se puso!*

- Puede tener valor causal, visible sobre todo en ciertas interrogativas negativas: *¿Cómo llegas tan tarde?*; *¿Cómo no me avisaste?*

- En cuanto adverbio exclamativo, suele expresar cantidad, con sentido cercano a *cuánto*: *¡Cómo corre!*

> Hay casos de posible incertidumbre al usar *como* o *cómo*. Así, en *Ya verás como se queja/... cómo se queja*, la primera es una subordinada sustantiva en la que *como* no lleva tilde (equivale a *que*), mientras que la segunda es una interrogativa indirecta ('de qué manera se queja'). Dado que ambas interpretaciones son válidas, también lo son las dos grafías, *como* y *cómo*.

- Con verbos como *costar, vender, salir, estar*, etc., se emplea la fórmula *a cómo* con el mismo valor que *a cuánto*, con la que es intercambiable: *¿A cómo está el kilo de peras?* o *¿A cuánto está el kilo de peras?*

- Se utiliza la expresión *cómo no*, a modo de locución interjectiva, para expresar acuerdo o aquiescencia: *—¿Podría ayudarme a levantar esta caja? —¡Cómo no!*

Es un uso que está más vivo en el español americano, pero también está presente en el europeo.

Qué, cuál, quién, cómo, cuán, cuánto, cuándo, dónde y adónde, con tilde

FORMAS TÓNICAS Y ÁTONAS

Las palabras *qué, cuál, quién, cómo, cuán, cuánto, cuándo, dónde* y *adónde* (y las formas de plural y de femenino que poseen algunas de ellas: *cuáles, quiénes, cuántos, cuánta/-as*) son siempre tónicas y se escriben con tilde cuando son interrogativas o exclamativas. En cambio, cuando actúan como relativos, como conjunciones o como preposiciones, son normalmente átonas y se escriben sin tilde: *que, cual/-es, quien/-es, como, cuan, cuanto/-a/-os/-as, cuando, donde* y *adonde*.

Según las reglas generales de acentuación, ninguna de estas palabras debería llevar tilde. La tilde, por tanto, cumple en ellas una función diacrítica; es decir, sirve para distinguir determinadas palabras tónicas de otras átonas formalmente idénticas con distinto valor o función.

ESCRITURA CON TILDE

Estas palabras son siempre tónicas y se escriben con tilde cuando son interrogativas o exclamativas. Estos son los contextos o situaciones en que aparecen:

Encabezando interrogativas y exclamativas directas. Todas estas palabras pueden introducir estructuras interrogativas y exclamativas, con verbo explícito (*¿Quién ha dicho eso?*) o sin él (*¡Cuántos problemas!*).

- **Con signos de interrogación o exclamación.** Estas secuencias se emiten habitualmente con entonación interrogativa o exclamativa y se escriben normalmente entre signos de interrogación o exclamación. Pueden constituir enunciados autónomos o independientes, o bien formar parte de un enunciado mayor:

   ¿Qué llevaba en la maleta?; Se pasó la tarde repitiendo: «¡Qué pena tan grande!»; ¿Cuál te gusta más?; ¡Cómo te agradezco que hayas venido!

Los interrogativos y exclamativos pueden ir precedidos de preposición:

   ¿Por qué ha dicho eso?; ¡Con qué poco se conforma!; ¿En cuántos sitios trabajas?; Ya sé que lo estás ayudando, pero ¿hasta cuándo?

En los siguientes ejemplos, las palabras que los encabezan (*que, como, cuando* y *donde*) son átonas. Ello se debe a que, a pesar de introducir expresiones interrogativas y exclamativas, no son pronombres o adverbios de estas clases, sino conjunciones y relativos. Por tanto, no deben llevar tilde:

   ¿Que no sabes quién es Pepe? ¡Que pasen buenas vacaciones!; ¡Como si fuera tan fácil!; ¡Hasta cuando quieras!; —Lo encontré en esa librería. —¿Donde dijo el profesor?

332
-
333

- **Sin signos de interrogación o exclamación.** A veces los enunciados interrogativos o exclamativos directos pueden aparecer sin signos de interrogación o exclamación, especialmente cuando se trata de preguntas retóricas o cuando constituyen títulos de obras o de partes de un texto. A pesar de ello, los interrogativos y exclamativos que los introducen siguen siendo tónicos y mantienen su acentuación gráfica:

    Quién te habrá engañado; Cuánto habrían disfrutado los niños; Por quién doblan las campanas; Dónde acudir en caso de emergencia.

En interrogativas y exclamativas indirectas. Los interrogativos y exclamativos pueden introducir también estructuras interrogativas o exclamativas indirectas.

Estas estructuras no tienen entonación interrogativa o exclamativa ni se escriben entre signos de interrogación o exclamación, pero el pronombre o adverbio que las introduce es tónico, por lo que se escribe con tilde:

    Preguntó qué tenía que hacer para ir al centro; Aún no ha decidido con quién asociarse; No sabía dónde estaba; Mira qué fácil; Hay que ver cuánto has crecido; Es indignante cómo lo tratan.

Sustantivados por medio de un determinante. Los interrogativos, especialmente *qué, cómo, cuándo, cuánto* y *dónde*, pueden sustantivarse anteponiéndoles un determinante, normalmente el artículo *el*. En estos casos, siguen siendo tónicos y conservan la tilde diacrítica que les es característica, incluso en los plurales que pueden formar por haberse convertido en sustantivos:

    De la cita no estaban claros ni el cuándo ni el dónde; No me importan los cuándos, los dóndes ni los cómos.

Integrados en algunas locuciones o expresiones lexicalizadas. Entre otras, contienen interrogativos o exclamativos, que deben llevar tilde, las siguientes:

    el qué dirán, no hay de qué, no sé qué, qué sé yo, que para qué, qué va, sin qué ni para qué, sin venir a qué, un no sé qué, a cuál más, mira quién fue a hablar, no sé quién, no ser quién, no sé cuántos, mira por dónde.

Aun sin tener sentido interrogativo o exclamativo, las palabras *quién* y *cuál* también son tónicas y se escriben con tilde cuando forman parte de ciertas correlaciones distributivas usadas en la lengua literaria, como en *quién(es)..., quién(es)...* y *cuál(es)..., cuál(es)...*, con el sentido de 'uno(s)..., otro(s)...':

    Acudimos todos a la llamada: quiénes preocupados, quiénes curiosos, quiénes deseando terminar.

Que, cual, quien, como, cuan, cuanto, cuando, donde y adonde, sin tilde

ESCRITURA SIN TILDE

Las palabras *que, cual/-es, quien/-es, como, cuan, cuanto/-a/-os/-as, cuando, donde* y *adonde* son normalmente átonas y se escriben sin tilde en los siguientes casos:

Cuando funcionan como relativos. Esto es, cuando introducen oraciones subordinadas de relativo, con antecedente explícito o sin él.

Los relativos carecen, por lo general, de acento prosódico, razón por la que no llevan tilde. Solo *cual/-es,* cuando va precedido de artículo, es tónico, a pesar de lo cual se escribe también sin tilde, como el resto de las palabras de su clase:

> *Se puso el sombrero que le regalamos; Dame una razón por la cual deba creerte. Ganó el premio quien mejor lo hizo; Encontré el auto donde lo había dejado.*

Cuando funcionan como conjunciones. Las palabras *que, como* y *cuando* pueden funcionar también como conjunciones. En ese caso, son siempre voces átonas y se escriben sin tilde:

> *Le dijeron que fuese puntual; Dibuja tan bien como su madre; Cuando lo dice él, es por algo.*

Cuando funcionan a modo de preposiciones. Es decir, cuando hacen depender un sustantivo o un grupo nominal de una palabra anterior:

> *Vivió aquí cuando la guerra; Está satisfecha de su trabajo como profesora; Ve donde el médico y dile que venga.*

Formando parte de ciertas locuciones o expresiones. También son átonas y se escriben sin tilde en numerosas locuciones o expresiones, como las siguientes:

> *¿a que...?; dar que hablar/pensar; hay que ver; ni que decir tiene; como si tal cosa; tal como; quien más, quien menos* o *cual más, cual menos; aun cuando; cuando más/menos; cuanto antes; en cuanto; en tanto en cuanto,* etc.

En estas otras se escriben sin tilde, aunque se pronuncian tónicas:

> *cada cual; que si tal (y) que si cual* o *que si tal y (que si) cual; tal cual; tal para cual; tal por cual; un tal y un cual; cada quien; de cuando en cuando; de vez en cuando; tanto y cuanto; de tanto en cuanto; unos cuantos.*

POSIBILIDAD DE ESCRIBIR CON TILDE O SIN TILDE

En ciertos casos la escritura de estas palabras con tilde o sin ella no resulta tan inequívoca, ya que las dos acentuaciones, tónica y átona, son posibles y, en consecuencia, también las dos formas de escritura. Estos son los más destacables:

Con los verbos *haber, tener buscar, encontrar, necesitar* y otros similares. En estos casos los relativos encabezan subordinadas cuyo antecedente, que no está expreso, queda sin definir ni identificar (no se refiere a un ente determinado, sino a uno cualquiera de los posibles, sin que se especifique cuál es: *una persona, alguien, algo, algún lugar, nadie, nada,* etc.). Aunque los relativos normalmente son átonos, en estas construcciones admiten la doble pronunciación, tónica y átona, hecho que se refleja en la escritura. Son, pues, correctas todas las oraciones que siguen:

> *Tiene en quién confiar/Tiene en quien confiar; No hay dónde esconderse/No hay donde esconderse; Busco quién me ayude/Busco quien me ayude.*

Con verbos como *gustar, depender, saber, ignorar, olvidar, recordar, imaginar.* Estos verbos, y también algunas expresiones, como *según* o *independientemente de,* se construyen con subordinadas que pueden interpretarse como interrogativas indirectas o como relativas sin antecedente expreso, sin que ello suponga una diferencia sustancial de significado. En función de ello, habría un interrogativo (con tilde) o un relativo átono (sin tilde). Ambas soluciones son válidas:

> *No me gusta cómo te mira/No me gusta como te mira; Depende de cuándo llegue/Depende de cuando llegue.*

Con *como/cómo* dependiendo de verbos de percepción o de exposición y relato. Verbos como *ver, mirar, oír, observar, comprobar, detectar,* etc., u otros como *contar, relatar, explicar, señalar,* etc., pueden construirse con dos tipos de oraciones:

• Con subordinadas sustantivas introducidas por la conjunción átona *como,* con un valor equivalente a *que: Ya verá como al final todo se arregla* ('ya verá que...').

• Con interrogativas indirectas introducidas por el interrogativo tónico *cómo,* equivalente a *de qué manera: Mira cómo va vestido Andrés* ('mira de qué manera...'); *Cuéntame cómo lo has conseguido* ('cuéntame de qué manera...').

Son muchos los casos en que las dos construcciones expuestas son posibles sin que varíe sustancialmente el significado, y en ellos son válidas la escritura con tilde y sin ella, puesto que caben tanto la pronunciación tónica como la átona:

> *Entonces vio cómo/como desaparecía su imagen de la pantalla; Oímos cómo/como el director le censuraba su conducta.*

No obstante, dado que la presencia o la ausencia de tilde puede no ser indistinta, cuando se busca dar a la expresión uno de los dos significados, hay que utilizar la escritura adecuada:

> *Ya verás como viene* ('seguro que viene, ya verás').
> *Ya verás cómo viene* ('ya verás de qué manera viene: desaliñado, cansado...').

Las modalidades entonativas

A QUÉ SE LLAMA MODALIDAD

El término *enunciación* designa la acción de emitir un mensaje por medio de palabras. El enunciado es la estructura lingüística que surge como resultado de esa acción verbal.

En todo enunciado hay que tener en cuenta dos aspectos: la secuencia lingüística que representa un determinado contenido y la actitud que el hablante tiene ante él, es decir, la modalidad.

La modalidad expresa, por tanto, la actitud del hablante por medio de marcas o recursos lingüísticos.

TIPOS DE MODALIDAD

Obsérvense los siguientes enunciados:

Juan viene	¿Viene Juan?	¡Juan viene!	Ven/Vení, Juan	Ojalá venga Juan

En todos ellos se predica de *Juan* la acción de venir. Sin embargo, se trata de cinco enunciados distintos, pues expresan diferente actitud del hablante en relación con lo que dice. Así, se establecen cinco modalidades fundamentales, que son las siguientes:

- Enunciativa o aseverativa: *Juan viene.*
- Interrogativa. *¿Viene Juan?*
- Exclamativa. *¡Juan viene!*
- Imperativa: *Ven/Vení, Juan.*
- Desiderativa: *Ojalá venga Juan.*

Como puede verse, la diferencia entre ellas obedece al empleo de recursos de distintas clases:

- Fonológicos, como la entonación: *Juan viene/¿Viene Juan?/¡Juan viene!*
- Sintácticos, como el orden de palabras: *Juan viene/¿Viene Juan?*
- Morfológicos, como la flexión verbal: *Ven/Vení, Juan/Juan viene.*
- Léxicos, como la expresión *ojalá* en *Ojalá venga Juan.*

Estas modalidades pueden combinarse también con secuencias que no contienen verbo, dando lugar a enunciados no oracionales:

¡Todo un campeón!; ¿Dos barras de pan?; ¡Arriba esos ánimos!

El conocimiento y manejo adecuado de estos recursos es fundamental para el buen uso de la lengua.

336
–
337

LA MODALIDAD LINGÜÍSTICA Y LOS ACTOS VERBALES

Existe cierta tendencia a que cada modalidad enunciativa se asocie con determinados actos verbales. De este modo, la modalidad asertiva se emplea prototípicamente para afirmar o negar, y la modalidad interrogativa se utiliza fundamentalmente para hacer preguntas:

La tormenta arrasó la cosecha.
¿Dónde vives? ¿A qué te dedicás?

Sin embargo, esta correspondencia no se establece de forma necesaria, puesto que hay que diferenciar entre el enunciado lingüístico y el acto verbal. Un mismo enunciado puede ser utilizado en el habla con valores diferentes. Así, las estructuras interrogativas constituyen a menudo actos verbales distintos, como por ejemplo:

• Peticiones: *¿Me enseña su pasaporte?*

• Ofrecimientos: *¿Desea usted algo?*

• Recriminaciones: *¿No te da vergüenza?*

Pueden emplearse incluso para realizar aseveraciones, como es el caso de las interrogaciones retóricas:

¿Soy acaso el guardián de mi hermano?;
¿Dónde vas a encontrar más apoyos que aquí?,

que se interpretan como aseveraciones de sentido contrario:

Yo no soy el guardián de mi hermano;
En ninguna parte vas a encontrar más apoyos que aquí.

A la inversa, con los enunciados de modalidad enunciativa no solo se realizan aseveraciones (*El hombre es mortal*), sino que pueden emplearse con otros valores; por ejemplo:

• Mandato: *Usted se calla.*

• Alabanza: *Es usted muy generoso.*

• Solicitud: *Se ruega silencio.*

Los enunciados interrogativos

QUÉ SON

Los enunciados interrogativos se caracterizan por plantear alguna incógnita. Se trata de enunciados abiertos, en el sentido de que posibilitan una respuesta del interlocutor. Su inflexión final suele ser ascendente. Ortográficamente, se representan por los signos interrogativos de apertura (¿) y cierre (?).

Pueden ser oracionales (*¿Llueve?*) o no (*¿Más libros?; ¿Contento?; ¿Ya?*). Los oracionales se construyen generalmente con el verbo en indicativo.

CLASES DE CONSTRUCCIONES INTERROGATIVAS

Existen dos clasificaciones de las interrogativas, que pueden cruzarse entre sí:

Directas o indirectas. Solo las primeras constituyen por sí mismas enunciados interrogativos: *¿Cuándo ocurrió?* Las segundas carecen de entonación interrogativa y constituyen gramaticalmente un tipo de oración subordinada sustantiva: *Dígame cuándo ocurrió.*

Totales o parciales. En las totales se ha de elegir entre dos o más posibilidades: *¿Ha llegado tu hermano?; ¿Vendrá hoy, mañana o pasado mañana?* No llevan partícula interrogativa.

En las parciales, la incógnita es representada por un pronombre o adverbio interrogativo: *¿Quién me llama?; ¿Dónde están?*

Algunas preguntas no persiguen la obtención de información, sino que esconden aseveraciones. Son las denominadas preguntas retóricas: *¿Estamos aquí para perder el tiempo?; ¿A quién le va a interesar esta película?*

Por otra parte, las oraciones interrogativas pueden constituir enunciados en los que se encierran distintos actos comunicativos, como, entre otros, los siguientes:

- Ofrecimiento: *¿En qué puedo ayudarle?*
- Reconvención: *¿Aún estás así?*
- Recomendación: *¿No te vendría bien descansar un poco?*
- Solicitud o petición: *¿Tienes un lápiz de sobra?; ¿Puedes ayudarme?*

EL ORDEN DE LAS PALABRAS EN LAS ORACIONES INTERROGATIVAS

Lo habitual en los enunciados interrogativos es que, al contrario de lo que suele ocurrir en los enunciativos, el sujeto siga al verbo:

El tren ya llegó/¿Llegó ya el tren?
Mi tía llegará mañana/¿Cuándo llegará mi tía?

En este sentido, existen diferencias muy marcadas entre las interrogativas totales y las interrogativas parciales:

- En las interrogativas totales, la anteposición del sujeto se produce frecuentemente:

  ¿El médico vendrá mañana?; ¿La comida está lista?

  Esto ocurre sobre todo cuando se pretende confirmar o poner en duda alguna afirmación previa.

> No deben confundirse estos casos con aquellos otros en los que existe un tópico, es decir, un elemento externo a la oración, separado por una pausa, que no es sujeto y queda fuera del segmento interrogativo: *El médico, ¿vendrá mañana?*

- En las interrogativas parciales, por el contrario, la posposición es lo habitual. Se dice

  ¿Dónde está Gabriel?, y no ⊛*¿Dónde Gabriel está?;*
  ¿Qué explicó el maestro?, y no ⊛*¿Qué el maestro explicó?*

- Las posiciones que ocupan los sujetos posverbales pueden ser varias. En este sentido, pueden aparecer, entre otros lugares, en los siguientes:

  — Inmediatamente detrás el verbo: *¿Qué dijo ella?*

  — Entre los componentes de una perífrasis: *¿Cuándo podría usted recibirme?*

  — Entre los miembros de una forma compuesta: *¿Cuándo había él soñado algo como esto?*

  — Pospuestos al complemento directo: *¿Dónde detuvo a los secuestradores la policía?*

> En el español conversacional caribeño es habitual la anteposición de los pronombres personales en función de sujeto, como en *¿Qué tú dices?; ¿Cómo tú estás?; ¿Cuándo él regresa?; ¿Qué ella quería?*
>
> También se registran anteposiciones en las interrogativas parciales: *No sé bien qué ese chico pretende.*
>
> Este uso no se considera anómalo en el área lingüística mencionada.

Los enunciados exclamativos (I)

QUÉ SON

Los enunciados exclamativos son empleados por los hablantes para ponderar las propiedades de las cosas, las personas o las situaciones, así como para expresar con énfasis sensaciones o sentimientos.

La entonación exclamativa termina en inflexión descendente, pero presenta contrastes mayores que la enunciativa. Ortográficamente, se representa por los signos de apertura (¡) y cierre (!).

Con los enunciados exclamativos se realizan numerosos actos verbales. Así, entre otras muchas posibilidades, pueden manifestar lo siguiente:

- Sorpresa o asombro: *¡Qué cosas!*
- Desacuerdo: *¡Menudo/Tremendo disparate!*
- Insulto: *¡Vago!; ¡Embustero!*
- Una amplia gama de sentimientos: *¡Tonterías!; ¡Qué encanto!*

Pueden emplearse también para:

- Llamar la atención: *¡El precipicio!; ¡La policía!*
- Solicitar algo: *¡Un momento, por favor!*
- Dar órdenes: *¡Más despacio!*

Mediante las exclamativas retóricas se da a entender lo contrario de lo que se dice literalmente. Suelen transmitir el enojo o el malestar del hablante:

¡Te parecerá bonito!; ¡Contento me tienes!; ¡Empezamos bien!

TIPOS DE ENUNCIADOS EXCLAMATIVOS

De acuerdo con su estructura, pueden establecerse los siguientes:

- Grupos exclamativos: *¡Menuda/Tremenda suerte!*
- Oraciones exclamativas: *¡Qué rápido va!*
- Vocativos: *¡Acérquese, señor!*
- Interjecciones: *¡Oh!, ¡Caramba!*
- Locuciones interjectivas: *¡Ni hablar!*
- Grupos sintácticos interjectivos: *¡Caray con el muchachito!*
- Onomatopeyas: *¡Catap(l)um!*

LOS GRUPOS EXCLAMATIVOS

Los grupos exclamativos son secuencias menores que la oración. Se clasifican en función de la clase de palabras en torno a la que se forman:

- Nominales: *¡Qué maravilla!; ¡Magnífico partido!*
- Adjetivales: *¡Cuán inútil!; ¡Muy curioso!*
- Adverbiales: *¡Qué lejos!; ¡No tan deprisa!*
- Verbales (con formas no personales): *¡Cuánto trabajar la tierra!; ¡Formando filas!*

Los grupos exclamativos pueden construirse con palabras exclamativas (*qué, cuán, cuánto, cómo...*, como el primer ejemplo de cada serie) o sin ellas (como el segundo). En realidad, casi cualquier grupo de palabras puede convertirse en exclamativo con la entonación precisa:

> *¡Una gozada!; ¡Estos niños!; ¡Tonterías!; ¡Bonito vestido!; ¡Mal asunto!; ¡Bien hecho!; ¡Hablarle así a mi hija!*

LAS ORACIONES EXCLAMATIVAS

Como en el caso de las interrogativas, se pueden establecer dos clases de exclamativas: totales y parciales.

Exclamativas totales. No llevan partícula exclamativa (*qué, cuán, cuánto, cómo...*) y solo se diferencian de las correspondientes aseverativas en los rasgos fonéticos y gráficos:

> *¡Estoy agotado!* (frente a *Estoy agotado*); *¡Este calor es insoportable!*

Exclamativas parciales. Se construyen con palabras exclamativas, que aparecen en posición inicial:

> *¡Qué susto me he llevado!; ¡Cuántas veces se lo advertí!; ¡Qué de flores han salido!; ¡Cómo se ha puesto de gordo!*

También de forma análoga a las interrogativas, las exclamativas admiten una segunda clasificación:

Exclamativas directas. Constituyen por sí mismas enunciados exclamativos:

> *¡Qué aplicado te has vuelto!; ¡Cuánto te lo agradezco!*

Exclamativas indirectas o subordinadas. Carecen de entonación exclamativa y son siempre parciales:

> *Ya veo qué aplicado te has vuelto; No sabes cuánto te lo agradezco.*

Los enunciados exclamativos (II)

ASPECTOS FORMALES DE LAS ORACIONES EXCLAMATIVAS

Anteposiciones enfáticas. Cuando se pretende enfatizar un elemento, se coloca al principio de la oración, mientras que el sujeto se pospone al verbo, siempre que no constituya una expresión exclamativa:

> *¡Qué alto está el muchacho!* (pero no ®*¡Qué alto el muchacho está!*); *¡Buen apetito traías!*

Introducción de la conjunción que. A veces se introduce la conjunción *que* entre el grupo exclamativo y el resto de la oración, como en los siguientes ejemplos:

> *¡Qué rico que está!; ¡Qué mal que me ha salido!; ¡Poco que nos reímos!; ¡Mucho que le van a escuchar!; ¡Bien contento que iba!*

Se trata de un elemento enfático, de refuerzo, que puede omitirse sin afectar al sentido. Es un uso coloquial que no hay por qué considerar incorrecto.

Con la conjunción si. Con futuros o condicionales, la conjunción *si* también da lugar a estructuras exclamativas enfáticas:

> *¡Si estará loco!; ¡Si se habrá ido lejos!; ¡Si tendría dinero!*

Una variante es la encabezada por *vaya si* o *vaya que si*:

> *¡Vaya si lo sabía!; ¡Vaya que si es listo!*

Exclamativas bimembres. El predicado, que suele ser un grupo nominal o adjetival, se antepone al sujeto; no hay, por tanto, verbo:

> *¡Buena cosecha la de este año!; ¡Magnífico el concierto del sábado!; ¡Qué días aquellos!*

Uso enfático del artículo determinado. Este uso otorga carácter exclamativo a muchas oraciones. De este modo,

> *¡Las historias que inventa!; ¡Lo inteligente que es!; ¡Lo bien que canta!,*

equivalen a:

> *¡Qué historias inventa!; ¡Qué inteligente es!; ¡Qué bien canta!*

Son características las oraciones de este tipo encabezadas por el artículo precedido de la preposición *con*:

> *¡Con la suerte que tiene!; ¡Con lo amable que parecía!*

Los vocativos

QUÉ SON

Los vocativos son pronombres personales o grupos nominales que se usan para dirigirse a un interlocutor con el fin de establecer o mantener contacto comunicativo, generalmente solicitando una respuesta o una reacción. Pueden aparecer también en actos de habla como estos:

- Saludar o iniciar una conversación: *¡Buenas tardes, doña Carmen!*
- Llamar la atención: *¡Eh, tú!*
- Pedir u ordenar algo: *¡Acércate, muchacho!*
- Disculparse: *¡Perdone, señora!*

Hay que distinguir los vocativos de grupos nominales exclamativos como *¡Maldito embustero!* o *¡Ladrón!*, ya que en estos últimos la intención del hablante no es llamar la atención de su interlocutor, sino solo insultarlo.

CÓMO SE CONSTRUYEN

- Se usan como vocativos los pronombres, los nombres propios de persona, los de parentesco, los de oficios y profesiones, los títulos honoríficos y otros sustantivos análogos. Pueden dirigirse también a animales y cosas personificadas: *Come, perrito, de este manjar; ¡Inteligencia, dame el nombre exacto de las cosas!*
- Los vocativos aparecen con frecuencia acompañando a:
  - Las interjecciones: *Adiós, hijo mío; ¡Ánimo, don Julián!*
  - Los imperativos: *Dame la mano, Pepita; No te entretengas, abuela.*
  - Las preguntas: *¿Vienes, Antonio?; ¿Ya terminó, señor Fernández?*

LOS VOCATIVOS Y LOS SIGNOS DE PUNTUACIÓN

Los sustantivos, grupos nominales o pronombres que se emplean para dirigirse al interlocutor de forma explícita se aíslan mediante pausas que en la escritura se reflejan con comas, sea cual sea la posición que ocupen en el discurso:

Javier, no quiero que salgas tan tarde; Estoy a sus órdenes, mi coronel; A ver, usted, acérquese inmediatamente.

Esto ocurre incluso cuando los enunciados son muy breves, como en estructuras del tipo *No, señor; Sí, mujer.*

Muy a menudo, la presencia o ausencia de la coma permite ver si se trata de un vocativo o del sujeto de una oración: *Alberto, escribe bien./Alberto escribe bien.*

En la primera de estas oraciones el sustantivo *Alberto* es vocativo, por lo que va seguido de coma; en la segunda no hay coma porque es sujeto.

Las interjecciones (I). Caracterización y clases

QUÉ SON

Las interjecciones constituyen una clase de palabras que se emplean para comunicar sentimientos e impresiones, poner de manifiesto diversas reacciones afectivas o inducir a la acción.

No se utilizan, por tanto, para describir contenidos, sino para llevar a cabo acciones tales como saludar (*¡Buenos días!*), animar (*¡Adelante!*), brindar (*¡Salud!*), manifestar sorpresa (*¡Ahí va!*) o contrariedad (*¡Lástima!*), entre otras muchas posibilidades. Así, el que dice *¡Chitón!* no describe la orden de mandar callar, sino que la da.

Se destacan, además, dos rasgos de esta clase de palabras:

- Las interjecciones suelen pronunciarse con una entonación y una intensidad particulares, lo cual se refleja en la escritura a través de los signos de puntuación. La entonación es mayoritariamente exclamativa (*¡Oh!*), aunque también puede ser interrogativa (*¿Eh?*).

- Desde el punto de vista sintáctico, generalmente las interjecciones no modifican ni determinan a las demás clases de palabras, sino que forman enunciados por sí solas: *¡Adiós!; ¡Caramba!; ¡Vaya!*

CUÁLES SON

Las interjecciones constituyen una serie indefinida y abierta a nuevas creaciones e incorporaciones. Pueden clasificarse según dos criterios: gramatical y semántico.

Clasificación gramatical. Se pueden establecer varios grupos:

- Interjecciones propias. Se denominan así aquellas que se emplean únicamente como interjecciones: *ah, ay, epa, hala, oh, olé*.

  No obstante, algunas de ellas pueden sustantivarse:

  Se oyeron unos hurras inesperados.

- Interjecciones impropias. Son formas creadas a partir de sustantivos (*cielos, hombre, Virgen Santa*), verbos (*arrea, venga*), adverbios (*adelante, fuera*) y adjetivos (*bravo, bueno, claro*).

- Locuciones interjectivas. Son expresiones acuñadas que realizan la misma función que las interjecciones, pero están formadas por dos o más palabras: *ahí va, cómo no, en fin, hasta luego*, etc.

  No se deben confundir las locuciones interjectivas con los grupos sintácticos interjectivos (*ay de mí, cuidado con el perro...*), que se tratan a continuación.

- Grupos interjectivos. Están constituidos por una interjección y su complemento. La interjección puede ir seguida:

  — De un grupo nominal (*¡Vaya, qué sorpresa!*), que puede ser un vocativo, como en *Eh, tú, sal de ahí.*

  — De un grupo preposicional: *¡Adiós a las vacaciones!; ¡Lástima de comida desperdiciada!; ¡Caray con la mosquita muerta!*

  — De una oración: *¡Ojalá (que) gane el partido!; ¡Así se muera!; ¡Mira que eres bobo!*

Clasificación semántica. Desde este punto de vista, se distinguen dos clases de interjecciones:

- Interjecciones expresivas. Se orientan hacia el hablante, en el sentido de que manifiestan sus sensaciones, sentimientos y otros estados de ánimo; por ejemplo:

  — Contrariedad o disgusto (algunas son malsonantes): *carajo, demonios, lástima, leche(s), mierda, puñetas, maldición,* etc.

  — Sorpresa, incredulidad o sobresalto: *anda, arrea, atiza, toma* (o *tomá*), *vaya, ahí va, cómo va a ser, mira tú* (o *mirá vos*), *mira por dónde,* etc.

  — Admiración y aplauso: *bravo, chapó, guau, olé.*

  — Aprobación, aceptación y confirmación: *ajá, ajajá, bueno, cómo no, desde luego, école* (y sus variantes *école cua* y *ecole cuatro,* entre otras), *y cómo, ya.*

  — Desprecio o indiferencia: *bah, pche, pchs* o *pst.*

  — Negación, rechazo u oposición: *anda ya, buah, ca* y *quia, minga* y *mongo* (en el Río de la Plata), *nanay, nel/niguas* (en México), *ni modo, qué capaz* (en el área caribeña), *qué va, quita* (o *quita ya*), *venga ya, y qué más.*

  Algunas, las más usadas, pueden adquirir diversos valores, según el contexto:

  — *Ah:* admiración, satisfacción, contrariedad o dolor, entre otros significados.

  — *Oh:* asombro, desilusión o lástima.

  — *Ay:* dolor, tristeza, desasosiego, entre otros valores.

  — *Huy:* temor o preocupación, alegría, sorpresa, etc.

- Interjecciones apelativas o directivas. Se orientan hacia el oyente, es decir, se dirigen a un destinatario con la intención de moverlo a la acción o provocar alguna reacción emocional en él, pero también tienen alguna función social, como saludar, despedirse, brindar, etc.: *adiós, ánimo, chao/chau, cuidado, de nada, gracias, hola, ojo, órale, salud.* Algunas se dirigen a los animales: *arre, pitas, so, zape.*

Las interjecciones (II).
Aspectos fónicos y gráficos

FONÉTICA Y ESCRITURA DE LAS INTERJECCIONES

Entonación y significado. La línea tonal y la intensidad con que se pronuncian las interjecciones son propias y características de la exclamación o la interrogación. Hay algunas que cambian de significado según se usen con una entonación u otra. Ocurre, por ejemplo, con la interjección *eh:*

- Como exclamativa, expresa llamada o advertencia (*¡Eh, tú!*), y a menudo acompaña a otra interjección, como en *¡Ojo, eh, que te puedes equivocar!*

- Como interrogativa, admite diversos sentidos. Unas veces se emplea con actitud incisiva o desafiante, a menudo en alternancia con *acaso:*

    ¿Lo harías tú mejor, eh?/¿Acaso lo harías tú mejor?

    Otras veces se utiliza para solicitar la aquiescencia o el acuerdo del interlocutor:

    Qué bien lo/la pasamos, ¿eh?

    Y otras para solicitar que se repita lo que se acaba de decir:

    —Déjate ya de disquisiciones y malabarismos verbales. —¿Eh?

Fonética y adaptación gráfica. Las voces que se emplean solo como interjecciones son a menudo monosilábicas (*ay, bah, hum, huy*), y algunas son fonéticamente muy sencillas, pues contienen exclusivamente un segmento vocálico (*ah, eh, oh, uh,* etc.).

Con todo, la interjección admite propiedades fonéticas que no comparten otras expresiones, lo que lleva consigo adaptaciones gráficas que se alejan de las convenciones ortográficas del español. Por ejemplo:

- Fuera de algunos neologismos como *chef, golf, naíf* o *rosbif,* es infrecuente en español la consonante *f* en posición final de palabra, pero aparece en interjecciones como *puaf, puf* o *uf.* Al llevarlas a la escritura, con cierta frecuencia se repite la *f* para indicar una mayor duración: *puaff, puff, uff.*

- Aparece asimismo la consonante *j* en posición final (a veces, mera aspiración): *aj, puaj.* También la *m,* como en *hum* o *ejem.*

- Un gran número de interjecciones se crean como eufemismos para evitar voces que pueden ser desagradables al oído. Están entre ellas

    demontre (de *demonios*); *diantre* o *dianche* (por *diablo*); *pardiez* (en lugar de por *Dios*); *buñeta* (por *puñeta*); *cará, caracho, carape, caramba, caray, carijo* (por *carajo*); *joroba, jo, jope, jopé, jobar, jolines* (por *joder*); *ostras* (por *hostias*); *coñe* y *poño* (por *coño*); *vértebra* (por *verga*).

Variaciones de pronunciación. Las interjecciones no se pronuncian siempre de la misma manera. A menudo se producen variaciones en la modulación tonal, alargamientos vocálicos (*buenooo* o *bueeeno*) o cambios acentuales (*anda, andá*), que pueden tener que ver con el valor que se les quiere dar. Estos son algunos casos concretos relacionados con el acento de intensidad:

- La interjección *hala* (y su variante *ala*) se usan en el español europeo con significado apelativo, para incitar a la acción (*Hala, vamos allá*). Cuando se manifiesta sorpresa ante algo exagerado o desmesurado, alternan las pronunciaciones /ála/ y /aála/. La pronunciación aguda /alá/ se usa cuando se transmite sorpresa o asombro (*¡Hala, qué grande!*).

- En varios países alternan *jope* y *jopé*.

    Asimismo, *anda* se pronuncia unas veces /ánda/ y otras /andá/, incluso entre hablantes no voseantes. Se registra también la pronunciación /nda/.

- La interjección *olé* alterna con *ole* en el español europeo, pero se prefiere generalmente la acentuación grave en el americano.

- En la lengua familiar es habitual pronunciar *ojalá* en la forma /ójala/, aunque no debe escribirse ⊛*ójala*. En la lengua popular de algunas zonas del español europeo, y de las áreas rioplatense y chilena, entre otras, se registra la acentuación grave /ojála/. Por último, en algunas regiones del área andina se registra asimismo la variante *ojalás*.

> Algunas de estas variaciones acentuales han pasado a la escritura: *ole* y *olé*, *jope* y *jopé*, *ala* y *alá*. Para las demás interjecciones citadas en este apartado, solo hay una forma de escritura correcta, al margen de la pronunciación. De este modo, lo adecuado es escribir siempre *anda, hala* (o *ala*), *ojalá* y *ahí va*.

LAS INTERJECCIONES Y LA PUNTUACIÓN

Tanto las interjecciones como las locuciones y los grupos interjectivos se separan con coma del resto del enunciado, dado que poseen autonomía sintáctica y significativa:

> *Bah, no te preocupes.*
> *Date prisa, venga, que llegamos tarde.*
> *Ya está lloviendo, ¡vaya por Dios!*

La expresión del deseo y del mandato. El imperativo

LA EXPRESIÓN DEL DESEO. ENUNCIADOS DESIDERATIVOS

Mediante los enunciados desiderativos, el emisor manifiesta de forma patente el deseo o la voluntad de que se cumpla el contenido de su mensaje. Adoptan una entonación común con los enunciados exclamativos, y en la escritura se suelen representar enmarcados por los mismos signos (¡!).

Se construyen en subjuntivo y a menudo se originan expresiones formularias:

> *Vivan los novios; Mueran los traidores; Tenga usted un buen día; Usted lo pase bien; En paz descanse; En gloria esté; Dios quiera que...; ¡Válgame Dios!*

Pueden ir precedidos de *que*: *¡Que alguien me ayude!; ¡Que Dios la guarde!,*

o de *quién*, ante imperfecto o pluscuamperfecto de subjuntivo: *¡Quién fuera rico!; ¡Quién pudiera!; ¡Quién hubiera estado allí!*

También pueden preceder al subjuntivo la interjección *ojalá* y el adverbio *así*, este último sobre todo en imprecaciones:

> *Ojalá tengan suerte; ¡Ojalá salga todo bien!; ¡Así se estrelle ese mal bicho!; ¡Así se arruinen de una vez por todas!*

LA EXPRESIÓN DEL MANDATO. ENUNCIADOS IMPERATIVOS

Los enunciados imperativos son los que están destinados a influir en el interlocutor para que actúe en determinado sentido. Se denominan así porque su forma de expresión prototípica, aunque no exclusiva, es el modo imperativo de los verbos.

El imperativo expresa órdenes, peticiones, consejos, ruegos, exhortaciones y advertencias, es decir, actos verbales que tratan de influir sobre el interlocutor.

Propiedades formales del imperativo. Consta de las siguientes formas:

PERSONA GRAMATICAL	SINGULAR	PLURAL
1.ª		*vengamos*
2.ª	*ven (tú) - vení (vos)*	*venid (vosotros)*
3.ª	*venga (usted)*	*vengan (ustedes)*

Solo hay tres formas específicas del imperativo: las correspondientes a *tú*, *vos* y *vosotros*, que son las tres formas de la segunda persona gramatical. Las formas correspondientes a los pronombres *usted*, *ustedes* (de tercera persona gramatical, como es habitual, pero segunda persona del discurso), así como la primera persona del plural, son compartidas con el presente del subjuntivo (*venga*, *vengamos*, *vengan*).

Las formas exclusivas del imperativo, es decir, las que no comparte con el subjuntivo, no admiten la negación ([⊗]*No ven;* [⊗]*No sal*) y se sustituyen por las de subjuntivo: *No vengas/vengás; No salgáis; No salgan.*

Las expresiones del tipo [⊗]*No venid,* [⊗]*No salid* se consideran hoy incorrectas.

EL IMPERATIVO Y LOS PRONOMBRES ÁTONOS

Colocación de los pronombres. Con el imperativo, los pronombres átonos (*la, me, se...*) aparecen enclíticos, es decir, se posponen al verbo: *Dímelo; Decímelo; Dígamelo; Siéntense; Digámosle la verdad.*

A pesar de que se oyen con frecuencia, se recomienda evitar expresiones del tipo de [⊗]*Me lo diga* y [⊗]*Se sienten,* en las que el pronombre va antepuesto.

En las formas negativas, en cambio, los pronombres se usan como proclíticos, es decir, van antepuestos: *No se lo digas/digás; No te sientes/sentés.*

Alteraciones fonéticas y gráficas. La posición enclítica de los pronombres puede producir ciertos cambios en la terminación del imperativo:

• La terminación *-d*, característica de la forma correspondiente a *vosotros*, desaparece cuando va seguida de *os* (*sentaos*, no *sentados).

Es incorrecto usar las variantes con *-r* propias del infinitivo ([⊗]*sentaros* en lugar de *sentaos*), aunque sea habitual en los registros más informales.

• También desaparece la *s* final de los imperativos terminados en *-mos* cuando van seguidos de *-nos* (*quedémonos*).

Son incorrectas las formas [⊗]*quedémosnos,* [⊗]*vámosnos,* etc., que se documentan en la lengua no cuidada tanto de España como de América.

Se ha de evitar la grafía con doble *s* ([⊗]*digámosselo,* en lugar de *digámoselo*) cuando el pronombre *se* se pospone a un verbo acabado en *-mos*.

• Cuando el pronombre *nos* se pospone a una forma terminada en *-n,* esta se preserva, lo que permite distinguir *dígannoslo* (*ustedes*) de *díganoslo* (*usted*).

En las formas de tercera persona del plural, no es correcto colocar tras los pronombres átonos el morfema *-n* ([⊗]*siénte[n]sen,* [⊗]*tráiga[n]men,* [⊗]*díga[n]len...*, en lugar de las formas correctas *siéntense, tráiganme, díganle...*).

Otras construcciones con valor imperativo

Aunque el imperativo es la forma prototípica para la expresión de órdenes o mandatos, es también posible realizar dichos actos mediante enunciados sin modalidad imperativa. Se explican a continuación los más destacables, algunos de los cuales sirven asimismo para manifestar consejos, recomendaciones o solicitudes.

INFINITIVO POR IMPERATIVO

En la lengua coloquial es bastante frecuente emplear el infinitivo como imperativo. Esta alternancia se produce en todo el mundo hispánico, no solo en la lengua oral, sino también en la escrita, especialmente en carteles y rótulos:

No fumar; No tocar, peligro de muerte,

o en las instrucciones de los textos escolares:

Ordenar alfabéticamente las siguientes palabras.

Al margen de estos usos, se recomienda evitar el infinitivo en los registros formales.

Resultan, pues, inadecuadas expresiones como [⊗]*¡Venir a echarme una mano!,* en lugar de *¡Venid a echarme una mano!;* [⊗]*¡Darle todo lo que os pida!,* en vez de *¡Dadle todo lo que os pida!;* [⊗]*Sentaros* o [⊗]*Sentarse,* en lugar de *Sentaos* o *Siéntense.*

También se recomienda evitar el uso de infinitivos con valor imperativo en las construcciones negativas, como en [⊗]*No hablar de eso ahora;* [⊗]*No venir más por aquí,* en lugar de *No habléis* o *No hablen de eso ahora; No vengáis* o *No vengan más por aquí.*

Mediante infinitivos precedidos de preposición, se solicitan o se ordenan acciones diversas. Se trata de construcciones habituales en la lengua coloquial y correctas en ese registro. En su formación se emplean dos preposiciones, *a* y *sin*.

• Con la preposición *a* suelen transmitirse, de manera un tanto expeditiva, deseos o recomendaciones:

A dormir; A trabajar; A comer; A estudiar; A pasarlo/pasarla bien.

• Los construidos con *sin* tienen carácter negativo y suelen caracterizarse también por la brusquedad con el interlocutor:

¡Sin empujar!; ¡Sin abusar!; ¡Sin faltar al respeto!

ORACIONES PASIVAS REFLEJAS

Es frecuente emplear este tipo de construcciones, con el verbo en indicativo, para ordenar, aconsejar o recomendar algún comportamiento:

Se prohíbe fumar en todo el recinto; Se ruega silencio durante el concierto; Se pide colaboración.

EL PRESENTE DE MANDATO

Recibe este nombre el uso del presente de indicativo para expresar órdenes y solicitudes, unas veces de manera cortés:

Usted me dice lo que quiere y yo se lo busco,

y otras de manera más ruda:

Tú te comes ahora mismo todos los macarrones.

EL FUTURO DE MANDATO

Muchas oraciones construidas con futuro se emplean también para manifestar órdenes, advertencias o peticiones:

Irás y le dirás que te perdone; Te agradeceré que eches un vistazo a este texto; Acamparemos aquí.

GERUNDIO CON VALOR IMPERATIVO

Se asimilan también a los imperativos y dan lugar, por tanto, a actos verbales que expresan mandato, ciertos usos del gerundio propios de la lengua coloquial:

Andando, nos vamos ahora mismo; Corriendo todo el mundo, que llegamos tarde.

Es propio de estos usos el gerundio con diminutivo:

Callandito; Andandito, que es tarde.

También el esquema «*ya estás* (o *está*) + gerundio»:

¡Ya estás corriendo para casa!; ¡Ya estás barriendo el piso!; ¡Ya está usted saliendo por esa puerta!

EXPRESIONES NO ORACIONALES

Son muchas, y de formas muy diferentes, las que se emplean para manifestar órdenes, ruegos, exhortaciones, etc.:

¡Silencio!; ¡Fuera de mi casa!; ¡Adelante!; ¡Todos a la calle!

Las onomatopeyas

Las onomatopeyas son signos lingüísticos que representan verbalmente distintos sonidos. No constituyen, en realidad, una clase de palabras en el sentido de los sustantivos, adjetivos o verbos, sino que se trata de manifestaciones del simbolismo fónico que establecen una relación imitativa respecto de los sonidos naturales que intentan reproducir. Estos sonidos son de naturaleza diversa:

- Producidos por personas, sea voluntaria o involuntariamente: *achís* (también *atchís, chus* y *achús*), *blablabá, brrr, bua, glu, ja, je, muac*, etc.

- Producidos por animales: *be* (o *beee*), *bzzz, cua* (o *cuac*), *guau, miau, mu* (o *muuu*), *pío* (también *pío, pío*), *quiquiriquí,* entre otras muchas.

- Producidos por cosas y también por fenómenos naturales, o como resultado de acciones repentinas o violentas: *bang, bum, catacroc, chas, crac, crash, croc, paf, plas, ring* (o *rin*), *tic tac, toc, zas,* etc.

Las onomatopeyas comparten con las interjecciones varias propiedades fonéticas, así como su naturaleza léxica relativamente convencional. Se diferencian, en cambio, de ellas en que no denotan emociones o sensaciones.

FONÉTICA Y ESCRITURA

La transcripción de los sonidos. Los sonidos del lenguaje humano y su transcripción gráfica constituyen una serie reducida que no puede reproducir fielmente la cantidad ilimitada de sonidos no lingüísticos. Parece existir, sin embargo, cierto fundamento en la elección de diversas combinaciones gráficas. Entre otras, cabe señalar las siguientes:

- Unión en una misma sílaba de las consonantes *p, l* y *s* para describir el contacto violento de un sólido y un líquido: *plas, plash, splash.*

- Combinación de nasales, como *n* y *m*, con oclusivas como *b, c, d, t, g,* para sugerir sonidos metálicos continuos: *clanc, cling, bang, ring.*

- Sílabas terminadas en -*um* para describir explosiones y otras acciones estrepitosas: *bum, catap(l)um, patatum.*

- Sílabas formadas con la pauta «*t* + vocal + *c*» para describir golpes secos: *tac, tic, toc.*

- Empleo de la *f* cerrando sílaba para designar golpes o movimientos en los que intervienen sustancias blandas, untuosas o poco compactas: *plof, chof.*

- Alargamiento de consonante para reproducir sonidos continuados: *brrr, pfff, zummm, bizzz.*

- Alargamiento de vocales con el mismo objeto: *boom, buuua, beee.*

Estas asociaciones y otras semejantes no impiden que las onomatopeyas sean signos arbitrarios que representan los mismos sonidos de forma variable en distintos idiomas. También, dentro de una misma lengua, su escritura está sometida a numerosas variaciones. He aquí algunas onomatopeyas con más de una forma:

achís o *atchís; ahá* o *ajá; hiuju* o *yuju; ñaca, ñácat* o *ñácate; pche, psch* o *pchs; tac, tac* o *toc, toc; uhm, hum* o *hm; ujú, ojú* u *ozú.*

Fijación idiomática de las onomatopeyas. La fijación de la forma de las onomatopeyas depende de su antigüedad, y también de su integración en el habla. Así, se pueden distinguir tres grupos:

• Las que están ya acuñadas y establecidas con una forma fija, recogida en los diccionarios, como *guau, miau, tararí, tic tac, zas*, etc.

• Las que no están recogidas en ellos, pero son de uso muy frecuente y de forma reconocible, como *ra-ta-ta-ta* para el sonido de la ametralladora; *ding-dong* para el timbre; *toc, toc* para los golpes en la puerta; *bang* para un disparo, etc.

• Las que obedecen a la particular capacidad perceptiva y creativa de los hablantes y escritores, que son las más arbitrarias y ocasionales.

Unión o separación de elementos en la escritura

• Cuando se pretende imitar o evocar un sonido mediante la repetición de una o más sílabas, se recomienda escribir cada elemento aislado y separado por comas del resto:

Ja, ja, ja, ja, ja —su amigo no podía parar de reír—; Que si tenía mucho que hacer, que si bla, bla, bla.

• Se admite, aunque no es obligatorio, el uso de guiones cuando la repetición de elementos es una sucesión continua que constituye una unidad:

ra-ta-ta-ta-ta (sonido de una metralleta); *chas-chas-chas-chas* (ruido de unas tijeras o una podadera).

• Si a partir de la reproducción onomatopéyica de un sonido se forma un sustantivo, las sílabas iguales o similares que concurran —normalmente, en número no superior a tres— se escribirán formando una sola palabra:

blablablá, dindón, gluglú, tictac, etc.

Los signos de interrogación y de exclamación. Cuestiones generales

SIGNOS DOBLES

Los signos de interrogación (¿?) y de exclamación (¡!) son signos ortográficos dobles cuya función principal es delimitar, respectivamente, las secuencias interrogativas y exclamativas directas:

> *¿Qué quieres?; ¿Está preparada la comida?*
> *¡Qué nombre tan bonito!; ¡Ay!; ¡Vaya por Dios!*

Con esta función es incorrecto suprimir el signo de apertura por imitación de otras lenguas en las que solo se coloca el de cierre.

No debe escribirse, pues, [⊗]*Qué hora es?* o [⊗]*Qué alegría verte!,* sino *¿Qué hora es?* y *¡Qué alegría verte!*

AUSENCIA DE LOS SIGNOS

Es frecuente y admisible prescindir de los signos de exclamación en las expresiones inequívocamente exclamativas:

> *Caramba, cómo has crecido.*

Por el contrario, como regla general, las oraciones interrogativas directas se escriben siempre entre signos de interrogación. Pueden omitirse, sin embargo, en dos tipos de contextos:

- En enunciados interrogativos independientes que constituyen el título de una obra, un capítulo o cualquier otra sección de un texto:

> *Cómo escribir bien en español; Qué son los demostrativos.*

 Aun así, en estos casos es igualmente posible escribir los signos de interrogación.

- En las interrogaciones retóricas, en las que no se formula una verdadera pregunta, sino que se expresa indirectamente una aseveración, no es censurable omitir los signos, aunque es más frecuente escribirlos:

> *¿Dónde vas a estar mejor que en tu casa?* o *Dónde vas a estar mejor que en tu casa.*

 También cabe emplear en ellas los signos de exclamación, dada la cercanía a la entonación exclamativa propia de este tipo de enunciados:

> *¿Quién sabe?* o *¡Quién sabe!*
> *¿Adónde vamos a parar con gente así...?* o *¡Adónde vamos a parar con gente así...!*

MEZCLA Y ACUMULACIÓN DE SIGNOS

• Cuando el sentido de una oración es interrogativo y exclamativo a la vez, pueden combinarse ambos signos, abriendo con el de exclamación y cerrando con el de interrogación, o viceversa:

> *¡Cómo te has atrevido?/¿Cómo te has atrevido!*

O, preferiblemente, abriendo y cerrando con los dos signos a la vez:

> *¿¡Qué estás diciendo!?/¡¿Qué estás diciendo?!*

En obras literarias, así como en textos muy expresivos, como los publicitarios o los propios de registros informales, es posible escribir dos o tres signos de exclamación (raramente de interrogación) para indicar mayor énfasis entonativo:

> *¡¡Vive la vida a tope!!*
> *¡¡¡Traidor, canalla, malnacido!!!*

USOS ESPECIALES DE LOS SIGNOS DE INTERROGACIÓN Y DE EXCLAMACIÓN

• Con alguna frecuencia se recurre a los signos de interrogación y de exclamación para incrementar la expresividad del mensaje escrito. Se intenta reproducir de esta forma, mediante recursos no léxicos, distintos matices del discurso oral.

Así, se utilizan los signos de cierre escritos entre paréntesis para expresar duda (los de interrogación) o sorpresa (los de exclamación), no exentas, en la mayor parte de los casos, de ironía:

> *Tendría gracia (?) que al final se saliera con la suya.*
> *Ha terminado los estudios con treinta años y está tan orgulloso (!).*

• Es frecuente el empleo de los signos de interrogación en la indicación de fechas dudosas. Se recomienda colocar ambos signos, el de apertura y el de cierre:

> *Hernández, Gregorio (¿1576?-1636),*

pero también es lícito escribir únicamente el de cierre:

> *Hernández, Gregorio (1576?-1636).*

Cuando se desconoce alguno de los datos, suele consignarse en su lugar una interrogación de cierre:

> *Fray Miguel de Salinas (?-1577).*

Colocación de los signos de interrogación y exclamación

REGLA GENERAL

Los signos de apertura (¿ ¡) se han de colocar justo donde empieza la pregunta o la exclamación, aunque no se corresponda con el comienzo del enunciado.

En relación con esto último, pueden presentarse casos diferentes, como los que se analizan a continuación.

CUANDO EL INICIO DE LA PREGUNTA O LA EXCLAMACIÓN NO COINCIDE CON EL INICIO DEL ENUNCIADO

En este caso, la secuencia interrogativa o exclamativa comienza con minúscula. Esto ocurre en diferentes contextos, ya que son diversos los elementos que pueden quedar fuera de la pregunta o la exclamación:

- Los vocativos en posición inicial: *Pedro, ¿cuántos años tienes?*

    En cambio, si estos elementos van al final, se consideran parte de la pregunta o la exclamación, por lo que quedan comprendidos entre los signos: *¿Cuántos años tienes, Pedro?*

- Los enunciados aseverativos que preceden a los apéndices confirmativos, denominación que se otorga a ciertas muletillas que actúan como refuerzo de la propia aseveración:

    Hoy es su cumpleaños, ¿no?; Vendrás a la fiesta del sábado, ¿verdad?

- Estas mismas expresiones, junto a *¿Sabes qué?, ¿Sabes una cosa?, ¿Sabes lo que te digo?, ¿Te cuento?* y otras muchas, se usan en el habla coloquial como fórmulas interrogativas de introducción que anticipan una información que el hablante quiere presentar como novedosa. Dicha información aparece inmediatamente detrás y debe comenzar con mayúscula, puesto que se trata de un enunciado diferente que sigue a un signo de interrogación:

    ¿Sabes una cosa? Eres una de las mejores personas que conozco.
    ¿Sabes lo que te digo? Que te vayas a freír espárragos.

- Los adverbios y locuciones como *sinceramente, francamente, con la mano en el corazón, brevemente,* etc., que inciden sobre toda la oración y manifiestan la actitud del hablante:

    Francamente, ¡estoy encantado!; Con sinceridad, ¿no te importa?

- Los tópicos, es decir, los incisos, situados normalmente al inicio, que introducen un tema (*en cuanto a, en relación con,* etc.), aportan un punto de vista, etc.:

    En cuanto a Eva, ¿hay alguna novedad?; Y ustedes, ¿qué dicen?; La carta, ¿dónde está?

- Las oraciones subordinadas condicionales y concesivas, así como las causales y finales, cuando ocupan el primer lugar de un enunciado:

  Si encuentro trabajo, ¡la fiesta que voy a dar!; Aunque no te guste venir, ¿puedo contar contigo?; Puesto que no cabemos en un automóvil, ¿vamos en tren?; Para que lo sepas, ¡no pienso cambiar de opinión!

  En cambio, cuando van al final, se consideran parte de la pregunta o exclamación:

  ¡La fiesta que voy a dar si encuentro trabajo!; ¿Vamos en tren, puesto que no cabemos en un automóvil?

- Muchos de los conectores discursivos que anteceden a la secuencia sobre la que inciden:

  Por lo demás, ¿qué aspecto tenía tu hermano?; A pesar de todo, ¡qué buena persona es!

  Las conjunciones *y, o* en posición inicial deben escribirse como parte de la oración interrogativa o exclamativa: *¿Y cómo lo encontraste?; ¿O no es así?*

  Por su parte, la conjunción *pero* en posición inicial puede preceder a la secuencia interrogativa o exclamativa, o incluirse en ella: *Pero ¿cómo lo encontraste?/¡Pero qué alegría!*

CUANDO CONCURREN VARIAS PREGUNTAS O EXCLAMACIONES

Cuando se escriben seguidas varias preguntas o exclamaciones breves, se pueden considerar de dos maneras:

- Como enunciados independientes, y en ese caso cada interrogación o exclamación se iniciará con mayúscula:

  ¿Quién era? ¿De dónde salió? ¿Te dijo qué quería?
  ¡Cállate! ¡No quiero volver a verte! ¡Márchate!

- Con enunciados estrechamente relacionados. En este caso se escriben con minúscula y separadas por coma o por punto y coma. Ambas opciones son igualmente correctas:

  ¿Cómo te llamas?, ¿en qué trabajas?, ¿cuándo naciste?
  ¡Qué enojado estaba!; ¡cómo se puso!, y ¡qué susto nos dio!

  Cuando la exclamación está compuesta por elementos breves que se repiten, los signos de exclamación los encierran a todos: *¡Ja, ja, ja!*

Las preposiciones

LA PREPOSICIÓN Y EL GRUPO PREPOSICIONAL

Las preposiciones son palabras invariables, normalmente átonas, que introducen un complemento que se denomina término, con el que forman un grupo preposicional.

Así, *con una pequeña ayuda* constituye un grupo preposicional formado por la preposición *con* y el término *una pequeña ayuda*.

LAS PREPOSICIONES DEL ESPAÑOL

Las preposiciones forman una clase gramatical cerrada, es decir, constituida por un número limitado de elementos. Sin embargo, su inventario no siempre coincide en las diversas gramáticas, ya que unas son de escaso uso, otras han ingresado no hace mucho y se discute el carácter preposicional de algunas. En la actualidad suele aceptarse la relación siguiente:

> *a, ante, bajo, cabe, con, contra, de, desde, durante, en, entre, hacia, hasta, mediante, para, por, según, sin, so, sobre, tras, versus* y *vía*.

EL SIGNIFICADO DE LAS PREPOSICIONES

El valor semántico de las preposiciones es el de manifestar una relación entre dos elementos. Así, en *La casa de Inés*, la preposición *de* establece una relación de posesión entre el elemento nuclear, *casa,* y el término *Inés.*

Aparte de este significado relacional, propio de todas las preposiciones, algunas poseen significado léxico, normalmente de carácter locativo o temporal: *bajo, desde, sobre...*

En algunos casos se establecen oposiciones de significado entre dos preposiciones:

> *bajo/sobre (bajo la mesa/sobre la mesa), con/sin (con leche/sin leche), desde/ hasta (desde Chile/hasta el Perú).*

EL TÉRMINO DE LAS PREPOSICIONES

El término de la preposición puede pertenecer a distintas categorías:

- Un grupo nominal o pronominal: *desde la casa, con ella.*
- Un grupo adjetival: *pasar por tonto, desde muy pequeño.*
- Un grupo adverbial: *hasta aquí mismo, desde detrás de la puerta.*
- Un grupo preposicional: *de entre los arbustos, por entre las mesas.*
- Una oración subordinada sustantiva: *la noticia de que habían llegado; la incertidumbre de si estará vivo o no.*

Recuérdese que los pronombres personales precedidos de preposición rechazan las formas exclusivas de sujeto *yo* y *tú*: *para mí* (no **para yo*), *sin ti* (no **sin tú*). Se exceptúan algunos casos de coordinación, como *entre* (*entre tú y yo*) y *según* (*según tú*).

El término ocupa la posición inmediatamente posterior a la preposición, a la que nunca puede adelantarse, ni separarse de ella. Se dice, por tanto,

¿De qué estás hablando?, y no **¿Qué estás hablando de?*

SECUENCIAS DE PREPOSICIONES

Existen en español secuencias en las que dos preposiciones aparecen contiguas, una a continuación de la otra. En estos casos, la segunda encabeza un grupo preposicional que es, a su vez, término de la primera:

Iba por entre los árboles; Retiró los platos de sobre la mesa.

Normalmente no se combinan más de dos preposiciones, pero se registra alguna excepción, como en

Salió corriendo de por entre los cañaverales.

Las posibilidades de combinación están bastantes restringidas. Así, la lengua rechaza la agrupación de dos preposiciones con el mismo significado, como en **Puso la ropa en sobre la cama*. Estas son algunas de las pautas más frecuentes:

- «Procedencia + ubicación»: *de sobre el armario*.
- «Vía + ubicación»: *por sobre los muebles, por entre la maleza*.
- *Para con* expresa actitud favorable o desfavorable: *Fue buena para con sus padres*.
- «*De a* + numeral» tiene valor distributivo: *cajas de a cinco kilos, Me compré dos lápices de a peso*.
- *A por* indica lo que se busca o se persigue: *Voy a por el pan*.

La combinación *a por* es común en España, donde convive con *por*: *Vengo a por más azúcar* o *Vengo por más azúcar*. En América solo se emplea la segunda opción, puesto que la secuencia *a por* se considera anómala en el español americano.

Preposiciones con características especiales

Algunos de los componentes de la lista de preposiciones poseen características especiales, en su naturaleza y funcionamiento, que es preciso comentar. Se trata de *cabe, so, durante, mediante, hasta, según, versus* y *vía*, además de los usos preposicionales o asimilados de los adverbios relativos *donde* y *cuando*.

Cabe. Significa 'junto a'. Se usaba frecuentemente en el español antiguo, pero en el actual ha dejado de utilizarse. Si acaso, es posible encontrarla en algún texto poético o con intención arcaizante:

Se sentó cabe mi lecho.

So. Al igual que la anterior, es una preposición antigua que en el español actual común ya no se emplea. Equivale a *bajo*.

Permanece, no obstante, en ciertas locuciones, como *so pena de* ('bajo pena de'), *so pretexto de* ('con el pretexto de') y otras menos usadas, con el mismo significado que esta última, como *so capa de* y *so color de:*

No se podía entrar allí, so pena de un duro castigo;
Se había acercado a él so pretexto de decirle algo importante.

Durante y mediante. En su origen, eran participios de presente de los verbos *durar* y *mediar,* y concordaban en número con su sujeto, al que precedían o seguían; este uso se conserva en la expresión *Dios mediante.* En la actualidad, han perdido su tonicidad y la posibilidad de concordar (ya no se dice **durantes dos días*), y se han convertido en preposiciones:

Permaneció allí durante dos días;
Lo obtuvo mediante su ayuda.

Hasta. Hay que diferenciar la preposición *hasta* del adverbio homónimo, que significa 'incluso'. Cuando es preposición, los pronombres personales que introduce están en caso oblicuo:

Vino hasta mí, pero no **Vino hasta yo,*

mientras que cuando es adverbio sí puede anteponerse a pronombres en caso recto o nominativo:

Iré hasta yo ('incluso yo').

Como preposición, *hasta* indica habitualmente el límite de un proceso, un espacio o una situación:

Caminó hasta el muelle; Se quedó hasta el día siguiente.

(Puede encontrarse más información acerca de *hasta* en las págs. → 372-373).

Según. Significa 'conforme a' (*según la ley*), pero también 'en función de' o 'dependiendo de' (*según quien venga*). Posee varios rasgos peculiares en relación con las demás preposiciones:

• Es la única preposición tónica.

• Se construye con caso recto: *según tú*, pero no *según ti. En estos usos se asimila a una conjunción con verbo elidido:

> *Según (dices) tú.*

Se distingue del adverbio relativo *según*, que introduce oraciones de verbo en forma personal:

> *según le parezca a ella* ('del modo que le parezca a ella').

Versus. Es una preposición latina que ha entrado en el español a través del inglés. Según el contexto, equivale a *contra* o a *frente a*:

> *el conflicto del campo versus la ciudad; moralidad versus inmoralidad.*

Con carácter general, su empleo está restringido a contextos especializados, como el periodístico o el científico. En la lengua común se prefieren las citadas *contra* o *frente a*.

Vía. Procede de un sustantivo e introduce el lugar físico por el que se pasa:

> *Volaron a la Argentina vía París; Se retransmitirá vía satélite.*

En la lengua de la política, el derecho, el periodismo y otros registros formales se ha extendido el uso de *vía* a contextos en que no se hace referencia a lugares: *Muchas personas accedieron a la compra de la vivienda vía (el) crédito.* Aunque tales usos no son incorrectos, se considera preferible sustituir en ellos *vía* por expresiones equivalentes, como *mediante* o *a través de*.

Se está generalizando también, en los medios escritos, la construcción reiterativa «*por vía* + adjetivo», como en *un rescate por vía aérea*, en lugar de *un rescate vía aérea*.

Donde y cuando. Estos adverbios relativos admiten usos preposicionales o cercanos a ellos cuando preceden a ciertos grupos nominales:

> *Fue corriendo donde su madre; Sucedió cuando la guerra.*

La preposición *a*

USOS DE LA PREPOSICIÓN *A*

La preposición *a* es, junto con *de*, la que posee más usos en español, ya que puede introducir todo tipo de complementos de verbos, sustantivos, adjetivos o adverbios, así como construcciones que desempeñan otras funciones gramaticales. Estos son algunos de los más destacables:

- Introduce el complemento indirecto, sea en concurrencia con pronombres personales átonos (*Se lo dije a Manuel; Le di el regalo a María*) o sin ellos (*Los impuestos que entregamos al Estado*).
- Complementos de destino, término o límite: *Voy a Murcia; Llegó a final de mes*.
- Complementos que indican localización espacial:

  esperar a la entrada, sentarse a la mesa, quedarse a la puerta, ponerse al sol, tumbarse/acostarse a la sombra.

- Dirección u orientación: *La fachada daba al sur.*
- Localización temporal: *Llegó a las tres; Sucedió al amanecer.*

  Expresiones como *Estamos a mayo* o *Estábamos a jueves* son propias solo de algunos países.

- Finalidad: *Vengo a que me ayudes; Se ha ido a hacer un recado.*
- Distribución, a menudo en concurrencia con *por*:

  cuatro viajes al año (... *por año*)*; tres veces a la semana* (... *por semana*)*; libros a tres euros* (... *por tres euros*).

- Modo o manera, a menudo formando parte de locuciones:

  cocinar a fuego lento, hablar a gritos, andar a tientas, caminar a ciegas.

- Precediendo a un infinitivo, puede expresar nociones como condición (*A no ser por ti, no me hubiera atrevido*), causa (*Al no estar ella disponible, buscaron a otra persona*) o tiempo (*Al llegar a la estación, tomaron un taxi*).
- También con infinitivo, forma parte de expresiones imperativas: *¡A callar!*

  Se utiliza habitualmente la fórmula «*a* + infinitivo transitivo» en secuencias como *el dinero a repartir, la política a seguir, los errores a corregir, obstáculos a superar, cuestiones a resolver, los pasos a dar, las cantidades a deducir, la reunión a celebrar, medidas a tener en cuenta* y otras similares. A pesar de su extensión, se recomienda emplear en su lugar variantes con otras preposiciones (*el dinero para repartir, cuestiones por resolver*) o con relativo (*No había más cuestiones que resolver*).

LA PREPOSICIÓN A EN EL COMPLEMENTO DIRECTO

Como regla general, el complemento directo lleva la preposición *a* cuando hace referencia a personas u otros seres animados, y no suele llevarla cuando designa cosas. Existen, sin embargo, numerosas excepciones, así como algunas alternancias y ciertos casos dudosos:

- Llevan siempre la preposición *a* los nombres propios de personas y animales:

  Ayer vi a Manuela; Tienes que sacar a Canelo.

- Los nombres comunes de personas y animales llevan preposición cuando van precedidos del artículo u otros determinantes que los identifiquen:

  Ayer vi a mi amiga; Tienes que sacar al perro.

  No la llevan cuando no son identificables, bien por ir sin determinante, bien por ir precedidos de *un* u otros indefinidos:

  La universidad debe formar investigadores; Causaron muchos heridos.

  Con *un/una* se dan numerosas alternancias. Obsérvese la diferencia entre *Busca (una) traductora* ('alguna, la que sea') y *Busca a una traductora* ('una en particular').

- Los nombres de cosa no llevan *a,* salvo que exista personificación:

  Quiero un helado/Todos temen a la muerte; Algunos adoran al sol.

- La regla general tiende a suspenderse en algunos casos:

  – Cuando un sujeto y un CD con referentes inanimados son permutables:

  La virtud vence al vicio/El vicio vence a la virtud.

  A veces, son posibles las dos variantes: *La columna tapa el (al) cartel.*

  – Circunstancias en las que el CD con referente animado coincide con otro complemento que se construye con *a:*

  Entregaron al culpable / Entregaron el culpable a la policía.

- La presencia y la ausencia de la preposición dependen también de la naturaleza semántica del verbo. Así, hay verbos, como *ayudar* o *servir,* que exigen siempre la preposición (*Ayuda a los enfermos*), mientras que otros, como los existenciales *haber* o *tener,* no la llevan nunca: *Hay muchas personas; Isabel tiene dos hijos.*

  Hay, incluso, casos en que se admiten las dos opciones (*Es difícil parar (a) un tren en marcha*) y verbos que cambian de significado en función de la presencia o ausencia de la preposición:

  abandonar un pueblo ('irse de él')/*abandonar a un pueblo* ('no cuidarlo').

Las preposiciones *ante, bajo* y *tras*

USOS DE LA PREPOSICIÓN *ANTE*

- Indica localización, con significados cercanos a *delante de*, con verbos como *comparecer, mostrarse, presentarse, situarse, pararse, sentarse*, entre otros:

  Se situó ante la puerta/Se situó delante de la puerta.

- También puede equivaler a *en presencia de*:

  Se arrodilló ante ella/Se arrodilló en presencia de ella,

  o *frente a*:

  Se sentía como un animal ante un espejo/Se sentía como un animal frente a un espejo.

- En sentido figurado, *ante* expresa preferencia, en especial en la locución *ante todo*, que significa 'antes que ninguna otra cosa', pero también 'principalmente':

  Interesa, ante todo, mantener la plantilla de la empresa.

  Asimismo, puede mostrar un significado próximo a *en vista de*:

  Se preocupó ante la gravedad de los hechos/... en vista de la gravedad de los hechos.

- Puede denotar acción interpuesta con verbos como *interceder, mediar, protestar, recurrir, reaccionar*, y sustantivos como *intercesión, mediación, protesta, recurso, reacción*:

  Intercedió ante la profesora; Hizo patente su protesta ante la injusticia.

- También es exigida por verbos, sustantivos y adjetivos que implican una reacción o toma de postura ante algo:

  Mostró su sorpresa ante lo acaecido; Su malestar ante aquella decisión era patente; Quedó indefenso ante aquel ataque.

- Y por verbos que denotan dejación o fracaso en alguna actividad (*arredrarse, capitular, ceder, claudicar, doblegarse, retirarse, retroceder*), o bien ausencia de reacción o respuesta (*callar, contenerse, no inmutarse*):

  No se arredra ante nada; Ni siquiera ante la superioridad del contrario se doblegó; No pudo contenerse ante aquello.

USOS DE LA PREPOSICIÓN *BAJO*

La preposición *bajo* indica 'lugar inferior', bien en sentido físico:

El río pasa bajo el puente,

bien en sentido figurado, en el que expresa nociones como 'control', 'protección', 'sometimiento' y otras formas de dependencia o subordinación:

bajo control, bajo su tutela, bajo pretexto.

De acuerdo con ello, la preposición *bajo* introduce los complementos circunstanciales que aluden a dichas nociones, así como algunos complementos de régimen que dependen de verbos como *amparar, cobijar, proteger* o *resguardar:*

Se cobijó bajo el amparo de su protector.

Con expresiones como *punto de vista, perspectiva, visión, enfoque* y otras similares se emplea a veces *bajo* en lugar de *desde,* que es la preposición más adecuada. Se prefiere decir *La decisión está justificada desde el punto de vista legal* que ... *bajo el punto de vista legal.*

Tampoco es correcta la expresión *bajo la base de,* que implica una incongruencia semántica. Lo adecuado es *sobre la base de.*

USOS DE LA PREPOSICIÓN *TRAS*

- Con valor locativo, alterna con *detrás de* y expresa que algo se sitúa a continuación de otra cosa:

  El ocho viene tras el siete; La casa estaba tras un montículo.

  Se emplea en la locución *andar tras alguien* en el sentido de 'perseguirlo, buscarlo con diligencia':

  Se dice que la Policía anda tras él.
- Con términos temporales, equivale a *después de:*

  Firmaron tras varios días de debates.

  En este sentido, puede aparecer con nombres abstractos y con infinitivos:

  Aceptó las condiciones del contrato tras alguna vacilación; Se decidió tras meditarlo mucho.

  Con la fórmula «sustantivo + *tras* + sustantivo», de uso muy común, se expresa la repetición de algo en una secuencia temporal:

  Seguía amasando pan día tras día, mes tras mes, año tras año.
- Es muy frecuente su empleo con complementos introducidos por *de,* sobre todo cuando se trata de pronombres personales o infinitivos:

  Caminaba tras de mí; Se fue tras de haberse despedido de todos.

  Son igualmente válidas, no obstante, las construcciones sin *de:* ... *tras nosotros;* ... *tras haberse despedido de todos.*

Las preposiciones *con, contra* y *sin*

USOS DE LA PREPOSICIÓN *CON*

- El empleo de la preposición *con* aporta la noción de instrumento, pero esta noción puede entenderse, bien en sentido literal, cuando se alude a algún utensilio:

    Lo clavó con un martillo; Abrió con la llave,

    bien como medio para conseguir algo:

    Lo lavó solo con agua.

- Introduce complementos de compañía:

    Elisa está con su novio; Viaja con su séquito.

- La manera en que se lleva a cabo un proceso:

    Lo escuchaban con sorpresa; Come con gula.

- La causa que provoca algo:

    Me desperté con la luz de la calle; Se aburre con esos cuentos.

- Puede significar adición:

    café con leche, un texto con ilustraciones.

- Expresa asimismo simultaneidad o concurrencia:

    Viajamos con mucha lluvia; Coincidimos con una manifestación.

- Seguida de infinitivo, puede tener sentido condicional:

    Se cree que con estudiar una hora al día todo está resuelto (... *si estudia...*),

    causal:

    Con haberse ido tan lejos, no la hemos vuelto a ver (*Como se ha ido...*),

    o concesivo:

    Con haber madrugado tanto, ha llegado tarde (... *a pesar de haber madrugado...*).

- Adquiere valor ponderativo en construcciones exclamativas:

    ¡Con lo que me ha costado llegar hasta aquí!; ¡Vaya con el muchacho!

La locución conjuntiva de sentido condicional, construida con esta preposición, *con tal de que*, admite también la variante *con tal que*. Ambas son igualmente válidas.

USOS DE LA PREPOSICIÓN *CONTRA*

- El valor fundamental de la preposición *contra* es el de oposición. Este concepto se manifiesta en distintas variantes:

— La persona o cosa a la que se enfrenta o se opone alguien o algo:

luchar contra los invasores, pastillas contra la tos, jugar las semifinales contra Francia.

— El destinatario de lo que se lanza o dirige, incluidos sentimientos negativos:

Lanzaban flechas contra el enemigo; Escribió un artículo contra el ministro; Sentía odio contra los intrusos.

— La persona o cosa afectada por una acción reprobable:

un atentado contra la policía; delitos contra la salud pública.

• En determinados contextos, *contra* admite el sentido de 'a cambio de':

Se realizaban los pagos contra la entrega de los correspondientes recibos.

Este es el significado que tiene en las locuciones adverbiales *contra reembolso, contra recibo* y *contra entrega.*

Se considera incorrecta la fórmula comparativa [⊗]*contra más* en lugar de *cuanto más.* Son, pues correctas, oraciones como *Cuanto más como, más adelgazo* y son incorrectas variantes como [⊗]*Contra más como, más adelgazo.* También deben evitarse las variantes populares [⊗]*cuantimás,* [⊗]*contimás* y [⊗]*contrimás.*

USOS DE LA PREPOSICIÓN *SIN*

• La preposición *sin* posee sentido negativo y expresa privación o carencia:

Lo hizo sin ayuda; Se quedaron sin un dólar.

Ello le otorga valores opuestos a los de *con*:

una habitación con/sin ventana; un paseo con/sin compañía.

• Precedida del adverbio *no,* da lugar a una forma habitual de lítote (figura retórica que implica atenuación):

no sin razón, no sin vacilar.

• Con infinitivo, puede tener valor imperativo:

¡Sin empujar!; Todos a la cama, ¡y sin (re)chistar!

Las preposiciones *de* y *desde*

USOS DE LA PREPOSICIÓN *DE*

La preposición *de* es, junto con *a*, la más usada en español, ya que es heredera del caso genitivo e introduce el mayor número de complementos de nombres, adjetivos o adverbios.

Estos son algunos de los más destacables:

- Encabeza complementos de origen, sobre todo de sentido espacial:

  Procede de Colombia; Salió de (la) casa; Ese arroyo viene de la montaña.

- También introduce algunos de sentido temporal, aunque de manera más restringida y normalmente en correlación con otras preposiciones:

  del jueves al sábado, del mes próximo en adelante.

- Complementos atributivos:

  la ciudad de Sevilla (implica *Sevilla es una ciudad*);
  una maravilla de edificio (se afirma que *el edificio es una maravilla*).

- Complementos partitivos:

  Es uno de los nuestros; cuatro partes de harina.

- Complementos que pueden interpretarse como agentes (*la salida del tren*), como pacientes (*la lectura del libro*) o en ambos sentidos (*la elección del presidente*).

- Complementos que expresan posesión: *la casa de mis abuelos*,

  o el todo del que se señala una parte: *la rama del árbol, los pies de la cama.*

- Los que aluden a aquello que se caracteriza por cierta propiedad: *el precio de la vivienda, el color del mar*,

  o la propiedad misma: *un hombre de honor, una vivienda de lujo.*

- Otros complementos se refieren:

  — Al contenido de algo:

    libro de Física, botella de vino.

  — A la materia de la que está hecho:

    mesa de mármol, techo de madera.

  — Al destino que se le da a algo o el propósito que alberga:

    tablero de ajedrez, traje de cóctel/coctel, máquina de hacer caramelos.

  — A su causa o su funcionamiento:

    fiebre del heno, barco de vapor.

Se ha extendido mucho el empleo de la preposición *a*, en lugar de la preposición *de*, con el complemento que indica el medio por el que funciona algo, como en *cocina a gas, destornillador a pilas, cochecito a pedales*. Aunque algunas expresiones que muestran este galicismo sean muy usadas (como *olla a presión*), se recomiendan las variantes con *de*: *cocina de gas, destornillador de pilas, cochecito de pedales*, etc.

No se consideran correctos algunos usos en los que *de* ocupa el lugar que corresponde a otras preposiciones, como en ⊗*ser adicto de algo* (por ... *a algo*), ⊗*hacer algo de urgencia* (por ... *con urgencia*) o ⊗*perder de quince puntos* (en lugar de ... *por quince puntos*).

USOS DE LA PREPOSICIÓN *DESDE*

• La preposición *desde* expresa origen o punto de partida:

— De una trayectoria espacial: *La ruta va desde Rosario hasta Mendoza.*

— De un período: *Vivimos aquí desde el verano.*

— De una situación o un suceso: *Está así desde la guerra.*

• Marca también el lugar a partir del cual se mide un espacio (*la distancia a la ciudad desde la playa*) o aquel en el que se percibe algo: *Se ve el mar desde nuestra casa.*

Este mismo valor, en sentido figurado, es el que adquiere esta preposición en las expresiones formadas con *enfoque, ángulo, perspectiva* o *punto de vista*:

Desde mi punto de vista, no es lo más adecuado; Eso solo puede ser explicado desde un ángulo económico.

• Del concepto de origen se puede pasar al de causa: *Eso solo puede afirmarse desde la ignorancia.*

• Forma parte de correlaciones con *hasta* y *a*: *desde Costa Rica a Panamá; desde el monte hasta la playa.*

En el español actual de muchos países americanos (especialmente en los del área caribeña), así como en el de las islas Canarias, se atestigua el uso de *desde que* por 'en cuanto': *Desde que me lo dijo, me di cuenta de lo que pasaba* (*En cuanto me lo dijo...*).

También se registra en algunas áreas americanas un uso enfático de la preposición *desde* para referirse a hechos puntuales. En ese uso, *Te dieron la orden desde la semana pasada* equivale aproximadamente a *Te dieron la orden nada menos que la semana pasada* o ... *ya la semana pasada.*

Las preposiciones *en* y *entre*

USOS DE LA PREPOSICIÓN *EN*

La preposición *en* es la más característica para expresar ubicación, sea espacial o temporal. Estos son los principales valores que conlleva su uso:

- Ubicación espacial. Se emplea para indicar dónde está situado alguien o algo:

    Mi hermano vive en Venezuela; La ropa está en el armario.

    También, el término de un movimiento o el resultado de un proceso:

    entrar en la casa, penetrar en el tejido, convertirse en polvo, acabar en desastre.

- Temporalmente, puede implicar asimismo ubicación, localizando el momento o el período en que se produce algo:

    Ocurrió en 1984; Alcanzó un gran éxito en el primer trimestre.

    Con este significado admite la alternancia con la ausencia de preposición en algunos casos en los que se acerca a *durante* (*lo que sucedió en aquel año* o *lo que sucedió aquel año*).

    Indica también el lapso en el que se produce una situación descrita, en alternancia con *a lo largo de:*

    Tuvieron siete hijos en doce años.

    O el tiempo que tarda en alcanzarse o terminarse una situación:

    Se alcanzó un pacto en veinticuatro horas; Escribió el libro en tres meses.

    Se recomienda, especialmente en los registros formales, usar *dentro de* o *al cabo de* cuando lo que se manifiesta no es el tiempo que se emplea en una acción, sino el transcurrido hasta que esta se inicia o tiene lugar: *Te llamaré dentro de una hora* (mejor que ... *en una hora*).

- Expresa el estado en que se encuentra alguien o algo:

    El libro está en alemán; Quiero el cambio en monedas de diez centavos; Se encuentra en perfectas condiciones.

    Aquí pueden encuadrarse los complementos regidos por verbos como *dividir(se), mudar(se), derretir(se), descomponer(se), trocear(se)* o *quedar(se):*

    La obra se divide en tres actos; El asunto quedó en nada.

    Por anglicismo, algunos hablantes asimilan a este grupo el verbo *resultar,* como en *La reunión resultó en un fracaso* (por *La reunión resultó un fracaso*). Se recomienda evitar la variante con *en* y usar, cuando corresponda, sustitutos como *culminar en, desembocar en,* etc.

OTROS USOS INCORRECTOS DE *EN*

Son incorrectos ciertos usos de *en* por *de,* característicos de los complementos del nombre, que se extienden en algunos países por influencia del inglés:

Me encanta la casa en la esquina, por *Me encanta la casa de la esquina;*
Mira la figura en la página 10, por *Mira la figura de la página 10.*

Tampoco son correctos los siguientes usos:

- *Tirarse en el suelo,* por *tirarse al suelo: El niño pataleó y se tiró al suelo,* y no ... ⊗*se tiró en el suelo.*

- *En la esperanza de,* por *con la esperanza de: Trabajaba con la esperanza de llegar a ser alguien,* y no ... ⊗*en la esperanza de llegar a ser alguien.*

- *Ayudar en,* por *ayudar a: Me ayudó a llevarlo,* y no ⊗*Me ayudó en llevarlo.*

USOS DE LA PREPOSICIÓN *ENTRE*

- La preposición *entre* expresa localización por medio de límites, bien en el espacio (*entre Bogotá y Cartagena*), bien en el tiempo: *entre abril y julio.*

- Marca equidistancia entre dos estados o situaciones:

 Salió de la reunión entre satisfecho y enojado; un tono entre irónico y tristón.

- Tienen sentido superlativo las expresiones en las que se destaca una cualidad entre todos los individuos que la poseen:

 Fue grande entre los grandes.

- Puede expresar una relación múltiple entre personas o cosas, bien con sentido recíproco (*Hablaron entre sí*), bien como adición: *Entre niños y adultos podían contarse treinta personas.*

Se recomienda evitar el uso de *entre* por *dentro de* (sea en sentido temporal o espacial), propio de algunos países americanos: *Entre un mes volveré a visitarte,* por *Dentro de un mes...; entre el libro, entre el país,* en lugar de *dentro del libro, dentro del país.*

En México y Centroamérica se emplean habitualmente y son correctas las construcciones *entre más* y *entre menos* por *cuanto más* y *cuanto menos.* En el resto del mundo hispanohablante se trata de un uso popular que no ha pasado a la lengua estándar.

Las preposiciones *hacia, hasta* y *sobre*

USOS DE LA PREPOSICIÓN *HACIA*

- La preposición *hacia* expresa dirección u orientación con respecto a un punto:

  Iban hacia Valparaíso; Se orientaba hacia el mar.

- Este significado se hace extensivo a los complementos con esta preposición de algunos sustantivos que expresan reacciones favorables o desfavorables:

  Estaba llena de amor hacia los suyos; Era patente su antipatía hacia los vecinos.

- Denota también ubicación aproximada en el espacio:

  Eso queda hacia Zaragoza,

  o en el tiempo: *Llegaremos hacia las tres.*

- En los últimos años su uso se ha ido extendiendo a contextos ocupados tradicionalmente por otras preposiciones:

  Era indulgente hacia (con) el comportamiento de los demás; la permanente discriminación hacia (de) los marginados; la política hacia (en relación con) las clases medias; las acciones hacia (contra) la población civil.

LA PREPOSICIÓN *HASTA*

Uso habitual

- La preposición *hasta* expresa el límite o el término de lo que está en movimiento, pero también el de una acción, un proceso o una situación:

  Llegó hasta el muelle y dio la vuelta; Estuve allí hasta las doce; Trabajaban hasta el agotamiento.

Algunos usos especiales

- En el español de México y Centroamérica, y en algunas otras zonas, se atestiguan construcciones en las que los complementos con *hasta* modifican a verbos de acción puntual, de forma que parece sobrentenderse una negación, como en

  Cerramos hasta las nueve, en el sentido de *No cerramos hasta las nueve.*

- Es también característico de México y algunos países centroamericanos el uso de *hasta adelante* o *hasta atrás* en el sentido de 'lo más adelante posible' y 'lo más atrás posible', respectivamente:

  En las clases me gustaba siempre sentarme hasta adelante.

- Con la locución temporal *hasta que* suele aparecer un *no* de carácter expletivo (es decir, añadido por razones enfáticas o expresivas) que no se considera incorrecto. Su supresión no afecta al significado:

No me levanto hasta que no me den una explicación (= ... *hasta que me den una explicación*).

USOS DE LA PREPOSICIÓN *SOBRE*

- La preposición *sobre* es la opuesta a *bajo*, e indica 'lugar superior' en el plano físico:

    El plato está sobre la mesa; Los pájaros volaban sobre el sembrado.

- Del sentido físico, se pasa fácilmente al figurado, en el que la preposición denota predominio o superioridad:

    Creía estar sobre el bien y el mal; Quería mostrar su primacía sobre los otros.

    Con el verbo *preferir* se considera más adecuado el uso de *a* que el de *sobre*:

    La prefiero a cualquier otra (mejor que *La prefiero sobre cualquier otra*).

- Puede expresar también el asunto sobre el que versa algo:

    Es un libro sobre la educación; Discutían sobre la lucha de clases.

- Se emplea asimismo para indicar el carácter aproximado de un cómputo:

    Andaba sobre los cuarenta años; La entrada cuesta sobre veinte pesos.

    En este sentido, es característico su empleo con referencia a las horas:

    Solía llegar sobre las siete y media; Sobre las cinco de la tarde, se produjo un leve temblor de tierra.

Se considera incorrecto el uso de *sobre* por *hacia* o *a* que se documenta en el lenguaje deportivo de algunos países, como en ⊗*tirar sobre puerta* (por *tirar a puerta*) y el de *sobre* por *contra*, atestiguado en la misma variedad idiomática: ⊗*Ha sido falta sobre el defensa* (en vez de *Ha sido falta contra* [o *al*] *defensa*).

Tampoco se recomienda el empleo de *sobre* en lugar de *de* cuando precede a la expresión de un número total del que se toma solo una parte. Se trata de un calco del francés: ⊗*Sufren esta enfermedad uno sobre diez niños* (en lugar de ... *uno de diez* o ...*uno de cada diez*).

Las preposiciones *por* y *para*

La preposición *por* está también entre las que poseen más usos y valores. Estos son los más destacables:

- Introduce complementos de lugar que expresan el trayecto o el curso de un movimiento:

  Paseaban por el centro de la calle.

- La ubicación aproximada de algo, sea en el espacio (*Viven por el centro*) o en el tiempo: *Las obras estarán terminadas por Navidad.*

  Se ha criticado a veces, como posible anglicismo, el uso de *por* en lugar de *durante* en expresiones durativas de carácter temporal, como *Estaré aquí por tres meses*. Sin embargo, estas construcciones se documentan en español desde los primeros textos, por lo que se consideran plenamente válidas.

  Con el sustantivo *vez*, la preposición *por* puede adquirir un valor expletivo o enfático, y puede omitirse: *La rueda giró por tres veces* (o ... *giró tres veces*).

  Con sustantivos como *ocasión*, *oportunidad*, etc., alterna con *en*: *Fue elegido alcalde por dos ocasiones* (... *en dos ocasiones*).

- Introduce el complemento agente:

  El documento fue firmado por todos.

  Y también algunos complementos de causa:

  Cerrado por vacaciones; Lo encarcelaron por delincuente.

- En alternancia con *para* o *a favor de*, expresa aquello en pro de lo que se actúa:

  Trabajan por la paz; Lo hizo todo por sus hijos.

- Manifiesta los medios o recursos empleados en alguna acción:

  Tomaron la sede por la fuerza,

  o la vía por la que se recibe o se envía algo, en alternancia con *a través de*:

  Se lo dije por teléfono; El envío llegó por correo aéreo.

- La cantidad por la que se compra o vende una cosa:

  Lo adquirió por muy poco dinero.

- La persona o cosa que sustituye a otra:

  Iré yo por él; Se hizo pasar por su hermana.

- Señala los indicios que permiten llegar a una conclusión:

  Por la cara que puso, yo diría que no sabía nada,

y también alude a la persona que no pone objeciones a algo:

Por mí, que se maten.

- Se utiliza en construcciones del tipo «sustantivo + *por* + sustantivo» para expresar que la acción se aplica a todos los miembros de un conjunto considerados uno a uno:

Recorrió toda la biblioteca, libro por libro (también, ... *libro a libro*).

- Introduce complementos predicativos con el sentido de 'en calidad de':

tomar a uno por tonto; tener a una persona por honrada.

USOS DE LA PREPOSICIÓN *PARA*

- La preposición *para* expresa destino. Introduce complementos locativos que señalan el límite de un movimiento:

Voy para mi casa; Ya viene para acá.

Desde el punto de vista temporal, indica el límite en el que algo sucederá:

Lo tendré preparado para el martes.

- Uno de sus valores más característicos es la expresión de la finalidad o el propósito de algo:

Salí para despejarme; Este cuadro es para decorar el salón.

- Están muy próximos al de destino los sentidos de utilidad o servicio:

tiempo para descansar, pastillas para la garganta, cuadernos para pintar.

También el de orientación:

Estudia para médico; Se entrenan para el partido del sábado.

y el de destinatario:

Lo compré para ella; Preparó el almuerzo para toda la familia.

- Puede emplearse para justificar o matizar una aseveración:

Para ser justos, esto no es del todo cierto.

O para aludir a la persona que sostiene cierto parecer. En este caso, *para* equivale a *según:*

Para él, yo estoy loco/Según él, yo estoy loco.

- Con los cuantificadores *mucho* (o *muy*), *demasiado, suficiente* o *bastante,* expresos o tácitos, introduce complementos en los que se supedita a algo determinada situación:

Está (muy) alto para su edad; Es (demasiado) tarde para ir a cenar.

Alternancias preposicionales (I)

ALTERNANCIAS ENTRE DISTINTAS PREPOSICIONES

Muchas palabras admiten que un mismo complemento sea introducido por más de una preposición. Estos cambios de régimen solo conllevan modificaciones del significado en ciertos casos. Así, no se expresa lo mismo con *empezar por* ('realizar una acción antes que otras') que con *empezar a* ('dar comienzo a una acción'). También se advierten diferencias de sentido al comparar *optar a* y *optar por, tratar de* y *tratar con*. Son equivalentes, en cambio, *mirar a* y *mirar hacia, avergonzarse de* y *avergonzarse por, entrar en* y *entrar a,* entre otras muchas.

En la siguiente relación se incluyen algunas de las alternancias preposicionales más destacables, sin cambio de significado o con cambios muy leves:

- *a/ante: Se presentó al coronel/Se presentó ante el coronel.*
- *a/contra: encararse a/encararse contra.*
- *a/en: colaborar a/colaborar en.*
- *a/hacia.* Se produce habitualmente con verbos de movimiento: *desplazarse a/ desplazarse hacia, dirigirse a/dirigirse hacia, ir a/ir hacia, girar a/girar hacia...*

  Pero también con otros: *abrirse a/abrirse hacia, apuntar a/apuntar hacia, mirar a/mirar hacia, señalar a/señalar hacia.*
- *a/hasta: acercarse a/acercarse hasta, alargarse a/alargarse hasta, aplazarse a/ aplazarse hasta, remontarse a/remontarse hasta.*
- *a/de.* Se da con adjetivos que denotan simetría entre dos o más elementos: *contemporáneo a/contemporáneo de, distinto a/distinto de, diferente a/diferente de, próximo a/próximo de, cercano a/cercano de, vecino a/vecino de* (más frecuente *a* en los tres últimos).

En España se registra la alternancia *hartarse a/hartarse de,* pero en América solo se usa la segunda opción. En cambio, con el adjetivo *diverso* alternan *a* y *de* en el español americano, pero se prefiere *de* en el europeo.

- *a/con.* Se origina con verbos que expresan vinculación o contacto: *acoplar a/ acoplar con, asociar a/asociar con, atar a/atar con, ligar a/ligar con.*

  También con otros verbos y derivados suyos: *acertar a/acertar con, atreverse a/atreverse con, comparar a/comparar con, comparable a/comparable con.*

En México y Centroamérica se registran variantes como *recomendar a alguien a otra persona/... con otra persona/... ante otra persona; quejarse a alguien/quejarse con alguien/quejarse ante alguien.*

- **a/en:** *entrar a/entrar en, caer a/caer en, ingresar a/ingresar en.* Se prefiere *en* cuando se trata de una entidad abstracta, como en *caer en una depresión, caer en una trampa* o *entrar en detalles.*
- **a/para.** Es propia de los verbos de movimiento: *Me acerqué a mirar/Me acerqué para mirar; Vine a hablar con él/Vine para hablar con él; Vamos a la casa/Vamos para la casa.*

  Se da también con verbos como *animar a/animar para, ofrecerse a/ofrecerse para, acondicionar a/acondicionar para, adecuar(se) a/adecuar(se) para.*
- **de/por.** Es característica de los verbos pronominales y de los adjetivos que expresan afectividad, como *alegrarse de/alegrarse por, avergonzarse de/avergonzarse por, lamentarse de/lamentarse por, preocuparse de/preocuparse por, contento de/contento por, culpable de/culpable por.*

> Pertenece al registro coloquial de muchas áreas lingüísticas la construcción «*decir de* + infinitivo», en el sentido de 'proponer, sugerir', como en ⊗*Me dijeron de ir al cine.* También, de manera más restringida, se emplea *para:* ⊗*Me dijeron para trabajar con ustedes.* No son construcciones propias del lenguaje formal.

- **en/sobre.** Se produce con verbos de influencia, de insistencia y de pensamiento, como *incidir en/incidir sobre, influir en/influir sobre, insistir en/insistir sobre, meditar en/meditar sobre, reflexionar en/reflexionar sobre.*

  También con sustantivos que manifiestan resultado o causa: *consecuencias en/consecuencias sobre, efecto en/efecto sobre, influjo en/influjo sobre.*

  Y con verbos que exigen complemento locativo, en sentido recto o figurado, como *caer en/caer sobre, depositar en/depositar sobre, basarse en/basarse sobre.*
- **con/contra.** Es propia de verbos que expresan confrontación, como *combatir con/combatir contra, jugar con/jugar contra, luchar con/luchar contra.*

  También de los que indican contacto físico: *chocar con/chocar contra, estrellar(se) con/estrellarse contra, tropezar con/tropezar contra* (también *tropezarse a*).
- **para/contra.** Es característica de los sustantivos que indican remedio: *vacuna para la gripe/vacuna contra la gripe, solución para/solución contra, antídoto para/antídoto contra.*
- **por/para.** Se produce con verbos que denotan deseo, afán o porfía: *afanarse por/afanarse para, esforzarse por/esforzarse para, luchar por/luchar para.* También se registran variantes con *en: afanarse en, esforzarse en.*

Alternancias preposicionales (II)

ALTERNANCIAS ENTRE RÉGIMEN TRANSITIVO (SIN PREPOSICIÓN O CON *A*) Y RÉGIMEN PREPOSICIONAL

Son muy numerosos los verbos que permiten la alternancia entre un complemento directo (CD) sin preposición (o con la preposición *a*) y un complemento de régimen preposicional (CR) sin que exista diferencia de significado o con diferencias muy leves.

Se explicitan a continuación algunos de los casos más representativos, divididos en tres grupos:

Verbos con CD en uso no pronominal y con CR en uso pronominal. Forman un nutrido grupo. He aquí algunas muestras:

> *abrazar algo/abrazarse a algo; admirar algo/admirarse de algo; enfrentar algo/enfrentarse a algo/enfrentarse con algo; lamentar algo/lamentarse de algo; olvidar algo/olvidarse de algo.*

En *recordar algo/recordarse de algo*, la segunda variante es de carácter popular y se usa más en el español americano que en el europeo.

Verbos pronominales con ambos regímenes. Constituyen un grupo poco numeroso:

> *quedarse el dinero/quedarse con el dinero; incautarse el cargamento/incautarse del cargamento* (también *incautar el cargamento*); *apropiarse nuestros ahorros/apropiarse de nuestros ahorros.*

Verbos no pronominales en las dos variantes. Son muy numerosos. Estos son algunos ejemplos:

> *acertar la respuesta/acertar con la respuesta* (o *en la respuesta*); *atravesar una crisis/atravesar por una crisis; bajar la escalera/bajar por la escalera; cargar la maleta/cargar con la maleta; consultar a un abogado/consultar con un abogado; contactar a alguien/contactar con alguien; contestar una pregunta/contestar a una pregunta; cuidar a alguien/cuidar de alguien; debatir un asunto/debatir sobre un asunto; tratar un tema/tratar sobre un tema; discutir una cuestión/discutir sobre una cuestión; disfrutar la cena/disfrutar de la cena; hablar ruso/hablar en ruso; hablar un asunto/hablar de un asunto; investigar un asunto/investigar en un asunto; indagar un delito/indagar sobre un delito; hurgar los papeles/hurgar en los papeles; jugar tenis/jugar al tenis; obsequiarle una cadena de oro/obsequiarla con una cadena de oro; pagar los servicios recibidos/pagar por los servicios recibidos; pensar un número/pensar en un núme-*

ro; recurrir una sentencia/recurrir contra una sentencia; resistir la tentación/ resistir a la tentación; rozar la pared/rozar con la pared; saber trigonometría/ saber de trigonometría.

Esta alternancia en ocasiones no es adecuada. Se recomienda evitar construcciones como ⊗*Intenté de pasar* (por *Intenté pasar*), que se registran en el habla rural de algunos países.

Algunas variaciones de este tipo son de carácter dialectal:

- Con los verbos *pagar* y *esperar,* se extiende en algunos países el régimen con la preposición *por* en lugar del transitivo:

  No pagaste el servicio/No pagaste por el servicio; Tenemos que esperar a Juan/ Tenemos que esperar por Juan.

- El verbo *informar* suele usarse como transitivo en América (*Se lo informé*), mientras que en España se construye con *de* (*La informé de todo ello*), salvo cuando equivale a 'dictaminar', como en

  El tribunal informó favorablemente su propuesta.

- Por el contrario, son comunes en América *agradecer por* (*Le agradezco por su interés)* y *atravesar por* (*Atravesamos por una mala situación*), mientras que lo habitual en España es no usar la preposición:

  Le agradezco su interés; Atravesamos una mala situación.

- También está más extendido en América el uso transitivo de *jugar,* en expresiones como *jugar tenis,* mientras que en España se prefiere el empleo de la preposición: *jugar al tenis.*

ALTERNANCIAS EN LAS QUE INTERVIENE EL SUJETO

- Se producen algunas como *Me bastas tú/Me basta contigo; Son suficientes tres sesiones/Es suficiente con tres sesiones.*

  Deben evitarse cruces como ⊗*Son suficientes con tres sesiones,* que dan lugar a oraciones incorrectas.

- Con los verbos *gustar* y *doler,* alternan construcciones como *Le gusta decir esas barbaridades* y *Gusta de decir esas barbaridades; Le duelen las injusticias* y *Se duele de las injusticias.*

Las locuciones preposicionales

QUÉ SON

Las locuciones preposicionales o prepositivas son agrupaciones de palabras que adquieren el significado y el funcionamiento gramatical de las preposiciones: *a causa de, en orden a, en lugar de...*:

> *Ha venido para hacernos daño/Ha venido con objeto de hacernos daño.*

Su número es muy elevado, por lo que se aproximan a una serie abierta, y no siempre es fácil delimitar qué expresiones constituyen locuciones en lugar de grupos sintácticos libres.

Algunas de las formadas a partir de sustantivos presentan variantes basadas en el número gramatical:

> *a comienzo de* o *a comienzos de, a efecto de* o *a efectos de, a fin de* o *a fines de, a orilla de* o *a orillas de.*

En otros casos la alternancia obedece a la presencia o ausencia del artículo:

> *a efecto de* o *al efecto de, con objeto de* o *con el objeto de, a ojos de* o *a los ojos de, por vía de* o *por la vía de.*

También puede variar la preposición con que se cierran:

> *de acuerdo a* o *de acuerdo con, en honor a* o *en honor de, en obsequio a* o *en obsequio de, en torno a* o *en torno de.*

En todos estos casos son válidas las dos opciones.

PAUTAS SOBRE LAS QUE SE FORMAN

Los esquemas sobre los que se originan las locuciones preposicionales son diversos. Se verán a continuación.

Pauta «preposición + sustantivo + preposición». Es, con mucho, la más productiva, ya que la gran mayoría de las locuciones preposicionales pertenecen a ella. Se forman con varias preposiciones. Estos son algunos ejemplos:

- *a: a base de, a cambio de, a cargo de, a costa de, a falta de, a punto de...*
- *bajo: bajo pretexto de, bajo pena de...*
- *con: con arreglo a, con respecto a, con excepción de, con objeto de...*
- *de: de cara a, de conformidad con, de parte de, de resultas de...*
- *en: en aras de, en atención a, en bien de, en busca de, en lugar de, en pugna por...*
- *por: por causa de, por conducto de, por culpa de, por parte de, por obra de...*
- *so: so capa de, so color de, so pena de, so pretexto de.*

Muchas de las encabezadas por *a* llevan artículo:

> *a la altura de, a la espera de, a la medida de, a la par de, a la vista de, al compás de, al estilo de, al filo de, al margen de, al modo de...*

Pauta «sustantivo + preposición». Pertenecen a ella:

- *Gracias a* y *merced a*.
- Locuciones que expresan posición o dirección: *cara a, frente a, orilla(s) a, esquina a, rumbo a, dirección a, respecto a*.

Algunas de ellas alternan con fórmulas correspondientes a otras pautas. Así, son igualmente válidas

> *rumbo a* y *con rumbo a; dirección a, en dirección a* y *con dirección a; orillas de* y *a orillas de; respecto a, respecto de, con respecto a, con respecto de* y *al respecto de*.

Puede comprobarse, incluso, que las primeras opciones son las menos empleadas actualmente.

Otras pautas. Aunque muy usadas, son muy poco productivas.

- «adjetivo o participio + preposición»: *junto a, junto con, tocante a* o *en tocante a* (poco frecuente), *referente a, debido a, relacionado con*.
- «preposición + infinitivo + preposición»: *a juzgar por, a partir de*.

ALGUNOS CASOS PROBLEMÁTICOS

- *Por cima de* es un arcaísmo conservado en el habla rural de España. El uso común prefiere *por encima de*.
- *A(l) nivel de*. Se admite cuando se refiere a la altura que debe alcanzar algo en alguna escala, como en *Se exige una titulación a nivel de licenciado*.

  Su uso es rechazable, en cambio, como sustituto indiscriminado de 'en lo relativo a', como en ⊗*El balance no ha sido positivo a nivel de exportaciones*.
- Son correctas las formas *con base en* y *sobre la base de*. Se rechazan, en cambio, ⊗*en base a* y ⊗*con base a*. Así, resulta adecuado decir

  Cada uno debe trabajar sobre la base de (o con base en) sus aptitudes,

  pero no

  ⊗*Cada uno debe trabajar en base a (o con base a) sus aptitudes*.

El dequeísmo

EN QUÉ CONSISTE

Se llama dequeísmo el uso incorrecto de la secuencia *de que* cuando la preposición *de* no está justificada, como en

⊗*Creemos de que lo vamos a conseguir,*

por oposición a la forma correcta *Creemos que lo vamos a conseguir.*

El dequeísmo se ha extendido de forma desigual en los países hispanohablantes, más en la lengua oral que en la escrita y algo más en el español americano que en el europeo, aunque se documenta ampliamente en ambos.

A pesar de esta difusión, el dequeísmo constituye una incorrección gramatical que se recomienda evitar.

CONSTRUCCIONES DEQUEÍSTAS

El dequeísmo aparece en las subordinadas sustantivas de sujeto: ⊗*Es indudable de que se enteró,* y en las de complemento directo: ⊗*Pensamos de que es mejor.*

• Surge también en las oraciones copulativas: ⊗*La idea es de que todos estemos allí a las nueve.*

Incluso, aunque no es muy frecuente, en las oraciones copulativas enfáticas: ⊗*Lo que queremos es de que se porten bien.*

• El dequeísmo se traslada con menor frecuencia a ciertas locuciones conjuntivas, como en ... ⊗*de manera de que lo pueda entender,* por ... *de manera que lo pueda entender.*

Está presente incluso en algunas construcciones consecutivas: ⊗*Hace tanto calor de que no se puede salir a la calle.*

CASOS QUE OFRECEN DUDA

La inseguridad del hablante provoca que, en ocasiones, se incurra en el dequeísmo o, por huir de él, en el queísmo, que es la ausencia de la preposición ante la conjunción *que* cuando se considera necesaria. Estos son algunos casos conflictivos:

• No hay dequeísmo en las construcciones *encima de que, aparte de que, antes de que, después de que, luego de que* o *enseguida de que,* ya que en ellas la preposición *de* es necesaria para introducir los complementos de los adverbios: *Las felicité antes de que salieran; Comimos enseguida de que llegaron sus amigos.*

En cambio, sí lo hay en ⊗*a medida de que* y en la ya citada ⊗*de manera de que,* en lugar de las formas correctas *a medida que* y *de manera que.*

- El verbo *necesitar* admite CD o complemento con *de* cuando este es nominal: *Necesito tu comprensión* o *Necesito de tu comprensión*.

  Sin embargo, cuando el complemento es oracional, comenzado por *que,* la construcción con *de* es dequeísta: [⊗]*No necesito de que me ayudes,* por *No necesito que me ayudes.*

- Con el verbo *sospechar,* constituyen dequeísmo construcciones como [⊗]*La policía sospecha de que los atracadores han sido dos,* en vez de *La policía sospecha que los atracadores han sido dos.*

  El uso de la preposición *de* es correcto, en cambio, en *La policía sospecha de nosotros,* donde se alude a la fuente de la sospecha.

- Los verbos *advertir* y *avisar* poseen diferentes significados y, en consonancia con ellos, distintos regímenes:

  Cuando significan 'informar' o 'anunciar', llevan complementos con *de* ('advertir o avisar a alguien de algo'): *Nos advirtieron* (o *avisaron*) *del peligro; Nos advirtieron* (o *avisaron*) *de que había mucha nieve.*

  Sin embargo, cuando el complemento es oracional, como en el segundo ejemplo, se tiende (más en América, pero también en España) a suprimir la preposición ('advertir o avisar algo a alguien'): *Nos advirtieron* (o *avisaron*) *que había mucha nieve.*

  En el sentido de 'avisar con amenazas', se prefiere el régimen transitivo, sin preposición: *Los sindicatos han advertido* (o *han avisado*) *que tomarán medidas extremas.*

  El verbo *advertir* significa, además, 'percibir', 'darse cuenta'. En ese caso no lleva preposición: *Al poco rato advertimos que nos habíamos quedado solos.*

  En los dos últimos casos se va extendiendo el uso dequeísta, con preposición: [⊗]*Los sindicatos han advertido* (o *han avisado*) *de que tomarán medidas extremas;* [⊗]*Al poco rato advertimos de que nos habíamos quedado solos.* Se recomienda evitar estos usos.

- El verbo pronominal *olvidarse* requiere un régimen preposicional con *de,* por lo que es correcto decir *Me olvidé de que era tu cumpleaños.*

  Son dequeístas, sin embargo, construcciones como [⊗]*Se me olvidó de que era tu cumpleaños,* surgida de un cruce con el régimen transitivo de *olvidar.*

- El verbo *cuidar,* con el sentido de 'ocuparse de alguien o de algo', alterna las construcciones transitivas y con *de: Cuidaba a los niños* o *Cuidaba de los niños.*

  Con el significado de 'procurar', lleva *de: Cuiden de que todo esté en orden.*

El queísmo

Como se ha explicado, el queísmo es el fenómeno contrario al dequeísmo (sobre los casos que ofrecen duda, pags. → 382-383). Consiste en la supresión indebida de la preposición (puede ser *de* u otras) que precede a la conjunción *que*, como en

⊗*Estamos seguros que lo sabes,*

frente a la expresión adecuada:

Estamos seguros de que lo sabes (> *seguros de eso*),

También en

⊗*Confío que venga pronto,*

contraria a la construcción correcta

Confío en que venga pronto (> *Confío en eso*).

El queísmo se percibe como una anomalía menor que el dequeísmo. De hecho, se atestigua con mayor frecuencia en los registros formales y algunas de sus variantes están muy extendidas.

A pesar de esta difusión, el queísmo constituye, al igual que el dequeísmo, una incorrección gramatical que se recomienda evitar.

CONSTRUCCIONES QUEÍSTAS

Estos son algunos casos en los que se produce este fenómeno con diversas preposiciones:

- Las siguientes expresiones, con la preposición *de,* constituyen la opción mayoritaria y recomendada:

  darse cuenta de que..., tomar conciencia de que..., dar la impresión de que..., dar la casualidad de que..., tener la seguridad de que..., caber duda de que...

  Con todo, en la lengua oral de muchos países se observa una marcada tendencia a usar la construcción queísta, sin preposición:

  ⊗*darse cuenta que...,* ⊗*tomar conciencia que...,* ⊗*dar la impresión que...,* ⊗*dar la casualidad que...,* ⊗*tener la seguridad que...,* ⊗*caber duda que...*

- También son preferibles las construcciones con *de* regidas por un adjetivo, como

  estar seguro de que..., estar convencido de que..., ser consciente de que...

  No obstante, las correspondientes versiones queístas están cada vez más extendidas:

  ⊗*estar seguro que...,* ⊗*estar convencido que...,* ⊗*ser consciente que...*

- Es similar el caso de otras como *insistir en que, olvidarse de que, acordarse de que, confiar en que, estar de acuerdo con/en que* o *apostar a que*.

  Todas estas formas se prefieren a *⊗insistir que, ⊗olvidarse que, ⊗acordarse que, ⊗confiar que, ⊗estar de acuerdo que* o *⊗apostar que*.

  > Como regla general, los verbos que se construyen con preposición cuando llevan un complemento nominal (*Se acordó de su hijo*) la mantienen cuando el complemento es una subordinada sustantiva (*Se acordó de que llegaban*). Por el contrario, los que se construyen sin preposición en un caso (*Dijo la verdad*) tampoco la llevan en el otro (*Dijo que vendría*). Existen, sin embargo, algunas excepciones, como *necesitar* o *sospechar* (→ pags. 382-383).

- La alternancia entre *que* y *de que* es válida con algunos verbos que manifiestan significados diferentes. Se obtienen así pares como los siguientes:

  presumir que... ('sospechar')/*presumir de que...* ('vanagloriarse');
  preocupar que... ('sentir preocupación por')/*preocuparse de que...* ('poner cuidado en');
  asegurar que... ('afirmar con certeza')/*asegurarse de que...* ('cerciorarse de algo');
  acordar que... ('llegar a un acuerdo')/*acordarse de que...* ('recordar')

- Cuando hay correlato entre verbos pronominales y no pronominales, las construcciones gramaticales son distintas y ambas se consideran correctas. No hay queísmo ni dequeísmo en

  Alegrar a alguien que.../Alegrarse alguien de que...;
  Avergonzar a alguien que.../Avergonzarse alguien de que...;
  Doler a alguien que.../Dolerse alguien de que...;
  Extrañar a alguien que.../Extrañarse alguien de que...

- Con el verbo *dar* y ciertos sustantivos, ambas alternativas son también gramaticalmente correctas:

  Me da miedo (pena, vergüenza, apuro...) que digas esas cosas/Me da miedo (pena, vergüenza, apuro...) de que digas esas cosas.

  > Son incorrectas, y deben evitarse, expresiones como *⊗Se le veía de venir; ⊗La oíamos de cantar; ⊗No quiero de dejar de hacer eso; ⊗Pienso de ir,* etc., en las que la construcción de infinitivo actúa como complemento predicativo o como complemento directo y no debe llevar preposición. Lo correcto es, por tanto, *Se le veía venir; La oíamos cantar; No quiero dejar de hacer eso; Pienso ir.*

El verbo.
Estructura de las formas verbales

EL VERBO

Desde el punto de vista semántico, el verbo denota procesos, acciones o estados; desde el sintáctico, actúa como núcleo de los predicados verbales, que se atribuyen a grupos nominales y constituyen con ellos oraciones que presentan diversos grados de complejidad interna.

Desde el punto de vista morfológico, el verbo es una palabra muy compleja, ya que presenta flexión de tiempo, aspecto, modo, número y persona. El conjunto de esas variaciones, sometidas a unas reglas de acuerdo con distintos modelos, se denomina conjugación.

LOS COMPONENTES DE LAS FORMAS VERBALES

Las formas verbales del español están constituidas por una raíz, que expresa el significado léxico, y los morfemas de número, persona, tiempo, modo y aspecto.

A través de los rasgos de persona y número se establece la concordancia con el sujeto gramatical, y mediante los demás se sitúa el evento en relación con dichas nociones. De este modo, en *Mirabas por la ventana* se manifiestan las siguientes informaciones:

• La persona que realiza la acción de mirar es el destinatario (segunda persona).
• Se trata de uno solo individuo (número singular).
• La acción se realiza en el pasado y se supone coincidente con algún otro punto temporal (tiempo pretérito).
• Se trata de un proceso visto en su curso, cuyo término no se indica (aspecto imperfecto).
• La acción se enuncia como algo real o sucedido, no irreal o virtual (modo indicativo).

ESTRUCTURA DE LAS FORMAS VERBALES

Distribución de los componentes. Todos los valores que se acaban de enunciar están representados formalmente por diferentes segmentos dentro de una forma verbal. Se añade a ellos la vocal temática (VT), que no expresa ningún significado.

Así, las formas verbales del español contienen los siguientes constituyentes:

• La raíz, que aporta el significado léxico.
• La vocal temática (VT), que es el constituyente flexivo que distingue las conjugaciones.

- El segmento TM, que contiene la información de tiempo, modo y aspecto.
- El segmento PN, que reproduce en el verbo los rasgos de persona y número del sujeto.

En algunas formas del paradigma, cada uno de los segmentos que las constituyen aparecen expresos (*cant-a-ba-n*), pero en otras no (por ejemplo, *cantan, canta, canto* y *cantemos*). Todo ello puede verse en el siguiente cuadro:

RAÍZ	DESINENCIA		
	VT	TM	PN
cant-	-a-	-ba-	-n
cant-	-a-	-Ø-	-n
cant-	-a-	-Ø-	-Ø
cant-	-Ø-	-o	-Ø
cant-	-Ø-	-e-	-mos

Formas no personales. El infinitivo, el gerundio y el participio carecen, entre otras propiedades, de expresión de número y persona, por lo que se denominan formas no personales del verbo.

- El infinitivo se forma con la raíz y la vocal temática característica de cada conjugación (*-a-, -e-, -i-*), seguida del morfema *-r: am-a-r, tem-e-r, part-i-r.*
- El gerundio añade la terminación *-ndo.* La vocal temática no se altera en la primera conjugación (*am-a-ndo*), pero sí en la segunda y tercera (*tem-ie-ndo, part-ie-ndo*).
- El participio se construye con la desinencia *-do.* La vocal temática es *a* en la primera conjugación (*am-a-do*), y en la segunda y tercera, *i* (*tem-i-do, part-i-do*).

Formas simples y compuestas. Desde el punto de vista de su estructura léxica, las formas verbales pueden ser simples o compuestas.

Las formas compuestas se construyen con el verbo auxiliar *haber* y el participio del verbo correspondiente:

- El auxiliar *haber* aporta el valor retrospectivo, además de la información gramatical de TM y PN en todas las formas personales del verbo.
- La base léxica del participio determina los valores significativos del verbo.

La conjugación verbal

ORGANIZACIÓN DE LAS FORMAS VERBALES

Las formas verbales se organizan en una serie de paradigmas cerrados, denominados tiempos verbales, los cuales, a su vez, se agrupan bajo los modos. Todo ello, en conjunto, constituye la conjugación verbal.

En los siguientes cuadros se recogen todas las variantes formales que integran la conjugación de un verbo. Se utiliza aquí la nomenclatura académica tradicional, pero en las tablas de conjugación recogidas en los apéndices (→ págs. 452-457 y 458-474) aparecerán también las denominaciones propuestas por Andrés Bello, usadas en diversos países americanos.

Modo indicativo

TIEMPOS SIMPLES		TIEMPOS COMPUESTOS	
Presente	*canto*	Pret. perfecto compuesto	*he cantado*
Pretérito imperfecto	*cantaba*	Pret. pluscuamperfecto	*había cantado*
Pret. perfecto simple	*canté*	Pretérito anterior	*hube cantado*
Futuro simple	*cantaré*	Futuro compuesto	*habré cantado*
Condicional simple	*cantaría*	Condicional compuesto	*habría cantado*

Modo subjuntivo

TIEMPOS SIMPLES		TIEMPOS COMPUESTOS	
Presente	*cante*	Pret. perfecto compuesto	*haya cantado*
Pretérito imperfecto	*cantara/-se*	Pret. pluscuamperfecto	*hubiera/-se cantado*
Futuro simple	*cantare*	Futuro compuesto	*hubiere cantado*

Modo imperativo

TIEMPO SIMPLE
canta/cantá

LA CONJUGACIÓN REGULAR

La conjugación regular está constituida por una serie de paradigmas de formas para los distintos tiempos y modos que se adjuntan a los llamados temas de presente, pretérito y futuro del verbo.

En español se distinguen tres modelos (primera, segunda y tercera conjugación), que se identifican tradicionalmente por el timbre de la vocal temática del infinitivo:

en -*ar* (*amar*), en -*er* (*temer*) y en -*ir* (*partir*).

La desinencia de número y persona es la misma en las tres. La de tiempo y modo difiere entre la primera conjugación y la segunda y tercera. En estas dos últimas es idéntica.

Las diferencias fundamentales entre la segunda y la tercera conjugación se reducen a la vocal temática en la primera y la segunda persona del plural del presente de indicativo (*tememos/partimos, teméis/partís*), la segunda persona singular del imperativo voseante (*temé/partí*) y el plural del imperativo correspondiente a *vosotros* (*temed/partid*). También en las formas del tema de futuro: infinitivo (*temer/partir*), futuro (*temeré/partiré*) y condicional (*temería/partiría*).

Los modelos de las tres conjugaciones regulares pueden verse en los apéndices (págs. 452-457).

LOS VERBOS IRREGULARES

Son irregulares los verbos cuya conjugación no se ajusta a los modelos de *amar, temer, partir*. Las irregularidades en la flexión verbal se suelen agrupar en tres clases:

- Irregularidades vocálicas. Dan lugar a alternancias entre vocales (*pedir/pido*), o bien entre vocales y diptongos (*entender/entiendo, contar/cuento*).

- Irregularidades consonánticas. Conllevan la adición de algún segmento consonántico (*padecer > padezco*), o la sustitución de una consonante por otra, como en *hacer > haga*.

- Irregularidades mixtas. Afectan tanto a una sustitución vocálica como a una consonántica: *decir > digo*.

A estas tres clases básicas se añaden las irregularidades que son resultado de la presencia de dos o más raíces en formas distintas de un mismo verbo, como en

ir > iré/voy; ser > somos/fuimos.

Se consideran también irregulares los verbos defectivos, cuya irregularidad consiste en la ausencia de algunas formas del paradigma de su conjugación.

Verbos irregulares.
Los verbos vocálicos

VERBOS VOCÁLICOS

Se denominan verbos vocálicos aquellos que poseen raíces terminadas en vocal, como

actu-ar, aire-ar, anunci-ar, averigu-ar, ca-er, desvi-ar, inco-ar, le-er, o-ír o son-re-ír.

Estos verbos pueden contener diptongos en todas las formas del paradigma, como en el caso de

anunciar (anuncio, anuncié, anunciaré, etc.) o averiguar (averigües, averiguaremos, averiguó),

o solo en algunas, en alternancia con otras con hiato, que son aquellas en las que el acento prosódico recae en la vocal cerrada, como en

enviar (enviaré, pero envío) o actuar (actuamos, pero actúas).

Los primeros se denominan verbos vocálicos de diptongo fijo, y los segundos, verbos vocálicos de diptongo variable.

Verbos de diptongo fijo.   Entre ellos están los siguientes:

• Algunos verbos que terminan en -iar y se conjugan como anunciar (→ apéndices, pág. 459):

acariciar, agobiar, apropiar, asfixiar, cambiar, calumniar, copiar, envidiar, expropiar, incendiar, limpiar, odiar, plagiar, premiar, pronunciar, rabiar, renunciar, rumiar, saciar, sitiar, testimoniar, vanagloriarse...

• Unos pocos verbos terminados en -uar que siguen el modelo de averiguar (→ apéndices, pág. 460):

aguar, apaciguar, averiguar, menguar.

Se dice, por tanto, rumia, no ⊗rumía; expropian, no ⊗expropían; apaciguas, no ⊗apacigúas.

Verbos de diptongo variable.   Se pueden citar:

• Algunos verbos acabados en -iar que se conjugan como enviar (→ apéndices, pág. 465):

aliar, amnistiar, ampliar, averiar, cariar, chirriar, confiar, contrariar, criar, desafiar, descarriar, desviar, enfriar, espiar, extraviar, fiar, fotografiar, guiar, liar, porfiar, rociar, vaciar, variar...

• Algunos verbos en *-uar* conjugados como *actuar* (→ apéndices, pág. 458):

acentuar, atenuar, consensuar, continuar, desvirtuar, devaluar, efectuar, eva- luar, exceptuar, extenuar, habituar, insinuar, menstruar, perpetuar, puntuar, situar, usufructuar...

> Los verbos *agriar, expatriar, paliar* y *repatriar* oscilan entre el grupo de *anunciar* y el de *enviar*. Son, por tanto, igualmente correctas *La fruta se agria* y *La fruta se agría.*
>
> Una oscilación similar entre el modelo de *averiguar* y el de *actuar* presen- tan los terminados en *-cuar: adecuar, evacuar, licuar* y *oblicuar*. Hoy se con- sideran formas correctas tanto *adecuo, evacuo, licuo* y *oblicuo* como *adecúo, evacúo, licúo* y *oblicúo*.

VERBOS ASIMILADOS A LOS VOCÁLICOS

Se asimilan indirectamente a los verbos vocálicos aquellos que contienen un diptongo en una posición no final de su raíz (*bailar, causar, aislar, aunar*), ya que también pueden dividirse en verbos de diptongo fijo o de diptongo variable.

Mientras que en los verbos de diptongo creciente (*ia, ie, io, ua, ue, uo*), como *in- quietar, viajar, aguantar* o *frecuentar,* dicho diptongo suele ser sistemático en to- das las formas, los verbos con diptongo decreciente (*ai, ei, oi, au, eu*) pueden pertenecer a los dos paradigmas.

Así, son de diptongo fijo:

• Algunos verbos que contienen *-au-: aplaudir (aplaudo), causar (causan)*.

• Ciertos verbos con *-ei-: peinar (peinan), reinar (reinaba)*.

• Algunos verbos que contienen *-ai-: bailar (bailan)*.

Al grupo de diptongo variable pertenecen:

• Algunos verbos con *-au-: aunar (aúnan, aunamos), aullar*.

• Algunos verbos con *-ei-: descafeinar (descafeínan, descafeinamos)*.

• Ciertos verbos que contienen *-ai-: aislar (aíslan, aislamos)*.

• Otros verbos con el diptongo decreciente *-eu-: reunir (reúnen, reunimos), rehu- sar, prohibir*.

Los diptongos *-iu-* y *-ui-* no son crecientes ni decrecientes. Los verbos que los contienen, como *cuidar* o *triunfar*, son de diptongo sistemático.

Verbos con alternancia vocálica

IRREGULARIDADES VOCÁLICAS POR DIPTONGACIÓN

Algunos verbos presentan irregularidades vocálicas por diptongación. Así, la forma diptongada de los pares siguientes aparece en las raíces tónicas del tema de presente. Se elige la otra variante en los demás casos:

ÁTONA	TÓNICA	EJEMPLOS
/e/	/ié/	*acertamos/acierto, entenderemos/entiendo*
/i/	/ié/	*adquirimos/adquiero*
/o/	/ué/	*contaban/cuento, movemos/muevo*
/u/	/ué/	*jugamos/juego*

Verbos con la alternancia e/ie. Pertenecen a los siguientes grupos:

- Verbos de la primera conjugación que siguen el modelo de *acertar* (→ apéndices, pág. 458):

  acrecentar, cegar, despertar, empezar, encomendar, escarmentar, manifestar, mentar, merendar, recomendar, regar, restregar, reventar, tropezar.

  Unos pocos admiten las dos variantes (con diptongación y sin ella):

  cimentar (yo *cimento* o yo *cimiento*), *emparentar* (yo *emparento* o yo *empariento*).

  > No se recomienda, en cambio, el uso no diptongado, registrado en el habla popular de algunos países, de *apretar, estregar, fregar, mentar, nevar, plegar* y sus derivados, y *restregar,* como en ⊗*Le mentan a su mamá* (por *Le mientan a su mamá*) o en ⊗*Me apreta el zapato* (por *Me aprieta el zapato*).
  >
  > Se prefieren, por el contrario, las variantes no diptongadas de *invernar* e *hibernar,* y también de *templar* y *destemplar: invernas, hiberno, templa, destempla,* y no ⊗*inviernas,* ⊗*hibierno,* ⊗*tiempla,* ⊗*destiempla.*

- Verbos de la segunda conjugados como *entender* (→ apéndices, pág. 464):

  ascender, condescender, defender, descender, encender, trascender, verter, reverter.

- Algunos de la tercera que se conjugan como *discernir* (→ apéndices, pág. 464):

  cernir, concernir, hendir.

- Los hay que admiten dos variantes con diferencias de significado, según las acepciones:

atentar: atentan ('cometen un atentado')/*atientan* ('tientan, palpan');
aterrar: aterran ('aterrorizan')/*atierran* ('abaten').

Verbos con la alternancia o/ue:

- Verbos de la primera conjugación que siguen el modelo de *contar* (→ apéndices, pág. 463):

    acordar, almorzar, aprobar, avergonzar, colgar, contar, costar, denostar, encontrar, mostrar, poblar, probar, rodar, sonar, soñar, volar, volcar.

- Verbos de la segunda que se conjugan como *mover* (→ apéndices, pág. 467):

    absolver, cocer, conmover, demoler, devolver, disolver, doler, envolver, escocer, llover, moler, promover, resolver, torcer, volver.

- Algunos admiten las dos variantes con diferencia de significado:

    apostar: apuesto ('arriesgo')/*me aposto* ('me sitúo en una posición');
    acostarse: se acuesta ('se echa')/*se acosta* ('se acerca a la playa');
    asolar: asuela o *asola* ('arrasa')/*asola* ('seca los campos').

- Algunos verbos poseen alternancia de diptongación *o/ue* en el infinitivo:

    amoblar o *amueblar, enclocar* o *encluecar, desosar* o *deshuesar.*

    Las dos variantes son válidas y suelen responder a diferente distribución geográfica.

Verbos con las alternancias i/ie, u/ue. Afectan a pocos verbos. La primera, a *adquirir* (→ apéndices, pág. 458) e *inquirir*, y la segunda, a algunas formas del verbo *jugar: juego, juegues...* (→ apéndice, págs. 466).

Verbos con la alternancia e/i. Se produce en verbos de la tercera conjugación que siguen los modelos de *pedir* (→ apéndices, pág. 468) o *ceñir* (→ apéndices, pág. 462):

    competir, conseguir, corregir, despedir, elegir, impedir, medir, perseguir, regir, rendir, reñir, repetir, seguir, teñir.

    También en los terminados en *-eír*, conjugados como *sonreír* (→ apéndices, pág. 472):

    desleír, engreírse, freír, reír.

Verbos con irregularidades consonánticas. Otras irregularidades

LAS IRREGULARIDADES CONSONÁNTICAS

Las alteraciones consonánticas que se describen a continuación se relacionan con la adición (epéntesis) o supresión (síncopa) de algún sonido intermedio en determinadas formas del paradigma.

En algunos verbos se producen fenómenos de epéntesis en la primera persona del singular del presente de indicativo y en todas las del presente de subjuntivo:

- Epéntesis de /k/: verbos terminados en -ecer (*agradezco, agradezcas*); en -ducir (*conduzca, reduzco*); en -lucir (*luzcamos*).

  No pertenecen a este grupo los verbos *mecer* y *remecer* (*mezo*, no ⊗*mezco*; *remezo*, no ⊗*remezco*).

- Epéntesis de /g/: con raíz terminada en -l (*salgo, valgas*) o -n (*pongamos, tengan*).
- Epéntesis de /ig/: *caer* y *traer* y sus derivados (*caiga, traigo, contraigamos*); *raer* y *roer* (*raigan, roigas*).
- Las irregularidades que afectan al tema de futuro consisten en la reducción de la vocal temática en determinados verbos: *caber > cabré* (no *caberé*); *poder > podré* (no *poderé*); *saber > sabré* (no *saberé*).

  En los casos en los que el resultado de la síncopa es el grupo consonántico *nr* o *lr*, se produce la epéntesis de /d/: *poner > pondré* (no *ponré*); *tener > tendré* (no *tenré*); *salir > saldré* (no *salré*).

  Con *hacer* y *decir* se produce la reducción adicional del último segmento consonántico de la raíz: *haré* (no *haceré*), *diré* (no *deciré*).

LOS PRETÉRITOS FUERTES

Algunos verbos presentan irregularidades vocálicas y consonánticas en el pretérito perfecto simple. Son estos los llamados pretéritos fuertes, que se identifican por presentar acento en la raíz en las formas de primera y tercera persona del singular (*quise, dije, trajo*), en lugar de en la desinencia (*amé, temió, partí*).

En muchos pretéritos fuertes se altera la vocal de la raíz que recibe el acento: *venir > vino, haber > hubo, poder > pudo.*

El verbo *placer* es regular en el pretérito (*plací, placiste, plació*), pero presenta la variante fuerte *plugo* para la tercera persona del singular, que resulta literaria y arcaizante: *Le plugo viajar en primera clase.*

(Hay también participios fuertes, que se estudian en págs. 410-411).

VERBOS DEFECTIVOS

Son verbos que presentan una conjugación incompleta, es decir, que constituyen paradigmas que carecen de algunas formas flexivas. La defectividad puede deberse a distintos motivos:

- Los verbos referidos a fenómenos de la naturaleza (*amanecer, anochecer, llover, nevar...*) son impersonales y se conjugan en tercera persona del singular, si bien algunos de ellos poseen acepciones no impersonales expresadas en otras personas:

  Le llueven ofertas de trabajo; ¿Cómo amaneciste hoy?

- Los verbos terciopersonales *acaecer, acontecer, atañer, concernir, ocurrir* y *urgir* no se predican de las personas, sino de sucesos (*Ocurrió una catástrofe*) o de contenidos proposicionales: *Urgía que se tomara una decisión.*

- Son defectivos por razones de morfología y fonética algunos verbos de la tercera conjugación, como *arrecir, aterir, descolorir* o *embaír*, entre otros, que solo se usan en las formas que presentan la vocal temática *-i-*.

  El verbo *balbucir* no se usa en la primera y la tercera persona del singular del presente de indicativo, ni en todo el presente de subjuntivo; las formas omitidas se sustituyen por las del verbo *balbucear*.

  El verbo *abolir*, considerado tradicionalmente defectivo, se usa actualmente en todas sus formas, pero con mayor frecuencia en las que presentan la vocal temática *-i-*, como *abolían* o *abolieron*.

VERBOS DE CONJUGACIÓN ESPECIAL

- Algunos verbos presentan más de una raíz a lo largo de su conjugación:

  — Verbo *ir* (→ apéndices, pág. 466): Presenta raíces que empiezan por las letras *i-* (*iré, iréis*), *v-* (*vamos, vayáis*), *f-* (*fuiste, fuéramos*).

  — Verbo *ser* (→ apéndices, pág. 472): Presenta raíces que empiezan por *s-* (*soy, somos, son*), *es-* o *e-* (*es*), *er-* (*era, éramos, erais*), *fu-* (*fue, fuimos*), *se-* (*seré, seríamos*).

- Otros, como *dar, decir, estar, haber, hacer, poner, salir, tener* y *venir*, presentan irregularidades especiales que pueden verse en las tablas de conjugación de los apéndices (→ págs. 458-474).

Los tiempos verbales

QUÉ SON

Se llaman tiempos verbales o flexión verbal las formas de la conjugación con las que se expresan las distintas manifestaciones gramaticales del tiempo, el modo y el aspecto.

- El **tiempo** verbal es la categoría gramatical que permite localizar los sucesos en relación con el momento en que se habla. Sus tres manifestaciones son el presente, el pasado o pretérito y el futuro.

- El **modo** verbal informa sobre la actitud del hablante ante lo que dice. En general, el modo pone de manifiesto que los estados de cosas se presentan como conocidos, imaginados, ciertos o deseados, entre otras posibilidades. Los modos fundamentales son el indicativo, el subjuntivo y el imperativo.

- El **aspecto** verbal informa de la estructura interna de los sucesos. Permite saber si surgen, se terminan o se repiten, pero también si se perciben como finalizados o inacabados, es decir, en desarrollo.

LOS TIEMPOS VERBALES DEL ESPAÑOL

Cada tiempo verbal constituye, pues, un paradigma que integra distintas informaciones. En el cuadro que sigue aparecen los tiempos verbales del español con la terminología académica, clasificados según los siguientes criterios:

- El modo. Opone indicativo/subjuntivo/imperativo. El imperativo no se incluye en el cuadro porque no da lugar a oposiciones temporales.

- La estructura gramatical. Diferencia tiempos simples y compuestos.

- El tiempo. Distingue entre pasado o pretérito, presente y futuro.

- El aspecto. Opone tiempos perfectivos e imperfectivos.

TIEMPOS VERBALES

	Tiempos simples		Tiempos compuestos	
MODO INDICATIVO	presente	*canto*	pret. perfecto compuesto	*he cantado*
	pret. perfecto simple	*canté*	pret. anterior	*hube cantado*
	pret. imperfecto	*cantaba*	pret. pluscuamperfecto	*había cantado*
	futuro simple	*cantaré*	futuro compuesto	*habré cantado*
	condicional simple	*cantaría*	condicional compuesto	*habría cantado*

TIEMPOS VERBALES				
	Tiempos simples		**Tiempos compuestos**	
MODO SUBJUNTIVO presente	presente	*cante*	pret. perfecto compuesto	*haya cantado*
	pret. imperfecto	*cantara* o *cantase*	pret. pluscuamperfecto	*hubiera* o *hubiese cantado*
	futuro simple	*cantare*	futuro compuesto	*hubiere cantado*

TIEMPOS ABSOLUTOS Y TIEMPOS RELATIVOS

A los criterios contenidos en el cuadro precedente habría que añadir el llamado punto de anclaje temporal. Este criterio distingue entre los tiempos absolutos y los tiempos relativos.

Tiempos absolutos. Son aquellos que se orientan a partir del momento del habla. Así, en

> *El tren salió puntual,*

se dice que salió antes del momento en el que se está hablando.

Tiempos relativos. Orientan la referencia de forma indirecta, es decir, con relación a otros tiempos verbales. De este modo, en

> *El revisor anunció que el tren saldría tarde,*

se expresa que la salida es posterior al anuncio, que a su vez es anterior al momento en el que se habla.

La distinción entre tiempos absolutos y relativos coincide solo en parte con la clasificación en simples y compuestos.

Son tiempos absolutos *canto, canté* y *cantaré.*

Son tiempos relativos:

- *había cantado, he cantado* y *habré cantado,* que indican anterioridad con respecto al punto de referencia;
- *cantaba,* que indica simultaneidad, aunque no siempre;
- *cantaría* y *habría cantado,* que expresan posterioridad.

Los tiempos de indicativo (I)

EL PRESENTE DE INDICATIVO (*CANTO*)

Presenta diferentes valores:

Presente actual. Es su valor más genuino, ya que expresa la coincidencia de la situación designada con el momento del habla. Esta coincidencia puede ser puntual:

> *En este instante el equipo sale al campo,*

o más amplia, de carácter progresivo o continuado:

> *Me haces* (= estás haciendo) *daño; Su prima vive ahora en Lima.*

Presente genérico. Extiende mucho la duración hasta convertirla en propiedad permanente. Tiene diferentes manifestaciones:

- El presente habitual, que describe acciones repetidas: *Lo visita a diario; Me levanto todos los días a las siete.*

- El presente caracterizador o descriptivo, que alude a situaciones estables: *Quito es la capital del Ecuador; La torre se mantiene firme.*

- El presente gnómico, propio de los axiomas o enunciados normativos: *El dolor se palia con analgésicos.*

El presente puede usarse, además, con el significado que corresponde a otros tiempos:

- Con valor de pretérito, con dos variedades:

  - El presente histórico: *Sarmiento muere en 1888.*

  - El presente narrativo: *Ayer va mi jefe y me dice...*

- Con valor de futuro, también con dos facetas:

  - El presente prospectivo, que equivale al futuro simple: *Llegan mañana; Me las pagas.*

  - El presente de mandato: *Vos te marchás ahora mismo.*

EL PRETÉRITO IMPERFECTO DE INDICATIVO (*CANTABA*)

La forma *cantaba* localiza la situación en un momento anterior al del habla y sin relación con él: *De niño, veraneaba en la playa.*

- Se opone a *canté* en que expresa aspecto imperfectivo, por lo que presenta las situaciones en su curso, sin aludir a su comienzo ni a su final:

  > *Leí el periódico* (la acción de leer ha terminado en el momento al que nos referimos)/*Leía el periódico* (no se dice si la acción de leer ha terminado).

- Es, por otra parte, un tiempo relativo que expresa simultaneidad con otra acción, o al menos coincidencia con la expresada mediante algún tiempo del pasado:

  Mientras uno quitaba la mesa, otro lavaba la vajilla.

- Puede indicar por sí solo reiteración o hábito: *Se acostaba temprano.*

El imperfecto de indicativo tiene otros usos, denominados modales, en los que implica un distanciamiento del plano actual para acercarse a otro que se supone evocado. Son los siguientes:

- El imperfecto onírico o de figuración: *En mi sueño, aprobaba todas las materias.*
- El imperfecto lúdico: *Juguemos a los piratas: yo era el capitán.*
- El imperfecto de cortesía: *Quería pedirte un favor.*
- El imperfecto prospectivo, que expresa hechos posteriores a una situación pretérita:

  Habíamos llegado a la estación, pero el tren no salía hasta las cinco.

- El imperfecto narrativo, que se usa para contar acciones pasadas y completadas, por lo que pierde su carácter imperfectivo:

  Tuvo un grave accidente en la carretera y poco después moría en un hospital.

EL FUTURO SIMPLE DE INDICATIVO (*CANTARÉ*)

- Su valor propio es el de localizar una situación en un punto temporal posterior al momento del habla: *El libro se presentará mañana.* En América se emplea en este caso preferentemente *ir a* + infinitivo.
- Los enunciados constituidos con este tiempo se pueden entender como órdenes (*Comprarás el más barato*), advertencias (*Te caerás*) o amenazas (*Me las pagarás*), entre otras opciones similares.
- El llamado futuro de conjetura introduce una suposición relativa al presente: *Ahora mismo serán las ocho.*
- En función del contenido que se exprese, el futuro puede alternar con:
  - El presente: *La ropa se guardará* (o *se guarda*) *en el cajón.*
  - El condicional: *¿Tendrá* (o *tendría*) *usted la amabilidad de levantarse un momento?*
  - Una perífrasis modal: *Le confesaré* (o *tengo que confesar*) *que no he hecho lo que debía.*

Los tiempos de indicativo (II)

LOS PRETÉRITOS PERFECTOS

El pretérito perfecto simple (canté). Este tiempo verbal localiza una situación en un punto anterior al momento del habla:

> *Llegaron ayer por la tarde; Cuando era joven, vivió en Barcelona durante diez años.*

El pretérito perfecto compuesto (he cantado). Admite dos significados fundamentales:

- En uno de ellos se usa para referirse a situaciones pasadas que tienen lugar en un intervalo que se inicia en el pasado y se prolonga hasta el presente:

> *Ya ha llegado nuestro equipaje; Hemos estado de vacaciones.*

- En el segundo, característico del español boliviano, *he cantado* adquiere el significado que corresponde a *canté*, como en

> *Ha muerto hace dos meses* (= *Murió hace dos meses*).

La oposición canté / he cantado. El perfecto compuesto, *he cantado*, en el primero de los valores indicados, hace referencia a hechos pasados que se incluyen en un lapso que se prolonga hasta el momento del habla, mientras que el perfecto simple, *canté*, denota hechos pasados ocurridos en un período anterior al momento del habla.

Así, la oración *He trabajado de camarero* implica que lo he hecho en algún momento a lo largo de cierto intervalo que comienza en el pasado e incluye el momento presente. En cambio, *Trabajé de camarero* señala que lo hice en algún momento del pasado (por ejemplo, cuando era joven).

En amplias áreas lingüísticas, entre otras la rioplatense, Chile, noroeste de España e islas Canarias, todos o parte de los valores atribuidos a *he cantado* se expresan habitualmente mediante *canté: Nunca lo vi* = *Nunca lo he visto.*

EL CONDICIONAL SIMPLE (*CANTARÍA*)

Localiza un estado de cosas en una situación no actual, sea esta pretérita o hipotética. En el primer caso, designa una situación posterior a otra del pasado:

> *Anunció* (situación pretérita) *que se jubilaría* (situación posterior) *al año siguiente.*

En el segundo caso, la situación hipotética se puede expresar, entre otras maneras, mediante construcciones de significado condicional:

> *Yo, en tu lugar, iría.*

Admite las siguientes variantes:

- El condicional de atenuación: *Convendría salir pronto.*
- El condicional de cortesía: *Desearía pedirle un favor.*
- El condicional de conjetura, que introduce alguna suposición del hablante relativa a una situación pretérita: *Tendría por entonces veinte años.*

TIEMPOS COMPUESTOS RELATIVOS

Al ser tiempos relativos, se orientan desde un punto temporal a su vez orientado en relación con el acto de habla. Son los siguientes:

- El pretérito pluscuamperfecto (*había cantado*). Designa una situación anterior al momento del habla, la cual, a su vez, es anterior a otra también pasada:

  Vi que alguien había cerrado la puerta (es decir, la acción de cerrar es anterior a la de ver, y esta, a su vez, anterior al momento del habla).

- El pretérito anterior (*hube cantado*). Denota una situación pasada anterior a otra igualmente pasada, pero delimitada. Hoy suele estar restringido a la lengua escrita.

  Aparece introducido por las expresiones *apenas, cuando, después (de) que, en cuanto, luego que, una vez (que)* y algunas más.

  Alterna siempre con el pretérito perfecto simple (*canté*): *Apenas hubo cenado* (o *cenó*), *se marchó.*

- El futuro compuesto (*habré cantado*) y el condicional compuesto (*habría cantado*) comparten la propiedad de denotar una acción futura anterior a otra también futura.

  Si la acción denotada es futura respecto del presente, se usa el futuro perfecto:

  Dicen que, cuando llegue, habrán salido.

  Si lo es, en cambio, respecto de una acción pretérita, se emplea el condicional compuesto:

  Dijo que, cuando llegara, habrían salido.

Usos y valores de los tiempos de subjuntivo

CARACTERÍSTICAS GENERALES

El español establece menos distinciones temporales en el modo subjuntivo que en el indicativo. Así, los diez tiempos del indicativo se corresponden solo con solo cuatro tiempos del subjuntivo, puesto que los futuros (*cantare* y *hubiere cantado*) tienen hoy muy poco uso.

Normalmente las formas del subjuntivo están regidas por otros verbos:

Quiero que te marches; Vendré cuando haya terminado,

y tienen en común que todas pueden, en algún contexto, expresar futuro.

También expresan futuro los pocos usos que tienen como verbos independientes:

Que te vaya bien; Sea quien sea; Venga o no venga.

EL PRESENTE DE SUBJUNTIVO *(CANTE)*

Abarca tanto el presente como el futuro. Los complementos temporales permiten determinar cuál es su valor en cada caso:

Le disgusta que su hijo esté de viaje (hoy o mañana).

EL PRETÉRITO PERFECTO COMPUESTO DE SUBJUNTIVO *(HAYA CANTADO)*

Posee una interpretación retrospectiva, propia de *he cantado:*

Dudo que haya estado en México en su vida,

y otra prospectiva, equivalente a *habré cantado:*

Dudo que haya terminado el próximo lunes.

EL PRETÉRITO IMPERFECTO DE SUBJUNTIVO *(CANTARA O CANTASE)*

- Las dos formas, *cantara* y *cantase,* pueden usarse indistintamente en la mayoría de los contextos. Los únicos en los que *cantase* queda excluida son aquellos en los que *cantara* alterna con *cantaría:*

  Pudiera (o podría) ser como dices, pero no [⊗]*Pudiese ser como dices;*
  Quisiera (o querría) pedirle un favor, pero no [⊗]*Quisiese pedirle un favor.*

- Expresa los significados temporales propios de *canté, cantaba* y *cantaría.* De este modo, la oración

  No creí que llegara (o llegase)

  es la variante negativa correspondiente a *Creí que llegó, Creí que llegaba* o *Creí que llegaría.*

- Es frecuente, sobre todo en la lengua periodística, el empleo de *cantara* por *había cantado* y por *canté*:

  Ayer falleció el que fuera (o *había sido*) *primer ministro; Se refirió varias veces al discurso que pronunciara* (o *pronunció*) *ayer; Como dijera* (o *dijo*) *el presidente, la crisis va para largo.*

  Se consideran incorrectas expresiones como las siguientes, en las que el condicional se usa indebidamente en lugar del pretérito imperfecto: [⊗]*Si llovería, no iría;* [⊗]*Lo coloqué para que sería más cómodo;* [⊗]*Le avisaría cuando lo vería.* Corresponden a las variantes correctas *Si lloviera* (o *lloviese*), *no iría; Lo coloqué para que fuera* (o *fuese*) *más cómodo; Le avisaría cuando lo viera* (o *lo viese*).

EL PRETÉRITO PLUSCUAMPERFECTO DE SUBJUNTIVO *(HUBIERA CANTADO O HUBIESE CANTADO)*

Corresponde a los tiempos del indicativo *había cantado, habría cantado*. Así, la oración

  No creyó que Arturo hubiera (o *hubiese*) *llegado*

constituye la negación de *Creyó que Arturo había llegado,* cuya subordinada denota una situación pasada, y de *Creyó que Arturo habría llegado,* cuya subordinada expresa una situación irreal.

LOS FUTUROS SIMPLE *(CANTARE)* Y COMPUESTO *(HUBIERE CANTADO)* DE SUBJUNTIVO

Son formas que han caído en desuso en la lengua oral de todas las áreas lingüísticas y han sido reemplazadas por otras: el futuro simple por el pretérito imperfecto de subjuntivo *cantara* (también por el presente *cante*) y el futuro compuesto por el pluscuamperfecto de subjuntivo (*hubiera* o *hubiese cantado*).

Se registran, en cambio, como rasgo arcaizante, en textos jurídicos y administrativos:

  las prácticas que tuvieren por objeto...; para recuperar la fianza que se hubiere depositado.

Son restos del futuro simple las expresiones

  Adonde fueres, haz lo que vieres; Sea lo que fuere.

El infinitivo

El infinitivo es, junto con el gerundio y el participio, una de las formas no personales del verbo, llamadas así porque carecen de variación de persona. Su marca formal es la terminación -*r*.

Los verbos se nombran por medio del infinitivo, que presenta una forma simple (*amar*) y una compuesta (*haber amado*).

Se ha considerado tradicionalmente como una categoría híbrida entre el nombre y el verbo, ya que posee propiedades de ambas categorías; sin embargo, actualmente estas se estudian de manera separada.

El infinitivo admite el uso del artículo *el*, tanto si es nominal como si es verbal. Resultan, por tanto, igualmente correctas las oraciones *Me inquietaba no saber lo que había sucedido* y *Me inquietaba el no saber lo que había sucedido*.

LOS INFINITIVOS NOMINALES

Pueden ser de dos tipos: de naturaleza léxica y de naturaleza sintáctica.

Infinitivos nominales de naturaleza léxica. Son, en realidad, falsos infinitivos, puesto que aparecen como nombres en los diccionarios y como tales se comportan. Reciben modificadores nominales (*el inmenso poder de la prensa*) y pueden formar plural (*estos amaneceres, sus andares, los haberes*).

Pertenecen a este grupo, entre otros, *amanecer, andar, anochecer, atardecer, cantar, haber, parecer, pesar, poder, querer, saber, sentir, ser...*

Infinitivos nominales de naturaleza sintáctica. Se trata de infinitivos que ocasionalmente equivalen a grupos nominales. Así, en la secuencia *Aquel continuo ladrar de los perros resultaba molesto,* se observa la presencia del determinante *aquel*, un complemento encabezado por *de* y el adjetivo *continuo*, todos ellos modificando al infinitivo *ladrar*. A diferencia de los anteriores, no forman plural.

LOS INFINITIVOS DE CARÁCTER VERBAL

- Funcionan como verbos a todos los efectos, por lo que llevan complementos propios de un verbo (directos, indirectos, de régimen...) e incluso pueden aparecer con sujeto explícito y admiten formas compuestas, pasiva y perífrasis:

  Al haber encendido [tiempo compuesto] *él* [sujeto] *la luz* [CD].

- Con valor retrospectivo, referidos a hechos pasados, alternan a menudo la forma compuesta y la simple, sin apenas diferencias de significado:

  Gracias por venir/haber venido.

- Los infinitivos admiten la forma pasiva, como en *No desea ser controlada*. Además, en ciertos contextos la forma activa adquiere valor pasivo. Así, *una emoción difícil de describir* equivale a 'una emoción difícil de ser descrita'.

> No se considera correcto añadir en estos casos un pronombre de apoyo dependiente del infinitivo. Se recomienda, pues, evitar construcciones como ⊗*un dato fácil de olvidarlo*, y usar en su lugar *un dato fácil de olvidar*.

- El sujeto expreso de los infinitivos suele posponerse al verbo (*al salir el sol*). No obstante, puede anteponerse con la preposición *sin* o los adverbios *antes* y *después*, entre otros casos, lo que se extiende a otras construcciones en el español del Caribe, como en

  Sin tú saberlo, me has ayudado; Ocurrió poco antes de ella nacer; Solo lo reconoció al yo recordárselo.

CONSTRUCCIONES DE INFINITIVO VERBAL

El infinitivo aparece en distintas construcciones:

- Subordinadas sustantivas: *Espero no equivocarme; No sé cómo llegar.*

> Deben evitarse las construcciones llamadas *deístas,* en las que aparece una preposición superflua ante la subordinada de infinitivo: ⊗*La vi de venir;* ⊗*Pienso de ir.*

- Subordinadas de relativo: *Busca a alguien con quien hablar; No tiene donde ir.*
- La pauta «*al* + infinitivo», que posee valor causal o temporal:

  Al perder los documentos, no pudo realizar el trámite bancario; Al vernos, se acercó.
- La pauta «*de* + infinitivo», con valor condicional: *De haberlo sabido, habría ido.*
- Oraciones independientes. Son frecuentes como respuesta a preguntas con el verbo *hacer*: —*¿Qué hacen?* —*Molestar.*

  Se usa también en algunas construcciones exclamativas, interrogativas e imperativas:

  ¡Esperar todo el día para esto!; Y ahora, ¿adónde ir?; A dormir.

> Se recomienda evitar el uso del infinitivo con los verbos *decir, señalar, indicar* y otros similares cuando se introduce alguna información dirigida a alguien, como en ⊗*Señores, informarles (de) que...* o ⊗*Por último, decir que...*, en lugar de *Señores, les informo (de) que...* o *Por último, quisiera decir que...*

El gerundio (I). Propiedades y valores

QUÉ ES

El gerundio es otra de las formas no personales del verbo y se caracteriza formalmente por llevar la desinencia -*ndo,* que se añade a la vocal temática del verbo según la conjugación a la que pertenece:

cant-a-ndo; tem-ie-ndo; part-ie-endo.

Puede ser simple (*cantando*) o compuesto (*habiendo cantado*) y carece de marcas de número, persona, tiempo y modo, por lo que su interpretación depende de factores externos. Así, en

Isabel ganó un premio en el colegio escribiendo versos,

se entiende que la acción de escribir versos se atribuye a Isabel, que esta acción es anterior a la de ganar el premio y que *escribiendo versos* indica el modo de ganar el premio del que se habla.

Ello no impide que el gerundio dé lugar a oraciones ambiguas, como

La vi un día saliendo de casa,

en la que no queda claro si quien salía era la persona vista o el que habla. En estos casos, si no lo aclara el contexto, es conveniente introducir algún elemento que deshaga la ambigüedad, como podría ser aquí el sujeto: ... *saliendo ella...* o ... *saliendo yo...*

PROPIEDADES SINTÁCTICAS

- A diferencia del infinitivo, que puede tener carácter nominal o verbal, el gerundio funciona habitualmente como verbo y, como tal, admite sujeto, sea expreso o tácito. Cuando está expreso, el sujeto normalmente se pospone:

  Esto solo se soluciona hablando tú con él.

  Cuando es tácito, puede quedar sin especificar:

  Los problemas se resuelven abordándolos fríamente.

  Puede llevar, asimismo, todo tipo de complementos verbales, sean directos (*leyéndolo*), indirectos (*hablándole*), de régimen (*refiriéndose a su trabajo*), circunstanciales (*caminando por la calle*) o atributos (*estando dormido*).

- A pesar de su carácter verbal, puede lexicalizarse en mayor o menor grado y adquirir propiedades de otras categorías. Así, *hirviendo* o *ardiendo* pueden ser modificadores especificativos de un nombre, similares a adjetivos, como sucede en la oración *Se quemó con agua hirviendo.*

- Algunos gerundios pueden, por otra parte, recibir sufijos de diminutivo, más propios de otras clases de palabras que del verbo. Se trata de un uso característico del habla familiar: *Nos acercaremos a él callandito; Vamos corriendito.*

- Los gerundios son usados frecuentemente con sentido imperativo. Algunos en particular se emplean como fórmulas exhortativas, cercanas a las interjecciones, para ordenar algo:

  ¡Andando!; ¡Corriendo todo el mundo!

  De aquí han surgido fórmulas coloquiales empleadas en algunos lugares, como *¡Arreando, que es gerundio!*

  También está lexicalizado en expresiones de carácter adverbial como *a la chita callando, vivo* (o *vivito*) *y coleando* o *burla burlando.*

> Se considera incorrecto el uso del gerundio en subordinadas sustantivas que se ha documentado en el español de Puerto Rico, quizá por influencia del inglés: [⊗]*El muchacho lo que hace es comparando* (por *comparar*) *las muestras;* [⊗]*En vez de tirándose* (por *tirarse*) *los unos a los otros, lo que deben hacer es ayudarse.*

VALOR TEMPORAL Y ASPECTUAL DEL GERUNDIO

El gerundio es una categoría verbal imperfectiva, es decir, denota un proceso que se presenta en curso, por tanto, no finalizado. Temporalmente, el gerundio simple puede interpretarse como simultáneo a la acción o proceso del verbo principal:

Llegaremos caminando; Lo escuchaba poniendo toda su atención.

No obstante, también puede expresar anterioridad inmediata:

Después se mete en el horno, calentándolo previamente.

El gerundio compuesto indica anterioridad, sea inmediata o no:

Habiendo llegado al final de su vida, se dispuso a hacer testamento.

> Se considera incorrecto el uso del gerundio para indicar una pura relación de posterioridad: *Estudió en Madrid,* [⊗]*yendo* (en lugar de ... *y fue*) *después a Buenos Aires.* No obstante, la anomalía se atenúa cuando la posterioridad que se expresa es tan inmediata que casi se percibe como simultaneidad (*Lo empujó haciéndolo caer*) y también cuando cabe pensar que se da una relación causal, consecutiva o concesiva: *La lanzó contra la pared, haciéndola añicos.*

El gerundio (II). Usos y funciones

CONSTRUCCIONES CON GERUNDIO

El gerundio perifrástico. El gerundio puede formar perífrasis verbales:

Te estoy mirando; Siguió leyéndolo; Empezó diciendo aquello; Vayan pasando.

Aunque los pronombres átonos siempre van detrás del gerundio, en posición enclítica (*Siguiéndote,* pero no **Te siguiendo*), en las perífrasis pueden posponerse o anteponerse al auxiliar si este es una forma personal del verbo:

Siguió leyéndolo o *Lo siguió leyendo.*

La anteposición se rechaza cuando la construcción no es perifrástica:

Permaneció contemplándolos, pero no **Los permaneció contemplando.*

Como complemento circunstancial. Otra de las funciones que puede desempeñar el gerundio es la de adjunto o complemento circunstancial del verbo:

Redactó el trabajo poniendo todo el cuidado del mundo.

En construcciones absolutas. Se trata de construcciones externas a la oración, separadas del resto mediante pausas, sea en posición inicial o intermedia. Dado que constituyen incisos, se marcan mediante comas:

Subiéndose a la grada, pudo ver el espectáculo; El Ministerio, viendo el número de casos irregulares, anuló las pruebas.

En ocasiones, el gerundio hace referencia al propio acto verbal, a modo de conector discursivo: *Resumiendo, ...; Cambiando de tema, ...*

EL GERUNDIO PREDICATIVO

En construcciones con verbo. El gerundio puede desempeñar la función de complemento predicativo, es decir, de modificador del sujeto o del CD a través de un verbo. Así, existe equivalencia gramatical entre las siguientes construcciones, unas con adjetivo y otras con gerundio:

Llegó triste y *Llegó llorando; Te veo muy delgada* y *Te veo adelgazando.*

Es muy frecuente con verbos de percepción, sea física o intelectual, como *contemplar, escuchar, mirar, notar, observar, oír, ver, recordar, imaginarse,* etc.:

Lo recuerdo mirándome; Las vi alejándose,

y también con verbos de representación (*describir, dibujar, fotografiar, grabar, pintar, representar,* etc.):

La fotografiaron subiendo a un automóvil; La pintó luciendo un traje de gala.

En construcciones nominales

- Muchos sustantivos pueden recibir la modificación de un gerundio sin verbo interpuesto. Destacan, entre ellos, los nombres de representación, como *foto, cuadro, retrato, imagen, grabado,* etc., así como los que expresan sonidos (*eco, ruido, rumor, sonido, voz,* etc.) o percepciones olfativas (*olor, perfume*):

  Había un cuadro representando un paisaje romántico; Notaba un desagradable olor flotando en el aire; Oyó una voz gritando su nombre.

- Aunque se consideran construcciones menos elegantes, admiten también predicativos gerundiales una serie de nombres de información y comunicación, como *carta, comunicado, correo* (*electrónico*), *decreto, mensaje, nota, noticia,* etc.:

  La carta del náufrago pidiendo auxilio nunca llegó a su destino; El mensaje del subsecretario informándome de ello era bastante escueto.

  También algunos nombres de suceso que expresan surgimiento o presencia de algo (*aparición, irrupción, llegada, presencia*), o modo de actuar (*comportamiento, conducta, proceder, reacción*):

  La aparición del gracioso haciendo aspavientos provocó las risas del público; el comportamiento del policía no dejándola pasar; la reacción del defensa dándole con el codo.

  No se consideran correctos los usos del gerundio como modificador restrictivo del nombre (es decir, para distinguir su denotación de la de otros), que son habituales en el lenguaje periodístico y administrativo: ⊗*Nueva ley reformando las tarifas aduaneras.* Se recomienda utilizar en su lugar una oración de relativo o un grupo preposicional: *Nueva ley que reforma...* o *Nueva ley para reformar...*

- El gerundio predicativo en construcciones nominales es habitual en los pies de fotos y representaciones gráficas:

  El embajador ruso saludando al presidente; Hombres trabajando en una obra.

  También, por influencia del inglés, en expresiones denominativas, especialmente títulos de libros, películas, obras de teatro, programas de televisión, etc.:

  Bailando con lobos; Cantando bajo la lluvia; Durmiendo con su enemigo; Esperando a Godot; Buscando a Nemo, etc.

El participio

El participio se forma adjuntando el segmento -*do* al tema de perfecto de las tres conjugaciones: *amado, temido, partido*.

- A semejanza del gerundio y del infinitivo, carece de variación de persona, pero, a diferencia de ellos, posee flexión de género y número (*leído/leída/leídos/leídas*) en todos sus usos, con la excepción del participio de los tiempos compuestos.

- No tiene formas compuestas (**habido destruido*) y rechaza, en el español de hoy, los pronombres clíticos (**entregádole el premio*).

- No existen en el español actual participios de presente, abundantes en el español antiguo. De ellos provienen muchos adjetivos en -*ante*, -*iente* (*aplastante, causante, proveniente...*), pero quedan restos de su antiguo valor en algunos casos, como el adjetivo *distante* (*un aeropuerto distante 60 kilómetros de la ciudad*) y en expresiones como *no obstante* y *Dios mediante*.

Se emplea fundamentalmente para formar tiempos compuestos, tanto activos (*ha venido, has hablado, han trabajado*), en los que permanece invariable, como pasivos, en los que concuerda en género y número con el sujeto:

La muchacha fue premiada; Habéis sido vistos; Los aspirantes serán admitidos.

También da lugar a perífrasis perfectivas: *Quedó dicho; Te lo tengo advertido.*

LOS PARTICIPIOS IRREGULARES

Qué son y cuáles son. Los participios irregulares, llamados también participios fuertes, son formas heredadas del latín que tienen el acento en la raíz verbal. Su número es limitado, aunque las variantes se extienden a los derivados:

abierto, de *abrir*; *absuelto*, de *absolver*; *cubierto*, de *cubrir*; *disuelto*, de *disolver*; *hecho*, de *hacer*; *muerto*, de *morir*; *puesto*, de *poner*; *resuelto*, de *resolver*; *roto*, de *romper*; *satisfecho*, de *satisfacer*; *visto*, de *ver*; *vuelto*, de *volver*.

El participio de *decir* es *dicho*, pero son regulares los participios de sus derivados *bendecir* y *maldecir* (*Su padre lo había maldecido*), ya que las formas *maldito* y *bendito* se usan casi siempre como adjetivos.

El de *escribir* y sus derivados acaba en -*to* (*escrito, inscrito, adscrito, sobrescrito...*), pero en la Argentina, Uruguay y el Paraguay se emplea la terminación -*pto* en los verbos derivados (*inscripto, circunscripto, descripto, prescripto*).

Concurrencia de participios regulares e irregulares. Algunos verbos tienen dos formas de participio vigentes, una regular y otra irregular:

> *elegir: elegido* y *electo; freír: freído* y *frito; imprimir: imprimido* e *impreso; prender: prendido* y *preso; proveer: proveído* y *provisto.*

Existe, sin embargo, cierta especialización en el uso de unas y otras:

- En función adjetiva, es decir, modificando a un nombre, se emplean habitualmente las formas irregulares *electo, frito, impreso, preso, provisto:*

> *un diputado electo; Me gustan los huevos fritos; un libro impreso en papel barato; una mesa provista de buenas viandas.*

También en función de atributo o complemento predicativo:

> *Los huevos ya están fritos; El ladrón se dio preso; La mesa parecía bien provista.*

- En los tiempos compuestos se suelen imponer las formas regulares, pero existen alternancias:

> *Se han imprimido mil ejemplares./Había impreso ya varias copias.*
> *Les habían proveído de lo necesario./Me he provisto de ropa de abrigo.*
> *Ya se habían freído las morcillas./Todavía no he frito las patatas/papas.*
> *Han elegido al candidato./El comité había electo al presidente.*
> *Los han prendido a todos./¿Han preso ya al culpable?*

Con respecto a estas construcciones, es frecuente en muchos países la alternancia entre *freído* y *frito,* así como entre *proveído* y *provisto,* e *imprimido* e *impreso,* pero son menos habituales *han electo* o *han preso.*

PARTICIPIOS Y ADJETIVOS

Los participios tienen muchos puntos en común con los adjetivos, ya que, aparte de la similitud formal, con variantes de género y número, pueden desempeñar las mismas funciones: complemento nominal, atributo y complemento predicativo.

Por otra parte, numerosos adjetivos provienen de participios, en general los que acaban en *-ado* o *-ido,* aparte de otros que fueron antiguamente participios fuertes y que hoy solo se emplean como adjetivos. Es el caso, por ejemplo, de

> *abstracto* (de *abstraer*), *bienquisto* (de *bienquerer*) y *malquisto* (de *malquerer*), *concluso* (de *concluir*), *convicto* (de *convencer*), *incluso* (de *incluir*), *incurso* (de *incurrir*), *manumiso* (de *manumitir*), *nato* (de *nacer*), *poseso* (de *poseer*) o *sepulto* (de *sepultar*).

Las perífrasis verbales (I).
Perífrasis de gerundio y de participio

QUÉ SON LAS PERÍFRASIS

Se denominan perífrasis verbales las combinaciones en las que un verbo auxiliar se une a un verbo auxiliado, este último en forma no personal, dando lugar a una forma verbal compleja:

No puedo (auxiliar) *entrar* (auxiliado); *Nos iremos* (auxiliar) *conociendo* (auxiliado); *Lo llevo* (auxiliar) *aprendido* (auxiliado).

El verbo auxiliar puede aparecer en forma no personal si lo requiere el contexto sintáctico, como en *Espero poder ayudarte*. Salvo en estos casos, se conjuga y manifiesta los morfemas verbales (persona, número, tiempo, etc.). El verbo auxiliado aporta el valor léxico de la perífrasis y, en consecuencia, selecciona los complementos y condiciona la estructura del predicado.

Entre el verbo auxiliar y el auxiliado media a veces una preposición o la conjunción *que*:

Empezó a llover; Tienes que dormir.

Otras veces, sin embargo, no hay nexo alguno:

Debes decírselo; Lo tengo dicho.

Auxiliar y auxiliado mantienen cierta independencia, de manera que es posible agregar palabras entre ellos:

No podía yo imaginármelo; Empezó inmediatamente a trabajar.

Se distinguen tres tipos de perífrasis, según la forma no personal que actúa como elemento auxiliado: de infinitivo, de gerundio y de participio. Se verán en este capítulo las de gerundio y las de participio; en el siguiente se describirán las de infinitivo.

LAS PERÍFRASIS DE GERUNDIO

Aportan un significado aspectual. Muestran, en concreto, una acción, un proceso o un estado de cosas presentados en su curso.

Gran parte de los auxiliares de estas perífrasis (*andar, ir, seguir, venir...*) tienen usos independientes como verbos de movimiento, sentido que se altera en buena medida cuando actúan como auxiliares. Las principales perífrasis de gerundio son las siguientes:

- «*Estar* + gerundio». Presenta una situación en su desarrollo, es decir, comenzada pero no concluida. Tiene, por tanto, sentido progresivo:

  Está escribiendo una novela.

Por influencia del inglés, se utiliza a veces esta perífrasis para aludir a sucesos terminados. Deben evitarse en español usos como ⊗*Le estamos abonando en su cuenta la cantidad de dos mil pesos* (por *Le abonamos en su cuenta...*); ⊗*Le estaremos enviando su pedido a más tardar en media hora* (por *Le enviaremos su pedido...*).

- «*Ir* + gerundio». Expresa la idea de que el proceso se realiza en etapas sucesivas que pueden acumularse hasta alcanzar un final. Es, pues, una perífrasis progresiva y acumulativa:

    Iba alejándose poco a poco.

    Se usa también en forma pronominal: *Ya te irás cansando de sus mentiras.*

- «*Venir* + gerundio». Describe un proceso que se desarrolla a partir de una situación retrospectiva:

    Hace tiempo que nos viene ocultando sus intenciones.

- «*Andar* + gerundio». Presenta situaciones que se desarrollan con interrupciones o de modo intermitente. Se trata, pues, de una perífrasis frecuentativa:

    Anda preguntando por ti.

- Otros auxiliares que intervienen en la formación de perífrasis de gerundio son:
    - *Llevar: Llevo viviendo aquí diez años.*
    - *Seguir: Siguió jugando después de la lesión.*
    - *Continuar: Continúa siendo el candidato a pesar de todo.*

LAS PERÍFRASIS DE PARTICIPIO

Las perífrasis de participio expresan la acción resultante de un proceso. Muestran concordancia de género y número con el sujeto o con el objeto directo.

Los esquemas perifrásticos más reconocidos son:

- «*Estar* + participio»: *Las puertas ya están cerradas.*
- «*Tener* + participio»: *Tengo archivados los documentos.*
- «*Llevar* + participio»: *Lleva publicadas cinco novelas.*

Las perífrasis verbales (II). Perífrasis de infinitivo

LAS PERÍFRASIS DE INFINITIVO

Pueden ser modales y tempoaspectuales.

Perífrasis modales. Expresan obligación, posibilidad, necesidad u otras manifestaciones de la actitud del hablante.

- Manifiestan obligación «*haber de* + infinitivo» y «*deber* + infinitivo»: *Hemos de intentarlo una vez más; Debes tener más cuidado.*
- «*Deber de* + infinitivo» indica conjetura: *Deben de ser hermanos.*

> Se recomienda el empleo de «*deber* + infinitivo» y «*deber de* + infinitivo» con los valores señalados. No obstante, el uso de «*deber* + infinitivo» con valor de conjetura está hoy sumamente extendido, incluso entre escritores de prestigio.

- «*Haber que* + infinitivo» manifiesta asimismo obligación: *Hay que salir a las cinco y media.*

> Se recomienda evitar en esta construcción la anteposición de los pronombres átonos. Debe decirse, pues, *Había que comprarlo* y no ⊛*Lo había que comprar*. También se recomienda usar en esta perífrasis los verbos pronominales con enclíticos de tercera persona y evitar los de primera persona de plural: *Hay que marcharse*, y no ⊛*Hay que marcharnos*.

- «*Tener que* + infinitivo» expresa obligación (*Tienes que ayudar a tus hermanos*), necesidad (*Tendré que recetarle antibióticos*) e inferencia o conclusión: *Tiene que haber sido un error.*
- «*Poder* + infinitivo» manifiesta capacidad o permiso (*Ya puedo mover la mano; Puede usted pasar*), y también conjetura: *Podía haber allí cien personas.*

Perífrasis tempoaspectuales. En algunas perífrasis de infinitivo predominan los rasgos temporales:

- «*Ir a* + infinitivo» indica posterioridad.

  También realización inesperada o fortuita de un hecho (*Ha ido a enamorarse de un tonto como ese*) y conjetura: *Eso va a ser que ha comido algo en mal estado.*

- «*Soler* + infinitivo» indica repetición: *Suelen madrugar.*

> El verbo *soler* es defectivo y solo aparece en presente de indicativo o de subjuntivo, en pretérito imperfecto de indicativo y más raramente en pretérito perfecto compuesto. Por tanto, deben evitarse usos en otros tiempos.

- «*Acostumbrar (a)* + infinitivo» también es repetitiva: *Acostumbran a venir por la tarde.*

> Hasta hace poco solo se admitía la variante sin preposición, pero hoy se consideran válidas las dos: *No acostumbra a beber mucho* y *No acostumbra beber mucho.*

- «*Volver a* + infinitivo» implica asimismo repetición: *Volvió a soñar.*

> Tiene aproximadamente el mismo valor que el prefijo *re-*, por lo que la utilización conjunta puede ser redundante. Así, en *Volvió a reaparecer* no se dice que alguien aparezca por segunda vez, sino que reaparece después de haber reaparecido.

En otras perífrasis de infinitivo se destaca una fase concreta de la situación designada por el núcleo verbal y sus complementos:

- Perífrasis de fase preparatoria o de inminencia: «*estar por* + infinitivo»: *La niña está por cumplir los tres añitos*; «*estar para* + infinitivo»: *Esto está para acabarse*; «*estar a punto de* + infinitivo»: *Están a punto de llegar.*

- Perífrasis de fase inicial o incoativas: «*empezar a* + infinitivo»: *Empezó a llover;* «*comenzar a* + infinitivo»: *Comienzan a salir*; «*ponerse a* + infinitivo»: *Nos pondremos a caminar.*

- Perífrasis terminativas: «*dejar de* + infinitivo»: *Dejé de fumar hace años; «cesar de* + infinitivo»: *Ya ha cesado de sonar esa dichosa máquina;* «*parar de* + infinitivo»: *A ver si paras ya de moverte;* «*acabar de* + infinitivo» y «*terminar de* + infinitivo»: *Acabo de venir de Santiago; No termino de verlo claro.*

En otras, finalmente, se alude a alguno de los estadios de un proceso, pero ordenándolos implícitamente en una jerarquía:

- «*Empezar por* + infinitivo» indica que la acción expresada es la primera de una serie: *empezar por ordenar la cocina,* frente a *empezar a ordenar la cocina,* que denota el comienzo de una acción.

- «*Acabar por* + infinitivo», «*terminar por* + infinitivo», «*venir a* + infinitivo» y «*llegar a* + infinitivo», entre otras, expresan que la acción supone la culminación de un proceso: *Terminaré por no hacerte caso; Aquello vino a confirmar sus sospechas.*

La concordancia entre sujeto y verbo. Concordancia de persona

QUÉ ES LA CONCORDANCIA

Se denomina concordancia a la congruencia obligatoria de marcas establecida entre los accidentes gramaticales (es decir, las informaciones flexivas) de dos o más elementos que se hallan relacionados sintácticamente.

Así, existe concordancia de género y de número entre el sustantivo y los determinantes, adjetivos y participios con los que establece relación sintáctica:

Nuestras primeras nietas eran muy lindas.

Entre el sujeto y el verbo con el que forma oración hay concordancia en número y persona:

Ellas tenían un don especial; Nosotros ya lo sabíamos.

En ambos casos es el sujeto el que impone estos rasgos al verbo, de modo que, si el sujeto es un pronombre de primera persona, el verbo también aparecerá en primera persona; si el sujeto está en singular, el verbo ha de construirse asimismo en singular.

Incluso cuando el sujeto no está expreso, se recuperan en el verbo los rasgos de número y persona, como en

Estaban allí (3.ª pers., plural); *Lo verás enseguida* (2.ª pers., sing.).

LA CONCORDANCIA DE PERSONA

Personas gramaticales y personas del discurso. Lo normal es que las personas gramaticales, que son las que intervienen en la concordancia, coincidan con las del discurso: 1.ª pers. = el emisor; 2.ª pers. = el receptor; 3.ª pers. = las demás cosas o personas.

Sin embargo, esta coincidencia no siempre se produce, sino que existen algunas asimetrías. Al pronombre personal *usted* y a los grupos nominales que expresan respeto o cortesía (*su excelencia, su ilustrísima, su majestad, su señoría, vuestra excelencia, vuestra ilustrísima...*) les corresponde la segunda persona del discurso, pero la tercera de las personas gramaticales (→ págs. 258-259 y 272-273), lo que da lugar a la concordancia que se observa en la oración siguiente:

Usted (2.ª pers., sing.) *tiene* (3.ª pers., sing.) *suerte.*

Otro caso que se puede mencionar al respecto es el empleo de fórmulas en tercera persona cuando el que habla se refiere a sí mismo, en expresiones como *uno, el abajo firmante, (un) servidor,* etc. (→ pág. 273):

Uno (= yo) *hace lo que puede; Un servidor* (= yo) *se marcha ahora mismo.*

La sintaxis rechaza, por tanto, oraciones como **Un servidor me marcho ahora mismo.*

En estos casos no existe discordancia (falta de concordancia) gramatical, puesto que tanto el sujeto como el verbo van en tercera persona. Lo que se produce es un desajuste entre la persona gramatical y la del discurso. Por eso se consideran incorrectos algunos usos, propios de Andalucía occidental, como

⊗*Ustedes estáis locos,*

puesto que el sujeto, *ustedes,* pertenece gramaticalmente a la tercera persona, mientras que el verbo está en segunda.

La concordancia con pronombres de distintas personas coordinados entre sí. Si se coordinan un pronombre de primera persona y uno de segunda o tercera en función de sujeto, el verbo va en primera persona:

Lo haremos (1.ª) *tú* (2.ª) *y yo* (1.ª); *Lo haremos* (1.ª) *él* (3.ª) *y yo* (1.ª).

Si la coordinación es entre un pronombre de segunda y otro de tercera, el verbo mostrará la flexión de la segunda persona en las zonas en que se usa *vosotros:*

Lo haréis (2.ª) *tú* (2.ª) *y ella* (3.ª),

y de tercera en las zonas donde se utiliza *ustedes* y no *vosotros:*

Lo harán (3.ª) *tú* (2.ª) *y ella* (3.ª)

Con grupos nominales o pronominales en plural que designan personas. Cuando el sujeto es una expresión en plural (*los habitantes, las madres, los docentes, los cuatro, todos*), pueden presentarse tres situaciones:

- Si el hablante se considera incluido, el verbo va en primera persona del plural:

    Los ladrones somos gente honrada; Las cuatro estábamos cansadas.

- Si el emisor considera que quien está incluido en dicha clase es el destinatario, el verbo aparecerá en segunda persona del plural:

    Los profesores sois gente honrada (*Los profesores son gente honrada,* en las zonas en las que no se usa *vosotros*).

- En el caso de que ni el hablante ni el oyente estén incluidos, la concordancia se realiza en tercera del plural:

    Los agricultores trabajan mucho y ganan poco.

Concordancia de número con sujetos coordinados

REGLA GENERAL

Como norma general, los grupos nominales coordinados entre sí que desempeñan la función de sujeto concuerdan en plural con el verbo:

> *La computadora y la impresora se estropearon esta mañana; Ni él ni su mujer escondieron el dinero.*

Sin embargo, hay ocasiones en las que la concordancia se produce en singular. Se explican seguidamente los casos que pueden plantearse.

Sujetos coordinados con la conjunción y. Aunque lo habitual es que la concordancia se produzca en plural, puede hacerse en singular en algunos casos:

- Cuando las dos ideas asociadas se identifican en la conciencia del hablante como si designaran una sola entidad compleja:

  > *El optimismo y la euforia del principio había* (o *habían*) *pasado ya.*

- Predomina el singular cuando los sustantivos comparten determinante, pues se entiende que denotan al mismo individuo:

  > *El pintor y poeta declaró que legará toda su obra al morir; La recolección y venta tiene* (mejor que *tienen*) *lugar en agosto.*

- Con los grupos nominales sin determinante se dan las dos opciones, sobre todo cuando se posponen al verbo:

  > *Le faltaba* (o *faltaban*) *tiempo y paciencia.*

  Si se anteponen, en cambio, lo normal es la concordancia en plural:

  > *Trabajo y ocio alternan a lo largo del día.*

Sujetos coordinados con tanto... como. Los sujetos coordinados por la expresión conjuntiva discontinua «*tanto* A *como* B» concuerdan siempre en plural:

> *Tanto el uno como el otro decidieron continuar con el proyecto.*

Sujetos coordinados con la conjunción disyuntiva o

- Cuando *o* une dos expresiones que se refieren a una única entidad, la concordancia se establece en singular:

  > *El colibrí o pájaro mosca vive en las selvas amazónicas.*

- Cuando se trata de entidades distintas, predomina el plural si van antepuestas al verbo: *El fracaso o el éxito dependían de pequeños detalles.*

  Si se posponen al verbo principal, es frecuente (aunque no exclusivo) el singular:

  > *La prensa asegura que o el argentino o el suizo ganará* (o *ganarán*) *el torneo.*

Sujetos coordinados con la conjunción *ni*

- Adoptan la forma «*ni* A *ni* B» en posición antepuesta al verbo y exigen la concordancia en plural en la mayor parte de los casos:

  Ni ella ni su hijo estaban al tanto de lo que iba a ocurrir.

- En posición posverbal se admiten las dos posibilidades, ya sea en el esquema «A *ni* B» o en la variante «*ni* A *ni* B»:

  No llegó (o llegaron) la fruta ni la verdura; Ya no existe (o existen) ni la paz ni el sosiego.

- Si uno de los elementos coordinados presenta rasgos de primera o segunda persona, se exige el plural:

  No tenemos compostura ni ella ni yo.

Coordinación de grupos nominales o pronominales neutros y oraciones

- Con los grupos nominales neutros predomina la concordancia en singular:

  Me gusta lo uno y lo otro,

  pero se registran también usos en plural, especialmente con predicados que denotan acción recíproca:

  Se confundían allí lo bueno y lo malo.

- Las oraciones subordinadas sustantivas coordinadas que desempeñan la función de sujeto concuerdan con el verbo en singular:

  Es preferible que el uno salga y que el otro se quede.

Grupos nominales encabezados por *además de, así como, como, con, junto a, junto con*

- La concordancia se establece mayoritariamente en singular:

  La marisma, además de las dunas, ha sido declarada zona protegida.

- Se registra ocasionalmente la variante en plural, pero se considera poco recomendable:

  El sargento, junto con cinco soldados, avanzaron en silencio.

La construcción comitativa. Es propia de varias áreas del español americano y en ella aparecen un verbo en 1.ª persona del plural y un grupo preposicional introducido por *con*:

  Con María fuimos al cine ('María y yo fuimos al cine'); *Con Manuel somos amigos desde niños* ('Manuel y yo somos amigos desde niños').

  Como puede verse en los ejemplos, equivale a una construcción coordinada.

Concordancia de número en construcciones seudopartitivas y partitivas

LA CONCORDANCIA EN CONSTRUCCIONES SEUDOPARTITIVAS

Qué son. Se denominan pseudopartitivas aquellas construcciones en las que aparece un sustantivo cuantificador, como *conjunto, grupo, montón, puñado, serie, sinfín*, etc., seguido de otro sustantivo sin determinante: *un grupo de personas, un puñado de cerezas*.

Como indica su denominación, tienen apariencia de partitivas, pero no expresan partitividad, ya que no designan una parte de un conjunto: *un grupo de personas* equivale aproximadamente a *varias personas*.

Concordancia. Las construcciones seudopartitivas en función de sujeto pueden concordar con el verbo en singular o en plural, con independencia de su posición:

> *Un grupo de manifestantes recorrió (o recorrieron) las calles.*

- La concordancia en singular entre *grupo* y *recorrió* se interpreta como señal de que el sustantivo *grupo*, que está en singular, se considera el núcleo de la construcción, de manera que *de manifestantes* es su complemento.

- En la variante en plural se da la llamada concordancia *ad sensum*, es decir, se entiende que *grupo* es un elemento cuantificativo, por lo que el verbo concuerda con el sustantivo de mayor carga semántica *(manifestantes)*.

Algunos nombres cuantificativos, como *infinidad, multitud* (o la expresión *gran número*) prefieren la concordancia en plural cuando no llevan determinante:

> *Infinidad de personas ven ese programa a diario,*

pero, cuando se construyen con el artículo *un/una*, alternan singular y plural:

> *Una multitud de seguidores aplaudía (o aplaudían) su intervención.*

LA CONCORDANCIA DE NÚMERO Y PERSONA EN LAS CONSTRUCCIONES PARTITIVAS

Qué son. Las construcciones partitivas seleccionan una parte de un conjunto mayor. Están constituidas por dos miembros unidos por la preposición *de*. El primero designa la parte y puede estar formado por un nombre o un pronombre con significado de cantidad: *la mitad, la cuarta parte, alguno, siete*.

El segundo denota el todo y constituye un grupo nominal definido, a diferencia del que aparece en las seudopartitivas: *la mitad de los papeles, dos de estos atletas, algunos de mis amigos*.

Formas de concordancia. En principio, las construcciones partitivas en función de sujeto pueden concordar con el verbo en singular o en plural:

La mayor parte de los espectadores quería que la actuación continuara; La mitad de los emigrantes se dirigían a Alemania.

La concordancia en singular resulta anómala en las oraciones copulativas. Se dice, por tanto, *Casi la mitad de los trabajadores eran polacos* y no... *⊗era polaca.*

Conviene, sin embargo, tener en cuenta algunos aspectos concretos de esta construcción, que afectan también a la concordancia de persona:

- La concordancia puede establecerse en cualquier persona del plural en las construcciones partitivas, dependiendo de a quiénes se haga referencia:

  Tres de los estudiantes fuimos (o *fuisteis* o *fueron*) *a hablar con el profesor.*

- Con las formas en singular *alguno, ninguno, cualquiera, cada uno* y sus variantes femeninas, seguidas de *nosotros/nosotras* o *vosotros/vosotras,* alternan la concordancia en tercera persona del singular y la concordancia con el pronombre personal, pero se considera preferible la primera:

  Ninguno de nosotros se atrevía (o *nos atrevíamos*) *a decírselo.*

- Cuando el grupo está encabezado por el pronombre *quién,* concuerda con el verbo en tercera persona del singular:

  ¿Quién de nosotros (*de vosotras, de ustedes...*) *lo hizo?*

  En cambio, los grupos formados por *quiénes* o *cuántos* seguidos de un complemento plural concuerdan con el verbo en la persona correspondiente al complemento partitivo, aunque este no aparezca expreso:

  ¿Cuántas de vosotras habéis venido todos los días?; Todos sabemos quiénes estábamos de acuerdo.

- Llevan el verbo en plural y en tercera persona las relativas encabezadas por *los que, las que* cuando actúan como complementos partitivos:

  Uno de los que llegaban gritó algo ininteligible.

  Aunque es menos frecuente, también se considera correcta la concordancia en singular:

  Vio venir a Manuela, una de las que vivía en la otra calle.

No es correcta, en cambio, la discordancia de persona que se produce en *⊗Tú eres una de los que nos robas,* por... *una de las que nos roban.*

Concordancia de número y persona en las oraciones copulativas

LA CONCORDANCIA EN LAS CONSTRUCCIONES COPULATIVAS

Como norma general, el sujeto de las oraciones copulativas concuerda con el verbo en número y persona, y con el atributo en género y número:

Las casas (3.ª pers., pl., fem.) *estaban* (3.ª pers., pl.) *desiertas* (pl., fem.).

Sin embargo, se observan aparentes casos de discordancia entre el sujeto y el verbo en las copulativas construidas con *ser*. Estos son los casos más significativos:

* En un ejemplo como

    Hubo dos preguntas interesantes, pero el resto eran tonterías,

    se puede entender que la concordancia en plural se debe a la existencia en el sujeto de un complemento partitivo implícito:

    el resto de las preguntas...

* Se produce alternancia en casos como

    Dos pares de zapatos es bastante para este viaje;
    Dos pares de zapatos son bastantes para este viaje.

    La variante en singular, que es la que presenta una aparente discordancia, puede deberse a que lo que realmente está en la mente del hablante es una secuencia oracional:

    Llevar dos pares de zapatos es bastante...

* En estos otros ejemplos aparece lo que los gramáticos llaman copulativas inversas, es decir, oraciones copulativas en las que el atributo precede al verbo y al sujeto:

    El mayor problema eran los mosquitos; En este pueblo el alcalde soy yo.

    En esos casos la concordancia es invariable. No se puede decir **El problema es los mosquitos* ni **El alcalde es yo*, puesto que los sujetos respectivos son *los mosquitos* y *yo*.

* Otra muestra de concordancia alternante es la que sigue:

    Todos los militantes eran gente muy decidida; Todos los militantes era gente muy decidida.

    En el primer caso, el verbo va en plural porque concuerda con el sujeto (*Todos los militantes*), mientras que en el segundo aparece en singular porque se ve atraído hacia el atributo (*gente muy decidida*).

    Sin embargo, cuando el sujeto tiene carácter neutro, la concordancia se realiza necesariamente con el atributo:

Todo aquello eran imaginaciones suyas; Lo que se ve a lo lejos son campos de trigo.

No sería correcto ⊛*Todo aquello era imaginaciones suyas* ni ⊛*Lo que se ve a lo lejos es campos de trigo.*

• Las construcciones de relativo con *los que, las que* introducidas por la preposición *de* en oraciones copulativas se consideran variantes de las partitivas con *uno de los que,* vistas más arriba, puesto que se entiende que se ha elidido el indefinido *uno:*

Era de las que siempre hacían esperar a los demás.

Lo normal es que la concordancia se haga en plural, como en ese ejemplo. Sin embargo, a veces se hace en singular, quizá debido a la supuesta elisión de *uno:*

Era de las que siempre hacía esperar a los demás.

Esta opción no se considera incorrecta, pero es menos frecuente.

Se consideran incorrectas, en cambio, las variantes que presentan el verbo en primera o segunda persona de singular, como en ⊛*Tú eres de los que apoyas esa propuesta;* ⊛*Yo soy de los que digo siempre la verdad.*

No obstante, si incluye al receptor, el verbo permite la segunda persona del plural (*Tú eres de los que apoyasteis esa propuesta*), y, si incluye al emisor, permite la primera persona del plural: *Yo soy de los que siempre decimos la verdad.*

Se trata de construcciones que provocan bastante confusión en los hablantes e inducen fácilmente al error. He aquí otro ejemplo con las distintas posibilidades:

—Variante preferida: *Tú fuiste uno de los que hablaron a su favor.*

—Variantes admitidas, pero menos frecuentes: *Tú fuiste uno de los que habló a su favor; Tú fuiste uno de los que hablasteis a su favor.*

—Variante menos correcta: ⊛*Tú fuiste uno de los que hablaste a su favor.*

Concordancia entre adjetivo y sustantivo

EL GÉNERO Y EL NÚMERO DE LOS ADJETIVOS

Los adjetivos concuerdan en género y número con los sustantivos a los que modifican:

> gato negro/gata negra/gatos negros/gatas negras,

o con los sustantivos de los que se predican en función de atributo o complemento predicativo:

> La tarde estaba soleada; Comieron callados; Mi padre, feliz.

El género y el número del adjetivo se limitan a reproducir los del sustantivo, pues por sí solos no tienen significado alguno.

Téngase en cuenta, no obstante, que no todos los adjetivos varían en género y número. Los hay que admiten morfemas de ambos tipos (alto/alta/altos/altas); otros varían en número, pero no en género (feliz/felices, triste/tristes, audaz/audaces), y otros no experimentan variación alguna (gratis, unisex):

> un viaje gratis/unas vacaciones gratis; ropa unisex/pantalones unisex.

DUDAS EN LOS ACORTAMIENTOS

Suele haber vacilaciones en cuanto al número en adjetivos procedentes de acortamientos que se usan sobre todo en los registros infantil y juvenil:

> Esos cromos los tengo repe/repes; Estamos un poco depre/depres.

En estos casos es más frecuente la concordancia en plural. En cambio, con porno se usa más el singular, aunque también se emplea el plural:

> Había visto muchas películas porno.

Se utiliza solo el singular con tecno: las composiciones tecno.

Extra concuerda en singular cuando significa 'superior': los aceites extra. Suele pluralizarse, en cambio, con el sentido de 'adicional': horas extras.

CONCORDANCIA DE LOS ADJETIVOS COORDINADOS

Los adjetivos calificativos concuerdan necesariamente con el sustantivo: se dice dos novelas largas o dos novelas cortas, pero no *dos novelas larga y corta.

Sin embargo, dos adjetivos de relación o dos ordinales en singular coordinados pueden aportar conjuntamente rasgos de plural, con los que el sustantivo concuerda:

> las políticas agraria y pesquera del Gobierno, mis abuelas paterna y materna, los capítulos primero y segundo.

CONCORDANCIA DE LOS ADJETIVOS DE COLOR

Pueden designar colores algunos sustantivos que se refieren a materias u objetos físicos, como flores, frutos o piedras preciosas, además de otras sustancias que presentan un determinado color. En estos casos alternan el uso adjetival, en el que hay concordancia:

> *una amplia gama de tonos naranjas, las sombras violetas de las buganvillas/ buganvilias, los pétalos lilas,*

con los usos nominales en aposición, sin concordancia:

> *deslumbrantes colores naranja, las nubes malva, sus camisas salmón.*

CONCORDANCIA DE LOS ADJETIVOS EN CONSTRUCCIONES IMPERSONALES

- En las oraciones impersonales con sujeto genérico, el adjetivo puede aparecer en los dos géneros y los dos números:

> *Hay que ser más generoso/Hay que ser más generosa/Hay que ser más generosos/Hay que ser más generosas.*

- En las impersonales con *se* solo se acepta el número singular, pero son posibles tanto el género masculino como el femenino:

> *Si se es cuidadoso, no hay por qué equivocarse; Si se está embarazada, conviene evitar el tabaco y el alcohol.*

ADJETIVACIÓN DEL ADVERBIO

Es la tendencia, propia del habla informal de muchos países americanos, a usar concordados, como si fueran adjetivos, ciertos adverbios de cantidad:

> [⊗]*Estoy media cansada;* [⊗]*Los invitados se retiraron bastantes mareados;* [⊗]*Los artículos son iguales de difíciles;* [⊗]*Las dos últimas páginas inclusives.*

En todos estos casos se recomiendan las variantes sin flexionar:

> *... medio cansada; ... bastante mareados; ... igual de difíciles; ... las dos últimas páginas inclusive.*

La coordinación.
Las conjunciones copulativas

LA COORDINACIÓN Y SUS CLASES

La coordinación constituye una forma de relación sintáctica en la que los elementos que se asocian no guardan entre sí relación de dependencia, sino que constituyen un grupo que funciona gramaticalmente como una unidad sintáctica.

Pueden coordinarse entre sí palabras, grupos u oraciones, siempre que desempeñen las mismas funciones sintácticas.

Se diferencian tradicionalmente los siguientes tipos de coordinación:

• La coordinación copulativa. Da origen a conjuntos cuyos elementos se suman: *Compra y vende; día y noche.*

Sus conjunciones son esencialmente *y* (o su variante *e*), *ni* (*ni... ni*).

• La coordinación disyuntiva. Denota la existencia de dos o más opciones: *No sabe si reír o llorar.*

La conjunción más característica es *o*, que puede aparecer como enlace simple (*¿Viene o va?*) o discontinuo (*O viene o va*).

• La coordinación adversativa. Expresa contraposición u oposición de ideas:

Se ha ido, pero volverá pronto; No está en Bogotá, sino en Caracas.

Son adversativas las conjunciones *pero, mas* y *sino*.

LAS CONJUNCIONES COPULATIVAS

Usos de la conjunción copulativa y. Es la conjunción copulativa más característica.

• Cuando precede a palabras que empiezan por *i-, hi-*, toma la forma *e*:

Fernando e Isabel; madre e hija; Juntaron leña e hicieron una hoguera.

Cuando la *i-* del segundo término forma parte de un diptongo, la conjunción adopta la forma *y* (*matas y hierbas*). En casos en que la pronunciación vacila entre el diptongo y el hiato, son válidas ambas formas, como en *moléculas e iones/moléculas y iones, diptongo e hiato/diptongo y hiato.*

• Cuando se combinan varios elementos coordinados, la conjunción suele aparecer solo ante el último: *Escribe, pinta y dibuja.*

El hecho de que se calle también ante este, en ocasiones sirve para dejar la enumeración en suspenso:

Sales los viernes, los sábados, los domingos... ¿Cuándo estudias, hijo mío?

• El proceso de coordinar expresiones sin conjunción, como en el ejemplo precedente, se denomina asíndeton, y constituye una de las formas de yuxtaposición.

Si, por el contrario, la conjunción se repite ante cada uno de los miembros, el fenómeno se denomina polisíndeton:

Se lo dije una, y dos, y tres veces, pero no me hacía caso.

La expresión *etcétera* equivale a *y otros*, y se usa únicamente tras el último componente de una serie coordinada. Puede utilizarse la abreviatura *etc.*

Como signo de cortesía, el pronombre que designa al que habla debe situarse al final de la serie de elementos coordinados: *Jaime, Clara y yo.*

• La conjunción *y* puede aparecer al comienzo de un período, bien como enlace extraoracional con lo dicho anteriormente, bien para abrir discursos, iniciar réplicas, etc.:

Y decía que no lo sabía; Y usted, ¿qué opina?

Usos de la conjunción *ni*. Suma dos o más elementos negados y exige siempre alguna negación previa:

Nunca escribe ni llama.

En posición posverbal puede aparecer ante cada uno de los miembros o bien solo ante el segundo:

Jamás hablaba (ni) de su familia ni de su trabajo.

Conjunciones discontinuas o correlativas. Constan de varios componentes, cada uno de los cuales se sitúa ante uno de los miembros coordinados:

• *Tanto... como: Tanto su familia como sus amigos la apoyaron.*
• *Tanto... cuanto: Son importantes tanto la prudencia cuanto la justicia.*
• *Igual... que: Pueden participar igual niños que niñas.*
• *Lo mismo... que: Aquí residen lo mismo cazadores que turistas.*
• *No solo... sino también: No solo lo vio él, sino también los demás.*

La coordinación discontinua con *tanto... como...* permite omitir la terminación *-mente* en el primero de los dos elementos coordinados (*Se sitúan tanto vertical como horizontalmente*), fenómeno que comparte con la conjunción *y: vertical y horizontalmente.*

En algunas áreas del español se emplean también las conjunciones correlativas ⊗*tanto... y...* (⊗*tanto los hermanos de Óscar y los de Alberto*) y ⊗*tanto... o...* Como no se han integrado en la lengua culta, se recomienda evitarlas y sustituirlas por *tanto... como... o tanto... cuanto...*

Las conjunciones disyuntivas y adversativas

LAS CONJUNCIONES DISYUNTIVAS

Usos de la conjunción o. Es la más característica de las conjunciones disyuntivas. Puede aparecer como enlace simple (*carne o pescado*) o discontinuo (*o carne o pescado*).

Cuando la palabra siguiente comienza por *o-*, *ho-*, adopta la forma *u*:

siete u ocho; mujeres u hombres.

La sustitución se produce incluso cuando aparece ante el primer elemento de una coordinación discontinua:

u hombres o mujeres; u hoy o mañana.

La conjunción *o* adquiere en el uso diferentes valores:

• Posee valor exclusivo cuando se opta necesariamente por una de las posibilidades que se presentan. Este valor es el propio del uso discontinuo:

Llámame o a las cuatro o a las cinco.

En el uso simple, junto a la interpretación exclusiva es posible también la inclusiva, en la que las opciones expresadas no se excluyen:

En su mesa nunca faltaban las sopas especiadas o los suculentos asados.

• La interpretación es también abierta cuando las opciones señaladas se presentan como ejemplo de otras posibles e intermedias. Así, en *Tenía veinticinco o treinta años,* se da a entender que cualquier edad entre estas dos es posible.

• Equivalencia denominativa. Une dos expresiones con idéntico valor denominativo:

Cervantes o el manco de Lepanto; la dispepsia o digestión lenta.

Aunque tradicionalmente la conjunción *o* se escribía con tilde cuando aparecía entre cifras por razones de claridad, las modernas técnicas de escritura la hacen innecesaria. Por tanto, hoy se escribe siempre sin tilde, con independencia de que aparezca entre palabras, cifras o signos: *¿Quieres té o café?; Pueden ser 1250 o 1350 tarjetas; Escriba los signos + o – en la casilla correspondiente.*

Las conjunciones disyuntivas discontinuas. Se denominan también distributivas e indican alternancia. Se usan sobre todo en contextos formales, escasamente en la lengua coloquial.

Las más conocidas son *bien... bien, ya... ya, ora... ora, sea... sea, fuera... fuera*:

Vendrá, sea hoy, sea mañana.

ACERCAMIENTO ENTRE LAS COPULATIVAS Y LAS DISYUNTIVAS

La conjunción copulativa *y* y la disyuntiva *o* son aparentemente antagónicas, pero el hecho de que la segunda pueda tener valor inclusivo hace posible que se acerquen sus significados en determinados contextos:

Se puede entrar por esta puerta y por aquella/... o por aquella.

Suelen usarse indistintamente en enumeraciones equivalentes a una ejemplificación que no agota todas las posibilidades:

Borges, Cortázar y/o Sábato son grandes escritores argentinos.

Cuando la enumeración es cerrada, se usa *y*, no *o*: *Mozart y Beethoven son dos genios de la música.*

LAS CONJUNCIONES ADVERSATIVAS

La conjunción *pero*. Mediante ella se contraponen dos ideas:

Ese jugador es muy bueno, pero tiene muchas lesiones.

Pero puede aparecer también, como conector discursivo, al comienzo del discurso, o introduciendo réplicas:

Pero bueno...; Pero tú, ¿qué dices?; Pero si yo no he dicho nada...

La conjunción *mas*, equivalente a *pero*, es propia de la lengua escrita en estilo muy formal y, en ocasiones, arcaizante:

Acudí pronto, mas no te hallé.

La conjunción *mas* se escribe sin tilde, a diferencia del adverbio de cantidad *más: Necesitamos más personal.*

La conjunción *sino*. Solo aparece en contextos negativos y da lugar a construcciones adversativas en las que el segundo segmento introduce una corrección o matización. Así, en *Iván no es inteligente, sino listo,* el segmento introducido por *sino* corrige la cualidad de la persona aludida.

Cuando se matizan oraciones de verbo en forma personal, *sino* se antepone en el español actual a la conjunción *que*:

No lo hago por capricho, sino que es una necesidad para mí.

Recuérdese que esta conjunción, escrita en una sola palabra (*sino*), es diferente de la combinación de la conjunción *si* y el adverbio de negación *no: No hables si no sabes.*

Coordinación y concordancia

CONCORDANCIA ENTRE SUSTANTIVOS COORDINADOS Y ADJETIVOS POSPUESTOS

La concordancia en género y número puede variar según los casos:

- Como regla general, cuando un adjetivo pospuesto modifica conjuntamente a dos sustantivos coordinados, lleven o no lleven determinante, concuerda con ellos en plural:

    lengua y literatura contemporáneas; capacidad e imaginación portentosas; un entusiasmo y una energía contagiosos; el espacio y el tiempo necesarios.

- Si los dos sustantivos coordinados son del mismo género, están en singular y tienen relación conceptual entre sí, la concordancia puede producirse en singular o en plural:

    Mostró una habilidad y una perseverancia extraordinaria/Mostró una habilidad y una perseverancia extraordinarias.

- Cuando se coordinan sustantivos de distinto género, el adjetivo pospuesto concuerda con ellos en masculino:

    Llevaba siempre sombrero y corbata negros (y no **Llevaba siempre sombrero y corbata negras*).

- Si el adjetivo concuerda solo con el segundo sustantivo, como en

    Llevaba siempre sombrero y corbata negra,

    debe entenderse que modifica solo a ese sustantivo.

> Construcciones como *Esto les gusta a los hombres y a las mujeres jóvenes* resultan ambiguas, ya que puede entenderse que *jóvenes* modifica al conjunto de *hombres* y *mujeres* o solo a *mujeres*. Se recomienda introducir en estos casos algún elemento que deshaga la ambigüedad, como podría ser en este caso la repetición del adjetivo *jóvenes*.

CONCORDANCIA ENTRE SUSTANTIVOS COORDINADOS Y ADJETIVOS ANTEPUESTOS

- Cuando el adjetivo se antepone a sustantivos en singular coordinados entre sí, concuerda normalmente en singular:

    Estos son los resultados de mayor transcendencia y relevancia; la necesaria vigilancia y supervisión.

- Si los sustantivos tienen género distinto, el adjetivo suele ir también en singular concordando en género con el más próximo:

    Fue tratado con profunda admiración y cariño; Quedamos en vernos en el mismo día y hora.

- Si los sustantivos coordinados están en plural, el adjetivo también adopta ese número:

    Hubo grandes tormentas y aguaceros.

> Resulta muy forzado el uso en plural del adjetivo antepuesto si los sustantivos coordinados van en singular, como en [⊗]*Necesitamos piezas de diferentes tamaño y calidad* (mejor ... *de diferente tamaño y calidad*).

LA CONCORDANCIA ENTRE SUSTANTIVOS COORDINADOS Y SUS DETERMINANTES

- Cuando dos sustantivos coordinados en singular comparten un determinante, este puede ir también en singular y concordar en género con el más próximo:

    la descripción y estudio de los seres vivos; el estudio y descripción de los seres vivos.

- Si los sustantivos van en plural, el determinante adopta también, lógicamente, ese número, y concuerda en género con el sustantivo más próximo:

    los hombres y mujeres; las novelas, cuentos y obras dramáticas que escribió; muchas advertencias y avisos.

- Fuera de algunas expresiones acuñadas, como, por ejemplo, *su esposa e hijos,* son infrecuentes los determinantes compartidos por sustantivos coordinados de diferente número.

> El español rechaza sistemáticamente el plural en los determinantes compartidos por los sustantivos coordinados en singular: **los estudiante y profesor; *cuyos abuelo y abuela; *digno de nuestros respeto y admiración.* Lo adecuado es, en estos casos, *los estudiantes y el profesor; cuyo abuelo y cuya abuela; digno de nuestro respeto y nuestra admiración.*

- La concordancia en plural del determinante se produce también cuando un sustantivo va modificado por dos o más nombres propios en aposición coordinados entre sí:

    mis amigos Guillermo y Tomás; las calles Corrientes y General Mitre.

- Es posible coordinar en singular dos posesivos pospuestos a un sustantivo en plural:

    Las propuestas tuya y mía no son incompatibles.

Coordinación de preposiciones y artículos

TIPOS DE ELEMENTOS QUE SE PUEDEN COORDINAR

Es posible coordinar casi cualquier tipo de unidades lingüísticas, sean palabras, grupos u oraciones, siempre que desempeñen la misma función sintáctica.

Lo más frecuente es que los elementos coordinados sean de la misma categoría gramatical (*peras y manzanas; disfrutar o aburrirse; listo, pero malo*), pero también pueden pertenecer a categorías diferentes: *aquí o en la oficina; un coche usado, pero con pocos kilómetros; No sabía su nombre ni cómo encontrarla.*

Se exponen seguidamente algunos casos que pueden ofrecer dudas en lo referente a la coordinación de las preposiciones y de los artículos.

COORDINACIÓN ENTRE PREPOSICIONES

- Las preposiciones pueden coordinarse y compartir término solo en algunos casos:

    — *por* y *para: Vive por y para su trabajo;*

    — *con* y *sin: Lo haré con y/o sin su permiso.*

    No es adecuado coordinar preposiciones que pertenecen a verbos distintos, como en ⊗*De este modo pueden salir y entrar más libremente de y en el edificio,* por ... *salir del edificio y entrar en él más libremente.*

- Cuando dos verbos o dos sustantivos rigen la misma preposición, pueden compartirla:

    entrada y salida de camiones; hablar o discutir sobre cuestiones candentes.

- Si rigen preposiciones diferentes, a veces aparece solo la segunda. La construcción resultante es admisible en expresiones acuñadas, como *entrar y salir de casa.*

    En los demás casos, conviene evitarla. Así, no es adecuado decir ⊗*Ni soy ni voto por ese partido político,* en lugar de la opción correcta *Ni soy de ese partido político ni voto por él.*

COORDINACIÓN DE ARTÍCULOS

Conviene evitar la coordinación de artículos de distinto género o número que comparten un mismo sustantivo, como en

⊗*los y las turistas que nos visitan* (por *los turistas y las turistas que nos visitan...*); ⊗*El o los responsables deben dimitir* (por *El responsable o los responsables deben dimitir*).

COORDINACIÓN Y PUNTUACIÓN

El uso de los signos de puntuación entre los miembros de una coordinación depende de factores como la presencia o ausencia de conjunción, la clase de coordinación y el hecho de que los miembros coordinados sean simples o complejos. Se estudia en este capítulo el empleo del punto y coma.

EL USO DEL PUNTO Y COMA ENTRE ELEMENTOS COORDINADOS

Entre oraciones yuxtapuestas. Se escribe punto y coma para separar oraciones sintácticamente independientes entre las que existe una estrecha relación semántica:

Puede irse a casa; ya no hay nada más que hacer.
Lo hizo por el bien de su familia; no puede reprochársele nada.

Como se ha visto anteriormente, en estos casos se podría usar también el punto y seguido, así como la coma si el vínculo entre las oraciones se estima débil.

Entre unidades en coordinación copulativa o disyuntiva

- Se escribe punto y coma para separar miembros coordinados de cierta longitud o que ya incluyen comas en su interior:

  No quedaban más opciones: había que aceptarlo como era, con sus virtudes y sus defectos, sus manías y sus dudas; o se prescindía de él definitivamente.

- Si se trata de varios elementos, yuxtapuestos o coordinados, separados por punto y coma, ante la conjunción que precede al último puede escribirse punto y coma o bien coma, opción más recomendable, pues anuncia el final de la enumeración:

  Cada grupo irá por un lado diferente: el primero, por la izquierda; el segundo, por la derecha, y el tercero, de frente./... por la derecha; y el tercero, de frente.

  Lo mismo cabe decir con respecto a la expresión *etcétera* (o su abreviatura *etc.*), que cierra las enumeraciones incompletas:

  Nos queda mucho por hacer antes de emprender el viaje: terminar el trabajo pendiente; ir a la agencia de viajes; despedirnos de nuestros padres, etc./... despedirnos de nuestros padres; etc.

Entre coordinadas adversativas. Aunque ante las conjunciones *pero, mas, aunque, sino* se escribe habitualmente coma, cuando las oraciones vinculadas tienen cierta longitud y especialmente si alguna de ellas presenta comas internas, se utiliza el punto y coma:

No vivió mucho tiempo en aquella ciudad tan lejana; pero, mientras estuvo allí, disfrutó de todo lo que le ofrecía.

Coordinación y puntuación (II). Uso de la coma

Aparte del punto y coma, visto en el capítulo precedente, de todos los signos que se utilizan entre elementos coordinados cobra especial relieve, por su frecuencia, el uso de la coma, en torno a la cual pueden establecerse una serie de pautas según la necesidad de su presencia, su ausencia y los casos opcionales o dudosos.

CASOS EN QUE HABITUALMENTE SE USA LA COMA ENTRE ELEMENTOS COORDINADOS

- Se utiliza coma para separar los elementos de una coordinación copulativa o disyuntiva cuando no están unidos mediante una conjunción y siempre que no sean complejos y contengan a su vez comas (en este caso, se utiliza punto y coma):

    Se necesitan carpinteros, albañiles, fontaneros;
    Corrían, se afanaban, tropezaban entre sí.

- Delante de la conjunción que antecede al último miembro de una relación de elementos complejos separados por punto y coma, se escribe coma (o bien punto y coma, como se vio en el capítulo anterior):

    En el armario colocó la vajilla; en el cajón, los cubiertos; en los estantes, los vasos, y los alimentos, en la despensa.

- Debe escribirse coma delante o detrás de la conjunción si inmediatamente antes o después hay un vocativo, un conector discursivo o cualquier otro inciso:

    Puedes venir conmigo, María, o quedarte en casa;
    Puedes venir con nosotros o, por el contrario, quedarte en casa.

- Se escribe coma ante las oraciones coordinadas adversativas, es decir, las introducidas por *pero, mas, sino (que)* y *aunque*:

    Hazlo si quieres, pero luego no digas que no te lo advertí;
    Cree que ha hecho bien el examen, aunque tiene dudas;
    No lo hizo porque le gustara, sino porque era su deber.

- Se escribe normalmente coma delante de cada una de las secuencias encabezadas por las conjunciones distributivas *bien..., bien...; ora..., ora...; sea..., sea...; ya..., ya...*:

    Organizaremos la fiesta, bien en tu casa, bien en la mía;
    Me la encontraba a todas horas, ya fuera de día, ya de noche;
    Vamos a tener que acudir de todos modos, sea por las buenas, sea por las malas.

- Es recomendable puntuar con comas las secuencias introducidas por la locución de carácter copulativo *así como*:

    Era famoso por su voz, así como por su forma de actuar.

CASOS EN QUE HABITUALMENTE NO SE USA LA COMA

- Si el último miembro de una coordinación va precedido por una conjunción copulativa o disyuntiva, no se escribe habitualmente coma, a excepción de los casos ya vistos en el epígrafe anterior:

    Es un chico muy reservado, estudioso y de buena familia;
    ¿Quieres té, café o chocolate?

- No se escribe coma entre los miembros coordinados por las conjunciones copulativas discontinuas *ni... ni...* y *tanto... como...*:

    Es como el perro del hortelano: ni come ni deja comer;
    Quedaron dañados tanto el tejado como la fachada del edificio.

CASOS DE USO OPCIONAL O DUDOSO

- Es frecuente, aunque no obligatorio, que se ponga coma delante de la conjunción copulativa o disyuntiva (*y/e, ni, o/u*) entre oraciones coordinadas cuando la primera posee cierta extensión, especialmente si tienen sujetos distintos:

    La mujer salía de casa sola a la misma hora todas las mañanas(,) y el agente seguía sus pasos sin levantar sospechas.

- Cuando la conjunción *y* tiene valor adversativo (equivalente a *pero*), puede ir precedida de coma:

    Le aconsejé que no comprara esa casa(,) y no hizo caso.

- Solo se escribe coma detrás de las conjunciones adversativas cuando van seguidas de un inciso o de cualquiera de las secuencias que se aíslan mediante comas, como las interjecciones, los vocativos, etc.:

    Está enfermo, pero, excepto tú, nadie ha venido a visitarlo;
    Le traje un regalo, pero, ¡por Dios!, no le digas nada.

No debe ponerse coma tras la conjunción adversativa cuando va seguida de una oración interrogativa o exclamativa, aunque en el habla sea habitual hacer una pausa en ese punto: *Pero ¡qué alegría verte!; Perdone la pregunta, pero ¿cuál es su dirección?*

Oraciones activas y pasivas

QUÉ SON

La lengua ofrece la posibilidad de describir un mismo proceso con estructuras sintácticas distintas. Así, si se comparan las secuencias

María despertó a los niños y *Los niños fueron despertados por María,*

se observa que en ambos enunciados *María* es agente y *los niños* es paciente, pero que dichos constituyentes desempeñan distintas funciones sintácticas: *María* es sujeto en la primera oración y complemento agente en la segunda. A su vez, *los niños* es complemento directo en la primera y sujeto en la segunda. Además de ello, la forma verbal cambia de *despertó* (en voz activa) a *fueron despertados* (en voz pasiva).

Pues bien, la primera estructura constituye una oración activa, mientras que la segunda es una oración pasiva.

EL CAMBIO DE ACTIVA A PASIVA

El tipo de pasiva al que se ha hecho referencia se denomina pasiva perifrástica, puesto que la forma verbal es en realidad una perífrasis constituida por el verbo *ser* y el participio de un verbo que concuerda con el sujeto en género y número:

El presupuesto será estudiado; Las propuestas serán estudiadas.

Pero no todos los verbos admiten la transformación pasiva, ya que existen algunas restricciones:

- Solo aceptan la pasiva los verbos transitivos, es decir, los que tienen complemento directo. No la admiten, en consecuencia, los verbos intransitivos, de modo que resultan imposibles en español transformaciones como

  Manuel llegó a su casa > **Fue llegado por Manuel a su casa.*

Se recomienda evitar las oraciones pasivas formadas a partir de complementos indirectos, como las que, por influencia del inglés, se registran ocasionalmente en el español conversacional hablado de los Estados Unidos: ⊗*Todos los estudiantes fueron dados varias oportunidades.*

- Tampoco suelen tolerarla los verbos que denotan estados o propiedades, aunque sean transitivos. Así, resultan forzadas, aunque no incorrectas, transformaciones como

  El director temía el fracaso > *El fracaso era temido por el director.*

  Y prácticamente imposibles otras con verbos de posesión, como

  Laura tiene un lindo jardín, pero no **Un lindo jardín es tenido por Laura.*

En cambio, *saber* y *conocer* admiten con naturalidad la pasiva: *Era sabido por todos.*

- Los complementos directos han de estar expresos. No se forman, por tanto, oraciones pasivas a partir de objetos directos tácitos, como en

  Este chico escribe bien > **Es escrito bien (por este chico).*
  Por las noches leo un rato > **Por las noches es leído (por mí) un rato.*

- No suele utilizarse la pasiva cuando el complemento directo designa entidades que no son externas al sujeto, sino que le pertenecen. De este modo, resulta natural

  El muchacho dobló la espalda, pero no *La espalda fue doblada por el muchacho.*

LA PASIVA EN LAS PERÍFRASIS

Como las demás oraciones simples, las pasivas pueden construirse con el verbo *ser* formando parte de una perífrasis verbal:

El paquete debe ser entregado el martes; Espera seguir siendo apreciado por todos sus compañeros.

Pero también en este caso deben tenerse en cuenta algunos requisitos:

- Las pasivas no se forman con los verbos auxiliares, sino con los principales:

  No pudo ser resuelto a tiempo, pero no **No fue podido resolver a tiempo;*
  Debe ser entregado el martes, pero no **Es debido entregar el martes.*

- Constituyen una excepción verbos como *acabar, comenzar, empezar, terminar,* con los que alternan las dos posibilidades:

  La ermita empezó a ser construida en el siglo XIII y *La ermita fue empezada a construir en el siglo XIII.*

En ocasiones, sobre todo con los verbos *dejar* y *empezar,* se duplica indebidamente la construcción «*ser* + participio». Surgen así pasivas dobles, que se recomienda evitar, como ⊗*Fue dejado de ser visto como una amenaza* (por *Fue dejado de ver como una amenaza* o *Dejó de ser visto como una amenaza*); ⊗*Fue empezado a ser considerado como un amuleto* (en lugar de *Empezó a ser considerado como un amuleto*).

Las oraciones impersonales (I)

Se denomina tradicionalmente oración impersonal la que no lleva sujeto, sea expreso o sobrentendido.

No obstante, debe distinguirse entre los verbos que carecen de la posibilidad de tener sujeto porque su propio significado impide que se prediquen de alguna entidad:

Nieva; Ya es de día; Habrá buena cosecha,

y aquellos otros que hacen referencia a alguien sin especificar:

Se duerme mejor en primavera; Dicen que vuelve el buen tiempo; Si vas con prisas, nunca resuelves nada.

Esto da lugar a diferentes clases de construcciones impersonales. Tres de ellas, las de verbos referidos a fenómenos atmosféricos, las de *haber* y las de *hacer,* se tratan en este capítulo; en el siguiente se estudiarán las de *ser, estar, dar* y otros verbos, así como las de sujeto tácito no específico.

IMPERSONALES CON VERBOS REFERIDOS A FENÓMENOS ATMOSFÉRICOS

Se trata de verbos como *granizar, llover, nevar, oscurecer, tronar,* etc., que se construyen en tercera persona del singular y carecen de sujeto.

Algunos, sin embargo, admiten usos personales, sobre todo en sentido figurado:

Le llovieron las críticas; Tronaban los cañones; Amanecí con dolor de cabeza.

Utilizar *agua* o *el agua* como sujeto de *llover* constituye una redundancia, dado que dicho verbo significa literalmente 'caer agua'. No obstante, se registran ocasionalmente expresiones del tipo de *No sabía dónde meterme con el agua que llovía.*

IMPERSONALES CON HABER

Este verbo se usa en tercera persona de singular como impersonal, tanto si se refiere a la presencia de fenómenos naturales como si no es así:

Había niebla; Sigue habiendo problemas; Si hubiera la menor posibilidad de poner fin al conflicto...

Forma construcciones transitivas sin sujeto, por lo que no debe concordar con el grupo nominal que lo acompaña, que actúa como complemento directo:

No hay posibilidades > No las hay.

El verbo *haber* permanece, por tanto, inamovible en tercera persona del singular.

Son muchos los hablantes, sobre todo en determinadas áreas, que establecen concordancia de número, como en *Habían suficientes pruebas* o *Hubieron dificultades*. Aunque en algunos países se percibe un progresivo incremento de esta construcción en los registros formales, se recomienda evitarla y sustituirla por las variantes en singular: *Había suficientes pruebas; Hubo dificultades.*

La concordancia de persona (*Habemos algunos que no queremos;* *Todavía habéis pocos*) es fuertemente rechazada en el español europeo y en el de muchos países americanos, pero resulta habitual en la lengua conversacional de ciertas áreas, como la centroamericana y la andina.

IMPERSONALES CON *HACER*

El verbo *hacer* participa en construcciones impersonales asociadas con el tiempo atmosférico (*Hace sol*) o con el cronológico (*Hace años*).

- Admite dos construcciones en las que expresa alguna medida temporal. Una de carácter adverbial:

    Se casó hace dos años; La función comenzó hace una hora,

    y otra de tipo oracional:

    Hace dos años que se casó; Hace una hora que comenzó la función.

El verbo *hacer* es impersonal en ambas construcciones, por lo que se recomienda evitar la concordancia en plural. Deben evitarse, por tanto, opciones como *Nos visitó hacen tres semanas* (en lugar de la correcta *Nos visitó hace tres semanas*) o *Hacen tres semanas que nos visitó* (por *Hace tres semanas que nos visitó*).

- En la construcción de tipo adverbial puede aparecer como término de las preposiciones *desde, hasta, para* y *de*. La preposición *desde* se omite a veces en esta pauta, de manera que son válidas

    No la veía desde hace siglos y *No la veía hace siglos.*

- Con la construcción oracional se denota un intervalo de tiempo transcurrido. El punto de inicio se marca con las preposiciones *de* y *desde*:

    Hace cuatro años de aquella catástrofe o ... *desde aquella catástrofe.*

    Sin embargo, cuando el término es una oración, se admite *desde*, pero no *de*:

    Hace tres años desde que se fue a Alemania, pero no *Hace tres años de que se fue a Alemania.*

Las oraciones impersonales (II)

IMPERSONALES CON *SER* Y *ESTAR*

Como en el caso de *hacer*, estos verbos participan en construcciones impersonales asociadas con el tiempo atmosférico (*Está nublado*) o con el cronológico (*Todavía era de noche*).

Varía el número en que concuerdan las oraciones que expresan la hora. Se recomiendan en estos casos las variantes concordadas (*Ya son las siete; Ya es la una*), frente a las impersonales sin concordancia ([⊗]*Ya es las siete*). Son correctas, sin embargo, *¿Qué hora es?*, opción general en el mundo hispánico, y *¿Qué horas son?*, propia del registro conversacional de algunas áreas.

IMPERSONALES CON *DAR*

Este verbo puede originar construcciones impersonales, como en *Le dio por vestirse de hada madrina,* donde no hay sujeto.

* Con sustantivos que expresan alguna reacción física o emocional, alternan las construcciones con sujeto y las construcciones impersonales que llevan un complemento con la preposición *de*. Ambas son igualmente correctas:

  ¡Qué gusto me da verte! o *¡Qué gusto me da de verte!; Daba pena verlo así* o *Daba pena de verlo así.*

  No es recomendable la variante impersonal [⊗]*Me da escalofríos de pensarlo* o [⊗]*Me dio ganas de cerrar los ojos,* en lugar de *Me dan escalofríos de pensarlo* o *Me dieron ganas de cerrar los ojos,* con concordancia de número.

* Con el sustantivo *gana,* forma además la expresión coloquial *dar la gana* ('apetecer'):

  Lo hago porque me da la gana.

  La alternancia de *gana* y *ganas* en ciertas construcciones es solo estilística, no implica diferencia de significado:

  Me dio gana de tomar un refresco o *Me dieron ganas de tomar un refresco.*

* El significado de *dar* se acerca al de *sonar* en determinadas expresiones, como *Han dado las dos*. En varios países americanos se registra la variante no concordada [⊗]*Dieron la una,* menos correcta por la falta de concordancia.

IMPERSONALES CON OTROS VERBOS

Otros verbos dan lugar a construcciones impersonales en ciertos usos:

- Con el verbo *ir*, son impersonales oraciones como

    Me va bien; Así nos va; Va para largo.

    > Se recomienda evitar el plural cuando se construye con *para* y una subordinada sustantiva, como en [⊗]*Ya van para seis años que no viajo a Italia* (en lugar de la correcta *Ya va para seis años que no viajo a Italia*).

- Verbos como *oler, apestar, doler, escocer, picar, molestar* y otros que denotan sensaciones físicas admiten construcciones impersonales y no impersonales, igualmente válidas en ciertos usos:

    Aquí huele a rancio/Este cuarto huele a rancio; Me duele en el hombro/Me duele el hombro.

- Lo mismo sucede con *decir, poner, constar,* etc., referidos al contenido que se expresa en un texto:

    Aquí dice que es obligatorio/El folleto dice que es obligatorio; En el periódico pone que habrá huelga/El periódico pone que habrá huelga.

    También con *bastar, sobrar* o *ser suficiente*:

    Me basta con dos camisas/Me bastan dos camisas; Con una hora me sobra para acabar/Una hora me sobra para acabar; Es suficiente con seis litros/Seis litros son suficientes.

    > El verbo unipersonal *tratarse,* que se construye con la preposición *de,* rechaza el sujeto aunque se esté hablando de la persona o la cosa a la que se atribuye algo. Son incorrectas, por tanto, construcciones como [⊗]*Este estudio se trata solo de un borrador,* en lugar de *Este estudio es solo un borrador* o *En cuanto a este estudio, se trata solo de un borrador.*

ORACIONES CON SUJETOS TÁCITOS NO ESPECÍFICOS

Se consideran impersonales ciertas oraciones con el verbo en tercera persona del plural a las que se supone un sujeto tácito sin especificar, referido siempre a persona:

Llaman a la puerta ('alguien no determinado llama a la puerta').

Esta interpretación genérica se da también con la primera del plural:

En México cenamos más tarde que en muchos países,

y con la segunda del singular: *Si quieres vivir tranquilo, no debes tener grandes ambiciones.*

Usos de *se*. Los verbos pronominales

LOS USOS DE *SE*

La forma *se* encierra un gran número de valores gramaticales y aparece en estructuras muy diversas, por lo que resulta una de las piezas más complejas de la sintaxis española.

Se distinguen básicamente dos tipos:

- *Se* paradigmático. Los gramáticos denominan de esta manera al *se* que pertenece a la serie o paradigma de formas *me, te, se, nos, os, se*, que aparecen concordando con el sujeto. Está presente en las construcciones reflexivas y recíprocas, así como en las construcciones medias y con dativos concordados:

    Se conoce poco a sí mismo; Se ayudan los unos a los otros; Se despertaron; Se lo comieron.

    También en los verbos pronominales:

    Ella se divierte/Yo me divierto.

- *Se* no paradigmático. A diferencia del anterior, permanece invariable, no alterna con pronombres de otras personas y no desempeña función sintáctica propia. Aparece en las impersonales reflejas:

    Se vive bien siendo estudiante,

    y en las pasivas reflejas:

    Las noticias se recibieron ayer.

LOS VERBOS PRONOMINALES

Se llaman verbos pronominales los que se conjugan con las formas pronominales átonas *me, te, se, nos, os, se* (*arrepentirse, cansarse, marearse...*).

Estos pronombres átonos concuerdan con el sujeto en número y persona. Así, en la oración *Yo me quejo,* dicha concordancia se establece entre *yo* y *me* (1.ª persona del singular). Lo mismo ocurre en el resto del paradigma: *Tú te quejas; Él se queja,* etc.

Se distinguen dos clases de verbos pronominales:

- Los que tienen únicamente forma pronominal: *abalanzarse, abstenerse, adentrarse, arrepentirse, atreverse, dignarse, inmiscuirse, jactarse...*

- Los que poseen variantes no pronominales: *decidir* y *decidirse, esconder* y *esconderse, olvidar* y *olvidarse, lamentar* y *lamentarse...*

En este segundo caso, la construcción a que dan lugar es distinta, ya que las formas no pronominales suelen ser transitivas, con complemento directo, mientras que las pronominales llevan un complemento preposicional:

Decidió volver/Se decidió a volver; Olvidé mis preocupaciones/Me olvidé de mis preocupaciones.

ALTERNANCIAS ENTRE FORMAS PRONOMINALES Y NO PRONOMINALES

- Hay verbos intransitivos que admiten ambas construcciones con diferencias de significado muy sutiles, a veces casi imperceptibles, como *acabar/acabarse, bajar/bajarse, caer/caerse, cerrar/cerrarse, despertar/despertarse, encoger/encogerse, mejorar/mejorarse, morir/morirse, quebrar/quebrarse, parar/pararse, reír/reírse, subir/subirse*:

  La función acabó a las doce o *La función se acabó a las doce; El enfermo ha mejorado mucho* o *El enfermo se ha mejorado mucho; No paraba de reír* o *No paraba de reírse.*

- Existen variantes geográficas:

  – En algunos países americanos se usan construcciones pronominales que están ausentes en otras áreas hispanohablantes, como

  regresarse a un lugar, despegarse un avión, soñarse con algo o *alguien, demorarse, desayunarse, enfermarse,* etc.

  – En el noroeste de España, por el contrario, se usan sin pronombre verbos que habitualmente son pronominales:

  El jarrón rompió; Marcho, que tengo prisa; Las manzanas pudrieron.

- Por otra parte, presentan formas no pronominales, con significado equivalente al de las pronominales, verbos como *calentar* (usado por *calentarse* o *desentumecerse*), *casar, entrenar, estrenar*, entre otros:

  El equipo ha entrenado a tope; Llevan un rato calentando.

> Se desaconseja el uso no pronominal de *recuperarse,* como en [⊗]*Ahora estoy recuperando de una lesión muscular* (por *Ahora me estoy recuperando...*) o *fugarse:* [⊗]*Los ladrones se dieron cuenta de la llegada de la policía y fugaron* (por *... se fugaron*).

Impersonales con *se* y pasivas reflejas

ORACIONES IMPERSONALES REFLEJAS

Se construyen con *se* y un verbo en tercera persona de singular, sea transitivo:

Se honra a los héroes,

o intransitivo:

Allí se discutía casi de todo.

En estas oraciones no hay expresión del sujeto y *se* posee los rasgos de la tercera persona gramatical:

Se habla de política implica 'alguien habla de política'.

Dado que se refieren siempre a personas, las impersonales reflejas no admiten verbos que solo hacen referencia a cosas, como *llover, transcurrir, significar,* etc. Tampoco admiten verbos pronominales: es posible decir *Uno se arrepiente de lo malo que ha hecho,* pero no **Se se arrepiente de lo malo que ha hecho.*

LA PASIVA REFLEJA

Además de la pasiva perifrástica (→ págs. 436-437), existe también la llamada pasiva refleja, cuyas características básicas son las siguientes:

• Se construye con la forma *se* y un verbo transitivo que concuerda con el sujeto paciente en número y persona:

Se aprobó el estatuto./Se aprobaron los estatutos.

• El sujeto puede ser también una oración sustantiva:

Se dice que habrá elecciones; Se decidió cómo hacerlo.

• Son posibles en las perífrasis verbales. Con ellas la forma *se* puede ir delante del verbo auxiliar o detrás del principal:

Estas fechas no se deben olvidar./Estas fechas no deben olvidarse.

La pasiva refleja muestra resistencia a aceptar complementos agentes. Aunque su uso es frecuente en el lenguaje jurídico y administrativo (*La ley se aprobará por el consejo*), se prefiere en estos casos la construcción activa (*El consejo aprobará la ley*) o la pasiva perifrástica (*La ley será aprobada por el consejo*).

RELACIONES Y DIFERENCIAS ENTRE LAS PASIVAS REFLEJAS Y LAS IMPERSONALES CON *SE*

Son construcciones muy cercanas. En ambas se oculta un elemento que se corresponde con el primitivo sujeto:

Alguien cura las heridas > *Se curan las heridas* (pasiva refleja).
Alguien cura a los heridos > *Se cura a los heridos* (impersonal).

En estos ejemplos se observa que, cuando la forma *se* se aplica a un verbo transitivo, el resultado puede ser doble:

- Una construcción de pasiva refleja, en la que el CD no tiene preposición y pasa a ser sujeto: *Se curan las heridas*.

- Una construcción impersonal, donde el CD tiene preposición y se mantiene como tal: *Se cura a los heridos*.

Como puede verse, el verbo de las impersonales reflejas va siempre en singular:

Se elegirá al representante/Se elegirá a los representantes,

mientras que el de las pasivas reflejas puede ir en singular o en plural, puesto que concuerda con el sujeto paciente:

Se elegirá un representante/Se elegirán varios representantes.

Con los verbos intransitivos solamente son posibles las oraciones impersonales:

En verano se duerme mal; Aquí no se habla de política.

Es habitual que se produzcan cruces entre estos dos tipos de construcciones, dando lugar a estructuras híbridas incorrectas, como [⊗]*Se premiaron a los mejores alumnos* (por *Se premió a los mejores alumnos*) o [⊗]*Se buscan a los culpables* (por *Se busca a los culpables*). Esta incorrección es especialmente frecuente con verbos de denominación y de juicio, como en [⊗]*Se llaman bonaerenses a los habitantes de Buenos Aires* (por *Se llama bonaerenses...*).

Con sujetos de cosa, es preferible la pasiva refleja (*Se alquilan habitaciones; Se dan clases de inglés*), si bien, sobre todo en publicidad, es frecuente la forma impersonal (*Se alquila habitaciones; Se da clases de inglés*), opción que no se recomienda.

En algunas áreas del español americano (notablemente en la rioplatense), son comunes las impersonales con *se* y CD de cosa (*El asunto era importante, pero no se lo planteó bien*). En las demás áreas se prefieren generalmente en estos casos las pasivas reflejas: *El asunto era importante, pero no se planteó bien*.

Locuciones con valor causal y final

Las construcciones causales y finales van encabezadas a menudo por diversas locuciones. No es infrecuente que dichas locuciones adopten, en determinados registros lingüísticos, formas que no responden a las pautas establecidas, por lo que su uso se rechaza por incorrecto. He aquí algunos casos.

CONSTRUCCIONES CAUSALES, FINALES E ILATIVAS

• *Comoquiera que.* La locución *comoquiera que* seguida de indicativo es característica de las causales explicativas antepuestas, y equivale a *dado que* o *puesto que*:

> *Comoquiera que mañana es domingo, no pienso madrugar.*

No se debe escribir, con este significado y uso, la grafía ⊗*como quiera que*.

Quizá por influjo del catalán, en el español europeo se emplea a veces de forma indebida *como que* en el sentido de *comoquiera que*: ⊗*Como que se han terminado las obras, se puede inaugurar la exposición la semana que viene*. Debe evitarse esta construcción.

• *Habida cuenta (de).* La locución *habida cuenta* va seguida normalmente de un complemento introducido por la preposición *de*, lo que da lugar a las pautas «*habida cuenta de* + subordinada sustantiva» y «*habida cuenta de* + grupo nominal»:

> *Habida cuenta de que a otros también les ha ocurrido, no puedo quejarme; Habida cuenta de la vecindad, no podía esperar otra cosa.*

En el primer caso puede desaparecer la preposición, pero no en el segundo. Así, sería correcto *Habida cuenta que a otros también les ha ocurrido...*, pero no ⊗*Habida cuenta la vecindad...*

• «*No vaya a* + infinitivo». Posee valor final:

> *Echaré un vistazo, no vaya a ser que haya alguien espiándome.*

Se considera incorrecta —y debe, por tanto, evitarse— la sustitución de esta fórmula por ⊗«*vaya que* + subjuntivo», como en ⊗*Ten cuidado, vaya que tengamos un disgusto* (en lugar de *no vaya a ser que tengamos un disgusto*).

• *Debido a que.* Es una locución de sentido causal:

> *No se pudo jugar el partido debido a que el campo estaba helado.*

No debe emplearse *debido a* seguida de un infinitivo. El ejemplo propuesto no sería, pues, correcto construido de esta manera: [⊗]*No se pudo jugar el partido debido a estar el campo helado.*

• **Con motivo de** y **por motivo de.** Tienen también sentido causal, si bien la primera se emplea actualmente más que la segunda, propia sobre todo de algunos países americanos:

Se han engalanado las calles con motivo de las fiestas patronales;
Se ha ido a vivir a Australia por motivo de trabajo.

Se consideran incorrectas las variantes [⊗]*con motivo a* y [⊗]*por motivo a,* tengan término nominal u oracional: [⊗]*Ha tenido que irse a la oficina con motivo a solucionar un asunto urgente* (por ... *con motivo de solucionar un asunto urgente*); [⊗]*No le dieron el crédito por motivo a la falta de aval* (en vez de ... *por motivo de la falta de aval*).

• **Con el objeto de, al objeto de.** Ambas locuciones expresan finalidad:

Utilizó un lenguaje grandilocuente con el objeto (o al objeto) de convencer al auditorio.

Como se ha señalado, se considera incorrecta, en cambio, [⊗]*a objeto de:* [⊗]*Empezó a tocar el saxofón a objeto de amenizar la velada* (por ... *con el objeto de amenizar la velada*).

• **En aras de.** Locución con valor final que significa 'a favor de o en interés de'. Se registra su uso con términos nominales y oracionales:

Se inició una nueva negociación en aras de salvar el proceso de paz.

Se considera incorrecta la variante [⊗]*en aras a:* [⊗]*Sacrificó muchas cosas en aras a aquel proyecto* (por ... *en aras de aquel proyecto*).

Locuciones con valor consecutivo, ilativo, condicional y concesivo

Las locuciones que introducen construcciones de sentido consecutivo, condicional y concesivo están sometidas a la misma posibilidad de error que las causales y finales vistas en el capítulo precedente. He aquí algunos casos:

- *De (tal) forma que, de (tal) manera que* y *de (tal) modo que.* Son locuciones que habitualmente se usan con valor ilativo o consecutivo:

  Están todos durmiendo, de manera que no hagas ruido al entrar; Se distrajo de tal modo que no se enteró de la explicación.

  Resulta redundante la fórmula ⊗*de modo y manera que,* por lo que se desaconseja su uso: ⊗*Ya lo sé, de modo y manera que no me lo repitas* (por ... *de manera* [o *de modo*] *que no me lo repitas*).

- *Así que.* Locución ilativa equivalente a *de modo que, de suerte que:*

  Se sentía incapaz de hacer el trabajo sola, así que tuvo que pedir ayuda a su padre.

  Admite la variante *así es que,* pero no es correcta la forma dequeísta ⊗*así es de que,* usada en México y Centroamérica: *Esto no va con usted, así es que no se meta,* pero no ... ⊗*así es de que no se meta.*

- *Con la condición de que, a condición de que, en caso de que.* Son locuciones conjuntivas de sentido condicional:

  Te lo dejo con la condición de que me lo devuelvas; En caso de que vuelva, no le abran.

  No se consideran correctas las variantes queístas ⊗*con la condición que,* ⊗*a condición que,* ⊗*en caso que,* como en las variantes de los ejemplos anteriores ⊗*Te lo dejo con la condición que me lo devuelvas;* ⊗*En caso que vuelva, no le abran.*

- *A menos que.* También es condicional:

  La policía no se atreve a entrar a menos que los asaltantes depongan las armas.

  En este caso es incorrecta la variante dequeísta ⊗*a menos de que:* ... ⊗*a menos de que los asaltantes depongan las armas.*

- *Con tal de que* y *con tal que.* Constituyen dos variantes de la misma locución igualmente correctas:

  Haré lo que quieras con tal (de) que te calles.

- **Yo que tú, yo que usted, yo que él...** Se trata de construcciones condicionales que equivalen a 'si yo fuera tú', 'si yo fuera usted', 'si yo fuera él'...

    Yo que tú me lo pensaría dos veces.

    No se recomiendan las variantes con preposición ⊗*yo de ti,* ⊗*yo de usted,* ⊗*yo de él:* ⊗*Yo de ti no le haría caso* (por *Yo que tú no le haría caso*); *Yo de ella lo denunciaría* (por *Yo que ella lo denunciaría*).

- **A pesar de que.** Locución de valor concesivo:

    Sigo engordando a pesar de que no como casi nada.

    La variante ⊗*a pesar que* constituye un caso de queísmo, por lo que se desaconseja: ⊗*Sigo teniendo sueño a pesar que he dormido diez horas* (por ... *a pesar de que he dormido diez horas*).

- **Por mucho que, por poco que, por más que.** Locuciones de carácter concesivo:

    Por mucho que maquinen, no van a salirse con la suya; Por poco que sepa del asunto, ya sabe más que yo; Por más que insistan, no voy a darles la razón.

    Se recomienda evitar la variante dequeísta ⊗*por más de que:* ⊗*No voy a ir todo el día detrás de ella, por más de que me guste* (en lugar de ... *por más que me guste*).

- **Bien que, si bien.** También expresan concesividad estas dos locuciones con el adverbio *bien:*

    Veía cosas positivas en el plan, bien que no acababa de gustarle del todo; Aquella amistad parecía duradera, si bien no tardaría en ser puesta a prueba.

    Se registra en ocasiones la forma híbrida ⊗*si bien que,* mezcla de *si bien* y de *bien que,* que se recomienda evitar: ⊗*Tenía que acompañarlos, si bien que no acababa de fiarse de ellos* (por ... *si bien no acababa de fiarse de ellos*).

- **A sabiendas** y **sabiendo** pueden alternar con valor concesivo:

    Le ofreció sus excusas a sabiendas de (por *sabiendo*) *que no las aceptaría.*

    No es correcto el empleo de *a sabiendas* como equivalente del gerundio *sabiendo* cuando este último no tiene sentido concesivo, como sucede en ⊗*Me quedo más tranquilo a sabiendas de* (por *sabiendo*) *que está tan bien atendida.*

Apéndices

Conjugación española

1 AMAR

Verbo modelo de la primera conjugación

Tiempos simples

Formas no personales

Infinitivo	Participio	Gerundio
amar	amado	amando

Indicativo

NÚMERO	PERSONAS DEL DISCURSO	PRONOMBRES PERSONALES	Presente	Pret. imperfecto/ Copretérito	Pret. perfecto simple/ Pretérito
Singular	1.ª	yo	amo	amaba	amé
Singular	2.ª	tú/vos	amas/amás	amabas	amaste
Singular	2.ª	usted	ama	amaba	amó
Singular	3.ª	él, ella	ama	amaba	amó
Plural	1.ª	nosotros, -as	amamos	amábamos	amamos
Plural	2.ª	vosotros, -as	amáis	amabais	amasteis
Plural	2.ª	ustedes	aman	amaban	amaron
Plural	3.ª	ellos, ellas	aman	amaban	amaron

NÚMERO	PERSONAS	PRONOMBRES	Futuro simple/Futuro	Condicional simple/Pospretérito
Singular	1.ª	yo	amaré	amaría
Singular	2.ª	tú/vos	amarás	amarías
Singular	2.ª	usted	amará	amaría
Singular	3.ª	él, ella	amará	amaría
Plural	1.ª	nosotros, -as	amaremos	amaríamos
Plural	2.ª	vosotros, -as	amaréis	amaríais
Plural	2.ª	ustedes	amarán	amarían
Plural	3.ª	ellos, ellas	amarán	amarían

Subjuntivo

NÚMERO	PERSONAS DEL DISCURSO	PRONOMBRES PERSONALES	Presente	Pret. imperfecto/ Copretérito	Futuro simple/ Futuro
Singular	1.ª	yo	ame	amara o amase	amare
Singular	2.ª	tú/vos	ames	amaras o amases	amares
Singular	2.ª	usted	ame	amara o amase	amare
Singular	3.ª	él, ella	ame	amara o amase	amare
Plural	1.ª	nosotros, -as	amemos	amáramos o amásemos	amáremos
Plural	2.ª	vosotros, -as	améis	amarais o amaseis	amareis
Plural	2.ª	ustedes	amen	amaran o amases	amaren
Plural	3.ª	ellos, ellas	amen	amaran o amases	amaren

Imperativo

Singular	2.ª	tú/vos	ama/amá	Plural	2.ª	vosotros, -as	amad
		usted	ame			ustedes	amen

Tiempos compuestos		

Formas no personales

Infinitivo	Participio	Gerundio
haber amado	—	habiendo amado

Indicativo

NÚMERO	PERSONAS DEL DISCURSO	PRONOMBRES PERSONALES	Pret. perfecto compuesto / Antepresente	Pret. pluscuamperfecto / Antecopretérito	Pret. anterior / Antepretérito
Singular	1.ª	yo	he amado	había amado	hube amado
	2.ª	tú/vos	has amado	habías amado	hubiste amado
		usted	ha amado	había amado	hubo amado
	3.ª	él, ella			
Plural	1.ª	nosotros, -as	hemos amado	habíamos amado	hubimos amado
	2.ª	vosotros, -as	habéis amado	habíais amado	hubisteis amado
		ustedes	han amado	habían amado	hubieron amado
	3.ª	ellos, ellas			

			Futuro compuesto / Antefuturo	Condicional compuesto / Antepospretérito
Singular	1.ª	yo	habré amado	habría amado
	2.ª	tú/vos	habrás amado	habrías amado
		usted	habrá amado	habría amado
	3.ª	él, ella		
Plural	1.ª	nosotros, -as	habremos amado	habríamos amado
	2.ª	vosotros, -as	habréis amado	habríais amado
		ustedes	habrán amado	habrían amado
	3.ª	ellos, ellas		

Subjuntivo

NÚMERO	PERSONAS DEL DISCURSO	PRONOMBRES PERSONALES	Pret. perfecto compuesto / Antepresente	Pret. pluscuamperfecto / Antecopretérito	Futuro compuesto / Antefuturo
Singular	1.ª	yo	haya amado	hubiera o hubiese amado	hubiere amado
	2.ª	tú/vos	hayas amado	hubieras o hubieses amado	hubieres amado
		usted	haya amado	hubiera o hubiese amado	hubiere amado
	3.ª	él, ella			
Plural	1.ª	nosotros, -as	hayamos amado	hubiéramos o hubiésemos amado	hubiéremos amado
	2.ª	vosotros, -as	hayáis amado	hubierais o hubieseis amado	hubiereis amado
		ustedes	hayan amado	hubieran o hubiesen amado	hubieren amado
	3.ª	ellos, ellas			

2 TEMER

Verbo modelo de la segunda conjugación

Tiempos simples

Formas no personales

Infinitivo	Participio	Gerundio
temer	temido	temiendo

Indicativo

NÚMERO	PERSONAS DEL DISCURSO	PRONOMBRES PERSONALES	Presente	Pret. imperfecto/ Copretérito	Pret. perfecto simple/ Pretérito
Singular	1.ª	yo	temo	temía	temí
	2.ª	tú/vos	temes/temés	temías	temiste
		usted	teme	temía	temió
	3.ª	él, ella			
Plural	1.ª	nosotros, -as	tememos	temíamos	temimos
	2.ª	vosotros, -as	teméis	temíais	temisteis
		ustedes	temen	temían	temieron
	3.ª	ellos, ellas			

NÚMERO	PERSONAS	PRONOMBRES	Futuro simple/Futuro	Condicional simple/Pospretérito
Singular	1.ª	yo	temeré	temería
	2.ª	tú/vos	temerás	temerías
		usted	temerá	temería
	3.ª	él, ella		
Plural	1.ª	nosotros, -as	temeremos	temeríamos
	2.ª	vosotros, -as	temeréis	temeríais
		ustedes	temerán	temerían
	3.ª	ellos, ellas		

Subjuntivo

NÚMERO	PERSONAS DEL DISCURSO	PRONOMBRES PERSONALES	Presente	Pret. imperfecto/ Copretérito	Futuro simple/ Futuro
Singular	1.ª	yo	tema	temiera o temiese	temiere
	2.ª	tú/vos	temas	temieras o temieses	temieres
		usted	tema	temiera o temiese	temiere
	3.ª	él, ella			
Plural	1.ª	nosotros, -as	temamos	temiéramos o temiésemos	temiéremos
	2.ª	vosotros, -as	temáis	temierais o temieseis	temiereis
		ustedes	teman	temieran o temiesen	temieren
	3.ª	ellos, ellas			

Imperativo

Singular	2.ª	tú/vos	teme/temé	Plural	2.ª	vosotros, -as	temed
		usted	tema			ustedes	teman

Tiempos compuestos

Formas no personales

Infinitivo	Participio	Gerundio
haber temido	—	habiendo temido

Indicativo

NÚMERO	PERSONAS DEL DISCURSO	PRONOMBRES PERSONALES	Pret. perfecto compuesto/ Antepresente	Pret. pluscuamperfecto/ Antecopretérito	Pret. anterior/ Antepretérito
Singular	1.ª	yo	he temido	había temido	hube temido
	2.ª	tú/vos	has temido	habías temido	hubiste temido
		usted	ha temido	había temido	hubo temido
	3.ª	él, ella			
Plural	1.ª	nosotros, -as	hemos temido	habíamos temido	hubimos temido
	2.ª	vosotros, -as	habéis temido	habíais temido	hubisteis temido
		ustedes	han temido	habían temido	hubieron temido
	3.ª	ellos, ellas			

NÚMERO	PERSONAS DEL DISCURSO	PRONOMBRES PERSONALES	Futuro compuesto/Antefuturo	Condicional compuesto/ Antepospretérito
Singular	1.ª	yo	habré temido	habría temido
	2.ª	tú/vos	habrás temido	habrías temido
		usted	habrá temido	habría temido
	3.ª	él, ella		
Plural	1.ª	nosotros, -as	habremos temido	habríamos temido
	2.ª	vosotros, -as	habréis temido	habríais temido
		ustedes	habrán temido	habrían temido
	3.ª	ellos, ellas		

Subjuntivo

NÚMERO	PERSONAS DEL DISCURSO	PRONOMBRES PERSONALES	Pret. perfecto compuesto/ Antepresente	Pret. pluscuamperfecto/ Antecopretérito	Futuro compuesto/ Antefuturo
Singular	1.ª	yo	haya temido	hubiera o hubiese temido	hubiere temido
	2.ª	tú/vos	hayas temido	hubieras o hubieses temido	hubieres temido
		usted	haya temido	hubiera o hubiese temido	hubiere temido
	3.ª	él, ella			
Plural	1.ª	nosotros, -as	hayamos temido	hubiéramos o hubiésemos temido	hubiéremos temido
	2.ª	vosotros, -as	hayáis temido	hubierais o hubieseis temido	hubiereis temido
		ustedes	hayan temido	hubieran o hubiesen temido	hubieren temido
	3.ª	ellos, ellas			

3 PARTIR

Verbo modelo de la tercera conjugación

Tiempos simples

Formas no personales

Infinitivo	Participio	Gerundio
partir	partido	partiendo

Indicativo

NÚMERO	PERSONAS DEL DISCURSO	PRONOMBRES PERSONALES	Presente	Pret. imperfecto/ Copretérito	Pret. perfecto simple/ Pretérito
Singular	1.ª	yo	parto	partía	partí
	2.ª	tú/vos	partes/partís	partías	partiste
		usted	parte	partía	partió
	3.ª	él, ella			
Plural	1.ª	nosotros, -as	partimos	partíamos	partimos
	2.ª	vosotros, -as	partís	partíais	partisteis
		ustedes	parten	partían	partieron
	3.ª	ellos, ellas			

NÚMERO	PERSONAS DEL DISCURSO	PRONOMBRES PERSONALES	Futuro simple/Futuro	Condicional simple/Pospretérito
Singular	1.ª	yo	partiré	partiría
	2.ª	tú/vos	partirás	partirías
		usted	partirá	partiría
	3.ª	él, ella		
Plural	1.ª	nosotros, -as	partiremos	partiríamos
	2.ª	vosotros, -as	partiréis	partiríais
		ustedes	partirán	partirían
	3.ª	ellos, ellas		

Subjuntivo

NÚMERO	PERSONAS DEL DISCURSO	PRONOMBRES PERSONALES	Presente	Pret. imperfecto/ Copretérito	Futuro simple/ Futuro
Singular	1.ª	yo	parta	partiera o partiese	partiere
	2.ª	tú/vos	partas	partieras o partieses	partieres
		usted	parta	partiera o partiese	partiere
	3.ª	él, ella			
Plural	1.ª	nosotros, -as	partamos	partiéramos o partiésemos	partiéremos
	2.ª	vosotros, -as	partáis	partierais o partieseis	partiereis
		ustedes	partan	partieran o partiesen	partieren
	3.ª	ellos, ellas			

Imperativo

Singular	2.ª	tú/vos	parte/partí	Plural	2.ª	vosotros, -as	partid
		usted	parta			ustedes	partan

Tiempos compuestos

Formas no personales

Infinitivo	Participio	Gerundio
haber partido	—	habiendo partido

Indicativo

NÚMERO	PERSONAS DEL DISCURSO	PRONOMBRES PERSONALES	Pret. perfecto compuesto / Antepresente	Pret. pluscuamperfecto / Antecopretérito	Pret. anterior / Antepretérito
Singular	1.ª	yo	he partido	había partido	hube partido
	2.ª	tú/vos	has partido	habías partido	hubiste partido
	2.ª	usted	ha partido	había partido	hubo partido
	3.ª	él, ella			
Plural	1.ª	nosotros, -as	hemos partido	habíamos partido	hubimos partido
	2.ª	vosotros, -as	habéis partido	habíais partido	hubisteis partido
	2.ª	ustedes	han partido	habían partido	hubieron partido
	3.ª	ellos, ellas			

NÚMERO	PERSONAS DEL DISCURSO	PRONOMBRES PERSONALES	Futuro compuesto / Antefuturo	Condicional compuesto / Antepospretérito
Singular	1.ª	yo	habré partido	habría partido
	2.ª	tú/vos	habrás partido	habrías partido
	2.ª	usted	habrá partido	habría partido
	3.ª	él, ella		
Plural	1.ª	nosotros, -as	habremos partido	habríamos partido
	2.ª	vosotros, -as	habréis partido	habríais partido
	2.ª	ustedes	habrán partido	habrían partido
	3.ª	ellos, ellas		

Subjuntivo

NÚMERO	PERSONAS DEL DISCURSO	PRONOMBRES PERSONALES	Pret. perfecto compuesto / Antepresente	Pret. pluscuamperfecto / Antecopretérito	Futuro compuesto / Antefuturo
Singular	1.ª	yo	haya partido	hubiera o hubiese partido	hubiere partido
	2.ª	tú/vos	hayas partido	hubieras o hubieses partido	hubieres partido
	2.ª	usted	haya partido	hubiera o hubiese partido	hubiere partido
	3.ª	él, ella			
Plural	1.ª	nosotros, -as	hayamos partido	hubiéramos o hubiésemos partido	hubiéremos partido
	2.ª	vosotros, -as	hayáis partido	hubierais o hubieseis partido	hubiereis partido
	2.ª	ustedes	hayan partido	hubieran o hubiesen partido	hubieren partido
	3.ª	ellos, ellas			

Conjugación española. Verbos irregulares

		4. Acertar	5. Actuar	6. Adeudar	7. Adquirir
Formas no personales	Infinitivo				
	Participio	acertado	actuado	adeudado	adquirido
	Gerundio	acertando	actuando	adeudando	adquiriendo
Indicativo	Presente	acierto aciertas/acertás acierta acertamos acertáis aciertan	actúo actúas/actuás actúa actuamos actuáis actúan	adeudo adeudas/adeudás adeuda adeudamos adeudáis adeudan	adquiero adquieres/adquirís adquiere adquirimos adquirís adquieren
	Pret. imperfecto/ Copretérito	acertaba acertabas acertaba acertábamos acertabais acertaban	actuaba actuabas actuaba actuábamos actuabais actuaban	adeudaba adeudabas adeudaba adeudábamos adeudabais adeudaban	adquiría adquirías adquiría adquiríamos adquiríais adquirían
	Pret. perfecto simple/ Pretérito	acerté acertaste acertó acertamos acertasteis acertaron	actué actuaste actuó actuamos actuasteis actuaron	adeudé adeudaste adeudó adeudamos adeudasteis adeudaron	adquirí adquiriste adquirió adquirimos adquiristeis adquirieron
	Futuro simple/ Futuro	acertaré acertarás acertará acertaremos acertaréis acertarán	actuaré actuarás actuará actuaremos actuaréis actuarán	adeudaré adeudarás adeudará adeudaremos adeudaréis adeudarán	adquiriré adquirirás adquirirá adquiriremos adquiriréis adquirirán
	Condicional simple/ Pospretérito	acertaría acertarías acertaría acertaríamos acertaríais acertarían	actuaría actuarías actuaría actuaríamos actuaríais actuarían	adeudaría adeudarías adeudaría adeudaríamos adeudaríais adeudarían	adquiriría adquirirías adquiriría adquiriríamos adquiriríais adquirirían
Subjuntivo	Presente	acierte aciertes acierte acertemos acertéis acierten	actúe actúes actúe actuemos actuéis actúen	adeude adeudes adeude adeudemos adeudéis adeuden	adquiera adquieras adquiera adquiramos adquiráis adquieran
	Pret. imperfecto/ Pretérito	acertara o acertase acertaras o acertases acertara o acertase acertáramos o acertásemos acertarais o acertaseis acertaran o acertasen	actuara o actuase actuaras o actuases actuara o actuase actuáramos o actuásemos actuarais o actuaseis actuaran o actuasen	adeudara o adeudase adeudaras o adeudases adeudara o adeudase adeudáramos o adeudásemos adeudarais o adeudaseis adeudaran o adeudasen	adquiriera o adquiriese adquirieras o adquirieses adquiriera o adquiriese adquiriéramos o adquiriésemos adquirierais o adquirieseis adquirieran o adquiriesen
	Futuro simple/ Futuro	acertare acertares acertare acertáremos acertareis acertaren	actuare actuares actuare actuáremos actuareis actuaren	adeudare adeudares adeudare adeudáremos adeudareis adeudaren	adquiriere adquirieres adquiriere adquiriéremos adquiriereis adquirieren
Imperativo		acierta/acertá acierte acertad acierten	actúa/actuá actúe actuad actúen	adeuda/adeudá adeude adeudad adeuden	adquiere/adquirí adquiera adquirid adquieran

		Infinitivo	**8. Agradecer**	**9. Aislar**	**10. Andar**	**11. Anunciar**
Formas no personales		Participio	agradecido	aislado	andado	anunciado
		Gerundio	agradeciendo	aislando	andando	anunciando
Indicativo		Presente	agradezco agradeces/agradecés agradece agradecemos agradecéis agradecen	aíslo aíslas/aislás aísla aislamos aisláis aíslan	ando andas/andás anda andamos andáis andan	anuncio anuncias/anunciás anuncia anunciamos anunciáis anuncian
		Pret. imperfecto/ Copretérito	agradecía agradecías agradecía agradecíamos agradecíais agradecían	aislaba aislabas aislaba aislábamos aislabais aislaban	andaba andabas andaba andábamos andabais andaban	anunciaba anunciabas anunciaba anunciábamos anunciabais anunciaban
		Pret. perfecto simple/ Pretérito	agradecí agradeciste agradeció agradecimos agradecisteis agradecieron	aislé aislaste aisló aislamos aislasteis aislaron	anduve anduviste anduvo anduvimos anduvisteis anduvieron	anuncié anunciaste anunció anunciamos anunciasteis anunciaron
		Futuro simple/ Futuro	agradeceré agradecerás agradecerá agradeceremos agradeceréis agradecerán	aislaré aislarás aislará aislaremos aislaréis aislarán	andaré andarás andará andaremos andaréis andarán	anunciaré anunciarás anunciará anunciaremos anunciaréis anunciarán
		Condicional simple/ Pospretérito	agradecería agradecerías agradecería agradeceríamos agradeceríais agradecerían	aislaría aislarías aislaría aislaríamos aislaríais aislarían	andaría andarías andaría andaríamos andaríais andarían	anunciaría anunciarías anunciaría anunciaríamos anunciaríais anunciarían
Subjuntivo		Presente	agradezca agradezcas agradezca agradezcamos agradezcáis agradezcan	aísle aísles aísle aislemos aisléis aíslen	ande andes ande andemos andéis anden	anuncie anuncies anuncie anunciemos anunciéis anuncien
		Pret. imperfecto/ Pretérito	agradeciera o agradeciese agradecieras o agradecieses agradeciera o agradeciese agradeciéramos o agradeciésemos agradecierais o agradecieseis agradecieran o agradeciesen	aislara o aislase aislaras o aislases aislara o aislase aisláramos o aislásemos aislarais o aislaseis aislaran o aislasen	anduviera o anduviese anduvieras o anduvieses anduviera o anduviese anduviéramos o anduviésemos anduvierais o anduvieseis anduvieran o anduviesen	anunciara o anunciase anunciaras o anunciases anunciara o anunciase anunciáramos o anunciásemos anunciarais o anunciaseis anunciaran o anunciasen
		Futuro simple/ Futuro	agradeciere agradecieres agradeciere agradeciéremos agradeciereis agradecieren	aislare aislares aislare aisláremos aislareis aislaren	anduviere anduvieres anduviere anduviéremos anduviereis anduvieren	anunciare anunciares anunciare anunciáremos anunciareis anunciaren
Imperativo			agradece/agradecé agradezca agradeced agradezcan	aísla/aislá aísle aislad aíslen	anda/andá ande andad anden	anuncia/anunciá anuncie anunciad anuncien

Conjugación española. Verbos irregulares

		12. Aplaudir	13. Asir	14. Aunar	15. Averiguar
Formas no personales	Infinitivo	aplaudir	asir	aunar	averiguar
	Participio	aplaudido	asido	aunado	averiguado
	Gerundio	aplaudiendo	asiendo	aunando	averiguando
Indicativo	Presente	aplaudo aplaudes/aplaudís aplaude aplaudimos aplaudís aplauden	asgo ases/asís ase asimos asís asen	aúno aúnas/aunás aúna aunamos aunáis aúnan	averiguo averiguas/averiguás averigua averiguamos averiguáis averiguan
	Pret. imperfecto/ Copretérito	aplaudía aplaudías aplaudía aplaudíamos aplaudíais aplaudían	asía asías asía asíamos asíais asían	aunaba aunabas aunaba aunábamos aunabais aunaban	averiguaba averiguabas averiguaba averiguábamos averiguabais averiguaban
	Pret. perfecto simple/ Pretérito	aplaudí aplaudiste aplaudió aplaudimos aplaudisteis aplaudieron	así asiste asió asimos asisteis asieron	auné aunaste aunó aunamos aunasteis aunaron	averigüé averiguaste averiguó averiguamos averiguasteis averiguaron
	Futuro simple/ Futuro	aplaudiré aplaudirás aplaudirá aplaudiremos aplaudiréis aplaudirán	asiré asirás asirá asiremos asiréis asirán	aunaré aunarás aunará aunaremos aunaréis aunarán	averiguaré averiguarás averiguará averiguaremos averiguaréis averiguarán
	Condicional simple/ Pospretérito	aplaudiría aplaudirías aplaudiría aplaudiríamos aplaudiríais aplaudirían	asiría asirías asiría asiríamos asiríais asirían	aunaría aunarías aunaría aunaríamos aunaríais aunarían	averiguaría averiguarías averiguaría averiguaríamos averiguaríais averiguarían
Subjuntivo	Presente	aplauda aplaudas aplauda aplaudamos aplaudáis aplaudan	asga asgas asga asgamos asgáis asgan	aúne aúnes aúne aunemos aunéis aúnen	averigüe averigües averigüe averigüemos averigüéis averigüen
	Pret. imperfecto/ Pretérito	aplaudiera o aplaudiese aplaudieras o aplaudieses aplaudiera o aplaudiese aplaudiéramos o aplaudiésemos aplaudierais o aplaudieseis aplaudieran o aplaudiesen	asiera o asiese asieras o asieses asiera o asiese asiéramos o asiésemos asierais o asieseis asieran o asiesen	aunara o aunase aunaras o aunases aunara o aunase aunáramos o aunásemos aunarais o aunaseis aunaran o aunasen	averiguara o averiguase averiguaras o averiguases averiguara o averiguase averiguáramos o averiguásemos averiguarais o averiguaseis averiguaran o averiguasen
	Futuro simple/ Futuro	aplaudiere aplaudieres aplaudiere aplaudiéremos aplaudiereis aplaudieren	asiere asieres asiere asiéremos asiereis asieren	aunare aunares aunare aunáremos aunareis aunaren	averiguare averiguares averiguare averiguáremos averiguareis averiguaren
Imperativo		aplaude/aplaudí aplauda aplaudid aplaudan	ase/así asga asid asgan	aúna/auná aúne aunad aúnen	averigua/averiguá averigüe averiguad averigüen

		Infinitivo	**16. Bailar**	**17. Bendecir**	**18. Caber**	**19. Caer**
Formas no personales		Participio	bailado	bendecido	cabido	caído
		Gerundio	bailando	bendiciendo	cabiendo	cayendo
Indicativo		Presente	bailo bailas/bailás baila bailamos bailáis bailan	bendigo bendices/bendecís bendice bendecimos bendecís bendicen	quepo cabes/cabés cabe cabemos cabéis caben	caigo caes/caés cae caemos caéis caen
		Pret. imperfecto/ Copretérito	bailaba bailabas bailaba bailábamos bailabais bailaban	bendecía bendecías bendecía bendecíamos bendecíais bendecían	cabía cabías cabía cabíamos cabíais cabían	caía caías caía caíamos caíais caían
		Pret. perfecto simple/ Pretérito	bailé bailaste bailó bailamos bailasteis bailaron	bendije bendijiste bendijo bendijimos bendijisteis bendijeron	cupe cupiste cupo cupimos cupisteis cupieron	caí caíste cayó caímos caísteis cayeron
		Futuro simple/ Futuro	bailaré bailarás bailará bailaremos bailaréis bailarán	bendeciré bendecirás bendecirá bendeciremos bendeciréis bendecirán	cabré cabrás cabrá cabremos cabréis cabrán	caeré caerás caerá caeremos caeréis caerán
		Condicional simple/ Pospretérito	bailaría bailarías bailaría bailaríamos bailaríais bailarían	bendeciría bendecirías bendeciría bendeciríamos bendeciríais bendecirían	cabría cabrías cabría cabríamos cabríais cabrían	caería caerías caería caeríamos caeríais caerían
Subjuntivo		Presente	baile bailes baile bailemos bailéis bailen	bendiga bendigas bendiga bendigamos bendigáis bendigan	quepa quepas quepa quepamos quepáis quepan	caiga caigas caiga caigamos caigáis caigan
		Pret. imperfecto/ Pretérito	bailara o bailase bailaras o bailases bailara o bailase bailáramos o bailásemos bailarais o bailaseis bailaran o bailasen	bendijera o bendijese bendijeras o bendijeses bendijera o bendijese bendijéramos o bendijésemos bendijerais o bendijeseis bendijeran o bendijesen	cupiera o cupiese cupieras o cupieses cupiera o cupiese cupiéramos o cupiésemos cupierais o cupieseis cupieran o cupiesen	cayera o cayese cayeras o cayeses cayera o cayese cayéramos o cayésemos cayerais o cayeseis cayeran o cayesen
		Futuro simple/ Futuro	bailare bailares bailare bailáremos bailareis bailaren	bendijere bendijeres bendijere bendijéremos bendijereis bendijeren	cupiere cupieres cupiere cupiéremos cupiereis cupieren	cayere cayeres cayere cayéremos cayereis cayeren
Imperativo			baila/bailá baile bailad bailen	bendice/bendecí bendiga bendecid bendigan	cabe/cabé quepa cabed quepan	cae/caé caiga caed caigan

Conjugación española. Verbos irregulares

	Infinitivo	20. Causar	21. Ceñir	22. Coitar	23. Conducir
Formas no personales	Participio	causado	ceñido	coitado	conducido
	Gerundio	causando	ciñendo	coitando	conduciendo
Indicativo	Presente	causo causas/causás causa causamos causáis causan	ciño ciñes/ceñís ciñe ceñimos ceñís ciñen	coito coitas/coitás coita coitamos coitáis coitan	conduzco conduces/conducís conduce conducimos conducís conducen
	Pret. imperfecto/ Copretérito	causaba causabas causaba causábamos causabais causaban	ceñía ceñías ceñía ceñíamos ceñíais ceñían	coitaba coitabas coitaba coitábamos coitabais coitaban	conducía conducías conducía conducíamos conducíais conducían
	Pret. perfecto simple/ Pretérito	causé causaste causó causamos causasteis causaron	ceñí ceñiste ciñó ceñimos ceñisteis ciñeron	coité coitaste coitó coitamos coitasteis coitaron	conduje condujiste condujo condujimos condujisteis condujeron
	Futuro simple/ Futuro	causaré causarás causará causaremos causaréis causarán	ceñiré ceñirás ceñirá ceñiremos ceñiréis ceñirán	coitaré coitarás coitará coitaremos coitaréis coitarán	conduciré conducirás conducirá conduciremos conduciréis conducirán
	Condicional simple/ Pospretérito	causaría causarías causaría causaríamos causaríais causarían	ceñiría ceñirías ceñiría ceñiríamos ceñiríais ceñirían	coitaría coitarías coitaría coitaríamos coitaríais coitarían	conduciría conducirías conduciría conduciríamos conduciríais conducirían
Subjuntivo	Presente	cause causes cause causemos causéis causen	ciña ciñas ciña ciñamos ciñáis ciñan	coite coites coite coitemos coitéis coiten	conduzca conduzcas conduzca conduzcamos conduzcáis conduzcan
	Pret. imperfecto/ Pretérito	causara o causase causaras o causases causara o causase causáramos o causásemos causarais o causaseis causaran o causasen	ciñera o ciñese ciñeras o ciñeses ciñera o ciñese ciñéramos o ciñésemos ciñerais o ciñeseis ciñeran o ciñesen	coitara o coitase coitaras o coitases coitara o coitase coitáramos o coitásemos coitarais o coitaseis coitaran o coitasen	condujera o condujese condujeras o condujeses condujera o condujese condujéramos o condujésemos condujerais o condujeseis condujeran o condujesen
	Futuro simple/ Futuro	causare causares causare causáremos causareis causaren	ciñere ciñeres ciñere ciñéremos ciñereis ciñeren	coitare coitares coitare coitáremos coitareis coitaren	condujere condujeres condujere condujéremos condujereis condujeren
Imperativo		causa/causá cause causad causen	ciñe/ceñí ciña ceñid ciñan	coita/coitá coite coitad coiten	conduce/conducí conduzca conducid conduzcan

	Infinitivo	24. Construir	25. Contar	26. Dar	27. Decir
Formas no personales	Participio	construido	contado	dado	dicho
	Gerundio	construyendo	contando	dando	diciendo
Indicativo	Presente	construyo construyes/construís construye construimos construís construyen	cuento cuentas/contás cuenta contamos contáis cuentan	doy das da damos dais dan	digo dices/decís dice decimos decís dicen
	Pret. imperfecto/ Copretérito	construía construías construía construíamos construíais construían	contaba contabas contaba contábamos contabais contaban	daba dabas daba dábamos dabais daban	decía decías decía decíamos decíais decían
	Pret. perfecto simple/ Pretérito	construí construiste construyó construimos construisteis construyeron	conté contaste contó contamos contasteis contaron	di diste dio dimos disteis dieron	dije dijiste dijo dijimos dijisteis dijeron
	Futuro simple/ Futuro	construiré construirás construirá construiremos construiréis construirán	contaré contarás contará contaremos contaréis contarán	daré darás dará daremos daréis darán	diré dirás dirá diremos diréis dirán
	Condicional simple/ Pospretérito	construiría construirías construiría construiríamos construiríais construirían	contaría contarías contaría contaríamos contaríais contarían	daría darías daría daríamos daríais darían	diría dirías diría diríamos diríais dirían
Subjuntivo	Presente	construya construyas construya construyamos construyáis construyan	cuente cuentes cuente contemos contéis cuenten	dé des dé demos deis den	diga digas diga digamos digáis digan
	Pret. imperfecto/ Pretérito	construyera o construyese construyeras o construyeses construyera o construyese construyéramos o construyésemos construyerais o construyeseis construyeran o construyesen	contara o contase contaras o contases contara o contase contáramos o contásemos contarais o contaseis contaran o contasen	diera o diese dieras o dieses diera o diese diéramos o diésemos dierais o dieseis dieran o diesen	dijera o dijese dijeras o dijeses dijera o dijese dijéramos o dijésemos dijerais o dijeseis dijeran o dijesen
	Futuro simple/ Futuro	construyere construyeres construyere construyéremos construyereis construyeren	contare contares contare contáremos contareis contaren	diere dieres diere diéremos diereis dieren	dijere dijeres dijere dijéremos dijereis dijeren
Imperativo		construye/construí construya construid construyan	cuenta/contá cuente contad cuenten	da dé dad den	di/decí diga decid digan

Conjugación española. Verbos irregulares

	Infinitivo	28. Descafeinar	29. Discernir	30. Dormir	31. Entender
Formas no personales	Participio	descafeinado	discernido	dormido	entendido
	Gerundio	descafeinando	discerniendo	durmiendo	entendiendo
Indicativo	Presente	descafeíno descafeínas/descafeinás descafeína descafeinamos descafeináis descafeínan	discierno disciernes/discernís discierne discernimos discernís disciernen	duermo duermes/dormís duerme dormimos dormís duermen	entiendo entiendes/entendés entiende entendemos entendéis entienden
	Pret. imperfecto/ Copretérito	descafeinaba descafeinabas descafeinaba descafeinábamos descafeinabais descafeinaban	discernía discernías discernía discerníamos discerníais discernían	dormía dormías dormía dormíamos dormíais dormían	entendía entendías entendía entendíamos entendíais entendían
	Pret. perfecto simple/ Pretérito	descafeiné descafeinaste descafeinó descafeinamos descafeinasteis descafeinaron	discerní discerniste discernió discernimos discernisteis discernieron	dormí dormiste durmió dormimos dormisteis durmieron	entendí entendiste entendió entendimos entendisteis entendieron
	Futuro simple/ Futuro	descafeinaré descafeinarás descafeinará descafeinaremos descafeinaréis descafeinarán	discerniré discernirás discernirá discerniremos discerniréis discernirán	dormiré dormirás dormirá dormiremos dormiréis dormirán	entenderé entenderás entenderá entenderemos entenderéis entenderán
	Condicional simple/ Pospretérito	descafeinaría descafeinarías descafeinaría descafeinaríamos descafeinaríais descafeinarían	discerniría discernirías discerniría discerniríamos discerniríais discernirían	dormiría dormirías dormiría dormiríamos dormiríais dormirían	entendería entenderías entendería entenderíamos entenderíais entenderían
Subjuntivo	Presente	descafeíne descafeínes descafeíne descafeinemos descafeinéis descafeínen	discierna disciernas discierna discernamos discernáis disciernan	duerma duermas duerma durmamos durmáis duerman	entienda entiendas entienda entendamos entendáis entiendan
	Pret. imperfecto/ Pretérito	descafeinara o descafeinase descafeinaras o descafeinases descafeinara o descafeinase descafeináramos o descafeinásemos descafeinarais o descafeinaseis descafeinaran o descafeinasen	discerniera o discerniese discernieras o discernieses discerniera o discerniese discerniéramos o discerniésemos discernierais o discernieseis discernieran o discerniesen	durmiera o durmiese durmieras o durmieses durmiera o durmiese durmiéramos o durmiésemos durmierais o durmieseis durmieran o durmiesen	entendiera o entendiese entendieras o entendieses entendiera o entendiese entendiéramos o entendiésemos entendierais o entendieseis entendieran o entendiesen
	Futuro simple/ Futuro	descafeinare descafeinares descafeinare descafeináremos descafeinareis descafeinaren	discerniere discernieres discerniere discerniéremos discerniereis discernieren	durmiere durmieres durmiere durmiéremos durmiereis durmieren	entendiere entendieres entendiere entendiéremos entendiereis entendieren
Imperativo		descafeína/descafeiná descafeíne descafeinad descafeínen	discierne/discerní discierna discernid disciernan	duerme/dormí duerma dormid duerman	entiende/entendé entienda entended entiendan

	Infinitivo	32. Enviar	33. Erguir	34. Errar**	35. Estar
Formas no personales	Participio	enviado	erguido	errado	estado
	Gerundio	enviando	irguiendo	errando	estando
Indicativo	Presente	envío envías/enviás envía enviamos enviáis envían	yergo* yergues*/erguís yergue* erguimos erguís yerguen*	yerro yerras/errás yerra erramos erráis yerran	estoy estás está estamos estáis están
	Pret. imperfecto/ Copretérito	enviaba enviabas enviaba enviábamos enviabais enviaban	erguía erguías erguía erguíamos erguíais erguían	erraba errabas erraba errábamos errabais erraban	estaba estabas estaba estábamos estabais estaban
	Pret. perfecto simple/ Pretérito	envié enviaste envió enviamos enviasteis enviaron	erguí erguiste irguió erguimos erguisteis irguieron	erré erraste erró erramos errasteis erraron	estuve estuviste estuvo estuvimos estuvisteis estuvieron
	Futuro simple/ Futuro	enviaré enviarás enviará enviaremos enviaréis enviarán	erguiré erguirás erguirá erguiremos erguiréis erguirán	erraré errarás errará erraremos erraréis errarán	estaré estarás estará estaremos estaréis estarán
	Condicional simple/ Pospretérito	enviaría enviarías enviaría enviaríamos enviaríais enviarían	erguiría erguirías erguiría erguiríamos erguiríais erguirían	erraría errarías erraría erraríamos erraríais errarían	estaría estarías estaría estaríamos estaríais estarían
Subjuntivo	Presente	envíe envíes envíe enviemos enviéis envíen	yerga* yergas* yerga* irgamos* irgáis* yergan*	yerre yerres yerre erremos erréis yerren	esté estés esté estemos estéis estén
	Pret. imperfecto/ Pretérito	enviara o enviase enviaras o enviases enviara o enviase enviáramos o enviásemos enviarais o enviaseis enviaran o enviasen	irguiera o irguiese irguieras o irguieses irguiera o irguiese irguiéramos o irguiésemos irguierais o irguieseis irguieran o irguiesen	errara o errase erraras o errases errara o errase erráramos o errásemos errarais o erraseis erraran o errasen	estuviera o estuviese estuvieras o estuvieses estuviera o estuviese estuviéramos o estuviésemos estuvierais o estuvieseis estuvieran o estuviesen
	Futuro simple/ Futuro	enviare enviares enviare enviáremos enviareis enviaren	irguiere irguieres irguiere irguiéremos irguiereis irguieren	errare errares errare erráremos errareis erraren	estuviere estuvieres estuviere estuviéremos estuviereis estuvieren
Imperativo		envía/enviá envíe enviad envíen	yergue*/erguí yerga* erguid yergan*	yerra/errá yerre errad yerren	está esté estad estén

* Son poco usadas, pero correctas igualmente las formas *irgo, irgues, irgue, irguen,* para el presente de indicativo; *irga, irgas, irga, yergamos, yergáis, irgan,* para el presente de subjuntivo; e *irgue, irga, irgan,* para el imperativo.
** En el español de amplias zonas de América se documenta este verbo con paradigma plenamente regular.

Conjugación española. Verbos irregulares

	Infinitivo	36. Haber	37. Hacer	38. Ir	39. Jugar
Formas no personales	Participio	habido	hecho	ido	jugado
	Gerundio	habiendo	haciendo	yendo	jugando
Indicativo	Presente	he has ha (*impersonal:* hay) hemos habéis han	hago haces/hacés hace hacemos hacéis hacen	voy vas va vamos vais van	juego juegas/jugás juega jugamos jugáis juegan
	Pret. imperfecto/ Copretérito	había habías había habíamos habíais habían	hacía hacías hacía hacíamos hacíais hacían	iba ibas iba íbamos ibais iban	jugaba jugabas jugaba jugábamos jugabais jugaban
	Pret. perfecto simple/ Pretérito	hube hubiste hubo hubimos hubisteis hubieron	hice hiciste hizo hicimos hicisteis hicieron	fui fuiste fue fuimos fuisteis fueron	jugué jugaste jugó jugamos jugasteis jugaron
	Futuro simple/ Futuro	habré habrás habrá habremos habréis habrán	haré harás hará haremos haréis harán	iré irás irá iremos iréis irán	jugaré jugarás jugará jugaremos jugaréis jugarán
	Condicional simple/ Pospretérito	habría habrías habría habríamos habríais habrían	haría harías haría haríamos haríais harían	iría irías iría iríamos iríais irían	jugaría jugarías jugaría jugaríamos jugaríais jugarían
Subjuntivo	Presente	haya hayas haya hayamos hayáis hayan	haga hagas haga hagamos hagáis hagan	vaya vayas vaya vayamos vayáis vayan	juegue juegues juegue juguemos juguéis jueguen
	Pret. imperfecto/ Pretérito	hubiera o hubiese hubieras o hubieses hubiera o hubiese hubiéramos o hubiésemos hubierais o hubieseis hubieran o hubiesen	hiciera o hiciese hicieras o hicieses hiciera o hiciese hiciéramos o hiciésemos hicierais o hicieseis hicieran o hiciesen	fuera o fuese fueras o fueses fuera o fuese fuéramos o fuésemos fuerais o fueseis fueran o fuesen	jugara o jugase jugaras o jugases jugara o jugase jugáramos o jugásemos jugarais o jugaseis jugaran o jugasen
	Futuro simple/ Futuro	hubiere hubieres hubiere hubiéremos hubiereis hubieren	hiciere hicieres hiciere hiciéremos hiciereis hicieren	fuere fueres fuere fuéremos fuereis fueren	jugare jugares jugare jugáremos jugareis jugaren
Imperativo		he, habe haya habed hayan	haz/hacé haga haced hagan	ve* vaya id vayan	juega/jugá juegue jugad jueguen

* No tiene forma propia de voseo; en su lugar se usa el imperativo de *andar: andá.*

	Infinitivo	**40. Leer**	**41. Lucir**	**42. Mover**	**43. Mullir**
Formas no personales	Participio	leído	lucido	movido	mullido
	Gerundio	leyendo	luciendo	moviendo	mullendo
Indicativo	Presente	leo lees/leés lee leemos leéis leen	luzco luces/lucís luce lucimos lucís lucen	muevo mueves/movés mueve movemos movéis mueven	mullo mulles/mullís mulle mullimos mullís mullen
	Pret. imperfecto/ Copretérito	leía leías leía leíamos leíais leían	lucía lucías lucía lucíamos lucíais lucían	movía movías movía movíamos movíais movían	mullía mullías mullía mullíamos mullíais mullían
	Pret. perfecto simple/ Pretérito	leí leíste leyó leímos leísteis leyeron	lucí luciste lució lucimos lucisteis lucieron	moví moviste movió movimos movisteis movieron	mullí mulliste mulló mullimos mullisteis mulleron
	Futuro simple/ Futuro	leeré leerás leerá leeremos leeréis leerán	luciré lucirás lucirá luciremos luciréis lucirán	moveré moverás moverá moveremos moveréis moverán	mulliré mullirás mullirá mulliremos mulliréis mullirán
	Condicional simple/ Pospretérito	leería leerías leería leeríamos leeríais leerían	luciría lucirías luciría luciríamos luciríais lucirían	movería moverías movería moveríamos moveríais moverían	mulliría mullirías mulliría mulliríamos mulliríais mullirían
Subjuntivo	Presente	lea leas lea leamos leáis lean	luzca luzcas luzca luzcamos luzcáis luzcan	mueva muevas mueva movamos mováis muevan	mulla mullas mulla mullamos mulláis mullan
	Pret. imperfecto/ Pretérito	leyera o leyese leyeras o leyeses leyera o leyese leyéramos o leyésemos leyerais o leyeseis leyeran o leyesen	luciera o luciese lucieras o lucieses luciera o luciese luciéramos o luciésemos lucierais o lucieseis lucieran o luciesen	moviera o moviese movieras o movieses moviera o moviese moviéramos o moviésemos movierais o movieseis movieran o moviesen	mullera o mullese mulleras o mulleses mullera o mullese mulléramos o mullésemos mullerais o mulleseis mulleran o mullesen
	Futuro simple/ Futuro	leyere leyeres leyere leyéremos leyereis leyeren	luciere lucieres luciere luciéremos luciereis lucieren	moviere movieres moviere moviéremos moviereis movieren	mullere mulleres mullere mulléremos mullereis mulleren
Imperativo		lee/leé lea leed lean	luce/lucí luzca lucid luzcan	mueve/mové mueva moved muevan	mulle/mullí mulla mullid mullan

Conjugación española. Verbos irregulares

		44. Oír	45. Oler	46. Pedir	47. Peinar
Formas no personales	Infinitivo	**44. Oír**	**45. Oler**	**46. Pedir**	**47. Peinar**
	Participio	oído	olido	pedido	peinado
	Gerundio	oyendo	oliendo	pidiendo	peinando
Indicativo	Presente	oigo oyes/oís oye oímos oís oyen	huelo hueles/olés huele olemos oléis huelen	pido pides/pedís pide pedimos pedís piden	peino peinas/peinás peina peinamos peináis peinan
	Pret. imperfecto/ Copretérito	oía oías oía oíamos oíais oían	olía olías olía olíamos olíais olían	pedía pedías pedía pedíamos pedíais pedían	peinaba peinabas peinaba peinábamos peinabais peinaban
	Pret. perfecto simple/ Pretérito	oí oíste oyó oímos oísteis oyeron	olí oliste olió olimos olisteis olieron	pedí pediste pidió pedimos pedisteis pidieron	peiné peinaste peinó peinamos peinasteis peinaron
	Futuro simple/ Futuro	oiré oirás oirá oiremos oiréis oirán	oleré olerás olerá oleremos oleréis olerán	pediré pedirás pedirá pediremos pediréis pedirán	peinaré peinarás peinará peinaremos peinaréis peinarán
	Condicional simple/ Pospretérito	oiría oirías oiría oiríamos oiríais oirían	olería olerías olería oleríamos oleríais olerían	pediría pedirías pediría pediríamos pediríais pedirían	peinaría peinarías peinaría peinaríamos peinaríais peinarían
Subjuntivo	Presente	oiga oigas oiga oigamos oigáis oigan	huela huelas huela olamos oláis huelan	pida pidas pida pidamos pidáis pidan	peine peines peine peinemos peinéis peinen
	Pret. imperfecto/ Pretérito	oyera u oyese oyeras u oyeses oyera u oyese oyéramos u oyésemos oyerais u oyeseis oyeran u oyesen	oliera u oliese olieras u olieses oliera u oliese oliéramos u oliésemos olierais u olieseis olieran u oliesen	pidiera o pidiese pidieras o pidieses pidiera o pidiese pidiéramos o pidiésemos pidierais o pidieseis pidieran o pidiesen	peinara o peinase peinaras o peinases peinara o peinase peináramos o peinásemos peinarais o peinaseis peinaran o peinasen
	Futuro simple/ Futuro	oyere oyeres oyere oyéremos oyereis oyeren	oliere olieres oliere oliéremos oliereis olieren	pidiere pidieres pidiere pidiéremos pidiereis pidieren	peinare peinares peinare peináremos peinareis peinaren
Imperativo		oye/oí oiga oíd oigan	huele/olé huela oled huelan	pide/pedí pida pedid pidan	peina/peiná peine peinad peinen

	Infinitivo	**48. Poder**	**49. Poner**	**50. Predecir**	**51. Prohibir**
Formas no personales	Participio	podido	puesto	predicho	prohibido
	Gerundio	pudiendo	poniendo	prediciendo	prohibiendo
Indicativo	Presente	puedo puedes/podés puede podemos podéis pueden	pongo pones/ponés pone ponemos ponéis ponen	predigo predices/predecís predice predecimos predecís predicen	prohíbo prohíbes/prohibís prohíbe prohibimos prohibís prohíben
	Pret. imperfecto/ Copretérito	podía podías podía podíamos podíais podían	ponía ponías ponía poníamos poníais ponían	predecía predecías predecía predecíamos predecíais predecían	prohibía prohibías prohibía prohibíamos prohibíais prohibían
	Pret. perfecto simple/ Pretérito	pude pudiste pudo pudimos pudisteis pudieron	puse pusiste puso pusimos pusisteis pusieron	predije predijiste predijo predijimos predijisteis predijeron	prohibí prohibiste prohibió prohibimos prohibisteis prohibieron
	Futuro simple/ Futuro	podré podrás podrá podremos podréis podrán	pondré pondrás pondrá pondremos pondréis pondrán	predeciré o prediré predecirás o predirás predecirá o predirá predeciremos o prediremos predeciréis o prediréis predecirán o predirán	prohibiré prohibirás prohibirá prohibiremos prohibiréis prohibirán
	Condicional simple/ Pospretérito	podría podrías podría podríamos podríais podrían	pondría pondrías pondría pondríamos pondríais pondrían	predeciría o prediría predecirías o predirías predeciría o prediría predeciríamos o prediríamos predeciríais o prediríais predecirían o predirían	prohibiría prohibirías prohibiría prohibiríamos prohibiríais prohibirían
Subjuntivo	Presente	pueda puedas pueda podamos podáis puedan	ponga pongas ponga pongamos pongáis pongan	prediga predigas prediga predigamos predigáis predigan	prohíba prohíbas prohíba prohibamos prohibáis prohíban
	Pret. imperfecto/ Pretérito	pudiera o pudiese pudieras o pudieses pudiera o pudiese pudiéramos o pudiésemos pudierais o pudieseis pudieran o pudiesen	pusiera o pusiese pusieras o pusieses pusiera o pusiese pusiéramos o pusiésemos pusierais o pusieseis pusieran o pusiesen	predijera o predijese predijeras o predijeses predijera o predijese predijéramos o predijésemos predijerais o predijeseis predijeran o predijesen	prohibiera o prohibiese prohibieras o prohibieses prohibiera o prohibiese prohibiéramos o prohibiésemos prohibierais o prohibieseis prohibieran o prohibiesen
	Futuro simple/ Futuro	pudiere pudieres pudiere pudiéremos pudiereis pudieren	pusiere pusieres pusiere pusiéremos pusiereis pusieren	predijere predijeres predijere predijéremos predijereis predijeren	prohibiere prohibieres prohibiere prohibiéremos prohibiereis prohibieren
Imperativo		puede/podé pueda poded puedan	pon/poné ponga poned pongan	predice/predecí prediga predecid predigan	prohíbe/prohibí prohíba prohibid prohíban

Conjugación española. Verbos irregulares

	Infinitivo	52. Prohijar	53. Pudrir / Podrir*	54. Querer	55. Rehusar
Formas no personales	Participio	prohijado	podrido	querido	rehusado
	Gerundio	prohijando	pudriendo	queriendo	rehusando
Indicativo	Presente	prohíjo prohíjas/prohijás prohíja prohijamos prohijáis prohíjan	pudro pudres/pudrís pudre pudrimos o podrimos pudrís o podrís pudren	quiero quieres/querés quiere queremos queréis quieren	rehúso rehúsas/rehusás rehúsa rehusamos rehusáis rehúsan
	Pret. imperfecto/ Copretérito	prohijaba prohijabas prohijaba prohijábamos prohijabais prohijaban	pudría o podría pudrías o podrías pudría o podría pudríamos o podríamos pudríais o podríais pudrían o podrían	quería querías quería queríamos queríais querían	rehusaba rehusabas rehusaba rehusábamos rehusabais rehusaban
	Pret. perfecto simple/ Pretérito	prohijé prohijaste prohijó prohijamos prohijasteis prohijaron	pudrí o podrí pudriste o podriste pudrió o podrió pudrimos o podrimos pudristeis o podristeis pudrieron o podrieron	quise quisiste quiso quisimos quisisteis quisieron	rehusé rehusaste rehusó rehusamos rehusasteis rehusaron
	Futuro simple/ Futuro	prohijaré prohijarás prohijará prohijaremos prohijaréis prohijarán	pudriré o podriré pudrirás o podrirás pudrirá o podrirá pudriremos o podriremos pudriréis o podriréis pudrirán o podrirán	querré querrás querrá querremos querréis querrán	rehusaré rehusarás rehusará rehusaremos rehusaréis rehusarán
	Condicional simple/ Pospretérito	prohijaría prohijarías prohijaría prohijaríamos prohijaríais prohijarían	pudriría o podriría pudrirías o podrirías pudriría o podriría pudriríamos o podriríamos pudriríais o podriríais pudrirían o podrirían	querría querrías querría querríamos querríais querrían	rehusaría rehusarías rehusaría rehusaríamos rehusaríais rehusarían
Subjuntivo	Presente	prohíje prohíjes prohíje prohijemos prohijéis prohíjen	pudra pudras pudra pudramos pudráis pudran	quiera quieras quiera queramos queráis quieran	rehúse rehúses rehúse rehusemos rehuséis rehúsen
	Pret. imperfecto/ Pretérito	prohijara o prohijase prohijaras o prohijases prohijara o prohijase prohijáramos o prohijásemos prohijarais o prohijaseis prohijaran o prohijasen	pudriera o pudriese pudrieras o pudrieses pudriera o pudriese pudriéramos o pudriésemos pudrierais o pudrieseis pudrieran o pudriesen	quisiera o quisiese quisieras o quisieses quisiera o quisiese quisiéramos o quisiésemos quisierais o quisieseis quisieran o quisiesen	rehusara o rehusase rehusaras o rehusases rehusara o rehusase rehusáramos o rehusásemos rehusarais o rehusaseis rehusaran o rehusasen
	Futuro simple/ Futuro	prohijare prohijares prohijare prohijáremos prohijareis prohijaren	pudriere pudrieres pudriere pudriéremos pudriereis pudrieren	quisiere quisieres quisiere quisiéremos quisiereis quisieren	rehusare rehusares rehusare rehusáremos rehusareis rehusaren
Imperativo		prohíja/prohijá prohíje prohijad prohíjen	pudre/pudrís o podrí pudra pudrid o podrid pudran	quiere/queré quiera quered quieran	rehúsa/rehusá rehúse rehusad rehúsen

* En el español europeo predominan las formas en -u-, salvo para el participio. En el americano se prefieren las formas en -u-, pero se registran igualmente las variantes con -o-.

	Infinitivo	**56. Reunir**	**57. Roer**	**58. Saber**	**59. Salir**
Formas no personales	Participio	reunido	roído	sabido	salido
	Gerundio	reuniendo	royendo	sabiendo	saliendo
Indicativo	Presente	reúno reúnes/reunís reúne reunimos reunís reúnen	roo o roigo o royo roes/roés roe roemos roéis roen	sé sabes/sabés sabe sabemos sabéis saben	salgo sales/salís sale salimos salís salen
	Pret. imperfecto/ Copretérito	reunía reunías reunía reuníamos reuníais reunían	roía roías roía roíamos roíais roían	sabía sabías sabía sabíamos sabíais sabían	salía salías salía salíamos salíais salían
	Pret. perfecto simple/ Pretérito	reuní reuniste reunió reunimos reunisteis reunieron	roí roíste royó roímos roísteis royeron	supe supiste supo supimos supisteis supieron	salí saliste salió salimos salisteis salieron
	Futuro simple/ Futuro	reuniré reunirás reunirá reuniremos reuniréis reunirán	roeré roerás roerá roeremos roeréis roerán	sabré sabrás sabrá sabremos sabréis sabrán	saldré saldrás saldrá saldremos saldréis saldrán
	Condicional simple/ Pospretérito	reuniría reunirías reuniría reuniríamos reuniríais reunirían	roería roerías roería roeríamos roeríais roerían	sabría sabrías sabría sabríamos sabríais sabrían	saldría saldrías saldría saldríamos saldríais saldrían
Subjuntivo	Presente	reúna reúnas reúna reunamos reunáis reúnan	roa o roiga o roya roas o roigas o royas roa o roiga o roya roamos o roigamos o royamos roáis o roigáis o royáis roan o roigan o royan	sepa sepas sepa sepamos sepáis sepan	salga salgas salga salgamos salgáis salgan
	Pret. imperfecto/ Pretérito	reuniera o reuniese reunieras o reunieses reuniera o reuniese reuniéramos o reuniésemos reunierais o reunieseis reunieran o reuniesen	royera o royese royeras o royeses royera o royese royéramos o royésemos royerais o royeseis royeran o royesen	supiera o supiese supieras o supieses supiera o supiese supiéramos o supiésemos supierais o supieseis supieran o supiesen	saliera o saliese salieras o salieses saliera o saliese saliéramos o saliésemos salierais o salieseis salieran o saliesen
	Futuro simple/ Futuro	reuniere reunieres reuniere reuniéremos reuniereis reunieren	royere royeres royere royéremos royereis royeren	supiere supieres supiere supiéremos supiereis supieren	saliere salieres saliere saliéremos saliereis salieren
Imperativo		reúne/reuní reúna reunid reúnan	roe/roé roa o roiga o roya roed roan o roigan o royan	sabe/sabé sepa sabed sepan	sal/salí salga salid salgan

Conjugación española. Verbos irregulares

		60. Sentir	61. Ser	62. Sonreír	63. Tañer
Formas no personales	Infinitivo				
	Participio	sentido	sido	sonreído	tañido
	Gerundio	sintiendo	siendo	sonriendo	tañendo
Indicativo	Presente	siento	soy	sonrío	taño
		sientes/sentís	eres/sos	sonríes/sonreís	tañes/tañés
		siente	es	sonríe	tañe
		sentimos	somos	sonreímos	tañemos
		sentís	sois	sonreís	tañéis
		sienten	son	sonríen	tañen
	Pret. imperfecto/ Copretérito	sentía	era	sonreía	tañía
		sentías	eras	sonreías	tañías
		sentía	era	sonreía	tañía
		sentíamos	éramos	sonreíamos	tañíamos
		sentíais	erais	sonreíais	tañíais
		sentían	eran	sonreían	tañían
	Pret. perfecto simple/ Pretérito	sentí	fui	sonreí	tañí
		sentiste	fuiste	sonreíste	tañiste
		sintió	fue	sonrió	tañó
		sentimos	fuimos	sonreímos	tañimos
		sentisteis	fuisteis	sonreísteis	tañisteis
		sintieron	fueron	sonrieron	tañeron
	Futuro simple/ Futuro	sentiré	seré	sonreiré	tañeré
		sentirás	serás	sonreirás	tañerás
		sentirá	será	sonreirá	tañerá
		sentiremos	seremos	sonreiremos	tañeremos
		sentiréis	seréis	sonreiréis	tañeréis
		sentirán	serán	sonreirán	tañerán
	Condicional simple/ Pospretérito	sentiría	sería	sonreiría	tañería
		sentirías	serías	sonreirías	tañerías
		sentiría	sería	sonreiría	tañería
		sentiríamos	seríamos	sonreiríamos	tañeríamos
		sentiríais	seríais	sonreiríais	tañeríais
		sentirían	serían	sonreirían	tañerían
Subjuntivo	Presente	sienta	sea	sonría	taña
		sientas	seas	sonrías	tañas
		sienta	sea	sonría	taña
		sintamos	seamos	sonriamos	tañamos
		sintáis	seáis	sonriáis	tañáis
		sientan	sean	sonrían	tañan
	Pret. imperfecto/ Pretérito	sintiera o	fuera o	sonriera o	tañera o
		sintiese	fuese	sonriese	tañese
		sintieras o	fueras o	sonrieras o	tañeras o
		sintieses	fueses	sonrieses	tañeses
		sintiera o	fuera o	sonriera o	tañera o
		sintiese	fuese	sonriese	tañese
		sintiéramos o	fuéramos o	sonriéramos o	tañéramos o
		sintiésemos	fuésemos	sonriésemos	tañésemos
		sintierais o	fuerais o	sonrierais o	tañerais o
		sintieseis	fueseis	sonrieseis	tañeseis
		sintieran o	fueran o	sonrieran o	tañeran o
		sintiesen	fuesen	sonriesen	tañesen
	Futuro simple/ Futuro	sintiere	fuere	sonriere	tañere
		sintieres	fueres	sonrieres	tañeres
		sintiere	fuere	sonriere	tañere
		sintiéremos	fuéremos	sonriéremos	tañéremos
		sintiereis	fuereis	sonriereis	tañereis
		sintieren	fueren	sonrieren	tañeren
Imperativo		siente/sentí	sé	sonríe/sonreí	tañe/tañé
		sienta	sea	sonría	taña
		sentid	sed	sonreíd	tañed
		sientan	sean	sonrían	tañan

	Infinitivo	64. Tener	65. Traer	66. Valer	67. Venir
Formas no personales	Participio	tenido	traído	valido	venido
	Gerundio	teniendo	trayendo	valiendo	viniendo
Indicativo	Presente	tengo tienes/tenés tiene tenemos tenéis tienen	traigo traes/traés trae traemos traéis traen	valgo vales/valés vale valemos valéis valen	vengo vienes/venís viene venimos venís vienen
	Pret. imperfecto/ Copretérito	tenía tenías tenía teníamos teníais tenían	traía traías traía traíamos traíais traían	valía valías valía valíamos valíais valían	venía venías venía veníamos veníais venían
	Pret. perfecto simple/ Pretérito	tuve tuviste tuvo tuvimos tuvisteis tuvieron	traje trajiste trajo trajimos trajisteis trajeron	valí valiste valió valimos valisteis valieron	vine viniste vino vinimos vinisteis vinieron
	Futuro simple/ Futuro	tendré tendrás tendrá tendremos tendréis tendrán	traeré traerás traerá traeremos traeréis traerán	valdré valdrás valdrá valdremos valdréis valdrán	vendré vendrás vendrá vendremos vendréis vendrán
	Condicional simple/ Pospretérito	tendría tendrías tendría tendríamos tendríais tendrían	traería traerías traería traeríamos traeríais traerían	valdría valdrías valdría valdríamos valdríais valdrían	vendría vendrías vendría vendríamos vendríais vendrían
Subjuntivo	Presente	tenga tengas tenga tengamos tengáis tengan	traiga traigas traiga traigamos traigáis traigan	valga valgas valga valgamos valgáis valgan	venga vengas venga vengamos vengáis vengan
	Pret. imperfecto/ Pretérito	tuviera o tuviese tuvieras o tuvieses tuviera o tuviese tuviéramos o tuviésemos tuvierais o tuvieseis tuvieran o tuviesen	trajera o trajese trajeras o trajeses trajera o trajese trajéramos o trajésemos trajerais o trajeseis trajeran o trajesen	valiera o valiese valieras o valieses valiera o valiese valiéramos o valiésemos valierais o valieseis valieran o valiesen	viniera o viniese vinieras o vinieses viniera o viniese viniéramos o viniésemos vinierais o vinieseis vinieran o viniesen
	Futuro simple/ Futuro	tuviere tuvieres tuviere tuviéremos tuviereis tuvieren	trajere trajeres trajere trajéremos trajereis trajeren	valiere valieres valiere valiéremos valiereis valieren	viniere vinieres viniere viniéremos viniereis vinieren
Imperativo		ten/tené tenga tened tengan	trae/traé traiga traed traigan	vale/valé valga valed valgan	ven/vení venga venid vengan

Conjugación española. Verbos irregulares

		68. Ver	69. Yacer
Formas no personales	Infinitivo		
	Participio	visto	yacido
	Gerundio	viendo	yaciendo
Indicativo	Presente	veo ves ve vemos veis ven	yazco o yazgo o yago yaces/yacés yace yacemos yacéis yacen
	Pret. imperfecto/ Copretérito	veía veías veía veíamos veíais veían	yacía yacías yacía yacíamos yacíais yacían
	Pret. perfecto simple/ Pretérito	vi viste vio vimos visteis vieron	yací yaciste yació yacimos yacisteis yacieron
	Futuro simple/ Futuro	veré verás verá veremos veréis verán	yaceré yacerás yacerá yaceremos yaceréis yacerán
	Condicional simple/ Pospretérito	vería verías vería veríamos veríais verían	yacería yacerías yacería yaceríamos yaceríais yacerían
Subjuntivo	Presente	vea veas vea veamos veáis vean	yazca o yazga o yaga yazcas o yazgas o yagas yazca o yazga o yaga yazcamos o yazgamos o yagamos yazcáis o yazgáis o yagáis yazcan o yazgan o yagan
	Pret. imperfecto/ Pretérito	viera o viese vieras o vieses viera o viese viéramos o viésemos vierais o vieseis vieran o viesen	yaciera o yaciese yacieras o yacieses yaciera o yaciese yaciéramos o yaciésemos yacierais o yacieseis yacieran o yaciesen
	Futuro simple/ Futuro	viere vieres viere viéremos viereis vieren	yaciere yacieres yaciere yaciéremos yaciereis yacieren
Imperativo		ve vea ved vean	yace o yaz/yacé yazca o yazga o yaga yaced yazcan o yazgan o yagan

ÍNDICE ALFABÉTICO DE VERBOS IRREGULARES

Se incluyen en esta lista los verbos irregulares de uso más frecuente. El número que acompaña entre corchetes a cada verbo es el correspondiente al modelo que sigue, incluido en las tablas de conjugación anteriores (→ págs. 458-474). Los verbos resaltados en negrita son utilizados como modelos en las citadas tablas.

empequeñecer [8]
empezar [4]
empobrecer [8]
enaltecer [8]
enardecer [8]
encanecer [8]
encauzar [20]
encender [31]
encerrar [4]
encomendar [4]
encomiar [11]
encontrar [25]
endeudarse [6]
endurecer [8]
enflaquecer [8]
enfriar [32]
enfurecer [8]
engrandecer [8]
engreír [62]
engrosar [25] o reg.
engullir [43]
enjaular [20]
enjuiciar [11]
enloquecer [8]
enmendar [4]
enmohecer [8]
enmudecer [8]
enmugrecer [8]
ennegrecer [8]
ennoblecer [8]
ennoviarse [11]
enorgullecer [8]
enraizar [9]
enrarecer [8]
enriquecer [8]
enrocar [25]
enrojecer [8]
ensangrentar [4]
ensoberbecer [8]
ensombrecer [8]
ensordecer [8]
ensuciar [11]
entender [31]
enternecer [8]
enterrar [4]
entibiar [11]
entorpecer [8]
entretener [64]
entristecer [8]

entumecer [8]
enturbiar [11]
enunciar [11]
envainar [16]
envanecer [8]
envejecer [8]
enviar [32]
envidiar [11]
envolver [42]; part. irreg.
  envuelto
equivaler [66]
erguir [33]
errar [34]
escabullir [43]
escanciar [11]
escarmentar [4]
escarnecer [8]
esclarecer [8]
escocer [42]
esforzar [25]
espaciar [11]
espiar [32]
esquiar [32]
establecer [8]
estar [35]
estatuir [24]
estremecer [8]
estreñir [21]
estriar [32]
estudiar [11]
evacuar [15] o [5]
evaluar [5]
evidenciar [11]
exceptuar [5]
excluir [24]
exfoliar [11]
exiliar [11]
expatriar [11] o [32]
expedir [46]
expiar [32]
expoliar [11]
expropiar [11]
extasiar [5]
extender [31]
extenuar [5]
extraer [65]
extraviar [32]

fallecer [8]

fastidiar [11]
favorecer [8]
fenecer [8]
fiar [32]
financiar [11]
florecer [8]
fluctuar [5]
fluir [24]
foliar [11]
follar [25]
fortalecer [8]
forzar [25]
fotografiar [32]
fraguar [15]
fregar [4]
freír [62]; part. irreg. *frito*
  y reg. *freído*

gemir [46]
gloriar [32]
gobernar [4]
graduar [5]
gruñir [43]
guarecer [8]
guarnecer [8]
guiar [32]

haber [36]
habituar [5]
hacer [37]
hastiar [32]
heder [31]
helar [4]
henchir [46]
hender [31]
hendir [29]
herir [60]
herniarse [11]
herrar [4]
hervir [60]
historiar [11] o [32]
holgar [25]
hollar [25]
homogeneizar [47]
huir [24]
humedecer [8]

imbuir [24]
impedir [46]

incautar [20]
incendiar [11]
incensar [4]
incluir [24]
incordiar [11]
individuar [5]
inducir [23]
inferir [60]
influenciar [11]
influir [24]
ingeniar [11]
ingerir [60]
iniciar [11]
injerir [60]
injuriar [11]
inmiscuir [24]
inquirir [7]
insidiar [11]
insinuar [5]
instaurar [20]
instituir [24]
instruir [24]
interferir [60]
introducir [23]
intuir [24]
invertir [60]
investir [46]
ir [38]
irradiar [11]

jugar [39]

languidecer [8]
leer [40]
liar [32]
licenciar [11]
licuar [15] o [5]
lidiar [11]
limpiar [11]
lisiar [11]
llover [42]
lucir [41]

maldecir [17]
maliciar [11]
manifestar [4]
mantener [64]
matrimoniar [11]
maullar [14]

mecanografiar [32]
mediar [11]
medir [46]
menguar [15]
menospreciar [11]
menstruar [5]
mentar [4]
mentir [60]
merecer [8]
merendar [4]
moler [42]
morder [42]
morir [30]; part. irreg. *muerto*
mostrar [25]
mover [42]
mullir [43]

nacer [8]
negar [4]
negociar [11]
nerviar [11]
nevar [4]
noticiar [11]

obedecer [8]
obsequiar [11]
obstar, defect.
obstruir [24]
obtener [64]
obviar [11]
odiar [11]
oficiar [11]
ofrecer [8]
oír [44]
oler [45]
oscurecer [8]

pacer [8]
padecer [8]
paliar [11] o [32]
palidecer [8]
parecer [8]
parodiar [11]
pausar [20]
pautar [20]
pedir [46]
peinar [47]
pensar [4]
perder [31]
perecer [8]

permanecer [8]
perpetuar [5]
perseguir [46]
pertenecer [8]
pervertir [60]
piar [32]
placer [8]
plagiar [11]
plegar [4]
poblar [25]
poder [48]
poner [49]
porfiar [32]
poseer [40]
potenciar [11]
preciar [11]
predecir [50]
preferir [60]
preludiar [11]
premiar [11]
presagiar [11]
presenciar [11]
presentir [60]
presidiar [11]
prestigiar [11]
prevalecer [8]
prevenir [67]
prever [68]
principiar [11]
privilegiar [11]
probar [25]
producir [23]
proferir [60]
prohibir [51]
prohijar [52]
promediar [11]
promover [42]
pronunciar [11]
propiciar [11]
prostituir [24]
proveer [40]; part. irreg.
  provisto y reg. *proveído*
pudrir/podrir [53]
puntuar [5]

quebrar [4]
querer [54]

rabiar [11]
radiar [11]

radiografiar [32]
recaudar [20]
recluir [24]
recomendar [4]
recordar [25]
recostar [25]
recrudecer [8]
reducir [23]
referir [60]
reforzar [25]
refugiar [11]
regar [4]
regir [46]
rehusar [55]
reinar [47]
reír [62]
rejuvenecer [8]
remediar [11]
remendar [4]
rendir [46]
renegar [4]
renovar [25]
renunciar [11]
reñir [21]
repatriar [11] o [32]
repetir [46]
reprobar [25]
repudiar [11]
requebrar [4]
requerir [60]
resabiar [11]
resentirse [60]
resfriar [32]
resollar [25]
resolver [42]; part. irreg.
  resuelto
resonar [25]
resplandecer [8]
restaurar [20]
restituir [24]
restregar [4]
retribuir [24]
reunir [56]
reuntar [55]
reventar [4]
reverenciar [11]
robustecer [8]

rociar [32]
rodar [25]
roer [57]
rogar [25]
rumiar [11]

saber [58]
saciar [11]
salir [59]
salpimentar [4]
santiguar [15]
satisfacer [37]; imperativo
  satisfaz o *satisface;*
  part. irreg. *satisfecho*
seducir [23]
segar [4]
seguir [46]
sembrar [4]
sentar [4]
sentenciar [11]
sentir [60]
ser [61]
seriar [11]
serrar [4]
servir [46]
silenciar [11]
sitiar [11]
situar [5]
sobreseer [40]
solar [25]
soldar [25]
soler [42]; defect.
soltar [25]
sonar [25]
sonreír [62]
soñar [25]
sosegar [4]
sostener [64]
soterrar [4] o reg.
subsidiar [11]
sugerir [60]
suponer [49]
sustanciar [11]
sustituir [24]
sustraer [65]

tañer [63]

tapiar [11]
tatuar [5]
telegrafiar [32]
temblar [4]
templar [4] o reg.
tender [31]
tener [64]
tentar [4]
teñir [21]
terciar [11]
testimoniar [11]
torcer [42]
tostar [25]
traducir [23]
traer [65]
tra(n)scender [31]
tra(n)sferir [60]
trasegar [4]
trastrocar [25]
travestir [46]
trocar [25] o reg.
tronar [25]
tropezar [4]
tullir [43]

usufructuar [5]

vaciar [32]
valer [66]
valuar [5]
vanagloriarse [11]
variar [32]
vendimiar [11]
venir [67]
ver [68]
verter [31]
vestir [46]
viciar [11]
vidriar [11] o [32]
vilipendiar [11]
volar [25]
volcar [25]
volver [42]; part. irreg. *vuelto*

yacer [69]

zambullir [43]

Tabla de numerales

Cardinales	Ordinales	Fraccionarios	Multiplicativos
1 un(o)	**1.º** primero		
2 dos	**2.º** segundo	**1/2** medio/a, mitad	doble o duplo
3 tres	**3.º** tercero	**1/3** tercio	triple
4 cuatro	**4.º** cuarto	**1/4** cuarto	cuádruple(o)
5 cinco	**5.º** quinto	**1/5** quinto	quíntuple(o)
6 seis	**6.º** sexto	**1/6** sexto	séxtuple(o)
7 siete	**7.º** séptimo	**1/7** séptimo	séptuple(o)
8 ocho	**8.º** octavo	**1/8** octavo	óctuple(o)
9 nueve	**9.º** noveno	**1/9** noveno	nónuplo
10 diez	**10.º** décimo	**1/10** décima o décimo	décuplo
11 once	**11.º** undécimo o decimoprimero	**1/11** onceavo o undécimo	undécuplo
12 doce	**12.º** duodécimo o decimosegundo	**1/12** doceavo o duodécimo	duodécuplo
13 trece	**13.º** decimotercero	**1/13** treceavo	terciodécuplo
14 catorce	**14.º** decimocuarto	**1/14** catorceavo	
15 quince	**15.º** decimoquinto	**1/15** quinceavo	
16 dieciséis	**16.º** decimosexto	**1/16** dieciseisavo	
17 diecisiete	**17.º** decimoséptimo	**1/17** diecisieteavo	
18 dieciocho	**18.º** decimoctavo	**1/18** dieciochoavo	
19 diecinueve	**19.º** decimonoveno	**1/19** diecinueveavo	
20 veinte	**20.º** vigésimo	**1/20** veinteavo o vigésimo	
21 veintiuno	**21.º** vigesimoprimero	**1/21** veintiunavo	
30 treinta	**30.º** trigésimo	**1/30** treintavo o trigésimo	
31 treinta y uno o treintaiuno	**31.º** trigésimo primero	**1/31** treintaiunavo	
40 cuarenta	**40.º** cuadragésimo	**1/40** cuarentavo o cuadragésimo	
50 cincuenta	**50.º** quincuagésimo	**1/50** cincuentavo o quincuagésimo	
60 sesenta	**60.º** sexagésimo	**1/60** sesentavo o sexagésimo	
70 setenta	**70.º** septuagésimo	**1/70** setentavo o septuagésimo	
80 ochenta	**80.º** octogésimo	**1/80** ochentavo u octogésimo	
90 noventa	**90.º** nonagésimo	**1/90** noventavo o nonagésimo	

Cardinales	Ordinales	Fraccionarios	Multiplicativos
100 cien(to)	**100.º** centésimo	**1/100** centésima o centésimo	céntuplo
101 ciento uno	**101.º** centésimo primero		
121 ciento veintiuno	**121.º** centésimo vigésimo primero		
200 doscientos	**200.º** ducentésimo		
300 trescientos	**300.º** tricentésimo		
400 cuatrocientos	**400.º** cuadringentésimo		
500 quinientos	**500.º** quingentésimo		
600 seiscientos	**600.º** sexcentésimo		
700 setecientos	**700.º** septingentésimo		
800 ochocientos	**800.º** octingentésimo		
900 novecientos	**900.º** noningentésimo		
1000 mil	**1000.º** milésimo	**1/1000** milésima o milésimo	
1001 mil uno	**1001.º** milésimo primero		
2000 dos mil	**2000.º** dosmilésimo	**1/2000** dosmilésima o dosmilésimo	
45 000 cuarenta y cinco mil			
100 000 cien mil	**100 000.º** cienmilésimo	**1/100 000** cienmilésima o cienmilésimo	
100 001 cien mil uno			
200 000 doscientos mil			
1 000 000 un millón	**1 000 000.º** millonésimo	**1/1 000 000** millonésima o millonésimo	
1 000 001 un millón uno			
10 000 000 diez millones			
100 000 000 cien millones			
1 000 000 000 mil millones o un millardo			
1 000 000 000 000 un billón			

NOTA. No se incluyen las variantes flexivas que poseen los ordinales y algunos cardinales. Tampoco las formas apocopadas de ciertos ordinales ni las formas adjetivas de los fraccionarios seguidas del sustantivo *parte: la tercera parte, la décima parte, la centésima parte*, etc. En los ordinales, a partir de 11.º solo se recoge la forma ligada (*decimoprimero*), que es la preferida, aunque también sea aceptable la variante que presenta sus componentes separados (*décimo primero*).

Lista de abreviaturas

Se recogen aquí las abreviaturas convencionales más usuales en español. Se trata de una lista necesariamente incompleta, ya que cualquier usuario de la lengua puede crear cuantas abreviaturas considere oportunas, siempre que lo haga de acuerdo con las reglas españolas de formación de este tipo de abreviaciones, explicadas en pág. 208.

Cuando una abreviatura tiene variación de género, a continuación de la forma masculina se da, entre paréntesis, la forma correspondiente del femenino, si bien en el desarrollo, por economía, aparece únicamente el masculino. Solo cuando una abreviatura se utiliza indistintamente para el masculino y para el femenino se hacen explícitos ambos géneros en su desarrollo.

A excepción de las irregulares, no se registran las formas del plural por ser fácilmente deducibles a partir de las reglas de formación del plural de las abreviaturas, recogidas en pág. 209. Sí se registran, no obstante, abreviaturas de expresiones que solo se usan en plural.

Cuando una misma abreviatura tiene distintos valores, estos se separan mediante una pleca doble (||).

Cuando una abreviatura es de uso geográficamente limitado, se indica entre corchetes la abreviatura del país al que corresponde.

Tras el signo ¶ se ofrece información adicional sobre el uso de algunas abreviaturas.

Aunque las abreviaturas de los tratamientos se escriben siempre con inicial mayúscula, en su forma plena estas palabras deben escribirse, en general, con minúscula; por ello, el desarrollo de las abreviaturas de los tratamientos aparece escrito en esta lista con minúscula inicial.

Se han escrito en cursiva las abreviaturas, así como sus desarrollos, que corresponden a expresiones de otras lenguas.

a.	arroba (*cf.* @ → pág. 498)
A.	alteza
(a)	alias
a/a	aire acondicionado
A/A	a la atención
aa. vv.; AA. VV.	autores varios (*cf.* vv. aa., VV. AA.)
Abg.; Abg.ᵈᵒ (*fem.* **Abg.ᵈᵃ**)	abogado -da
a. C.	antes de Cristo (*también* a. de C.; *cf.* d. C.)
a/c	a cuenta
acept.	aceptación
A. D.	*anno Domini* (*lat.*: 'en el año del Señor')
a. de C.	antes de Cristo (*también* a. C.; *cf.* d. de C.)
a. de J. C.	antes de Jesucristo (*también* a. J. C.; *cf.* d. de J. C.)
a D. g.	a Dios gracias
admón.	administración
adm.ᵒʳ (*fem.* **adm.ᵒʳᵃ**); **admr.**	administrador -ra
a. e. c.	antes de la era común
a/f	a favor

afmo. (*fem.* **afma.**); **af.**ᵐᵒ (*fem.* **af.**ᵐᵃ)	afectísimo
a. i.	*ad interim* (*lat.*: 'de manera provisional o interina'). ¶ Tras un nombre de cargo, para indicar que la persona que lo ocupa lo hace de modo interino.
A. I.	alteza imperial
a. J. C.	antes de Jesucristo (*también* a. de J. C.; *cf.* d. J. C.)
Alc.	alcalde
Alfz.	alférez
Almte.	almirante
a. m.	*ante meridiem* (*lat.*: 'antes del mediodía'; *cf.* m. y p. m.)
A. M. D. G.	*ad maiorem Dei gloriam* (*lat.*: 'a mayor gloria de Dios')
a. n. e.	antes de nuestra era
ap.	aparte
ap.	*apud* (*lat.*: 'en'). ¶ En referencias bibliográficas, antecede al nombre del autor o al título de la obra citados como fuente.
apdo.	apartado
aprox.	aproximado -da ‖ aproximadamente
A. R.	alteza real
arch.	archivo
Arq.	arquitecto -ta
art.; art.º	artículo
Arz.	arzobispo
A. S.	alteza serenísima
Asoc.	asociación
A. T.	Antiguo Testamento (*cf.* N. T.)
atte.	atentamente
atto. (*fem.* **atta.**)	atento
av.; avd.; avda.	avenida
ayte.	ayudante
Ayto.	ayuntamiento
B.	beato -ta (*también* Bto.)
Barna.	Barcelona (ciudad de España)
b. c. c.	*blind carbon copy* (*ingl.*: 'con copia oculta'; *cf.* c. c. o.)
Bco.	banco ('entidad financiera')
Bibl.	biblioteca
b. l. m.	besa la mano (*cf.* q. b. s. m.). ¶ Poco usada.
blvr.	bulevar
Bmo. (*fem.* **Bma.**)	beatísimo
b/n	blanco y negro
Bo.; B.º	barrio
bol.	boletín
Br.	bachiller
Brig.	brigada ('grado militar') ‖ brigadier
Bs. As.	Buenos Aires (capital de la Argentina)
b. s. p.	besa sus pies (*cf.* q. b. s. p.). ¶ Poco usada.
Bto. (*fem.* **Bta.**)	beato (*también* B.)
c.	calle (*también* c/ y cl.) ‖ capítulo (*también* cap. y cap.º) ‖ circa (*también* ca.) ‖ centavo (*también* cent., ctv. y ctvo.; *cf.* ¢, en apéndice 3) ‖ ciudadano

c/	calle (*también* c. *y* cl.) || cargo (*también* cgo.) || cuenta (*también* cta.)
ca.	circa (*también* c.). ¶ Del lat. *circa* ('alrededor de'), precede a un número que expresa año.
C.ª	compañía (*también* Cía., C.ª *y* Comp.) || carretera (*también* ctra.)
C. A.	compañía anónima (*cf.* S. A.) || comunidad autónoma [Esp.]
caj.	caja || cajón
cap.	capítulo (*también* c. *y* cap.º)
Cap.	capital || capitán -na
Cap. Fed.	capital federal (*también* C. F.)
cap.º	capítulo (*también* c. *y* cap.)
Card.	cardenal
c. c.	cédula de ciudadanía || centímetro cúbico (*referido a la cilindrada de un motor; cf.* cm³ → pág. 493) || con copia (*cf.* c. c. p.)
C. C.	casilla de correo
c/c	cuenta corriente (*también* cta. cte.)
c. c. o.	con copia oculta
c. c. p.	con copia para (*cf.* c. c.)
Cdad.	ciudad
c. e.	correo electrónico
cent. (*pl. irreg.:* cts.)	centavo (*también* c., ctv. *y* ctvo.; *cf.* ¢ → pág. 499) || centésimo
cént. (*pl. irreg.:* cts.)	céntimo
C. F.	capital federal (*también* Cap. Fed.) || club de fútbol
cf.; cfr.	*confer* (*lat.:* 'compara'; *también* conf. *y* confr.; *cf.* cp.). ¶ Escritas en redonda pueden considerarse abreviaturas de «confróntese».
c. f. s.	coste, flete y seguro
cgo.	cargo (*también* c/)
ch/	cheque
C. I.	cédula o carné de identidad
Cía.; C.ª	compañía (*también* C.ª *y* Comp.)
cje.	corretaje
cl.	calle (*también* c. *y* c/)
Cmdt.; Cmte.	comandante (*también* Comte. *y* Cte.)
Cnel.	coronel (*también* Col.)
cód.	código
col.	colección || colonia ('barrio') [Méx.] || columna
Col.	colegio || coronel (*también* Cnel.)
Comod.	comodoro
com.ón	comisión
Comp.	compañía (*también* C.ª, Cía. *y* C.ª)
Comte.	comandante (*también* Cmdt., Cmte. *y* Cte.)
conf.; confr.	*confer* (*lat.:* 'compara'; *también* cf. *y* cfr.; *cf.* cp.). ¶ Escritas en redonda pueden considerarse abreviaturas de «confróntese».
Contralmte.	contralmirante
coop.	cooperativa
coord. (*fem.* coord.ª)	coordinador
cp.	compárese (*cf.* cf., cfr., conf. *y* confr.)
C. P.	código postal (*cf.* D. P.) || contador público
C. P. N.	contador público nacional
C. por A.	compañía por acciones
cra.	carrera ('vía urbana')
crec.	creciente

cta.	cuenta (*también* c/)
cta. cte.	cuenta corriente (*también* c/c)
Cte.	comandante (*también* Cmdt., Cmte. *y* Comte.)
ctra.	carretera (*también* C.ª)
ctv.; ctvo.	centavo (*también* c. *y* cent.; *cf.* ¢ → pág. 499)
c/u	cada uno, cada una
D.	don (*cf.* D.ª *y* Dña.)
D.ª	doña (*también* Dña.; *cf.* D.)
d. C.	después de Cristo (*también* d. de C.; *cf.* a. C.)
dcho. (*fem.* **dcha.**)	derecho
d. de C.	después de Cristo (*también* d. C.; *cf.* a. de C.)
d. de J. C.	después de Jesucristo (*también* d. J. C.; *cf.* a. de J. C.)
del.	delegación
D. E. P.	descanse en paz (*cf.* e. p. d., q. e. p. d. *y* R. I. P.). ¶ *También* DEP, *como sigla.*
depto.	departamento (*también* dpto.)
desct.º	descuento (*también* dto.)
d/f	día(s) fecha
D. F.	Distrito Federal
diag.	diagonal ('vía urbana') [Arg.]
dicc.	diccionario
dir.	dirección
Dir. (*fem.* **Dir.ª**)	director
d. J. C.	después de Jesucristo (*también* d. de J. C.; *cf.* a. J. C.)
D. L.	depósito legal
D. m.	Dios mediante
Dña.	doña (*también* D.ª; *cf.* D.)
D. O.	denominación de origen (*cf.* D. O. C. *y* D. O. P.)
doc.	documento
D. O. C.	denominación de origen calificada (*cf.* D. O. *y* D. O. P.)
D. O. P.	denominación de origen protegida (*cf.* D. O. *y* D. O. C.)
D. P.	distrito postal (*cf.* C. P.)
dpto.	departamento (*también* depto.)
Dr. (*fem.* **Dra., Dr.ª**)	doctor
dto.	descuento (*también* desct.º)
dtto.	distrito
dupdo. (*fem.* **dupda.**)	duplicado
d/v	día(s) vista
e/	envío
e. c.	era común
e/c	en cuenta
ed.	edición ‖ editorial (*también* edit.) ‖ editor -ra
edit.	editorial (*también* ed.)
edo.	estado ('división territorial dentro de una nación')
EE. UU.	Estados Unidos
e. g.; e. gr.	*exempli gratia* (*lat.*: 'por ejemplo'; *cf.* p. ej., v. g., v. gr.)
ej.	ejemplo ‖ ejemplar (*sustantivo masculino*)
Em.ª	eminencia
Emmo. (*fem.* **Emma.**)	eminentísimo
entlo.	entresuelo

e. p. d.	en paz descanse (*cf.* D. E. P., q. e. p. d. *y* R. I. P.). ¶ Se utiliza también en mayúsculas.
e. p. m.	en propia mano
E. S.	estación de servicio [Esp.]
e. s. m.	en sus manos
esq.	esquina
et al.	*et alii* (*lat.*: 'y otros'; *cf.* y cols.). ¶ En referencias bibliográficas, tras el nombre de uno de los autores, para indicar que hay varios más.
etc.	etcétera
Exc.ª	excelencia
excl.	exclusive (*cf.* incl.)
Excmo. (*fem.* **Excma.**)	excelentísimo
f.	folio (*también* fol. *y* f.º)
f.ª	factura (*también* fra.)
facs.	facsímil
fasc.	fascículo
f. c. (*pl.* **ff. cc.**)	ferrocarril. ¶ Frecuentemente en mayúsculas.
F. C.	fútbol club
fca.	fábrica
Fdo.	firmado
fec.	*fecit* (*lat.*: 'hizo'). ¶ Junto a la firma en una obra de arte.
FF. AA.	Fuerzas Armadas
fig.	figura ‖ figurado
fl., flor.	*floruit* (*lat.*: 'floreció'). ¶ Ante la indicación del periodo de apogeo de un personaje o ente histórico cuyas fechas de comienzo y fin se desconocen.
f.º; fol.	folio (*también* f.)
Fr.	fray ‖ frey
fra.	factura (*también* f.ª)
Gdor. (*fem.* **Gdora., Gdor.ª**)	gobernador (*también* Gob.)
Gob.	Gobierno ‖ gobernador -ra (*también* Gdor.)
g. p.; g/p	giro postal
gr.	gramo (*cf.* g → pág. 494)
gral.	general
Gral.	general ('grado militar')
gralm.	generalmente
g. t.	giro telegráfico
gta.	glorieta
g. v.	gran velocidad (*cf.* p. v.)
h.	hoja ‖ hacia
H.	hermano -na (*también* Hno.)
hab.	habitante ‖ habitación
Hno. (*fem.* **Hna.**)	hermano (*también* H.)
I.	ilustre (*también* Il. e Iltre.). ¶ *Especialmente en la fórmula* M. I. ('muy ilustre').
ib.; ibid.	*ibidem* (*lat.*: 'en el mismo lugar')
id.	*idem* (*lat.*: 'el mismo')
i. e.	*id est* (*lat.*: 'esto es')
igl.ª	iglesia

il.	ilustración || ilustrado -da
Il.	ilustre (*también* I. e Iltre.)
Ilmo. (*fem.* **Ilma.**)	ilustrísimo
Iltre.	ilustre (*también* I. e Il.)
imp.	imprenta (*también* impr.)
impr.	imprenta (*también* imp.) || impreso
impto.; imp.^to	impuesto
incl.	inclusive (*cf.* excl.)
Ing.	ingeniero -ra
Inst.	instituto
izdo. (*fem.* **izda.**)*;* **izq.;** **izqdo.** (*fem.* **izqda.**)	izquierdo -da
J. C.	Jesucristo (*cf.* Jhs. y Xto.)
Jhs.	Jesús (*referido a Cristo; cf.* J. C. y Xto.)
JJ. OO.	Juegos Olímpicos
L/	letra (de cambio)
lám.	lámina
l. c.	*loco citato* (*lat.:* 'en el lugar citado'; *también* loc. cit.). ¶ En referencias bibliográficas, para referirse a la misma obra de un autor citada con anterioridad.
Lcdo. (*fem.* **Lcda.**)*;* **Ldo.** (*fem.* **Lda.**)	licenciado (*también* Lic.)
lib.	libro
Lic.	Licenciado -da (*también* Lcdo. o Ldo.)
loc. cit.	*loco citato* (*lat.:* 'en el lugar citado'; *también* l. c.)
Ltd.	*limited* (*ingl.:* 'limitado, -da'; *cf.* Ltdo.)
Ltdo. (*fem.* **Ltda.**)	limitado (*cf.* Ltd.)
m.	muerto -ta || muerte
m.	*meridies* (*lat:* 'mediodía'; *cf.* a. m. y p. m.)
M.	majestad || madre ('tratamiento religioso'; *también* M.^e)
m. a.	millones de años (*cf.* Ma → págs. 492-497)
Mag.	magíster (*también* Mgtr. y Mtr.)
Magfco. (*fem.* **Magfca.**)	magnífico
manz.	manzana ('espacio urbano'; *también* mz.)
máx.	máximo (*cf.* mín.)
Mdeo.	Montevideo (capital de Uruguay)
M.^e	madre ('tratamiento religioso'; *también* M.)
Mgtr.	magíster (*también* Mag. y Mtr.)
mín.	mínimo (*cf.* máx.)
m. n.	moneda nacional
Mons.	monseñor
mr.	mártir
ms. (*pl.* **mss.**)	manuscrito
Mtr.	máster || magíster (*también* Mag. y Mgtr.)
Mtro. (*fem.* **Mtra.**)	maestro || ministro
mz.	manzana ('espacio urbano'; *también* manz.)
n.	nota || nacido -da || nacimiento

N.ª S.ª	Nuestra Señora (*referido a la Virgen; también* Ntra. Sra., Ntr.ª Sr.ª)
nal.	nacional
N. B.	*nota bene* (*lat.:* 'observa bien'). ¶ Escrita en redonda equivale a «nótese bien».
N. del A. (*fem.* **N. de la A.**)	nota del autor
N. del T. (*fem.* **N. de la T.**)	nota del traductor
n. e.	nuestra era
n. n.	*nescio nomen* (*lat.:* 'desconozco el nombre'). ¶ En registros, cuando se desconoce el nombre del sujeto.
n.º; nro.	número (*también* núm.; *cf.* # → pág. 498)
N. S.	Nuestro Señor (*referido a Jesucristo; cf.* N. S. J. C.)
N. S. J. C.	Nuestro Señor Jesucristo (*cf.* N. S.)
N. T.	Nuevo Testamento (*cf.* A. T.)
Ntra. Sra.; Ntr.ª Sr.ª	Nuestra Señora (*referido a la Virgen; también* N.ª S.ª)
ntro. (*fem.* **ntra.**)	nuestro
núm.	número (*también* n.º y nro.; *cf.* # → pág. 498)
Ob.	obispo
ob. cit.	obra citada (*cf.* op. cit.)
O. F. M.	Orden de Frailes Menores (franciscanos)
O. M.	Orden Ministerial [Esp.]
op.	opus. ¶ Del *lat. opus* ('obra'), se usa en la nomenclatura de las obras musicales, ante el número de orden de una obra dentro del conjunto de las pertenecientes a un mismo autor.
O. P.	Orden de Predicadores (dominicos)
op. cit.	*opere citato* (*lat.:* 'en la obra citada'; *cf.* ob. cit.)
O. S. A.	Orden de San Agustín
p.	página (*también* pg. y pág.)
P.	papa (*cf.* Pnt.) ‖ padre ('tratamiento religioso')
p. a.	por ausencia ‖ por autorización (*también* P. A.)
pág.	página (*también* p. y pg.)
párr.	párrafo (*cf.* § → pág. 498)
pass.	*passim* (*lat.:* 'en varios lugares'). ¶ En referencias bibliográficas, para indicar que la información señalada se encuentra en diversos puntos a lo largo de la obra citada.
Pat.	patente
Pbro.	presbítero (*también* Presb.)
p. d.	porte(s) debido(s) (*cf.* p. p.)
P. D.	posdata (*cf.* P. S.). ¶ Para introducir añadidos a una carta ya concluida y firmada.
pdo. (*fem.* **pda.**)	pasado
p. ej.	por ejemplo (*cf.* v. g. y v. gr.)
Pdte. (*fem.* **Pdta.**)	presidente
pg.	página (*también* p. y pág.)
p. k.	punto kilométrico
pl.	plaza (*también* plza. y pza.)
plta.	planta
plza.	plaza (*también* pl. y pza.)
p. m.	*post meridiem* (*lat.:* 'después del mediodía'; *cf.* a.m. y m.)
P. M.	policía militar

Pnt.	pontífice (*cf.* P.)
p. o.; P. O.; p/o	por orden
p.º	paseo
pol. ind.	polígono industrial [Esp.]
p. p.	por poder ‖ porte(s) pagado(s) (*cf.* p. d.)
ppal.	principal (*también* pral.)
p. pdo.	próximo pasado [Am.]. ¶ Tras la indicación de una fecha.
pral.	principal (*también* ppal.)
Presb.	presbítero (*también* Pbro.)
Prof. (*fem.* **Prof.ª**)	profesor
pról.	prólogo
prov.	provincia
P. S.	*post scriptum* (*lat.:* 'después de lo escrito'; *cf.* P. D.). ¶ Para introducir añadidos a un texto ya escrito.
pulg.	pulgada
p. v.	pequeña velocidad (*cf.* g.v.)
P. V. P.	precio de venta al público
pza.	plaza (*también* pl. *y* plza.)
q. b. s. m.	que besa su mano (*cf.* b. l. m.). ¶ Poco usada.
q. b. s. p.	que besa sus pies. ¶ Poco usada.
q. D. g.; Q. D. G.	que Dios guarde. ¶ Poco usada.
q. e. g. e.	que en gloria esté. ¶ Poco usada.
q. e. p. d.	que en paz descanse (*cf.* D. E. P., e. p. d. *y* R. I. P.). ¶ Poco usada.
q. e. s. m.	que estrecha su mano. ¶ Poco usada.
q. s. g. h.	que santa gloria haya. ¶ Poco usada.
r.	recto (*también* r.º; *cf.* v. *y* v.º). ¶ Tras la indicación del número de hoja o folio de un libro.
R.	reverendo -da (*también* Rdo., Rev., Rvd. *y* Rvdo.)
rbla.	rambla ('vía urbana')
R. D.	Real Decreto [Esp.] (*cf.* R. O.) ‖ República Dominicana
Rdo. (*fem.* **Rda.**)	reverendo (*también* Rev., Rvd., Rvdo. *y* R.)
reg.	registro
Rep.	república
Rev.	reverendo -da (*también* Rdo., Rvd., Rvdo. *y* R.)
R. I. P.	*requiescat in pace* (*lat.:* 'descanse en paz'; *cf.* D. E. P., e. p. d. *y* q. e. p. d.). ¶ También *RIP*, como sigla.
r.º	recto (*también* r.; *cf.* v. *y* v.º). ¶ Tras la indicación del número de hoja o folio de un libro.
R. O.	Real Orden [Esp.] (*cf.* R. D.)
R. O. U.	República Oriental del Uruguay
Rmo. (*fem.* **Rma.**)	reverendísimo (*también* Rvdmo.)
r. p. m.	revoluciones por minuto
R. S. V. P.	*Répondez s'il vous plaît* (*fr.:* 'responda, por favor'; *cf.* S. R. C.) [Am.]
RR. HH.	recursos humanos
Rte.	remitente
Rvd.	reverendo -da (*también* R., Rdo., Rev. *y* Rvdo.)
Rvdmo. (*fem.* **Rvdma.**)	reverendísimo (*también* Rmo.)
Rvdo. (*fem.* **Rvda.**)	reverendo (*también* R., Rdo., Rev. *y* Rvd.)

s.	siglo || siguiente (*también* sig.)
s/	sin || sobre || según
S.	san (*cf.* Sto.)
s. a.; s/a	sin año [de impresión o de edición] (*cf.* s. d., s. e. y s. l.)
S.ª	señoría || señora (*también* Sra. y Sr.ª)
S. A.	sociedad anónima (*cf.* C. A. y S. L.) ¶ *También* SA, como sigla. || su alteza.
S. A. A.	sociedad anónima abierta
S. A. C.	sociedad anónima cerrada
S. A. de C. V.	sociedad anónima de capital variable
S. A. I.	su alteza imperial
S. A. R.	su alteza real
S. A. S.	su alteza serenísima
s. c.	su casa
s/c	su cuenta
sc.	*scilicet* (*lat.*: 'es decir, a saber')
S. C.	sociedad comanditaria
s. d.	*sine data* (*lat.*: 'sin fecha [de edición o de impresión]'; *cf.* s. a., s. e. y s. l.)
Sdad.	sociedad (*también* Soc.)
Sdad. Ltda.	sociedad limitada (*también* S. L.)
S. D. M.	su divina majestad
s. e.; s/e	sin [indicación de] editorial (*cf.* s. a., s. d. y s. l.)
S. E.	su excelencia
Ser.ᵐᵒ (fem. Ser.ᵐᵃ)	serenísimo
s. e. u o.	salvo error u omisión
s. f.; s/f	sin fecha
Sgto.	sargento
S. I.	*Societatis Iesu* (*lat.*: 'de la Compañía de Jesús'; *también* S. J.)
sig.	siguiente (*también* s.)
S. J.	*Societatis Jesu* (*lat.*: 'de la Compañía de Jesús'; *también* S. I.) || sacerdote jesuita
s. l.; s/l	sin [indicación del] lugar [de edición] (*cf.* s. a., s. d. y s. e.)
S. L.	sociedad limitada (*también* Sdad. Ltda.; *cf.* S. A.). ¶ *También* SL, como sigla.
S. M.	su majestad || sacerdote marianista
Smo. (fem. Sma.)	santísimo
s. n.; s/n	sin número. ¶ En referencia al inmueble de una vía pública.
s. n. m.	sobre el nivel del mar. ¶ Normalmente precedida por el símbolo del metro: m s. n. m.
Soc.	sociedad (*también* Sdad.)
S. P.	servicio público
s. p. i.	sin pie de imprenta
Sr. (fem. Sra., Sr.ª, S.ª)	señor
S. R. C.	se ruega contestación
S. R. L.	sociedad de responsabilidad limitada
S. R. M.	su real majestad
Srta.	señorita
s. s.	seguro servidor (*cf.* s. s. s.). ¶ Poco usada.
S. S.	su santidad || su señoría
s. s. s.	su seguro servidor (*cf.* s. s. s.). ¶ Poco usada.
Stgo.	Santiago (capital de Chile)

Sto. (*fem.* **Sta.**)	santo (*cf.* S.)
supl.	suplemento
s. v.; s/v	*sub voce* (*lat.*: 'bajo la palabra'). ¶ Antecede a la indicación del lema de un diccionario o enciclopedia, para indicar que en esa entrada se encuentra la información a la que se hace referencia.
t.	tomo
tel.; teléf.	teléfono (*también* tfno. y tlf.)
test.º	testigo
tfno.	teléfono (*también* tel., teléf. y tlf.)
tít.	título
tlf.	teléfono (*también* tel., telef. y tfno.)
trad.	traducción ‖ traductor -ra
tte.	transporte
Tte.	teniente
U.	usted (*también* Ud., V. y Vd.)
ud. (*pl. irreg.*: **uds.**)	unidad
Ud. (*pl. irreg.*: **Uds.**)	usted (*también* U., V. y Vd.)
Univ.	universidad
urb.	urbanización
v.	véase o véanse (*cf.* vid.) ‖ verso ‖ vuelto (*también* v.º; *cf.* r. y r.º)
V.	usted (*también* U., Ud. y Vd.) ‖ venerable. ¶ Poco usada, en el primer sentido indicado.
v/	visto
V. A.	vuestra alteza
Valmte.	vicealmirante
V. A. R.	vuestra alteza real
V. B.	vuestra beatitud
vcto.	vencimiento
Vd. (*pl. irreg.*: **Vds.**)	usted (*también* U., Ud. y V.). ¶ Poco usada.
Vdo. (*fem.* **Vda.**)	viudo
V. E.	vuestra excelencia
v. g.; v. gr.	*verbi gratia* (*lat.*: 'por ejemplo'; *cf.* p. ej., e. g., e. gr.)
V. I.	vuestra ilustrísima o usía ilustrísima (*cf.* V. S. I.)
vid.	*vide* (*lat.*: 'mira'; *equivale a* véase, *cf.* v.)
V. M.	vuestra majestad
v.º	vuelto (*también* v. y vto.; *cf.* r. y r.º). ¶ Tras la indicación del número de hoja o folio de un libro.
V. O.	versión original (*cf.* V. O. S.)
V.º B.º	visto bueno
vol.	volumen
V. O. S.	versión original subtitulada (*cf.* V. O.)
V. P.	vuestra paternidad
vs.	versus
V. S.	vuestra señoría
V. S. I.	vuestra señoría ilustrísima (*cf.* V. I.)
vto. (*fem.* **vta.**)	vuelto (*también* v. y v.º)
vv. aa.; VV. AA.	varios autores (*cf.* aa. vv., AA. VV.)
Xto.	Cristo (*cf.* J. C. y Jhs.)
y cols.	y colaboradores (*cf.* et al.)

Lista de símbolos alfabetizables

En esta lista se recogen los símbolos alfabetizables más usuales, casi todos ellos referidos a las unidades de medida —ya correspondan al sistema internacional de unidades, al cegesimal o a sistemas particulares como el anglosajón—, los elementos químicos de la tabla periódica, los puntos cardinales y las monedas oficiales de los países reconocidos por la ONU. En algunos casos se recogen, además de la unidad básica, algunas unidades derivadas de uso común.

Los símbolos de los prefijos de las unidades de medida, que sirven para formar los de sus múltiplos y submúltiplos y, por tanto, no se usan nunca aislados, se transcriben seguidos de un guion. A continuación, se señala entre corchetes el factor que expresan, en forma de potencia decimal.

Puesto que los símbolos son elementos gráficamente invariables, todas las formas recogidas en esta lista sirven tanto para el singular como para el plural.

Los nombres de algunas unidades de medida se han escrito en cursiva por presentar grafías no adaptadas plenamente a las convenciones ortográficas del español.

Cuando un mismo símbolo tiene distintos valores, estos se separan mediante una pleca doble (‖).

En el caso de algunas monedas, además del símbolo trilítero establecido de acuerdo con las normas de la ISO (International Organization for Standardization 'Organización Internacional para la Estandarización'), se incluye(n) otro(s) de uso corriente.

Muchos nombres de monedas carecen de grafía normalizada en español. Se ofrecen aquí, para todos ellos, formas adaptadas a las convenciones ortográficas de nuestro idioma.

a	área [100 m²]	**As**	arsénico
A	amperio	**at**	atmósfera técnica
Å	ángstrom	**At**	ástato o astato
a-	atto- [10^{-18}]	**atm**	atmósfera normal
ac	acre ('unidad de superficie')	**Au**	oro
Ac	actinio	**AUD**	dólar australiano (moneda oficial de
AED	dírham (moneda oficial de los		Australia, Kiribati, Nauru y Tuvalu)
	Emiratos Árabes Unidos)	**AZN**	manat (moneda oficial de Azerbaiyán)
AFN	afgani (moneda oficial de Afganistán)	**b**	barn ‖ bit (también bit)
Ag	plata	**B**	belio ‖ boro ‖ byte
Al	aluminio	**Ba**	bario
ALL	lek (moneda oficial de Albania)	**BAM**	marco convertible (moneda oficial de
Am	americio		Bosnia-Herzegovina)
AMD	dram (moneda oficial de Armenia)	**bar**	bar
AOA	kuanza (moneda oficial de Angola)	**BBD**	dólar barbadense (moneda oficial de
Ar	argón		Barbados)
ARS	peso argentino (moneda oficial de la	**BDT**	taka (moneda oficial de Bangladés)
	Argentina; cf. $ → pág. 499)	**Be**	berilio

BGN	leva (moneda oficial de Bulgaria)	**cm³**	centímetro cúbico (cf. c. c. → pág. 484)
Bh	bohrio		
BHD	dinar bareiní (moneda oficial de Baréin)	**CNY**	yuan (nombre habitual de la moneda oficial de China; su nombre oficial es *renminbi*)
Bi	bismuto		
BIF	franco burundés (moneda oficial de Burundi)	**Co**	cobalto
		COP	peso colombiano (moneda oficial de Colombia; cf. $ → pág. 499)
bit	bit (*también* b)		
Bk	berkelio	**Cr**	cromo
BND	dólar bruneano (moneda oficial de Brunéi Darusalam)	**CRC**	colón costarricense (moneda oficial de Costa Rica; cf. ₡ → pág. 499)
BOB	boliviano (moneda oficial de Bolivia; *también* Bs)	**Cs**	cesio
		Cu	cobre
Bq	*becquerel*	**CUP**	peso cubano (moneda oficial de Cuba; cf. $ → pág. 499)
Br	bromo		
BRL	real (moneda oficial de Brasil)	**CV**	caballo de vapor (*también* hp)
Bs	boliviano (moneda oficial de Bolivia; *también* BOB)	**CVE**	escudo caboverdiano (moneda oficial de Cabo Verde)
BSD	dólar bahameño (moneda oficial de las Bahamas)	**CZK**	corona checa (moneda oficial de la República Checa)
BTN	gultrum (moneda oficial de Bután)	**d**	día
BWP	pula (moneda oficial de Botsuana)	**d-**	deci- [10^{-1}]
BYR	rublo bielorruso (moneda oficial de Bielorrusia)	**da-**	deca- [10^1]
		Da	dalton
BZD	dólar beliceño (moneda oficial de Belice)	**dB**	decibelio
		Db	dubnio (*cf.* Ha)
C	carbono ǁ culombio	**DJF**	franco yibutiano (moneda oficial de Yibuti)
c-	centi- [10^{-2}]		
Ca	calcio	**DKK**	corona danesa (moneda oficial de Dinamarca)
CAD	dólar canadiense (moneda oficial de Canadá)		
		dm	decímetro
cal	caloría	**dm²**	decímetro cuadrado
cd	candela	**dm³**	decímetro cúbico
Cd	cadmio	**DOP**	peso dominicano (moneda oficial de la República Dominicana; cf. $ → pág. 499)
CDF	franco congoleño (moneda oficial de la República Democrática del Congo)		
Ce	cerio	**dr**	dracma ('unidad de peso')
Cf	californio	**Ds**	darmstadio (*mejor que* darmstadtio)
CHF	franco suizo (moneda oficial de Suiza y Liechtenstein)	**Dy**	disprosio
		dyn	dina
Ci	curio ('unidad de radiactividad'; *cf.* Cm)	**DZD**	dinar argelino (moneda oficial de Argelia)
Cl	cloro	**E**	este ('punto cardinal')
CLP	peso chileno (moneda oficial de Chile; cf. $ → pág. 499)	**E-**	exa- [10^{18}]
		EGP	libra egipcia (moneda oficial de Egipto)
cm	centímetro	**Er**	erbio
Cm	curio ('elemento químico'; *cf.* Ci)	**erg**	ergio
cm²	centímetro cuadrado	**ERN**	nakfa (moneda oficial de Eritrea)

Lista de símbolos alfabetizables

Es	einstenio	**h**	hora ‖ altura (del ingl. *height*)
ETB	bir (moneda oficial de Etiopía)	**H**	henrio ‖ hidrógeno
Eu	europio	**h-**	hecto- [10^2]
EUR	euro (moneda oficial de los países de	**ha**	hectárea
	la zona euro de la Unión Europea:	**Ha**	hahnio (*antigua denominación del*
	Alemania, Austria, Bélgica, Chipre,		*dubnio; cf. Db*)
	Eslovaquia, Eslovenia, España,	**He**	helio
	Estonia, Finlandia, Francia, Grecia,	**Hf**	hafnio
	Irlanda, Italia, Luxemburgo, Malta,	**Hg**	mercurio
	Países Bajos y Portugal; también es	**HNL**	lempira (moneda oficial de Honduras)
	la moneda de Andorra, Ciudad del	**Ho**	holmio
	Vaticano, Mónaco, Montenegro y	**hp**	caballo de vapor (del ingl.
	San Marino, y circula en Kosovo;		*horsepower*, 'unidad de potencia';
	cf. € → pág. 499)		también CV)
eV	electronvoltio	**HRK**	kuna (moneda oficial de Croacia)
F	faradio ‖ flúor ‖ franco	**Hs**	*hassio*
f-	femto- [10^{-15}]	**HTG**	gurde (moneda oficial de Haití, junto
Fe	hierro		con el dólar estadounidense)
fl oz	onza de líquido (del ing. *fluid ounce*,	**HUF**	forinto (moneda oficial de Hungría)
	'unidad de volumen')	**Hz**	hercio
FJD	dólar fiyiano (moneda oficial de Fiyi)	**I**	yodo
Fm	fermio	**IDR**	rupia indonesia (moneda oficial de
Fr	francio ‖ franklin		Indonesia)
ft	pie (del ingl. *foot*, 'unidad de	**ILS**	séquel (moneda oficial de Israel; *cf.* ₪
	longitud')		→ pág. 499)
g	gramo (*y no* ⊗gr)	**in**	pulgada (del ingl. *inch*, 'unidad de
G	*gauss*		longitud')
G-	giga- [10^9]	**In**	indio
Ga	galio	**INR**	rupia india (moneda oficial de la
gal	galón ('unidad de volumen')		India)
GBP	libra esterlina (moneda oficial del	**IQD**	dinar iraquí (moneda oficial de Irak)
	Reino Unido de Gran Bretaña e	**Ir**	iridio
	Irlanda del Norte; *cf. £ → pág. 499*)	**IRR**	rial iraní (moneda oficial de Irán)
Gd	gadolinio	**ISK**	corona islandesa (moneda oficial de
Ge	germanio		Islandia)
GEL	lari (moneda oficial de Georgia)	**J**	julio
GHS	cedi (moneda oficial de Ghana)	**JMD**	dólar jamaicano (moneda oficial de
Gi	*gilbert*		Jamaica)
GMD	dalasi (moneda oficial de Gambia)	**JOD**	dinar jordano (moneda oficial de
GNF	franco guineano (moneda oficial de		Jordania)
	Guinea)	**JPY**	yen (moneda oficial de Japón; *cf. ¥*
gon	gon ('grado centesimal')		→ pág. 499)
gr	grano ('unidad de peso')	**K**	kelvin ‖ potasio
GTQ	quetzal (moneda oficial de	**k-**	kilo- [10^3] (*y no* ⊗K-)
	Guatemala)	**kat**	katal
Gy	gray	**KES**	chelín keniano (moneda oficial de
GYD	dólar guyanés (moneda oficial de		Kenia)
	Guyana)	**KGS**	som (moneda oficial de Kirguistán)

KHR riel (moneda oficial de Camboya)

KMF franco comorano (moneda oficial de las Comoras)

kn nudo (del ing. *knot,* 'unidad de velocidad para barcos y aviones')

KPW won norcoreano (moneda oficial de Corea del Norte)

Kr criptón o kriptón

KRW won surcoreano (moneda oficial de Corea del Sur)

Kv kurchatovio (*denominación soviética del* rutherfordio; *cf.* Rf)

KWD dinar kuwaití (moneda oficial de Kuwait)

KZT tengue (moneda oficial de Kazajistán)

l; L litro (*y no* ®lit, ®Lit)

La lantano

LAK kip (moneda oficial de Laos)

lb libra ('unidad de peso')

LBP libra libanesa (moneda oficial del Líbano, también conocida como lira libanesa)

Li litio

LKR rupia ceilandesa (moneda oficial de Sri Lanka)

lm lumen

Lr laurencio o lawrencio

LRD dólar liberiano (moneda oficial de Liberia)

LSL loti (moneda oficial de Lesoto)

LTL litas (moneda oficial de Lituania)

Lu lutecio

LVL lats (moneda oficial de Letonia)

lx lux

LYD dinar libio (moneda oficial de Libia)

m metro (*y no* ®mt *ni* ®mtr)

M milla náutica

m- mili- [10^{-3}]

M- mega- [10^6]

m² metro cuadrado

m³ metro cúbico

MAD dírham marroquí (moneda oficial de Marruecos; utilizada también en el Sáhara Occidental)

mbar milibar

Md mendelevio

MDL leu moldavo (moneda oficial de Moldavia)

mg miligramo

Mg magnesio

MGA ariari (moneda oficial de Madagascar)

min minuto (de tiempo)

MKD denar (moneda oficial de la Antigua República Yugoslava de Macedonia)

mm milímetro

mmHg milímetro de mercurio

mmH₂O milímetro de agua

MMK kiat (moneda oficial de Birmania)

Mn manganeso

MNT tugrik (moneda oficial de Mongolia)

Mo molibdeno

mol mol o molécula gramo

MRO uguiya (moneda oficial de Mauritania)

Mt meitnerio

MUR rupia mauriciana (moneda oficial de Mauricio)

MVR rufiya (moneda oficial de las Maldivas)

MWK kuacha malauí (moneda oficial de Malaui)

Mx *maxwell*

MXN peso mexicano (moneda oficial de México; *cf.* \$ *y* \$ → pág. 499)

MYR ringit (moneda oficial de Malasia)

MZN metical (moneda oficial de Mozambique)

N *newton* ‖ nitrógeno ‖ norte

n- nano- [10^{-9}]

Na sodio

NAD dólar namibio (moneda oficial de Namibia)

Nb niobio

Nd neodimio

Ne neón

NE noreste

NGN naira (moneda oficial de Nigeria)

Ni níquel

NIO córdoba (moneda oficial de Nicaragua; *cf.* C\$ → pág. 499)

No nobelio

NO noroeste (*también* NW, *en el sistema internacional*)

NOK corona noruega (moneda oficial de Noruega)

Np néper ‖ neptunio

NPR rupia nepalí (moneda oficial de Nepal)

Lista de símbolos alfabetizables

NW	noroeste (del ingl. *Northwest*; también NO, *en el ámbito hispánico*)	**RON**	leu rumano (moneda oficial de Rumanía)
NZD	dólar neozelandés (moneda oficial de Nueva Zelanda y las Islas Cook)	**RSD**	dinar serbio (moneda oficial de Serbia)
O	oeste (*también W, en el sistema internacional*) ‖ oxígeno	**Ru**	rutenio
Oe	*oersted*	**RUB**	rublo (moneda oficial de la Federación Rusa)
OMR	rial omaní (moneda oficial de Omán)	**RWF**	franco ruandés (moneda oficial de Ruanda)
Os	osmio		
oz	onza	**s**	segundo [de tiempo] (*y no* ⊗sg)
oz tr	onza troy	**S**	azufre ‖ *siemens* ‖ sur
P	fósforo ‖ poise	**SAR**	rial saudí (moneda oficial de Arabia Saudí)
p-	pico- [10^{-12}]		
P-	peta- [10^{15}]	**Sb**	antimonio
Pa	pascal ‖ protactinio	**SBD**	dólar salomonense (moneda oficial de las Islas Salomón)
PAB	balboa (moneda oficial de Panamá, junto con el dólar estadounidense; *cf.* ฿ → pág. 499)	**Sc**	escandio
		SCR	rupia seychellense (moneda oficial de Seychelles)
Pb	plomo		
pc	parsec o pársec	**SDG**	libra sudanesa (moneda oficial de Sudán)
Pd	paladio		
PEN	nuevo sol (moneda oficial del Perú)	**Se**	selenio
PGK	kina (moneda oficial de Papúa Nueva Guinea)	**SE**	sureste
		SEK	corona sueca (moneda oficial de Suecia)
PHP	peso filipino (moneda oficial de Filipinas)	**Sg**	seaborgio
PKR	rupia pakistaní (moneda oficial de Pakistán)	**SGD**	dólar singapurense (moneda oficial de Singapur)
PLN	esloti (moneda oficial de Polonia)	**Si**	silicio
Pm	prometio	**SLL**	leona (moneda oficial de Sierra Leona)
Po	polonio	**Sm**	samario
Pr	praseodimio	**Sn**	estaño
pt	pinta	**SO**	suroeste (*también SW, en el sistema internacional*)
Pt	platino		
Pu	plutonio	**SOS**	chelín somalí (moneda oficial de Somalia)
PYG	guaraní (moneda oficial del Paraguay; *cf.* ₲ → pág. 499)		
		sr	estereorradián
q	quintal (métrico)	**Sr**	estroncio
QAR	rial catarí (moneda oficial de Catar)	**SRD**	dólar surinamés (moneda oficial de Surinam)
R	roentgen		
Ra	radio	**SSP**	libra sursudanesa (moneda oficial de Sudán del Sur)
rad	radián		
Rb	rubidio	**STD**	dobra (moneda oficial de Santo Tomé y Príncipe)
Re	renio		
Rf	rutherfordio	**Sv**	*sievert*
Rg	roentgenio	**SVC**	colón salvadoreño (moneda oficial de El Salvador, junto con el dólar estadounidense; *cf.* ₡ → pág. 499)
Rh	rodio		
Rn	radón		

SW   suroeste (del ingl. *Southwest;* también SO, *en el ámbito hispánico*)

SYP   libra siria (moneda oficial de Siria)

SZL   lilangeni (moneda oficial de Suazilandia)

t   tonelada

T   tesla

T-   tera- [10^{12}]

Ta   tantalio

Tb   terbio

Tc   tecnecio

Te   telurio

tex   tex

Th   torio

THB   bat (moneda oficial de Tailandia; *cf.* ฿ → pág. 499)

Ti   titanio

TJS   somoni (moneda oficial de Tayikistán)

Tl   talio

Tm   tulio

TMT   nuevo manat turcomano (moneda oficial de Turkmenistán)

TND   dinar tunecino (moneda oficial de Túnez)

TOP   paanga (moneda oficial de Tonga)

TRY   lira turca (moneda oficial de Turquía)

TTD   dólar trinitense (moneda oficial de Trinidad y Tobago)

TZS   chelín tanzano (moneda oficial de Tanzania)

u   unidad de masa atómica unificada

U   uranio

ua   unidad astronómica

UAH   grivna (moneda oficial de Ucrania)

UGX   chelín ugandés (moneda oficial de Uganda)

USD   dólar estadounidense (moneda oficial de los Estados Unidos de América, el Ecuador, Puerto Rico, Timor Oriental, Islas Marshall, Micronesia y Palaos; es también oficial, junto con las monedas locales, en El Salvador, Haití y Panamá; *cf.* $ → pág. 499)

UYU   peso uruguayo (moneda oficial de Uruguay; *cf.* $ → pág. 499)

UZS   sum (moneda oficial de Uzbekistán)

V   vanadio || voltio

VEF   bolívar fuerte (moneda oficial de Venezuela)

VND   dong (moneda oficial de Vietnam)

VUV   vatu (moneda oficial de Vanuatu)

W   oeste (del ingl. *West;* también O, *en el ámbito hispánico*) || vatio || wolframio o tungsteno

Wb   *weber*

WST   tala (moneda oficial de Samoa)

XAF   franco CFA[1] (emitido por el Banco de los Estados de África Central [BEAC], es la moneda oficial de Camerún, Chad, Congo, Gabón, Guinea Ecuatorial y la República Centroafricana)

XCD   dólar del Caribe Oriental (moneda oficial de Antigua y Barbuda, Dominica, Granada, San Cristóbal y Nieves, Santa Lucía, y San Vicente y las Granadinas)

Xe   xenón

XOF   franco CFA[1] (emitido por el Banco Central de los Estados de África Occidental [BCEAO], es la moneda oficial de Benín, Burkina Faso, Costa de Marfil, Guinea-Bisáu, Mali, Níger, Senegal y Togo)

Y   itrio

y-   yocto- [10^{-24}]

Y-   yotta- [10^{24}]

Yb   iterbio

yd   yarda

YER   rial yemení (moneda oficial del Yemen)

z-   zepto- [10^{-21}]

Z-   zetta- [10^{21}]

ZAR   rand (moneda oficial de Sudáfrica; también circula legalmente en Lesoto y Namibia)

ZMK   kuacha zambiano (moneda oficial de Zambia)

Zn   cinc o zinc

Zr   circonio o zirconio

ZWL   dólar zimbabuense (moneda oficial de Zimbabue)

---

[1] Sigla que correspondía inicialmente a Colonias Francesas de África.

Lista de símbolos no alfabetizables

En esta lista se recoge una selección de símbolos de carácter no alfabetizable, ya que no están formados por letras, a diferencia de los registrados en el apéndice anterior. La lista es, en este caso, muy limitada y no tiene más pretensión que complementar el apéndice de símbolos alfabetizables en relación con las unidades de medida y las monetarias, y añadir algunos otros que pueden ser de interés más o menos general.

Cuando alguno de ellos tiene varios valores, estos se separan unos de otros mediante una pleca doble (‖).

Cuando uno de estos símbolos es de ámbito geográfico limitado, tras su equivalencia se indica entre corchetes la abreviatura del país o del área en el que se usa.

En los símbolos que pertenecen a un ámbito determinado del saber, se indica este mediante abreviatura en cursiva y entre paréntesis. Muchos de los asignados al ámbito de la matemática deben entenderse también referidos a la lógica.

Para su más rápida localización, se han colocado aparte, agrupados en sendas secciones, los símbolos monetarios y los de unidades de medida.

@	arroba (cf. a. → pág. 492)	≈	aproximadamente igual a (*Mat.*)
♭	bemol (*Mús.*)	~	equivalente a (*Mat.*)
©	copyright (*ingl.*: 'derechos de autor')	<	menor que (*Mat.*) ‖ procede de (*Filol.*)
®	registered trademark (*ingl.*: 'marca re-gistrada'; cf. ™)	>	mayor que (*Mat.*) ‖ pasa a (*Filol.*)
		≤	menor o igual que (*Mat.*)
™	trademark (*ingl.*: 'nombre comercial'; cf. ®)	≥	mayor o igual que (*Mat.*)
		∧	conjunción (*Mat.*)
§	párrafo (cf. párr. → pág. 488)	∨	disyunción (*Mat.*)
&	et (*lat.*: 'y')	¬	negación (*Mat.*)
#	número [Am.] (cf. n.º, nro. y núm. → pág. 488)	⇒	implicación (*Mat.*)
		⇐	implicación (*Mat.*)
♯	sostenido (*Mús.*)	⇔	equivalencia o implicación doble (*Mat.*)
♮	becuadro (*Mús.*)	∴	por consiguiente o por tanto (*Mat.*)
%	por ciento	∀	cuantificador universal ('todo' o 'para todo'; *Mat.*)
‰	por mil		
✓	verificación	∃	cuantificador existencial ('existe'; *Mat.*)
†	fallecido (*junto al nombre de una persona*)	∈	pertenece (*Mat.*)
		∉	no pertenece (*Mat.*)
*	expresión agramatical (*Ling.*) ‖ forma hipotética (*Filol.*)	⊆	contenido o igual (subconjunto; *Mat.*)
		⊇	contiene o igual (subconjunto; *Mat.*)
+	más (*Mat.*) ‖ número positivo (*Mat.*)	⊄	no está contenido (*Mat.*)
−	menos (*Mat.*) ‖ número negativo (*Mat.*)	⊂	contenido (subconjunto propio; *Mat.*)
±	más menos (*Mat.*)	⊃	contiene (subconjunto propio; *Mat.*)
×	por, multiplicado por (*Mat.*)	⊅	no está contenido (*Mat.*)
÷	entre, dividido por (*Mat.*)	∪	unión (*Mat.*)
=	igual a (*Mat.*)	∩	intersección (*Mat.*)
≠	no igual a (*Mat.*)	Ø	cero fónico o elemento elidido (*Ling.*) ‖ conjunto vacío (*Mat.*) ‖ diámetro (*Mat.*)
≅	semejante a (*Mat.*)		

Σ	sumatorio (*Mat.*)	Δ	incremento (*Mat.*) ‖ diferencia simétrica (*Mat.*)
√	raíz (*Mat.*)		
!	factorial (*n*! 'factorial del número *n*') (*Mat.*)	∫	integral (*Mat.*)
		π	número pi (*Mat.*)
		∞	infinito (*Mat.*)

SÍMBOLOS MONETARIOS

฿ balboa (moneda oficial de Panamá; *cf.* PAB → pág. 496) ‖ bat (moneda oficial de Tailandia; *cf.* THB → pág. 497)

¢ centavo (*cf.* c., cent., ctv. y ctvo. → pág. 485)

₡ colón (moneda oficial de Costa Rica y El Salvador; *cf.* CRC y SVC, *respectivamente* → págs. 493 y 497)

C$ córdoba (moneda oficial de Nicaragua; *cf.* NIO → pág. 495)

€ euro (moneda oficial de los países de la zona euro de la Unión Europea: Alemania, Austria, Bélgica, Chipre, Eslovaquia, Eslovenia, España, Estonia, Finlandia, Francia, Grecia, Irlanda, Italia, Luxemburgo, Malta, Países Bajos y Portugal; también es la moneda de Andorra, Ciudad del Vaticano, Mónaco, Montenegro y San Marino, y circula en Kosovo; *cf.* EUR → pág. 494)

₲ guaraní (moneda oficial del Paraguay; *cf.* PYG → pág. 496)

£ libra esterlina (moneda oficial del Reino Unido de Gran Bretaña e Irlanda del Norte; *cf.* GBP → pág. 494)

$ peso (nombre de las monedas oficiales de la Argentina, Chile, Cuba, México [*también, preferido,* $] y Uruguay; *cf.* ARS, CLP, CUP, MXN y UYU, *respectivamente* → págs. 492, 493, 495 y 497) ‖ dólar (moneda oficial de los Estados Unidos de América, Puerto Rico, el Ecuador, Timor Oriental, Islas Marshall, Micronesia y Palaos; es también oficial, junto con el colón, en El Salvador; *cf.* USD → pág. 497)

$ peso (moneda oficial de Colombia, México [*también, no preferido,* $] y la República Dominicana; *cf.* COP, MXN y DOP, *respectivamente* → págs. 493 y 495)

¥ yen (moneda oficial de Japón; *cf.* JPY → pág. 494)

₪ séquel (moneda oficial de Israel; *cf.* ILS → pág. 494)

SÍMBOLOS DE UNIDADES DE MEDIDA Y PREFIJOS

μ- micro- [10^{-6}]

Ω ohmio

′ minuto de ángulo sexagesimal

″ segundo de ángulo sexagesimal

° grado de ángulo sexagesimal

°C grado Celsius

°F grado Fahrenheit

°R grado Rankine

Lista de países y capitales, con sus gentilicios

En esta lista se recogen las grafías recomendadas en español de los nombres de los países reconocidos por la Organización de las Naciones Unidas y de sus capitales. Cuando existe, se ofrece asimismo la forma recomendada del gentilicio. Se han incluido además, en esta lista, la Ciudad del Vaticano, Estado soberano que no es miembro de la ONU, y Puerto Rico, territorio hispanohablante con estatus de Estado libre asociado a los Estados Unidos.

Los nombres complejos, aquellos formados por varias palabras, se han ordenado alfabéticamente teniendo en cuenta todos sus componentes, como si estos formasen una sola palabra.

En los nombres de países que se usan opcional u obligatoriamente con artículo, este aparece pospuesto y entre paréntesis siempre que no forme parte del nombre propio (razón por la que se escribe con minúscula inicial).

Cuando una variante del gentilicio no es de uso general, se incluye entre corchetes la especificación del país o la zona en que se emplea.

Abu Dabi. Capital de los Emiratos Árabes Unidos. Gent. **abudabí.**

Abuya. Capital de Nigeria.

Acra. Capital de Ghana.

Adís Abeba. Capital de Etiopía.

Afganistán (el). País de Asia. Gent. **afgano -na.** Cap. Kabul.

Albania. País de Europa. Gent. **albanés -sa.** Cap. Tirana.

Alemania. País de Europa. Gent. **alemán -na.** Cap. Berlín.

Amán. Capital de Jordania.

Ámsterdam. Capital de los Países Bajos. Gent. **amsterdamés -sa.**

Andorra. País de Europa. Gent. **andorrano -na.** Cap. Andorra la Vieja.

Andorra la Vieja. Capital de Andorra. Gent. **andorrano -na.**

Angola. País de África. Gent. **angoleño -ña** o **angolano -na** [Cuba]. Cap. Luanda.

Ankara. Capital de Turquía.

Antananarivo. Capital de Madagascar.

Antigua República Yugoslava de Macedonia (la). v. Macedonia.

Antigua y Barbuda. País de América, en el Caribe. Gent. **antiguano -na.** Cap. Saint John's.

Apia. Capital de Samoa.

Arabia Saudí o **Arabia Saudita.** País de Asia. Gent. **saudí** o **saudita.** Cap. Riad.

Argel. Capital de Argelia. Gent. **argelino -na.**

Argelia. País de África. Gent. **argelino -na.** Cap. Argel.

Argentina (la). País de América. Gent. **argentino -na.** Cap. Buenos Aires.

Armenia. País de Asia. Gent. **armenio -nia.** Cap. Ereván.

Asjabad. Capital de Turkmenistán.

Asmara. Capital de Eritrea.

Astaná. Capital de Kazajistán.

Asunción. Capital del Paraguay. Gent. **asunceno -na** o **asunceño -ña.**

Atenas. Capital de Grecia. Gent. **ateniense.**

Australia. País de Oceanía. Gent. **australiano -na.** Cap. Camberra.

Austria. País de Europa. Gent. **austriaco -ca** o **austríaco -ca.** Cap. Viena.

Azerbaiyán. País de Asia. Gent. **azerbaiyano -na.** Cap. Bakú.

Babane. Capital administrativa de Suazilandia.

Bagdad. Capital de Irak. Gent. **bagdadí.**

Bahamas (las). País de América, en el Caribe. Gent. **bahameño -ña, bahanense** o **bahanés -sa.** Cap. Nasáu.

Bairiki. Capital de Kiribati, en el atolón de Tarawa.

Bakú. Capital de Azerbaiyán.

Bamako. Capital de Mali.

Bandar Seri Begawan. Capital de Brunéi Darusalam.

Bangkok. Capital de Tailandia.

Bangladés. País de Asia. Gent. **bangladesí.** Cap. Daca.

Bangui. Capital de la República Centroafricana.

Banjul. Capital de Gambia.

Barbados. País de América, en el Caribe. Gent. **barbadense.** Cap. Bridgetown.

Baréin. País de Asia. Gent. **bareiní.** Cap. Manama.

Basseterre. Capital de San Cristóbal y Nieves.

Beirut. Capital del Líbano. Gent. **beirutí.**

Bélgica. País de Europa. Gent. **belga.** Cap. Bruselas.

Belgrado. Capital de Serbia. Gent. **belgradense.**

Belice. País de América. Gent. **beliceño -ña.** Cap. Belmopán.

Belmopán. Capital de Belice.

Benín. País de África. Gent. **beninés -sa.** Caps. Porto Novo y Cotonú.

Berlín. Capital de Alemania. Gent. **berlinés -sa.**

Berna. Capital de Suiza. Gent. **bernés -sa.**

Bielorrusia. País de Europa. Gent. **bielorruso -sa.** Cap. Minsk.

Birmania. País de Asia. Gent. **birmano -na.** Cap. Naipyidó.

Bisáu. Capital de Guinea-Bisáu.

Biskek. Capital de Kirguistán.

Bloemfontein. Capital judicial de Sudáfrica.

Bogotá. Capital de Colombia. Gent. **bogotano -na.**

Bolivia. País de América. Gent. **boliviano -na.** Caps. Sucre y La Paz.

Bosnia-Herzegovina. País de Europa. Gent. **bosnio -nia** o **bosnioherzegovino -na.** Cap. Sarajevo.

Botsuana. País de África. Gent. **botsuano -na.** Cap. Gaborone.

Brasil (el). País de América. Gent. **brasileño -ña** o **brasilero -ra** [Am.]. Cap. Brasilia.

Brasilia. Capital de Brasil.

Bratislava. Capital de Eslovaquia.

Brazzaville. Capital del Congo.

Bridgetown. Capital de Barbados.

Brunéi Darusalam. País de Asia. Gent. **bruneano -na.** Cap. Bandar Seri Begawan.

Bruselas. Capital de Bélgica. Gent. **bruselense.**

Bucarest. Capital de Rumanía.

Budapest. Capital de Hungría.

Buenos Aires. Capital de la Argentina. Gent. **porteño -ña.**

Bulgaria. País de Europa. Gent. **búlgaro -ra.** Cap. Sofía.

Burkina Faso. País de África. Gent. **burkinés -sa.** Cap. Uagadugú.

Burundi. País de África. Gent. **burundés -sa.** Cap. Buyumbura.

Bután. País de Asia. Gent. **butanés -sa.** Cap. Timbu.

Buyumbura. Capital de Burundi.

Cabo Verde. País de África, en el Atlántico. Gent. **caboverdiano -na.** Cap. Praia.

Camberra. Capital de Australia. Gent. **camberrano -na.**

Camboya. País de Asia. Gent. **camboyano -na.** Cap. Nom Pen.

Camerún (el). País de África. Gent. **camerunés -sa.** Cap. Yaundé.

Canadá (el). País de América. Gent. **canadiense.** Cap. Ottawa.

Caracas. Capital de Venezuela. Gent. **caraqueño -ña.**

Castries. Capital de Santa Lucía.

Catar. País de Asia. Gent. **catarí.** Cap. Doha.

Chad (el). País de África. Gent. **chadiano -na.** Cap. Yamena.

Chile. País de América. Gent. **chileno -na.** Cap. Santiago (de Chile).

China. País de Asia. Gent. **chino -na.** Cap. Pekín.

Chipre. País de Asia, en el Mediterráneo. Gent. **chipriota.** Cap. Nicosia.

Chisináu. Capital de Moldavia.

Ciudad de Guatemala. Capital de Guatemala. Gent. **guatemalteco -ca.**

Ciudad del Cabo. Capital legislativa de Sudáfrica.

Ciudad del Vaticano (la). País de Europa. Gent. **vaticano -na.**

Colombia. País de América. Gent. **colombiano -na.** Cap. Bogotá.

Colombo. Capital de Sri Lanka.

Comoras (las). País de África, en el Índico. GENT. **comorense.** CAP. Moroni.

Conakri. Capital de Guinea.

Congo (el). País de África. GENT. **congoleño -ña** o **congolés -sa.** CAP. Brazzaville.

Copenhague. Capital de Dinamarca.

Corea del Norte. País de Asia. GENT. **norcoreano -na.** CAP. Pionyang.

Corea del Sur. País de Asia. GENT. **surcoreano -na.** CAP. Seúl.

Costa de Marfil. País de África. GENT. **marfileño -ña.** CAP. Yamusukro.

Costa Rica. País de América. GENT. **costarricense.** CAP. San José.

Cotonú. Sede del Gobierno de Benín.

Croacia. País de Europa. GENT. **croata.** CAP. Zagreb.

Cuba. País de América, en el Caribe. GENT. **cubano -na.** CAP. La Habana.

Daca. Capital de Bangladés.

Dakar. Capital de Senegal.

Damasco. Capital de Siria. GENT. **damasceno -na** o **damasquino -na.**

Dili. Capital de Timor Oriental.

Dinamarca. País de Europa. GENT. **danés -sa.** CAP. Copenhague.

Dodoma. Capital de Tanzania.

Doha. Capital de Catar.

Dominica. País de América, en el Caribe. GENT. **dominiqués -sa.** CAP. Roseau.

Dublín. Capital de Irlanda. GENT. **dublinés -sa.**

Dusambé. Capital de Tayikistán.

Ecuador (el). País de América. GENT. **ecuatoriano -na.** CAP. Quito.

Egipto. País de África. GENT. **egipcio -cia.** CAP. El Cairo.

El Cairo. Capital de Egipto. GENT. **cairota.**

El Salvador. País de América. GENT. **salvadoreño -ña.** CAP. San Salvador.

Emiratos Árabes Unidos (los). País de Asia. GENT. **emiratí.** CAP. Abu Dabi.

Ereván. Capital de Armenia.

Eritrea. País de África. GENT. **eritreo -a.** CAP. Asmara.

Eslovaquia. País de Europa. GENT. **eslovaco -ca.** CAP. Bratislava.

Eslovenia. País de Europa. GENT. **esloveno -na.** CAP. Liubliana.

España. País de Europa. GENT. **español -la.** CAP. Madrid.

Estados Unidos de América (los). País de América. GENT. **estadounidense.** CAP. Washington D. C.

Estocolmo. Capital de Suecia.

Estonia. País de Europa. GENT. **estonio -nia.** CAP. Tallin.

Etiopía. País de África. GENT. **etíope.** CAP. Adís Abeba.

Filipinas. País de Asia. GENT. **filipino -na.** CAP. Manila.

Finlandia. País de Europa. GENT. **finlandés -sa.** CAP. Helsinki.

Fiyi. País de Oceanía. GENT. **fiyiano -na.** CAP. Suva.

Francia. País de Europa. GENT. **francés -sa.** CAP. París.

Freetown. Capital de Sierra Leona.

Funafuti. Capital de Tuvalu.

Gabón (el). País de África. GENT. **gabonés -sa.** CAP. Libreville.

Gaborone. Capital de Botsuana.

Gambia. País de África. GENT. **gambiano -na.** CAP. Banjul.

Georgetown. Capital de Guyana.

Georgia. País de Asia. GENT. **georgiano -na.** CAP. Tiflis.

Ghana. País de África. GENT. **ghanés -sa.** CAP. Acra.

Granada. País de América, en el Caribe. GENT. **granadino -na.** CAP. Saint George.

Grecia. País de Europa. GENT. **griego -ga.** CAP. Atenas.

Guatemala. País de América. GENT. **guatemalteco -ca.** CAP. Ciudad de Guatemala.

Guinea (la). País de África. GENT. **guineano -na.** CAP. Conakri.

Guinea-Bisáu. País de África. GENT. **guineano -na.** CAP. Bisáu.

Guinea Ecuatorial (la). País de África. GENT. **ecuatoguineano -na.** CAP. Malabo.

Guyana. País de América. Gent. **guyanés -sa.** Cap. Georgetown.

Haití. País de América, en el Caribe. Gent. **haitiano -na.** Cap. Puerto Príncipe.

Hanói. Capital de Vietnam.

Harare. Capital de Zimbabue.

Helsinki. Capital de Finlandia.

Holanda. v. Países Bajos.

Honduras. País de América. Gent. **hondureño -ña.** Cap. Tegucigalpa.

Honiara. Capital de las Islas Salomón.

Hungría. País de Europa. Gent. **húngaro -ra.** Cap. Budapest.

India (la). País de Asia. Gent. **indio -dia.** Cap. Nueva Deli.

Indonesia. País de Asia. Gent. **indonesio -sia.** Cap. Yakarta.

Irak. País de Asia. Gent. **iraquí.** Cap. Bagdad.

Irán. País de Asia. Gent. **iraní.** Cap. Teherán.

Iraq. v. Irak.

Irlanda. País de Europa. Gent. **irlandés -sa.** Cap. Dublín.

Islamabad. Capital de Pakistán.

Islandia. País de Europa. Gent. **islandés -sa.** Cap. Reikiavik.

Islas Marshall (las). País de Oceanía. Gent. **marshalés -sa.** Cap. Majuro.

Islas Salomón (las). País de Oceanía. Gent. **salomonense.** Cap. Honiara.

Israel. País de Asia. Gent. **israelí.** Cap. (no reconocida por la ONU) Jerusalén.

Italia. País de Europa. Gent. **italiano -na.** Cap. Roma.

Jamaica. País de América, en el Caribe. Gent. **jamaicano -na** o **jamaiquino -na** [Am.]. Cap. Kingston.

Japón (el). País de Asia. Gent. **japonés -sa.** Cap. Tokio.

Jartum. Capital de Sudán.

Jerusalén. Capital de Israel (no reconocida por la ONU). Gent. **jerosolimitano -na.**

Jordania. País de Asia. Gent. **jordano -na.** Cap. Amán.

Kabul. Capital de Afganistán.

Kampala. Capital de Uganda.

Katmandú. Capital de Nepal.

Kazajistán. País de Asia. Gent. **kazajo -ja.** Cap. Astaná.

Kenia. País de África. Gent. **keniano -na** o **keniata.** Cap. Nairobi.

Kiev. Capital de Ucrania.

Kigali. Capital de Ruanda.

Kingston. Capital de Jamaica.

Kingstown. Capital de San Vicente y las Granadinas.

Kinsasa. Capital de la República Democrática del Congo.

Kirguistán. País de Asia. Gent. **kirguís** o **kirguiso -sa.** Cap. Biskek.

Kiribati. País de Oceanía. Gent. **kiribatiano -na.** Cap. Bairiki.

Kuala Lumpur. Capital de Malasia.

Kuwait[1]. País de Asia. Gent. **kuwaití.** Cap. Kuwait.

Kuwait[2]. Capital de Kuwait. Gent. **kuwaití.**

La Habana. Capital de Cuba. Gent. **habanero -ra.**

Laos. País de Asia. Gent. **laosiano -na.** Cap. Vientián.

La Paz. Sede del Gobierno de Bolivia. Gent. **paceño -ña.**

La Valeta. Capital de Malta.

Lesoto. País de África. Gent. **lesotense.** Cap. Maseru.

Letonia. País de Euroapa. Gent. **letón -na.** Cap. Riga.

Líbano (el). País de Asia. Gent. **libanés -sa.** Cap. Beirut.

Liberia. País de África. Gent. **liberiano -na.** Cap. Monrovia.

Libia. País de África. Gent. **libio -bia.** Cap. Trípoli.

Libreville. Capital de Gabón.

Liechtenstein. País de Europa. Gent. **liechtensteiniano -na.** Cap. Vaduz.

Lilongüe. Capital de Malaui.

Lima. Capital del Perú. Gent. **limeño -ña.**

Lisboa. Capital de Portugal. Gent. **lisboeta.**

Lituania. País de Europa. Gent. **lituano -na.** Cap. Vilna.

Liubliana. Capital de Eslovenia.

Lobamba. Capital legislativa de Suazilandia.

Lomé. Capital de Togo.

Londres. Capital del Reino Unido de Gran Bretaña e Irlanda del Norte. Gent. **londinense.**

Luanda. Capital de Angola.

Lusaka. Capital de Zambia.

Luxemburgo[1]. País de Europa. Gent. **luxemburgués -sa.** Cap. Luxemburgo.

Luxemburgo[2]. Capital de Luxemburgo. Gent. **luxemburgués -sa.**

Macedonia. País de Europa. Gent. **macedonio -nia.** Cap. Skopie.

Madagascar. País de África, en el Índico. Gent. **malgache.** Cap. Antananarivo.

Madrid. Capital de España. Gent. **madrileño -ña.**

Majuro. Capital de las Islas Marshall.

Malabo. Capital de Guinea Ecuatorial.

Malasia. País de Asia. Gent. **malasio -sia.** Cap. Kuala Lumpur.

Malaui. País de África. Gent. **malauí.** Cap. Lilongüe.

Maldivas. País de Asia, en el Índico. Gent. **maldivo -va.** Cap. Malé.

Malé. Capital de Maldivas.

Mali o **Malí.** País de África. Gent. **maliense** o **malí.** Cap. Bamako.

Malta. País de Europa. Gent. **maltés -sa.** Cap. La Valeta.

Managua. Capital de Nicaragua. Gent. **managua o managüense.**

Manama. Capital de Baréin.

Manila. Capital de Filipinas. Gent. **manileño -ña.**

Maputo. Capital de Mozambique.

Marruecos. País de África. Gent. **marroquí.** Cap. Rabat.

Mascate. Capital de Omán.

Maseru. Capital de Lesoto.

Mauricio. País de África, en el Índico. Gent. **mauriciano -na.** Cap. Port-Louis.

Mauritania. País de África. Gent. **mauritano -na.** Cap. Nuakchot.

Melekeok. Capital de Palaos.

México. País de América. Gent. **mexicano -na.** Cap. México D. F.

México D. F. Capital de México. Gent. **mexiqueño -ña.**

Micronesia. País de Oceanía. Gent. **micronesio -sia.** Cap. Palikir.

Minsk. Capital de Bielorrusia.

Mogadiscio. Capital de Somalia.

Moldavia. País de Europa. Gent. **moldavo -va.** Cap. Chisináu.

Mónaco[1]. País de Europa. Gent. **monegasco -ca.** Cap. Mónaco.

Mónaco[2]. Capital de Mónaco. Gent. **monegasco -ca.**

Mongolia. País de Asia. Gent. **mongol -la.** Cap. Ulán Bator.

Monrovia. Capital de Liberia.

Montenegro. País de Europa. Gent. **montenegrino -na.** Cap. Podgorica.

Montevideo. Capital de Uruguay. Gent. **montevideano -na.**

Moroni. Capital de las Comoras.

Moscú. Capital de Rusia. Gent. **moscovita.**

Mozambique. País de África. Gent. **mozambiqueño -ña.** Cap. Maputo.

Naipyidó. Capital de Birmania.

Nairobi. Capital de Kenia.

Namibia. País de África. Gent. **namibio -bia.** Cap. Windhoek.

Nasáu. Capital de las Bahamas.

Nauru. País de Oceanía. Gent. **nauruano -na.** Cap. Yaren.

Nepal. País de Asia. Gent. **nepalés -sa** o **nepalí.** Cap. Katmandú.

Niamey. Capital de Níger.

Nicaragua. País de América. Gent. **nicaragüense.** Cap. Managua.

Nicosia. Capital de Chipre.

Níger. País de África. Gent. **nigerino -na.** Cap. Niamey.

Nigeria. País de África. Gent. **nigeriano -na.** Cap. Abuya.

Nom Pen. Capital de Camboya.

Noruega. País de Europa. Gent. **noruego -ga.** Cap. Oslo.

Nuakchot. Capital de Mauritania.

Nueva Deli. Capital de la India.

Nueva Zelanda o **Nueva Zelandia.** País de Oceanía. Gent. **neozelandés -sa.** Cap. Wellington.

Nukualofa. Capital de Tonga.

Omán. País de Asia. Gent. **omaní.** Cap. Mascate.

Oslo. Capital de Noruega.

Ottawa. Capital de Canadá.

Países Bajos (los). País de Europa.
Gent. **neerlandés -sa.** Cap. Ámsterdam.

Pakistán (el). País de Asia. Gent. **pakistaní.**
Cap. Islamabad.

Palaos. País de Oceanía. Gent. **palauano -na.**
Cap. Melekeok.

Palikir. Capital de Micronesia.

Panamá[1]. País de América. Gent. **panameño
-ña.** Cap. Panamá.

Panamá[2]. Capital de Panamá. Gent. **panameño
-ña.**

Papúa Nueva Guinea. País de Oceanía.
Gent. **papú.** Cap. Port Moresby.

Paraguay (el). País de América.
Gent. **paraguayo -ya.** Cap. Asunción.

Paramaribo. Capital de Surinam.

París. Capital de Francia. Gent. **parisino -na** o
parisiense.

Pekín. Capital de China. Gent. **pekinés -sa.**

Perú (el). País de América. Gent. **peruano -na.**
Cap. Lima.

Pionyang. Capital de Corea del Norte.

Podgorica. Capital de Montenegro.

Polonia. País de Europa. Gent. **polaco -ca.**
Cap. Varsovia.

Port-Louis. Capital de Mauricio.

Port Moresby. Capital de Papúa Nueva Guinea.

Porto Novo. Capital de Benín.

Portugal. País de Europa. Gent. **portugués -sa.**
Cap. Lisboa.

Port Vila. Capital de Vanuatu.

Praga. Capital de la República Checa.
Gent. **praguense.**

Praia. Capital de Cabo Verde.

Pretoria. Capital administrativa de Sudáfrica.

Puerto España. Capital de Trinidad y Tobago.

Puerto Príncipe. Capital de Haití.

Puerto Rico. Estado libre asociado a
los Estados Unidos de América, en el Caribe.
Gent. **puertorriqueño -ña** o, más raro,
portorriqueño -ña. Cap. San Juan.

Qatar. v. Catar.

Quito. Capital del Ecuador. Gent. **quiteño -ña.**

Rabat. Capital de Marruecos. Gent. **rabatí.**

Reikiavik. Capital de Islandia.

**Reino Unido de Gran Bretaña e Irlanda del
Norte (el).** País de Europa. Gent. **británico
-ca.** Cap. Londres.

República Centroafricana (la). País de África.
Gent. **centroafricano -na.** Cap. Bangui.

República Checa (la). País de Europa.
Gent. **checo -ca.** Cap. Praga.

República Democrática del Congo (la). País de
África. Gent. **congoleño -ña** o **congolés -sa.**
Cap. Kinsasa.

República Dominicana (la). País de América,
en el Caribe. Gent. **dominicano -na.**
Cap. Santo Domingo.

Riad. Capital de Arabia Saudí.

Riga. Capital de Letonia.

Roma. Capital de Italia. Gent. **romano -na.**

Roseau. Capital de Dominica.

Ruanda. País de África. Gent. **ruandés -sa.**
Cap. Kigali.

Rumanía o **Rumania.** País de Europa.
Gent. **rumano -na.** Cap. Bucarest.

Rusia. País de Europa. Gent. **ruso -sa.**
Cap. Moscú.

Saint George. Capital de Granada (país de
América).

Saint John's. Capital de Antigua y Barbuda.

Samoa. País de Oceanía. Gent. **samoano -na.**
Cap. Apia.

Saná. Capital de Yemen.

San Cristóbal y Nieves. País de América, en el
Caribe. Gent. **sancristobaleño -ña.**
Cap. Basseterre.

San José. Capital de Costa Rica. Gent. **josefino
-na.**

San Juan. Capital de Puerto Rico.
Gent. **sanjuanero -ra.**

San Marino[1]. País de Europa.
Gent. **sanmarinense.** Cap. San Marino.

San Marino[2]. Capital de San Marino.
Gent. **sanmarinense.**

San Salvador. Capital de El Salvador.
Gent. **sansalvadoreño -ña.**

Santa Lucía. País de América, en el Caribe. Gent. **santalucense.** Cap. Castries.

Santiago (de Chile). Capital de Chile. Gent. **santiaguino -na.**

Santo Domingo. Capital de la República Dominicana. Gent. **dominicano -na.**

Santo Tomé. Capital de Santo Tomé y Príncipe. Gent. **santotomense.**

Santo Tomé y Príncipe. País de África, en el Atlántico. Gent. **santotomense.** Cap. Santo Tomé.

San Vicente y las Granadinas. País de América, en el Caribe. Gent. **sanvicentino -na.** Cap. Kingstown.

Sarajevo. Capital de Bosnia-Herzegovina.

Senegal (el). País de África. Gent. **senegalés -sa.** Cap. Dakar.

Serbia. País de Europa. Gent. **serbio -bia.** Cap. Belgrado.

Seúl. Capital de Corea del Sur.

Seychelles (las). País de África, en el Índico. Gent. **seychellense.** Cap. Victoria.

Sierra Leona. País de África. Gent. **sierraleonés -sa.** Cap. Freetown.

Singapur[1]. País de Asia. Gent. **singapurense.** Cap. Singapur.

Singapur[2]. Capital de Singapur. Gent. **singapurense.**

Siria. País de Asia. Gent. **sirio -ria.** Cap. Damasco.

Skopie. Capital de Macedonia.

Sofía. Capital de Bulgaria.

Somalia. País de África. Gent. **somalí.** Cap. Mogadiscio.

Sri Lanka. País de Asia. Gent. **ceilanés -sa, ceilandés -sa** o **esrilanqués -sa.** Cap. Colombo.

Suazilandia. País de África. Gent. **suazi.** Caps. Babane y Lobamba.

Sucre. Capital de Bolivia. Gent. **sucrense.**

Sudáfrica. País de África. Gent. **sudafricano -na.** Caps. Bloemfontein, Ciudad del Cabo y Pretoria.

Sudán (el). País de África. Gent. **sudanés -sa.** Cap. Jartum.

Sudán del Sur. País de África. Gent. **sursudanés -sa.** Cap. Yuba.

Suecia. País de Europa. Gent. **sueco -ca.** Cap. Estocolmo.

Suiza. País de Europa. Gent. **suizo -za.** Cap. Berna.

Surinam. País de América. Gent. **surinamés -sa.** Cap. Paramaribo.

Suva. Capital de Fiyi.

Tailandia. País de Asia. Gent. **tailandés -sa.** Cap. Bangkok.

Tallin. Capital de Estonia.

Tanzania. País de África. Gent. **tanzano -na.** Cap. Dodoma.

Taskent. Capital de Uzbekistán.

Tayikistán. País de Asia. Gent. **tayiko -ka.** Cap. Dusambé.

Tegucigalpa. Capital de Honduras. Gent. **tegucigalpense.**

Teherán. Capital de Irán.

Tiflis. Capital de Georgia.

Timbu. Capital de Bután.

Timor Oriental. País de Asia. Gent. **timorense.** Cap. Dili.

Tirana. Capital de Albania.

Togo (el). País de África. Gent. **togolés -sa.** Cap. Lomé.

Tokio. Capital de Japón. Gent. **tokiota.**

Tonga. País de Oceanía. Gent. **tongano -na.** Cap. Nukualofa.

Trinidad y Tobago. País de América, en el Caribe. Gent. **trinitense.** Cap. Puerto España.

Trípoli. Capital de Libia. Gent. **tripolitano -na.**

Túnez[1]. País de África. Gent. **tunecino -na.** Cap. Túnez.

Túnez[2]. Capital de Túnez. Gent. **tunecino -na.**

Turkmenistán. País de Asia. Gent. **turcomano -na** o **turkmeno -na.** Cap. Asjabad.

Turquía. País de Europa y Asia. Gent. **turco -ca.** Cap. Ankara.

Tuvalu. País de Oceanía. Gent. **tuvaluano -na.** Cap. Funafuti.

Uagadugú. Capital de Burkina Faso.

Ucrania. País de Europa. Gent. **ucraniano -na.** Cap. Kiev.

Uganda. País de África. Gent. **ugandés -sa.** Cap. Kampala.

Ulán Bator. Capital de Mongolia.

Uruguay (el). País de América. Gent. **uruguayo -ya.** Cap. Montevideo.

Uzbekistán. País de Asia. Gent. **uzbeko -ka.** Cap. Taskent.

Vaduz. Capital de Liechtenstein.

Vanuatu. País de Oceanía. Gent. **vanuatuense.** Cap. Port Vila.

Varsovia. Capital de Polonia. Gent. **varsoviano -na.**

Venezuela. País de América. Gent. **venezolano -na.** Cap. Caracas.

Victoria. Capital de las Seychelles.

Viena. Capital de Austria. Gent. **vienés -sa.**

Vientián. Capital de Laos.

Vietnam. País de Asia. Gent. **vietnamita.** Cap. Hanói.

Vilna. Capital de Lituania.

Washington D. C. Capital de los Estados Unidos de América. Gent. **washingtoniano -na.**

Wellington. Capital de Nueva Zelanda.

Windhoek. Capital de Namibia.

Yakarta. Capital de Indonesia.

Yamena. Capital de Chad.

Yamusukro. Capital de Costa de Marfil.

Yaren. Capital de Nauru.

Yaundé. Capital de Camerún.

Yemen (el). País de Asia. Gent. **yemení** o **yemenita.** Cap. Saná.

Yibuti[1]. País de África. Gent. **yibutiano -na.** Cap. Yibuti.

Yibuti[2]. Capital de Yibuti. Gent. **yibutiano -na.**

Yuba. Capital de Sudán del Sur.

Zagreb. Capital de Croacia.

Zambia. País de África. Gent. **zambiano -na.** Cap. Lusaka.

Zimbabue. País de África. Gent. **zimbabuense.** Cap. Harare.

Índice de materias y de voces